編集復刻版

戦後改革期文部省実験学校資料集成 第Ⅲ期 第3巻

水原克敏 編・解題

不二出版

〈復刻にあたって〉

一、原本自体の破損・不良によって、印字が不鮮明あるいは判読不能な箇所があります。

一、資料の中には人権の視点から見て不適切な語句・表現・論もありますが、歴史的資料の復刻という性質上、そのまま収録しました。

一、解題（水原克敏）は第1巻巻頭に収録しました。

（不二出版）

〈第3巻　目次〉

資料番号―資料名◆編・著◆発行所◆発行年月日……復刻版頁

〈初等教育実験学校報告書〉

9―作文の学習指導◆文部省◆教育図書◆一九六五・三・一……-1-
10―小学校道徳の指導法　読み物資料の効果的利用◆文部省◆東洋館出版社◆一九六五・六・一……-89-
11―小学校児童会活動運営の実際◆文部省◆東洋館出版社◆一九六五・六・一……-211-
12―児童の実態に即した学習指導法の研究―特に下学年の理科指導について◆文部省◆東洋館出版社◆一九六五・一〇・五……-297-

◎収録一覧

巻		資料名	発行所	発行年月日
	〈初等教育実験学校報告書〉			
第1巻	1	小学校道徳の評価	東洋館出版社	1963（昭和38）年5月20日
	2	小学校特別教育活動指導計画のあり方	教育図書	1964（昭和39）年6月1日
	3	小学校音楽の指導法に関する二つの実験研究	音楽教育図書	1963（昭和38）年6月20日
	4	小学校道徳指導計画改善の観点	教育図書	1963（昭和38）年7月5日
第2巻	5	小学校クラブ活動の効果的な運営	教育図書	1964（昭和39）年1月5日
	6	小学校音楽の指導法に関する実験研究――創作の指導法	大蔵省印刷局	1964（昭和39）年6月15日
	7	小学校家庭科すまいの領域を中心にした学習指導法の研究	教育図書	1964（昭和39）年6月10日
	8	学習に役だつ小学校図書館	東洋館出版社	1965（昭和40）年7月10日
第3巻	9	作文の学習指導	教育図書	1965（昭和40）年3月1日
	10	小学校道徳の指導法　読み物資料の効果的利用	東洋館出版社	1965（昭和40）年6月1日
	11	小学校児童会活動運営の実際	東洋館出版社	1965（昭和40）年6月1日
	12	児童の実態に即した学習指導法の研究――特に下学年の理科指導について	東洋館出版社	1965（昭和40）年10月5日

初等教育実験学校報告書9

作文の学習指導

1965

文部省

絵を先にかいた作品の一例

きのうのこと

なまえ かんの さちこ

きのう3じになったからクリームたべてからテレビをみました。4じになってからおかあさんがおっかいにいってくるは、といいました。そしておかあさんがいきました。おとうさんがかえってきました。わたしがあそんでいるとおとうさんがかえってきました。わたしがいいましたおとうさんおかあさんおっかえにいったよといいました。いってるうちにおかあさんがかえってキました。おかあさんがごはんのしたくおっ、たのでおとうさんとわたしは、いきましたそしてごはんおたべました。

文章を先に書いた作品の一例

なまえ かんの さちこ

きのうおかあさんがさちこちゃんおっいくといいました。わたしは、んいくといいました。おかあさんわ五ちょうめおいわいどちといいました。わたしはおいわけといいました。わたしは、おかあさんはやくしいいました。おかあさんは、さきにしたにいってなさんといいました。わたしは、したにおりててもいいのといいました。おかあさんは、いいよといったのでさきにしたにいきました。わたしはしたでまっていしたがおかあさんがおそいのであがっていきました。おかあさんがかりだんおおりていました。そしていっしょうにいきました。

絵を先にかいた作品の一例

なまえ 岩井英明

ぼくは、きのうの日よう日に、
てがみを、かきました。
ぼくは、こうかきました。
ひろしくん、おげんきですか。
ぼくは、げんきです。
このおえは、ごちそうさまに、
なりました。このおまえは、
23ちでかいおしたが、もうがわない
おうにしおしようね。
ぼくは、こうゆうてがみを、かき
ました。

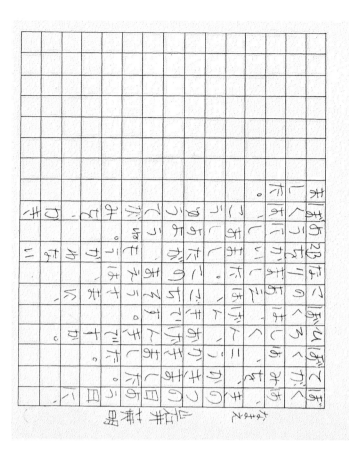

文章を先に書いた作品の一例

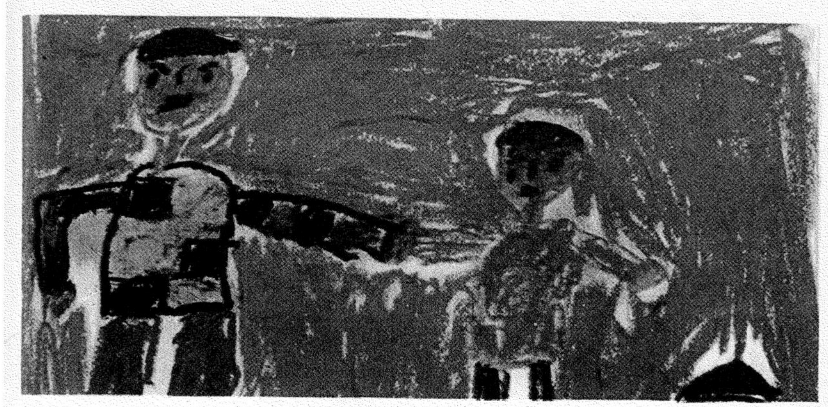

なまえ いゆいひであき

きのうの、日よう日に、いけいの
ぶおしとゆう二が、きました。
それから、のぶくんとトランプ
を、やりました。6じ30じゆつぷ
んに、きけんしんごうを、みまし
た。それから、7じになったら、
おんみつけんしをみました。
それから、7じ30じゆっぷんに、
ポパイをみました。それから
8じになったら、てつじん28号を
みましたそれから、のぶくんの
おばさんと、おじさんは、かえっ
て、のぶしんと、だけ、ぼくのうちに
とまりました。のぶくんおい、赤ち
やんがいます。あかちゃんのなま
えは、しんじくんとゆうなまえで
す。のぶくんは、ようちえんです。

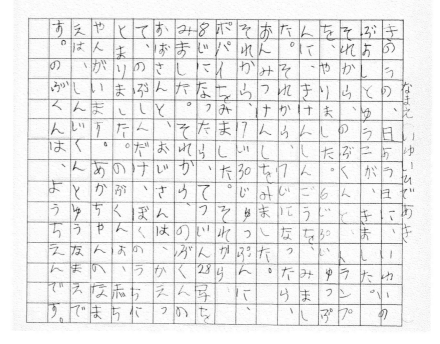

ま え が き

本書は，昭和36，37，38年度における文部省初等教育実験学校として指定した神奈川県川崎市立向小学校および埼玉県熊谷市立西小学校の研究結果の一部を収録したものである。向小学校には，作文の基礎的基本的能力，特に記述力，取材力，構想力に関する研究を，西小学校には，読解指導と作文指導との関連のさせ方および作文指導における教材の扱い方に関する研究を委嘱した。本書に収録したものは，それらの研究成果の一部にすぎないが，本書を一つの手がかりとして，作文の学習指導に，いっそうの改善が加えられることを望んでやまない。

なお，三か年にわたって，この困難な研究に従事していただいた両校の教職員のかたがたに対して，厚く謝意を表するしだいである。

昭 和 40 年 1 月

文部省初等中等教育局
初等教育課長　西　村　勝　巳

目　　次

第1部

第1章　絵日記と記述力 …… 1
第1節　書く前の学習と記述力 …… 1
1　研究問題 …… 1
2　研究方法 …… 2
3　結果と考察 …… 12
第2節　絵日記の作成過程と記述力 …… 23
1　研究問題 …… 23
2　研究方法 …… 24
3　結果と考察 …… 28

第2章　取材メモと取材力 …… 42
第1節　取材メモのはたらき …… 42
1　研究問題 …… 42
2　研究方法 …… 42
3　結果と考察 …… 44
第2節　指導法と取材力 …… 59
1　観察や実験と，メモをとる活動との組み合わせ方の影響 …… 59
(1)　研究問題 …… 59
(2)　研究方法 …… 61
(3)　結果と考察 …… 62

Ⅱ えんぴつ対談の効果……65
(1) 研究問題……66
(2) 研究方法……66
(3) 結果と考察……67
第３章　構想メモと構想力……72
第１節　できごとを書く場合の構想メモのはたらき……72
1　研究問題……72
2　研究方法……72
3　結果と考察……72
第２節　感じたこと考えたことを多く入れてできごとを書く場合の構想メモのはたらき……77
1　研究問題……77
2　研究方法……77
3　結果と考察……78
第３節　意見を書く場合の構想メモのはたらき……79
1　研究問題……79
2　研究方法……80
3　結果と考察……80
第４節　目的意識・主題意識と構想メモのはたらき……82
1　研究問題……82
2　研究方法……83
3　結果と考察……83
第５節　取材メモの有無と，構想メモのはたらき……85
1　研究問題……85

2　研究方法……85
3　結果と考察……86

第２部

第１章　児童の関心と興味をもつ話題，題材についての調査……88
第１節　調査の目的……88
第２節　調査した内容……88
1　話題について……88
2　題材について……88
3　作文学習について……89
第３節　実　態……89
1　家の両親と，どんなことを話し合っているか……89
2　友だちと，どんなことを話し合っているか……90
3　どんな題材で作文を書きたいか……91
4　今までにどんな題材で作文を書いたか……92
5　家庭生活のことで作文に書きたいことは，どんなことか……92
6　学校生活のことで作文に書きたいことは，どんなことか……93
7　作文に書きやすいのは，どんな題材か……94
8　作文を書くとき，困ったことはどんなことか……95
第４節　実態についての考察……96
1　話題について……96
2　題材について……96
3　作文を書くときの障害について……97

第２章　読解指導と書く活動 ……98
第１節　研究問題 ……98
第２節　研究方法 ……98
第３節　研究の結果 ……98
1　学年段階における問題……99
2　教材別における問題……99
3　「書くこと」を取り入れる場合留意すること……100
説明・解説文の読解指導と書く活動（第６学年の例）……100
1　研究問題 ……100
2　研究方法 ……101
3　指導計画 ……101
4　教　材 ……102
5　研究授業の記録 ……103
6　結果と考察 ……105
7　調査結果の考察と指導の反省 ……108
第３章　作文指導と教材・資料 ……110
第１節　研究問題 ……110
第２節　研究方法 ……110
第３節　研究の結果と指導上の反省点 ……110
1　作文学習に活用する教材について ……110
2　作文教材の読ませ方や展開への位置づけ ……111
作文指導と絵の利用（第１学年の例）……112
1　研究問題 ……112
2　研究方法 ……112

3　指導計画　（４時間扱い）……113
4　学習指導にあたって，特に留意した点について ……114
5　指導した結果の考察 ……114
6　研究のまとめ ……121
情景描写の指導と補充教材の利用（第２学年の例）……123
第１次の研究 ……123
1　研究問題 ……123
2　研究方法 ……123
3　使用した教材 ……124
4　指導計画　（10時間扱い）……129
5　研究授業の記録（第５時間目）……130
6　指導した結果の考察 ……137
7　ま　と　め ……146
第２次の研究 ……147
1　研究問題 ……147
2　研究方法 ……148
3　使用した教材 ……148
4　指導計画（８時間扱い）……150
5　研究授業の記録（第１時間目）……150
6　指導結果の考察 ……152
7　ま　と　め ……155

第１部　（神奈川県川崎市立向小学校実験研究報告）

第１章　絵日記と記述力
――低学年の場合――

第１節　書く前の学習と記述力

1　研究問題

１年生が，はじめて絵日記を書く時，そこには，さまざまな抵抗がよこたわっていると考えられる。予想される抵抗のうち，教室で解決できそうなものとして，つぎの三つが考えられる。

○　経験の発表をさまたげるもの。

○　文字抵抗。

○　じぶんたちが書く文章のイメージがえがけないこと。

このような抵抗を取り除くため，書く直前１週間を限って，

Ａの組は　経験の口頭発表を

Ｂの組は　書写練習を

Ｃの組は　参考文読解を

集中的にさせてみたら，どんな効果があらわれるだろうか。このような考えから，研究問題を

(1)　１年生がはじめて絵日記を書く時，どんな記述活動をするか。

(2)　特に，書く直前１週間の練習学習（「口頭発表」「視写聴写」「参考文読み聞かせ」）の三つのそれぞれが，記述力にどのような影響を与

　えるか。

の２点にしぼり，調査してみた。

2　研究方法

１年生に７月にはじめて絵日記を書かせる時，次のような三つの指導過程をとってみた。

A級　口頭発表　→絵日記→作品研究

B級　書写練習　→絵日記→作品研究

C級　参考文読解→絵日記→作品研究

（以下，それぞれ，口頭発表組，書写組，参考文組とよぶ。）

そして，それぞれ１週間の学習計画をたて実施した。その内容は次のようなものである。

〔１週間の練習学習計画〕　　　　７月２日（月）～７月９日（月）

組／時間／練習日	口頭発表組	書写組	参考文組
	毎朝　10分～15分 お話の時間	毎日　10分～15分 国語　かきかたの時間	毎日　10分～15分 国語の時間
２日（月）	〈きのうのこと〉　個人経験 ・経験をきがるに，はずかしがらず，なんでもおしゃべりする。 ・作文意識に貫かれた意図的な言語活動	〈せんのおけいこ〉　運筆練習 ・姿勢に気をつけながら，たて，横　絵などを気持ちょく書く ・だんだん速度を早くして，書けるように，注意させる。	〈おはなし〉 ・１年生の作文を読んできかせる。(男女各１点ずつ) ・［主］＋［述］の文型をわからせる。 ・ぼく，きみ(わたし・あなた）をわからせる。
３日（火）	〈きのうのこと〉 ・めいめいが，したこと，見たこと，思ったことを，先生や友だちに知らせよう。 ・いつ，どうしたの要素をおさえる。	〈視　写〉 ・教科書の一部分を視写(えんそくの一部)。 ・ことばとして，文字を書く意識を深める。	〈おはなし〉 ・１年生の作文を読んできかせる。(男女各１点ずつ) ・［主］＋［どんなふうに］＋［は］文型をわからせる。 ・ようすのよくわかることを気づかせる。
４日（水）	〈おうちの人の話〉 ・みんなに，どういう人の話か，よくわかるように，話をする。あまり短いと聞き手にわからないことに気づかせる。	〈視　写〉 同　上	〈おはなし〉 ・１年生の作文を読んできかせる。(短い作文をえらんだ) ・［主］＋［述］ ［　］＋［ようす］＋［　］を比較して，ようすのよくわかるお話をはっきり，わからせる。
５日（木）	〈このごろのこと〉 ・何のことを話したいか，よく意識させて，そのことを話す。 ・いつ，どうしたの二つの要素を忘れずに話す。	〈視　写〉 ・書きにくい字を書く練習をする。（きつね） ・よう音，促音の書写練習 　きしゃ 　ひかって	〈えばなし〉 ・「え」をみせて「おはなし」をよんできかせる。 ・えばなしのきき方をわからせる。 （自分の経験を絵にしたもの（はなびのこと　120字））
６日（金）	〈体育の時間の話〉 ・たいそうの楽しかったようすを思いだしながら話をする。 ・あんまり，かんたんだと，たいそうのようすがわからないね。	〈聴　写〉 ・短いことばを正しくとらえて書く。たかいやま。しろいすな。あおいうみ。きれいなはな。	〈えばなし〉 ・「え」をみせて「おはなし」をよんできかせる。 〝海岸で遊んでいる〟 〝きんぎょのようす〟 ・動的，静的な絵による作品のちがいを話し合う。

７日 （土）	〈先生のやったこと〉 ・一つの動作を見たり，聞いたり，思ったりして，発表する。 （お話に書く。）	〈聴　写〉 ・短いことばを正しくとらえて書く。 ・助詞の使い方の練習をする。（を，は，）	〈えばなし〉 ・「え」をみせて「おはなし」をよんできかせる。 ・つづき絵の話の作り方を話し合う。
９日 （月）	練習のまとめ 〈きのうあったこと〉 ・日曜日をよく思いだして話をする。 ・のびのびとした表現意欲をもりあげる。 ・口頭作文を高めていく。 ・各自，絵日記を書く。	練習のまとめ ・文を書くことに興味をもち，いいたいことを文に書かせる。	練習のまとめ ・作文をきく態度，作文について，話し合いが，できるようにもりあげる。 ・きのうあったことを絵にしてお話をつけそえる。

このような練習を，毎日10分～15分実施したわけである。次の記録がその中の１日の授業の状況である。

〔口 頭 発 表 組〕　　　　７月５日（木）　10分

教　師	児　童
・きょうは　このごろあった　お話をして　もらいたいわ。	・みんな　おとなしくなって，いっしょうけんめい思い出している。 ・飯島　なんのことでも　いいの…？
・ええ　そうです。きのうのことでも，二，三日前のことでもいいわ。先生やお友だちに話したいこと。 ・さあ　みんなに　どういう話か　よくわかるように　してちょうだい。いつ，どうしたということが大事ね。	・みんな　めいめい　しゃべりだす。ガヤガヤ。 ・あっ　あれがいい。きめた。 ・はいはい　元気よく手をあげる。
・椋本さん。	・椋本（にこにこしてうれしそう） きのう　大島へ行った　お話をするね。

教　師	児　童
	きのう　おばあちゃんとおかあさんとあたしとで，大島マーケットへいきました。金魚をかってもらいました。（大きい声でじょうず）
・どうもありがとう。 こんどは　男の子にしてもらいましょう。渡辺さんできる？	・渡辺　お勉強したお話をします。（首をかしげながら）学校から帰ってから勉強したの，それからレコード聞いたの，夕方になってからまた勉強したの。 ・吉倉　先生，いつの話かね。
・そうね，渡辺さんいつのこと？	・渡辺　おとといかな。（考えて　思い出している） ・大久保　友能ちゃん，何のレコードきいたの？ （みんな渡辺のほうに注目） ・渡辺　月のさばくのレコード。 ２，３人　あっ，あれ　ぼく大好き。 ・女の子　あたし　好きよ。
・よくわかりましたね。よかったわね。いい お話でしたね ・では　こんどは阿部さんお話してね。	・阿部　おとうさんのお話をします。（スカートいじりながら）きのうおとうさんが早く帰ってきて，おかあさんに早くごはんにしろといったので，みんなでたべました。それから　おねえちゃんとたなばた作って，いっぱい飾って，飾るところがないので，暗くなったので，電気けしてねたの。
はずかしがらずに　よくお話ができましたね。	・高木　はい，話したいな。
・みんな　じょうずにこのごろのことが話せましたね。 ・また　あしたやってもらいましょう。	

〔書　写　組〕　　　　7月5日（木）　15分

教　師	児　童
・きょうは動物のお勉強しましょう。 （きつねの絵を見せる）	・あっ　きつねだね，ずいぶん口がとんがってんね。
・そう，きつねですよ。 きつねと書いてみましょうね。 〈板書〉　きつね	
・みなさんも先生といっしょに，大きく書いてみましょう。はじめに「き」だけ書きますよ。	・みんな　右手を空に出して大きく動作する。
〈板書〉　き	いち，にいー，さーん，しー。
（書きながら） ・3で　すこし　はねます。 ・4で　とめます。	
・では，みなさんのちょうめんに「き」と書いてください。 （机間巡視，個別指導）	・先生，書けました。
・一つかけた人は　もう二つ書いてください。	・みんな 小さい声で いち，にいー，さーん，しー　といいながら書いている。 （各児童，席で右手を出し空に大きく動作する。）
・「つ」はみなさんじょうずだから，こんどは「ね」を書きましょう。先生といっしょに大きく書いてみましょう。 〈板書〉　ね	
（書きながら） ・1　は　まっすぐです。 ・2　は　上にいったのが下にもどって，また上にあがって，そのまま下におろしてちょんとまるめます。	・いち，にーい
・そうですね。途中でとまってはいけませんよ。ちょんとまるめるところまでつづけて書くのですよ。	・先生，にーいは長いね。
・では　みなさんのちょうめんに「ね」と書いてください。 （机間巡視，個別指導）	・先生，書けました。

教　師	児　童
・一つ書けた人はもう二つ書いてください。 ・それでは先生といっしょに大きく「きつね」と書いてみましょう。 〈板書〉　きつね	・き，つ，ね。
・みなさんのちょうめんにまちがえないようにきれいに「きつね」と書いてください。 （机間巡視，個別指導）	
・こんどは，本にある「きしゃ」を書きましょう。 〈板書〉　きしゃ	
・「きしゃ」の「や」は「き」や「し」より小さく書くのでしたね。よんでごらんなさい。	・めいめい「きしゃ」とよむ。 ・（「や」が大きくなる児童が多い。）
・では，ちょうめんにまちがわないように書きなさい。二つ書いてください。 （机間巡視，個別指導）	・「きしゃ」といいながら書いている。
・つぎは「ひかって」を書きましょう。 〈板書〉　ひかって	
・〃花火がぴかっと「ひかって」見えました〃というときの「ひかって」の「つ」は小さく書くのですよ。	・「や」と同じだね。
・ちょうめんにまちがえないように書いてください。	・「ひかって」といいながら書いている。
・一つ書きおわった人は　あと　二つ書いてください。 （机間巡視，個別指導）	・まちがっている子四，五人，あと大部分正しく書いている。

〔参　考　文　組〕　　　　7月7日（土）　15分

教　師	児　童
・さあ，きょうも　1年生のお友だちが書いたお話を読んであげましょう。	・わあっとよろこぶ。手をたたくこもいる。 （回を重ねるごとにこどもたちのよろこびの表現が大きくなる。）
・でも，きょうのは今までのとちがって，3枚の絵があって，その絵を見ながらお話を書いたのを読みます。3枚	

の絵はつづいていて，お話もつづいているのよ。 （黒板に３枚の絵をはる。） （向小文集「わかば」第３号の中から，別掲）	・いっせいに絵を見る。 ・あっディズニーの絵だ。ドナルドダックだよ。 ・ぼく見たことあるよ。 ・わたしもよ，　…などの声あり。
・おもしろい絵だね。この人だれだかわかる？（①の絵の中の教師をさす。）	・それ先生だよ。黒板に字を書いてるもん。 ・字を教えてんだよ。
・そう，これは先生なの。いっしょうけんめいに字を教えてるのよ。 ・この人たちはだれかしら，何をしてると思う？ （①の絵の生徒をさす。）	・お勉強してるよ。 ・生徒だよ。 ・先生が黒板に字を書いてるとき，生徒はひこうきとばして，あそんでんだよ。 ・そいで先生　おこっちゃってぷんぷんしてるんだね。
・そう，みんなのいうとおりよ。そして先生はどうしたと思う？ （③の絵をさす）	・わからないという表情，無言。 ・②の絵のほうをさしても　わからない。
・これは，校長先生のおへやなのよ，先生は校長先生にしかってもらおうと思って，校長室へいたずらっ子をつれていったの。ところが？ （こどもたちに気づかせるため問題提示のようにいう。）	・あっ　わかったよ。校長先生もひこうきとばしてたのね。 ・校長先生，ぎょうぎわるいなあ。
・さあ，それでは，絵のようすがわかったようですから，この絵を見て書いたお話を読みましょう。 （36年度１年４組の作品を読む。） ・どうだった？　おもしろかった？	・しずかによく聞いている。 ・うん，うまいねえ。

・そう，じゃ　うまいと思ったとこはどこだった？	・じょうずだね。 ・先生や生徒のことが書いてあった。 ・先生がおしゃべりしたことも書いているわ。 ・先生がおこっているところがおもしろいよ。
・いいところに気がついたね。そう。３枚の絵が続いているので，お話も，「そして」とか「それから」ということばを使って，つづいたお話ができていましたね。これが，今までの絵を見て書いたお話と少しちがうところだね。 ・みんなならどう　書ける？	・むずかしいなあ。 ・書けるかもしれないなあ。 ・書けるよ。 ・絵がかいてあるんだもの，やさしいよ など。
・じゃ　きょうはこれでおしまいね。	・また読んでね。　・あしたもね。

使用した作品　（向小文集わかば第３号から）

Ｋ ―

1　せんせいが　こくばんに　じをかきました。せいとたちは，かみでつくった　ひこうきを　とばしていました。せんせいが「このじを　よめるひと。」と，いいました。すると，せいとたちは，てをあげて，さんちゃんが　よばれました。

2　「さんちゃん，はやくよんでみなさい。」と，せんせいが　いいました。

さんちゃんは　なかなかよみませんでした。せんせいは　おこって，きょうしつから　ろうかにでました。せんせいは，こうちょうせんせいのへやへ，つれていくことにしました。

3　ところが，こうちょうせんせいも，へやで　ひこうきを　とばしていました。せいとは，それをみて　わらいました。せんせいは，おどろいてしまいました。おわり。

このようにして，それぞれのコースで１週間，書く前の練習をさせ，絵日記を書かせた。その時の１時間の指導過程は，各組とも

口頭発表（10分，よくわかるように話させる。）→　絵日記

のようにそろえた。しかし，細かい内容面まで打ち合わせなかったので，口頭発表のニュアンスは，各組それぞれちがったようである。以下は，その時の各組の授業記録の抜粋である。

38. 7. 9.（月）

口頭発表組		書写組		参考文組	
教師	児童	教師	児童	教師	児童
木戸さん，やってください。大きい声でね，よくわかるように。	木戸 川崎へいったお話をします。川崎へいっておにいちゃんのバットをかいました。市バスで家へかえってきて，おにい	きのうなにしたの	堀内 ぼくね，おにいさんとひこうきとばして遊んだの。 米蔵 きのうね，のり子ちゃんと公園で遊んだの。	野田さん，大きい声で話してね。 テレビなにしてたの？うたをうたってたの？おどりをやっ	野田 きのうね，おとうさんとわたしと弟とテレビ見たの。 わかんない。
大事なこと忘れちゃったのね。いいこと聞いたわね。	ちゃんとバットあてをしてあそびました。 飯島 だれと木戸さん川崎へいったの。 木戸 おかあさんとおにいちゃんとぼくと３人だよ。 みんなそうかとうなずく。	そう，よかったわね。ほかの人も，きのうあそんだことでも，おつかいにいったことでもなんでもいいから前にきてお話してください。	佐藤 きのうね，おねえちゃんとぼくと，大島デパートへ買い物にいったの，デパートにへんなものばっかりあったよ。	ていたの？どうもありがとう。こんど男の人お話してね。 ふうせん二つもらったこともお話に書くといいわね。	うた 丸山 ぼくは，おじいちゃんと，おにいちゃんと，デパートへいって，ふうせんをもらってきたの。 だれかがいくつ？ 丸山 二つ
観察事項 ・書き出しがおそい。 ・できあがり ３分—１人 20分～25分—大半 30分～45分—文章の長いもの ・文章を先に書いたもの　12人		・書き出しがおそい。 ・できあがり ５分—２人 20分～25分—大半 30分～50分—文章の長いもの ・文章を先に書いたもの　３人		・書き出しがおそい。（７分） ・できあがり ７分—１人 30分—ほとんど終了 ・文章を先に書いたもの　13人	

・わからない字は○で書くことに約束してある。机間巡視して教える。
・よう音，促音の質問が各組とも多い。

3　結果と考察

このようにして書かせた作品を，同一観点を決めて分析し，各組ごとに個人別分析表を作成した。観点は，

○　絵　{ ○…ていねいで色彩豊富 / △…簡単で線がきが多い / ×…雑でなげやり的なかき方 }

○　書字力を上中下に分ける。

これは，6月下旬に五十音を聴写法で調査した結果の評価である。

段階	46字中正しく書けた文字数	人数　(%)
上	44　以上	64　(54%)
中	36〜43	33　(28%)
下	35　以下	20　(17%)

○　記述量は101字以上，51〜100字，50字以下の3段階に分ける。

○　素材は　{ どんな素材か。 / いくつの素材を書いているか。 }

○　文　脈　{ ○…読み手によくわかる。 / ×…混乱している。 }

のように決め，これに従って，各組担任の個人的な判断のもとに分析した。その一部を掲載してみよう。

〔個人別分析表の一部〕

組	なまえ	書字力	作文量	え　○よい △かんたん ×雑	素材　どんな素材か　素材はいくつか	文がわかるかどうか
〈口頭発表組〉	木　戸	上	101以上	△おまめとおせんべ	・川崎へいった。・遊び ・勉強したこと。・おふろにいった	○
	関	上	101　以上	△おはか	・おはかまいり ・ごはん　・勉強	○
〈書写組〉	佐　藤	中	101　以上	×おおしまデパート	・大島デパートで買い物したこと。	○
	米　倉	上	101　以上	△公園で遊んでいるところ	・公園で遊んだこと。	○
〈参考文組〉	加　島	上	51〜100	×たなばた	・たなばたを作った ・かな川にいってテレビみた。	○
	鈴　木	上	51〜100	○テレビ（おうちの中）	・川崎へいった。 ・うちへ帰ってきた。 ・ゆうこちゃんと遊んだ。	やや×
	佐々木	上	51〜100	○まりつき	・まりつき ・雨がやんでから，川崎へいった。	○

これを，一つの表にまとめると，次のようになる。

〔各級の比較〕　〈表1〉

項目＼クラス		口頭発表組	書写組	参考文組
1 記述量	上 (101 以 上)	29人	24人	8人
	中 (51 〜 100)	5	4	16
	下 (0 〜 50)	6	11	11
記述量平均		242字	136字	72字
2 素材	一つのことがら	8人	32人	14人
	二つのことがら	8	3	5
	三つ以上	21	0	13
	不明	3	4	3
3 絵	ていねい	9人	17人	20人
	かんたん	24	15	9
	粗雑	7	7	6

4 文字	ていねい	4人	18人	7人
	ふつう	32	13	17
	らんぼう	4	8	11
5 特徴		・話すようにだらだらと書いているのが多い。 ・1日のできごとをくわしく書く児童が多く，素材が多い。 ・絵はかんたん。 ・文字量は多い。	・文字が正確できれい。 ・「　」をつかっている児童がいる。 ・素材，1～2 ・絵はじょうずである。	・文にまとまりがある。 ・素材，1～3 ・絵はじょうずでていねい。 ・文字量は少ない。

同じ時期に，同じ指導法で書かせたにもかかわらず，〈表1〉のような大きなちがいがあらわれたのはなぜだろうか。この原因が，書く前の準備学習のちがいにあるのか，こどもの質的なものにあるのか，それとも，日ごろの教師の積み上げの結果なのか，いろいろな要素がまじっているのであろうが何といっても，直前1週間の学習が大きくものをいっているように思われる。

〔書字力と記述量〕　〈表2〉

書字力＼記述量 組		100字以上		50～99字		49字以下		計	合計
上	口	24人		2人		1人		27人	64人
	書	11	65%	1	27%	0	8%	12	
	参	7		24		4		25	
中	口	5人		2人		2人		9人	33人
	書	12	60%	3	18%	2	22%	17	
	参	2		1		4		7	
下	口	0人		1人		3人		4人	20人
	書	0	0%	0	10%	10	90%	10	
	参	0		1		5		6	

(1)　記述量と素材の数

〈表1〉でみると，記述量は，3:2:1の割合で，口頭発表組がだんぜん多く，参考文組がきょくたんに少

ない。これを，書字力との関係においてみると，〈表2〉のようになり，児童の質の影響が多少はあるにしても，より強く，1週間の練習学習が影響しているのではないかと考えられる。

組	素材の数 一つ	三つ以上
口頭発表組	8人(20%)	21人(50%)
書写組	32人(80%)	0
参考文組	14人(35%)	13人(35%)

素材の数は，右のようになる。

記述量の多い口頭発表組の半数が，三つ以上（つまり，いろいろなことをつぎつぎに）とりあげて書いている。これに対して，書写組は，三つ以上とりあげたものは0であり，ほとんどが一つのことについて書いている。

口頭発表組の記述量が多いのは，やはり，毎日，前日の経験を話す練習をさせたためと思われる。まず，口頭発表は，友だちの話を聞くことが多く，取材活動を活発にするはたらきがある。もう一つは，話すことを多くすることにより，心理的に解放され，経験を文章表現するにも，比較的抵抗が少なくなるのではないかと考えられる。

次に掲げる一つの実践記録は，口頭発表と作文との関係を調査した記録の一部であるが，これを，前に述べた考察の裏づけとしたい。

〔口頭発表と作文との関係の調査（抜粋）（1年生2月）〕

単元名　あそび

ねらい

会話をたくさん入れて，ようすがよくわかるように書く。

口頭発表記録

教　それではえいちゃん。

川口　きのうね，ちゃことがっこうへいってねえゆきをつくってねえ。

〔うん（あいずち)〕

川口　ちゃこが，「ゆきうさぎつくってくれる。」といったから「うんつく

ってあげるよ。」とぼくはいったけど，ちゃこにつくってやらないで，ゆきだるまを，つくろうとして，まあるい，ゆきのかたまりをごろごろごろころがしていたら，むこうのほうにおねえさんたちがいたんだよね，だから，おねえさんたちのほうにいってみたらねえおねえさん たちが，ふじさん みたいな お山を つくっていたんだよね，だからぼくもまねしていたら，どっからか，もうひとりのおねえさんがきて，「あんた，これちょうだい。」といってまあるいゆきのかたまりをころがしながら，もっていっちゃったんだよね。ぼくは，「うん」っていってまた，ごろごろごろつくっていたら，どっからか，おねえさんが，きたから，おすべりだいみたいなのをつくるのをやめてさあ，さっききたおねえさんとはんとうぼうのほうへいったんだよ。ぼくが「ちゃここい。」といってねえ，ふたりのおねえさんたちが，つくっていたゆきの山みたいなものをぼくたちであそんでいたら，さっきのおねえさんたちが，きて，「あんたたちかえしてくれないか。」といったから「うん，いいよ。」っていって，そのばしょをどいたんだよね。またさっきつくっていたところであそんでいたら，ひとりの おねえさんが「もうかえらない。」と いったからね，もうひとりのおねえさんもふたりともかえったからぼくとちゃこでまた，そこであそんでいたらちゃこがながぐつで，ゆきのお山をこすってね，ぼくは，ゆきのお山のよこに，ゆきのかたまりが，あったから，ゆきのお山にくっつけたんだよね，そうしたらさあちゃこが「おにいちゃん，ちゃこちゃんこんなにお山きれいにしちゃったよ。」といったからねえぼくは，「どれみせて」といったら，ゆきはおゆであらわれないけどおゆであらったみたいにねえきれいになっちゃったんだよね。

教　ああ，みんなが，手や足がきたないとき，おゆであらうときれいになるけど，そんなようにじっさいには，ゆきはおゆであらわれないけど，きれいになったということがいいたいのね。

川口　うん。

でもさあよこが，きれいでなかったから，ぼくが，「でもこっちが，よごれているから こっちもきれいに しようね。」といってぼくも足でゆきのお山をごしごしこすったんだよね，そうしたら，またきれいになったから，こんどは，おすべりだい，みたいにしてすべっていたら，ちゃこが，「おにいちゃん，かえる。」といいだしたから，「そんならかえりな。」と いっちゃったんだよね，ちゃこは もどってきて，ゆきのかたまりをもってきたからさ，それをゆきのお山にくっつけて，また，ちゃことあそんでいたら，おかあさんがきて「もうかえりなさい四じはんよ。」といったら，ちゃこは，すぐに，おかあさんのところに，いったけどぼくはすぐいかないですこしあそんでおかあさんとかえったの。

（こどもも川口君の話が長かったので質問するより，自分がお話したいという気持ちのほうが強いようで，話したい，話したいと手があがる。）

作品

ゆきあそび　　　　K．E．

きのうぼくが，がっこうからかえって，きてから，ゆきが，ふって，いたので，ぼくが，「ちゃこ がっこ うへいこう。」といったら，ちゃこが，「それじゃあ，ゆきうさぎつくってくれる。」と，いったから，「うん，つくって，あげるよ。」と，ぼくは，こたえました。がっこうへ，いってから，ちゃこが，たのんだ，ゆきうさぎを，つくらないで，ゆきだるまを，つくろうとして，まあるいゆきのかたまりを，ゴロ，ゴロと，ころがして，いたら，むこうの，ほうに，おねえさんたちが，いたので，おねえさんの，ほうに，いって，みたら，おねえさんたちが，ふじさんみたいな，白いお山を，つくって，いました。この，まわるいゆきの，かたまりも，でこぼこでしたので，おねえさんたちの，まねを，していたら，どこからか，なく，おねえさんが，一りきて，「あんた，これ，ちょうだい。」と，いってまわるい，ゆきの，かたまり，を，ころがしながら，もって，いきました。ぼくは，そのあとに，「うん」と，いって，また，つくって，いたら，また，どこからなく，おねえさんが，きたら，おすべりだいみたいなのを，つくるのを，やめて，さっき，きた，おねえさんと，はんとうぼうの，ほうへ，いったので，ぼくが,「ちゃこ，こい。」と，いって，二りのおねえさんたちが，つくって，いた，ゆきの，山みたいな，ものを，ぼくたちで，あそんで，いたら，さっきの，おねえさんたちが，きて，「あんたたちかえして，くれないか。」と，いった，ので，「うん，いいよ」と，いって，そのばしょを，どきました。また，さっき，つくってたところで，あそんで，いたら，一りの，おねえさんが，「もうかえらない。」と，いったのでもう一りのおねえさんもかえって，二り，かえりました。ぼくと，ちゃこで，また，そこで，あそんで，いたら，ちゃこが，ながぐつで，ゆきのお山を，こすって，いました。ぼくは，ゆきのお山のよこに，ゆきのかたまりが，あったので，ゆきのお山に，つけて，いました。ちゃこが，「おにいちゃんちゃこちゃんこんなに，お山きれいに，しちゃったよ。」と，いったから，ぼくは，「どれ，みせて。」と，いったら，ゆきは，おゆで，あらわれないけど，おゆで，あらった，みたいに，きれいでした。でも，よこが，きれいで，なかったのでぼくが，「でも，こっちがよごれて，いるから，こっちも，きれいに，しようね。」といって，ぼくも，あしで，ゆき

の，お山を，こすりました。そうしたら，またきれいに，なったから，こんどは，おすべりだいみたいに，してすべって，いたら，ちゃこが，「おにいちゃんかえる」と，いいだしたので，「そんならかえりな。」と，いったら，もどって，きたらゆきの，かたまりを，もって，きたので，ゆきの，お山にくっつけてまた，ちゃこと，あそんで，いたら，おかあさんが，きて，「もうかえりなさい四じはんよ。」と，いったら，ちゃこが，おかあさんのところに，いったけど，ぼくは，すこし，あそんで，おかあさんと，かえりました。

ただ，口頭発表組の作品は，話すように，ぐんぐん書いていくため，つぎつぎにできごとをとりあげ，翌日のことまで書く児童がでてくるほどである。そのため，素材が三つ以上になってしまった児童が多かったわけである。(〈表2〉参照)

次の作品は，その代表的なものである。

きのうのこと　　　　　　　　　　　　　　T.

きのうすこしねぼうおしました。ぼくがめおさましたときわろくじでした。そのときわおかあさんはねていました。ぼくはとけいおみましたろくじだったのでもうすこしねむりました。すこしねむってからまたとけいおみたらしちじだったからおかあさんわまだねむっていたからおこしておきていいとききましたおかあさんわいいとゆたのでおきてからふくおきがえてふとんおたたんでからぼくのけいことゆうおねえさんがおつかいにいてぼくはおかあさんがぼくにかたおたたいてとゆったので

ぼくはたたいてあげましたすこしたたいていたらぼおねえさんがかえってきたからすこしぼくとかたたたきおこうたいしてからまたこうたいしてぼくにかわっておねえさんわごはんおたいてたへてからおかあさんかべんきょうおしなさいとゆたのでおねえさんとぼくでべんきょうおしてたらおとうさんがしっちょうからかいってきましたおとうさんがついでにおみやげおかてきました。おかあさんがはやくべんきょうおおはらせたらおみやげおあげるといいましたぼくはべんきょうがおわりそうだたおわえさんわおわおわっていましたぼくもおわっていたふたりでいすからはなれておみやげおあけましたそのおみやげわぼくたちのたいすきなおみやげだたぼくたちわいちんちでたべてしまいましたなまへはしりませんでしたおかあさんたちわしとつしかたべませんでしたぼくたちわかぞえきれないほどたべました。それからてがみおかいていなかえだしましたてがみおかいていたらおとうさんがおふろえいくよとゆいましたぼくはてがみおかくのおやめました。おふろわよかた。

(2)　絵日記の作成過程の問題

このような結果のでたもうひとつの原因は，絵日記を書く時，絵を先にかくか，文章を先に書くかによるちがいがあると思われる。書写組の場合，素材一つのものが80％もあるのは，この組のほとんどが，絵から先にかいているということに関係があると思われる。この点については，次の節でとりあげる。

書写組の代表的作品

- 絵を先に，次に文章を書いている。
- 文字がていねいで，きれいである。
- 会話の「　」を使っている。
- 素材は一つである。

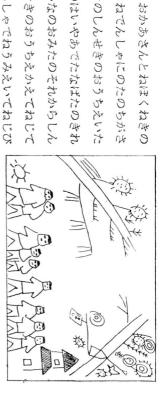

H　代

きのうね，おとうさんと，おかあさんと，おにいちゃんと，わたしと，となりのたえこちゃんとはるみふとおのてつどうはくらんかいを，みにいきました。めえじのきしゃ，やこだまでいっぱいです。「こだまごーうにのりたいわ」とゆったらおとうさん，が「のってきていいよ。」とゆいました。おにいちゃんが，「のっちゃいけないんだよ，ここは，みるだけだよ。」といって，わたしの，ようふくをしっぱりました。

(3)　参考文利用について

参考文組は記述量が少なく，素材のしぼりかたもふじゅうぶんであった。これは，ただ，作文の読み聞かせや，基本的な文型を理解させるという方法，（つまり，直接経験に結びつけない表現指導）の無力さを物語っているといってよいであろう。

参考文組の代表的作品

T　広

おかあさんとねぼくねきのうねでんしゃにのたのちがさきのしんせきのおうちえいたのはいやあでたなばたのきれいなのおみたのそれからしんせきのおうちえかえてねじてんしゃでねうみえいてねじび

きおみにいたのそしたらおおきいたいがいたの。

書写組は，その中間的な練習（わずかに経験を取り入れた書写練習）の結果，素材の数の少ないわりに，記述量が多いということになったと思われる。ただし，この組だけ，記述量の多い作品と少ない作品とに分かれて，中間の作品がごく少ないという特徴がある。

(4)　絵や文字のていねいさ

絵と文字のていねいさでは，書写組がよく，口頭発表組がよくない。練習の内容や記述量の多少に照らして当然の結果といえる。

参考文組は，絵のていねいな作品が多いのに対して，文字はらんぼうなものが多いという結果が出ている。記述量が少ないのに，このような結果が出たのは，絵に力を入れすぎた結果と考えられる。このことは，やはり，絵と文章とのつながりに原因があるように思われる。

(5)　書字力と記述力

当然のことながら，文字力の評価下の児童のうち，90％までは記述量も下の段階であり，記述量上は０である。（〈表２〉参照）これに対し，文字力上の児童のうち，記述量上の段階にあるのは，65％にとどまり，下の段階にも８％はいっている。

文字力が高いだけでは，長い作文を書くことはできないが，文字力が低くては，絶対に長文は書けないということがわかる。

そこで，低学年の作文力を伸ばすためには，どうしても書字力をつけなければならないということになり，低学年の練習は，この面にも重みをかけるよう計画されなければならないわけである。

第２節　絵日記の作成過程と記述力

１　研究問題

１年生が，自由に絵日記を書いているのを見ると，絵を先にかく児童と，文章から書きはじめる児童とあることを発見する。

これは，児童の能力，性格，好みなどによるのであろうが，同一児童が，絵日記の作成過程をかえた場合，やはり，抵抗のちがい，作品の差が出るのではないかと考えられる。７月にはじめて書いた絵日記を，その作成過程のちがいによって分析してみると次のようになる。

作成過程のちがいと平均記述量　〈表１〉

組	作成過程	人数	平均記述量	書字能力別人員及平均記述量					
				上		中		下	
口頭発表組	絵を先に	25人	135字	11人	166字	10人	134字	4人	30字
	文章を先に	12	477	12	483	0	0	0	0
書写組	絵を先に	36	130	11	202	17	108	7	45
	文章を先に	3	243	1	160	2	335	0	0

(1)　記述量について

上記の表をみると，文章から書きはじめた作品が，記述量においては，はるかに多い。書写組の場合は，文章を先に書いた者が３名だけなので，はっきりとはいえないが，傾向は口頭発表組と似ている。

(2)　素材数について

作成過程のちがいと素材数　〈表２〉

組	作成過程	素材数 上 1	上 2	上 3以上	中 1	中 2	中 3以上	下 1	下 2	下 3以上	計 1	計 2	計 3以上
口表頭組発	絵を先に	2	2	7	5	3	不明2 0	2	0	不明2 0	9	5	不明4 7
	文章を先に	3	2	7	0	0	0	0	0	0	3	2	7
書写組	絵を先に	10	1	0	15	2	0	7	0	0	32	3	0
	文章を先に	0	1	0	0	2	0	0	0	0	0	3	0

絵を先にかいた作品のほとんどは，素材が一つにしぼられている。これは，絵によって取材がはっきりするからである。

文章を先に書いた作品は，素材が多く，朝から晩までのことが，つぎつぎに書かれている。これらの作品には，絵には力を入れず，かんたんな，略画ふうのものが多い。絵を先にかいた作品は，やはり一般に絵がていねいである。

(3)　児童について

文章を先に書いた児童は，書字力評価上が多く，また，口頭発表のじょうずな者が多い。絵の好きな児童は，文章力があっても，絵から先にかいている。

以上のように，絵日記の作成過程のちがいは，記述力にある程度の影響を及ぼすものと考え，

同じ児童が，絵を先にかく時と，文章を先に書く時とで，記述量，絵，素材の数やとらえ方，抵抗などに，どのようなちがいが出るか，という研究問題を設定し，９月にこれを調査した。

2　研究方法

前日のことを，絵と文章とで，よくわかるように書くねらいを持った作文単元「絵日記」を，次のような指導過程で実施した。

第１回　（９月10日）

口頭発表３名→話し合い→絵からかく。

第２回　（９月14日）

口頭発表３名→話し合い→文章から書く。

そして，各組とも，能力上，中，下のそれぞれから４名を選んで，記述中のようすを観察し，その作品二つを比較してみることにした。次の記録は，その時の一つの組の授業の状態である。

〈絵から先にかくとき〉　　37. 9. 10

教師	児童
〈書く前〉	
・きのうのお話をしてもらいましょうね。	・みんな　何したかなと思い出し顔…
	・吉倉　この間の日よう日のことでもいい？
・はい　いいですよ。	（いいたねがみつかったらしいえがお） 二，三分　みんなだまって考えこむ。 ・はい，はい，　五，六人挙手する。
・塚本さん お話がみんなによくわかるようにしてくださいね。	・塚本　きのうね，デパートへいったお話をします。きのう遊んでいたら，しんせきの人がきて，みんなでさいかやのほうへいきました。イタリアのお料理をたべて，金魚ばち買ってかえりました。だれもいないので心配しました。 （おちついて話す） みんな　うまいなと感心したようす。
・よくできましたね。たいへんおちついてお話できたので，みんな感心して聞いていましたね。いつ，	

だれとどこへいったかよくわかりましたね。	
・何か塚本さんに聞きたいことない？	・山口　うちじゅうでさいかやへいったんでしょ？　だれもいないっておかしいな，かぎかっていったんでしょ？
	・塚本　ひろちゃんだけおるすばんしていたの，勉強があるっていったから…
・そう，どうもありがとう。今度はよくわかりましたね。	
・矢崎さん，お話してちょうだいね。はずかしがらないで　できますね。	・矢崎　（もじもじして　頭をなでながら一，二分だまって考え…）あのね，きのうね……ボール投げして，ごはんだからおかあさんが，ごはんよっていったので，うちへはいってねたの。
・じょうずにできましたね。（勇気づけて　ほめる）もうすこしね，だれとボール投げしてどこでやったかわからない。	・飯島　短いな　はは…，よくわかんないよ。
・こんどは　大久保さん	・大久保　はい，（はっきりという。）このあいだ，東京タワーへいったお話をします。家の自動車で東京タワーへいきました。いちばんてっぺんで，いちばん下を見たら，自動車がおもちゃの自動車みたいで，おっかなくなっちゃった。それからいちばん下へおりて食堂へはいって，お子さまランチをたべて，（ズボンをもじもじいじっている）おうちへ帰ったの。みんな笑っている，おもしろそう。
	・木戸　だれといったのよ。（笑いながら）
・だれといったかおとしてしまいましたね。	・大久保　あっ　忘れちゃった，いけない。おとうさん，おかあさん，いもうとのよし子とぼく。
・ほんものの自動車がおもちゃみたいに見えたの…，東京タワーは高	・木戸　うん，わかった。 ・ぼくももうせんいったよなどの声。

いからですね。おもしろいお話でしたね，とてもじょうずにできました。	
〈書く時〉	
・では　これから　そういうお話をこの紙に書いてもらいましょう。	・みんな　紙に注目。 ・もうせん　やったね　一ガヤガヤ一
・きょうは絵を先にかいて，それからそのお話を下に書いてちょうだい。	・絵を先にかくの？
・絵とお話で，きのうのことが，先生やお友だちによくわかるようにね。	・わかった，何にしようかな……
（用紙　白ドイツ半紙　上部絵，下部10×13のますめ）	・名まえはどこ？
・名まえの位置を板書する。 ・用紙をくばる。	・いっせいに名まえを書き，クレヨンを持って　かきはじめる。 ・絵の好きな子は　たのしそうににこにこしながら……
・机間巡視して個別指導	・佐藤，矢崎　何をかいたらよいか思案顔三，四分ぼうっとして友だちの絵をながめている。（素材を考えているのか？） ――10分――
・はい，絵がかけた人は，そのお話を下に書いていいですよ。	・芳倉　絵できた，お話書いていい？ ・うわぁ一。 だんだん　文を書きだした。 は，をの助詞の質問多い。
・文字力のない児童に個別指導	阿部，最近文字力が身についてきたので，とてもうれしそう，どんどん書く，字はきたない。
・できた人は読みなおしましょう。 ・できた人は静かにだしましょう。 〈書いたあと〉	早い児童　11分，　おそい児童　45分

・大久保さんのを読んでみましょう。	絵を中心によくまとまっている。
・ほかの人のはあした読みましょうね。	・うれしいな。

3　結果と考察

(1)　作文の時間における抽出児の状態の比較　（抵抗の考察）

Ｓ子（書字力中）の観察メモ

○　絵を先にかいたとき

ア　書く前の指導の時

①　他の児童（女子）が口頭発表している時，

○　きちんとして聞いている。

○　質問の時，手をあげ，「どこのそばやですか。」と聞く。

②　次の男の子が発表している時，

男の子「ねえ きのうねえ。木村ひろしくんに手紙書いたの。(声あり「なんだかさっぱりわからねえや」)（同じことばをくり返す。）ねえおねえちゃんもアトムシール２枚いれてね。ぼくも，アトムシールいれてやった。それからねえ。」

○　顔をみてよく話を聞いている。

○　質問の時間になったら，少しだれて，机の上にあごをのせたりする。

イ　絵をかく時，（所要時間13分30秒）

①　横をむいている。隣の子に話しかけてから，名まえを書く。（30秒経過）

②　また隣の子と話す。反対側の子を見る。考えている様子。（１分30

秒）

かいた順　①〜⑧

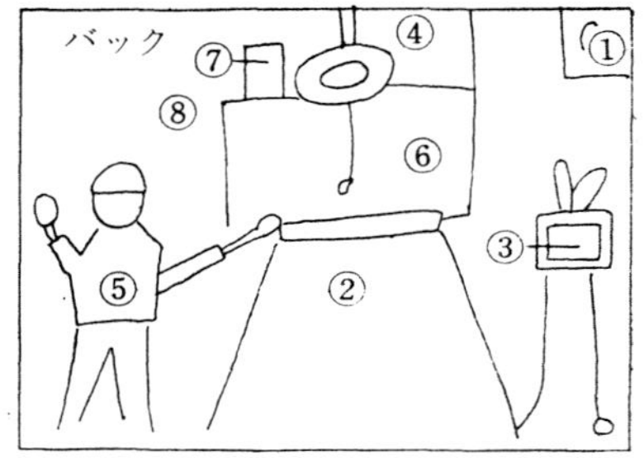

③　右上のかざりをかく。（20秒）

④　まん中にこたつの絵をかく。（２分）

⑤　隣の子をみる。貸したクレヨンのあくのを待っている。手で紙をたたく。（30秒）

⑥　テレビをかきはじめる。（うしろ，左右の子がテレビの絵。）（１分）

⑦　隣の子に「モースカ」という。（１分）

観察者「なにをかくつもり？」と聞く。答えず。ほかの子に聞いて，また聞くと，「たべるところ」と答える。（２分）

⑧　電球をかく。（２分）

⑨　人間をかく。（３分）

⑩　何かぶつぶつ言って，画面とクレヨンとを見くらべる。（１分）

⑪　とだなをかく。（１分）

（クレヨンの紙をむしりながら考えている。）（30秒）

⑫　とだなの上のものをかく。（１分）

⑬　バックをぬりはじめる。腰をあげたりおろしたりしながら，ていねいにぬる。（５分）

観察者と問答

これはだれ？	「おとうさん」
君はどこにいたの？	「３じょうのほう」
おかあさんは？	「おつかいでいないの。」

これはなに？　　　　　「おかし」

だれがたべるの？　　　「おとうさん」

ウ　文章を書く時　(所要時間15分20秒)

①　停滞状態

○　3じ，4じという時刻のところで2回。

○　(〜た。) センテンスのおわりで「。」をつけて　7回。

○　かたかなの ところ，文字の 書きなおし，4回。(クリーム，テレビ，し，わ)

○　おしゃべり，うしろをむく。3回。

内，2回は，センテンスがおわったところで。

1回は，センテンスの途中。

②　文字づかい

○　かたかなを書く意識が高い。

○　「を」はまだ使い分けられない。

〔文章〕　(240字)

きのうのこと (すぐ書く。30秒考えている)

きのう停3じになったから20秒クリいム1分。30秒たべてから40秒テて消す(二度)レビをみました。3分。50秒

4じになってから4分おかあさんが　おつかいにいってくるは，といいました。5分。50秒うしろを見る，となりの子を見る。そしておかあさん30秒となりのがいきました。話の仲間入り 7分。25秒考える　おとうさんがかえってきました。8分。10秒わたしがあそん9分 でいるとおとうさんがかえってきました。10分。10秒 わたしがいいました休まないおとうさんおかあさんおて消す つかえにいったよといいました。11分。うしろの子を見る30秒いってる12分うちにおかあさんがかえってきました。50秒「モウオワリ？」「マダ」

14分おかあさんがごはんのしたくおしたのでおとうさんとね消す わたしは，

いきました休まないそして15分ごはんおたべました。15分20秒

(ぱっとえんぴつをおき，立ちあがる)

(おわってからは　よく話す。……前の質問の確認程度のこと)

〔文章についての考察〕

○　文章の終わりの意識ははっきりしている。途中で「終わりか」と聞いた時，そくざに，「まだ」と答え，書き終わるやいなや，ぱっとえんぴつを置くところをみてもわかる。

○　センテンス意識は，はっきりしている。「。」のつけ方がいいこと。つけないところは，「わたしがいいました。『おとうさん，おかあさんおつかいにいったのよ』」というような会話の入れ方のところである。最後の文の前だけ「。」を忘れているが，心がせかれたためであろう。

〔絵と文章との関係についての考察〕

絵にあるもの……こたつ，テレビ，父親，電燈，戸だな，かざり

文章に出るもの

クリームをたべたこと。

テレビを見たこと。

おかあさんがおつかいにいったこと。

おとうさんが帰ってきたこと。

おとうさんに，おかあさんのるすであることをいったこと。

おかあさんが帰ってきたこと。

ごはんをたべたこと。

絵は父の帰ってきたところであるらしいが，いろいろなふくみがありそうである。

○　帰ってきた父。

○　見たテレビ (まわりの子のテレビの絵に影響されたとも思える。)

○　おかし（父がたべたと話してくれたが，文章にはない。）

○　母がいないのは，おつかい。（話）

じぶんはとなりのへやにいた。（話）

などは文章にでている。

○　あかり

○　戸だな　など

は文章に出ていない。バックの役割らしい。あかりは夜だからであろう。

いずれにしても，絵で何をあらわそうとしたのかという焦点化が足りなかったようだ。そのため，文章も散漫なものになった。いちおう，時間の順序に書いてはいるが，クリームか，テレビか，父のことか，夕飯のことか，中心がぜんぜんない。取材の失敗であろうと思う。

○　文章を先に書いた場合

ア　書く前の指導の時

他の子の口頭発表の時，姿勢が悪くて注意されたが，かなり内面活動はしているように思う。（作成中の観察の結果）

イ　文章を書く時（所要時間　14分）

①　停滞状態

○書き出すまで　10秒

○まる（センテンス）ごとに　10～20秒　整然とした停滞状態。

（スピードは終始かわらず）

○書き終わりの意識　めいりょう。

ウ　記述量　　250字

10秒きのうおかあさんがさちこちゃん20秒おついくといいました。3分。10秒わたしは，10秒んいくといいました。4分おかあさんわ五ちょうめおいわけどちといいました。5秒よこを見るわたしは，おいわけといいました。10秒考えているわたしは，

おかあさんはやくといいました。7分。10秒考えているおかあさんは，さきにしたにいってな8分さんといいました。20秒となりを見る，考えるわたしは，9分したにおりてもいいのといいました。5秒おかあさんは，10分いいよといったのでさきにしたにいきました。20秒よこを見るわたしは11分したでまっていましたが8秒おかあさんがおそいので12分あがっていきました。13分。よこを見て考えている30秒おかあさんがかいだんおおりていました。10秒よこを見て考えている

そしていっしょうにいき14分ました。

（けしゴムをしまう。えんぴつもしまう。すぐクレヨンをとる。）

ウ　絵をかく時，（所要時間　25分）

〔状態〕

○　書きはじめるまで　15秒

○　順序　　①～⑨

時々ちょっと考えるだけで，黙黙と，まじめに書き上げる。最後のバック（４分間）も，最後までしあげる。

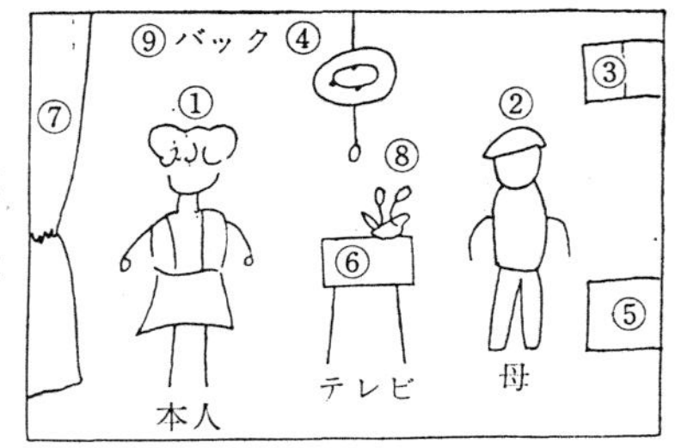

エ　自己評価（教師の質問に答えて）

①　絵……本なんかかたづけるところ。本は学習や小鳥の本。

②　文章…おつかいのこと　書いたの。絵はおつかいにいくところ。

③　この前の絵日記（絵から先）に比べて

・この前のほうが書きよかった。

なぜ？　思い出せたから。

・絵はこの前のほうがいいと思う。

・文章はきょうのほうがいいと思う。

④　作文より絵をかくほうが好き。

⑤　記述状態のグラフ

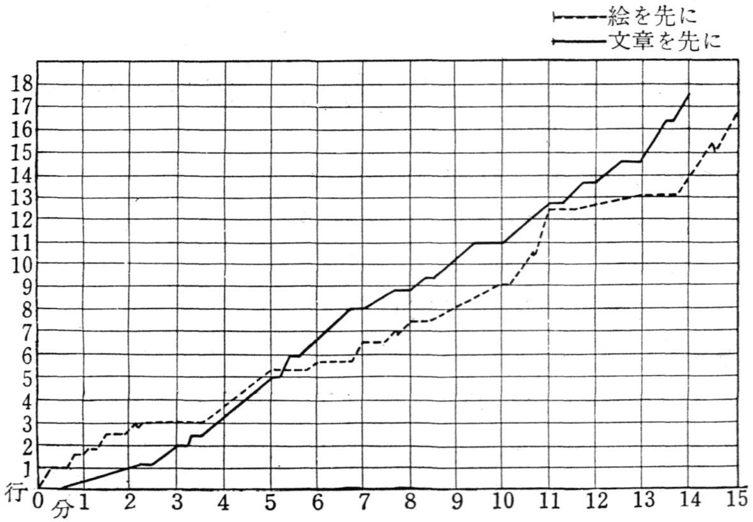

〔上記グラフの考察〕

「この前のほう（絵を先に）が書きよかった。」と，児童自身はいっているが，グラフにしてみると，前回のほうが，書き出しはよかったが，そのあとだいぶ停滞していることがわかる。それに反して，文章を先に書いたほうは，書き出しはおそいが，文章が進むにつれて，スピードが順調にでたことがわかる。これは，素材の関係であろうし，この児童の場合，絵から先にかいても，その時は，取材の焦点化ができなかったためであろう。この児童は，作文よりむしろ絵が好きで，文章を書くことにはあまり意欲がない。それにもかかわらず，文章を先に書くと，14分で250字書き，絵を先にかいた時より，スピードがあったわけである。逆に絵のほうは，文章

を先に書いたほうが，25分もかかっていながら，できあがった絵は，児童自身もいっているように，前回と大差なく，しかも，文章とのつながりもあまり密接とはいえない。これは，この児童の持続できうる時間の限界を示すものかもしれない。

過　　程	絵	文	記述量
絵を先に	13分30秒	15分20秒	240字
文章を先に	25分	14分	250字

○絵より作文のほうが好きなＨ夫（書字力中の下）の場合

記述状態のグラフ

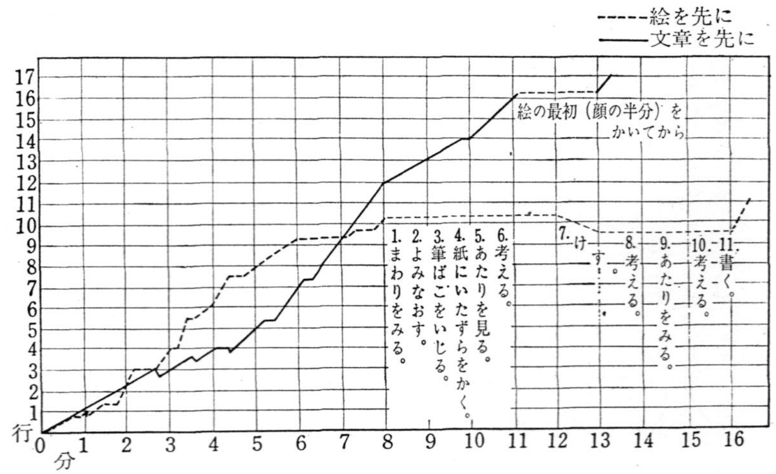

過　　程	絵	文　章	記述量	絵と文章のつながり	
				絵	文　　章
絵を先に	3分	17分50秒	150字	手紙を持っているぼく	ひろしくんに手紙を書いたこと
文章を先に	21分	13分20秒	255字	のぶよしくんと遊びにいこうとしているところ	のぶよしくんがきてトランプしたり，テレビ見たりしたこと。

②　記述量の比較

作成過程のちがいと平均記述量　〈表３〉

書字力＼組	1		2		3	
	絵を先に	文章を先に	絵を先に	文章を先に	絵を先に	文章を先に
上	135	188	263	224	95	104
中	87	125	262	233	70	60
下	65	86	71	95	26	40
平均	116	189	221	196	80	86

記述量のちがいは，児童によってまちまちであるが，〈表３〉によると，１組は文章を先に書いた場合，平均して記述量がふえており，３組もわずかながらふえている。ただ，２組が逆の現象を呈しており，これは，

ア　児童のほとんどが絵から先にかく習慣をもっていたこと。そのため，文章から書くことに大きな抵抗を感じたのではないかと考えられる。

イ　文章を先に書いた絵日記の時間には，教室が工事中で，児童が集中できなかったこと。また，非常にむし暑い日であるうえ，運動会の練習のあとに書かせたので，身体的にも悪条件であったこと。

などが，その原因と考えられる。

一般に，文章から先に書かせると，記述量がふえるが，これは，はじめて絵日記を書くころの調査であって，月がかわり，学期が進めば，おのずからちがってくるであろうし，また，児童各自の個性などによって，左右されることもあると思われる。

このような傾向は，さらに個人別にみていくと次のようなことがわかる。

能力の高い児童は，絵を先にかいても，文章を先に書いても，それほど大きな差は出ない。しかし，中位の児童については，この傾向がはっきりしたあらわれ方をする。

Ａ子（能力中）

	絵から	文章から	特　徴
記述量	100字	140字	1　絵を先にかいた作品 ○絵に非常に力がはいり，ていねいにのびのびとかかれている。 ○素材は一つである。 2　文章から書いた作品 ○絵がやや粗雑である。 ○素材が二つになりまとまりがわるい。
時間	19分	20分	
絵	上	中	
文字	中	中	
素材	1	2	
絵と文とのつながり	よい	一致しない	

絵を先にかいた作品

（Ａ　子）

きのうおねえちゃとあたしでとこやにいきましたづっとみでたらあたしも。したくなりました。うちえかえていっておかねおとこやさんにもていきました。うちのおねえちゃんがおわたらあたしがやってもらいました。

文章を先に書いた作品

（Ａ　子）

きのうねこうえんにいてこうえにいってみたら。十五やがあたのそいでうちえかえてみたらおねえちゃんがいたのおねいちゃんおこつえんにつれてきたの。ほら十五やがあるよ。」はやくおいてよおねえちゃんぶらんこのろよ。ん。ぶらんこのると十五やがみえるよもおかえ

ろおよ。ちっとてれびおみようよ。そいでねたの。

(3)　取材のしかたの比較

N子は絵をかくのが好きで，絵はいつもていねいにしあげる。書字力は中である。いま，このN子の作品を掲げて，その取材のしかたについてみてみよう。

文章を先に書いた作品　（N　子）

きのうのりことやすことおとうさんとおふろにはいってあらってふろからでましたそしてたおるをつかうとき，しとりしかつかへません。だからふとんでねころがりながらたおるをつかいました。そしてねまきおきてそらおみたら，やすこがそらおみて「まるいのがあるよ」といいました「どこよ」とのりこがいいました。「ほんとだね」といいましたのりこが「あれわね。じゅこやたよ」といいました。やすこか「じいちゃん」といいました。のりこがまた「じゅごやだよ」といいましたそしてのりこわねるじかんだからやすことのりことおばちゃんでねました。おとうさんわそしておふろからでていきました。そしてなしおたべておとうさんもねました。そしてこんどわおかあさんがおふろにわあとからはいりましたそしてなしおたべてあけて，あまどをしめてねました。

絵を先にかいた作品　（N　子）

よるになったらすずしいのでのりことやすことおばあちゃんでよるそとへいってやすことかけっこおしてのりこがかけっこでのりこがまけてやすこが一とうしょうになりました。のりこがいっしょうけんめいかけても一ばんになりません。のりこわうちへかへりましたやすこもおばあちゃんもか

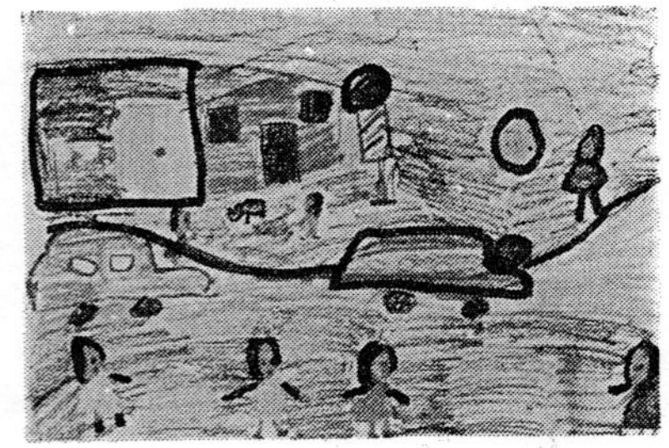

へってうちでかけこのことをおばあちゃんがいいました。のりことやすことまたうちでかけました。おばあちゃんが「いっしょにかけてもだめね」といっておばあちゃんが「うちでかけんのはやめな」といいました。

文章を先に書いたものは，記述量は多いが，できごとを次から次へと書いてあり，順序もばらばらで，何を書くかという意志のないまま，書き進んでいったことがよくわかる。それに対して，絵を先にかいたものは，一つの素材について，そのようすを細かく書き，まとまりのある文章となっている。

このような傾向は，書字力中から下の児童に多くみられ，書字力上の児童は，絵から先でも，文章から先でも，取材のしかたにあまり変化はみられない。

このようなことから，１年生初期の絵日記では，書字力中以下の児童には，文章を先に書かせることは無理であることを確認した。

S　子　（能力下）

	絵から	文章から	特　徴
記述量	197字	120字	1　文字力はいちおう身についている。 2　絵からかいた作品 絵を中心に，抵抗なく文章も書き記述量も多く，素材も一つで，この児童としては，よく書けた作品。 3　文章から書いた作品 絵からかいた作品よりおとる。素材のきりとりができず，きのう→夜→朝まで書いてしまい，しかも記述量は少ない。絵も，雑。
時間	30分	20分	
絵	中	下	
文字	中	中	
素材	1	3	
絵と文のつながり	よい	一致しない	

文章を先に書いた作品　　（S　子）

きのう，あたしの，おつきさまお，みたら，おかあさまが，わらいました，そして，うちのおかあさんが，かざあて，くれました，よるになりました，ねました，あさになりました，おばあちゃんがぶどうおくれました，がこうおかえた，あとなにかしてあそびました。

絵を先にかいた作品　　（S　子）

きのうおばあさんと，うみにいきました，まりこも，いきました，うちのおとうさんも，いきました，きくちけいこもいきました，あたしもいきました，それからうちのままわるすばで，おしるわ，おべんとうで，また，うみにいきました，それから，ふねも，ありました。それから，かいもありました，おとうさんが，なにか，いいました，でて，おみずおのんで，うちにかえるときせみがいましたそれから，そこで，うちにかえりました。

以上のことから，１年生に，はじめて絵日記を書かせる時には，次のようなことを考える必要があるといえよう。

① 文章としてのまとまりはともかく，長い文章を書かせようと考えた時には，文章から書かせてみるという方法がある。

② 絵と文章とで，一つのことを表現し，まとまったものをねらう場合には，やはり，絵を先にかくよう指導するのがよい。

③ 能力中以下の児童は，文章を先に書かせることは無理である。

④ 絵に力をそそぎすぎると，それで表現意欲が満足することと，つかれとで，文章には力を入れなくなる傾向がある。そこで，文章を充実させるには，絵のスペースを小さくする等の方法をとることが考えられる。絵は取材にだけ利用するという考えである。

第2章　取材メモと取材力

――中学年の記録の場合――

第1節　取材メモのはたらき

1　研究問題

取材についての指導をする時，わたしたちは，メモをとらせ，それを材料にして行なうことが多い。しかし，実際にこのメモはどのくらい役にたつものであろうか。メモが児童の取材活動や作品に，どんな影響を及ぼすものであろうか。これらの疑問を解くために，研究問題を次のように設定した。

「中学年児童が，記録・手紙・自由題作文等を書く学習活動の中で，取材メモは，どんなはたらきをし，作品や活動にどんな影響を及ぼすか。」

ここでは，記録・手紙・自由題作文等の全部の報告をするスペースがないので，記録におけるメモの研究についてだけ報告する。

2　研究方法

3年理科単元「水でっぽう」では，水を遠くまでとばせる方法，水のとび出すわけ等を実験によって気づかせなければならない。そのためには，実験の記録をとる必要がある。

また，4年理科単元「身近なこん虫」では，かの生態を，観察を通して知らなければならない。ぼうふらからかになるまでを観察して，記録するわけである。

そこで，記録を書く場合の取材メモの研究には，適切な素材であると考

え，実験のために実施する単元と目標を次のように定めた。

3年　水でっぽうの実験記録

① 大事なことを落とさずに書く。

② 実験記録の書き方を知る。

4年　ぼうふらの観察記録

① よく見て書く。

② 観察記録の書き方を知る。

さらに，わたしたちは，児童に実験・観察メモをとらせるとき，それ以前の指導のちがいによって，さまざまなメモが書かれることを予想し，それが作品とどう結びつくかということを知りたいと考え，3年の2学級，4年の3学級の指導過程を，それぞれ次のように定めた。なお実験学級を指導過程によって，下記のように便宜的に名づけた。以下この名称を用いる。

指導過程

学年	学級	指導過程
3年	参考文組	水でっぽうの実験→参考作品による記録文の研究→取材メモ→作文
	メモ練習組	取材メモの練習→水でっぽうの実験→取材メモ→作文
4年	えんぴつ対談組	ぼうふらを見ながらえんぴつ対談→ぼうふらを見ながら取材メモ→作文
	メモ組	ぼうふらを見ながら第1回取材メモ→ぼうふらを見ながら第2回取材メモ→作文
	参考文組	参考作品による記録文の研究→ぼうふらを見ながら取材メモ→作文

・3年参考文組は，「ぼくのやったじっけん」ほか2編を参考文として，実験記録の書き方を研究したあと，メモ・作品へと移った。

・3年メモ練習組は，国語教科書「銀の卵」という説明文を読み，その

説明にしたがって実験し，メモをとる練習をする。その後さらに，水でっぽうの実験をして，メモをとり，作品を書くという過程を経た。

・4年えんぴつ対談組は，初めにほうふらを見ながら，えんぴつ対談をし，次にメモ・作品へと移った。

・4年メモ組は，最初にすぐ，自由にメモをとらせ，そのメモをもとにして，メモのとり方について理解させ，次に第2回メモをとらせてから，作品へと移った。

・4年参考文組は，「こおろぎの観察」という観察記録を参考文として，記録の書き方を研究し，メモ・作品へと移った。

以上のような，それぞれの指導過程の中で児童たちは，どのような取材活動をし，どのような作品をうみ出しただろうか。

3　結果と考察

(1)　メモと作品との関連

五つの学級の，それぞれメモと作品との関連を分析した結果を総合すると，次のようになる。(各学級共通な面の考察である。)

〈メモと作品との関係の分類（人数)〉　○よいもの　×悪いもの

（4年メモ組の欄のみ—抽出18名）

分類＼学級	メモと作品とが変わらないもの	メモ○ 作品○	メモ× 作品×	メモ○ 作品×	メモ× 作品○
3年参考文組	15	9	11	3	2
〃　メモ練習組	7	13	15	2	4
4年えんぴつ対談組	0	27	15	0	0
〃　メモ組	0	16	2	0	0
〃　参考文組	15	4	7	5	9

この表で二つのことがはっきりした。

ア　一つはメモがよければ作品もよく，メモが悪いと作品も悪いということである。

質的にみてメモと作品とが，くいちがっていると思われるものは，ごくわずかである。4年えんぴつ対談組やメモ組のようにくいちがいの作品がゼロのところは，えんぴつ対談→メモ，メモ→メモというように取材段階で2度書いている学級である。このことは，メモを充実させれば，作品も充実するという両者の関係を，いっそう確かなものにする一つの事実と考える。

○　メモ・作品ともよい例

4年えんぴつ対談組の例

——えんぴつ対談は悪いが，メモ・作品はよいもの——

えんぴつ対談　　A夫・K子

対談の内容がとらえどころがなく，観察記録のための取材のはたらきはしない。

ほうふら　（えんぴつ対談）

A　ほうふらのかんさつ日記どう書いたらいいのかな。
K　毎日，ちゃんとつければいいでしょ。
A　なにをつけるの。
K　よく見て，からだやなんかのことを書けばいいのよ。
A　ほうふらのたべものも書くのかな。
K　どんなところにすんでいるのか知ってる。
A　きたないどぶの中にいっぱいいるよ。

（以下略）

というように，目の前のほうふらはそっちのけにした対談をしているものが少なくない。

取材メモ

メモは，ぼうふらの形，大きさ，生態などをよくとらえ，箇条書きにしている。

6月7日　　雨　　14.2°C　　　　　　K　子

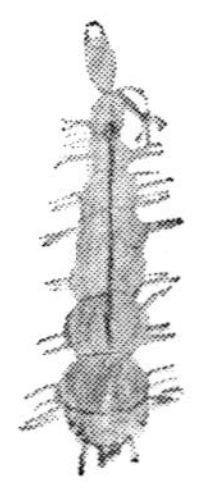

○　形

頭の両がわに，三角形の目がある。

頭の両がわにひげがある。

しっぽのまん中に黒いすじがはいっている。

顔のまん中に黒い点があった。

○　頭が大きくなった。

○　大きさ。

長さ 6mm　はば 1.2mm

○　色

頭のところが白くなってきた。

しっぽも白くなってきた。

○　およぐ時

下におりるときは，エレベーターのようにすうっとおりていく。

○　前に比べて

あんまり水面にあがらない。

まえよりあんまり動かなくなった。

○　メモ・作品とも悪い例

3年メモ練習組の例

メ　　　モ	作　　　品
水でっぽうをつくったら，外にでていきました。でも，ぼくだけが水でっぽうをつくってみたら，できなくていきました。そして，水でっぽうは，とばしたら，へんなにとべてしまいました。水でっぽうは，先生のを見ていたら，すごくとんでいました。	ぼくは，水でっぽうをやって，水を入れてとばしてみたらあんまりとばなくて，よこになっていました。水でっぽうのせんがとれてしまいました。そして，先生にとってもらいました。でも，おさいてやってしまいました。…………

イ　もうひとつはっきりしたことは，メモと作品とがほとんど変わらないものが，相当数あったということである。しかも，3・4年参考文組に特に多く，3年メモ練習組がこれについていることである。これは指導過程のちがいからきていると思われる。参考文組は，3年も4年も指導過程は同じであり，3年メモ練習組は，最初のメモのとり方の練習を，ほかの材料でやっている。また，4年えんぴつ対談組，メモ組は，直接ボウフラの観察メモの指導をしている。ただし，5学級とも，取材メモから作品に移る段階では，指導らしい指導をしていない。したがって，メモに対する作品の変わりようは，メモらしいメモを書かせたかどうかにかかっていると考えられる。

このことから，ボウフラについて直接観察メモの指導をした組が，比較的好ましい取材活動をしたということがいえるわけである。

(2)　取材メモの条件

記録における取材段階での活動状態は，メモにあらわれるとみることができる。そこで，取材力探求のひとつのかぎとして，取材メモを分析してみた。

取材メモの備えなければならない条件に関するものを拾い出すと，次のようになる。（これも各学級に共通な点の考察である。）

ア　取材メモは，箇条書きにしたほうがよい。

3年参考文組のメモの文体と，作品の質との関係を調べてみると次のようになる。

＊表「メモと作品との関係の分類」参照。

① メモも作品もよいもの，9人のうち，8人までが，メモは箇条書きになっている。

② メモと作品が変わらないもののうち，質のよいもの4人の中で，箇条書きにしているものが3人を占めるのに対し，質の悪いもの11人の内訳は，逆に文章体が9人を占めている。

このことを，メモの文体を基準にして分類したのが，次の表である。

〈メモの型と作品との関係の分類〉

3年メモ練習組

メ　モ	作　品	図
文 章 型(11)	・実験の八つの条件をおさえているもの。（0） ・実験の四つの条件をおさえているもの。（2） ・実験の四つ以下の条件をおさえているもの。（3） ・その他（順不同ごちゃごちゃ）（6）	・図と文章のつながらないもの。（5） ・図と文章とつながるもの。（0） ・一つしか図のないもの。（4） ・図のないもの。（2）
箇条書き型(32)	・八つ（18） ・四つ（9） ・四つ以下（1） ・その他（4） （よい作品はほとんど，箇条書きメモのものである。）	・つながらぬもの。（9） ・つながるもの。（15） ・一つしかないもの。（6） ・図のないもの。（2）

3年参考文組

メ　モ	作　品	図
文 章 型(19)	・八つ以上おさえているもの。（1）	・つながらぬもの。（10）

6月7日　雨14.2℃　頭の両がわに，かどばっている目があって，長いひげも2本あります。ぼうふらをよく見たら、しっぽのまん中に黒いすじがはいっています。頭がまえとくらべて，ちょっと大きくなりました。全体の長さ，きのうより1mmふえて，6mm，はばは，ちょっとふえて1.2mmぐらい。頭のところが白くなったのを見て，もう2～3日たつとおにぼうふらになると思いました。しっぽも少し白くなってきた。下におりるときは，エレベーターのようにすうっとおりていくのを見てわたしは，なんだかおもしろくなってしまいました。じっと見ていたら，あんまり水面にあがらないし，まえよりあまり動きませんでした。わたしは，ふしぎでたまらなかったです。

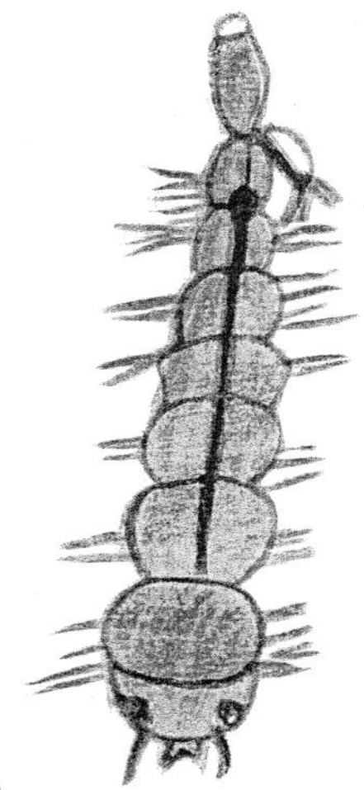

	・五つ以上おさえているもの。（３） ・四つ以下おさえているもの。（５） ・その他（０，順不同，ごちゃごちゃ）（10）	・つながるもの。（７） ・一つしかないもの。（２） ・図のないもの。（０）
箇条書き型（21）	・八つ以上（３） ・五つ以上（８） ・四つ以下（４） ・その他（６） （よい作品は，やはりこの中）	・つながらぬもの。（５） ・つながるもの。（４） ・一つしかないもの。（10） ・図のないもの。（２）

☆　メモが文章型のものの作品は，水でっぽうをとばしに外へ出たこと，また教室へはいってきたことなどが，だらだら書かれ，かんじんのことが手うすである。

以上のことから，箇条書きのメモのほうが，充実した作品を生むことは明らかである。このことは，箇条書きらしい箇条書きのものほど相関関係は高いようである。メモの中には，形だけは箇条書きになっているが，実質的には，箇条書きとはいえないものもある。たとえば，次のようなものである。

「ほうふらは，とても小さくて，長さは約５mmぐらいで，水にういています。」

箇条書きの指導では，はじめは１箇条１内容のものをとりあげ，次には，２内容を因果関係，比較等で，はっきりと結びつけて１箇条にまとめる方法をとりあげるのがよいのではないかと思われる。このどちらも，さらに，上の項目に属する場合が多いので，そのような立体的なつかませ方も指導する必要があろう。

３年では，取材などのメモは箇条書きにするのがしぜんだということさえ知っていないのが実情である。実験，観察等行動しながら，大事ないくつかのことを，正確に書きとめるには，だらだらと文章体で書いていたのでは，その目的を達することはできない。こんな単純なことも，教えなければできない。したがって，箇条書きふうにメモする力を，取材の技術として，練習させる必要があると考える。

○4年メモ組の場合の，第1回メモ（自由に書いたもの）から第2回メモ（メモのとり方を理解して書いたもの），それが作品へと，どのように移ったかをみると次のようである。

1回めの自由なメモ

1回めのメモは，文章体で，まだ観察のポイントがつかめてない。

H　男

きょう，ほうふらをかんさつしたら，おしりを水面にだしているのもいたし，おしりをぴくぴくうごかして，およいでいるのもいた。したにもぐってヘリコプターみたいなかたちで，とまっているようすも見えた。おしりのはじに2本とげがあった。すきとおった，長いしっぽに，かになったらでるくろいしっぽらしいのがみえた。上にうかんでほうふらが2ひきならんでいるのも見える。およぐところがとてもおもしろい，下のほうで小さなくちでなにかをたべていた。

2回めのメモ

箇条書きになって，細かいところに目をむけている。図もはいっている。

H　男

1. ほうふらの中におにほうふらもまざっていた。ほうふらのほうは，長いしっぽが，すきとおっているので中にくろいすじがはいっていた。そしてあたまのしたがきいろいいろでふくらんだものがあった。おにほうふらはほうふらよりあたまがおっきくて，あたまのところに，つのみたいなのが2本ありました。
2. ほうふらの およぎかたは とても おもしろい。あたまを そのままにして，しっぽを，ぴくぴくうごかしながらおよいでいる。おにほうふらは，とてもすばやくてくるくるまわりながらおよいでいる。
3. きのうは，おにほうふらがいなかったけれど，きょうになったら1ぴきおにほうふらがいた。けれど1ぴきしんでいるのもいた。

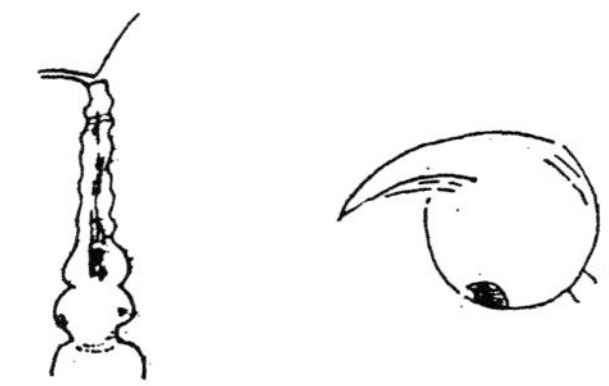

観察日記（作品）

メモよりくわしくなり，よくまとまっている。

ほうふらのかんさつ　　6月27日　　H　男

ほうふらと，おにほうふらをかんさつしたら，ほうふらの中におにほうふらがまざっていたからそだっていることがわかった。ほうふらのほうはあたまのところに小さな目があってその下にうすい黄色っぽいあたまがあった。その下のすきとおっている長いしっぽに黒いすじがはいっていた。

しっぽの先にとげが1本あって，そのよこに毛が2～3本はえていた。

おにほうふらはあたまが大きくてしっぽがみじかい。あたまにとげが2本あった。ほうふらのおよぎかたはとてもおもしろい。あたまをうごかさないでおしりだけぴくぴくうごかしておよいでいる。おにほうふらの方はとてもすばやくてくるくるまわりながらおよいでいる。ほう

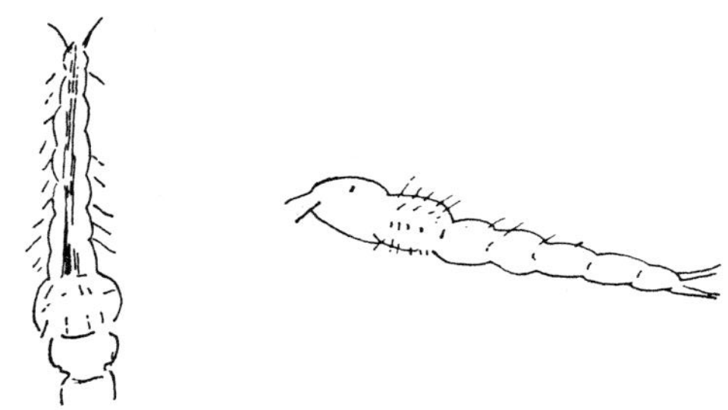

ふらはあたまを下にさかさまになっておしりの先にあるとげを水面にさしていた。おにぼうふらはあたまのてっぺんを水面の上にだしていた。ぼうふらは目が小さくてかわいいと思った。

イ　取材メモの内容は，豊富なほどよい。

取材メモの内容と作品との関係について調べてみると，３年メモ練習組の場合は，次のようになっている。

①　メモに一つか二つのことしか書いてないものの作品は，やはり，一つ二つのことしか書いてない。メモの箇条数の多いものは，作品も内容豊富である。

②　メモが雑然としているものは，作品も雑然としている。(メモよりはいくぶん整理されているものもあるが)

③　メモに結果だけしか書いてないものは，作品においても，実験の条件を書かず，「ぼくと○○君がならんでやったら」というような，実験記録としては，あまり意味のないことを書いて，形だけ整えている。

④　メモのほうに図をかかなかったものは，作品にも入れていない。メモのほうに図のあるものは，作品にも図を入れているものが多い。

次の作品は，メモの箇条数が多く，したがって，作品も，比較的内容豊富な例である。

○作品例

３年メモ練習組

実けんメモ

水でっぽうの実けん　　　　Ｙ三郎

あなの小さいほう

1　１ばんめのじっけんをやると，一直せんになってまっすぐとんでいきました。

2　２ばんめのじっけんは１ばんめのじっけんより，少しとぶのがおそくてほそかった。

3　３ばんめの じっけんは，土のほう めがけて まっすぐに とんでいった。

4　４ばんめのじっけんは，３ばんめのじっけんよりふとくなったみたいで，30cm　ぐらいとぶと，すぐまがっておちていった。

あなの大きいほう

1　１ばんめのじっけんは，あなの小さいほうとちがって，太くて，３本にわかれて，まっすぐとんでいった。水のでかたは少しおそかったみたいでした。

2　２ばんめのじっけんは，とても水が太く出て，ゆっくりとんでいって，すぐおちていった。

3　３ばんめのじっけんは，小さいあなのほうと同じぐらいのはやさでとんでいった。太さは１ばんめの実けんより少しほそかった。

4　４ばんめのじっけんは，太くてまっすぐとんでいった。

ぼくは，あなの小さいほうがとぶなあと思った。

作　品

水でっぽうのじっけん　　　　Ｙ三郎

おととい水でっぽうの じっけんをやりました。 あなの 小さいほうが一，二，三，六ぱんで四，五はんがあなの大きいほうで実けんをしました。ぼくは一ぱん だから，あなの 小さい 水でっぽうで１ばんめの 実けんをすると，一直せんになって上のほうへとんで行きました。その次，第２の実けんをやると，水がゆっくりとび出していってすぐおちた。第３の実けんをやると，下にむけたので，はやくとんでいってはねかえってぼくのほうまでとんできた。こんどは第４のじっけんをやりました。これも下にむけて

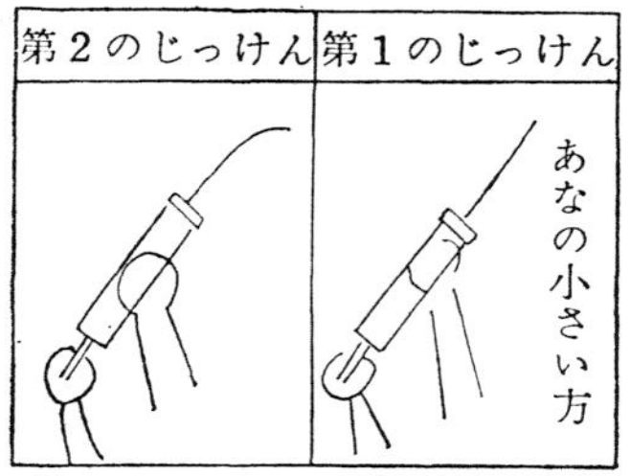

やったけれどそっとおしたので水の出るのがおそくて，土にぶつかってもあまりはねかえらなかった。こんどは四，五はんの人がやるので見ていました。

第１のじっけんは，あなの小さい水でっぽうで実けんしたときより，水の出かたが太くて，きりみたいに上のほうにとんでいきました。

つぎに第２のじっけんをみていると，水が太く出て，ゆっくりとんでいきました。そしてすぐおっこちました。

第３のじっけんは，水のでかたがとてもはやくて，１ばんめや２ばんめのじっけんよりほそかった。

第４のじっけんは，水の出かたが太くてまっすぐとんでいったけれどす

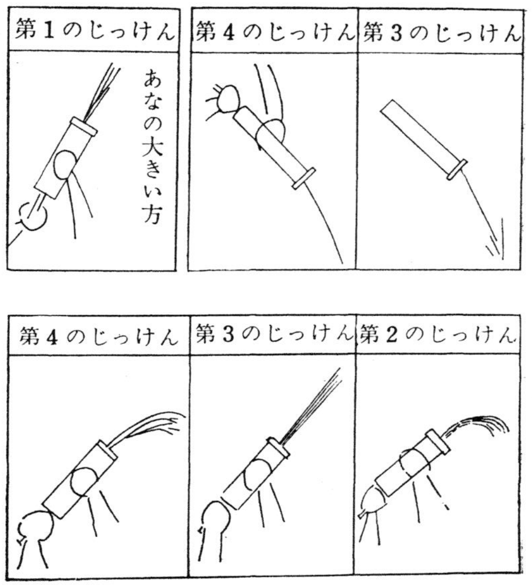

ぐおちてしまった。

ぼくは二つの実けんを見ていてあなの小さい水でっぽうのほうが水の出かたがはやいと思った。

だけど あなの 大きいほうの 水でっぽうは水が たくさん出るなあと思った。

ウ　図について

図は，不思議なくらい取材メモにかかれた図のほうが，作品のそれよりすぐれている。これは予想しなかったことであるが，３年，４年ともはっきりあらわれている。ほうふらの生きているすがたは，メモの図の模写をした作品のほうの図では，まったく，かげをひそめてしまった。

雑になったものと，模式化してしまったようなものとあり，ともに，メモの図よりよくない。

観察記録や実験記録は，できごとを書く作文とはちがって，取材メモをたよりに書く文章である。したがって，できごとを書く作文のように，書いているうち，より細かく思い出すことも少なく，図さえ，模写では，メモの時，かるくかいておいたものに劣るのである。

こうしてみると，観察記録や実験記録では，取材の時が勝負の分かれめであるということがいえる。

エ　取材メモは，順序よく書くのがよい。

順序とは，実験の場合は，実験の条件，結果，行なった順序などをさし，生物の観察の場合は，形，運動等をそれぞれ分けることをさす。

これは，取材メモの順序と，作品のほうの内容のならべ方がほとんど同じだからである。メモが雑然としていると，作品も雑然としてくるからである。

この点の克服には，ふたつの方法が考えられる。

ひとつは，取材の段階で，はっきり形式や観点を決めてやることである。実験の場合は，用紙のくふうなどによって，なにとなにをどんな順にメモすればよいかをはっきりさせることである。観察の場合は，観点を決めてやることも考えられる。

もうひとつは，取材メモは自由にさせるが，作品に移る時，取材メモの整理をさせる方法である。

実験記録の場合は前者に，観察記録の場合は後者に，重みをかけたほうがよいように思われる。生物の観察などでは，個人の感覚や，作品の個性をも重視したいからである。ただし取材の段階で自由にさせるためには，取材メモの練習が，その前提になければならないと考える。

以上，観察記録における取材メモのはたらきをみてきたが，要約すると次のようになる。

まず第１に，メモは箇条書きでとるのがよいということである。実験，観察等行動しながら，大事ないくつかのことを，正確に書きとめるためには，だらだらと文章体で書いていたのでは，その目的を達することはできない。したがって，箇条書きふうにメモする力を，取材の技術として，練習させる必要があることがわかった。

第２に，メモの内容は，豊富なほどよいということである。作品を書く時は，メモだけがたよりだからである。

第３に，図は，メモの時かいた図のほうが，作品の時かいたそれより，すぐれているということである。作品のほうの図は，雑になったり，模式化してしまったりして，生態観察の場合は特によくない。

第４に，メモは，順序よく書くのがよいということである。構想指導をすれば，作品は整ったものになるが，メモのとり方に秩序がないと，観察そのものが深まらないからである。

記録においては，以上のような条件を備えたメモをとることができれば，取材活動は充実し，よい作品を生む原動力になるといえるわけである。

第２節　指導法と取材力

わたしたちは取材指導の時，メモやえんぴつ対談や，参考文や話し合い等，さまざまな方法を用いている。しかし，これらの方法が，ほんとうに取材活動をさかんにするはたらきをしているかどうかという疑問があった。そこで，研究問題を次のように考えた。

「指導法（指導の方法や指導過程）によって，取材力はどう左右されるか。記録を書かせる学習活動を通して考察する。」

前節「取材メモのはたらき」は，各学級共通の問題として，取材メモをとりあげ，考察したわけであるが，当然のこととして，各学級の相違点も出てくるわけである。そこで，指導法による，結果の相違とその原因とをはっきりさせるために，次のような具体的な問題を設定した。

Ⅰ　観察や実験と，メモをとる活動との組み合わせ方の影響

Ⅱ　えんぴつ対談の効果

以下，問題別に述べることにする。

Ⅰ　観察や実験と，メモをとる活動との組み合わせ方の影響

1　研究問題

第１回の実験では，直接メモのとり方を指導した４年えんぴつ対談組・メモ組に箇条書きが多く，ほとんどメモのとり方そのものの指導をしない

３，４年参考文組に文章体が多かった。また，ほかの材料でメモのとり方を練習した３年メモ練習組がその中間であった。

これは，取材メモのとり方についての指導の軽重によるものと思われる。このように，取材メモの質が作品を左右するとすれば，取材メモの段階に力を注ぐような指導過程が，記録を書かせる指導において，望ましいことになる。

また，３年の実験記録では，実験という活動と，メモを書く活動とをじょうずに組み合わせなければならないことが痛感された。

３年の２学級とも，水でっぽうの実験全部を終わらせてから，室内にはいって，メモをとるという順序にした。これは，実験メモをとらせる方法としては，まずい方法であった。このため，

① 大事なことを落としてしまった児童がかなりあった。

② メモというより，はじめから作文を書くのに近い意識になってしまったため，文章体のメモが多くなった。メモ練習組の場合，メモの練習学習をしたにもかかわらず，やはり文章体でメモをとっている。

実験メモのとり方としては，

実験してはメモし，実験してはメモするという方法をとるのがよいと思われる。

４年の，ぼうふらの観察メモでは，１匹に注目し，その形や動きを追って，やはり，見ては書き，見ては書きするのがよいわけである。１匹の観察がいちおう終わってから，ほかのにうつり，比較するという方法がよいと思われる。

そこで，メモのとり方について，

① 取材メモの段階に力を入れて指導すれば，よい作品が生まれることが多い。

② ３年の実験記録では，実験そのものと，メモをとる活動とがうまく組み合わなかったため，充実した作品が生まれなかった。

③ ４年の観察記録では，見たことを雑然とメモしたり，数匹いるぼうふらを，全体的にながめてメモしたりしたようなものは，よい作品にはつながらなかった。

というようなことがわかったので，もう一度，同じような学習活動をすることによって，上記のことを考慮した指導をして，確かめてみた。

2　研究方法

３年では，「水でっぽうの実けん」にかえて，「紙玉でっぽうの実けん」を単元にとりあげ，４年では，「ぼうふらのかんさつ」にかえて，「金魚のかんさつ」をとりあげた。

○３年　紙玉でっぽうの実けん

目標
- ① 大事なことを落とさずに書く。
- ② 正確に記録する。

指導過程　話し合い（問題をはっきりさせる）→取材メモ（実験を進めながらメモする）→作文→作品研究

○４年　金魚のかんさつ

目標
- ① よく見て，正確に書く。
- ② 図を入れて書く。

指導過程　自由なメモ（比較検討の材料）→観点をおさえたメモ→メモの整理→作文→作品研究

４年の場合，観点をおさえたメモというのは，次のような条件を満たしたメモをさす。

① 箇条書きを徹底する。

②　１箇条の内容を単純にする。

③　１匹を追って，いろいろな角度から観察する。

④　形，動き等観点別に観察し，メモする。

⑤　むやみにひゆを用いない。

⑥　思ったことは，別の欄に書く。

3　結果と考察

ア　メモの文体と箇条数

３年の場合，メモの文体と箇条数についてまとめると，次のような表になる。

箇条数		水でっぽう	紙玉でっぽう
箇条書き	3～7	14	7
	8～9	3	3
	10～12	2	26
	13以上	2	2
文章体		19	3

実験してはメモし，実験してはメモするというようにさせた結果，文章体メモはごく少なくなり，しかも，箇条数でみるならば，10～12に集中するという傾向が出た。

４年の場合にも，

比較項目	自由なメモ	観点をきめたメモ
箇条数平均	6	9
1箇条の内容	1内容が $\frac{2}{3}$　2内容が $\frac{1}{3}$	ほとんど全部1内容
文章ふうなメモ	6	なし

観点をきめたメモは，自由なメモと比べて，文章ふうのメモをなくし，１箇条１内容の箇条書きになり，その数も増加させた。

○４年の作品例でみると，

１回めの自由なメモ

文章体ではないが，１匹を見たり，２匹見たり，ほかの ものを見たり，雑然としたメモである。

金魚のかんさつメモ（自由なメモ）　　　　H　代

1　息が苦しいのだろう，上の方に行って口をぱくぱくやっていた。
2　二ひきならんでなかよくおよいでいた。
3　ひれとしっぽをうごかして，口をぱくぱくやりながらおよいでいた。
4　一ぴきのほうはいそがしそうにおよいでいた。
5　あとになってもう一ぴきの方もいそがしそうにおよいでいった。
6　下のほうにきんぎょもが少しあった。
7　下のほうに石があった。はじのほうにあってまんなかにはなかった。
8　これを見てわたしは金魚がどんなふうに生きていくかを少ししったような気がした。

２回めの観点をきめたメモ

かなり整理された箇条書きになり，その数もふえ，いろいろな角度から観察している。

金魚のかんさつメモ（観点をきめたメモ）　　　　H　代

1　息が苦しいのだろう。水面にうかんで口をぱくぱくやっている。
2　えさがほしいのか，ひれをいそがしそうに動かしている。
3　むなびれとおびれをうごかして気もちよさそうにゆったりとおよいでいる。せびれはあまりうごかしていない。
4　少したってせびれも少しうごいていることがわかった。
5　金魚はえらを開いたりとじたりしている。きっと息をしているのだろう。

6　左のはらびれの上に白いもようがあった。ほかにも1，2か所あった。

7　水面にうかんで口をぱくぱくしているところを見ていたら，うろこが金色になって見えた。

8　金魚をよこから見ると上から見るよりも大きく見えた。

9　口をぱくぱくしているところを上から見ると，その先がひげみたいになっている。

10　金魚はからだをくねらせておよいでいる。

11　目を水の中であけたままおよいでいるがよく水がはいらないものだとおもう。

かんそう

わたしはこれを見て金魚がどうやって生きていくかを少ししったような気がしました。

作　品

短い文章であるが，2回めのメモを整理して，手ぎわよくまとめて書いている。

金魚のかんさつ　　　　H　代

きょう金魚のかんさつをした。よく見ると金魚は息が苦しいのか，水面にうかんで口をぱくぱくやりながら，えらを開いたりとじたりして息をしている。口をぱくぱくしているところを上から見ると，口の先にひげのようなものが見える。これはいったいなんだろう。じっと見ているとえさがほしいのか，からだをくねくねといそがしそうに動かしておよぎまわっている。また目を水の中であけたままおよいでいるがよく水がはいらないものだとおもう。およぐ時はむなびれとおびれをゆっくりうごかして気もち

金魚の絵

よさそうにおよいでいる。せびれはあまり動かしていない。はらびれの上に白いもようがありほかにも1～2か所あって水面にうかんで口をぱくぱくしているところをよく見たら，うろこが金色になって見えた。

今までのことから，実験メモをとる場合には，実験という活動と，メモを書く活動とをじょうずに組み合わせなければならないことがわかった。また，4年の場合，観点を与えてメモをとることにより，すぐれたメモをとることができたのであるから取材メモの段階に力を注ぐ指導過程が記録指導において望ましいことは，はっきりしたわけである。

イ　実験や観察と，メモのとり方

3年の場合，実験をしてはメモ，実験をしてはメモという形をとったので，必然的にメモの順序がきまり，しかも，大事なことは落とさず，書くようになった。

○作品例（省略）

4年の場合にも，1匹を見つめて観察するようにしたため，雑然としたメモが少なくなり，自然の順序がでてきた。

比較項目	自由なメモ	観点をきめたメモ
順序	よい　13 一部前後している　14 雑然としている　15	よい　34 一部前後している　5 雑然としている　1
1匹を見ること	21名	40名

このことから，実験メモは，実験してはメモし，実験してはメモするという方法をとるのがよいし，また，観察メモは，ひとつのものに注目し，見ては書き，見ては書きするのがよいということがわかる。

Ⅱ　えんぴつ対談の効果

1　研究問題

４年のほうふらの観察では，えんぴつ対談という方法を取り入れてみた。その結果，

① えんぴつ対談は，ほかの作文活動より喜んでする。
② しかし，目の前のほうふらはそっちのけにして，ほうふらに対する好ききらいや，その他想像などを内容とする少々ピントはずれな対談が少なくなかった。

という状態であった。

えんぴつ対談は，観察という活動に合わないものかもしれないが，

① 観点をきめて対談させる。
② 相手のを読んだら，書く前に，必ずほうふらを観察する。

等，おさえるべきところをおさえれば，ふたりの協力によって，ひとりではできない観察内容を掘り出すかもしれない。この意味で確かめる価値はあると考えた。

そこで，研究問題を次のように設定した。

「えんぴつ対談という方法は，取材活動として，どのような効果があるかを，記録を書く活動の分析を通して考察する。」

2　研究方法

４年第１回実験「ほうふらのかんさつ」にかえて，「金魚のかんさつ」によって，たしかめの実験を試みた。

４年　金魚のかんさつ

目標
①よく見て書く。
②メモをもとにして，かんさつ文をしあげる。

指導過程　えんぴつ対談→取材メモ→メモの整理→作文→作品研究

3　結果と考察

ア　えんぴつ対談の内容

えんぴつ対談の内容を，その観察のしかたから分けて，ほうふらと金魚の場合を比べると，次の表のようになる。

観察のしかた	ほうふら	金魚
よく見ている	0名	5名
見ている	16	15
見ようとしている	11	14
ほとんど見ていない	15	6
(計)	(42名)	(40名)

観点をおさえてえんぴつ対談をさせたため，「ほうふら」の時に比べると，ややよく観察するようになった。しかし，相手の文章を読んでは，さらに金魚を観察して答えたり，質問したりして，観察が深まっていくかもしれないという期待はうらぎられたようである。

えんぴつ対談という自由奔放を生命とするような方法は，観察という静かな活動には向かないのかもしれない。観察は，伝達よりも記録すべきものであるからであろう。

○　えんぴつ対談とメモが全然結びついてない作品例をあげてみる。

えんぴつ対談

観点をおさえた対談なので，一応いろいろな角度から，金魚を観察している。

金ぎょの観察　　　S江　　Y一

○　金ちゃんの，色は，あかと，白が，せなかにくっついているね，たいがいのきんぎょは，みかん色なのに，なぜだろうね。

×　でもみかんいろの金魚だってたくさんいるよ。

○　そうだねみかん色だって，たくさんいるね。
×　それじゃあなんでくちびるがあんなにでかいの。
○　それは，わからない。でもほんとうに，くちびるが，大きいね。
×　うんでも，めの上はぐんじょういろのうすい色それにえらはあんまりも，うごいていないよ。
○　うん。
○　むねは，白だね。そして，みかん色も，まじっている。
×　でもおなかが大きいね，なぜだろう。
○　でも，そういう金ちゃんじゃあ，ないの。
×　金ちゃんよくえさを，たべるからふとったんじゃあないの。
○　それもそうだけど，そんなことは，ないと思うけれど。
×　ひれなんか うしろのおびれと せびれが あれば およげるんじゃあないの。
○　かじをとるとき，むねびれが，あるとべんりだね。
×　金ちゃんのおびれは四つにわかれているね。
○　どうして，ひれに，せんが，くついているのかな。
×　うろこもそうだね。
○　そうだね。

観察メモ

対談とメモは，かなり内容が異なっており，対談により，観察のしかたが深まっているようすはみられない。

金魚の観察メモ　　　　　　　　　　Y一

1　目は，光っていてみどり色ともも色を，している。
2　とても小さいひげみたいものがついている。（あたま）
3　むなびれにもとてもうすっぺたいまくをもっている。

4　うろこのまん中ぐらいに黒いせんがはいっている。
5　むなびれは，かじをとるのにいいらしい。
6　色は黒のうすい色だ。
7　せびれはうごかないときはたたんである。
8　せびれのすぐ下はとても黒いいろをしている。
9　おびれはすこしはなれているだけだ。
10　おびれの左の上のほうはすこしひれがない。
11　大きさ5cmぐらい。
○　えらの中によく水がはいらないと思う。
○　しりびれはあまりやくにたたないと思う。

作　品

観察メモを整理して，よくまとめている。

金魚の観察　　　　　　　　　　Y一

金魚のあたまのひげみたいのは，まわりに二じゅうのわみたいのがあってそのひげみたいのは，とても小さくて3ミリぐらいだ。それに目は，黒い目にそのふちは，緑色ともももいろのきれいな色が，ある。えらは，いきを，すうときによくみずが，はいらないと思う。それは，うすっぺたいまくみたいなものが水を，いれないのかわからない。せびれは，うごかないときは，よこにたたんでじっとしていきを，すったりはいたりしているしうろこのまんなかごろに黒い線がりょうがわに一本はいっている。せびれの下はとてもこい色を，していて全体でいうと色はとても黒い。むなびれは，かじを，とるのにはとてもつかいいいと思うそれにむなびれは，いつもうごかしている。しりびれは，あんまりも つかわない けれどいきなどを，すいにいくときなどよくつかうしそれに金魚にとってはだいじだと思うがあんまりつかわないんじゃあぼくは，いらないと思う。

おは，左の上のほうはすこしおびれがない。それにおびれは少しはなれているだけだ。大きさは，5cmぐらい。

イ　メモの内容

メモの内容について，比較項目をきめて，取材メモだけの組と比べてみた。

比較項目	取材メモだけの組	えんぴつ対談した組
箇条数	5～13	3～15
箇条の内容	１箇条１内容が多い	左に同じ
順序	よいもの　34	よいもの　23
１匹をみること	全員１匹を追っている	左に同じ
ひゆ	なし	１編だけ使っている

上の表からみると，メモだけの組と，えんぴつ対談をしてからメモをとらせた組との差はほとんどみられない。順序などの点では，むしろえんぴつ対談した組のほうが劣っている。

ウ　作品の評価

作品の質についても，メモだけの組と，えんぴつ対談をしてからメモをとらせた組とを比較してみた。

比較項目		取材メモだけの組	えんぴつ対談した組
観察の正確さ	上	17	12
	中	15	18
	下	8	8
作品としてのまとまり	上	23	18
	中	11	13
	下	6	7

その結果，作品の質も大差がないことがわかった。しいていえば，えんぴつ対談のほうがやや劣っている。記述量の平均は，えんぴつ対談

組のほうが多いが，個々に見ると，差がありすぎて，えんぴつ対談の影響と考えることができなかった。また，記述量は，記録の場合あまり意味がないと考える。

以上のようにみてくると，観察記録を書く場合には，えんぴつ対談はあまり効果があるとはいえないという結論になる。もっとちがった過程で，あるいはちがった学習活動で生かされるべきものであろう。

第3章　構想メモと構想力

——高 学 年 の 場 合——

第1節　できごとを書く場合の構想メモのはたらき

1　研究問題

構想指導をする時，構想メモによって行なうことが多いが，はたして，この構想メモはどのような学習活動にも有効なものだろうか。まず，一般にいちばん多くとりあげられている，できごとを書く場合の構想メモのはたらきはどうかという点を調べてみた。

2　研究方法

5年生（6月）に「けんか」を素材にして，ようすや気持ちのよくわかる文章をねらって，構想メモを使用する組と構想メモのない組とに分けて書かせてみた。

メモ組は，構想メモ（題，書きはじめの文，中心，結びの部分）→作文→作品研究

メモなし組は，話し合い（けんかのようす，その時の気持ち，どこから書き出すか。どこに中心をおくか。）→頭の中で5分間構想→作文→作品研究。

3　結果と考察

(1)　構想メモ使用と作品の質

メモ組，メモなし組とも，大半の児童ができごとを展開的に記述してお

り，記述量や作品のまとまりの点ではほとんど差がみられなかった。

ア　記述量について

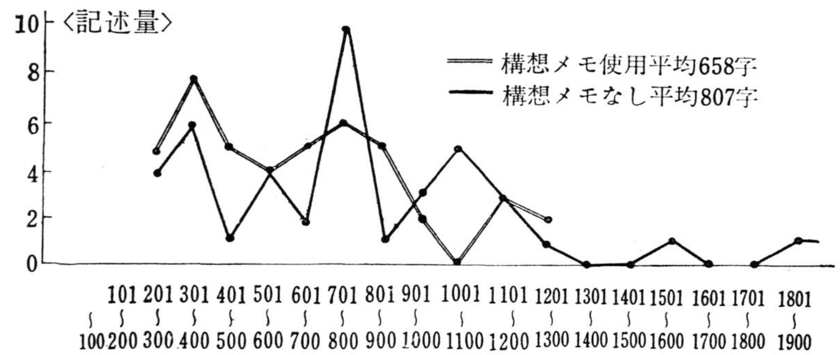

平均記述量はメモ組が658字，メモなし組が807字であまり差はない。ただ記述量の人数の分布状態をみると，メモ組は 500～800 のところにまとまっているのに対してメモなし組の分布は広がっている。

この差はメモ組の作品のまとまりと関連があるかもしれないので，作品のまとまりについて調べてみた。

イ　作品としてのまとまり

3名の教師が

①　言おうとすることがはっきりしているか。

②　段落がはっきりしているか。

の2点について，上中下の評価をした。（一致しない作品は，多数決によってきめた。）

評価基準

上…言おうとすることも，段落もはっきりした作品。

組＼評価	上	中	下
メ　モ　組	26	16	1
メモなし組	28	13	4

中…言おうとすることはわかるが，段落がはっきりしない。

下…言おうとすることも，段落もはっきりしない。

作品としてのまとまりはまったくといってよいほど差がない。作文力のある児童は構想メモを書かなくても，構成のしっかりした，作文を書いているし，作文力のない児童は構想メモを書いても，構想したあとがみられず，作品もつまらない。

〈作品例省略〉

(2)　同一児童のメモの有無と作品の比較

そこで，同一児童について構想メモを使用した場合と構想メモのない場合の作品のまとまりを比較してみたが，中段階の場合に若干メモありのほうが作品のまとまりがよくなったものがみられるだけである。

〈表現過程〉　作文力上　A児

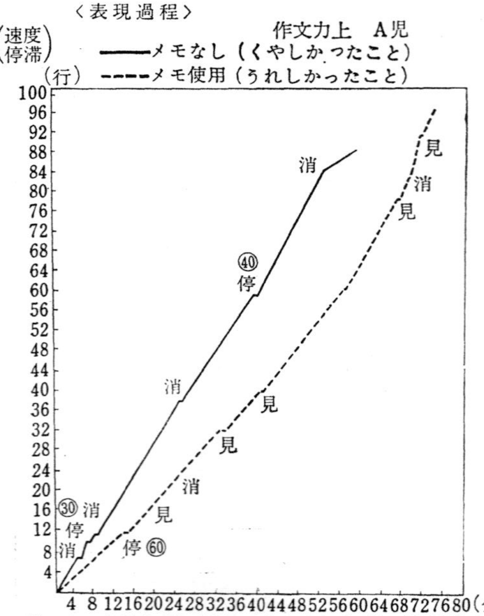

見…メモを見る　消…消して書きなおす　停…停滞（数字は秒）

備考　1、タイプとしては一気呵成型である

2、メモを見るのは一べつ程度で読むことはしない

(3)　構想メモ使用と表現過程での抵抗

作品の上には構想メモ使用の効果がほとんどあらわれなかったが，文章作成の過程や心理的抵抗の面ではなんらかのちがいがあるかもしれないと考え，同一児童についてメモあり，メモなしの場合の表現過程を比較考察してみた。

書きたい素材の調査をして，くやしかったこと，うれしかったことの二つを選び，作文力上２名（A児，C児），中１名（B児），下１名（D児）の４名の児童を抽出して表現過程を観察してみた。

ア　表現過程のグラフでは，例にあげるA児がわずかに差をみせているだけで，他の３名の場合は非常に似たグラフになっている。

A児の場合も，メモを使用した場合がややおそいだけで，大きな差はない。

30秒以上の意味のあると思われる停滞も，メモなしに２回，メモありに１回で，メモを見たのは６回あるが，それも一べつ程度であり，抵抗の状態には大きな差はないといえよう。

イ　書き出しの時間について

書き出すまでの時間では，B児以外はメモありの場合もメモなしの場合も同じである。

〈時間〉

	メモなし	メモ使用
A児	1分	1分
B児	30秒	1分50秒
C児	30秒	30秒
D児	30秒	40秒

B児だけがメモありの場合に２分近く考えていた。理由は質問してもはっきりしないが，書き出しのセンテンスが長く複雑なところをみると，どう書き出そうかと苦心したと思われる。

「海水よくに行った。」と書こうとしたが，「そうだ。あの時は川がふかくてはいれなかったから海へ行ったんだっけ。」と思い出し，その二つをくっつけたので，あのようなセンテンスになったのであろう。もし，そうだとすると，構想メモの時は，ここまで考えおよばなかったことになる。したがって，B児の書き出しの時間の差も構想メモの有無に関係があるとは思えない。

ウ　書き出しのことばについても，メモの有無よりもその児童の好み（発

想のタイプ）のようなもののほうが強いように感じた。（○メモあり △メモなし）

A児	○	夏休みも半分以上すぎたころ	時から
	△	毎年いまごろになると	
B児	○	鳴子の温泉から	所から
	△	仙台に行った時	
C児	○	夏休み中わたしは	時から
	△	きょう，わたしは	
D児	○	さかをおりて	行動から
	△	朝早くおきて	

こうしてみると，構想メモが，書き出しに大きな影響を与えるということは，いえないようである。

(4)　構想メモ使用に対する自己評価

児童の書きやすさ等についての感想も，表にあるように，ひとつの傾向はでなかった。

〈作者への質問と答〉

質問＼対象児童	メモをとったほうと，とらなかったほうとどちらが書きやすかったか。	自分の書きたいと思っていたことは，みんな書けたか。	構想メモは，どんな点に役だつと思ったか。
A 児	べつに，どうも思わない。	どちらも，だいたい書けた。	文章を書いていく場合の順序がよくわかる。
B 児	メモをとらないほうが書きやすかった。	どちらもだいたい書けた。	Aに同じ。
C 児	とらないほうが書きやすい。	どちらもだいたい書けた。	Aに同じ。
D 児	とったほうが書きやすいと思った。	メモをとらなかったほうは少しおかしくなかったように思う。	Aに同じ。

以上の結果を総合すると，できごとを，そのままに書く作文においては，構想メモによって構想力がはたらくとは考えられない，ということがいえるわけである。

第２節　感じたこと考えたことを多く入れてできごとを書く場合の構想メモのはたらき

1　研究問題

第１節で，できごとを，そのままに書くような作品では，構想メモを使っても使わなくても，ほとんど差がないことがわかった。このことはそのような作文では，とりたてて構想指導をすることが不向きであるともいえるわけである。

では，高学年でできごとを素材にしての作文で構想力をじゅうぶんはたらかせるにはどうしたらよいか。

そのひみつは，素材へのたちむかい方にもあるのではないかと考え，単なるできごとをつづるのではなく，感想意見をたくさん入れて書く活動によって，調査したわけである。

2　研究方法

素材には児童の関心の深い「宿題」を選び，構想メモを使用する組と構想メモのない組に分けて，できごとの中に宿題について感じたことや考えたことを多く入れて書かせてみた。

メモ組は，話し合い→構想メモ→作文→作品研究。

メモなし組は，話し合い→頭の中で構想（頭の中で文章の組み立てについて考えさせ，文章の結びにだいたいどんなことを書くつもりかをメモさ

せた。)→作文→作品研究

3　結果と考察

(1)　構想メモ使用と作品の質

ア　作品をおおまかに

上…できごとと考えとがよく結びつき，主旨がはっきりしている作品

中…できごとと考えをいちおう結びつけている作品

下…できごとだけ，またはできごとと考えがよく結びついていない作品

の3段階に分けて評価した。

組＼評価段階	上	中	下
メ　モ　組	19	11	6
メモなし組	14	17	13

上段階の作品はメモ組53%，メモなし組39%とメモ組によい作品が多く，下段階の作品は逆に16%，32%で 1:2 の比率でメモ組に少ない。

これは，できごとと考えを結びつけて書いていくうえに，メモが構想力をはたらかせたものと考えられる。

イ　次に，文章構成の型を調べてみると次のようである。

組＼型	事実のみ	事実意見	事実意見 事実意見	意見のみ	意見事実	意見事実 意見事実	あいまい
メ モ 組	0	15	6	2	0	0	9
メモなし組	0	14	15	5	0	6	4

メモなし組に，意見をさきに書く型がやや目だつが，どちらの組も大半は事実，意見型で大きなちがいはみられない。

メモ組にあいまいな型が9編もみられたのは，そのうち6編が下段階(ほかの型には下段階の作品はない。)であったことを考えると，構想メモを使いこなせなかったのではないかと思われる。

また意見のみの型の作品を調べると，メモ組は2編とも主旨のはっきりした文章であるのに対して，メモなし組の5編は筋が通らずまとまりのない文章である。

このことから，メモを書くことは筋の通った文章を書く力にもなっているということがいえるのではなかろうか。

(2)　構想メモ使用と記述量

〈記述量〉

組＼記述量	平均記述量	事実の記述量	意見の記述量
メ　モ　組	945文字	537 (57%)	408 (43%)
メ モ な し 組	673文字	273 (41%)	400 (59%)

メモあり組の平均記述量はメモなし組の1.4倍であり，できごとを書かせた時とはまったく逆の結果になって，構想メモ使用が記述量をふやしている。

次にメモ組の事実と意見の記述量を比べてみると，事実の占める割合が高い。しかも評価上の作品だけを調べると，事実と意見の割合は，メモあり，メモなしどちらの場合も6:4になっている。

第3節　意見を書く場合の構想メモのはたらき

1　研究問題

第2節で，できごとを書く場合，素材へのたちむかわせ方によって，構想メモが構想力発揮に役だつことがわかった。自分の感じたことや考えたことを多く入れて書かせると，構想をねるという過程をどうしても通らなければならなくなる。したがって，構想メモが必要になってくるわけである。そこで，このことをさらにはっきりさせるため，意見を書かせて，構

想メモのはたらきをたしかめてみた。

2　研究方法

６年生（10月）に，５年生と同じ宿題を素材にし，構想メモを使用する組と，構想メモのない組とに分けて，意見を書かせてみた。

メモ組の指導過程

取材メモ（意見の裏づけになる事実を集める。)→構想メモ→作文→作品研究

メモなし組の指導過程

話し合い（宿題の問題点は何か。宿題についてどんな経験があるか，等）→作文→作品研究

3　結果と考察

(1)　構想メモ使用と作品の質

意見と事実を結びつけて，よくわかる意見を書けたものを比べてみると，メモなし組は43編中19編（44％）であったのに対し，メモ組は45編中36編（80％）と大きな差がみられた。

しかも，メモなし組の場合は，作文力上の児童でも，書きたいことがはっきりせず，筋の通らない作品がみられた。

それに対して，メモ組のほうは，作文力中の児童でも，意見の掘り下げ方のたりなさや事実の貧弱さはあるが，一応言いたいことがわかる作品をしあげている。

(2)　構想メモ使用と記述量

小学生の書く意見文では，一般に記述量が少ないのは当然だと思われるが，メモによる差は次の表のとおりである。

〈記述量〉

学　　級	平均量	300まで	500	700	900	1000	1100以上
メ　モ　組	690字	3	13	16	6	2	5
メモなし組	570字	8	18	11	3	2	1

メモ組とメモなし組の差は120字である。作品の質に差がなければ，この数字はあまり意味がないと考えられるが，メモなし組に事実だけ書いた14編の作品があったこととあわせて考えると，この120字は価値ある差だと思われる。事実だけ書けば，ふつう記述量は多くなるはずである。にもかかわらず，メモなし組の平均記述量が少ないのは，意見の部分がいっそう少ないわけだからである。

これに対して，メモ組のほうは，構想メモを書いている間に，とにかく意見らしいものがかたまってきたとみてよく，構想メモの効果の一つと考える。

(3)　構想メモと構想の状態

メモなし組に比べて，メモ組によい作品が生まれ，構想メモの効果があることがわかったが，メモ組の構想メモと作品のつながりを調べてみると，構想メモは書いてもまだじゅうぶんに構想していないことがわかった。

構想メモと作品の順序，内容等を比較してみると，

構想メモどおり書いた作品　　43編中29編

構想メモと作品がちがうもの　　43編中14編

構想メモと作品がちがったものが14編あり，メモには事実，意見と書き分けているのに，作品では，事実だけや，事実と意見が区別できないようになったものがある。

しかも，構想メモどおり書いた作品でも，29編中13編は，構想メモの中

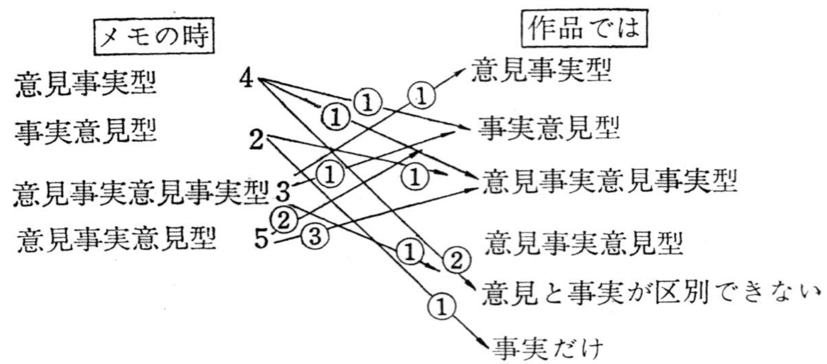

で，事実と意見のつながりがはっきりしていない。

こうしてみると，27編，約$\frac{2}{3}$が構想の段階で，意見の裏づけとなる事実をとらえたり，事実から意見をひきだしたりという仕事はできなかったことになる。

このことから，構想メモを使用して構想させる場合，取材段階での活動状態や，構想のしかたが大きく影響するのではないかと考えられる。

第４節　目的意識，主題意識と構想メモのはたらき

1　研究問題

第３節で，構想メモを使用して構想させる場合，児童の構想へのたちむかい方が大きく影響していると考えられた。そこで，構想以前の意識が，構想メモによる構想活動にどうひびくかをとりあげてみた。

児童に構想に取り組もうという姿勢をつくらせるためには，文章を書く目的意識をはっきりもたせること，主題をはっきりさせることが必要ではないかと考えられる。そこで目的意識と主題意識の二つをとりあげ，本来は切り離すことができない，この二つをしいて切り離して指導し，構想メ

モによる構想活動や作品にあたえる影響を調べてみた。

2　研究方法

５年生（12月）に「座席のきめ方についてこう思う」という素材で，目的意識をはっきりさせて構想させる組（以下目的組という）と，主題意識をはっきりさせて構想させる組（以下主題組という）とに分けて，取材，構想段階の状態，構想メモのよしあし，作品等について比較考察してみる。

目的組

目的意識をもたせる。（自分たちの学級の座席についての問題解決のために書く。よい意見があったら３学期に実行する。）→構想メモ→作文→作品評価と話し合い。

主題組

主題意識をはっきりもたせる。（座席についての何を書きたいのかをはっきりつかんでメモする。全員はっきりするまで個別指導を行なう。）→構想メモ→作文→作品研究

3　結果と考察

(1)　目的意識，主題意識と作文への意欲

教師の話を聞いて，書きたいという気持ち（意欲）をもったかという質問に対して，もったと答えた者は主題組13名に対して，目的組では33名もあった。簡単な調査であるが，児童が文章表現しようという原動力の強弱がわかる。

書きたい気持ちをもった理由では「座席について希望があった」というのが最も多く，目的組で20名，主題組に７名あった。しかし，これだけでは，まだ，構想に影響を与えるかどうかわからない。

(2)　目的意識，主題意識と構想状態

ア　構想メモを書き終わった時，こんな作文ができるはずと思いえがけた者の数が，目的組に20名もいたのに，主題組は９名となっている。構想が終われぱえがけるはずだから，このような結果がでるのは少しおかしい話であるが，主題組は構想メモを書いても，材料をならべただけで，ほんとうの構想活動は行なわれなかったのではないかと考えられる。

イ　構想メモを書く時間を比較してみると，主題組のほうがはるかに短い。（目的組の約半分）

〈構想中の抵抗〉　構想メモを書くのに要した時間

時間(分)	4	5	6	7	8	9	10	11	12	13	14	15	16	17	18	19	20	21	22	23	24
主題(人)	1	6	0	7	9	5	7	2	0	3	5	2									
目的(人)									2	1	2			7	5	5	2	7	1	3	4

主題組　　平均　　9.3分　　　　目的組　　平均　　19.1分

目的組のほうが，構想にかけた時間はずっと長かった。目的組には書こうという意欲はあり，材料の思いつき状態は同程度という条件のもとでの差である。さらに書き終わってから，自分の文章のすがたを思いえがけたものの数でも，目的組のほうが多かったことと考えあわせると，この時間の長さ，つまりこの抵抗は，価値ある抵抗とみることができる。

ウ　構想メモのタイプを調べてみると下の表のようになる。

〈構想メモの分類〉

メモのタイプ	メモふう										箇条書き							はじめ・中心・むすび						
柱の数	1	2	3	4	5	6	7	8	9	10	1	2	3	4	5	6	7	1	2	3	4	5	6	7
主題組			1	5	4	9	2	2			1	3	9	4	2	3								
目的組			1									1	3	1	2		1		5	6	5	3		2

その他のタイプ　　○書き流し（主題組　2　目的組　9）

はじめ・中心・むすびの型が，主題組になく，目的組に21名もある。反対にメモふうなものは目的組に１名，主題組には23名もいる。メモふうなものよりはじめ・中心・むすびの型のほうに，構想のすすんでいるものが多いと考えられるから，目的意識を強調したほうが，構想をねる力になるといえよう。

○以上のようにみてくると，書く目的（いわゆる生活目標）をはっきりもたせた場合は，主題（何を書くか）をはっきりさせた場合より

・書こうとする意欲をもつ。

・構想に時間はかかるが，構想はねられるようである。

主題がはっきりしてくると

・構想はスムーズにいく。

・しかし，この段階の児童では，主題がほんとにはっきりと構想につながってはたらくかどうかには疑問がある。

けっきょく，目的をはっきりもたせ，次に主題をとらえさせて，文章の組み立てを考えて書くという過程が基本的なものといえるようである。

第５節　取材メモの有無と，構想メモのはたらき

1　研究問題

第４節で取材段階における意識の状態と構想メモのはたらきを調べたので，さらに取材段階で取材メモをとらせると，構想メモの構想活動にどのような影響を及ぼすかについて調べることにした。

2　研究方法

６年生（２月）に「テレビと勉強」という素材で，取材メモをとる組とと

らない組とに分けて，構想メモの内容や文章構成の型について調べてみた。

取材メモ，構想メモ組（以下，取構メモ組という。）

話し合い（どんな番組を見ているか。見ている時のようす。テレビと勉強の問題点）→取材メモ→構想メモ→作文→作品研究

構想メモだけの組（以下，構想メモ組という。）

話し合い（テレビのよい面，悪い面，テレビについてどんな事実があり，それに対してどういう考えがまとまったか。）→構想メモ→作文→作品研究

3　結果と考察

(1)　取材メモの有無と文章構成

文章構成の型は，どちらもほとんど似かよっている。

組＼型	事実意見型	事実，意見事実，意見型	意見，事実意見，事実型	意見，事実意見型	雑型	事実のみ
取構メモ組	21	9	0	1	10	1
構メモ組	26	7	2	0	3	5

構想メモ組のほうに意見，事実型が多くでるのではないかという予想をしたが，わずかで，どちらも，事実意見型がひじょうに多かった。

これは，取材メモの有無よりは，話し合いが，事実→意見の方向で行なわれたこと，事実から意見へのつなげ方のほうが比較的やさしいらしいなどの理由によるものと思われる。

(2)　取材メモの有無と構想状態

〈事実と意見とのつながり状態の比較〉

	事実から意見へのつながり		事実と事実とのつながり	
	よいもの％	わるいもの％	よいもの％	わるいもの％
取構メモ組	71	29	63	37
構想メモ組	76	24	70	30

百分率の出し方

$$\left(\frac{\text{つながりのよい数}}{\text{事実→意見の総数}} \times 100 \qquad \frac{\text{つながりのよい数}}{\text{事実→事実の総数}} \times 100 \right)$$

〈段落相互の緊密状態〉

	よい	まじっている	わるい
取構メモ組	7	17	18
構想メモ組	9	19	15

事実と意見のつながりや段落相互のつながり状態をみても，ほとんど差がない。

しかも，取構メモ組の児童の取材メモを調べてみると，すでに取材メモの段階で構想していると思われるものが15名もいた。

○以上のことから，このような文章では，とりたてて取材メモをとらせる必要がなく，取材メモをとらせても，構想メモや構想状態にほとんど影響がないことがわかった。

第2部　（埼玉県熊谷市立西小学校の実験報告）

第1章　児童の関心と興味をもつ話題，題材についての調査

第1節　調査の目的

話題，題材について，児童がどのような興味や関心をもっているかについて，その実態をつかみ，指導計画上の資料とし，適切な学習が展開されるようにする。

第2節　調査した内容

1　話題について

ア　家で両親とどんなことを話し合っているか。

イ　友だちと，どんな話し合いをしているか。

ウ　先生とどんな話し合いをしているか。

エ　学校における，できごとで両親にどんなことを話しているか。

オ　家のできごとの中で友だちや先生にどんなことを話しているか。

2　題材について

ア　どんな題材で作文を書きたいか。

イ　今までにどんな題材で作文を書いたか。

ウ　家のことで作文に書きたいことは，どんなことか。

エ　学校生活のことで作文に書きたいことはどんなことか。

オ　家の人，先生，友だちのことについて，どんなことを書きたいか。

カ　それぞれの人のどんなことについて書きたいか。

3　作文学習について

ア　作文に書きやすいのは，どんな題材か。

イ　作文を書くとき困ったことはどんなことか。

第3節　実　態

1　家の両親と，どんなことを話し合っているか。

○　二つずつ記入

○　数字はひん度数

○　調査した人員

各学年とも男子50名，女子50名

項目 ＼ 学年	2		3		4		5		6		計	
	男	女	男	女	男	女	男	女	男	女	男	女
勉強のこと（学校でのようす，方法，教科のこと）	39	25	28	37	26	29	24	23	25	25	142	139
家のこと（家の改造，台所のこと，そなえつける物）	0	3	7	6	17	4	7	6	13	8	44	27
テストのこと	6	1	4	2	0	0	6	3	17	12	33	18
ラジオ，テレビのこと	6	2	7	0	3	8	13	5	9	5	38	20
宿題のこと	5	4	4	3	2	2	4	3	3	5	18	17
自分の将来のこと（中学校のこと，将来の仕事のこと）	1	2	2	4	3	1	3	6	15	14	24	27
毎日の遊びのこと	10	14	12	4	10	9	3	2	3	4	38	33

学校や学級のできごと	10	22	6	10	7	6	8	14	6	8	37	60
世の中のできごと（ニュース，交通事故など）	0	0	0	4	0	0	9	6	7	6	16	16
物を買ってもらうこと	5	7	5	3	3	5	1	1	3	10	17	26
友だちのこと（せいしつ，けんかなど）	3	5	4	7	3	2	6	6	3	7	19	27
家の仕事のことと	7	10	7	5	10	4	2	4	5	8	31	31
家にかっている動物のこと	0	0	0	0	3	4	0	0	0	0	3	4
家の人のこと	1	5	3	5	4	7	1	8	1	4	10	29
毎日の食事のこと	0	0	4	0	0	3	0	1	2	0	6	4

2　友だちと，どんなことを話し合っているか。

項目＼学年	2		3		4		5		6		計	
	男	女	男	女	男	女	男	女	男	女	男	女
毎日の遊びのこと（魚つり野球，ゲームなど）	36	36	48	31	24	24	34	20	25	18	167	129
ラジオ，テレビの番組のこと	17	3	0	2	14	3	14	23	19	10	64	41
遠足や旅行のこと	2	0	0	0	4	4	4	0	7	3	17	7
学校での勉強のこと（テスト，宿題など）	15	11	11	9	9	25	12	15	21	16	68	76
家でのできごと	1	2	4	7	6	13	7	0	5	0	23	22
友だちのこと（うわさ，けんか，したことなど）	7	6	3	16	3	7	6	4	2	6	21	39
家での勉強のこと	5	7	2	3	3	0	0	3	0	1	10	14
何か買ってもらったこと	3	1	2	1	5	3	1	0	2	2	13	7
運動のこと（野球選手，すもう，レスリングなど）	3	2	3	3	10	2	4	0	13	0	33	20

自分の将来のこと（中学校へ行ってなにをするか）	0	0	2	2	0	0	2	2	12	10	16	14
家の人のこと	3	3	2	2	0	1	3	2	0	2	8	10
先生のこと	0	2	0	2	1	0	0	2	0	2	1	8
世の中のできごと	0	0	0	0	1	2	3	4	8	1	12	7
学校におけるできごと	1	7	11	10	5	2	4	8	6	4	27	31
動物のこと	7	20	0	3	4	7	1	0	2	4	13	34

3　どんな題材で作文を書きたいか。

項目＼学年	2		3		4		5		6		計	
	男	女	男	女	男	女	男	女	男	女	男	女
おかあさんのこと	0	4	2	5	2	9	8	10	4	5	16	33
おとうさんのこと（おとうさんの仕事も含む）	0	2	2	1	0	1	3	4	2	3	7	11
兄弟姉妹のこと	6	10	4	8	3	5	8	4	7	6	28	33
旅行のこと	9	8	10	12	10	12	16	14	10	13	55	59
仕事のこと	5	2	9	7	5	4	2	6	3	5	24	24
動物のこと	11	19	9	9	2	6	10	5	7	2	39	41
遊びのこと	42	30	40	22	20	22	5	9	6	7	113	89
友だちのこと	7	1	5	6	11	10	12	10	7	6	42	33
家の仕事や家のようすのこと	5	2	5	8	8	6	13	13	14	13	45	42
自分のこと（将来のことも）	5	3	7	1	4	3	10	8	8	4	34	19
先生のこと	1	0	0	0	0	2	4	2	2	1	7	3
学習のこと	1	4	3	6	7	4	5	3	3	6	19	23
季節のできごと	2	5	4	3	4	5	2	1	1	2	13	16

工作とか見学したこと	1	1	0	0	1	0	0	0	0	0	2	1
手　紙	0	1	0	0	0	0	0	0	0	0	0	1

4　今までにどんな題材で作文を書いたか。

学年／項目	2		3		4		5		6		計	
	男	女	男	女	男	女	男	女	男	女	男	女
自分のこと（手伝いも含む）	3	9	3	6	4	9	13	14	13	7	36	45
家の人のこと	9	18	6	12	3	7	39	42	8	6	65	85
家のこと	4	5	3	2	2	5	2	5	16	12	27	29
行事季節のできごと	11	8	3	2	3	6	8	14	4	15	29	45
動物のこと	22	36	14	18	2	5	6	8	1	0	45	67
友だちのこと	3	6	2	8	7	4	8	3	0	2	20	23
遠足，旅行	21	30	30	20	47	39	44	42	54	58	196	189
遊びのこと	45	49	18	19	16	13	5	4	3	6	8	91
学校や学級のできごと	0	0	1	3	2	3	3	1	12	12	18	19
先生のこと	0	1	0	2	2	4	5	4	0	0	7	11
読書感想	4	6	4	3	3	2	2	4	1	0	14	15
仕事のこと	6	3	2	5	2	3	5	1	0	0	15	12
手　紙	0	0	0	1	0	0	0	0	10	15	10	16
詩	0	0	0	0	0	0	0	0	9	14	9	14

5　家庭生活のことで作文に書きたいことは，どんなことか。

学年／項目	2		3		4		5		6		計	
	男	女	男	女	男	女	男	女	男	女	男	女
家の仕事(お店も含む)	2	5	10	9	9	10	5	11	7	4	33	39

家のようす（家のつくりなど）	7	7	2	2	6	2	10	12	9	11	34	34
家の習慣	0	0	0	0	0	0	1	0	0	0	1	0
新しい家	0	0	0	0	0	0	0	2	0	2	0	4
家の将来や家の歴史のこと	0	0	0	0	0	0	2	3	3	0	5	3
家の動物	16	11	13	9	4	5	0	2	2	3	35	30
夕飯の時	1	2	0	0	0	2	0	1	0	0	1	5
勉強べやのこと	1	1	0	0	2	1	0	2	0	2	3	6
父の仕事（父のようすなど）	1	4	2	3	1	3	5	7	4	7	13	24
母の仕事（母の生活のようす）	1	6	3	7	5	8	10	1	6	6	25	28
家のできごと	0	0	1	3	8	5	2	0	0	0	11	8
兄弟姉妹のこと	0	4	7	7	4	6	7	8	5	7	33	32
家の中の生活のこと	10	1	7	6	3	2	1	2	2	3	23	14

6　学校生活のことで作文に書きたいことは，どんなことか。

学年／項目	2		3		4		5		6		計	
	男	女	男	女	男	女	男	女	男	女	男	女
先生におこられたこと	0	0	2	2	0	0	4	0	2	0	8	2
体育時間のこと	11	3	1	4	7	10	4	5	0	0	23	22
勉強のようす	5	8	8	8	8	5	5	11	8	14	34	46
休み時間の遊び	15	7	7	7	9	9	4	4	0	0	35	27
友だちとけんかしたこと	0	0	1	1	1	1	2	0	0	0	4	2
学級のようす	1	4	3	0	7	3	8	5	6	3	25	15
テストのこと	0	0	0	0	0	0	0	0	1	3	1	3

係の仕事のこと	0	1	3	2	0	0	0	0	0	0	3	3
友だちのようす	1	2	3	5	5	4	5	12	5	10	19	33
委員の選挙	0	0	0	2	0	0	1	0	0	1	1	3
そうじのこと	12	10	4	5	2	3	4	4	3	5	25	27
給食のこと	0	8	4	1	2	4	2	2	0	1	8	16
学校の設備のこと	0	0	2	3	0	1	1	1	3	4	6	9
先生のようす	2	1	2	2	1	3	3	0	5	0	13	6
動物のこと	3	6	0	1	2	4	0	0	0	2	5	13

7　作文に書きやすいのは，どんな題材か。

学年／項目	2		3		4		5		6		計	
	男	女	男	女	男	女	男	女	男	女	男	女
遊びのこと	16	16	12	5	9	7	2	4	5	8	44	40
動物のこと	15	5	6	5	2	3	3	3	2	2	28	18
どこかへ行ったこと	10	9	9	10	13	12	16	18	7	6	55	55
仕事のこと	0	1	0	1	0	1	1	1	1	0	2	4
勉強のこと	0	3	3	1	1	1	2	1	2	1	8	7
家のことや家の人のこと	0	3	2	9	8	7	10	11	9	12	29	42
友だちのこと	2	2	1	7	6	5	5	2	4	3	18	19
読書感想	0	2	1	3	2	4	2	7	2	1	7	17
手　紙	2	5	3	4	1	1	2	2	4	3	12	15
見学記録	0	0	2	0	0	0	2	2	1	0	6	2
観察記録	0	0	2	0	1	0	3	0	2	0	8	0
おまわりのこと	5	4	3	1	2	1	1	0	0	0	11	6

8　作文を書くとき，困ったことはどんなことか。

学年／項目	2		3		4		5		6		計	
	男	女	男	女	男	女	男	女	男	女	男	女
書きはじめ，終わりがわからない	3	5	1	1	4	3	3	2	2	1	13	12
題が思いだせない	15	17	8	4	21	18	24	26	13	12	71	77
行動や情景を忘れてしまって書けない	4	6	4	1	5	4	2	3	2	2	17	16
書く順序がわからない	5	2	2	3	5	6	5	5	1	1	18	17
題がわかっても書くことを思いだせない	8	3	2	3	6	6	5	2	2	2	23	16
一つのことを書き終わって次のことを書くのがわからない	0	4	1	1	1	2	1	4	1	3	4	14
書きたかったときに書かないからあとで思いだせない	2	2	0	1	0	2	0	1	0	0	2	6
漢字が書けない	3	0	0	2	1	0	1	0	0	0	5	2
会話がよく書けない	2	5	1	1	2	1	1	0	0	0	6	7
長く書けない	4	5	1	0	4	3	1	0	3	1	13	9
「，」や「。」のつけ方がわからない	1	1	9	9	0	1	1	2	1	2	12	15
書いているところを見られるから	3	0	0	1	0	0	0	0	0	0	3	1
友だちのいやなところを書くとき	0	0	0	1	0	0	0	0	0	0	0	1
字がへただから	0	0	8	1	0	0	0	0	0	0	8	1
書くことがない	0	0	0	6	0	0	0	0	0	0	0	6
時間がたりない	0	0	4	1	0	0	0	0	0	0	4	1

第４節　実態についての考察

1　話題について

ア　低学年は話題の範囲がせまく，自己を中心とした身近なできごとが多い。だいたい，学校生活，家庭生活に集中されている。

イ　中学年ごろから，話題の範囲がしだいに広くなり，社会生活，文化的生活などについても，それを客観的にとらえ，かなりの興味関心を示している。

ウ　高学年では，家庭や学校生活だけでなく，テレビやラジオなどによって世の中の問題，自分の生活上の問題にまで関心が高まっている。また事実だけでなく，感想や意見がかなり話し合われている。

エ　以上のように，話題は学年によって範囲や内容に差がある。話題は相手，環境，自己の生活の必要性などによって異なってくる。内容的に浅いものを豊かなものにしていくためには，話題をどのようにとらえ，価値性を意識化させるかがたいせつな問題となってくる。

2　題材について

ア　低学年は「あそびのこと」「動物のこと」が多く，中学年では「あそびのこと」「友だちのこと」「旅行」などが多く，高学年では「家の人や家の職業」「自分の将来」「学校や学級のできごと」について関心を示している。しかし，関心を示していながら書いていないのが現状であった。

このことは，指導計画が適切に立てられていず，題材を意識化させる指導，どう書いたらよいかの指導が適切に行なわれていないためであると考えられる。

3　作文を書くときの障害について

いちばん多いのは，「題が見つからない」ということである。次に「書く順序」とか「書きたいことの経験の想起」がよくできない。

第2章　読解指導と書く活動

第1節　研　究　問　題

読解指導に際して，書く活動を取り入れることに関し，次のような観点に立って研究する。

1　低学年・中学年・高学年における読解指導に際して，書く活動を取り入れることによって，学年ごとにどのような反応を示すか。

2　書く活動を取り入れることによって，指導の効果があがる教材と，あがらない教材があることが予想されるが，それはどんな教材か。

第2節　研　究　方　法

1　各学年ごとに説明・解説的文章，記録・報告的文章，報道文，物語，詩などを読解させるのに，それぞれAコースとBコースを設け，両コースの指導を対比させて，その得失を明らかにしようとした。

2　文章の内容を読み取らせたり，文章構造を理解させたりするのに，Aコースはできるだけ書く活動を取り入れ，Bコースは話し合いを主にして学習を進めた。

第3節　研　究　の　結　果

学習指導にあたっては，どのような機会に，どのように書かせ，また，どのように話し合わせるかによって，指導の効果は相当に違ってくるので，1回きりの学習指導で，はっきりした結論を出すことは困難であるが，ほぼ次のようなことがいえそうである。

1　学年段階における問題

(1)　低学年では，それほど読解指導の中に「書く」活動を取り入れて指導しても効果がない。これは，低学年児童は自主的，目的的な学習をすることが困難であるし，それに，どちらかというと気分的に，ばくぜんと読み取っていることが多く，そのためにことがらを関係づけたり，全体と部分を関係づけて読み取ったりすることが比較的少ないためだと考えられる。

(2)　高学年では，読解させる場合に書く活動を取り入れることも可能であるし，その結果もはっきりとあらわれている。

2　教材別における問題

(1)　「書く」ことを取り入れたほうが効果があるのは

○説明・解説

○記録・報告

○報道文

これらの文章は，「要点を読み取る」「段落ごとにまとめる」「要点を抜き出したり全体を要約する」「書き手の意図を読み取る」「文章の組み立てや叙述に即して読む」などの技能を伸ばすことを目的にして教材化されている。ところが，これらの技能を伸ばす学習は，思考力を高度に必要とするので，どうしても「話し合い」を中心にした指導だけでは，目的を達成できない。そのため，書く活動を取り入れたほうが効果がある。

(2)　効果があまりはっきりしない文章は

○物語

○詩

などである。

3 「書くこと」を取り入れる場合留意すること

(1)　何を書かせるのか，はっきりさせる。

(2)　書く目的をすべての児童に意識させる。「あらすじを書く」「要約したことを書く」などは，どんな目的のために書くのかを理解させること。そうでないと書くことを取り入れても効果がない。

(3)　書く方法を正しくわからせる。これができないと，時間を浪費し，効果があがらない。特に低学年では書く形式をあたえるとよい。

(4)　書いたことを集団思考の場に役だてるような計画をするとよい。このことは，書くことを孤立させないで，話す聞く読む活動との関連をはかることである。

(5)　個人指導の徹底をはかること。個人の能力に応じて形式をかえて示すとか，具体的に書く方法や内容を指示したり，助言したりするなどの配慮が重要になってくる。

説明・解説文の読解指導と書く活動〔第6学年の例〕

1　研究問題

(1)　説明・解説文の内容の読み取りを確実にするには，読解の過程で「書く」活動を取り入れたほうが効果的だと考えられるが，それは，どういう機会に，どの程度，取り入れるのがよいかを明らかにしようとした。

(2)　具体的には「抜き書きをしたり要約したりする」活動を読解の過程に取り入れることによって，読解力を確実にするとともに，抜き書きのしかたや要約のしかたを指導しようと意図した。

(3)　その場合，説明・解説文の読解をとおして，作文力を伸ばすには，どのような面において可能なのか，また，どんな作文の技能や態度を伸ばすことができるかを，明らかにしようとした。

2　研究方法

(1)　教科書教材「登呂の遺せき」を読解指導するにあたって，Aコースと Bコースの2コースを設け，Aコースは，できるだけ書く活動を取り入れ，Bコースは，従来どおり話し合い活動を中心にして，学習を進めることにした。

(2)　学習指導の目標および指導計画は，だいたいAコース，Bコースとも同一である。

目　標

ア　要点を抜き出したり，全体を要約したりすることによって，文章の内容を正確に読み取ることができるようにする。

イ　文章の組み立てや叙述に即して，説明してある事がらを正確に読み取れるようにする。

ウ　日本文化の伝統のすばらしさに関心と理解を深め，文化創造の意欲を育てる。

3　指導計画〔4時間扱い〕

ア　全文を読み，学習問題を話し合う。　(1)

イ　「登呂の遺せき」の読解をする。　(3)

○　文章を概観し，説明の要点を読み取る。

○　要点を関係づけて，意味のまとまりを考える。

○　要約したことをもとにして，理解を正しくする。

4 教　材

(1) 登呂の遺せき

静岡駅から南へ，海岸のほうへ進むと，登呂という所があります。

昭和18年のことです。工場を建てるために，その土地をほっていた人が，太い柱だの，そのほか，いろいろの道具類を土の中から発見しました。調べてみると，それは大むかしの住居のあとでした。

その後，おおぜいの学者たちが集まり，あたりを広くほり進めていくと，次々に住居や米倉が現われ，また，住居に続いて，水田のあることもわかりました。そこは，大むかしの村のあとだったのです。

わたしたちの祖先が米を作ることを覚えたのは，今からおよそ二千年ぐらい前のことです。

わたしたちの祖先が，まだ，野山でかりをしたり，海で魚や貝をとったりしていたころは，おたがいに，はなればなれになってくらしていたものです。それが米を作るようになってから，人々が集まってきて村を作り，なかまたちが，いっしょにくらすようになりました。

住居は，今までに十五，六けん発見されていますが，どれも，だいたい同じ形をしています。しき地は，だ円形に少しもり上げて作り，そのまわりに，土がくずれ落ちないように，木のさくをめぐらしています。その中の土をくぼませ，その上に四本柱を立て，まわりをかやでふきました。ちょうど，今の農家の屋根を，そのまま地面にふせたような形に見えます。中央にろを作り，ろから立ち上がるけむりが外へぬけていくように，むねの両はしに，すきまをあけています。入り口は一つで，たいていは南側にあります。

土の中からほり出された材料に基づいて，組み立てられた家の一つ

が，今，遺せきとして復元されています。それを見ると，大むかしの人々も，いろいろくふうして住んでいたことがわかります。

家々が，かたまって建っているところも，今の村とよく似ています。また，村の中と，村から少しはなれた所に米倉があります。

米倉は八本柱で，ゆかが高く，倉への上がりおりは，はしごを利用するようにできています。高い所に米を貯蔵しておけば，しめっていたむようなことはありませんし，水が出たときにも，流されるようなことはありません。また，はしごをはずしておけば，動物にあらされる心配も少なくなります。

柱の上部で，ゆかに接するところに，まるく内側にそった板が取り付けてありますが，これは「ねずみ返し」といって，下から上がってくるねずみを防ぐためのしかけです。これを見ると，大むかしから，ねずみを防ぐのに，人々がどんなに苦心したかがよくわかります。

そのほか，くわ・すきなど，いろいろの農具も発見されました。形は今の農具とよく似ていますが，ただ，今のとちがうところは，すべて木でできていることです。まだ，金属が使われていなかったからです。

登呂遺せきのはずれには，小高いおかがあり，その向こうには富士山も見える美しいながめです。わたしたちの祖先が住んでいたころは，富士山は，まだけむりをふいている活火山だったのです。

研究授業の記録

A　コ　ー　ス	B　コ　ー　ス
1　前時の学習について話し合う。 ○　どんなことがどんな順序で書かれているか，プリントに書いたものをもとに発表する。	1　前時の学習について話し合う。 ○　「登呂の遺せき」について どんなことがどんな順序で説明してありますか。

2　本時の学習の目あてをはっきりする。
3　説明してある事がらの要点を読み取って関係づける。
　○　目あてをはっきりさせて全文を読む。
　○　プリントを使用して説明してある事がらを関係づける。
＊　プリントは下のようなものを使う。

ことがら	段落	要約
＊書きこみの例	例	
1 登呂の位置	1	1 ……
2 大むかしの住居の発見	2	2 ……
3 住居のはっくつによって村のあとがわかる	3	3 ……
4 米を作るのは二千年前からはじまった	4	4 ……

　○　関係づけたら，文章を読んでたしかめ，全体のどこからどこまでかを書きこむ。
　○　発表し合いながら，どのように関係づけるかまとめる。
　○　自分のあやまりをなおす。
4　段落の内容をまとめる。
(ア)　第１段落から，第８段落までをプリントに要約する。
＊　要約するとき。

　○　発表したことは，カードをはる。
2　本時の学習の目あてをはっきりする。
3　要点を読み取って関係づける。
(ア)　全文の読み
(イ)　いくつぐらいに要点がまとめられるか。
＊　読みながら本に線をひかせる。
＊　いくつぐらいにまとめたか調査する。（後述してある。）
(ウ)　なぜそのようにまとめられるか話し合う。
　○　七つにまとめた人は，どうしてそうまとめましたか。
　○　八つにまとめた人はどうですか。
　○　九つにまとめた人はどうですか。
(エ)　まとめ方の異なったところを話し合う。
＊　いつ，だれが，どういうものを発見し，何がわかったかを，しっかりおさえることが，たいせつであることをわからせる。
＊　掘ったものから，何がわかったかはだいたいつかんでいる。動機や時期や掘り出されたものなどに関しては，それぞれの児童で答えがちがっているので，それらを比較させて考えさせる。
4　段落の内容をまとめる。
(ア)　第１段落を要約する。
　○　どのようにまとめられますか。
　○　児童に発表させる（発表した例は後述参照。）
　第１段落から第８段落までの要約を同様にして行なう。

　○　目的をはっきりさせる。
　○　要点を落とさないようにする。
　○　主述のはっきりしたセンテンスで書く。
　○　段落の要約文を読み取って書く。
　○　文章を読みながら書く。
　○　自分のことば，自分の考えで第１段落から第８段落までの要約文を書く。
(イ)　だいたい終わったら発表し合う。
(ウ)　どのようにまとめるのがよいか話し合いする。
(エ)　自分で書いた要約文をなおす。
＊　推考のとき
　○　書きなおしの方法をわからせ，意味のまとまった文章で書く。
　○　主述の正しい文で書いてあるか推考する。
5　学習のまとめ
(ア)　「登呂の遺せき」の文章の組み立てについてしらべる。
(イ)　学習のまとめをノートに書く。

＊　話し合いをさせるとき，
　○　その部分の文章を黙読してから発表させる。
　○　一つの段落ごとに数人ずつ発表させ，だいたいまとめられたら，教師が板書する。
(ケ)　この文章を要約するとどんなことがわかりますか。
　○　「登呂の遺せき」の要点や書かれていることの順序がはっきりしてきました。
(コ)　では，どんなことがどんな順序で書かれていますか。
（発表例―はじめ登呂の場所で，それから発見された理由や住居や村のあとがわかったことを説明し，それから発見された家や，米倉のつくりやくふうされた点が説明してあり，最後に登呂から見えるけしきで結んでいます。）
5　学習のまとめ
(ア)　板書にまとめたことをノートに書く。

6　結果と考察

(1)　学習活動の実態

　Ａコース

ア　いくつにまとめたかについて，調査した結果は，次のとおりである。

　調査人数　44人

　　6段落　　1人

　　7段落　　1人

8段落　34人

9段落　7人

11段落　1人

イ　まとめるのに要した時間と人数は，次のとおりである。予定は5分。

3分以内　29人

4分以内　7人

5分以内　5人

6分以内　2人

Bコース

ア　いくつにまとめたかについて，調査した結果は，次のとおりである。

調査人数　44人

5段落　1人

6段落　1人

7段落　24人

8段落　15人

9段落　3人

＊　以上は挙手によって調査した。

イ　話し合いを中心にして，まとめた場合にみられる傾向としては，次のような点が指摘できる。

○　挙手する児童が固定化していた。

○　いくつかの要点をおさえてまとめるのに，ある一つの段落だけを中心にして，まとめるものが多かった。

(2)　学習後に行なった理解調査の結果

（翌日調査）

ア　形式段落ごとに，書かれていることがらをいくつにまとめたかについて，調査した結果は，右のとおりである。

項目	Aコース	Bコース
八つにまとめたもの	1人	1人
九つにまとめたもの	0	1人
十にまとめたもの	2人	3人
十一にまとめたもの	3人	29人
十二にまとめたもの	35人	9人
十三にまとめたもの	2人	0

（調査人員）　Aコース……44人
Bコース……44人

(ア)　「登呂の遺せき」の文章は，12の形式段落から構成されている。それぞれの段落は，だいたいにおいて，一つの事がらが説明されている。正しく読解するには，まず，この１２の形式段落をしっかりおさえてどんなことが書かれているのかを読み取ることがたいせつである。

(イ)　Aコースは１２にまとめたものが，全体の約80％，Bコースは20％である。（正しくは12にまとめること。）

どこに問題があったかというと，第８段落（これは主として，米倉のある位置）と第９段落（これは米倉のつくり方）をいっしょにしている場合が多く見られた。Aコースのほうは，「米倉の位置」と「米倉のつくり方」を正しく別々におさえている。

項目	Aコース	Bコース
六つにまとめたもの	0	1人
七つにまとめたもの	2人	1人
八つにまとめたもの	41人	37人
九つにまとめたもの	0	2人
十にまとめたもの	0	2人

イ　いくつにまとめたかについて，調査した結果は，右のとおりである。Aコース（実験学校）のほうが正しいまとめ方をしているものが多い。プリントに，１２の事がらを書き抜き，読みを進めるとよいことがはっきりした。しかし，Aコース，Bコースとも，それほどのちがいは見

られない。

このことは，文章の内容のくぎりが，割合に平易で理解しやすいようになっているためであると思われる。

ウ　ＡコースとＢコースのまとめ方であまり差のなかった段落は，次のような段落である。

段落	Ａコース	Ｂコース
第１段落	98%	96%
第２段落	98%	91%
第７段落	96%	96%
第８段落	98%	98%

これらの段落は，一つの形式段落が一つの意味段落をなしているので，形式段落に書かれてある事がらをおさえてまとめれば，たやすくまとめられたものと思う。

エ　ＡコースとＢコースのちがいがはっきりとあらわれている段落は，左のような段落である。

段落	Ａコース	Ｂコース
第４段落	91%	84%
第５段落	91%	82%
第６段落	91%	80%

これらの段落はいくつかの形式段落が集まって，一つの意味段落を構成しているので，内容をつかむためには，いくつかの要点をおさえ，それを関係づけ，自分のことばでまとめることが必要になる。

そのために，よほど内容が正しく理解され，自分のものになっていないと要約することができない。

7　調査結果の考察と指導の反省

(1)　説明の要点を書かせることについて，

ア　児童が「登呂の遺せき」の説明の要点を読み取り，書き抜くのをみると，形式段落ごとにおさえている。形式段落が１２に分かれているために，要点を書き抜いたのも大部分１２である。

このような文章では，形式段落に注意させ，そこに何が書かれてあるかを読み取らせることは，比較的容易であると考えられる。

イ　書き抜いたならば，要点が文章のどこに書かれてあるかを確かめさせる。もし，抜けていたならば，どこの段落が抜けているかに気づかせる。そうすると，段落の関係や文章の構成も正しく読み取れる。

(2)　段落をはっきり読み取ることについて，

ア　説明の要点がはっきりすれば，どれとどれが関係するかを読み取ることは，割合に正しくできる。

イ　要点と要点を説明の内容によって関係づけていくと，文章全体の構成がはっきりと読み取れることをわからせる。

(3)　段落の内容を要約することについて，

ア　なんのために要約するかが児童に意識されてないといけない。書く活動は，特に目的がだいじである。そうでないと方法も考えられないし，思考がはたらかない。

イ　段落の中の要点を含んでいる文と，その説明との関係を，はっきりつかませることがたいせつである。

ウ　要約を書かせるとき，

・主述のはっきりしたセンテンスで書かせる。

・自分のことばで，意味のまとまった要約文を書かせる。

・できるだけ簡潔に表現させる。

第3章　作文指導と教材・資料

第1節　研　究　問　題

書く意欲を起こし，作文の能力を伸ばすのに，どのような教材を，どのように利用したらよいか。

第2節　研　究　方　法

1　教科書に用意されている作文教材は，作文能力のどのような面を伸ばすのに役だつ教材であるかを明らかにする。

2　教科書に用意されている作文教材に児童が，どの程度の関心や興味を，もっているかを明らかにする。

3　教科書教材で，学習目標を達成するのに，ふじゅうぶんであると判断した場合には，児童の作文その他から，適当な文章を選んで，それを教材化する。

4　教科書教材と補充教材の得失を明らかにするために，Aコース と Bコースを設け，両コースの成果を比較して研究する。

第3節　研究の結果と指導上の反省点

1　作文学習に活用する教材について

(1)　低学年などで教科書に用意されている作文教材が児童の生活経験とかけ離れた題材や内容の場合，あるいは，ことばの使い方や記述のしかたが児童の能力をこえているような場合に，教科書の教材を中心にして指

導すると，書く意欲を起こすことができず，記述力を伸ばすのにもあまり効果がない。それよりも，身近な児童作文を用意し，教材として活用したほうがよい。

その場合，どんな作文を用意するかが重要である。

- 書く目的や指導したい事項にあった文章を用意する必要がある。
- その場合に一つの作文でなく，二つか三つぐらい用意すると指導に役だつ。

(2)　中学年などで「段落をはっきりさせて書く」指導をする場合などには，教科書の文章だけでは，全般的に程度が高かったり，児童の実態からみて適当でなかったりすることがある。そうした場合には，児童の能力にあった教材を用意して指導すると，効果をあげることができるように思う。

(3)　1年生で「絵を見て文章を書く」ような学習で，教科書のさし絵に児童が反応を示さない場合には，児童が好むような絵や写真を用意したほうが，意欲も起るし，記述力も身についてくる。

2　作文教材の読ませ方や展開への位置づけ

(1)　読ませる方法としては，観点をきめ，それがどう書きあらわされているかを読み取らせるとよい。

(2)　その文章だけで，すべての指導に役だてようとすると無理がある。記述前，記述中，記述後でどんなことに役だてるかをおさえ，それがどう書かれているか，作者はなぜそう書いたのか，もし自分だったらどう書くかなどの観点に立って，指導すると，当面の目標を達成するのに効果をあげることができる。

(3)　教材文を「書き手の主体的な作文活動」と結びつけることがたいせつ

である。そのためには，

ア　感想文，生活文，生活日記など自己表現的な文章では，はじめから文章を読解させると，どうしてもそれにとらわれやすく，例文の模倣的な記述になりがちである。そのため最初に文章を書き→それについて話し合い，自分の文章について評価させ→それから教材文を読み→推考，または，新しく記述するような過程をとったほうがよい場合が多い。

イ　記録的，伝達的文章においては，正しい記述，わかりやすい書き方が要求される。そのため，文章記述の形式や方法を理解し，それを参考にして，自分も文章を書くようにすると，よい文章が書ける。そのため，最初に文章を読み→経験し→構想をたて→記述するような過程をとるとよいことが多い。

作文指導と絵の利用〔第１学年の例〕

1　研究問題

作文の入門期において，児童の書く意欲をますためには，どのような絵を，どのように利用するのが効果的か。

2　研究方法

(1)　教科書教材「どうぶつのまち」を扱う過程で，教師が作成した絵を見て書く活動を取り入れ，児童の反応を調べる。

(2)　教師作成の絵には，大小さまざまな動物を登場させる。それらの動物には，各種各様の活動をさせ，それぞれの動物に児童がどのように反応するかを調べる。

(3)　教師作成の絵は，次のような絵である。

(4)　学習指導の目標は，次のように設定した。

ア　絵を見て，そこにかかれている人物やできごとについて，気のついたこと思ったことなどを話し合うことができる。

イ　話し合ったことをまとめて，正しい文型で文章を書くことができる。

ウ　よう音を正しく読み，また，書くことができる。

エ　文字をていねいに書くようにする。

3　指導計画　〔４時間扱い〕

ア　教科書教材を通読する。　(1)

イ　教科書中のさし絵を中心にして話し合い，文章を書くのに必要な文型を習得する。　(1)

ウ　教師の用意した絵を見て文章を書く。　(1)

エ　できあがった文章を中心にして話し合う。　(1)

4　学習指導にあたって，特に留意した点について

ア　導入については，教科書の絵を見て書かせた児童の作品の中からおもしろいもの，よいところに目をつけたものを断片的に書き抜き，それを児童に読ませ，なるほどこれなら書けそうだという安心感を与えるよう留意した。

イ　知能の低い児童にも発表させ，それが他の児童の発表によって少しずつくわしいよくわかる文になっていくようにした。そのためには他の児童の話をしっかり聞きとる態度がたいせつになってくる。

ウ　児童の好みそうな絵の中の動物について，だれが，何をしているのか，どんなところがおもしろいかというようなことを，興味をそらさない程度に話させた。児童の話しことばは，なるべく正しい言い方で話し合わせた。

エ　話し合いの中心になりそうなことばだけを板書し，他は聞かせるだけにした。

オ　発表はなるべく多くの児童にさせ，一つの発表事項をだんだん深めて，よい発表内容にするというようにもっていった。

カ　あまり長く話し合わせると創造的な文が出ないと思われるので，発表意欲の盛り上がったところで書かせる方向にもっていった。

教師に話すという気持ちで書くようにさせ，書く前の注意は「お」と「を」，「え」と「へ」等に注意する程度で簡単にした。

5　指導した結果の考察

(1)　作品例について

ア………知能の高い児童の作品
イ………知能は中位で日常動作活発である児童の作品
ウ………知能の普通の児童の作品

ア　どうぶつのえんそく　　Y．N．（女）

ばすにのってやっとついたところがゆうえんちでした。

おさるのぼんきいちゃんがりんごがおちてしまったので「おおいまて」といったら，らいおんのといだ先生が「はやくこい，ほかのくみはいったぞ。このくみだけだぞ。」といいました。

りすくんはおもしろくてしようがないのでそんなこえなんかわすれています。

ぞうは「もうあるくのはや。」ってひとりごとをいってあせびっしょりです。

さるのここちゃんは，りすちゃんがすべってころんでしっぽを赤くしないかと，しんぱいをしています。

かばはあせをかいていますがほんとうにおしゃれです。

くまさんは「やーい おこられた。」といっているのに，たぬきは「きょうは，いいおてんきだなあ」とのんきそうなことをいっています。

きつねは「えんそくが まい日くれば いいなあ。」とひとりごとをいっています。

きつねと，たぬきと，ねずみは，ぞうをおすのにせいいっぱいです。

たぬきは，ねずみに「ねずみさんは ちっとも おしてないじゃないか。」ともんくをいうとねずみがいいました。「だってさ，ぼくは たぬきさんよりずーとちいさいもん。」うさぎのぴょんこちゃんは たぬきさんとたのしそうにおべんとうをたべています。

「うさちゃん，くりとりんごとみかんをださないか。」

「わたしね，りんごだけならだすわ。」

りすくんはうさぎさんにこういいました。「かけあししよう。」といったらいいおわらないうちにいつのまにかころがってしまいました。

たぬきはきつねがつかまっているのをしりません。きりんもうれしそうです。

イ　どうぶつのえんそく　　　H．S．（男）

おさるのごんきちくんはおかねをもっていないのでひこうきにのりたくてしようがありません。そこでごんきちくんはかんがえました。

「あの木にのぼっていればおかねはなしだ。」とかんがえました，さっそくのってみました。

「はあーい，ゆうえんちのひこうきより木のひこうきのほうがやすいやい。あ，でもゆうえんちのほうがたかいなあ，ざんねん。」

ぞうのごうたろうくんが「ゆうえんちまでいくのはやだよ。だってぼくくいしんぼうなんだもの，そのしょうこにりっくさっくの中におむすび６こ，おかし10こ，おせんべい10こ，ゆでたまご６こ，りんご３こ，はいっているんだよ，すごいだろう。はなしてくれよ。ここでたべるんだから。」

「では，はなしてやるよ。」といってきつねがはなしてやりました。

ぶたのくんちゃんがくまのころたんにおされてころんでいます。くまのころたんがいいました。「どうしてぼくのしっぽをさわるのさ。」「だってころたんがおしたんだもん，いじわる。」

さるのちっちいはかわらのどてをすべっています。

「うわーい，ぼく１ばんだあい。おしりがよごれたってへいきだい。」

ウ　どうぶつのえんそく　　　T．N．（男）

さるのぽんたくんがのはらでりんごをたべようとおもってりっくさっくの中からおおきいりんごをとりだしました。

きつねのこんちゃんがにこにこしながらぞうさんをゆうえんちにつれていくところです。たぬきが，「おなかがへったからうさぎさんおかしをたべようよ。」といいながらくだものやおかしをだしてしまいました。

くまさんがてをあげて「おおいはやくこいよ。」といいました。

ぶたがつかれたのでたぬきが「おいおれのしっぽにつかまれ。」といってつかまったら，ぶたくんはころがってしまいました。

といだ先生が「そこでおべんとうをあけるとだめだぞ。」といいました。

「ゆうえんちにはもうほかのくみがいっていてひこうきがとられたのでつまんないや。」とぞうさんがいいました。

きつねが「へへへ，おれのちからすごいだろう。」といいました。

(2)　実態について

ア　作品について

	名まえ	センテンス	会話数	文字数	学習中の話し合い以外に自分で想像したこと	書かれている動物
A	Y．N	20	11	592	10センテンス	おさるのぽんきいと，ここちゃん，ねずみ，らいおんのといだ先生，りす，ぞう，かば，くま，たぬき，きつね，うさぎのぴょんこ
	Y．M	21	10	672	７センテンス	さるのぽんた，うさぎのぴょんた，びいばあくん，といだ先生，きつね，ぶた，たぬき，くま
B	M．S	11	4	384	５センテンス	さるのもんた，といだ先生，ぞう，うさぎのみみこ，くまのぽんた，りすのちいこ，ねずみ

						のちゅうた
	M.H	7	3	330	4センテンス	さるのもんきい，さぶちゃん，きりんのちこちゃん，りす，ぶたのぶうちゃん
C	T.N	8	6	288	4センテンス	さるのぽんた，ぶた，きつねのこんちゃん，といだ先生，たぬき，うさぎとくま，きつね
	E.N	7	3	353	3センテンス	おさるのもんきい，たぬき，うさぎのぴょんこ，りす，といだ先生
D	M.K	10	6	320	2センテンス	かば，といだ先生 たぬき，ぶた，ぞう，きつね，ねずみ，きりん，うさぎ
	M.N	7	1	285	2センテンス	さる，ぞう，きつね，くま，ねずみ，たぬき，かば，りす，うさぎ
E	J.K	5	2	176	1センテンス	おさるのこんちゃん，といだ先生，たぬきのこんちゃん，かば，ぞう，きつね，くま，ねずみ
	Y.K	10	5	203	2センテンス	らいおん，ねずみのちゅうたあ，ぞう，うさぎ，いぬのこ，きりん

＊ 抽出児童は５段階としA＝5．　B＝4．　C＝3.　D＝2.　E＝1とする。

※絵を見て書いた作品の一般的傾向

(ｱ)　会話について

○全体として

・それぞれの絵の中の動物について想像した会話は，知能の低い高いにかかわらず，全体によくはいっている。これは目だって多い。

・会話は，自分がその絵の中の人物になったような気持ちで，自分の

ことばでいっているものが多くなった。

○知能の高い児童

・自分で絵の情景から連想して生き生きとしたおもしろい会話を入れている。

○知能の低い児童

・学習中における話し合いのとおりの会話が多い。

(ｲ)　叙述について

○全体として

・主述は全体がよくできている。

・学習中の発表事項以外に自分で気づいたことが多く書かれているために，内容が豊富である。

・学習中に児童が発言したことばはほとんど書かれており，さらに文字表現のほうが，修飾が加えられて詳しい文となっている。

最初に絵を見て発言した際のことばは，作文を書くときにそのまま用いられている場合が多い。

○知能の高い児童

・まわりの情景やその場のふんい気，絵から感じとる想像的表現が活発に書かれていた。

また絵から自分で童話のようにまとめたものがあった。

○知能の低い児童

・絵そのものをよく見て，そのままの姿や形をいいあらわしており，箇条的にセンテンスを短くまとめていて，絵全体としてのまとまりは少ない。

・他の児童の学習中発言されたことにヒントを得たものが多く，想像する力が欠けている。

(ウ)　児童の絵に対する興味関心

○男子

・動きのある部分，すなわち木のぼりをしているもの，あばれているもの，ころんだもの，先生の言いつけを守らずすべりっこしているものなど，自分たちの生活の中にあるものに興味を示している。

○女子

・ぞうさんを協力しておしているようす，行儀のよい動物のようす，楽しい遊園地の想像などを中心として，興味をもってかいている。

イ　文字数について

	名まえ	書きはじめてから15分後の文字数	書き終わった文字数
	Y．M	352	672
A	Y．N	240	592
	T．Y	301	687
	E．N	192	353
B	T．S	225	351
	F．K	210	351
	J．K	176	176
C	S．K	191	191
	T．A	112	112

＊抽出児童は

A＝文字数の多いもの

B＝普通のもの

C＝少ないもの

○文字数は15分間における組全体の平均は236字，書き上がった文字数の平均は341字であった。

○上の表からもわかるように，教師の「ではお話を書いてみましょう。」ということばのもとに全体がすぐとりかかっており，興味をもって喜んで書いている。15分間の中で文字数にして200字以上書けたものが44人中32人いた。文字数の多いものは前半より後半のほうでぐんぐん書いている。

普通の児童は20分ぐらいで書き終わり，短い児童は15分以内に終了している。

ウ　絵の中に出てくる動物についての興味調査

動物		人数
さるについて書いてあるもの		40名
ねずみ	〃	17〃
らいおん（先生）	〃	32〃
りす	〃	14〃
ぞう	〃	26〃
くま	〃	23〃
かば	〃	16〃
たぬき	〃	25〃
きつね	〃	26〃
うさぎ	〃	24〃
ぶた	〃	11〃
きりん	〃	9〃
いぬ	〃	3〃

○何といっても圧倒的にさるに人気が集まっているのがわかる。

つづいて，らいおん・ぞう・くま等に児童の興味が向けられていることがわかる。しかし，これは絵の中の動物の位置や動きによって，多少違った結果が出てくることも予想される。

動物の名まえについては，一例をあげると，さるのもんた・うさぎのぴょんこ・きつねのこんちゃん・ねずみのちゅうた・りすのココちゃん・くまのころたん・ぶたのででくん・ぞうのごうたろう等の名まえが考えられたが，これは日常見ている絵本の影響が多いと思われる。

6　研究のまとめ

(1)　絵を見て文章を書く場合，文章はだいたい説明的なものになりやすい。したがって，絵そのものが活動的なものであり，登場人物個々に動きがあるだけでなく絵全体に一つのまとまりのあるものがよい。

(2)　いろいろなことを想像させるような絵で，会話など書きやすいものが，児童の表現意欲を活発にさせる。

男子であったら，絵の内容は動的で，いつも経験しているようなものがよい。

女子の場合は，静的で楽しい内容のものに興味がもたれている。

(3) 生活画を見て書いた場合

○低学年と同じ年ごろのこどもの活動している絵を見せて書かせたが，その結果は，発表させたときも活発でなく，児童にあまり興味がのらず，文におもしろみのない想像性の少ない作品ができあがった。児童と同じ環境にある絵のほうが親しみやすいように考えがちであったが結果としては反対であった。しかし，違った場面をとりあげれば，違った結果が出たかもしれない。

(4) 友だちの絵を見て書いた場合

○教室に掲示した友だちの絵について文章を書かせてみたが，これは感想的な文が多くなった。感想文の初歩の指導には，役だつようである。

(5) 共通経験した絵を利用して書いた場合

○児童の経験した遠足の絵を数枚時間的順序に並べ，それによって文章を書かせ，構想メモのかわりに書かせると，文が一貫した流れになって表現されている。

以上のように，絵によって書く文章の指導では，自分の考えをまとめて表現したり，文章の構成を考えて作文を書かせたりするための初歩的な指導として役だつと思われる。なお，絵によって心にえがかれる想像の世界を表現させることは，こどもらしい夢の世界への橋渡しとして情操の面の指導もできるように思う。

情景描写の指導と補充教材の利用〔第2学年の例〕

〔第1次の研究〕

1 研究問題

経験したこと，特に，その時の情景などが読み手によくわかるように文章を書かせるには，どのような教材を，どのように利用して指導したらよいか。

2 研究方法

(1) AコースとBコースの二つのコースを設け，Aコースは，教科書教材を簡単に扱った上で，児童の経験に近い作文を補充教材として扱い，その後，経験の話し合いをさせ，取材メモをとらせた上で，文章を書かせる。Bコースは，教科書教材を念入りに扱った上で，経験の話し合いをさせ，文章を書かせる。

Aクラス

教科書教材の読解	補充教材の読解	経験の話し合い	取材メモ	作文	作品研究

Bクラス

教科書教材の読解	経験の話し合い	作文	作品研究

(2) 学習指導にあたっては，特に，次の点に留意した。

ア　経験したことを文章表現して，友だちや先生に読んでもらいたいという気持ちを起こさせ，生き生きとした作品が生まれるようにする。

イ　教科書教材や補充教材を扱う際に，できごとの順序を読みとるとともに，相手にいちばん話したいことが，どのように表現されているかを読み取らせ，表現のしかたをわからせる。また，自分だったら，このように表現したいなどという立場に立たせて，内容を読み取らせる。

ウ　Ａコースでは取材メモをとらせ，その中でいちばん相手に知らせたいことを決めて，メモをもとにして表現させる。

エ　相手に話したいことをよく思い出させ，経験したことを，そのまま細かく見つめて書けるようにする。

(3)　学習指導の目標は，Ａコース，Ｂコースとも，だいたい同一である。

ア　おてつだいなどの日常の生活経験を，進んで話したり書いたりする態度を養う。

イ　時間的経過にしたがい，順序よく書き，書きたいことが相手によくわかるような作文が書けるようにする。

ウ　身近な友だちの作文を読み，できごとの順序や作者のようす・気持ちなどの表現のしかたを読み取ることができるようにする。（Ａコース・Ｂコース共通）

エ　簡単なメモのとり方がわかり，メモをもとにして順序よく文章表現ができるようにする。（Ａコースだけ）

オ　書いた文章を読みなおす習慣をつける。

3　使用した教材

Ａコース・Ｂコース共通のもの

教科書教材（９月下旬に学習させるように配当してある。）

「おてつだい」という題名のもとに，農村のこどもが農村のようすを書いた，「いもほり」と「るすばん」の二つの文章を用意してある。

〇いもほり

秋ばれのいい天気です。ひるから，おかあさんといもほりに行きました。おかあさんは，さつまいもをどんどんほります。わたしは，それをあつめていきます。おかあさんがほるたびに，大きないもや，ほそ長いいもが，つぎつぎにころがり出てきます。「おかあさん　ほら。」と，わたしが大きないもを高く上げてみせたら，おかあさんも，うれしそうににっこりわらいました。はたけのあちらこちらに，いもの山がいくつもできています。わたしが立ち上がって，しんこきゅうをしたら，おかあさんもむこうで立ち上がってあせをふいていました。

〇るすばん

ぼくが学校からうちにかえってみると，戸がしまっていて，だれもいません。

「あ，そうだ。きっとうちじゅうで田んぼに行ったんだな。」と思いました。

いつも，ぼくがかえってくるとおをふってとびついてくるくろも，きょうは見えません。どうしたのかなと思って，「くろ，くろ。」とよんでみましたが，くろはやっぱり出てきません。「くろもたんぼへついていったのかな。ぼくひとりでさびしいなあ。」と思いながら，戸をあけました。ガラガラという音におどろいたのか，大きなねずみが一ぴき，足もとから，だいどころの方へ，にげていきました。ぼくは，びっくりしました。うちの中にはいると，いたのまになにか書いた紙がおいてありました。それには，

> みのるさん，みんなはいねかりに行っています。ごはんをたべてから，おさらいをしなさい。ねえさんを先にかえすから，それまでるすばんをしていてください。おかあさん

と書いてありました。

ぼくは，ごはんを３ばいたべました。それから，にわの木の下にござを

しいて，さんすうとこくごのおさらいをしました。

おさらいがおわると，ぼくも，田んぼへ行きたくなりました。けれども，るすばんがだいじだと思って，ぼくはがまんをしました。そして，にわのびわの木にのぼって，あそんでいました。

　すると，西のみちから，ひげをはやした，しらないおじさんが，ぼくのうちの方へ歩いてきます。ぼくはいそいで木からおりてうちの中へかけこみました。そして，戸のかげから見ていました。おじさんは，うちの前まで来ると，「るすかな。」といって，しばらく立ちどまっていました。ぼくは，思い切って出ていきました。するとおじさんは，「おや，るすばんかね。おとうさんに用があるんだが。」とにこにこしながらいいました。

「おとうさんは，いま，田んぼに行っています。」とぼくはこたえました。おじさんが，「そうかい。それじゃ，田んぼへ行ってみようかな。」といったので，ぼくは，うちの田んぼをおしえてあげました。するとおじさんは，東の森のほうへ歩いていきました。

　少し立つと，ねえさんがかえってきたので，ぼくはうれしくなりました。ねえさんにさっきのことを話すと，ねえさんは，「よくおしえてあげたわね。」といいました。夕はんの時，ひげのおじさんのことを話すと，おとうさんは，「うん，田んぼであったよ。あのおじさんは，町のやくばの人だ。きょうは，よくるすばんができたね。」とにこにこしながらほめてくださいました。

Ａコースにだけ使用した補充教材（Ｂクラスの児童の作品）

①　おてつだい　２の４　井上たかし※（休み時間に全文を板書しておく）

　おふろの火もしをやりました。マッチをつけたことはあるけれど，おかあさんにやってもらいました。ぼくはくずかごをあつめて，ごみをもやしました。その中にフィルムがありました。それをもやしたら，あぶくみた

いなものがでてもえていきました。ぼくはどんどんごみをもやしました。そのうちにかまどへ入れすぎたのか，火が外のほうへ出てきてしまいました。ぼくはあわてて，紙を中の方へつっこみました。すると，えんとつから，紙のこげたのがたくさんでるようになってしまいました。ぼくは，へんだなと思いました。

　そのうちにもえてきたので，まきを入れました。やわらかい木はもえるけれど，かたくてふといのは，なかなかもえません。ぼくは，やわらかそうな木を，もやしていきました。火のそばにいるのであつくなってしまいました。

　ぼくは，おかまのふたをしめて，外へでました。ちょうどすずしい風がふいてきたのでかおにあたって，とてもいい気もちでした。よくもえついて，だいじょうぶだと思って，せきたんをくべました。そうしたら，火がきえたみたいになってしまったので，せきたんを少し出して，まきといっしょにもしました。そうしたら，せきたんがとてもよくもえてきました。だから，また，せきたんを入れました。

　ぼくは，おゆかげんをみてみました。ちょっとあついようなので，水を少し入れました。いっとうはじめに，ぼくが入りました。おゆかげんがよくて，とてもいいきもちでした。

②　こわかったおつかい　２の４　青木きみえ（プリントして児童に配布する。）

　夕方，おかあさんに

「パンをかってきてね。」

と，いわれました。

「いくつかってくるの。」

と，きいたら，

「三つよ，はい，おかねとふくろ。きみえのすきなパンでいいわよ。」とおっしゃったので，じてんしゃにのって行きました。外は，うすぐらいでした。

ゆっくり行くと，ねこのしんでいるのがいたので，こわくなってしまいました。前よりも，じてんしゃを走らせました。つめたい風がかおにあたって，いい気もちでした。少し行くと，じてんしゃがガリガリといったので，おりて見たら，はりがねがからまっていたので，とってからまた，走らせました。

おみせについて

「パンを三つちょうだい。」

というと。

「ありがとう，どんなパンですか。」

と，おじさんがきいたので

「あんパンとジャムとうぐいす。」

と，たのみました。

おみせのおじさんがパンばさみでふくろの中へパンを入れました。入れる時，バサッ，バサッと音がしました。くるくるっとふくろをまわして，「おまちどうさま。」と，わたしました。

「さよなら。」

「まいどありがとう。気をつけていらっしゃい。」

パンの入ったふくろをじてんしゃのかごに入れて，かえりました。

かえる時，また，ねこを見てしまいました。スピードをだしてかえりました。とてもこわかった，おつかいでした。

○補充教材を用意するにあたって，児童がどんなおてつだいをしているか，調べてみた。

・調査の結果　　　（調査人員47名）

おつかい	るすばん	ふとんしき	おかってのてつだい	にわはき	おふろの火もし
100%	57%	32%	30%	64%	60%
はたけのてつだい	幼稚園へ行っている妹・弟のおむかえ	内職のてつだい	ぞうきんがけ	くつみがき	こもり
10%	7%	25%	50%	24%	27%

○「ふろの火もし」「おつかい」は，多くの児童が経験をしている。Ｂクラスの児童が教科書教材（おてつだい）を読解したあと作文した作品も，おてつだいのようすを細かく見つめて表現してある。

○補充教材に用いた作品は，Ｂクラスの中でも最もすぐれたものをえらんだ。これは，よい作文を読ませて，相手に自分の経験したことがよくわかるような文章の書き方をわからせるためである。

4　指導計画　〔10時間扱い〕

クラス／取り扱い時数	Ａクラス（実験クラス）	クラス／取り扱い時数	Ｂクラス
3時間	1 教科書教材（おてつだい）の読解	4時間	1 教科書教材（おてつだい）の読解
1 〃	2 新字語句の練習	1 〃	2 新字語句の練習
1 〃	3 友だちの作文を読み情景が相手によくわかる作文の書き方の話し合い。 自分のしているおてつだいの話し合い，書くめあてをきめてメモをとる。	2 〃	3 自分のしているおてつだいの経験の話し合い。 おてつだいの作文を書く。
2 〃	4 メモをもとにおてつだいの作文を書く。		

1時間	5 作品をよく読みなおし友だちと交換してなおし合う。ていねいに清書する。	1時間	4 作品をよく読みなおし友だちと交換してなおし合う。ていねいに清書する。
1 〃	6 作文を読み合い，話したいことが相手によくわかるように書けているか話し合う。	1 〃	5 作品を読み合い相手によくわかるように書けているか話し合う。
1 〃	7 文集を作り読み合う。	1 〃	6 文集を作り読み合う。

5　研究授業の記録（第５時間目）

第５時間目の目標

友だちの作文を読み合い，相手にその時の情景がよくわかるような文章の書き方をわからせ，自分の経験を書こうとする意欲をもたせるとともに，簡単なメモをとることができるようにする。

学習活動	教師の発問	児童の反応
1 教科書のおてつだいの作文について話し合う。 ・だれと，どこで，どんなおてつだいを……小黒板に板書	○よし子さんは，だれといっしょに，どんなおてつだいをしたの。 それをどうしたの。 ○みのるさんもよし子さんに負けないように何のおてつだいをしたの。	K　よし子さんは，おかあさんといもほりのおてつだいをしました。 T　いもほりをしたことを作文に書きました。 S　みのるさんは，るすばんをしました。
2 自分のしているおてつだいの経験を発表しあう。	○みんなは，よし子さんやみのるさんのようにおてつだいをしたことがないでしょう。いつもよく遊んでいるから。	みんな　おてつだいをしていると盛んにいう。
・ぼくはだれにたのまれてどんなことをした……	○おてつだいをしたことがあるの。 ○京子ちゃんは何のおてつだいをしたことがある。 ○まことさんは…… 発表を小黒板へ板書	O　おつかいをしたことがあります。 T　ぼくはふろたきをしました。 ○　活発に発表する。

3 友だちの書いた資料文を読んで話し合う。	○いい田さんは，何のおてつだいをしたとお話をしてくれましたっけ。 小黒板の発表の板書	A　いい田さんは，おふろの火もしのおてつだいをしました。 みんな　いいです。
○どんなおてつだいをしたか。	○いい田さんと同じようなおてつだいをした子がいるの。 ほら……板書の題名と作者をみせる。 （板書の資料文は，カーテンで見えないようにしておく。）	みんな　あっ！　井上さんがふろたきのおてつだいをしたんだ。 A　３組の子だね。
考えて資料文を読ませる。 黙読，指名読み	○このお友だちはね，おかあさんにたのまれておてつだいをしただけでなく，やったことをどうしたと思う。 ……資料文を少しみせる。 ○そうなの，作文に書いたんですよ。 おりこうでしょう。 それがこれなんですよ。 カーテンをめくりながら黙読させる。	K　先生ふろたきの作文を書いたんでしょう。 みんな　作文にしたんです。 ○集中して資料文を読んでいる。
	○ね，じょうずでしょう。井上さんは何のおてつだいをしましたよって作文に書いたの。	H　はい，井上さんは，おふろの火もしをしましたって作文に書きました。 みんな　いいです。
	○そうね，井上さんがおふろの火もしをどんなふうにしたか，そしてどんなふうに書いたかもう一度読んでみましょうか。 谷田部さん，ようすがわかるように読んでごらん。 ○そうはじめて読んだのだけれどじょうずに読めました	○はじめて読む資料文なので，みんな集中して学習に参加している。 谷田部さん資料文を読む。

○どんなおてつだいを，だれに話そうと思って書いたのか。	ね。 ○井上さんは，だれに火もしのことを話したかったのかしら。	○みんなしばらく考えている。いっせいに挙手して， S　はい，友だちのまことさんに話したかったのだと思います。 ｛ぼくもそう思います。 　わたしも　　〃
	○先生やお友だちに話すつもりでこんなにたくさん書いたのですね。	K　ぼくは先生にお話したかったのだと思います。 ぼくもそう思います。
○くぎりごとにどんなことを書いたのかまとめる。	○ではね，このへんまでは，何のことをお話したの。 一つめのくぎりまでをさす，（はじめから3行目書き出しの文）黙読をさせる。	T　はい，おかあさんに火もしをたのまれたことが書いてあります。 S　はい，おかあさんにマッチをつけてもらったことです。
・はじめにどんなこと。	○井上さんは，はじめにこんなことを書いたのですね。 ［おふろの火もしをたのまれたこと］ カードを資料文の一つめのくぎりのそばに下げる。……黒板に	○二つめのくぎりをいわれなくても黙読しだす。 T　はい，まきや紙くずをもしたことを書きました。
・つぎにどんなこと	○その次は何を話すつもりで書いたの。 ○そう，いろいろなものをもしているようすを書いたのですね。 ○いま，みんなが発表したことをまとめるとどういうことを書いたの。 ［おふろの火もしをしている時のようす］	K　まきや石炭をくべたようすを書きました。 A　まきや石炭やフィルムをもしたことを書きました。 ○もう一度黙読しだす。 T　はい，おふろの火もしをしている時のようすです。 みんな　いいです。 　　　　いいです。

	二つめのくぎりのところへカードを下げる。	
・おわりは何のようす。	○ではね，おしまいはどんなことを書いたの。 ○そうね，みんなのお話をまとめるとどうなるかしら。 ［おふろがわいたので一ばんにはいったこと］ 資料文の終わりにカードを下げる。	○終わりのくぎりの黙読 A　はい，おふろがわいたことを書きました。 S　おふろがわいたので一ばんにはいったことを書きました。 N　はい，おふろがわいたので一ばんにはいったことだと思います。
○どこがいちばん話したかったのか文章の山を見つけさせる。 火のもえている時のこと。	○そうすると，この中のどこを井上さんは，みんなに話したかったのでしょうね。 二ばんめのカードの上に赤まるをつける。 ○それでね，ふろたきをしているところで，とてもよくその時のようすのわかるところがあるの，どこでしょう。	みんな　ぼくもそう思います。わたしも…… みんな　まん中のふろたきをしている時のことです。 ○二つめのくぎりを黙読し出す。 K　はい，やわらかい木のもえているようすがよく書けていると思います。
○どうして火のもえている時のことが読み手によくわかるか。	じょうずな表現のところへ赤線を引く。 ○だからその時のようすがよくわかるのですね。 ○みんなが書いたら，紙くずをもしました。 フィルムをもしました。 だけではないかしら。 ○とてもよくふろたきのようすが書いてあるけれど，ぼくだったらどんなふうに書きたいと思う。	A　わたしは，フィルムがもえるようすがよく書けていると思います。 ○それぞれ，くわしく書けているところを読み取って活発に発表する。 みんな　いつもそう書いているね。 ○二つめのくぎりを中心に自分だったらこう書きたいと　5,6人発表
○ふろたきの作文の順序をカードによ	○そうすると井上さんの作文は，	○カードを見ていっせいに

っておさえさせる。	・はじめに何を書いて ・次に何のことを書いて ・おわりに何のことを書いたのでしょうね。	はじめに…… 次に…… おわりに……と 元気よく答える。
○カードを入れかえてみる。 3 おふろの火もしを…… 2 おふろがわいた…… 1 おふろの火もしをたのまれた	○おやおや，こう書いたらどうでしょう。 カードを入れかえて見せる。 ○だからどうなの。	A　そうしたら，おふろがわかないうちにはいったことになる。 ○みんな笑ってしまう。 S　だからやったとおりに順序よく書きます。
順序がくるうとおかしい。	○井上さんがおふろわかしの作文を書いたので，きみえさんも，わたしだって書けるよって，書きましたよ。 プリントを見させる。 ○きみえさんの作文を読んでごらん。	○プリントした作文を小さい声で読む。
4 きみえさんの作文を読んで話し合う。	○はいやめて。きみえさんは，だれにたのまれて，何にのって，どこへ行ったことを書いたの。	A　きみえさんは，おかあさんにたのまれてじてんしゃにのってパンやさんにいったことを書きました。 みんな　いいです。
○黙読して話し合う。 ・どんなおてつだいか ・どんなことがわかったか話し合う。	○ほら，よし子さんと同じね。 小黒板のおてつだいの発表の板書をみる。 ○おふろわかしとちがってどんな気持ちかがわかる。 ○こわかったけど，しっかり	みんな　はい，こわかったことがわかる。

○こわかった気持ちがどこのところでわかるか。 （部分よみ）	おてつだいをしたのね。 ○先生はね，こわかった気持ちもよく書けているけれど，お店のおじさんのようすもよく書けていると思いますよ。 どのへんを読んだらわかるでしょう。	S　「まいどありがとう，気をつけていらっしゃい。」のところでわかります。 T　パンを袋へいれる時，バサッバサッと音がしたというところでわかります。
○会話がたくさんはいっていることに気づかせる。 ・会話のところをよむ。 ・お話を入れると，その時のようすがよくわかること。	○そうね，そこのところを先生が読んでみましょうか。 場面を教師が読む。 ○ね，その時のようすがよくわかるでしょう。 ○それから，何がたくさんはいっているので，その時のようすがよくわかるかしら。 「 。」をさしてみせる。 ○ではね，お話のところだけ読んでみましょうか。 会話の部分を読ませる。	K　ふくろをくるくるっとまわしたところ。 ○教師の読むのをきいて，その時のようすがよくわかると感心している。 みんな　お話したことがはいっているからです。 ○ほんとうに話しているみたいねといっている。
作文の題をつける。 内容にあった具体的な題を各自プリントに入れる。	○でもね，この作文には題がついてないね。 ○みんなだったら何て題をつける。 ○じぶんのつけたい題をプリントに入れてごらん。 題を書きこませる。	○ほんとうだ，ほんとうだとみんながふしぎがる。 T　パンやにいったおつかいとつけたい。 H　こわかったおつかいとつけたい。 ○具体的な題を書き込んでいた。
5 本時の学習をまとめる。 カードをつかって	○そうすると，きょうの勉強は， 井上さんの作文は， はじめに，おふろの火もしをはじめた。	○作文の書き方がややわかったようである。

	その次に，火をもしている時のこと。 おわりに，おふろがわいたので一ばんにはいったこと。 カードをさしてまとめる。 きみえさんの作文は， こわかった気持ちや思ったこと。 お話したことがたくさんはいっていましたね。	○書きたい気持ちもみえる。
6 友だちの作文にまけないように書いてみよう。	○みんなも書きたくない？ ○どんなことを書きたいの，先生がよく聞いているからお話ししてごらん。	○「書きたい，書きたい」とさかんにいって，にぎやかになる。 ○全員起立して書きたいことを口々に話す。 うれしそうである。
	先生も負けないで書きましょう。でもね。井上さんのように順序よく書けないと困るから，こうして書く順序を書いておこうと思うの。	S 先生は何のことを書くの。 T おとうふやさんに行ったことね。 K いくつかってきたの。
7 取材メモをとる。（メモのとり方に気づくように小黒板を用いる。）	（メモを見せる。） 久世さんに先生のしたおてつだいがよくわかるようにね。 そしてここへお話をたくさん入れたいの。 なまえ だい　おとうふをかいにいった おてつだいの作文をかくじゅんじょ 1 おとうふをかいに行くときのこと　「。」 2 おとうふやさんのようす　「。」 3 かえってくる時のこと　「。」	メモを見て ○そうするとじゅんじゅん

	＊児童のメモ用紙も前記のと同じ。	に書けそうだという声が多くなる。
8 書きたいことをもう一度各自まとめる。	○さあみんなもこうしてメモをとっておきませんか。 いい作文がきっと書けますよ。	T ぼくはすぐ書けるよ。 K わたしは，あのことを書こう。
9 取材メモをとる。	○あまり細かく書かないでね。先生のように，三つか五つぐらい書いておいてごらん。 個別指導	○メモをとる。 簡単にとっている。
10 取材メモを読み合い順序や書きたいところをたしかめ合う。	○このつぎはメモを見てうんといい作文を書こうね。	○児童ははり切っている。

6　指導した結果の考察

ア　教科書教材および補充教材を読解させ，作文を書かせたことについて

(ア)　教科書教材を読解させ，次に補充教材を読解させた上で作文を書かせる指導計画について，やや複雑な方法だと思ったが，教科書教材を読解したあと，補充教材の学習へスムーズにはいれることができた。

(イ)　児童は，２種類の読解をさせても少しも困難なようすがなく，楽しく意欲的に学習に取り組んだ。

(ウ)　補充教材を扱った時には，教科書教材の学習では見られない書く意欲が盛り上がってきた。これは，今までの作文学習に見られないことであった。

(エ)　それぞれの文章に指導の観点をはっきりときめて学習を展開したので，相手に経験したことがよくわかるように書く書き方が，個々の児童によくわかったようである。

(オ)　補充教材は，教科書教材とちがって，整っていない文もあるので，「したことが読み手によくわかるように，自分だったらこう書きたい。」という学習もできてよかった。

(カ)　児童の おてつだいの 経験を調査し，経験の多い「ふろたき」「おつかい」の二つを補充教材として使ったために，身近な経験として，楽しんで学習できてよかった。

(キ)　補充教材「ふろたき」は，指導目標を徹底させるために，全文を板書し読解させ，たいへん効果があった。

イ　取材メモについて

(ア)　補充教材を読ませた後に，書きたいことを話し合ってメモをとらせ，その後に作文した。このメモは，作文を書く前に書きたいことを頭の中で整理した程度の簡単なものである。

(イ)　生活文においても，メモをもとに作文させたほうが，できごとの順序をたどって書くことができるということは，前年度までの実験の結果にも出ている。これに基づいて，前年なりのメモをとらせ，どんな事がらをどんな順序で，どこをいちばん相手に話したいかを考えてメモをもとに，わかりやすい作文を書かせることにした。

(ウ)　いちばんくわしく書きたいところへは○じるしをつけ，会話を入れる所へは「　」をつけておくことにし，作文する時の目やすとした。

(エ)　メモは，一定の型にはめるのでなく，児童の能力に合わせてとらせるようにし，気軽に学習をさせた。

(オ)　経験したことを話し合った後，すぐに記述させるとそれぞれの児童が何をどんな順序で書こうとしているのかがわからないが，メモをとらせると，書こうとする内容や順序の個別指導をしてから記述にはいれるのでよい。

メモのとり方の例（プリント）

なまえ	くりばら　ひとみ	
だい	にくをかいに行ったよ	
おてつだいの作文を書くじゅんじょ		
1	にくをかいに行く時のこと	「。」
②	にくやさんのようす	「。」「。」
3	かえりみちのようす	「。」
4	うちについたこと	「。」
5	おかあさんに，ほめられた時の気持ち	「。」「。」

エ，この時間の指導は「先生は，こんなおてつだいをしたことを，こんな順序で書き，いちばん○○さんに知らせたいところはここ」というように，小黒板にメモのとり方を板書して見せたので，こどもたちは，容易にメモをとることができた。

(カ)　いちばん相手に話したいところへ，○じるしをつけさせることは，2年生なりに中心点をおさえて詳しく書く習慣がついてよいと思う。

ウ　作品の分析

A　ク　ラ　ス				B　ク　ラ　ス			
児童文題		文字数	内容その他気づいたこと	児童文題		文字数	内容その他気づいたこと
1	やきいもをかいに行ったよ	431	やきいも屋のおじさんとの会話がうまく文をつなげている，細かい感情がよく表現されている。	1	いもほり	547	経験したことをこどもらしくすなおに表現している，会話が少ないので文章におもしろみが少ない。
2	にくやのおつかい	620	かなり長文ではあるが全体にむだがなく書かれている。 会話が文章を生き生きさせている。	2	ふろたき	655	ふろたきをしたとおりに順序よくならべられてはいるが，全体にひきしまった感じが少なく，表面的である。
3	ふとんしき	351	感情の動きはよくくみ取れるが表現にくり返しが多く，文章を難解にしている。	3	ないしょくのてつだい	542	長文であり，全体にこどもらしい表現のしかたである，会話もはいり内職の袋作りのようすがよく

							わかる。誤字が目だつ。
4	こもり	570	順序にそって書かれている，文の間の感情にするどいものが感じられる。	4	るすばん	390	順序よく書かれているが，したことをただならべているにすぎない，いちばん知らせたい所はどこかわからない。
5	にわはき	288	順序どおりに書かれているが表現力に乏しく，細かい点にまでゆきとどかず，粗雑な書き方である。	5	おつかい	453	全体にら列的 おつかい〈さかなや とうふや → おつかいから帰っておちゃわんはこび→おかずはこび→ふとんしきの順序で表現されている。

(ア)　Aクラスの作品の傾向

・いちばん書きたいところはどこかをよくおさえて書き，文章に余分な部分がなく書けている。

・かなり長文でも，一つの題材を終わりまで書きとおし，まとまりがある。

○できごとの順序をたどって書き，一つのくぎりをつけては，次へ進んで記述しているものが多い。

・会話がうまく入れられ，その時のようすがよくわかる。

・気持ちの変化や，物のみかたが細かくなされているものが多い。

・書く意欲を非常に強く持ち，楽しんで書いたので，全体的にしっかりした作品がふえてきたが，その半面，ややこどもらしい文章でないような感もある。

・誤字が少なく文字がきれいである。これは，メモをもとに考えながら書いたためとみられる。

(イ)　Bクラスの作品の傾向

・2年生らしいあどけない文章が多い。

・できごとの順序はだいたいおさえられているが，一つの題材で書き通すのでなく，思いつくままに書いている。

・書き出しは思ったままを一気に書きつらね，後半になると他のことに移ってしまう。このため，書き出し字数はAクラスよりはるかに多い。

・誤字，脱字が目だち，文字も乱雑になりやすい。

・書きたい意欲の盛り上がりは，Aクラスよりうすい。

エ　文題の調査（調査人員　A，Bとも 45人）

Aクラス 文題	人数	Bクラス 文題	人数
おふろの火もし	6人	ふろたき	3人
おつかい	12人	おつかい	7人
まきわり	1人	おてつだい	10人
ふとんしき	8人	ふとんしき	4人
にわはき	7人	にわはき	3人
ざしきはき	3人	いもほり	2人
おちゃわんあらい	3人	いねかり	2人
こたつをしたよ	1人	るすばん	4人
やきいもがあったかい	1人	おかってのてつだい	3人
こもり	3人	ないしょくのてつだい	3人
		こもり	4人

(ア)　Aクラス

・「おつかい」の題をつけるのに，内容を表わす具体的な文題が多い。

例……にくやさんのおつかい。

パンを買いに行ったよ……など。

これは補充教材読解の時，文章に具体的な文題をつけさせたためと思われる。

(イ)　Bクラス

・題材の範囲が広い。

(ウ)　A，Bクラスとも，補充教材に使った作品の題に似た文題をつけたものが多い。

オ　文字数調べ（調査人員　45名）

Aクラス		Bクラス	
児童	文字数	児童	文字数
1	747	1	754
2	739	2	745
3	656	3	655
4	510	4	547
5	417	5	450
6	363	6	373
7	343	7	351
8	270	8	276
9	241	9	251
10	212	10	221
平均	436	平均	446

＊抽出児童について，
1．2．3＝成績も中以上のもの。
話し書く力のあるもの。
4．5．6．7＝成績中のもの。
作文力普通のもの。
8．9．10＝成績中の下位までのもの。
ら列的に書きつづる段階のもの。

(ア)　文字数については，Bクラスの場合はじゅうぶん話し合ってから記述にはいると思いつくままに書き上げるので，文字数は多い。

(イ)　Aクラスは書き出し5分以内ではBクラスと同じくらいであるが，中ごろから，記述量は少なくなる。

これは，メモをもとに，考えながら書くためとみられる。

(ウ)　誤字，脱字や文字の粗雑さは，Bクラスのほうがはるかに多い。

(エ)　センテンスの数は，Aクラスのほうが多い。

カ　作品例

(ア)　Aクラス（作者……成績中，活発だが，少しのことに恥ずかしがる。）

キャベツをかいにいったよ　　Y．T．

「ゆきお，石いさんに行って，キャベツをかってきてね。」と，おかあさんがおっしゃいました。
ぼくは，大きな声で，「はい。」といいました。

なまえ	たけ川　ゆきお
だい	キャベツをかいに行ったよ　「。」
	作文を書くじゅんじょ　「。」
1	おかあさんにおつかいをたのまれたこと　「。」
2	石いさんに行くとちゅうのこと　「。」
3	おみせについてからのこと　「。」
4	かえってきたこと　「。」

おかあさんに，
「手さげとおかね。」
というと，おかあさんが，かごのてさげと，おかねを100円もってきました。
ぼくは，スキップで石いさんに行きました。
行く時，2組のよしたかちゃんが，「めんちしてあそぶ。」とききました。
「いまはだめ。ほら，おつかいだもの。」
と，手さげを見せると，2組の子は，しょんぼりしてかえってしまいました。
ぼくは，
「おつかいがすんだら，あそぶからね。」
といって，また，歩きだしました。
やっと石いさんにつきました。おみせの前は，おばさんたちで，いっぱいです。
「わたしには，ほうれんそうね。」
「わたしは，にんじん2本だよ。」
と，口々にいっています。
「はい，まいどありがとう。」
と，おみせのおばさんも，おじさんも，とってもいそがしそうです。
おきゃくさんが，あまりいっぱいなので，ぼくは，はずかしくて，大きな声がでませんでした。
おばさんが，ぼくのそばを通ったので，
「おばさん，キャベツくれる。」といいました。おばさんにはきこえません。

ぼくは，やおやの中にはいりました。そして，はっきりといいました。

「おばさん，ぼくは，キャベツね。」といいました。

おばさんが，

「大きいのをあげるからね。」

といって，しんぶんにつつんでいる時，ぼくは，早くうちにかえりたいので，

「おばさん，早くして，早く。」と，10かいくらい心の中でいいました。

やっとキャベツを手さげに入れてくれて，

「まいどありがとう。」

といって，あたまをなでてくれました。

ぼくは，おおいそぎで，かけ足をして，うちにかえりました。

(イ)　Ｂクラス　　（作者　　成績中，　人なれしやすく発表型）

おてつだい（おかってのこと）　　　　　　　H.M.

土よう日の日に，ぼくは，学校からかえってきて，べんきょうをしました。

そしたら，おかあさんが，

「さかなと，がんもどきをかってきなさい。」

といいました。ぼくは，

「はい。」

というと，おかねをもって，かごをもって，さかなやに行きました。ぼくは，さんまがいいと思って，

「さんまをください。」

といったら，さんまをもってくると，さかなやさんは，いそがしそうにして，

「まいどありー。」

といったので，ぼくは，さかなやさんはほんとうにいそがしいんだなと思いました。

そして，こんどは，とうふやさんに行って，がんもどきをかいました。

ぼくは，「ここは，あんまりいそがしいんじゃないな。」と思って，がんもどきをかったら，とうふやさんが，

「まいどありがとう。」

といったので，

「うん。」といって家にかえってきて，おかあさんに とうふと さかなをやって，こんどぼくは，おちゃわんをはこびました。ぼくはまた，おかずができたから，おかずをはこんで，ぼくは，たべたくなってしまいました。

つまみぐいをしようとしたら，おかあさんが，

「まだだめよ。」

といって，手をピシャンとしたので，ぼくはびっくりしてしまいました。

とうちゃんが，

「つかれた。」

といったら，おかあちゃんが，

「ふとんをしいてやりなさい。」

といったので，ぼくは，おもいけれども，がまんして

「よいしょ，よいしょ。」

といいながら，ふとんをしきました。おかあちゃんが，

「きょうは，よくおてつだいができたから，100円くれるよ。」

といったので，ぼくは，ちょきんばこに入れました。

「ありがとう。」といいながら，はこに入れたら，

「カチャン」といいおとでした。ごはんをたべて，あそびに行きました。

7 ま と め

ア　児童の経験にとおい教科書教材の時には，児童の生活状態にあった作品をえらんで，読解させたほうが学習も活発に展開され，書く意欲を盛り上げることができることが確認された。書きたいという気持ちのわいてきた時に表現した作品は，生き生きと書かれており，その時のようすが読み手にもよくわかるように表現されている。

イ　教科書教材を読解し，さらに補充教材を読解するという２段がまえの読解をさせる場合には，両教材の指導の観点をしっかり見きわめて学習を展開することがたいせつなことである。たとえば，教科書教材では表現のしかたを読み取らせる程度にとどめ，補充教材では，したことをよくわかるようにくわしく書く方法を話し合わせるなど，あらかじめ計画しておいて指導にあたることが必要である。

ウ　できごとの順序を正しく書き，情景が読み手にわかる文章を書くことを目あてにしている段階においては，生活文の場合でも，２年生なりのメモをとらせることは必要である。これは，A，Bクラスの作品を比較してみるとはっきりわかるし，児童もメモをとって書くほうが目やすがついて書きよい，書きたいことがはっきり記述されるという声が多い。

エ　メモは，まとまりある作文を書かせるのには効果があるが，児童の能力に合わせて，形式を考えなくてはならない。さきにあげたようなメモの形式は，２年の中ごろからが適当である。

オ　メモを書かせることによって，各自の書きたいことを個別に指導できる。メモをとったあと，それを発表させ，相互に順序やくわしく書くところを話し合わせて記述にはいれるのでよい。

カ　メモは，あまりくわしく書かせると，作文に近くなってしまったり，

作文する時，意欲がうすれ，生き生きとした文章が書けなくなってしまう。この実験の時には，書きたいことを大きくまとめて，３項目か５項目程度に書かせて適当であった。たとえば

1　おつかいに行くみちのこと。

②　お店のようす。

3　かえりみちのこと。

4　かえってからのこと。

などのように，簡単にとらせた。

キ　記述中は，少し書いては前の文章を読みなおし，メモをもとに書きつづける習慣をつけたが，あまりメモにとらわれることのないようにさせ，生き生きとしたこどもらしい豊かな文章を表現させるのがよい。

ク　メモに会話を入れるところをしるしておかせたので，今までになく，話したままの会話がはいり，それが文章を生き生きさせていた。

ケ　記述後は，友だちと作品を交換して読ませ，読み手にその時の情景がわからない時は，どんなふうにおてつだいをしたのか相互に話し合わせて推考させた。このような学習は，楽しみながら作文を読んだりなおしたりする力もついていくので，今後もつづけたいと思う。

コ　取材メモをとって記述した場合と，話し合いから記述させた場合の作品のちがいは，まだはっきりはあくできない。だから，経験したことが相手につたわるような情景描写のさせ方と合わせて次の研究課題としたい。

〔第 2 次 の 研 究〕

1　研究問題

経験したこと，特に，その時の情景などが読み手によくわかるように文章を書かせるには，教材をどのように利用したらよいか。

2　研究方法

(1)　ＡコースとＢコースの二つのコースを設け，両コースとも児童の経験に近い作文を補充教材として用いた。

(2)　Ａコースは，教材を読んだあとで，書きたいことについて話し合った上で，メモをとる。Ｂコースは，教材を読んだあとで話し合ってから，すぐ作文を書く。

(3)　学習指導の目標は，Ａコース，Ｂコースとも，だいたい同一である。

ア　日常の楽しい生活経験を，進んで話したり書いたりする態度を養う。

イ　友だちの作文を読み，経験したことが読み手によくわかるような文章が書けるようにする。

ウ　作品を読みなおす習慣をつける。（Ａコース，Ｂコース共通）

エ　簡単なメモをもとにし，できごとの順序をたどって書くことができるようにする。（Ａコースだけ）

3　使用した教材

Ａコース，Ｂコースとも，次に掲げるような児童の作品を教材として使用した。

にんじゃごっこ

きょう，ひろかずちゃんのうちに行きました。そしたら，あき子ちゃんが，

「にんじゃごっこをしようよ。」

といったので，ひろかずちゃんは，大よろこびで，手ぬぐいでふくめんを

して，かたなを，せ中にさげました。それから，つなをもちました。

ぼくは，つなだけです。そしたら，ひろかずちゃんが，

「とんまにんじゃ。」

というので，ぼくは，くやしくなってしまいました。ぼくは，ひろかずちゃんに，

「おんぼろにんじゃ。」

といってやりました。そして，口げんかがはじまりました。ぼくは，

「おんぼろ。」

ひろかずちゃんは，

「とんま。」

といいっこをしました。ひろかずちゃんが，じぶんのつなを，木にしばってわたろうとする時，ぼくが，ひろかずちゃんのつなをぼくのつなでしばってしまいました。そうしたら，ひろかずちゃんは，木にのぼれないで，こまってしまいました。

こんどは，かたなをぬいて，木を切るまねをしました。ぼくは，

「このつな，ぼくがいただくよ。」

といって，木のかげにかくれてしまいました。ひろかずちゃんは，とてもこまったかおをしていました。ぼくは，こんど，かたながほしくなりました。ぼくは，つなでひろかずちゃんのかたなをとろうとしました。

その時，あき子ちゃんが，ぼくのおしりとせ中をぶったので，ぼくがあき子ちゃんをおいかけようとすると，はんたいにひろかずちゃんに切られてしまいました。

木の上にのると，雪がふってきました。木の上で

「雪やこんこ，あられやこんこ。」

と，大きな声でうたいました。だんだん強くふってきたので，あとでかえ

れないとこまるから，じてんしゃでぐんぐんスピードを出してかえりました。

とちゅうで，やなせくんのおかあさんがおつかいに行くのにであって，話を少ししたら，こわくなくなりました。

4　指導計画〔８時間扱い〕

取り扱い時間	A　コ　ー　ス	B　コ　ー　ス
１時間	○　近ごろのたのしかった遊びについて話し合う。「にんじゃごっこ」を読解する。 ○　どんなことが書きたいか話し合い，メモをとる。	○　近ごろのたのしかった遊びについての話し合いと「にんじゃごっこ」を読解する。 ○　どんなことが書きたいか話し合い，作文を書く。
２時間	○　メモをもとに作文を書く。	
１時間	○　各自作文をよく読みなおす。 ○　友だちと交換してなおし合う。	○　各自作文をよく読みなおす。 ○友だちと交換してなおし合う。
２時間	○　きれいに清書する。	○　きれいに清書する。
１時間	○　作品を読み合い，情景がわかるように書かれているか話し合う。	○　作品を読み合い，情景がよく書かれているか話し合う。
１時間	○　グループで文集を作る。	○　グループで文集を作る。

5　研究授業の記録〔第１時間目〕

第１時間目の目標

○友だちの作文を読み合い，経験したことが相手によくわかるような表現のしかたをわからせ，進んで書こうとする意欲をわかせるとともに，簡単なメモがとれるようにする。

学習の展開（A・Bコース）

学　習　活　動	学　習　指　導	児　童　の　反　応
1　きのうの日曜日に，どんな楽しいことがあったか話し合う。	○楽しかった経験を相手によくわかるように進んで話させる。	○日曜日のことを次の日に話させたので進んでよく話した。
2　みんなと同じように，楽しく遊んだお友だちがいる。　にんじゃごっこ……全文板書。 ○にんじゃごっこの文章を黙読する。 ○あそんでおもしろかっただけでなく，どうしたのでしょう………作文に書く。	○話したことを板書しておく。やきゅう……おにごっこなど。 ○全文を板書しておく。（目あてを徹底させたいため） ○話したことを，そのまま書くと，作文になることに気づかせる。	○同じ学級の友だちのものなので，興味をもって取り組んでいるようすが見られる。
3　にんじゃごっこの文章を読んで話し合う。 ○だれに，どんなことを話したかったか。 ○くぎりごとに，どんなことが書いてあるか読み取らせる。くぎりごとにまとめて，カードに書き，黒板にかける。 ○この中でいちばん書きたかったのはどこか。……文章の山。 ○いちばん知らせたいところが見ていない人にもわかるように書かれているか話し合う。	○段落ごとに，どんなふうに遊んだことが書いてあるか，読み取ってまとめカードに書く。順序や取材メモの書き方を意図する。 ◎ ひろかずちゃんのうちに，あそびに行ったこと。 いいっこをしたこと。 にんじゃごっこをしている時のようす。 雪がふってきたのでかえったこと。	○文章をよく考えて読んで はじめは…………… つ　ぎ　は…………… と，くぎりのまとめがよくできた。 ○くぎりのまとめを見て，書く順序や前にとったメモのことを考えているものも見える。 ○作者の動作化や説明によって，楽しんで，学習をしていた。
○作者の説明や動作化によってわかりやすくなおす。 ○みんなでなおした文章を	○文章を読んでその時のようすがわかりにくいところをなおしていく。	○自分でわかりよい文を盛んに考えて発表をする。

もう一度読む。 4　高野さんに負けないように書いてみよう。 5　どんなことをだれに話したいか発表させる。 6　Ａコースはメモをとる。いちばん話したいところをおさえる。 7　Ｂコースは作文を書く。 8　取材メモをもとに話し合う。 順序，会話，思ったことなど。 9　取材メモをもとに作文を書くことを話し合う。	作者の動作化・説明・ぼくだったらこう書きたい｝情景が相手によくわかるように， ○書く意欲をもたせるように，発問にくふうし，各自の書きたいことを活発に話させる。 ○取材メモは３項目から５項目ぐらいまでにまとめる。 ○取材メモを個別にみて書きたいこと・順序・思ったこと・会話｝の指導をする。	○負けずに書くぞという声が聞こえ，書く意欲を持つ者が多い。 ○取材メモは，短時間で要領よくとっている。

6　指導結果の考察

ア　補充教材文読解の方法と児童のようす。

○作者がいちばん読み手に話したかったところは，三つめのくぎりの「にんじゃごっこをしている時のこと」だというので，その部分をくわしく読み取らせたところ，次の文のようすがわからないといい出した。

＊

> ひろかずちゃんが，じぶんのつなを木にしばってわたろうとした時，ぼくがひろかずちゃんのつなを，ぼくのつなでしばってしまいました。

そこで作者に，この時遊んだとおりに動作化させたり，ひろかずちゃんと作者の会話を話させたりして，ようすを表現させた。他のこどもたちは，その時のようすを，「ぼくだったら，こう書きたい」という声を盛んに出して学習が活発になった。そして，みんなの声を文章化し，情景がよくわかるように推考していった。

＊　推考後の文

> ひろかずちゃんが，じぶんのつなをへいと木にしばって，「わーい，ぼくはつなわたりのにんじゃだぞ。」といって，わたろうとする時，ぼくが，「こっちはつなひきのにんじゃだ。」といって，じぶんのつなでひろかずちゃんのつなのまん中をしばって，ひっぱってとってしまいました。

同じように次の文も，作者に説明をさせて推考していった。

＊

> こんどは，かたなをぬいて，つなを切るまねをしました。ぼくは，「このつなぼくがいただくよ。」といって，木のかげにかくれてしまいました。

＊　推考後の文

> こんどは，かたなをぬいて，木にしばってあるほうのひろかずちゃんのつなを切るまねをしました。そして，「このつな，ぼくがいただくよ。」といって，ひろかずちゃんのつなをもって，木のかげにかくれてしまいました。

○この読解を通して，児童はいままで自分たちで書いていた文章は，自分にはわかっていても，読み手にはその時のようすがわかりにくい表現がなされていたことが，はっきりわかったようであった。

また，どのように書けば，読み手にわかるようになるかも理解できた。

○作者の動作化や説明を聞きながら，作者とともに文章をわかりやすくなおしていったので，作者も他の児童も楽しみながら学習ができ，「もっとよい作文が書けそうだ。」という声や，「早く書きたい。」という声も出て，意欲が盛り上がっていった。

イ　取材メモについて

○この学習から学級を二つに分けて

Ａコース……書きたいことの話し合い→メモ→作文

Ｂコース……書きたいことの話し合い→作文

のコースをとったわけである。

○メモは，第１次実験にもとったので，短時間のうちに（７分ぐらい）メモすることができた。

○取材メモの形式

第１次の取材メモ

なまえ	だい	作文を書くじゅんじょ
にしむらひであき	おふろの火もし	1　火をもす時のこと「。」 2　どんどんもえてきたようす「。」「。」 ③　せきたんをくべた時 　　もえているようす「。」 4　火がよわくなった時のこと

第２次の取材メモ

なまえ	だい	作文を書くじゅんじょ
高の　としゆき	にんじゃごっこ	ひろかずちゃんのうちに行ったこと「。」 にんじゃごっこのしたくをしたこと「。」 いっこをしたこと にんじゃごっこをしている時のこと「。」 ○ かえりのこと「。」

＊○じるしは，文章の山へしるしをつける。

ウ　作品の分析

Ａ　コ　ー　ス（取材メモ）	Ｂ　コ　ー　ス（話し合い）
○全体的に会話が多く生き生きしている。 ○一つのことをよく見つめ，くわしく表現しようとするようすが作品にみられる。 ○いろいろのことをら列しないで，短時間のことをくわしく書こうとしている。 ○文章にくぎりがあり，まとまっている。 ○文字がきれいで誤字が少ない。 ○メモを見ながら考えて書くためか時間はかかる。 ○作品がととのって表現されているので，ややこどもらしさに乏しい感じがする。	○文章に山がなく，思いつくままに，書きならべ全体がひろがりすぎてしまい，読み手にわかりにくい。 ○書き終わりにまとまりがなく，しっぽ切れのものが多い。 ○センテンスの数が少なく，ずるずる書きつらねている。 ○順序よくわかりやすく書かれている文章でも全体が散漫な感じがしてしまりがない。 ○こどもらしくすなおに表現され，ふくらみのある文章を書く。 ○思いつくままに書くためか，文字が粗雑で誤字脱字が目だつ。

エ　字数調べ（調査人員44名中，抽出児童はＡ＝５，Ｂ＝４，Ｃ＝３，Ｄ＝２，Ｅ＝１の成績段階のものを出した。）

Ａコース		Ｂコース
児童	字　数	字　数
Ａ	742	624
Ｂ	590	558
Ｃ	446	478
Ｄ	326	448
Ｅ	243	394
平均	453字	496字

○書き出しの記述量はＡ・Ｂコースとも，同じようであるが中間になると，Ａコースはメモをもとに考えながら記述していくためか，少なくなり，Ｂコースは思いつくままに終わりまで書くので平均した記述量でとおしている。

○平均してみると，話し合って作文にはいった場合のほうが記述量は多い。

７　ま　と　め

ア　「自分の経験したことを相手によくわかるように書く」ことができるようにするために，身近な友だちの作文を読解し，作者の説明や動作化を加えて，話したいことが読み手につたわるように，補充教材を相互に推考していったわけである。このような方法をとると，楽しみながら学習の目あてが達成でき，自分にも，相手にもよくわかる作文の書き方がわかり，意欲的に書くようになる。

イ　じょうずな作文でなく，時には，ある部分をなおさなければ読み手にわからないようなところのある作品を読解させることは，表現力をつける上からも，よいことだと思う。

ウ　メモをとり，それをもとにして書くと記述量はＢコースに比較して少ない。しかし，２年生なりに中心点をおさえて作文を書くことができ，ら列的でなく，まとまりのある文章ができる。

エ　記述後の推考は，２年生では書き上げてしまうと安心したり，自分の書いたものはまちがいないと思うためか，読みかえすだけの作業で終わるものや，なかなか読みかえそうとしないものが多い。できあがった作品を友だちと交換し合うと，情景のわからないところや，誤字も目だち，相互に話し合って推考し合うことができ，作品を読みなおす習慣もついてよいので，このような記述後の指導もよいと思う。

オ　全体的にみられる傾向

○Aコース……作品にまとまりがあり，できごとの順序や，相手に知らせたいことが細かく書かれている。

記述量はBコースにくらべやや少ないが，内容をくわしく書き出した児童の文字数は，第１次実験の時よりはるかに多い。

○Bコース……記述量は，Aコースに比較し，やや多いが，ら列的な作品が多く，書きつらねているという感じがする。作品はこどもらしく，ふっくらとしたものが多い。

○取材メモをもとに作文したAコースのほうが，話し合いから作文したBコースの作品よりも，はるかにくわしく書かれている。

カ　作品例（Aコースの作品，12月中旬作，作者　中の上の成績，まとまりのある話のできる児童）

にくやさんのおつかい　　　　H．K．

夕方，おかあさんに，

「とんこま，100円かってきてちょうだい。」

といわれたので，かいものかごをもって，かいに行きました。おにくやさんには，５人か，６人，まっていました，少しまっていると，わたしの前

なまえ	……………
だい	にくやさんのおつかい
作文を書くじゅんじょ	
おかあさんにおつかいをたのまれたこと	「。」
おみせについてからのこと	「。」「。」「。」
かえりみちのようす	「。」
うちへかえってからのこと	「。」

にならんでいる男の人のばんになりました。

わたしは，むねがドキドキして，何ていっていいのかわからなくなってしまいました。わたしの番になりました。わたしが思いきって，

「とんこま100円ちょうだい。」というと，おじさんは，ほうちょうをチョキチョキならして，

「すぐできますよ。」

といいました。少しきり，切ってないので，おじさんがまた，

「すぐきりますからね。」

といいました。まないたにほうちょうがあたって，コツコツとかわいらしい音がしました。

おじさんが，

「きょうは，ひとりできたのかい。えらいから，おまけしてあげようね。」

といって，おにくの大きいのをまぜてくれました。

「ありがとう。」

「どう，いたしまして。おまちどうさま。」

と，げんきよくいいました。かえりにガラスの中にはいっているソーセージやおにくやパセリのみどり色のきれいなのをのぞいて見てきました。

かえりに，通りをかけ足でわたったら，うんてんしゅさんが，

「おじょうちゃん，あぶないよ。」

と大声でいいました。とおりは，じどうしゃでいっぱいです。とちゅうまでくると，お友だちのえい子ちゃんにあいました。わたしが

「えい子ちゃんも，おつかいにきたの。」
ときくと，えい子ちゃんは，
「ええ，わたし，キャベツをかいにきたんだけれど，ひとみちゃんかごをもって何かったん。」といいました。わたしが
「おにくよ。」
というと，えい子ちゃんが
「そう，おもたそうね，そのかご。」
「おもくないわよ。」
といっているうちに，とうとうやおやさんまできてしまいました。えい子ちゃんが
「またね。」
といったので
「えい子ちゃん，やおやさんにおつかいだっけね。」
といって，さよならをしました。
うちにかえると，おかあさんが，もんの方を見て，しんぱいそうにまっていました。
「ただいま。」
「おかえり。おそかったね。」
とおっしゃったので，
「だって，えい子ちゃんと あったんだもの。」それで，立ちばなしを してたんだもの。」
と，うそをついてしまいました。
それから，おかあさんが
「えらいね。とおいのによくかってきてくれたね。」
とほめられたので，はずかしくなって，じぶんのへやへかくれてしまいま

した。

作　品　例　2　　（Bコースの作品，中の上の成績の児童）

かいだんのぼり　　　　　　　　T．N．

こうみんかんの外のかいだんで，かいだんのぼりをしました。はじめに，じゃんけんをしたら，ぼくがまけました。まこちゃんは，
「はなさかじじい。」
といって，すすみ ました。ぼくはチョキを だしたら，かったから，「ちょんちょんちょびすけ」で1だんかちました。むこうはぐう，こっちは，ちょきでまけました。
だから，まことちゃんが，
「ぐりぐりぼうず。」といってかちました。
ぼくは，もう，めちゃくちゃにだしたら，ぱあでかって，はなさかぢぢいでまたかちました。
まこちゃんのほうは，あと8だんでかつので，ぐうをだしたら，かちました。「ぐりぐりぼうず。」といって5だんかちました。まこちゃんも，
「まけないぞ，ぜったいかってみせるぞ。」
といって，また，じゃんけんをしたら，ぼくがちょきでかって，
「ちょんちょん，ちょびすけ。」
といってやったら，ちょうどおおふく3かいやって，ぼくがかちました。

初等教育実験学校報告書 9
作文の学習指導

昭和40年2月25日　印刷
昭和40年3月1日　発行

著作権所有　文　部　省

東京都新宿区市谷船河原町6
発　行　者　教育図書株式会社
代表者　久本弥吉

東京都文京区西江戸川町21
印　刷　者　二光印刷株式会社
代表者　佐藤精亮

東京都新宿区市谷船河原町6
発　行　所　教育図書株式会社
電話（268）5141（代）
振替口座　東京12565

MEJ 3083　定価 221 円

小学校指導資料等一覧

書		名	定価	発行所
国語	1	読むことの学習指導	125円	光風出版
〃	II	書くことの学習指導 I	78円	東洋館
〃	III	書くことの学習指導 II	79円	教育図書
社会	I	社会科学習指導法-低・中学年中心-	113円	光風出版
〃	II	社会科学習指導法-高学年中心-	108円	教育図書
算数	I	数と計算の指導 I	95円	大日本図書
〃	II	数と計算の指導 II	75円	教育図書
理科	I	低学年の指導	92円	大日本図書
〃	II	低学年の理科施設・設備とその活用	94円	〃
音楽	I	器楽の指導	600円	東洋館
〃	II	鑑賞の指導	220円	〃
図画工作	I	デザイン学習の手びき	215円	日本文教出版
〃	II	彫塑学習の手びき	139円	学校図書
家庭	I	第5学年の家庭科の学習指導	55円	開隆堂
〃	II	第6学年の家庭科の学習指導	108円	〃
道徳	I	道徳指導計画の事例と研究	120円	光風出版
〃	II	道徳指導方法の事例と研究	190円	〃
〃	3	道徳についての評価	40円	日本文教出版
〃	4	読み物利用の指導 I（低学年）	74円	東洋館
〃	5	読み物利用の指導 II（中学年）	81円	〃
〃	6	読み物利用の指導 III（高学年）	89円	〃
特別教育活動	I	特別教育活動の指導計画作成と運営	65円	光風出版
〃	II	児童会活動の事例と研究		
学校行事等	I	学校行事等実施上の諸問題の研究	70円	光風出版
〃	II	儀式の事例と研究		
学校図書館		小・中学における学校図書館利用の手びき	185円	東洋館
〃		学校図書館の管理と運用	229円	〃
実験学校報告書	I	道徳の評価	110円	〃
〃	2	特別教育活動指導計画のあり方	130円	教育図書
〃	3	音楽の指導法に関する二つの実験研究	178円	音楽教育図書
〃	4	道徳指導計画改善の観点	115円	教育図書
〃	5	クラブ活動の効果的な運営	75円	〃
〃	6	小学校音楽の指導法に関する実験研究	160円	大蔵省印刷局
〃	7	小学校家庭科すまいの領域を中心にした学習指導法の研究	156円	教育図書
〃	8	学習に役立つ小学校図書館	279円	東洋館
〃	9	作文の学習指導	221円	教育図書

教育図書株式会社　¥ 221

初等教育実験学校報告書　10

小学校道徳の指導法

読み物資料の効果的利用

1965

文部省

初等教育実験学校報告書　10

小学校　道徳の指導法

読み物資料の効果的利用

1965

文部省

まえがき

道徳の指導効果を高めることは，容易なことではないが，各学校において多くの研究と実践が積み重ねられ，年を追ってその成果が現われてきていることは，まことに喜ばしいことである。しかし，道徳の指導をよりいっそう効果的に行なうためには解明すべき問題点がまだ多く残されているのであり，近年特に関心が高まってきている「読み物の利用」においても，今後の研究にまたなければならない面が少なくない。

本書は，道徳の指導方法に関し，文部省が昭和38，39年度の２か年にわたって横浜市立本町小学校に実験研究を委嘱して得た成果を，「道徳の指導法――読み物資料の効果的利用」と題してまとめたものである。本書を一つの手がかりとして，各学校における道徳指導法の改善が図られるよう期待してやまない。

なお，本実験研究に心からの協力を惜しまなかった本町小学校の丸山四郎校長はじめ全職員のかたがたに対し，深く感謝の意を表する次第である。

昭和４０年５月

文部省初等中等教育局初等教育課長

西村勝巳

はじめに

道徳の時間における指導法はどうあるべきか，年間指導計画はいかに整備すべきかは，ともに今日の現場において，日々の実践を通して改善をすすめていくべき重要な問題であり，その研究はまことに意義あるものである。

本校は昭和38年6月，文部省初等教育実験学校に推せんされ，「道徳の時間における指導法の研究」という主題の指定を受けた。

しかし，この指導法の研究は領域が非常に広く，道徳の時間について経験の浅いわれわれには，短日月の間に，これをきわめることが容易なことではないことを知った。

そこで，われわれは全職員で協議を重ね，研究の領域をもっとせばめることにした。

その結果，文部省編小学校道徳指導書に示された指導の諸方法の中から，「読み物の利用」を取り上げ，「道徳の時間における読み物の効果的利用」という研究課題を設定した。

そして，この課題の解明を通して，道徳の時間における指導法のあるべき姿の一端を把握してみたいと念願し，以来2年間これと取り組んできた。

研究の当初は，われわれはまったく五里霧中の状態であったが，幸いにも文部省ならびに横浜市教育委員会の適切な御指導を得て，研究の前途に大きな光明を見いだすことができた。

われわれは，これに力を得て，さらに研究をおし進め，ついに今日ここまで到達した。

いま，ふり返ってみると，われわれの研究はまことにじみな仕事であり，その過程は文字どおり茨の道であって，研究の推進には多大の体力と忍耐とを必要とした。

われわれは日夜を分かたず，渾（こん）身の努力をこれに注いだ。

今日，このささやかな研究が公にされ，初等教育における今後の道徳教育の推進に少しでも役だつならば，われわれの労苦は報いられたわけであり，本校の光栄これにすぎるものはない。

最後に，この研究の過程において貴重な御示唆と御助言とをいただいた文部省教科調査官青木孝頼先生，井沢純先生，横浜市教育委員会指導室の諸先生，東京教育大学教授鈴木清先生，東京学芸大学教授深川恒喜先生，助教授波多野述麿先生，文部省前教材等調査研究会委員根本英夫先生，竹ノ内一郎先生その他諸賢に深甚の謝意を表し，今後いっそうの御鞭撻（べんたつ）をお願い申しあげる次第である。

なお，この研究を直接担当した本校職員諸氏の氏名を，ここにしるして心ばかりの敬意と謝意とを表したい。

副校長	安田　円三	教諭	浦野寿美江	〃	飛田　千鶴	〃	大江　次郎
教諭	遠藤　栞	〃	風間　光子	〃	木村　和子	〃	柳沢美代子
〃	金子　禎	〃	岡本　達男	〃	佐藤　慶子	〃	田中　明
〃	篠崎　キミ	〃	鳥海　良子	〃	大塚　忠夫	〃	河野　光温
〃	関沢友治郎	〃	岡　美智恵	〃	小菅武四郎	〃	鈴木　均枝
〃	森川　貢	〃	松崎　シゲ	〃	宮本　哲男	〃	渋谷　昭
〃	瀬戸須美雄	〃	浅井　利通	〃	鳥海　佐七	〃	本田　順子
〃	佐塚　光彦	〃	川元　英明	〃	関屋　正	〃	限元　良栄
〃	向山　覚三	〃	木村　芳子	〃	中村　正子	〃	清水　総子
〃	原田　祥子	〃	加藤　和子	〃	金井　鉄郎	〃	嶋津　和子
養護教諭	林　とよ子	事務職員	新田　昌生	〃	永沢　さた	〃	葭谷　浩通
教諭	山下　慶子	教諭	並木すみ子	〃	村上　理子		

昭和40年5月

横浜市立本町小学校長　丸　山　四　郎

目　次

まえがき

はじめに

第1章　序　論 …… 1

第1節　学校の実態 …… 1

1　学校の規模と環境 …… 1
2　本校の教育目標と生活指導計画について …… 1

第2節　研究の経過 …… 6

1　第1次研究 …… 6
2　第2次研究 …… 7
3　第3次研究 …… 13
4　第4次研究 …… 15

第2章　読み物資料の利用 …… 21

第1節　読み物利用の基本的な考えかた …… 21

1　読み物利用の意義 …… 21
2　研究対象とした読み物の考察 …… 24

第2節　読み物資料選択の観点 …… 31

1　読み物資料選択の基準 …… 32
2　読み物資料選択の具体的観点 …… 32

3　読み物資料選択上の留意点 …… 36

第3節　指導過程と読み物利用 …… 38

1　指導過程の基本的な考えかた …… 38
2　指導の各段階での読み物利用とその留意点 …… 43

第4節　資料分析の必要性 …… 48

1　読み物の位置づけ …… 48

第5節　読み物の与えかたとその留意点 …… 55

1　読み物資料の提示 …… 55
2　読み物の種類とその特質から …… 58

第6節　読み物利用における教師の発言(発問と助言) …… 71

1　道徳の時間における教師の発言 …… 71
2　読み物利用における発言 …… 77

第7節　本校指導計画にもられた読み物利用の実態と資料の収集整備 …… 85

1　内容別，学年別にみた読み物利用 …… 85
2　種類別にみた読み物資料 …… 90
3　その他の指導法との比較 …… 92
4　資料の出典について …… 95
5　資料の収集とその整備 …… 96

第3章　研究事例とその考察 …… 101

指導事例 1 ………………………………………………………… 101
学年における読み物利用・価値の一般化のはかりかた
……（第 1 学年）
指導事例 2 ………………………………………………………… 113
展開の過程における発問と助言………………（第 2 学年）
指導事例 3 ………………………………………………………… 124
心情化を深める読み物資料の生かしかた……（第 2 学年）
指導事例 4 ………………………………………………………… 132
生活と間接資料の関連を重視した指導過程…（第 3 学年）
指導事例 5 ………………………………………………………… 141
読み物資料と指導過程…………………………（第 3 学年）
指導事例 6 ………………………………………………………… 154
中学年における伝記の扱い……………………（第 4 学年）
指導事例 7 ………………………………………………………… 167
指導過程と価値の一般化………………………（第 5 学年）
指導事例 8 ………………………………………………………… 179
指導過程と読み物資料の分析…………………（第 5 学年）
指導事例 9 ………………………………………………………… 189
作文を利用した指導……………………………（第 6 学年）
指導事例10………………………………………………………… 205
長文の物語の扱いかた…………………………（第 6 学年）
指導事例11………………………………………………………… 222
読み物資料の価値分析の生かしかた…………（6 第学年）

第 1 章　序　　論

第 1 節　学　校　の　実　態

1.　学校の規模と環境

学級数　34，教員数　男23名　女19名，児童数　男 912 名，女 760 名，計1,672 名

地域は，港都「横浜」の玄関口に近く，本県ならびに本市の政治，経済，文化の中心地に位置し，全体的に都心地域としての特色が見られる。

学区を大別すると，商店，飲食店，娯楽施設が軒をつらねる野毛通り伊勢佐木町地域と，県庁をはじめ各種の官庁，銀行，会社等官庁街を形成するもっとも港湾に近い関内地域と，官舎，住宅，音楽堂，青少年センターなどのある北方丘陵地域とに分けられる。

全般的に，教育・文化・生活の水準高く，家庭の職業は商業，会社員がそれぞれ45%を占め，その他は会社経営，医師などが多い。

したがって，父母の教育に対する関心はきわめて高く，学校に対し協力的で非常な信頼を寄せている。しかし，その関心は，ともすると教科偏重となり，わが子の学業成績の上下について強く示されているようである。

本校では，児童の調和的総合的な発達を図ることを基本方針として，日日の教育実践を続けているわけである。

2.　本校の教育目標と生活指導計画について

本校では，昭和33年の学習指導要領改訂にともない，全教育課程の改訂整備に着手し，昭和35年度に至り，各教科・道徳・特別教育活動・学校行

事等の各指導計画全11冊，学校保健計画等の作製を完了した。これに先立って，本市教育目標，地域児童父兄の実態調査，地域性のはあくなどをもとにして，次のような本校教育目標を設定し，各領域を通じて浸透徹底を図るとともに，さらに日常生活指導のための具体的計画を作成し，学校教育の全面を通じて望ましい調和的な人間形成に努めてきた。

〔本町小学校教育目標〕

◉ よく学ぶ子

- 個性をのばし生活のための基礎的な知識を身につける。
- 自ら学ぶことにより，生活の向上を図り，問題を処理する。
- 自分の仕事に責任を持ち，働くことに喜びを感じる。
- 郷土および，わが国の伝統と現状とを理解し，それを保持し高める。

◉ 品のよい子

- 正しい判断力とたくましい実践力とを持ち，責任ある行動をする。
- ひとの人格を尊重し，お互いの立場を理解し協力する。
- 物をたいせつにし，計画的な消費生活を営む。

◉ 明るい健康な子

- 健康や安全のためのよい習慣や態度を身につけ，生活の改善を図る。
- 心身の健康を高め，困難にうちかつ。
- 明るい健全な思想をつちかい，生活の向上発展につとめる。

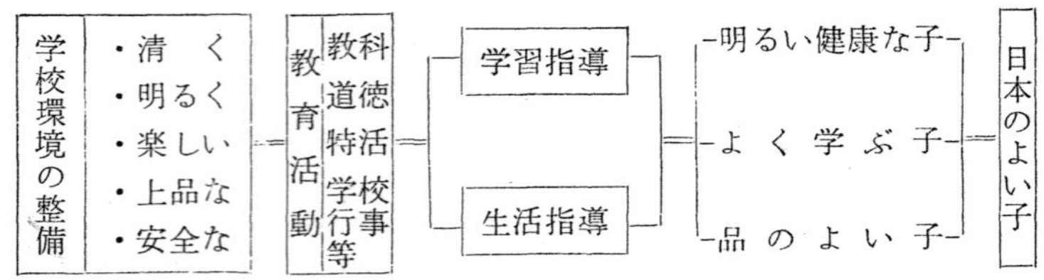

以上のような教育目標は，各教科・特別教育活動・学校行事等・道徳の各領域において，具体的な指導の内容と関連して指導が深められ達成されることを期待するわけである。

前掲の表は，本校の日常生活指導計画の一部分を示したものであるが，これは道徳の時間が設置される以前から展開され，なお今日も引きつづき継続的に指導をすすめているものである。

すなわち，日常の生活行動を自主的自律的により望ましいものにしようという意図からつくり出されたものであって，教科・教育以外の活動と関連をもちながら進められ，学校における道徳教育の一翼をになうものということができる。

〔生活指導計画〕（4月および9月の例）

月	生活目標	学校行事	低学年 目標	低学年 指導内容
4	友だちどうし仲よくしよう。	5 入学式 5 始業式 11 開校記念日 月始 学級委員任命式 月末 定期健康診断 月末 大そうじ	・なかよくしよう。 ・順番を守ろう。 ・あいさつをじょうずにしよう。	・友だちと仲よく遊ぶ。 ・みんなで使う場所や施設を仲よく使う。 ・いつも順番を守ってけんかをしない。 ・仲間はずれやいじわるをしない。 ・きめられた遊びのきまりを守る。
9	決められた仕事をしっかりやりましょう。	1 始業式 月始 体重測定 月始 大そうじ 月始 夏休み作品展 月始 学級委員任命 月末 運動会	・宿題をしっかりやりましょう。 ・身のまわりをきちんとしよう。	・宿題を忘れないでしっかりやる。 ・決められた遊びをする。 ・廊下をかけないようにする。 ・机の中をきれいにする。 ・給食当番をまじめにする。 ・先生のいいつけをよく守る。 ・学校での約束をよく守る。

月	中学年 目標	中学年 指導内容	高学年 目標	高学年 指導内容
4	・遊びのきまりを守ろう。 ・上級生の注意をききましょう。 ・下級生をいたわりましょう。 ・係りの仕事をよくしましょう。 ・あいさつをよくしましょう。	・仲よく遊ぶにはどうしたらよいか考える。 ・場所，施設の使い方を相談する。 ・上級生の注意をなすおに聞く。 ・下級生のせわをする。 ・学級の係りを決める。 ・分担した仕事に責任をもってあたり，明るい学級づくりに協力する。 ・よいあいさつのしかたについて話し合い実行する。	・下級生にやさしくする。 ・遊びのきまりを考えて守る。 ・すすんで仕事をしましょう。 ・あいさつをよくしましょう。	・級友どうしの礼儀・下級生指導の態度やことばなどを考えて学校や学級のふんい気がなごやかになるように努める。 ・下級生をやさしく親切に指導する。 ・前年度の遊びのきまりを考える。 ・分担した仕事に協力してあたり，学級・学校の生活向上に努める。 ・あいさつのしかたについて反省しましょう。
9	・係りの仕事をしっかりやりましょう。 ・そうじを正しくしましょう。 ・窓の開閉をしっかりしましょう。 ・流し場をきれいにしておきましょう。 ・朝そうじをしっかりやりましょう。	・係りの仕事について反省し，よく責任をもつようにする。 ・宿題をしっかりする。 ・そうじのしかたを反省し，しっかりできるように考える。	・自分の仕事をしっかりやりましょう。 ・校内の仕事は先に立ってやりましょう。	・学級会や全校児童会の決定をよく守る。 ・係り・部・委員活動の責任を果たす。 ・責任を人におしつけないようにする。 ・最後まで仕事をやりぬく。 ・出張場所の当番をしっかりやる。 ・週番をしっかりやる。

第2節　研　究　の　経　過

道徳の時間が設置されてここに6年有半，道徳の指導内容の研究，年間指導計画の作成ならびに改善・道徳教育の全体計画の作成，さらには指導法の研究・資料の検討，収集整備等々幾多の問題をかかえ，それらについての研究実践を重ねながら今日に至った。

道徳の時間の研究課題は，大別すると指導計画上の問題と指導法上の問題とに分けられるが，この二つの問題は常に不即不離の関係にあり，過去6年の研究の歩みの中でも，その一方に偏するということはなかった。

本校では，実験学校の研究課題として「指導法の研究」という命題の指定を受け全職員で協議の結果，特に「道徳の時間で読み物をどう利用するか」というささやかな研究テーマを設定したが，研究当初よりいままで，指導計画の改善と併行して実践研究を進めてきた。

本来実験研究というものは，研究課題を設定し，具体的な研究の仮説をたて，実験対象群を定め，いくつかの方法を選んで，演繹的に立証していくというのが筋道であろうかと思われる。しかし，道徳の時間について経験の浅いわれわれは，日々の実際の授業を通して現われる問題を手がかりとし，ある時は演繹的に，ある時は帰納的に問題の研究討議を重ねてきた。

以下本校における研究経過の概要について述べることとする。

1.　**第1次研究**（昭和33年9月～昭和36年3月）

この期間はいわば道徳時間の揺らん期であり，定着させるための苦難な時期でもあった。その当時は，何を，どのように教えるかがはっきりはあくされず，指導内容36項目の検討と，指導のための素材の収集とに多くの労力を費やした。すなわち，本校では，各学年2名の道徳研究部員が中心になり，主題の設定や年間指導計画の作成にあたった。

職員全体の道徳時間に対する共通理解を図るため，数度にわたり全体研究会を開き，その結果，次のような基本的な考え方でのぞむこととした。

(1)　道徳の時間では，生活指導を重視して児童の生活態度を高め，生活能力を伸ばしていく心の姿勢，つまり生活への志向性をつくっていくことがたいせつである。

(2)　道徳の時間における指導は，教科および教科以外の活動における生活指導に発展していかなければならない。

(3)　学級づくりによる生活指導を展開し，道徳の時間の再確認をするとともに，学級の生活が児童の道徳性の発達とどんな関係にあるかを考える。

以上のような基本的な考えかたをもととして指導計画の作成にあたった。まず，主題の設定のため，児童の生活の場を，学校・家庭・地域社会と三分し，さらに学校生活の場では，学習の場，休み時間，遊び，食事の場，作業清掃の場，登下校の場，教科外活動でのクラブ，学級会，部活動，集会の場などと細分し，それらを横軸とし，学年段階を縦軸として，そこにどんな問題があるか，拾いだし，内容36項目との関連をおさえて主題の構成を図った。いわば素材優先の傾向が強く，日常的な生活主題や行事に関連した主題が多くなった。

たとえば，「夏休み」とか，「遠足」とかいう行事的な主題が1年から4年くらいまであり，その目標にしても，保健，生命尊重，規律ある生活態度・公共心・公徳心・家庭愛・勤労等およそ夏休みや遠足に関連して起きるであろうところの児童の生活経験を予想し，それと関連する内容項目を組みこんで掲げられた。主題の数も低学年に多く，高学年に進むにしたがって少なくなり，1主題2時間扱いのものが多かった。

2.　**第2次研究**（昭和36年4月～昭和38年3月）

この期間は，第1次指導計画をもととして，それを実践検討することに

第 1 次　指　導　計

1. 具 体 目 標 と

4. 身 の ま わ り を 整 理・整 と ん			
	1　年	2　年	3　年
整理・整とん	・自分の持ち物はきちんと整とんし身のまわりをよごさない。	・左同	・身のまわりや学級の物などきちんとするように気をつける。身のまわりをじょう・ずに整とんし気持のよい生活を送るようにする。
7. 自 他 の 人 格 を 尊 重 し，			
	1　年	2　年	3　年
人格尊重	・自分をたいせつにし病気やけがをしないようにする。	・友だちの気持ちを考えて，自分かってな行ないをしない。	友だちの気持ちや立場を考えて行動する。
24 だ れ に も 親 切 に し，弱 い			
	1　年	2　年	3　年
親切 同情	いじわるをしない。	だれにも親切にし，いじわるをしない。	だれにも親切にし，からだの弱い人や困っている友だちには力になろうとする。
35 市 民 と し て の 自 覚 を 持 っ て			
	1　年	2　年	3　年
市民性 郷土愛	人々がみんな助けあって町をすみよくしていることに気づく。	同左に加えてこれに協力しようとする。	郷土を開発した人々の労苦をしのび，その消かれた土地をいっそう住みよくする。

2. 学 年 主 題 一 覧 お よ

学年	月	第 1 学 期	月	第 2 学 期	月	第 3 学 期
第2学年	4 5. 6. 7.	あたらしいきょうしつ しんたいけんさ えんそく おかあさん バードデー むしばよぼうデー がっきゅうぶんこ 夏やすみのくらしかた	9 10 11 12	夏休みをおえて としよりの日 うんどうかい こうつう安全 物をたいせつに 火の用心　ストーブ 自分のことは自分で もうすぐお正月	1. 2. 3.	よいことば おこずかい ふゆのあそび かぜを防ごう がくげい会 もうすぐ3年生
第5学年	4. 5. 6. 7.	みどりの週間 遠　足 子どもの日　母の日 時の記念日 夏休み	9 10 11 12	老人の日 祖先の祭 スポーツ精神 文化の日 勤労感謝の日 冬休み	1. 2. 3.	ことしの計画 男女の協力 よい習慣悪い習慣 進級の準備

画　例　（抜 す い）

学 年 目 標

し，環 境 の 美 化 に 努 め る。		
4　年	5　年	6　年
・左　同 ・教室や運動場をきれいにすることを心がける。	・整理・整とんの意義を理解し，生活環境の美化や合理化に努める。	・整理・整とんの意義を理解し，生活環境を美化するために積極的に努力する。
お 互 い の 幸 福 を 図 る。		
4　年	5　年	6　年
・相手の気持ちや立場を考えて行動し，お互いに理解しあおうとする。	・他人の気持ちや立場を尊重して行動する。	・人間の尊さを考え，お互いのしあわせを図ろうとする。
人 や 不 幸 な 人 を い た わ る。		
4　年	5　年	6　年
だれにも親切にし，困っている友だちには力になろうとする ・からだの弱い人や不自由な人をいたわる。	・互いに親切にしあう。 ・不幸な人々をいたわり助けようとする。	・互いに親切にしあう。 ・不幸な人々をいたわり助けようとする。
郷 土 を 愛 し そ の 発 展 に つ く す。		
4　年	5　年	6　年
同　左	市民としての自覚をもって郷土を愛しその発展に尽くそうとする。	同　左

び 学 年 強 調 目 標

随　時	学 年 強 調 目 標
・きれいな教室 ・友だち ・雨の日 ・けんか ・雰市の花 ・たのしい給食 ・きょうだい ・みんなで祝う日	・物をたいせつにする。 ・自分でできることは自分でする ・だれにも親切にし仲よくする。 ・あぶなくない遊びをする。
・家での仕事 ・休みの日のすごし方 ・社会のできごと ・けんか ・仲よしきょうだい ・家庭のだんらん ・ことばづかい ・学校の道具や施設	・表裏のある行動を批判し反省し，りっぱな行動をする。 ・自分の行動に責任をもつ。 ・公共物をたいせつにする。

指導計画の例

第2学年（随　時）

月	主　題	時間配当	目標番号	内　容	主題名例	実践記録
随時	きれいなきょうしつ	0.5	4 31 34	・教室できれいにしたいところ ・ひとりひとりの心がけときれいな教室 ・いつもきれいな教室 　・学習のあとかたずけ　みんなの教室		
	友だち	1	7 24 26 27 34	・友だちから親切にされうれしかったこと 　・どんなこと　その時の気持ち ・遊び友だち 　・わがままと遊び　いじわると遊び 　・たのしいあそび ・友だちに対する態度 　・友だちのよびかた 　・あそびのとき　勉強やしごとのとき	すきな友だち なかよし	
	雨の日	0.5	1 2 27	・雨の日のくらしで困ったこと 　・登下校雨具のしまつ室内あそびのしかた ・雨の日の登下校のしかた 　・特に交通に注意する ・雨具のしまつ 　・きまった場所に自分でしまつ。 ・遊びのくふう 　・人に迷惑をかけないように，安全に。		
	けんか	1	7 27 28	・けんかしたこと。 　・けんかの原因　けんかになったわけ ・けんかしないようにするには 　・わがまま　・あやまち ・相手の立場と広い気持ち ・けんかと気持ち		
	愛市の花	1	35 36	・横浜の港 　・かもん山の銅像 ・花をつけた気持ち。 ・自分の家のまわりをきれいに。 ・まちで見かける外国の人。		
	たのしいきゅうしょく	0.5	1 3 4	・よい食事 ・すききらいをしない 　・給食の中のすききらい 　・すききらいをするといけないわけ ・給食の準備やあと始末，くばり方 　・いろいろな仕事や苦労		
	きょうだい	1	33	・きょうだいげんか 　・原因　けんかになったわけ 　・自分の気持ち，親の気持ち ・きょうだい仲よく 　・にいさんやねえさんへの迷惑 　・弟妹への接し方 　・助けあい，いつもなごやか		
	ろうかのあるき方	0.5	1 29	・廊下でけがをしたり，さわがれて困ったりした経験 ・自分たちの ・　歩行で，人に迷惑をかける行ないや危険なこと。 ・右側交通や静かな歩行についてのきまりのあるわけ		
	みんなでいわう日	1	35 36	・みんなで祝う日があること。 ・みんなで祝う日があるわけ。 ・国旗について		

よって逐次改訂を加えていった期間である。

すなわち，意図的・組織的・計画的に行なわれるはずの道徳時間の性格を再吟味し，道徳的判断力を高め，道徳的心情を育成するためには，具体的な生活現実を単に現象面だけ拾い上げて学習の素材とするだけでなく，さらに深く，児童の生活意識にまでくい込み，「われいかに生くべきか」という価値実現への人間の願いにまで思いをいたして，目標をおさえ主題を構成すべきであると考えたのである。こうした考え方を基本として次のような諸点の改訂を行なってきた。

(1)　主題のねらいを精選して，明確にするように努めた。

主題のねらいは，必ずしも単一であるということはいいきれない。道徳が人間の行為を問題とするものであるならば，そこに取り上げられた人間の行為はいくつかの道徳的価値が総合されて実現されたものである。いいかえれば行為は人格の投影されたものであるということができる。しかし道徳の時間の指導にあたっては，同時に多くの価値内容を関連づけて，指導することは，かえって目標を散漫なものにしてしまうおそれがある。そこでわれわれは，その時間のねらいの価値内容を精選して，主としてねらう内容を主価値とし，それと関連して扱われる一，二の内容を副価値として区分し明確におさえるようにした。（第3章事例と考察，または別冊指導計画参照）また，学年の発達段階を考え，ねらいの系統化を考えた。

(2)　主題を扱う上に，主として道徳的判断力をつちかうもの，主として道徳的心情を育てるものという角度づけを考えた。

このことについては，第2次研究だけでなく，実験学校として指定を受けた昭和38年度以降，すなわち本校第3次研究の段階でも継続的に研究を進めてきた。

われわれは，道徳時間の主要な役割を大別して，道徳的判断力を高めることと，もう一つは，望ましい道徳的心情を育てることにあると考えた。

道徳は究極において人間の行為・実践の問題である。具体的な生活の場合で「われなにをなすべきか」「われいかに生くべきか」がわかる判断力を育てることが，指導の最も大きな眼目であると考えるのである。

また，もう一つには，より高い価値を選択し，より善なる行為をなしうためには，その善なる行為へ，いいかえれば行動への動機を燃焼させる，内面的・心理的な特性が不可欠になってくる。すなわち道徳的心情の育成が重要であると考えるのである。

そこで，われわれは，主題のねらいとそこで扱われる主たる資料の内容との相互関連から，主題を，主として判断力を高めるもの，主として心情を深めるものとに角度づけを試みたものである。

（第3章ならびに別冊指導計画参照）

(3) 設定の理由について概念的，抽象的表現を廃して，指導の意図を明確にするように努めた。

従来，主題設定の理由として，児童の実態や地域環境の特性や影響，道徳性の発達などが掲げられていたが，その記述内容が一般的，概念的であることが反省された。そこで改訂にあたっては，前記の内容を具体的に記述するとともに，特にこの学年でこのねらいの内容がなぜ取り上げられたか，すなわち，ねらいに対する教師の意図，指導観を明確にするようにした。その裏づけとして，前後2回にわたって26項目におよぶ道徳意識調査を行ない，その調査結果を改訂の資料とした。

またこのころに，そこで扱われる中心資料のもつ価値内容についても併記することとした。

(4) 主題の取り扱い時数について1時間扱いを多くした。

第1次の年間指導計画では，2時間扱いの主題が多数取り上げられていたが，週，時間の道徳時間では，主題の内容なり資料の考察などを数週にまたがって継続的に行なうことは，児童の思考の上からも無理があると考

えたまたねらいを精選してくることによって主題内容を整理し，低中学年では大部分の主題を1時間扱いとした。高学年でも1時間扱いを多くし，ただ伝記などを資料として用いるもの，長編の読み物と，児童の直接経験を併用して展開する主題については2時間扱いとするものもある。

(5) 活動・内容の項を設け指導の具体的な手がかりとした。

第1次の年間指導計画では，内容として児童の生活上の問題点と指導すべき内容を列記したが，実践による反省の結果，一応指導の順序をも考え道徳内容を位置づけ，学習の方法，資料の扱い等にもふれ記述した。

以上，この期間における研究内容を要約すると

ア 道徳の時間に対する考え方を深め，共通理解を高めた。
イ 第1次年間指導計画をもとにして実践検討して改善を図った。
ウ 主として資料の収集検討をした。
エ 主題のねらいを吟味し，学年段階をおさえて発展系列をあらわした。
オ 指導の諸方法について実践的研究を積み重ねた。
カ 児童の道徳意識の調査を行ない，その結果から指導対策を考えた。
キ 紙しばい，スライドなどの資料について検討し，資料活用表を作成した。

3. 第3次の研究（昭和38年4月～昭和38年11月）

この期間は，文部省より道徳実験学校として指定を受けた初年度にあたる。

すでに発足していた研究活動の組織および内容の強化を図り，第一段階として第2次研究の整理と，指導法研究のための基盤の確立を求めた。

組織および研究の内容は次表のとおりである。

	第3次研究計画		
	昭和38年 4－6月	7月	8－11月
1 指導計画研究部	◎道徳の時間の計画を他の教育領域から孤立することなく，道徳教育を進めるために，全教育活動の場にすえて組織的，系統的に作成し指導内容の精選を図る。（特に，道徳的判断力，心情形成について視点をおく）		
	1. 道徳教育の目標 本校の教育目標 本校の道徳教育の目標	2. 主題の配列 主題のねらい検討 本校道徳教育の強調目標 学年目標の検討 学年段階の内容系統	3. 各主題の指導内容 他教科領域との関連 指導計画の条件わくぐみ
2 指導形態・指導法研究部	◎道徳的判断力心情をつちかうための指導形態ならびに指導過程指導法を授業の分析的研究によって推進する		
	1. 指導形態とは，指導過程とは 道徳的判断力とは 道徳的心情とは	指導の諸方法の得失 （話し合い，説話，読み物利用，生活作文の利用，視聴覚教材の利用，実践，活動劇化）等の導入～展開～整理の段階での活用法 2. 指導過程の原型 （主として道徳的判断，心情形成） 発問，助言のあり方	3. 学習の場における児童の思考の発展と指導法 （集団思考　共同思考，反省的思考，問題解決的思考） 4. 主題内容とその授業分析 （抽出的研究） 5. 学年段階に即した指導法の研究
3 調査研究部	◎道徳教育の全体計画。道徳の時間の指導計画の改善のために必要な諸調査研究を他の研究部と親密なる連絡をとって行なう。		
	1. 調査の意義。目的について 2. 道徳調査文献，先進研究校の道徳調査の収集とその研究　調査研究 3. 家庭生活における行動的な人間関係，父母の教育的関心度や学校教育・道徳教育に対する親の願い，家庭でのしつけなどのはあく	4. 道徳診断テストの実施，考察（意識と行為のずれの実態とその傾向，昨年度調査との比較） 5. 道徳的判断心情に関する36項目より要約して 6. 教師，父兄の児童観　本校児童の長所・短所 7. 主題の位置づけ(抽出)が妥当かどうか調査	8. 研究授業　指導前後の調査(抽出)収集
4 資料研究部	◎児童の道徳的発達，主として道徳の展開に役立つ資料の収集，分類，整理の研究と指導計画への位置づけを図る。		
	1. 道徳時間における資料とは何か。 2. 資料の分類方法はいかにしたらよいか。	3. 現在ある視聴覚教材，読み物の分類……それらに含まれる道徳指導内容の検討指導計画への位置づけ 4. 特に読み物資料の収集と整理分類……（道徳的判断力心情形成の面） 5. 毎週道徳1時間の授業に活用された資料の収集	6. 授業に活用できる資料研究 作文　説話例　時事問題 新聞記事の切りぬき　図表 テープ　市ライブラリー 映画…など
その他	・上記の研究内容は，さらに各部において具体案を作成すること。内容，手順，共同分担，他の研究部との関連，週・月の到達目標等の確認		

4.　**第4次研究**（昭和38年12月～昭和40年3月）

この期間は，第3次の基礎的研究に立脚し，具体的な研究テーマを設定して，それに基づいて実践研究を積み重ねてきたのである。研究テーマ設定からそれについての研究実践について以下概略を記述すると，

(1)　道徳時間の指導法上の問題点を検討し，研究テーマ設定の手がかりとした。

道徳の時間の指導法については，道徳指導書の中に「話し合い」「教師の説話」「読み物の利用」「視聴覚教材の利用」「劇化」「実践活動」など六つの方法が示されている。そしてこれらは一般的，基本的なものであって，これら以外に有効な方法があれば，適宜用いて効果をあげるようにくふうしていくことが必要であると述べている。

そこで，これらの諸方法を単独に，あるいはいくつか組み合わせて効果的な指導をすすめていく上に，実際の指導の上でどんな問題点があるかを抽き出してみた。

ア　指導過程をどのように組んだらよいか。

ねらいに結びついて望ましい道徳指導を進める上に，指導過程の原型ないしは，基本型といったものが考えられるか。

イ　道徳の時間は，児童自身が道徳的価値に対する認識を深め，道徳的判断力をみずからの中に形成していくことがたいせつなしごとになっている。そのためには，それらを指向する児童の思考活動をどう育てたらよいか。

ウ　道徳の時間における教師の発問や助言はどのようにしたらよいか。

エ　道徳の時間の展開では，よい資料の選択が成否のかぎを握るといっても過言ではない。主題のねらいに照らして資料の価値内容をどうとらえ，それを指導過程上にどう位置づけたらよいか。

オ　道徳の時間の指導は，児童の内面における道徳的価値のかっとうの解決に役だつようにすることが望ましいといわれる。そのことは，現実の生活における道徳的向上は，道徳的価値のかっとう場面における実践的な態度や行動にかかるものが多いからであって，徳目のら列的解説によっては効果は期しがたいからである。

そうであるとすれば，1時間の流れの中で内面化を図る道すじはどうあったらよいか。（アの問題と関連）

カ　主題のねらいに照らして取り上げた資料（間接経験の）は，見かたによれば一つの例話にすぎない。その内容が，こどもの行為であれ，おとなのものであれ，ぐう話であれ，説話であっても特定の人物の行為にすぎない。だからすべての児童について共通経験をもったものであるとはいえない。いわば間接経験，追体験の問題である。したがって，その資料から得た価値判断を，自分たちの生活の上に移して，一般化し普遍化していくことが要求されてくる。すなわち，価値の一般化はどのようにしたらよいかという問題が起こってくる。

キ　その他，道徳の時間における教師の板書や児童のノートはどのようにしたらよいか，資料をどう収集しどのように整備したらよいか等々，いろいろの問題が考えられる。

以上の問題点は，前記の諸方法のいずれをとったとしても，並行して考えなければな　ない実践上の問題である。「そこでわれわれはこのような問題点を指導法研究における一つの視点としてとらえることとした。

(2)　「読み物資料の効果的利用」をテーマとしたわけ。

ア　過去4年間（昭和34年～昭和37年）の道徳の時間の指導法を反省してみると，読み物利用と視聴覚教材の利用がもっとも多い。

この二つ方法は，児童にとっても興味深く，利用範囲も広く，古今東西のものを扱うことができる。生活上の具体的なものから，先人の生き方にふれることができる。特に読み物利用については，そのひん度も多いが，扱いかたによってはいろいろの問題が生じてくる。道徳時間特設の当初には，読み物利用といっても，作文利用とか新聞記事などの利用が多かったが，それだけでは生活上の問題にはいまわっていて，深く道徳的価値にふれさせるということはできない。そこで，しだいに，ぐう話，童話，物語文学作文等各種の読み物を取り上げてくるようになった。そうなると，それぞれの内容を，児童の生活経験と結びつけて，どのように利用したらよいかを研究する必要に迫られた。

イ　ぐう話，童話，物語，伝記，作文，詩等々読み物の種類はきわめて多く，その内容も広範である。しかもすぐれた読み物は，児童に感銘を与え，心情を養うのに役だつとともに，経験を拡大し，さまざまな場面に応じた行為や考え方を理解し，道徳的価値を体得させることに効果的である。

ウ　教育課程審議会の答申によれば，「日常生活の中から生きた教材を選ぶとともに，広く東西の教訓に学ぶことはもとより，特にわが国の文化伝統に根ざしたすぐれたものをじゅうぶんに生かして内容的に充実していく必要がある。」と述べ，さらに「道徳的な判断力や心情を養い実践的な意欲をつちかうために児童，生徒にとって適切な道徳の読み物資料が望ましい。」とあるが，道徳の時間における読み物の利用は，前述のとおり他の方法にくらべ，その範囲も広く効果的である。

エ　道徳的判断力や道徳的心情の形成は，みずからの行為を思考し反省することともに，先人の行為や考え方に学ぶことが多い。人生いかに生くべきか，われ何をなすべきかという問題の解決においては，追体験に学ぶことがきわめて多く，またたいせつなことであると考えられる。そのような場面は，読書によることが多く，図書により，あるいは新聞により道徳的問題を思考することはきわめて多い。読み物を効果的に利用することは，今日の道徳指導においても深く考究されなくてはならない。

オ　われわれは，昭和37，38年度にわたり，道徳の時間の研究と並行

組織	構成	研究の分担と運営
研究委員推進会	・低・中高学年部会代表者 ・4部会代表者	・研究の計画，運営の推進力となる。 ・毎週1回開催 実践研究の問題点の検討，研究の観点の設定 各学年の主題のねらい改訂系統化を図る
三部会	・低学年部会 ・中学年部会 ・高学年部会	・主として実験研究すなわち授業研究．の原案の検討と結果の処理考察。 ・読み物資料の分析 ・授業記録の収集整理・考察
四部会	指導過程研究部	・指導計画の改訂 ・主題の角度づけとそれについての指導過程の基本型の研究 ・実験授業による指導の流れの考案
	発問・助言研究部	・教師の発言についての分析研究
	資料研究部	・読み物資料の選択基準・観点の研究設定 ・読み物資料の分類 ・資料の分析
	調査・評価研究部	・道徳意識の調査 ・事前調査の実施考察
全体会	全職員	・3部会および4部会の研究内容の報告．研究全体の調整を図る ・道徳教育の諸問題についての研究 ・講師による指導 個々の問題点を出しあって話し合う。

して，国語科における読解，「要点要約の指導」について鋭意研究をすすめてきた。

以上の諸点から考察し，研究の軸として「読み物利用」をとり，その観点として前記の諸項目をあげることとした。

(3)　研究のための組織と運営

(4)　実験研究とくに授業研究についての観点の設定

前記のとおり3部会や4部会の組織を通して，主として授業研究により，読み物の効果的利用を考察したが，第4次研究発足以来，延べ76回にわたる授業研究を行なった。その経緯と具体的な観点は次のとおりである。

ア　道徳研究推進委員会に授業者も参加し，年間指導計画での主題のねらいと指導内容資料の内部の検討をする。

イ　授業者は指導案原案を作成し3部会に提出し，原案および資料の検討をする。

ウ　授業者は部会による検討の結果を加えて原案を修正し，部会に提出し，さらに内容別の検討を加えてもらう。

エ　授業を実施し，綿密な指導記録をとり3部会の研究会にのぞむ。授業実施にあたっては次のような観点により参加者全員が記録をとりこれを収集し検討を加えた。

観　点

ア　ねらいを達成するために，本時の読み物資料をどのように活用したか。

イ　指導過程は無理なくおさえられていたか，読み物の位置づけはどうか。

ウ　中心資料の内容分析はどうか，また授業での価値への迫り方はど

うか。

エ　読み物の内容や量は適当であったか。

オ　教師の意図する発問，助言は何であってか，またそれによって児童の思考はどう発展していったか。

カ　事前調査はどのような目的で，どんな方法でなされ，どのように整理し，どのように生かされたか，また事後の感想文等の分析評価

キ　この資料活用上の留意点は何か

ク　価値の一般化を図るために，どのような方法がとられたか，またそれについてどう考えるか。

ケ　読み物と他の指導法との関連はどうか。

以上の諸点について全職員が記録を提出し，これを収録して総合考察をした。

第２章　読み物資料の利用

読み物資料を取り上げたことについては，前章で述べたとおりであるが，研究の視点として，資料の分析と指導過程への位置づけ，資料の選択の観点，教師の発問や助言のありかたなどについて以下述べることとする。

第１節　読み物利用の基本的な考え方

1.　読み物利用の意義

(1)　読み物利用とは，

道徳の時間における読み物利用について，きわめて多義に考えられている向きもあるが，われわれは，原則的に児童自身が資料としての読み物を読み，その内容を考察していくということを前提として考えている。したがって，ただ単に教師が読んで聞かせ，児童はその読み物の内容を聞きとることによって学習を進めていく場合については，これを読み物利用とは考えていないのである。もちろん，学習の過程では，教師が全体を，または，ある部分を読んで聞かせるということも当然起こりうるが，その場合でも児童も中心となる資料について読みとるという活動がなされることを原則としている。

読むということは，文字を認知し，語句や文や文章作品を視覚で受けとめ，その意味を理解することであり，読む者が読み物に対して働きかけ，あるいは，読み物が読む人に対して働きかける交互作用が存在しな

ければならない。すなわち，読者が主体的・意志的に読み物を読もうとする生活態度がなければならない。

このような意味から，読むという活動を通して，道徳的価値や道徳問題を含んだ読み物に積極的に取り組ませ，自からの生活経験と作者の意図と結びつけて，望ましい物の見方，考え方・感じ方を育て，人間としてのさまざまな生き方を知るとともに，実践的な人間の道徳性の形成に寄与することを願うわけである。

(2) 読み物利用の効果の上から

ア 経験の拡大を図ることができる。

(ア) 問題解決に役だつ。

(イ) 現実のものだけでなく，歴史上の人物の行為に学ぶことができる。

(ウ) 読み物によって受けるものの印象は，他のものに比し，個性的で多岐にわたる。したがってその後の話し合いによって，より多方面から考察発展することができる。

(エ) 他者の経験を自己移入することによって，問題を再認識することができる。

イ 感銘を与え，心情を高めることができる。

(ア) 文中の人物の行為に感動し，心情を高める。

(イ) 他の方法に比べ，読み物からくる感銘は，内面的・個性的感動である。

ウ 思考を深め，知見を広げることができる。

(ア) 他人のものの見方，考え方，感じ方を具体的に知ることができる。

(イ) 価値を批判し選択することができる。

(ウ) 他律から自律へと変容する。

エ 共同思考に適する。

(ア) 共通の問題意識をもち，思考の焦点化が図れる。

(イ) 問題場面の考察をし，価値の追求へと迫ることができる。

(ウ) 特定の個人の人格を傷つけることなく，話し合いができる。

(3) 読み物に含まれる道徳的価値から

児童たちが日常読んでいる読み物の種類はきわめて多く，その道徳的価値も単一でなく，複数的価値をも含んでいるものが多い。その種類を考えると，ぐう話，童話，逸話，伝記，物語，文学作品，新聞，雑誌，日記にいたるまで広範である。また道徳時間の読み物資料となりうるであろうものも，身辺に数多く散在している。しかし，読み物を道徳時間に持ち込み，それを利用するという立場から見ると，その内容は，道徳的要素をもち，道徳的価値や道徳問題をより多く含んだ，道徳性の向上に，より大きな影響を与え役だつものであることが必要である。

数多くの読み物の中でも，すぐれた文学作品や伝記は，道徳的心情の育成に役だつとともに，道徳的知性を高めることにもきわめて有効であると考えられる。

道徳の時間に，文学作品を利用するとすれば，文学作品のもつ文学性を取り上げて問題とするのでなく。そこでは，道徳を主体と考え，その道徳性を問題として取り上げることによって，読む者に，それぞれ道徳的影響を与えることができる。特に人間の心情に訴える作品からは，作者の意図する人生観，生きかた，人間性の追求によって，きわめて人間的な感情や，道徳的思考や行動が，読む者の生活経験や意識と結びついて，道徳的問題意識を高めるなど，道徳性の内面化の上に役立つことが多いといえる。また伝記は，被伝者の思想や業績を示すことによって人間としての生きかた，すなわち，人間成長のための示範となり，読む者が，追体験によって人間理解をし，自己をみつめ，勇気や自信をもって進んでいこうとするなど，道徳教育上の価値をじゅうぶん含んだものということがいえよう。

要は，読み物を利用するにあたっては，道徳的価値や道徳的問題が，文字によって客観化され，しかも，その文字の文学的表現に問題がなく，読む者に，道徳的効果を与えるものを選ぶことがたいせつである。またすぐれた作品であっても，与え方や指導の方法によっては，道徳的な好結果をおさめ得ないことが起こりうるということを忘れてはならない。

2. 研究対象とした読み物の考察

前述の通り，日ごろ，道徳時間に利用している読み物の種類は，きわめて多い。また，それらの特質はさまざまであり，その取扱いに当たっては慎重な配慮を要する。本校では指導法の研究を進めるにあたり，次のような観点で，研究対象とする読み物の種類を限定し，その特質を認識した上で実際授業での効果的活用を図ろうとした。

(1) 学年の発達段階からみた読み物利用

ア 低 学 年

この段階の児童は読書能力が低く，長文の物語や伝記などを，主体的に読みとることは困難であるが，ぐう話や童話の世界には主客一体となって無条件に没入していくことができる。すなわち，話中の人物や動物，または事物にいたるまで自分と同類と思い，擬人化を通して親近感をもつことができる。またこの期の児童は，このような読み物を何回読んでも，何回聞いてもあきることがなく，興味や関心を示すものである。そこで，これを利用して，児童の生活経験を補い，話中の人物，動物などの経験を自分の経験として考えさせることができる。

イ 中 学 年

この期の児童は語いも豊富になり，読解力も増してくる。そしてぐう話などに比べ文章構成や表現も複雑で量的にも長文のものである物語（童話も含む）などに興味をもってくる。

また，この期の児童は自己中心の考えかたからしだいに脱却して客観的な考え方をするようになり，知識欲も芽ばえ，仲間に対する関心や興味も深まってくる。また実践の伴わない自己主張も強くなってくる時でもある。

このような時期に児童の手によって作られた作文などを通して，偽りのない心の表現や考え方を中心に話し合う間に，今の自分を反省し，友人の気持ちや立場を理解して，自分と同様な作者に対して親近感をもって考えさせることができる。

ウ 高 学 年

この期になると，読書能力もとみに高まり，読み物を自分自身の生活や考え方と比較しながら読みとることもできるようになる。したがって，その読み物の質も高まり読後の感想も深まってくる。

また，生活経験も拡大し，客観的に自分を見つめるようになり，自分なりに，自己の弱さ，いたらなさを反省し，寂しさ，つらさを経験するようになる。

そのような時期に，伝記などを利用して先人の生き方に共感したり，発奮したり，感動することによって，自分自身をいっそう確かに見つめさせ，これからの生き方や心構えを話し合わせ，将来への希望をいだかせることができる。

このように本校では，児童の発達段階からくる読書能力，興味，傾向また，読み物自身のもつ表現内容の程度などを考慮して，道徳時間における読み物利用の研究対象として，ぐう話，童話，物語，伝記，作文の各種類を取り上げた。

(2) 読み物の特質

ア　ぐ う 話

ぐう話は，その作品の流れの中に，ぐう意が明らかに現わされているもので，そのぐう意なり，教訓的価値なりは，ほとんど一読して明確なものが多い。

ぐう話といえば，イソップ物語を連想するが，ぐう意，教訓という点からみれば，他にも作品は見受けられる。

さて，このイソップは，人間以外の動植物に，人間と同様な生活能力や感情を与え，まったく人間と同様にふるまわせて，そのかもし出すユーモアの中に教訓を示そうとするものである。

その意図は，物語をかりて，人間の弱点や欠点を風刺し，処生の道を暗示するものである。すなわち，物語を肉体として，道徳的教訓を，その魂とする説話である。その主人公が，児童に親しみのあるハツカネズミ，カラス，キツネ……などであるため，それらの動物が演ずる機知とユーモアは，児童を興味のうちに，道徳の世界に

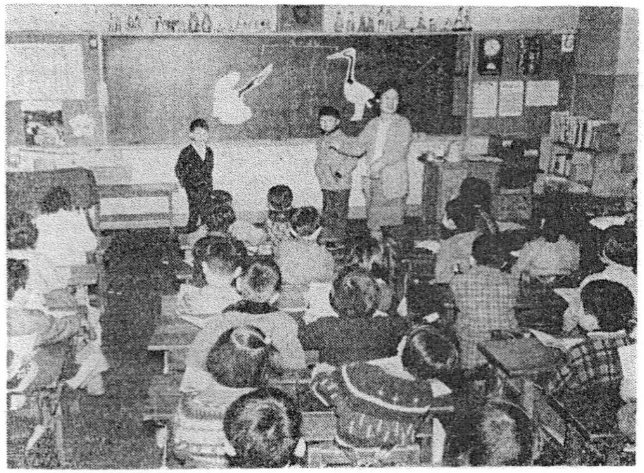

誘いこむ魅力をもっている。

古くから，動物を用いて人間社会を風刺する技法はあるが，その場合，主人公の動物たちは，人間の能力と一線を画して，決して自己本来の領域を越えることがないのに対して，このぐう話の主人公たちは，あらゆる人間の機能を備え，人格として自由に話しかけ，また自由に行動するのが常である。ここにぐう話の技巧上の特質が見い出される。

このイソップ物語は，質的にみてもその素材に道徳観を与え，文学作品として，みがきあげられ，量的に短い形成で簡潔素ぼくな文体の中にも人間性に対する鋭い洞察力をもって巧みに人生の機微を突きながら，日常生活にその道徳的基調を提供しているものである。

イ　童話，物語

童話にしても，物語にしても，ひごろの常識的，国語的な解釈にとどまらず，その区別を特質的に明らかにすることが困難である。

物語中心の児童の文学は童話とも考えられるが，その中にも，童話というより，むしろ，物語といったほうが適当な作品もあるようにその区別が明確ではない。

童話，物語の中には文学的な手法で構成された作品も数多く見受けられる。したがってそれらは質的に高く，量的にも長文のものがある。その童話や物語では，読み手の感情や思考に訴える作者の考え方や意図がどのように表現されているかがたいせつになってくる。読み手を，そのことばによって組みたてられた想像の世界に迫らせることができ，そこに共感なり，感銘が生まれ，今まで自分で気がつかなかった内面に存在する人間性，真実性を自覚し，「こういう生き方もあるのだ」。「この考えや行動を自分のよりどころにし

よう」。「今までの自分の考え方は安易だった」。というように，自分の生活をふり返り，人間としての生き方の契機をつかむようになる。（このことは後述の伝記にも同様にいえることである。）そして，そのとらえ方も，物語の世界として興味深く，時には自分を忘れ，時には，そこに自分を見いださせるような小説的手法をもって読み手に迫るなど，その手法は多彩である。

このような童話，物語は，ともに児童の道徳的心情を深め判断力を高めるのに役だつものであるが，その内容や構成をみると，二つのタイプがある。一つは現実の世界を基盤として現わそうとするもので，児童が生活し，現に直面している内容や場面，あるいは，これから経験するだろうと思われる内容や場面を中心に，小説的手法をもって構成されているものが考えられるし，もう一つには，現実の生活を離れ，現実ではとうてい起こり得ない想像をも含めて，いわゆる夢の世界に遊ばせる中で，豊かな心情を深め，望ましい判断をさせようとするもので，その表現もロマンティックな手法を駆使して，文学のもつ不思議な魅力に誘いこむ文体として構成されているものがある。

ウ　伝　　記

伝記は，ひとりの人間の忠実な肖像を，そのさまざまな事件を通じて書き出したものである。

道徳の時間は，人間としての望ましい生き方を，いろいろな資料や方法をとおして真に納得し，感銘して，少しでもこれに迫ろうとし実践への意欲を盛り上げる時間である。したがって，そうした生きかたを貫き通した先人の伝記は，具体的に児童の心に迫り訴える力が強く，きわめて有効な資料である。

社会的，時代的背景のもとに，一人物の豊かな心情や思想の動的

な展開のたくましさ，また同じ一個の人間であっても，人間としての弱さを克服していく姿，そこには，人間の内面的かっとうや苦しみが，読む者をして感動を誘い起こさせ，それが，生活の強い柱とまでなり得るものである。

このように伝記の特質とすることは，人間の望ましいあり方が，すぐれた人物の人間性と業績が背景に押し出されて児童の心情をゆすぶるところにある。

特に中学年以上の児童は，歴史上の人物に興味をいだき，その人物の考え方や行為，人間としての生き方に共感し，自分なりの理想像を創り上げようとする。その興味や関心は，それぞれの個性に応じて敬慕にも転じ，時には，とても自分にはできないと距離感を受けつつも，神業ではなく，同じ人間の生きた道として理解させることができるし，将来への決意や実践への意欲を燃やすこともできるなど伝記のもつ特質はきわめてたいせつである。

一人物の忠実な肖像を書くといっても，現実には，作者によって作られるものである。したがって，その作者の人物観，感じ方，考え方によって，詳しくも，略しても記述することができるし，その表現も淡々と書き流したり，強く感動的に強調したりもする。そこで同一人物の伝記でも，読み手は作者によって与えられる感銘や印象が違うことも考えられる。また小学校において利用される伝記の表現内容と中学生，高校生を対象としたものとでは，おのずと違ってくるのは当然である。

さらに，一般に伝記といっている中にも，全生がいを詳しく記述したもの，全生がいではあるが，比較的簡略であるもの，生がいの一断面に特に焦点を合わせて，その人物の一面を現わしたもの，などが考えられるが，本校では，この伝記の区別を，時間配分，指導

過程の点から大別して，全伝と抄伝とした。

全伝とは，その人物の生きぬいた時代，社会を背景に，その生いたちから業績にいたるまで全生がいのさまざまな場面を通じて，その人物を浮きぼりにしようと記述されたものである。

抄伝は，生がい史ではないが，単なるエピソードでもない，生がいの一断面に，その人物の価値を見いだそうと記述する際，そこに至るまでの時代，社会的背景やおいたちなどの簡単な説明と，そこから生まれた業績のあらましを加筆してまとめたものである。

この全伝，抄伝の区別は道徳時間に資料としてもちこむ際，留意していきたい。

エ　作　　文

児童の道徳性は現実の生活の中で問題に遭遇し，その問題を解決していく間に身につけられるものである。

児童の作文には，そうした問題なり，みずからの行為なり，考え方なりが表現されているものが多い。

現実の生活に，まともに取り組んでいる児童の表現を材料にしてその道徳的行為や価値を追求していくことは，児童の生活を認識する力や実践する力を育てていく上に効果がある。そのような作文をめぐって児童の知識を補充したり，視野を広げたり，批判したり，反省することも可能である。このことは，資料を媒体として補充し深化し，統合する道徳時間の特性に他ならない。

これらの作文は，具体的な生活の裏づけがあるので，児童の身近な経験につながっている。これは同じ学級，学校内の作文であればもちろんのこと，そうでない場合でも，同年配の児童が感じとる問題への考え方，その内容は，へだたりの少ないものである。

このような作文は，児童の具体的生活現実を提出させるとともに

そこに，血のかよった生きた道徳問題を発見し，児童の考え方，判断のしかたをはあくすることができる。児童にとっては理解や共感をよびおこし，学習に対する興味や関心をいだくことになり，反省への具体的示唆と実践への勇気，自信を与えられることになる。

（高学年の作文の中には，生活現実を取り上げたものだけではなくある価値について児童なりに考えつづられたものもある。）

しかし，反面，児童の血のかよった問題が包含されているだけに場合によっては，全体の問題になり得ないこともある。それは，作品の中の生活事実，経験が個性的であればあるほど，限定され，特殊化されるものである。その場合，一部の児童には共感と切実さを提供することになるが，全体の問題にはならない。

また，なまの問題となれば，どうしても個人の心底に触れるし，個人にとってはきわめて深刻な問題を含むことがある。これを軽々しく個人の奥底をひき出して全体の中で話し合いの材料にすることは慎しまなくてはならない。このように場合によっては全体の問題にしてはならないこともある。

第２節　読み物資料選択の観点

道徳時間で利用する読み物は，内容や量において，読書指導等で取り上げられるものとは全く同一のものであるとはいえない。道徳の時間には主題のねらいがあり時間にも制限がある。したがって，限られた時間に主題のねらいを達成しえる読み物資料でなくてはならない。すなわち，その読み物のもつ道徳的価値内容と読むことに要する時間的制約，量的な面が問題になってくる。

このような読み物資料を選択するには，望ましい選択の基準や具体的な

観点を明確にしておかなければならない。これらの基準や観点留意点について以下述べることとする。

1. 読み物資料選択の基準

資料は主題のねらいを達成するためのものであるから，ねらいの志向する価値に適合したものでなくてはならない。また，児童自身が読み，それによって思考するものであるから児童の発達段階に適合したものでなくてはならない。

読み物資料選択の基準
◎ 民主的な実践的な道徳性の開発，育成に役だつものであること。
◎ 児童生徒にとって興味があり，感銘を与えるとともに，その思考を深め，豊かな情操を育てるものであること。
・ 主題のねらいに適合したものであること。
・ 児童の発達段階に適合したものであること。
・ 道徳の時間に扱える量であること。

2. 読み物資料選択の具体的観点

前にしるしたものは基準であるが，これのみでは読み物資料を選択するのに具体性が乏しいと思われるので選択上の観点をあげてみよう。

(1) 主題のねらいに適合しており有効に活用できるもの。

ア ねらいに適合したもの

主題のねらいがもっている性格は，主題によってそれぞれ異なっている。したがって，読み物資料も主題のねらいに適合したものを選ばなくてはならない。主題のねらいがもっている性格を大別してみると次のようなものである。

○ 主として習慣形成に意欲づけようとするもの。

○ 主として道徳的判断力を高めようとするもの。

○ 主として道徳的心情を深めようとするもの。

道徳の時間は上記のいずれかをめざしているものであるから，このいずれかに合致した資料でなくてはならない。

イ ねらいに即した道徳的価値内容をもっているもの。

ねらいがもっている道徳的価値は，ときに単一な場合もあり，ときには，いくつかの価値が結びついて複数になっている場合もある。したがって読み物資料を選択するには，次の点に注意しなくてはならない。

○ ねらいに合致した道徳的価値内容がもっとも強く現われているもの。

○ なるべく単純で，ねらいの価値に焦点化されているもの。

(1) 児童の発達段階に適合したもの。

読み物資料は児童自身が読むものであるから，児童の発達段階に適合したものでなくては指導の効果を期待することはできない。したがって一般的な発達段階に照合するとともに，学級の実態に照らして最も適合した資料を選ぶことがたいせつである。その具体的な観点をあげれば，次のようなものである。

ア 内容が興味あるもので，児童たちが進んで読もうとする意欲をおこすもの。

イ 親近感をいだくもの。

ウ 児童の感情や経験になるべく結びつきやすいもの。

エ 児童の経験からおして登場人物の行為や考え方，感じ方が納得できるもの。

オ 理由や動機，原因などが推論できるもの。

カ 時代性，環境などが容易にわかるもの。

キ　質，量的に適当であるもの。

ク　児童の読解力で読みこなせるもの。

ケ　ひとり，ひとりの児童に無理なく消化できるもの。

コ　さし絵などが有効に利用されているもの。

これらの観点は，一つ一つ切りはなして見ることはできないであろうが，分析的，総合的に資料を検討して選択しなくてはならないと考える。

(3)　思考を深め，豊かな情緒を育てるものであること。

読み物資料は児童の経験に結びついて，児童の悩みや，問題につながっていて，その解決によい示唆やすぐれた考え方などを与えるものである。したがって，次のような観点があげられる。

ア　道徳的な判断力を高める内容であるもの。

イ　道徳的心情を深めることのできる内容であるもの。

ウ　教訓的な結論を安易に与えるものでないもの。

エ　児童の思考を発展させたり，感動を深めたりすることのできるもの。

オ　誤りや不正確な内容がないもの。

カ　豊かな活動や発言が予想されるもの。

キ　一般化しうる可能性があるもの。

(4)　読み物の特質を考慮すること。

読み物にも，ぐう話，童話，物語，伝記，作文等，それぞれに特質があることは前述したとおりである。その特質と発達段階をじゅうぶん考慮して選ぶことはたいせつなことである。

ア　どのような構想，構成のものであるか。

イ　どのような表現形式のものであるか。

ウ　児童に納得できるものであるか。

エ　価値があらわに現われすぎたものでないか。

オ　特定な個人を傷つけないものであるか。

(5)　読み物資料の量を考慮すること。

道徳の時間に使用する資料の数などから考えて，どの程度の長さの読み物資料が適当であるかを考慮しなくてはならない。読み物それ自体は長編のものでないとしても，道徳の時間に利用する読み物の長さとして適当なものかを検討しなくてはならない。中心資料として利用する長いものでも１時間扱いなら10分程度で読めるものがよい。

(6)　指導過程のどの段階に位置づけられるか考慮する。

読み物資料を指導過程の段階からながめて，どこに位置づけられるものであるかを検討することがたいせつである。したがって方法的には読み物資料の内容から見て，どこに位置づけられるかという場合と，指導過程の段階から見て，利用しようとする段階に合う読み物資料を選び出す場合とがある。

ア　導入段階の読み物

(ア)　学習意欲を高めるもの。

・　自分たちの考え方の誤りに気づくもの。

・　問題の中に自分自身を見いだし，切実に問題とのつながりに気づくもの。

・　自分のもっている問題に気づき，解決のための励ましを与えるもの。

・　みんなの共通の問題として意識が高まるもの。

・　児童の情緒的な側面から刺激を与え問題との結びつきが得られるもの。

・　一読して内容が容易につかめるもの。

イ　展開段階の読み物

○ 問題を構成する諸条件から解決の糸口をつかみ，自分たちの問題として道徳的判断の岐路に立ち，みずからの力で決断がくだせるもの。

○ 一つの道徳的価値内容について多角的に条件分析ができ，自分自身がどのような行為をすればよいか考えさせるもの。

○ 児童の，ものの見方，考え方のゆがみを正し，その浅さや狭さを深めたり，拡大したりできる内容をもつもの。

○ 道徳的判断や道徳的心情が啓培できるもの。

ウ 終末段階の読み物

○ ただ単に理解に留まることなく，道徳的判断力や心情をつちかって実践意欲を高め，自己の生活を正すように志向させるもの。

・ 道徳的心情に強く訴えて実践意欲を情緒的側面から裏づけられるもの。

・ ひとり，ひとりの児童が自己をとりまく諸条件との関連性において実践が図れるもの。

・ 5分間程度で読みこなせるもの。

3. 読み物資料選択上の留意点

前に述べた基準や観点に基づいて読み物資料を選択するのであるが，選択にあたって，おちいりやすい点，誤りやすい点があると思われる。そらの点について留意すべきことをしるしてみる。

ア 教師の趣味や偏見によって読み物資料を選んではならない。

ある読み物が内容的にもすぐれ，表現も美しくりっぱな読み物であったとしても，主題のねらいに合致したものでなくはならない。したがって教師が良い文章だと思っても，ねらいとの合致がふじゅうぶんな場合や発達段階や時間的な点で児童には無理な場合もあるであろ

う。これらのことを考えたとき，教師の趣味や偏見によって資料を選ぶことは慎まなければならない。特に，和歌，詩，俳句，格言などの利用については慎重に検討したいものである。

イ 文に適切な加工をすることによって有効に活用することができる。

読み物資料を選択する場合，ねらいに合致したもの，発達段階に適合したものが少なくて困惑することが多い。これは，読み物そのものが，ある学年を対象として書かれたものが少ないからである。また，道徳の時間に利用されることを意図して書かれたものが少ないからである。したがって，あまりにも厳しく吟味すると不適当なものが多くなってしまい利用できるものが無いということがおこってくる。このような場合は，漢字にかなをつけたり，注を加えたりしてみるもの一方法である。

また，指導の目的によっては安易に結論が文から引き出せてはならない場合もあると考える。このような場合には，文の一部を空白にするとか削除して使用するのも一方法である。

しかし，こどものために利用するという美名にかくれて原文を，ずたずたに切ったり，気軽にダイジェストしすぎて原文をそこなってしまうようなことは厳に慎しまなくてはならない。特に文学作品などについては慎重に扱いたいものである。

ウ 教師自身が自信をもって取り扱えるものを選ぶこと。

教師自身がその読み物に疑念をいだき自信をもって取り扱えないようなものは使用を避けたほうが望ましい。なぜなら，このような場合は成果をあまり期待できないからである。もし，疑念があったり，反対の解釈もなり立ってしまうという疑問のある読み物は，他の教師にも読んでもらい意見を交換することがたいせつである。他の教師と意見があまりにも違う場合は読み物自体にも問題があると考え再検討を

加えることが必要である。

エ　個人を傷つけない読み物を選ぶこと。

児童の作文利用は効果もあり，利用ひん度も多い。しかし，利用する場合は，児童の人種の問題や児童の性格，環境などを考慮することがたいせつである。特に日記を利用する場合は慎重に扱わなくてはならない。また，利用するときは，本人の許しをうけてから使用するようにしたい。

第３節　指導過程と読み物利用

1.　指導過程の基本的な考え方

道徳の時間の指導については，内面化の過程を，気づかせる・考えさせる・意欲づける，というようにとらえたり，１時間の授業の流れを資料（教材）の立場から，生活→資料→生活などととらえて，これらを指導の段階（導入，展開，終末）にあてはめていることが多い。

しかし，人としての心のありかたを論じて，道徳性を高めようとする道徳時間の性格から考えれば，１時間の指導を上のいずれかに単純にあてはめて，それを指導過程として，固定化することはできない。

道徳の時間の指導は，主題のねらいがそれぞれ異なることや，その時間に持ちこんでくる資料が直接資料や間接資料であったりすることから，指導過程はいろいろな組み方が考えられる。したがって，道徳の時間の指導過程は多様であるということができる。

しかしながら，われわれは，その時間のねらいを達成しようとするとき，ねらい・指導内容・資料・児童の実態・指導の方法などを総合的に考えて，指導過程をつくるわけである。そこで，それを内面化を図る指導

の立場から組みあげていく，基本的な考え方を持たなければならない。

(1)　指導過程の基本型

本校では，道徳の授業研究を継続して行なってきた中で，指導過程の基本型をまとめてみた。それは，道徳の授業の中で，児童の理解や思考の筋みちや感動の様相などを，どのような指導理念のうえに成り立たせたらよいか知ろうとするものである。また，気づかせる・考えさせる・意欲づけるとか，児童の生活経験に始まって，内面化の過程をたどり，ふたたび児童の生活の場にかえるという指導の論理を，実際指導の授業に具体的にとらえる手がかりにしようとするものである。

段階		過程
導入	ねらいに関連する問題に気づかせる段階。	1. 生活経験を発表する。 2. 生活経験の中での道徳的問題行動を発見する。 3. 道徳的行為に対する意識を共通にする。
展開	価値の内面化を図るために，深く考えさせる段階。	4. 問題になる行為に迫る。 ・ 行為の場や条件や関係を分析する。 5. 問題になる行為の核心にふれる。 ・ 道徳的価値のかっとうをして価値を追求する。 ・ 内省し，反問して価値を追求する。 ・ 心の動きを深くとらえて価値を追求する。 ［道徳的判断力を高める。］ ［道徳的心情を深める。］ 6. 道徳的行為をささえる価値を確かめる。 ・ 行為の場や条件を変えて価値を確かめる。 ・ 自己の行為のなかの価値を確かめる。
終末	実践しようとする意欲を高める段階。	7. 実践の構えをつくる。 ・ 実践する時や場を考える。 ・ 実践する時の自分を見通す。

上記の基本型は，本校の道徳の時間の指導の基本的な態度を，指導過程のうえでまとめたものであって，どの主題をもこれに一律にあてはめて決めてしまうものではない。前にも述べたとおり，道徳の時間

の指導は，その時間のねらい・指導内容・児童の実態・資料・指導の方法などによって考えられるわけであるから，指導過程は，基本型に基づいて，弾力ある指導の計画がなされなければならないことはいうまでもない。

(2) 指導過程の各段階の役割

ア　導入の段階

この段階では，問題となる児童の体験を掘りおこし，学習の動機づけを図るものである。

道徳的体験に対する児童の受けとめ方や，意識のしかたは，個々の児童によって異なるが，行為の事実や，あるいは，問題の所在などを話し合っていく中で，ねらいに関連する問題意識の共通化を図る。

イ　展開の段階

この段階は，授業の中心であり，いわば授業の山ともいわれる。ここでは道徳的価値の内面化を図ることが主要な役割である。

道徳的価値の内面化を図るために，直接・間接の媒体としての資料を取りいれる。それをもとに限られた条件の中で思考を深め，望ましい価値判断をさせたり心情化を図ったりさせることがたいせつである。さらには，自己の生活との関連において，価値の一般化に努めることも必要である。

ウ　終末の段階

ここでは，深められた価値を，自分の心身に密着させる配慮がなされる。すなわち，価値を実現させるための力となるような勇気づけをして，実践への方向づけ，将来への志向をより強くさせる役割をもつものである。

(3) 主として道徳的判断・道徳的心情に角度づけした授業の指導過程

本校では，道徳的価値の内面化を図るために，それぞれの時間に，主として道徳的判断を高めてねらいを達成しようとするか，あるいは，道徳的心情を深めてねらいを達成しようとするかの二つのうち，いずれかに角度づけて指導している。

次に，道徳的判断道徳的心情に角度づけた授業の指導過程を述べるわけであるが，道徳的判断。心情は互いにかかわりあいながら成り立つものであるから，指導はそれぞれ別個にあるものではない。したがって，指導は道徳的判断，心情の調和のある指導がなされなければならない。

ア　主として道徳的判断を高める授業の指導過程

導入	1. 自己の体験を発表し，道徳的行為を発見する。 2. 道徳的行為の意識を共通にする。 ［原因や状況を考えさせ，問題となる行為の事実や，問題の所在を認識させながら，問題意識を共通にさせる。］
展開	3. 問題となる行為に迫る。 ・行為の場の条件や関係を分析する。 ・動機・行為・結果の関係を理解する。 4. 問題となる道徳的行為の核心にふれる。 ・道徳的価値のかっとうをして価値を追求する。 ・反問したり，内省したりして価値を追求する。 ［資料を与えて，児童の内部に矛盾をおこさせその中で，価値について自覚させる。］ 5. 道徳的行為をささえる価値を確かめる。 ・場や条件を変えて，価値を確かめる。 ・自己の行為の中に価値を見いだす。 ［価値の一般化を図り実践意欲を高めさせる。］
終末	6. 実践の構えをつくる。 ・自分の生活をよく考えて，どうすべきかを決める。障害となる点の除去や克服を考える。 ・自分の生活の場を見通し，はっきりした態度を持つ。 ［〃いかになすべきか〃の決断の勇気づけをする。］

道徳的判断は，自分がいま，ここでいかになすべきかについて，自分がくだす判断である。その判断は，道徳的行為の問題を自分がはっきりと感じ，意識するとき，そこの状況においてくだされるものである。その際，自分は，自分の価値認識によって判断をする。

道徳的判断は単なる概念知でなく，自分の体験や実践によって得られるものであり，そこでもたれた実感によってささえられている。しかし，それは，人々の人間的なふれあいや，他人の道徳的行為の間接的な理解と，自己の深い内省によって，より高められなければならない。

イ　主として道徳的心情を深める授業の指導過程

導入	1. 自己の体験を発表し道徳的行為を発見する。 2. 道徳的行為を情緒的にとらえ意識を共通にする。 ・そのときの気持ちはどうか。 ［児童の体験をもとに道徳的行為をとらえ，それを情緒的に受けとめさせ，問題となる行為の事実や所在を認識させながら，問題意識を共通にさせる。］
展開	3. 問題となる行為に迫る。 ・行為の場の条件や関係を分析する。 ・動機・行為・結果の関係を理解する。 ［道徳的行為を情緒的に受けとめさせ，問題となる道徳的行為を取り出させる。］ 4. 問題となる道徳的行為の核心にふれる。 ・心の動きを深くとらえて，感動を深める。 ・感情の推移とその時の状態を自己の体験と比較する。 ［児童の不安定な情緒を精神的な要求まで高めさせ，資料から受けた感動を永続性のあるものにする。］ 5. 道徳行為をささえる価値を確かめる。 ・感動を自分の生活に持ちこむ。 ・感動を他者の行為に結びつける。 ［児童の生活に返すことを急がず，もった感動をたいせつにする。］
終末	6. 実践の構えをつくる。 ・自分の生き方として，こうありたいという気持ちを強くし，意欲をもつ。 ・実践のために障害となる点やその克服を考える。

道徳的心情は，道徳的行為の善悪に対する感じ方を基礎にもっているが，広く人間の要求・思考・感情・情緒などと深く結びあい，さまざまな人間関係の中で育っていくものであるといわれている。

そのような複雑なかかわり合いを持つ道徳的心情を，道徳の授業で考え，内面的陶やを試みることはむずかしいことである。

しかし，直接・間接の媒体を取り入れ，意図的計画的に道徳的心情を深めることは，人間形成のうえでたいせつなことである。

2.　指導の各段階での読み物利用とその留意点

(1)　導入における資料の条件

資料の選択の観点および，指導過程の各段階での役割については前にふれてきたので，ここでは特に留意すべき事項を次に述べることにする。

ア　一読して内容理解が容易なものであること。内容をくどくどと補説したりして気づかせなければならないような資料は不適当である。

イ　聞いたり読んだりすることによって，深く感銘し，その上につけたすものが何もないというような読み物は，導入に利用するものとしてふさわしくない。

ウ　この段階に利用する読み物の所要時間は３分程度のものが望ましい。それ以上の時間を要する長編ものの，ある一部分を扱う方法も考えられようが，この場合は，主として生活問題のほりおこしや，自分だったらこうするなど，児童に考えさせようとする立場を主としたものであって，長編ものだから，こま切れにして扱ってもよいというものではない。また，短時間に問題にせまるためには，主として作文・日記・絵物語などの利用によって，より具体的な問題場面を提示することが効果的である。しかし，これらの直接的な資料があまりにもなまなましく身近な問題であればあるほど，特定個人の人格や学級内の人間関係に傷がつくようなおそれが生ずる。かかる場合は，これに類似した，特定の個人と無関係な間接的資料を利用することが望ましい。

エ　問題場面の条件が複雑多岐にわたらないこと。場の条件設定があいまいで複雑すぎると思わぬ方向に走って，共通意識にまで高められず，ただ，時間の空費に陥りやすい。

オ　問題点に鋭角的に迫らせる場合に，与える読み物資料の題名を示してよい場合と，示さないほうがよい場合とがある。したがって指導者が意図的に題名をふせておき，児童の話し合いの深まりから徳目が出てくるほうが，より効果的な場合がある。最初に徳目を板書したりすると，その徳目を単なることばとして，こだわる傾向があるので吟味する必要がある。

(2)　展開における資料の条件

ここに位置づける読み物資料は，この授業の山場に相当するところであり，道徳的心情や判断力を啓培する源泉であり中核的な資料であるともいえよう。すなわち，この資料を味読し多角的に分析する過程において，道徳的判断の岐路に立ち，あるいは，感銘を深めたりするものである。そこで，この資料を扱う上に留意しなければならない点のいくつかを拾ってみよう。

ア　なんのためにこの資料を読まなければならないのかの疑念を児童の中にいだかせるような，いわゆる形式的で無意味な位置づけや与え方であってはならない。資料を読むことによって，自分たちの問題解決の糸口がつかめ，かつ，解決の方策が講じられ，児童たちの内面にもっている価値観を吐露させ，自他相互に反問しあって共感をよび起こすようなものが望ましい。

イ　価値判断に迫る場合，〝このとき，君たちだったらどうするか〟と問いかけて，危機的場面に立たせようとする手法は多く，この段階に用いられる。しかしながら，資料の場の条件や質によって，児童が今後このような経験に遭遇するであろうと予測する場合においてのみ発問するものであって，すべてに適用するものではない。

ウ　主として道徳的心情を深めようとする場合に，資料を小きざみにして児童の感得したものを引き出そうとするあまり，かえってこれが障害となり，ただ単なることばのやりとりに終わり，皮相的，末しょう的なものに流れやすくなる。また，教師の指導意図が強すぎるために起こる弊害として，ある場面をくどくどと発問しかけて，児童の内面につかみ得た感動や感銘をこわしたりするなどである。その他，学習形態や教師の机間巡視・発問の時期や音声等特に読者の感情を阻害しないような配慮をすることがたいせつである。

エ　長編のものにおいては，数週間ないしは，数日前に児童に与えて読ませる場合がある。このようなときには，考える視点を与えておくことがたいせつである。しかし，すべてがそうとは断言できない。むしろ視点を明示しないほうが，かえってさまざまな見かたや考え方，感じ方が片よることなく発表されて，生き生きとした学習がなされる場合もある。したがって，読み物の質によって価値内容の高いものほど共通の視点や課題を与えておいたほうが効果的な場合が多い。また，課外に読ませた場合に読みとり方が不完全な者がいたり，あるいは，読解の深浅差がはなはだしかったりするので，指導のポイントとなるところを確かめることに発問を留意し，共同思考を深めるような適切な助言を与えることがたいせつである。

オ　資料内容のあら筋のみで終わる，いわゆる，読解指導的な読みとり方，そのものが指導のねらいではない。すなわち，道徳時間の読み物資料のねらうところは，登場人物のものの見かた，考え方，行為等，これらに対して個々の児童は，それぞれ個性的に受け止め，読み手自身の考え方，行為のしかたとの比較において価値判断したり，批判や反省をうながしながら，より高い価値を追求はあくし，自己の確立を図ろうとするところにある。

したがって，児童の素ぼくな考え方や感じ方をだいじにしなが

ら，道徳性を高めるように図らなければならない。

(3)　終末における資料の条件

ここでは，道徳的価値を実現するためのエネルギーとなるような勇気づけを与え，実践への方向づけを図る段階である。ここで留意すべき点を次に述べることにする。

ア　皮相的な満足感に終止してはならない。読み物資料と児童の現実生活とあまりにも遊離しすぎているために，観念的にはわかるが実感としてわき出てこないなど，自覚ある生活態度が確立しない。

そこで，この段階に利用する読み物は，概して短文である。それだけに質的に，これが各人の生活の中に自己が直面する問題を再認識することができたり，類似経験の拡大が図れたりして主体的に決断をくだし実践化への志向が高まるような資料が望ましい。

イ　終末はややもすると時間的な制約を受け，きれいごとに終わりやすいきらいがある。しかも，終末に位置づけた資料から実践意欲を引き出すことなく，本時にねらうところの主価値を教師が一方的におしつけるような指導は厳に慎まねばならない。

ウ　資料を構成している道徳的価値内容は単一ではなく，複合されたいくつかの価値が包含されたものである。これをねらいの主価値に焦点づけて指導してきた場合，単一価値で終わることなく，複合した価値を総合的に受けとめさせて，自分の個性的な価値を生活意識に結びつけて，それに応じた場面や条件にも適応できるように指導することがたいせつである。

また，他の教育活動や異なった生活環境との関連を考慮に入れて発展的に扱えるように配慮することもたいせつである。

以上は，指導の各段階での読み物利用の具備すべき条件と，その一般的な留意点にふれてきたのであるが，さらに，これらの読み物

資料をみつめたときに，その内容が児童たちの生活経験と非常に密着しているものと，そうでないものとがある。すなわち，直接経験資料と間接経験資料が一般に考えられる。前者の場合は学級のだれか特定の者のみが直接に経験したものであっても，他者にとっては間接経験的な意味しかもたない場合が多い。これも学級構成員のすべてにとって類似経験の素材である場合には，直接経験的資料とわれわれは解釈している。

そこで，これらに属する資料は主として，児童作文，日記，感想文などに多く，これは現実の生活場面に直面する問題と取り組んでいるだけに，個人的な問題を取り上げることが，たまたま危険性をはらむことがある。かかる場合には個人指導にゆだねるか，あるいはまた，特定のグループの中に持ちこむほうが，より効果的であるなど，いずれも教師の感情に満ちた判断にまつべきことはいうまでもない。

学級全体に持ちこむ場合も，事前に作者の諒解を得て修正すべき箇所は作者の手によって加除修正することがたいせつである。また前項の読み物資料の選択にもふれてきたとおり，特定の個人の人格を傷つけないように注意し，単なる生活経験の次元にはいまわる道徳指導であってはならないと考える。そのためには，どうしても多種多様な間接経験的資料が必要である。

第4節　資料分析の必要性

1.　読み物の位置づけ

(1)　資料分析の意味するもの

年間指導計画にもられた読み物資料から，各学級の実態に即応する資料を吟味選択して実際指導にのぞまなければならない。すなわち，年間指導計画にプールされた資料には，参考資料として一応の選択はされているものの，それらは質，量において差異が見られる。そこで，資料活用にあたって最も効果的にするためには，その資料の分析を事前に試みる必要がある。すなわち，読み物資料内容は，単一の価値で構成されているものはほとんどなく，いくつかの諸価値が複合されているものが多い。また，それらの諸価値があらわに表現され一見して判断できるものと，そうでないものとがあったり，複合された価値の中でもどの価値を主価値として扱ったらよいか断定しにくいものなどがあったりする。このように資料に含まれる諸価値は複雑な構成をもち，その資料の特質も異にしている。さらにはまた，ねらいと資料との関連性を吟味して児童の道徳的思考活動に適しているか，また，道徳的心情を深め，道徳的判断力を高めるために有効な内容をもっているかなど，資料分析をあらゆる角度から検討を加えてみることがだいじなことである。

資料分析に先だってまず第一に考えなければならないことは，「ねらい」である。ねらい達成のために資料を次のいずれに焦点づけて利用したらよいかである。

- 生活の中での道徳的な問題を発見させようとするもの。
- 道徳上の問題を追求させようとするもの。
- 道徳的価値への理解と判断力を高めようとするもの。
- 道徳的心情を深めようとするもの。

以上の主たる角度づけが決まれば，さらに具体的な活用法を生み出すように資料分析をしてみることが肝要である。

(2)　ねらいからみた資料分析（その1）

下記に例示した第1表は，ねらいから見た資料分析表である。読み物にもられている道徳的価値内容を洗い出し，それがねらいの主価値とどのように結びついているかをはあくしてみることがたいせつである。そのためには，資料に登場する人物を中心とした道徳的行為やその時の感情を（＋）・（－）の価値として洗い出し，それが相互にどんな関係をもって生成発展しているかを図式化し，指導のポイントをさぐろうとするものである。ここでねらっている人格尊重は，ただ単に許してやるというものではなく，相手の立場をじゅうぶん考えていくというねらいにそった分析を試みたものである。

ねらいからみた資料分析　（第1表）

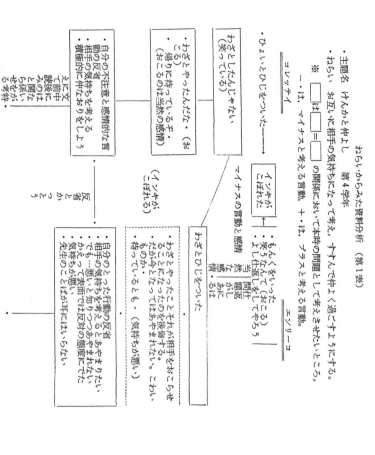

・主題名　けんかと仲よし　　第4学年
・ねらい　お互いに相手の気持ちになって考え，すすんで仲よく過ごすようにする。
※ □は□＝□ の関係において本時の問題として考えさせたいところ。
－・は，マイナスと考える言動，＋・は，プラスと考える言動。

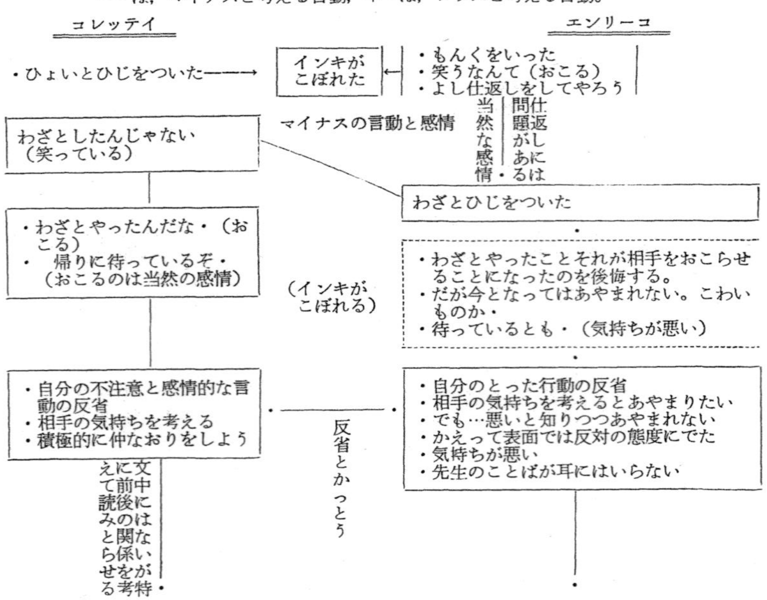

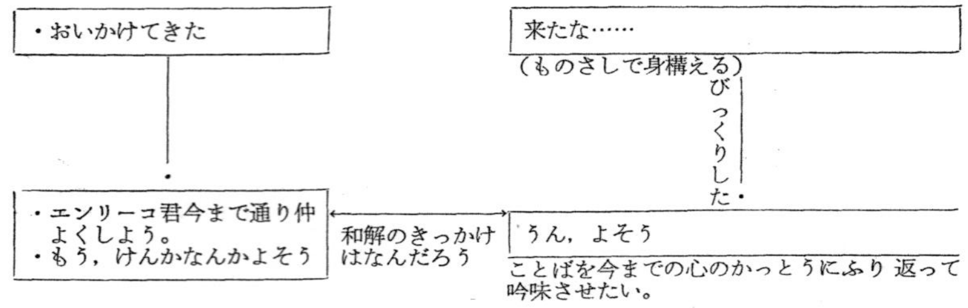

＜この資料場面で考えられること＞

・売りことばに買いことば。目には目を＝瞬間的対立感情からでたマイナスの言動。
・移り行く人間感情の中で相手の尊重とか寛容＝ただ相手の気持ちを考えるだけではない。
・真のお互いの立場・気持ちがわかるもの＝気持ちに伴ったことばと態度。
・そのことばと態度＝進んでやるべきだ。

(3)　指導過程を軸とした資料分析（その2）

次に例示した分析表は，指導過程を中軸として資料に内在する道徳的行為の因果関係や，それが他の人物やその人物の行為とどんな関係をもっているか，いわゆる資料のもつ筋道とそれに対応するところの児童の思考の筋道とを総合的に分析したものである。

この図式化された行為のどれをまず第一に児童に投げかけ，そこから次に何をひき出そうとするか，また，どの部分を重点的に扱おうとするか，そのときに期待する反応を予想してみるなど，この図式化によって多角的に生かそうとしている。

指導過程を軸とした資料分析　　　　（第２表）

・主題名　自分のことは自分で　　（３学年）
・ねらい　自分でできることは他人に頼らず進んでやりとおそうとする。

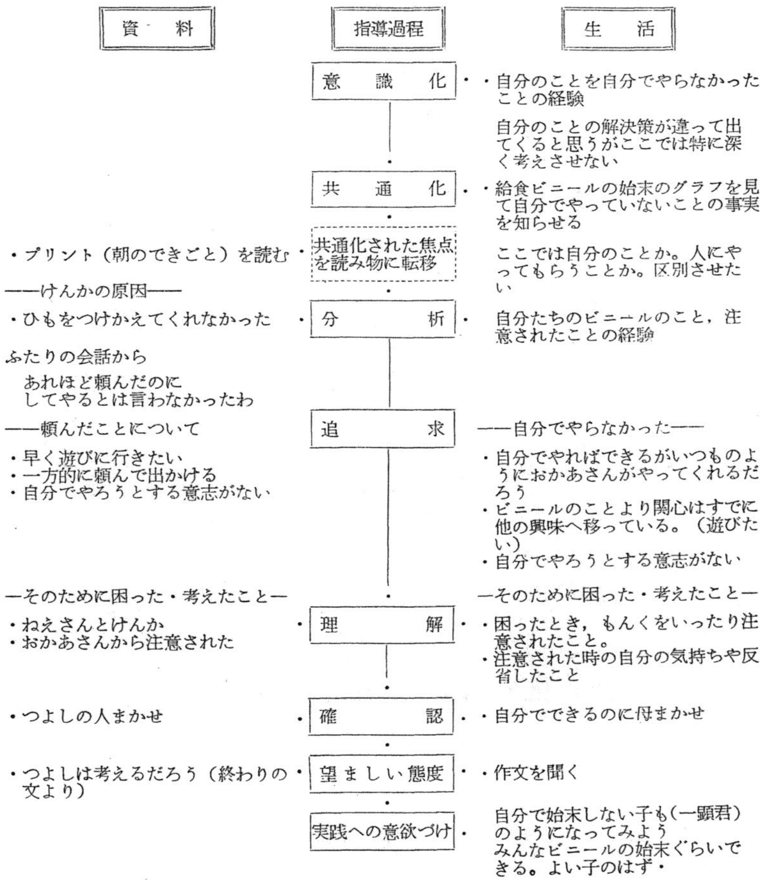

(4)　主とした価値内容の資料分析（その３）

第３表の資料分析はいままでの例示とは若干異なっている。それは，資料の価値内容の構造自体の動きを問題として図式化し，その指導の軽重を弁別して指導にのぞもうとしたものである。すなわち，この資

料の核を「人質」として波紋を投げかけ，メロスとデーモンの苦悶とそのかつとう場面を時間の経過をたどって図式化したのであるが，「王の涙」となった理由は何か。ここが教師はもちろんのこと児童もいちばん感動するところであろうと考えた。この感動発露の「王の改心の涙」と「人質」とを対比しながら，この構造図を動的にリズミカルな奥深い授業に修正発展させようと考えたものである。

この資料分析を活用した実践考察が第３章にのせてあるので参照されたい。

主とした価値内容の資料分析（第３表）

・主題名　友　情（第５学年）
・ねらい　友人関係が深ければ深いほど，互いに信頼と誠意をもっていることを理解し，そのような友をもつことは幸福であることにふれさせる。

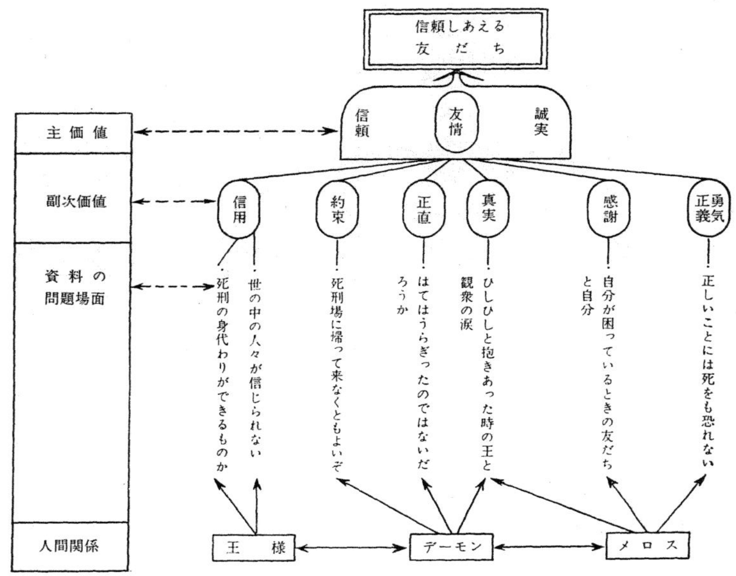

(5) 全伝における逸話の発展系列とその分析

・主題名　シュバイツァー（第6学年）
・ねらい　アルベルトの考えや行動を通して〃みんなとともに幸福になりたい〃と願う気持が偉大な業績の樹立となり人類の幸福につながるたいせつな心であることを理解する。これに自信をもって自分たちの向上に努めるようになる。

逸話の分析とその再構成

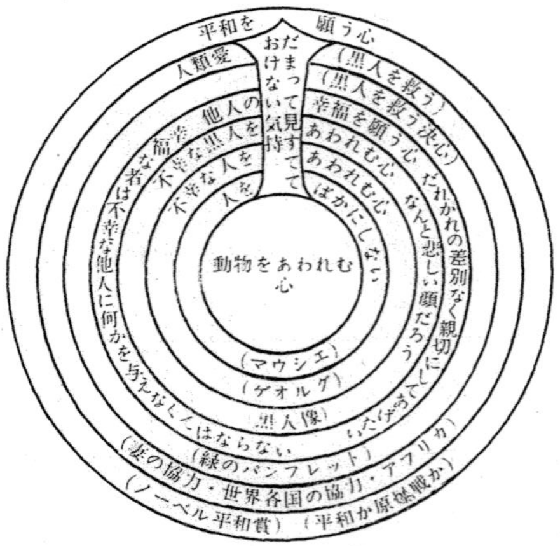

上記の主題は，2時間扱いであって第1時から第2時へと発展的に同一の伝記を扱おうとしたものである。第1時・シュバイツァーの業績の全貌から第2時への深まりとその発展を図るために上図のような図式表を構成したものである。

人類愛という遠大なる価値に迫らせる伝記利用上の問題として，長編なる伝記書のどの部分を採用したら最も効果的であるか等重要な問題点である。ここでは，少年時代のアルベルトの主たる価値に連なる逸話をひき出し，それをどのように再構成して有機的発展的に扱ったらよいかなど検討を加えた分析表である。

以上，われわれが研究授業を重ねてきた資料分析表を分類してみたところ前述の四種類の型に集約をみるにいたった。しかし，ここに付言しておきたいことは，資料分析の図式化が多様に分析されようと，

それが生命なき形式であってはならない。また，さまざまな分析表が指導過程にどのように位置づけられ授業の構造化を図ろうとするか，そして，ねらいや実際の授業の展開と遊離しないように児童の事態の変化に応じて資料分析の動的な構造化を図ろうとしなければならない。

以上，われわれが資料分析を試みるゆえんは，授業の動的な構造と，そして，生きた流れをゆがめず，こわさず正しく読み物資料が活用できるようにしたいためである。

第5節　読み物の与え方とその留意点

1. 読み物資料の提示

資料分析によって読み物資料の特質や内容などを明らかにするとともに，一方では児童の実態等をふまえて，指導段階のいずれかに位置づける必要がある。いずれも児童の感情や経験に深く結びつきやすく，しかも，他の補助資料と密接に関連性を保ちながら，いっそう児童の心に奥深く浸潤して道徳性を高めるのに役だつものでなくてはならない。しかし，資料の提示いかんによって効果を期待することができない場合がある。以下資料提示のしかたにおいて留意すべきことがらのいくつかをあげてみよう。

(1) 提示の意義づけを明確にして

すぐれた資料であっても，その提示のしかたが教師の一方的な与え方で強制したり，道徳的解釈をしいたりするならば児童の思考の筋道に合わず，児童の自発的な興味を阻害し，かえって効果は減退する場合が多い。そこで，指導者は資料の提示する意義づけを明確にはあく

して授業にのぞまねばならない。すなわち，導入段階で問題のほりおこしのために利用しようとするか。あるいは，展開段階において問題の究明から解決のための判断力を高め，ある事象をしみじみと感得させようとするものとか，あるいはまた，終末において理解，判断してきたものを再確認させるとともに，道徳的心情を高め生活実践への意欲を起こさせるなど，資料提示の時機とその意義づけをはっきりさせておくことが肝要である。

(2) 作者の意図を生かして

物語や伝記において長文であるからといって，いたずらに削除したり，ダイジェストしたりして，かえって文脈を乱して文章表現をまずくし，編者や筆者の意図をそこなう場合などが起こりやすいので留意したい。

(3) 教訓・結論のおしつけ

いかに道徳的価値内容を含む読み物でも，その取り扱い方や文学的表現に欠けたものについては，初期に意図した指導効果を期待することはできない。たとえば，ぐう話においては生活の知恵としてぐう意が明確であるが，それを児童に対して知的に結論をおしつけようとする扱い方は厳に慎まなければならない。

(4) 中心資料と補助資料との関連性を考慮して

資料にはねらいの主価値に迫ろうとする中心資料と，その効果をいっそう高めるために，これを側面からよりきめこまかく児童の生活にくいいっていく補助資料とがある。これらの資料は相互に関連をもち重要なはたらきをなし，問題の発掘を容易にさせたり，関係はあくにおいて認識を深めたりする。このことから道徳指導の資料は，1時間の流れの中で多彩に利用されることを考える必要がある。しかし，多くの資料を駆使しても，もし資料相互に有機的な結びつきがない。

いわゆる興味本位の与え方であったならば，資料にはいまわる授業といわざるを得ない。

たとえば，導入時に補助資料として作文を提示し，それがいかにねらいに即して話し合われたにしても，次の中心資料提示の必然性が乏しく，児童の思考の論理に著しく飛躍があるならば，せっかくの導入も水泡にきしてしまったといえよう。かように1時間の流れの中に利用される資料が多彩であればあるほど，その資料の質の差異や量，および提示の時機や方法に一段とくふうを必要とする。

(5) 事前に与える場合

資料の質や量によって事前に提示する場合がある。このようなときには，視点を与え考えさせておくことがたいせつである。

また，一度読んだものを同じように本時で扱うと新鮮味が失われたり時間の空費に終わったりする。このようなことを未然に防ぐためには，事前に指示した観点と別の角度から考えさせるように指示するとか，録音テープで聞かせるとか，朗読して聞かせるとかして視聴覚を働かせるようにくふうすることである。また，事前調査の結果から児童の関心が乏しい場合に読み物資料の一部を与えることによって，それが発展契機となって間接経験領域が拡大され，道徳の時間に効果をもたらす場合がある。

2. 読み物の種類とその特徴から

(1) ぐ う 話

ぐう話の特質については本章1節に述べてきたとおり，人間が社会生活を営む上に役だつ知恵を具体的にわかりやすく語ったものである。このぐう話の魅力は，万人に共通の点をねらい，筋に出てくる動物や人物とかれらの行動に，なるほどと思わせるような描写で人の心をひきつけるところにある。したがってぐう話は幼少時代から好んで絵話などを通して広く親しまれている。しかしながら，こういうぐう話を道徳時間に利用するにあたっては幾多の障害に遭遇する。

ア 障 害 点

(ア) 作者が伝えたい道徳や処世訓があまりにも教訓じみて表現されている。

(イ) 低学年児童になじみの深い動物が登場し，人間のように話したりふるまったりするので，興味本位に流れ易く，ぐう話の世界から抜け出しにくい。

(ウ) 事前にぐう話の内容を知っている特定の児童がいて，これらの児童によって結論が不用意に出されてしまい皮相的に流れやすい。

(エ) 量的にきわめて短い形式で簡潔素ぼくな文体であるために，ややもすると教師の補説が多くなりすぎて，児童を受動的に追いこむ傾向が強い。

以上の障害点を未然に除去するためには，資料をどのように与えたらよいであろうか。

イ 与え方とその留意点

(ア) どの児童にも広く知られたぐう話を取り扱う場合には，おのずからその新鮮味が薄く，児童たちは，ただ単に話の筋をとくとくとして発表したがる傾向がある。このような場合には，たとえば〃アリとはと〃のような社会生活の基本である相互依存の原則を説いているものを与える場合に，導入から扱うよりも展開段階に提示したほうが効果的である。それは，児童がこの話を知りすぎていて，ただ興味本位のことばのやりとりに終わりやすいからである。むしろ，導入段階で直接経験の中から相互に助けあったことがらを出しあわせながらぐう話との共通点を見いださせ，それ

はなぜだろうかなど疑問と興味の再現を図りながら，資料をもう一度見つめさせる手法が望ましい。また，ぐう話を二分して，前半を与えてものの見方や考え方を出しあわせながら，生活の知恵を深めつつ後半の話を読むことによって，今までの考え方が確かめられるように与えるくふうも忘れてはならない。

ぐう話はユーモアに富み，価値そのものがあらわに表現され教訓的であるから，教師が問おうとしなくとも……すべからず式の答えがこどもの声として出やすい。

たとえば，″アリときりぎりす″などにおいて″きりぎりすは遊んでばかりいるからいけないんだよ″と答える傾向は強い。こういうときに一枚絵の利用によって，宿題をしようとしないで，遊びつかれて帰ってきた場面を提示することによって，……してばかりいるからいけないのだよ〃。の自己認識が一枚絵によってより実感として感興を呼び起こす。このように自分を改めて，対比しながら見つめさせることが可能である。そして，読み物内容の

裏打ちとなる資料を角度を変えて準備しておくことがたいせつである。

(ウ)　ぐう話に出てくる登場人物を一枚絵に描写して，これを読み物資料と関連づけながら，その場の条件を洗い出したり，その推移や行為を追求させたりして，自分たちのものの見方や考え方のかたより，狭さに気づかせるよう，他の方法を組み合わせる手立てを忘れてはならない。

(エ)　ぐう話利用は，導入段階で問題をなげかけるとか終末で共感をよび起こすのに利用するとか，その内容によって位置づけは多様であるが，ぐう話の一部を紙しばい，自作絵話，スライドなどの併用によって読後の結論が皮相的に終わらないよう資料の特性を，それぞれ生かすようにくふうするなどである。

(オ)　ぐう話は価値があらわに表現され，しかも，短文であるために，ねらいにあったものを引き出すためには，絵や発問法の効果をじゅうぶん生かすことはもちろんのことであるが，低学年の思考の特性の一つとして，アニミズムの傾向がある。このために話の中に自己を完全に没入しきってしまうから価値の一般化を図るのにむずかしい。そこであえて人間でなくとも資料中の動物名を使って価値の一般化を考慮することがたいせつである。

(2)　童話・物語

さきに2章1節に述べてきたように童話・物語を大別してみると次のとおりである。

・現実の社会生活に取材したものを脚色したもの，その中で児童たちは自我を客観化して，自分だけの世界で遊ぼうとする生活童話や生活物語などのような非現実的童話物語。

・社会的な現実の場面をいっそう現実的に描写している少年少女名作

童話・物語等の現実的なもの。

読み物資料を道徳の時間に利用する立場から以上二つの特質をふまえた上で，45分間の指導過程にどのように位置づけて利用を図ったらよいだろうか。以下これらについて述べることにする。

ア　与え方とその留意点

(ア)　童話・物語（非現実的なもの）

たとえば第３章にのせてある２年の「おかあさんの願い」「七つ星」などの童話は，いずれも非現実的な領域にはいると考えられる。道徳の時間45分という限られた時間内に利用される読み物資料は質・量において吟味されるが，これらの読み物利用にあたって非現実的か現実的な読み物であるかによって，その活用法を考えなくてはならない。

「おかあさんの願い」や「七つ星」など，いずれも現実の社会生活に取材し想像的色彩のこいものである。この利用にあたっては第３章を参照されたい。これら読み物の与え方と，その留意点にふれてみよう。

児童の日常生活におこる問題とは直接関係のないものが多いため，児童を空想の世界に読みひたらせて，道徳的心情をつちかったり，そのときの感動や情感をだいじにしながら終わる場合もあってよいし，また，読み物に含まれる価値をむりやりに現実場面に移入しようと図ると，かえって逆効果を生ずる場合があるから留意したい。

資料を使って	→資料で終わる	等々考えられるが資料の性格によって一定ではない。
資料	→生活にもどす	
生活	→資料	
生活→資料	→生活	

非現実的童話・物語は概して心情的な面に類するものが多く展開ないしは終末に近い段階で扱われることが多いが，この取り扱い上注意すべきことは，児童の感動を発表させよう，分析しようとしかけて，かえって逆効果を招くことがある。読み物の世界にはいって感動がもりあがったところで，無言で終わるほうがかえって効果的な場合がある。

- 童話・物語（現実的なもの）

３年「友だちどうし」４年「けんかと仲よし」５年「友情」６年「真の友情な」どの読み物は現実的に類するジャンルである。（第３章事例と考察参照）

これらの読み物は，児童たちの生活の中でなんらかの形で経験したり，また，今後も経験するであろうと思われる内容が内在している。そのために児童たちは，親近感をもち，自分の生活への伴侶として生き方を考えようとする機会を与えてくれる。

このようにまったく，童話・物語のジャンル内でも前述のように非現実的と現実的なものによって，その扱い方におのずから異なりを見いだすものである。現実的であるだけに児童の生活と資料を対比させながら道徳性を高める方法（３年けんかと仲よし）が得やすく，これを**らせん方式**と呼んでいる。

下のらせん方式は，ややもすると児童の思考が混乱しやすく，しかも，授業の山場が見失われやすい。

さらには，資料の場面や条件と現実の生活場面とのつなぎは，その発問の技術にまつことが多い。

長編物語６年「真の友情」のように前半を録音利用，後半を読み物利用という二者を併用して扱う方法。これとまったく逆の方法も考えられよう。

資料の質から考えてみると，主として心情か判断かの角度づけとその価値の一般化が図れるかどうかなど総合的に考察を加え，資料の位置づけを考えてみることがたいせつである。ここで注意したいことは現実的な読み物資料であれば，すべて価値の一般化が図れるとはいいがたい。なぜならば前述のとおり感動を与えて終わる場合があるからである。

ここで本校の一般化の考え方について述べておこう。

一般化には登場人物のある行為の一般化と，価値の一般化の二面が考えられるが，本校では価値の一般化のみをさしている。また行為の一般化は道徳の時間において考えに入れていない。

価値の一般化の方法には，**一般化する**プロセスと，**一般化される**プロセスとがある。前者は教師が価値の一般化を図ろうとする姿勢があるのに対して，後者は学習のプロセスの中でおのずから一般化されるものという意である。

（**価値の一般化**とは，認識され共感された価値が単に特定の場面でのそれではなく，自分の経験するあらゆる事象や事態における価値の認識なり共感でなければならない。あるいは，今後に経験する事象や事態でなければならない。）

(3) 伝記（全伝・抄伝）

伝記の特質については，同章２項に述べてきたとおりである。これらの特質を生かして道徳の時間にのぞむとき，どのような与え方があるか，次に述べることにする。

a 読み物を事前に与える場合

長文の伝記の全貌を児童たちにつかませておくためには，少なくとも１か月前に指示しておかなければ，全員が読みひたることは不可能であろう。本校では年間指導計画にもられた偉人

伝のうち特定の伝記書を各学級に５冊ずつ備え（８ 資料の収集とその整備参照）常時読めるように配慮してある。けれども各児童の読書能力の差もあるので一率に与えることは，ある児童には抵抗があるので時には，ある一節を教師が読んで聞かせ，その続きを読んでおくように指示するとか，または，スライドを視聴させておくとか，あるいは，この一節の部分は少なくとも全員が読み，よく自分の感想をまとめておくようにさせるとか，他にもこの伝記に類似した偉人はいないだろうかなど，児童の興味や関心，発達程度に即して共銘共感を呼び起こさせておくことである。これらは市販されている伝記書，または抄伝として教師がプリントしたものを与える二とおりの場合が一般的である。いずれにおいてもねらいの価値に迫らせるためには読む視点を指示しておくことがたいせつである。

b １時間扱いの伝記利用

ねらいによっては，伝記で・を学習するいずれかの手法が考えられる。１時間扱いの主題においても被伝者の生活の事績の記録を知るのみで終わることなく，伝記で自己をみつめ，人生の指針とする方法がとられる場合と，伝記を学習することによって自己の既有の知識や判断をいっそう確かなものに定着させたり，目的的に実践意欲を高揚させたりする方法が考えられる。

たとえば，伝記利用の一例をあげてみれば４年「本居宣長」は抄伝として扱われるべきものであって，いかに全生がいをふまえた学習であっても，書物の「整理整とん」という価値は単なる逸話にすぎない。その根底に脈々として流れくるものはなんであったかを背景にもち得なくとも，抄伝としてこの伝記を

学習することができる。一方，シュバイツァーはまったくこれと逆で「シュバイツァー」の全生がいの一断面を扱ってもこれは奥深い授業とはいいがたい。これについて次に述べよう。

c　2時間扱いの伝記利用

2時間配当の主題における全伝・抄伝の利用の方法は概略次のとおりである。

a　同一の被伝者を2時間通して扱う場合。

b　他の被伝者と関連づけて扱う場合。

c　生活←→伝記

d　生活──→伝記──→生活

これら四つの過程は多く見られる組み合わせである。要は学級の実態や児童の傾向によって，最も有効と思われる方法を組むべきである。ここではaの場合について以下述べることにする。

全伝を1時間で扱うということは，量的にみても，また，質的にみても複雑な価値の総合体であるからして指導に高度な技術が要求される。そこで，全伝扱いとしての効用を認めるならば2時間扱いの前半を被伝者の全貌と業績をはあくさせた上で後半を被伝者の少年時代に焦点づけて，その人となりを追求理解させ，感銘と共感を呼びおこすことによって全伝としての特質が生かされるものである。

d　効果的な資料の再構成

伝記書はいずれも長文であり短時間で読みこなすことができない。したがって，全生がいの中のどの部分を摘出して再構成したならばよいかが問題になってくる。また，同一の被伝者であっても，さまざまな描写をしている関係上，1冊の伝記書だ

けでは表現内容が稀薄であるとか，理解度が難易だとかの問題が内包されている。そこで，他の伝記書の一部分を併用して価値内容を裏づけたり，補説したりして，最も効果的な再構成を図らなければならない。

e　利用上の留意点

(ア)　この伝記から児童はどこに感銘を深くするか，教師は内容をよく理解しておく。

・　この伝記は生活に結びつくだろうか吟味して位置づける。

(ウ)　児童がどの程度理解できるだろうか。時代背景などにも配慮する。

(エ)　偉人との距離感をどのようにしてうめていくか。

(オ)　どういう事象・事態を補説する必要性があるか。

(カ)　資料を与えたときの発問，どこに感銘したか，この人物をどう思うか，自分はどうしたいか，この資料から何を問題にしたいかなど留意する。

(キ)　説話・スライド等の他の方法も併用して有機的・発展的に展開できるようにする。

(ク)　特定の人物にとどまらず幾人かの人物を出させ，そこから共通点を見いださせるように，かたよりのない伝記扱いをくふうする。

(ケ)　偉人の成長により影響を与えたものには，どのようなものがあったかを考えさせる。

f　抄伝１時間の指導過程のくふう。

角度づけ	過程	指導過程	指導上の留意
道徳的心情→ 道徳的判断→	導入	・抄伝を読ませる。	・事前に与えて読ませる場合は，第１次感想からある問題点にしぼられて，次に１次読みにはいることが望ましい。 ・読解内容の確かめにこだわりすぎないように注意し道徳的価値に迫らせること。
		・感動を発表させる	・単純で深みのない素ぼくな感想しかのぞめないが，それから問題の焦点化を図る。
	展開	・問題となる道徳的行為に迫らせる。	・どんな動機からかその発端に目を向けさせ，自分たちの考え方との相違点に気づかせる。 ・苦境にあえぎながら自己の目的を完遂しようと努力した行為にふれさせる。 ・価値について情緒的に内省したり，反問したりさせる間をつくる。
		・道徳的行為の核心にふれさせる。	・共同思考によって，感動，共銘をさらに知的な確かさのある意識にまで高めるようにする。 ・個性的なはあく内容をグループ相互の話し合いに発展させ価値追求の意欲を図る
	終末	・実践の構えをつくらせる。	・自分の生活をみつめて，これからこうありたいこうあるべき生活へと，自己の生活態度を形成するように意欲づける。 ・すべて生活に返すことを急がず，この時間の自己の変容の姿を内省させることもたいせつである。

(4)　作　　文

(ア)　指導の各段階に利用される条件

a　導入に用いる場合の作文

・　問題提起ができるもの。

作文は，児童の生活と密着しているため，内在する問題との距離感がなく親近感をもって，わがことのように真剣に問題点にくい込むことができる。

・　素ぼくな作文でも行為のしかたや考え方に批判の余地が見いだされるもの。

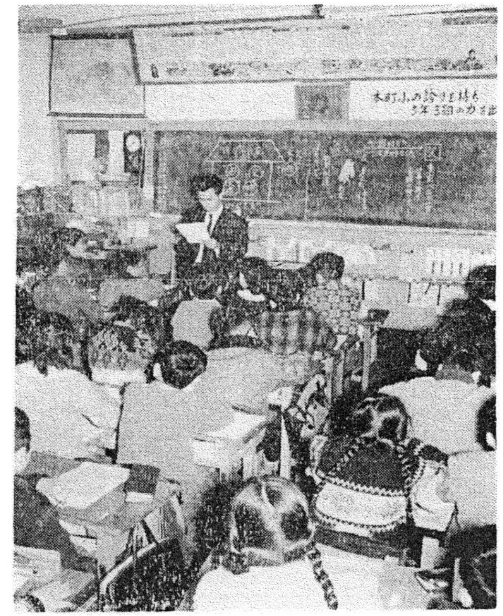

事象や事態の単なるら列のみではふじゅうぶんであるが，ある道徳的行為が他に及ぼす影響とか，考え方，心象が読みとれる程度のものは，読者をして過去の体験に照らし合わせて価値批判させることができる。

たとえば，上記のような作文を通して，

・　この人の考え方と同じ体験はなかったか。
・　このようなことをしたあとの気持ちはどうか。
・　なるほど，そうだと思ったところはなかったか。
・　この考え方はおかしな考え方だと思われたところ。
・　こんな場合どうしたらよいだろう。

などのを問い投げかけることができるであろう。こういうことがらが引き出されることによって共通の問題意識にまで浸潤する。ただ，ここに注意すべきことは，あまりにも問題が多様に内在していると，導入段階でねらうべきものが消えさり，児童の興味や欲求の高いものへと流される場合があるから留意したい。

b　展開に用いる場合の作文

○　問題場面を構成している諸条件が明確であることがまず第一条件である。すなわち，作中人物の行動や，ものの見方，考え方，場面や条件の変化などが浮きぼりされているもの。

○　ねらいの核心に迫りうるものでなければならない。

素ぼくさや，未熟な作文でもそこには，こどもはこどものことばがあり，こどもに一脈通じるものをもっていることを教師は念頭におくことがたいせつである。また同時に未熟な表現内容にかくされた表現を教師は引き出せるかを考えて作文を選択すべきである。

c　終末に用いる場合の作文

○　論旨が明確で切実感をいだかせるもの。

作文に対す教師の見方，言いかえればこどもの生活の見つめ方が甘いと，観念的なものに終止してしまうきらいがある。論旨が明確ということは，本時のねらいに志向させようとする意欲をわきだたせるもの，また，実践への見通しや，その間の障害の予想や，それに立ち向かう具体的な方法などが明確に表現されているものである。

d　作文の与え方の留意点

a　話し合いでも容易に問題がはき出されるが，一編の作文提示によって話し合いがしぼられ，意図的に焦点づけられる利

点があるが，常にこのような形式をふむことは望ましくない。

b　同時に二，三点の作文を併用して，その共通点や相違点を発見させる方法は価値批判させる場合に効果的である。

c　感想文の提示は，その内容を事前に類別し，これを効果的に，組み合わせて，関連的に取り扱うことが望ましい。感想文の利用は最大限３編ぐらいのものが適当である。

d　前にもふれてきたとおり，児童の人格を傷つけないよう配慮すること。たとい，他校児童の作文であっても，学級内に同一条件の児童がいる場合はさけるべきである。

e　作文と一枚絵の併用，あるいは録音にして聞かせるなど多様性をもたせるようにさせること。

f　道徳時間に利用するために書かせた作文は概して観念的にしかも，つくられた作文が多くなる傾向がある。したがって児童が道徳の時間を意識しないで書きつづった作文を利用するように心がける必要がある。

g　問題解決型の作文などは，他の方法を併用して利用すると効果的である。たとえば，作文のある問題場面を提示し，これを劇化によって解決させる方法など，いろいろとその活用法をくふうしてみることである。

h　特殊な感想文の場合は学級全体に提示することは望ましくないので，これは個人指導にゆずるべきである。

第６節　読み物利用における教師の発言（発問と助言）

1.　道徳の時間における教師の発言

(1) 道徳の時間における教師の発言は，個々の主題の具体的な展開にあたって，児童の活動を刺激して，児童が教師とともに行なう思考を円滑にし，あるいは活発にし，その結果，道徳性の内面化を助けて，主題のねらいを達成するために重要なはたらきをもつものである。

(2) もともと，教師の発言は，ある一定のねらいに対して，児童の学習活動を期待して，教師が児童に意図的に行なう話しかけである。

この話しかけには，形式上，質問の形で行なわれるものと，肯定の形で行なわれるものとがある。

また，内容の上からは，発問に関するものと，助言に関するものとが考えられる。

発問に関するもの

ア　単に道徳的な経験（行為）や知識・理解の有無を求めるもの。

イ　単に道徳的な経験（行為）や知識・理解の内容を求めるもの。

ウ　直接的または間接的経験資料に基づいて，道徳的な問題に気づか

せようとするもの。

エ　道徳的な経験（行為）について，それが，なぜ価値があるのかを思考させようとするもの。

オ　道徳的価値の相互関係や高低などについて，思考させようとするもの。

カ　直接的または間接的経験資料に基づいて，人物の行為やその背景，あるいは道徳的な問題点などを分析して，思考させようとするもの。

キ　個々の道徳的な問題や事例を総合して，思考させようとするもの。

助言に関するもの

ア　特定の児童を指名したり，それと関連して，他の児童を指名したりして，児童の活動についての注意や指示を与えるもの。

イ　児童の活動について，賞さんや激励を与えるもの。

ウ　道徳的な問題点や思考の要点などを強調して，児童の活動について，正しい進路を示唆するもの。

エ　単に児童の活動の目標を提示したり，条件を含めて，目標を提示したりするもの。

オ　道徳的な経験を想起させたり，道徳的な事例を補説したりして，児童の活動をたすけるもの。

カ　価値ある道徳的な経験や事例，あるいは道徳的価値などについてそのなかの，いくつかを対比させ，それらの類似点や相違点などに触れるもの。

キ　道徳的な問題点，経験，事例などの分析のしかたや，その一例を示すもの。

ク　児童の活動の結果を部分的に，あるいは全体的にまとめて示すもの。

ケ　児童の活動について，そのねらい，内容，方法，結果などについて確認を与えるもの。

コ　児童の発言について，承認や否認をしたり，発言の内容をくり返したり，内容の一部を補説したりして，児童の思考を処理するもの。

しかし，指導記録などによって，これらをいちいち考察検討した場合，なかには，どれが発問であり，どれが助言であるかを明確に区別しかねるものもある。

いずれにしても，この話しかけは，児童の応答をうけて，はじめてその機能を発揮することができる。

(3)　上記の教師の発言を機能の面からまとめてみると，次に示すようになる。

ア　児童の意欲をかき立てて，思考活動を誘発するもの。

イ　何について思考するのか，思考の目標を指示するもの。

ウ　どのような条件のもとで，どのような順序で思考するのか，思考の方法を示すもの。

エ　思考の正否を確かめたり，思考を補足したりして，思考の結果を処理するもの。

(4)　上記のような教師の発言の機能が効果的に発揮されるためには，次のような観点に立って，選択されることが望まれる。

ア　常に指導のねらいに結びついており，そして，精選されていること。

イ　道徳的な思考を促し，思考が継続的・発展的に高められるものであること。

ウ　相互に密接な関連を保って組織づけられていること。

エ　児童の発問や反問を確認の上，児童に気づかせる，考えさせる，意欲づけるなどの観点に見合った発言であること。

オ　学年の発達段階に合っていること。

○　用語が平易で，内容が具体的であること。

○　意図や意味が明確であること。

○　内容がもりたくさんでないこと。

カ　道徳的判断や心情の，いずれかに角度づけされた指導の流れを考慮にいれたものであること。

(5)　ところで，教師の発言の組織づけについて，すこしふれてみたい。

教師の発言には，主題のねらいや指導の各段階でのねらい，あるいは，さらに狭い範囲におけるねらいなどに，直接的に結びつくものと間接的に結びつくものとがあると考えられる。

この場合，前者は，かずある発言のなかで，中核的な位置を占め，後者は，それをささえる補助的，周辺的な位置をもつものと考えられる。

そして，この中核的な位置を占める教師の発言に焦点をおき，これを一連の思考活動のなかに点として位置づけ，これらの点を次々と結びながら，思考活動の線をかき上げる。そして，この線をたどることによって，思考の方向を正し，思考を継続的・発展的に促進することができる。

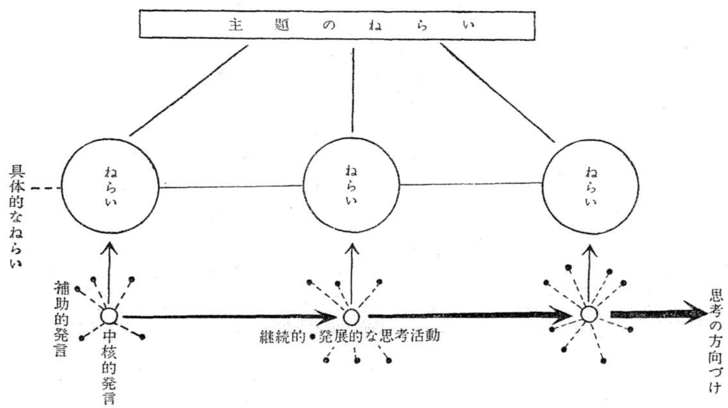

各段階での中核的発言を補助的・周辺的な位置をもつ教師の発言によってささえ，中核的発言をより生かさなくてはならない。したがって補助的・周辺的発言は，ときには前に位置し，あるいは後ろに位置させることがある。

これらの形態を整理してみると，およそ次のようになる。

○中核的発言――補助的発言――補助的発言

○補助的発言――補助的発言――中核的発言――補助的発言

○補助的発言――補助的発言――中核的発言

(6) なお，望ましい教師の発言の場としては，次のことが考えられる。

すなわち，児童相互，児童と教師との間に，道徳的規範を尊重する空気がみなぎり，教師の公平な愛情のもとに，互いに親しみ，助け戒

めあう態度が確立され，隔意ない話し合いが行なえるような，よい学級のふんい気を作ることである。

2. 読み物利用における発言

(1) 指導の各段階における教師の発言

指導の段階については，前述のとおり，導入・展開・終末とに分けられるが，教師の発言は，それらの段階だけのものではなく，次の段階へ，どのように志向性をもたせていくかということが考慮されていなければならない，すなわち，各段階にわたって，有機的関連をもつことがたいせつである。また，１時間の流れの中で，特に心情面をつちかいたいとか，判断力を高めていきたいとか，主題の角度づけから考えて，教師の発言も，当然くふうされてくるはずである。

ア　導入の段階での教師の発言

(ｱ) 生活の場や，生活の問題に気づかせそれを発表させるための教師の発言

・　生活の問題を発見させるための教師の発言

(ウ) 共通の問題意識に高めるための教師の発言

と，いうことができよう。

すなわち，これから学習しようとする主題について，児童に類似の経験を想起させたり，生活の問題を取り上げて話し合ったりして，何が問題であるのかを確認させ，自分の問題として，主体的に取り組んでいく心構えをつくっていくことである。

○　これは何だろう。

○　なぜ，こうなってしまったか。

○　どう，すればよかったか。

と，いうような，問題に気づかせる発言が必要になる。

以下，本校で実施した授業をもとに発言について簡単に考察してみよう。

<具　体　例>

つぎにかかげる主題は，読み物を利用して，主として心情を高めようと意図した実践例である。

1.　主題名　　友だちどうし

2.　学　年　　3　　年

3.　ねらい　　みんながお互いに他人の立場にたって考え，なかよく励ましあうようにする。

4.　展　開

教師の意図としては，まず，さし絵を，きっかけとして文中の問題行動場面を考えさせ，これを児童の共通の問題として受けとめさせそれを追求するよう指導過程を組んでいる。具体的には，

① ゆう吉が，先生に紹介されている場面から，ゆう吉の不安な気持ちを知らせるとともに，このような立場に立つものの不安感というものについて考え

	活　動・内　容	指導上の留意点	資　料
導入	1. 転入した子の経験を発表させ，それについて話し合う。	・転校してきた牛山君の立場や気持ちを中心にしていく。	「あたらしい友だち」 副読本 (東書)
展開	2. 読み物「あたらしい友だち」を読んで話し合う。 ・登場人物の気持ちについて ・他のこどもに対する思いやり	・ひろしの態度と，ゆうきちの気持ちについて考えさせる。	
	3. 作文「友だち」をきいて考える。 ・作者の気持ち ・他人の気持ち ・44ページの絵をみて，ゆう吉の気持ちを話し合う。	・友だちどうしは，ちょっとしたことにも喜びを感じることに気づかせる。	作文 「友だち」
終末	4. 友だちどうし仲よくするためにどんなことを約束しあったらよいか。	ひとりひとりどうしたらよいかという心の構えと，意欲をもたせるようにする。	

② 「ひろし」の言動と「ゆう吉」の気持ち，の場面を，問題の分析，追求，理解・心情に位置づけ

③ ゆう吉の「だまってちゃんちゃんこをひろって，机の上に顔をふせた」場面を通して，心情面の考察に位置づけ

④ 最後の場面「ゆう吉のにこにこしている顔の場面と，クラスの友だちの明るい顔」の場面，前段階の心情を通しての確認と，さらに，今後，生活していく上の態度化という過程の上に位置づけている。

そこで，教師は，導入の段階で，児童に，何に気づかせようとしているのだろうか，指導過程からもうかがえるように，不安というものについての問題をつかませようとしたものであろう。そこで児童との簡単な話し合いから

「どこからきたの？」「この子の名まえは？」というようにし，さ

らに，
「ゆう吉君が，こうしてみんなの前に立っているが，この時のゆう吉君の心の中は，どんなだろう，」
と，思考を発展させている。
それに対して，児童は，
「はずかしい」「こころぼそい」「いい友だちがいるかな」というような，応答をしている。
「いい友だちがいるかな」と，いうことは，すでに児童たちが，ゆう吉の立場になって，心の中の不安を，共通の問題意識に高めたことばであると思う。

このように，不安感を表明する応答があったということは，次の展開への志向性をじゅうぶんにもたせたといってよいであろう。
単に資料だけでなく，さらに
「牛山君，よそからきたんだけれど，この学校へ来たとき，どんな気持ちがした？」と，発問をし，転入してきた友だちの気持ちを聞き，ふたたび，さし絵にもどって，
「もう一度，この絵を見てみよう，」と，さし絵の，手や顔などの表情から，ゆう吉の，不安な気持ちを，いっそうよくとらえさせようとしていった。この段階でこのような手法を用い，問題に対する意識づけを行なっておけば，次の段階で，問題の分析，追求にはいっても，児童の思考は，じゅうぶんに高まるものと考えられる。

さて，この授業の発問を，かりに次のように組みたてたとしたら，児童の応答はどう変わったであろうか，

① 何について書いたお話ですか。
② どんなことが，書かれていましたか。

③ みんなだったら，こんなときどうしますか。
④ これから，どうしていったらよいでしょう。

①の発問「何について書いたお話ですか。」は，読み物についてのばく然とした問いかけで，児童は，どう答えてよいのか困惑するような発問である。話の筋を答えてよいのか，単に「新しい友だちが転校してきたこと。」と，いってよいのか，ポイントがなく応答に迷ってしまうであろう。
そこで，このような場合，与えた読み物の内容を，80％程度児童がはあくしたなと知ったら，どの場面をおさえてきりこんでいくかということを考え，発問をくふうしなければならない。たとえば「どんなお友だちが，でてきますか。」とか，「転校してきた友だちの名まえは？　どこから，どこへ？」と，いうように，話し合いに志向性を，もっていくようにしなければならない。
②の「どんなことが，かかれていましたか」では，一応は読み物の内容面にはいっているが，それに対する児童の答えは，おそらく，「あたらしく転校してきた友だちを，クラスのあるものが，いじわるをして，いじめたこと」という画一的な応答に終わってしまうおそれもあり，教師の助言によって，多少内容をつっこんだとしても「ちゃんちゃんこを，とってしまった。」「なかまはずれにした。」というような表面的な面を追うことになってしまい，それが，③の「みんなだったら，こんなとき，どうしますか。」の発問，④の「これからどうしていったらよいでしょう。」の発問へと発展したとしても語句や内容をおさえていく，国語の読解指導的な扱いになってしまい，判断を深めたり，道徳的心情を高めたりする道徳の授業としては，あまり好ましいものとはいわれない。そこで，②の発問「どん

なことが書かれていましたか。」を，もう少し，具体的に，中心的な場面の一つでもとらえ，でてきた人物の内面的な問題をどう考えているかさぐるような発問の形態にしていかなければならない。「いなかからきた，ゆう吉は，着てきたちゃんちゃんこを，ひろしにとられて，みんなの前に，みせびらかせられたが，このときの，ゆう吉の気持ちは，どんなでしょう。」というような，深まりのある発問にしたいものである。

道徳の授業では，主題の持つ，ねらいに即して指導過程を考え，そこにどのような，基本的な発問を用意するかを，常に考慮することが必要であろう。

イ　展開の段階での教師の発言

○　問題に迫るための教師の発言

○　問題の核心にふれるための教師の発言

○　価値の認識を確かめるための教師の発言

と，いうことができよう。

具体的には，問題を深めていったり，確かめていったり，さらに思考を広げたりしていくことである。

具体例をあげて考察してみると，

1　主題名　　20円のうそ
2　学　年　　4　　年
3　ねらい　　人前をつくったり，ごまかしをしたりしないで正直に行動する。

この授業では，資料および児童の応答を予想して，指導過程を組み，教師の発問を下記のように組みたてている。

①　読み物「20円のうそ」について，読んだあと，何を思ったか，何が問題なのか。
②　なぜ「すみえ」は，うそをついたのだろうか。
③　うそをついたときの「すみえ」の気持ちはどんなだったろうか。
④　こんなときは，どうしたらよいだろう。
⑤　ふだんの生活の中で，うそをついたり，ごまかしをしたりしたことはなかったか。

この授業で，①〜⑤までが，授業を進めていくのに核となった基本的な発問であったと思う。

導入から，すぐに資料を用い，①の「読んだあと，何を思ったか何が問題なのか。」という，感想からはいって，本時の問題となる「うそ」というものに焦点づけをしていき，②の「なぜ，うそをついたのか」で，問題の分析にはいっている。

①の「何を思ったか，何が問題なのか」の発問で，児童の答えの中には，相当深く考えた点までに発展したものがあったことがうかがわれた。たとえば，「この人は自分がしたことを，正直に言わないところがいけない」とか，「すみえは“ばかだ”と言われるのは，くやしいだろうが，ほんとうのことを言えば，おかあさんは許してくれるかもしれない」などと。しかし多数の児童は，「うそをつくのがいけない。」「正直に言わないで，うそを言ったのはいけない。」と，いう程度のものが多かった。①の段階では，問題に気づかせることが主となることで，次の②の「なぜ，すみえはうそをついたのだろうか。」の発問で，真に考えさせることになるであろう。

②の発問で，問題の分析にはいったのであるが，この発言に対して児童の答えも数多くでている。

「帰り道30円おとした」とか，

「おかあさんにすみえは，ばかだと言われるのがいやだから。」とか。しかし，この時，教師は適切な助言を与えて，

「そのときの，すみえの気持ちを，読み物では，どう言っていますか。」と，うそをついた原因について，しっかりと確かめさせている

①の「何を思ったか，何が問題なのか」で，問題にじゅうぶん気づかせ，

②の「なぜ，すみえはうそをついたのか。」で，問題の分析，追求に児童の思考を，はっきりとむけさせている。

そして，

③の「うそをついた時の，すみえの気持ちは，どんなだったろうか。」で，すみえの気持ち，人に言われない不安な態度と心の動揺をさぐろうとし，さらに内面的なかっとうを考えさせ，本時の，ねらいに迫る発言を与えている。児童は，すみえ，の気持ちを，「胸がどきどきして心配」とか，「ぐっとつばをのんだ。」とか，不安のようすを明確につかんでおり，さらに教師の助言によって，よりいっそうすみえの心の動きや，不安の様子を深めたり，確かめさせたりしていった。

この授業は，読み物を媒体として児童の心情を高めるとともに，より正しい判断力を啓培しようとしたものである。

④の「こんなときは，どうしたらよいだろう。」の発問から，問題をよく理解納得して，いままで外面的にしかとらえられなかった行動を，内面的に見たり，考えたりするようにしていくだいじな段階に当てている。

ウ　終末の段階での教師の発言

○　実践の構えをつくるための教師の発言

主体化されたものをさらに意欲づけをし，実践化を図ろうとする段階である。道徳の授業は，単なる道徳的知識を広めるのみにとどまらず道徳的判断力や心情を育てて，実践化を図るものである。実践化を図るには，実践しようとする強い意欲がなければならないのであって，その意欲をもたせることが終末の段階でありすなわち意欲づけである。

意欲づけの段階では，あまりくどくどと理づめにするよりも，児童にできるだけ深い感銘を与えるようにして，さらっと流して余韻を残しておくというような方法が，むしろ効果的なことが多い。それは，個々の児童に主体的に受けとめさせ，教師の考えをむりにおしつけないということにもなる。

読み物を使った授業であるならば，本時に使用した読み物が，どの本のものであるか，また，さらに進んで自分から関連した読み物を読もうとする意欲づけをするとか，また，きょうの学習からどんな障害点を乗りこえていかなければならないか，など，「自分はこれからどうしようと思うか。」とか，要するに実際の生活へかえしてやる発問を与えるようにしなければならない。

第７節　本校指導計画にもられた読み物利用の実態と資料の収集整備

1.　内容別・学年別にみた読み物利用

○読み物利用　△説話　□話し合い
◎視聴覚利用　☆劇化　★実践活動

＜表１＞　註　主題名で表記

指導内容			1年	2年	3年	4年	5年	6年
Ⅰ基本的	1	健康安全	学校のいきかえり◎ じょうぶなからだ◎ よいしせい△	あぶない遊び◎ けんちゃんの病気◎	人のいのち◎	生命の尊さ△		
	2	自立	自分でできること◎ じぶんのべんきょう◎	おかあさんの願い○ おくびょううさぎ○	自分のことは自分で○			
	3	礼儀	あいさつとへんじ★ きちんとしたみなり□	のりもののれいぎ□	正しいあいさつ☆	生きた礼儀□		

行動様式	4	整理整頓	つくえのなか★ わすれた教科書★	もちものしらべ□ おそうじ□	きれいなへや△	整理整頓○		
	5	物の使い方	おとしもの□ こづかい□	自分のものと人のもの◎ もちものまと○	こづかいの使い方◎	お金の使い方○		
	7	時間の尊重	とけいのはり○ 朝ねぼう□	まちぼうけ◎ 時間をたいせつに□	きまりある生活○	とけい○	生活と時間□	時間の尊重○
Ⅱ 道徳的心情・判断	7	人格尊重	知らない子○	みにくいあひるの子○ きつねとつる○	あだな○	けんかとなかよし○ ぼくの気持ち☆	ひとりひとりの願い◎○	人間の尊さ○
	8	自主自律		からすのものまね◎	ろばを売りにいく親子○	わたしの考え○	自分の考え○	自分の主張○
	9	自由と責任		おつかい□	自分のかかり□	いうこととすること○	みんなのしごと◎	自由とわがまま○
	10	正直・誠実	ひつじかいとおおかみ◎	ごまかし○ やくそく☆	正直エイブ○	かげひなたなく○ 友だちのやくそく○	たのまれた仕事○	まごころ○
	11	正義勇気	よわい心△	強い心□	雪玉○	ほんとうの勇気○	正しいことのために□○	正義と勇気○
	12	不撓不屈	がんばり○	ちゅうとはんぱ○	三日ぼうず○	根気強さ△	ヘレンケラー○◎	富士山頂○
	13	思慮反省	ごめんなさい◎ できたことできなかったこと□	こわれた花びん☆	いいわけ◎	人にいわれて○	心に刻みこまれたもの△	深く考えて○
	14	節度節制	わがまま◎	じぶんかって□	テレビとくらし□	遊びと勉強○		
	15	明朗快活	あかるい子☆	みんなあかるく○	ことばづかい□	みんなにすかれる人○		
	16	動植物愛護	うちの生きもの◎	すてられたねこ○	かきの木○			
	17	敬虔					自然の美しさ○	心の美しさ○
Ⅲ 個性の伸長	18	個性の伸長			すきなこときらいなこと○	自分の特長○	心の目□	わたしの長所短所□
	19	向上心努力	しっかり勉強□	わたしの成績物△	きらいな勉強△	わたしの願い○	こんな人になりたい□○	将来の希望○○
	20	合理的精神				当番のしかた○		迷信○
	21	創意くふう	からすとつぼの水○	あそびのくふ◎	おりもののきず○	新しい考え○	創意くふう○	

	22	探求心			わかるまで○	ファーブル○	探求する心○○	ガリレオ○○
	23	進取			すすんでやろう○	学級会の意見○	先覚者◎△	開拓精神○○
Ⅳ 国家社会の成員として	24	親切同情	小さなともだち☆	ななつぼし○ やさしい心○	あたたかい心○	赤いはね□	助け合い△	みんなの幸福○
	25	尊敬感謝	おせわになった人◎	おかあさんのしごと□	としよりの日○	わたしの成長△	人の恩○	世のために○
	26	信頼・友情	みんななかよし□	泣いた赤おに○	友だちどうし○	力を合わせて□	友情△○	真の友情○○
	27	公平・公正	だれともなかよし□	新しい友だち☆	なかまはずれ◎	公正な態度○	なかまづくり◎	スポーツ精神△
	28	寛容	おこりんぼ□	友だちのあやまち△	ひろい心○	友だちのいいぶん○	友だちの考え◎	人の立場を考えよう○
	29	規則の尊重	遊びのじゅんばん○	学校のきまり○	みんなのきまり○	学級のきまり□	自分たちのきまり□	集団生活のきまり○
	30	権利と義務			るすばん○	自分の役目○	正しい主張○	権利と義務◎○
	31	勤労	おてつだい◎ ちりとりぎりす◎	わたしのしごと□	そうじ当番○	うけもったしごと□	みんなのために○	勤労の尊さ○◎
	32	公共心公徳心	みんなのものと自分のもの□	みんなのほん□	みんなの広場○	みんなで使うもの◎	公共心○	旅のエチケット○○
	33	家庭愛	わたしのおかあさん□	うちの人○	わたしのきょうだい○ 父母の心○	家族への協力○	明るい家庭○	親子の愛情○
	34	愛校心			わたしの学校◎	学校のたんじょう△	開校記念日□	わが校風○
	35	愛国心			日の丸の旗○	光をかかげたひとびと□	少年愛国者○	国を愛する心○
	36	人類愛			世界の子ども□	外国の子ども○	光をあたえた人◎○	シュバイツアー○○
話し合い			11	11	4	5	6	1
読み物の利用			4	14	22	23	20	32
視聴覚教材の利用			12	6	6	2	5	1
劇化			2	3	1	1	0	0
教師の説話			2	1	2	4	4	1
実践活動			3	0	0	0	0	0

(昭和39年12月現在)

本校年間指導計画の中で，読み物利用によって，ねらいを達成しようとしている主題が，どの内容項目に多いかを表わしたのが<表1>である。

目標の4領域との関係でみると，Ⅲの「個性の伸長・創造的な生活態度……」の領域に最も多く，ここにあげているのは六つの指導内容（項目）であるのに31時間の配当中20時間の割合で読み物が授業の中心に利用されていることである。ついでⅡの「道徳的心情・断判……」で61時間の主題設定に対して34時間の読み物利用となっており，Ⅳの領域が80時間中34時間，Ⅰの37時間中11時間の割合の順になっている。

目標のⅢの領域は，個性を育て個性に即して創造的な生活態度を築いていく上に，こどもなりに自己を反省させ，さらには自己の欠陥を自覚させ望ましい人間像に意欲的にたち向かおうとする領域である。本校では，(19)向上心(21)創意くふうは1年から指導のねらいを決め，他の指導内容は中・高学年にわたって主題を設定している。読み物利用が多くとりいれられているのをみると，中・高学年に多く，特に(20)合理的精神(21)創意くふう(22)探求心(23)進取の指導内容が多い。ここにあがった4項目はそれぞれにおいて，そういう態度をもって生きぬくということが具体的にどういう態度をさしているかを感得させるために，読み物の中から特に発明発見に貢献した人の伝記を取り上げ，材料として考えさせることは可能である。読み物の中からこんな人間になりたいとつき進む勇気づけが生まれる特質があるから，常に新しいものに進むことが必要とされるこの四つの内容項目にこのような傾向がみられたと思われる。

目標のⅡの領域は，児童の発達に応じてできるだけ児童の理解に訴え，正しく判断させていくところである。読み物が多くとり入れられたのは，(7)人格尊重(8)自主自律(11)正義勇気(12)不とう不屈(17)敬けんである。そのうち(7)(8)(11)(12)は1年から各学年にわたって主題が設定されたのも特徴がある。これは，ねらいから資料を考えた場合，読み物が発

達段階を考えて取り入れられるほどに豊富でもあることを物語っている。(17)は，高学年に主題を設定し資料を読み物に求めている。この項は，人格を尊重しお互いの幸福を図る項の基底とも考えると人間の生活を人間らしく生きる原動力でもある。この指導はより高い作品(芸術作品を含めて)にふれさせたりして価値高い行為に感動させたいものであると考え，いまのところ読み物から求めた。

このような個人の強い意志をもたせていくⅡ・Ⅲの領域に対して，Ⅳの「国家社会の成員として……」においては，(25)尊敬感謝(25)友情信頼(28)寛容(30)権利義務(31)勤労(32)公公心は読み物利用の方法をとっている割合が多い。この内容は児童の生活の場でいくらも経験しているにもかかわらず，常に随所でいくつかの問題にぶつかっているものである。学年的にみると，中・高学年に急に多くなっている。発達段階的に考えられることは，低学年における自己中心的な心性から脱し集団への意識が芽生えてくる。中学年になると対人関係においてその時どうしたらよいか，正しい判断にとまどう児童が多くなってくる。高学年はさらに社会への関心も広まり複雑でいろいろな条件がからみ合って問題となることが多いことである。そのようなとき，知的なもの。客観的立場にたって考えさせてくれるものが児童に必要である。読み物のなかに知的要素を内包しているものや，広い視野にたって行動するための正しい考え方の方向性を与えてくれるものが多いからと思われる。

Ⅰの「日常生活の基本的行動様式……」においては，低学年に重点がかけられていることにも理由があるが，全体的に読み物利用は少ない。

(36)の指導内容のなかで，特に読み物利用が少なかったのは，Ⅰの領域の(1)健康安全(3)礼儀作法　Ⅱの領域の(15)明朗快活　Ⅳの領域の(27)公平公正(34)愛校心

2. 種類別にみた読み物資料

<表2> 註 資料名で表記 斜線は主題の設置していない項目

○童 話 ◎物 語 ★随 筆
△ぐう話 □伝 記 ☆作 文
・その他

指導内容			1 年	2 年	3 年	4 年	5 年	6 年
I 基本的行動様式	1	健康安全					—	—
	2	自立		うみのはなし △ おくびょううさぎ △	朝のできごと	—	—	—
	3	礼儀				—	—	—
	4	整理整頓				本居宣長 □	—	—
	5	物の使い方		もちのまと○		ぼくの小づかい帳 ・	—	—
	6	時間の尊重	べんきょうの時間 ・		太郎さんの失敗 ☆			時間の尊重☆
II 道徳的心情・判断	7	人格尊重	知らない子・	みにくいあひるの子 △ きつねとつる △	あだな ・	あらそい ◎	リンカーン □ どれい市場	人間の本分◎
	8	自主自律	—	からすのものまね △	ろばを売りに行く親子△	彫刻師グリュッペロ □	将軍と少年□	きらわれるのをおそれる気持ち★
	9	自由と責任	—			いうこととすること ☆		放送の中から ・
	10	正直誠実		電車のきっぷをなくした★	正直エイブ□	やくそく ☆ 20円のうそ・	トルストイ◎	半分のかぼちゃ ★
	11	正義勇気		勇気のある羊 △	雪合戦のできごと ◎	ほんとうの勇気 ◎	代官所へいって □	秋まつりの夜 ★
	12	不撓不屈	あるいていこう ・	がんばれはっちゃん ○	野口英世の少年時代 □	つらい寒げいこ □	ヘレン・ケラー □□	凍りついた風力計 □
	13	思慮反省				けんか ☆		佐久間象山□
	14	節度節制				くらしの改善 ☆	—	—
	15	明朗快活		木の枝のかぎ ○		小公子 ◎	—	—
	16	動植物愛		護すてられたねこ ☆	かきの木 ・	—	—	—
	17	敬虔	—	—	—	—	自然の美しさ ★	青の洞門 □
III 個性の伸長	18	個性の伸長	—	—	すきなこときらいなこと ☆	いそがずやすまず ・		
	19	向上心努力				がんのみだれ □	勝海舟 □	解体新書 ☆□
	20	合理的精神	—	—	—	正雄の当番☆	—	宗教と科学の闘争 □

指導内容			1 年	2 年	3 年	4 年	5 年	6 年
III 個性の伸長	21	創意くふう	からすとつぼの水 △		おりもののきず ◎	みんなの考え ・	五つの真珠□ 三木本幸吉□	—
	22	探求心	—	—	かきの実のいろ ◎	ファブル昆虫記 □	北里柴三郎□ 杉田 玄白□	ガリレオ □□
	23	進取	—	—	じぶんからすすんでやったこと ☆	学級会 ☆	津田梅子 □	金原明善 □ 岩をつらぬく □
IV 国家社会の成員として	24	親切・同情		こまのひも・ななつぼし○	山ばとさん◎			ペスタロッチ □
	25	尊敬・感謝			うばすてやま ◎		北風は芽を◎	和井内貞行□
	26	信頼・友情		泣いた赤おに △	新しい友だち ・		走れメロス◎	友情 ☆ ニコラスとウエーク ◎
	27	公平・公正				どっちのかちか ・		
	28	寛容			やぶられた本 ・	おたがいのいいぶん ☆	友だちの考え ☆	習字の時間☆
	29	規則の尊重			きまりを守ってよかった ・	きまりについて ☆		ソクラテスの生き方 □
	30	権利と義務	—	—		小さいとうだい守 ◎	学級日記から ・	めちゃぶつけ ☆
	31	勤労		きれいな教室 ☆	そうじ当番☆		出張そうじ・	ン宮金次郎□ 父のしごと・
	32	公共心公徳心			ぼくらの公園 ★		ハイキングに行って ☆	皇居前広場・ 小さなしんし ★
	33	家庭愛		おてつだい・	生活する子ら ★★	ブラッドレーの請求書 ・	手ぶくろ ・	母の手紙 □
	34	愛校心	—	—				母校のみなさんへ ・
	35	愛国心	—	—	日の丸はあがる ・		ぼくのアメリカ日記 ★	くわでおこした祖国 ・
	36	人類愛	—	—		外国人のいんしよう ・	赤十字の父□	シュバイツァ □□
童話				4				
寓話			1	7	1			
物語					5	3	3	2
伝記					2	5	11	16
随筆				1	3		2	4
作文				1	4	9	2	5
その他			3	3	7	7	3	5

(昭和39年12月現在)

年間指導計画上に位置づけられた読み物資料を取り上げると，いったいどの指導内容（36項目）にどんな種類の読み物があげられているだろうか。<表2参照>

これらの資料は厳密にはぐう話・童話・物語・伝記などと区別することはむずかしいが一応の傾向なりをつかもうとしたわけである。

ぐう話・童話は低学年に多く，1指導内容（項目）に2主題つくられているものは，そのうち1主題は読み物で他は視聴覚教材利用や話し合いの方法というように変化をとっていた。

中学年になると作文・物語が多く，作文が多く利用されている項目は（6）時間の尊重(18)個性の伸長(23)進取(28)寛容となっており，物語についてはⅣの領域に比較的多く（7）人格の尊重(25)尊敬感謝(26)友情の項目に利用されていた。

伝記は，Ⅲの「個性の伸長……」の領域に多く，ついでⅡ，Ⅳの順となっていた。どんな人物が取り上げられたか　みると，Ⅲの領域では(19)向上心(21)創意くふうは，日本の代表的人物があがっており，(22)探求心については科学者があがっていた。Ⅳの領域ではペスタロッチ，和井内貞行，シュバイツァなど社会に貢献したひとびとがあがっていた。

3.　その他の指導法との比較

(1)　指導の方法の割合

指導計画上にもられたおもな方法を学年別にとってみると<表3>になる。

<表3>　指導の方法の割合

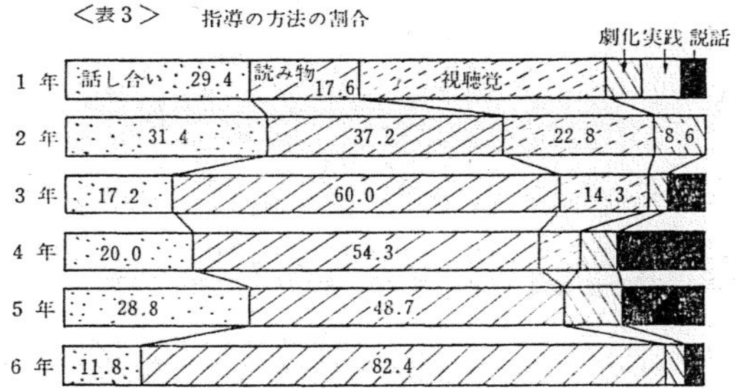

低学年では視聴覚・読み物・話し合いのしめる割合が比較的均衡を保っているが，中・高学年になると読み物利用の比重が大となっている。話し合いはどの学年も大差はないが，説話は低学年の視聴覚に代わって，中・高学年に多くなっている。

視聴覚利用は現実に学校にあるものの中から選択されたということもあるが，今後その方面の整備が行なわれていくならば，この割合も変わっていくことだろう。

(2)　指導の段階でとらえた読み物利用

話し合いだけでは児童がじゅうぶん客観的につかめないときや，児童の問題意識を共通化する助けのときに，劇化したり物語を読んだりする。1時間の流れの中でいくつかの方法が併用されることはいうまでもないが，その併用の状態が年間指導計画上でどのような組み合わせになっているか導入・展開・終末の指導の段階でとらえてみた。すなわち導入時に話し合いをし，展開時にスライド利用をし，終末時に

（表 4）

指導の段階でとらえた方法	1年	2年	3年	4年	5年	6年	計
導　入——展　開——終　末							
読み物利用——話し合い——劇化	1					1	2
読み物利用——話し合い——話し合い		1		1	2		4
話し合い——話し合い——読み物利用			2	1			3
読み物——話し合い	2	6	4	1	2	1	16
話し合い——読み物——話し合い	3	4	14	15	11	23	80
話し合い——読み物——劇化	1	1					2
話し合い——読み物——説話			3	2	1		6
説話——読み物					1		1
読み物利用				1	3	3	7
読み物——説話——話し合い			3	2	1		6
読み物——劇化——話し合い		1	1	1			3

読み物利用をする場合や，そのほか

| 読み物利用 | ― | 視聴覚利用 | ― | 話し合い | というよう

にいろいろある。

そこで他のいずれの方法のときに読み物が利用されているか＜表4＞に表わした。

その結果，主として話し合いの方法（展開時）をとるとき読み物が使われるのが多く，主題の性格をみると

(1) 児童のなまの生活を中心に取り上げたほうが適切であるもの

(2) 話すこと，聞くことを平行してやると平板的で変化がなくあきやすいと考えられるもの。

(3) 話し合いの核心に迫るのに，ばく然としてしまうもの。

さらに指導の段階に読み物が使われる意図からみると，導入段階においては

○ 自己の体験の内省をさせるための学習動機を喚起させる必要が大のとき。

○ 自己の経験の中の道徳的問題に気づかないので，読み物によって気づかせ，児童の思考を発展させていくとき。

終末の段階においては，

○ 話し合いで内面化を図るだけでは，実践化への意欲にもの足りなさを感じ，より美しい物語によってそれを補うとき。

○ その時間に学習したことをじっと読んで考えたり，ひとりで味わってみるというとき。

などが多い。

視聴覚教材と読み物利用との組み合わせが少ないのは，視聴覚教材の利用が比較的長い時間を要することや，視聴覚教材の多くは読み物資料か

らとっているからである。しかし低学年において，視聴覚教材が多いのは，内容を具体的にとらえることができ，児童の興味を高め，理解を容易にし実践的意欲や態度を高揚するのに効果的であることはいうまでもない。

説話・劇化の方法をとるときは，読み物が導入時に扱われていて，終末時に読み物を使うということはごく少ないようである。この方法は，教師・児童の表現や表情によって，児童の内面的な心の動きを容易に，はあくさせてくれるので，それによって深めていくことができることである。

以上は，あくまでも本校の年間指導計画上にもられたことからいえることであって，読み物の質・量・や，これを受けとる児童の発達段階から考えて他の方法といろいろ組み合わせて効果ある指導のくふうをしていくことはもちろんである。

4.　資料の出典について

道徳の指導に利用される資料の出典を，学年ごとにまとめると，次のようなグラフで表わすことができる。

１　年

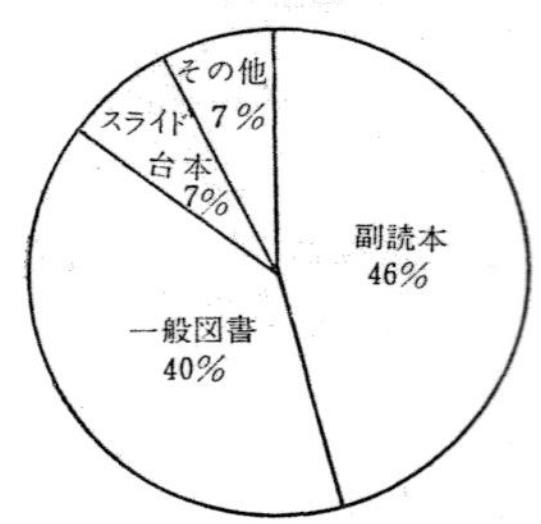

２　年

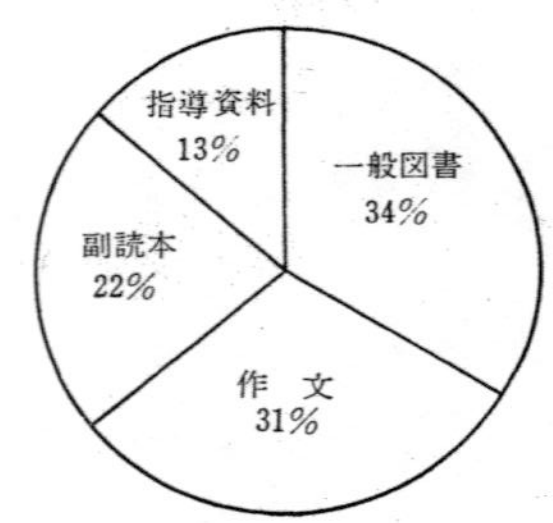

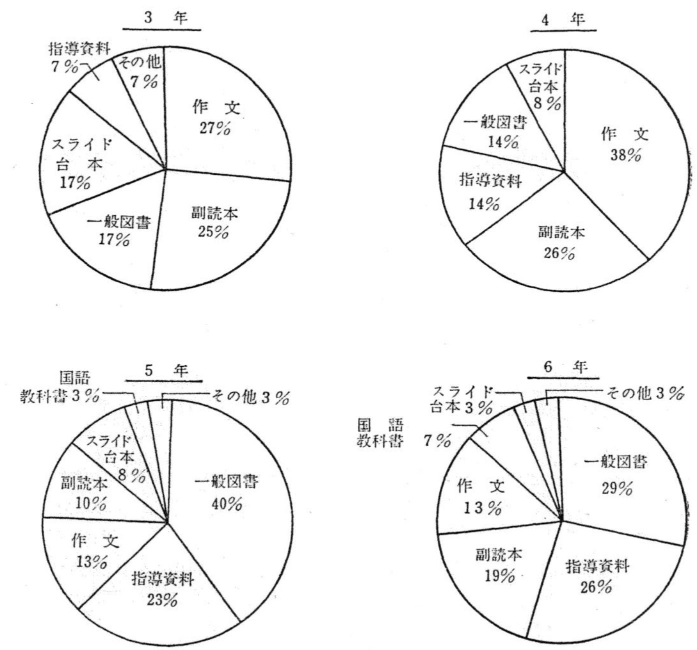

5. 資料の収集とその整備

(1) 本校児童の読書傾向・興味・能力

本校では，学校図書館に約6,000冊，そのほかに分館として，1年から6年まで各学級に学級文庫があり，1年から3年までは各学級約300冊，4年以上は約80冊の図書が整備されている。図書が身近にあるし，貸し出しも行なっているので，児童は，わりあい読書に親しんでいる。したがって，読書能力も一般に高いと思われる。特に4年生までは，読書欲が盛んである。しかし，読解，スピードの点においては個人差があるので，指導の上から留意する必要がある。

本校児童の読書傾向・興味は，一般の傾向とほとんど変わりはないが，傾向を調べてみると，十進法分類の中では，9分類（文学）に属する読み物が圧倒的に多い。低学年では，絵物語，昔話，ぐう話，童話，中学年では，童話，伝説，空想物語，高学年では，女子は，友情を扱った少年少女物語，文学もの，男子では，冒険空想ものが多い。そのつぎが，伝記，理科関係，その他，学習上必要なものとなっている。最近特に，伝記もの，修養ものの読書が非常に多くなってきた。伝記は3年生ごろから，好んで読むようである。

(2) 本校の資料の収集とその整備

本校では，上述のような点を考慮しながら資料の収集，整備を行なった。資料の収集・整備の手はじめとして，昭和37年度に，学校にある紙しばい，約160点，スライド約430点を各教科ごとに分類整理しとくに道徳時間に使われるものは，さらに，次の表のような項目をもうけて検討整理した。

例 1　紙しばい

No. 58　三ちゃんのおてつだい

段階	心	判	36項目	あ　ら　す　じ	年間指導計画との関連
低 中 高		○	31	野球の大好きな三ちゃんは，毎日近所のあき地で野球に夢中だった。 ある日，いつものように野球をやっていると，おかあさんが，三ちゃんにお使いをたのみにやってきた。それは，おとうさんのところへ，おべんとうを届けることでした。いやいや出かけた三ちゃんは，油にまみれて働いているおとうさんを見て，毎日遊んでばかりいる自分がはずかしくなってきた。 そしてその日から三ちゃんは，自分ができることなら，なんでも進んでする良い子になろうと努力した。	1年　10月 （おてつだい）

例 2　紙芝居

No. 61　みにくいあひるのこ

段階	心	判	36項目	あ　ら　す　じ	年間指導計画との関連
低 中 高	○	○	7 12 24	みにくいあひるのこは，いじめられて家族をはなれました。人のうちにいったり，沼に身をひそめたり，苦しみながらさまよい，氷にとざされたつらい冬をすごします。 春がきた，美しい白鳥が空をとびます。 その中の若い白鳥が，みにくいあひるのことでした。	2 年　6 月 （みにくいあひるの子）

例 1　スライド

No. 313　よしおのるすばん

段階	心	判	36項目	あ　ら　す　じ	年間指導計画との関連
低 中 高		○	30 33	よしお君は，おかあさんにるすばんをたのまれた。しばらくるすばんをしたが，友だちがきて，野球にはいってくれとよびにきた。よしお君は，すぐ帰ってまたるすばんをすればと思って，友だちと出かけてしまった。すぐに帰るつもりだったが，とうとう家に帰るのがおそくなってしまった。そして，おとうさんにしかられた。よしお君が，ねてから自分のセーターをあむ話をしている両親の様子をきいて，きょうの自分について考えた。	3 年　2 月 「るすばん」

例 2　スライド

No. 383　あかるい家庭

段階	心	判	36項目	あ　ら　す　じ	年間指導計画との関連
低 中 高	○		33 15 26	失業した父をかこんで，ともすると，家族みんながとげとげする。このとき，両親の子を思う愛情に姉が気づき，母を手伝い，父をなぐさめるので，いままでとちがい，家中みんなが明るく助け合って生活していく。	5 年　6 月 「明るい家庭」

上記のカードを紙しばいのケース，スライドの台本にはり，さらに紙しばい，スライド資料一覧表を作って全職員に配布して利用に供した。また，本校の年間指導計画上に必要な紙しばい，スライドも補充購入した。

昭和39年度には，本校の選択基準により，読み物資料を検討した。

すなわち，「文部省指導資料第 1 集に集録された読み物資料の原典320冊を購入し，全職員が分担して，これを読解し，活用しうる資料を一覧表にして指導計画の上に表わした。原典は，資料室の一隅に専用の書架を置いて利用しやすいようにした。しかし，資料の活用にあたっては，なお，問題があるので推進委員会で練りさらに，3 部会で検討し，実際指導に役だてるようにしている。

そのほか，実際授業に必要な読み物を，教師がみずからさがし，購入している。また，道徳指導にぜひとも読ませておきたい読み物は，学級に数冊ずつまとめて購入して，多くの児童に読みやすいようにしている。

読み物資料作成表は，次のような様式で行なった。

例 1

読みもの資料作成表　　　担当者（　　　　）

書　　名　一ふさの　ぶどう　　日本童話名作選集

著者訳者　有　島　　武　郎

発 行 所　○ ○　　○ ○

保管場所　資　料　室

内容項目		表　題	P	観　点		該当学年			備　考
主	副			理判	心情	低	中	高	
11	13	ふさのぶどう	6～10	○	○	○	○		誘惑に負けない。
24	33	ご石をのんだ八っちゃん	27～37 46～48		○	○	○		幼いものをいつくしみ愛する。
16		火事とポチ	71～72 88～101		○	○	○		火事のため，いなくなったポチを案ずる心。
17	24	つばめと王子	114～176		○		○		敬けん思いやりのある気持ち。

例 2

読みもの資料作成表　　　　担当者（　　　　）

書　　名　世の中につくした人たち

著者訳者　進　士　益　太

発 行 所　○ ○　○ ○

保管場所　資　料　室

内容項目		表題	P	観点		該当学年			備考
主	副			理判	心情	低	中	高	
19	18 21	寒さに負けないくだものの木	83～90	○			○		
21	22 23	土佐の偉人	91～100	○			○		
1	24 36	ジャングルのおいしゃさん	110～109		○		○		アルバート，シュバイツァー伝
21		お百しようのためにはたらいた詩人	110～116		○		○		宮沢賢治
36	21 23	世界のことばをつくった人	117～126		○		○		
23	24	こう水とたたかった人	127～137		○		○		二宮金次郎
12	1 23	いのちをかけて	138～149		○		○		

また，実際授業において活用した資料は，100部ずつ印刷してファイルに収め，表に学年，月，主題名，ねらいを書いて，資料だなに一かつ保管し，学級がいつでも利用できるようにしている。

道徳副読本を３社から，１年～６年まで，学級単位で利用できるよう50～60冊ずつ購入した。そして，それを，携帯用箱に収めて所定の場所に置き，利用しやすいようにした。

上述してきた資料は，資料室に一かつ保管し，教師が，自由に選択活用できるようにしている。

第３章　研究事例とその考察

指導事例　1

読み物の種類	研究・考察の観点	授業の角度づけ
ぐ　う　話	○低学年における読み物利用 ○価値の一般化の図り方	主として判断力を高める指導

I　指導案

1. 学　年　　第１学年
2. 主題名　　からすとつぼの水
3. 設定の理由

○　この期の児童は，他律的な行動をとることが多い。このことは，この段階での発達的な特性にもよると思うが，しかしもう２年生になろうとする今，徐々に自律的にならなければならないと思う。そして自律的になるためにはそれをささえるものの一つとして自分で考える「創意くふう」の態度が重要な条件になってくると考えられる。人にたよらず，まず自分自身で考えくふうしながら仕事をし，生活をよりよくしようとする態度を養いたい。

○　「創意くふう」という内容がむずかしく，児童に理解させにくいので，この意を含んだぐう話「からすとつぼの水」を取上げた。これを手がかりとして一見できないことでもなんとかしてやろうとし考え，くろうする心さえあればできるということをわからせたい。

4. ねらい

むずかしいことでも，よく考え，くふうしてやろうとする。

5. 主題の関連

学年	主題名	ねらい
1	からすとつぼの水	むずかしいことでもよく考えくふうしてやろうとする。
2	遊びのくふう	ひとに迷惑をかけず，楽しく過ごすように遊び方をくふうする。
3	エジソンのたまご	日常生活をくふうしてよい考え方や方法を生みだそうとする。
4	新しい考え	よりよい生活をするために新しい考えや方法を生みだそうとする。
5	創意くふう	努力と創意くふうをもって，生活をよりよくする。

6. 展開

	活動・内容	指導上の留意点	資料
導入	1．プリント「からすとつぼの水」の前半を読んで話し合う。		文部省指導資料第1学年第1集
展開	○たれがどうした話か。	○絵を使ってあら筋をつかませるようにさせたい。	
	○からすは何がほしかったか。		「からすとつぼの水」
	○つぼを見つけた時どんなきもちだったか。		
	○くびがはいらないので飲めないとわかった時，からすはどうしたか。	○「非常に困った。しかしどうしてものみたい」というところを動作化させ，からすの置かれている立ち場をじゅうぶん理解させたい。	○絵(からす つぼ) つぼ
	○自分だったらどうするか。	○からすの立ち場になって考えさせ，自由にいわせたい。	
	2．後半を読んで話し合う。		
	○どのようにして水を飲んだか。	○水位の高まりの物理的原理は高度なのでコップを使い小石を実際に入れてみせ納得させたい。	コップ 小石
	○ふつうだったらあきらめてしまうのにどうしてそうしないでいろいろ考えたか。	○からすがくふうしたということだけでなく，困ったとき，わからないときに考え，くふうすることのたいせつさに気づかせたい。	
	○からすについてどこがえらいと思うか。		
終末	3．自分たちの生活で，くふうすることのたいせつなことについて話し合う。		
	○いままでしようと思ってもできなかったことはなかったか。	○児童の発表したなかで適当な例を取り上げたいが，でない場合は教師が観察したこどもの実例（うんていができるようにくふうした）を話す。	児童の実例
	○くふうしたために，むずかしいことでもできた友だちの話を聞く。	○友だちの話を聞き今までの自分の態度を反省し実践への意欲をもたせたい。	

Ⅱ　資料

からすとつぼの水

口のほそい　水いれが　はたけの　そばの　みちばたに　一つ　ちょこんと　おかれて　いました。水いれの　つぼでしたから，だれかが　はたけに　くるときに　うちから　そこまで　もってきて　かえるときに　もっていくのを　わすれたのかもしれません。

その水いれに　のはらの　からすが　目をつけました。からすは　あさから　日にてらされて，のどが　たいそう　かわいて　いました。

よろこんで　その水いれに　とんできました。みると，中には　水が　まだ　はいっていました。けれども　水は　つぼの口から　はなれて　いました。口は　ほそくて　からすの　くびが　はいりません。つぼの水まで，その　くちばしが　とどきません。

「こまったな。」つぼを　たおせば　水は　口から　でるでしょう。だが　そうしても　からすが　水を　たっぷりと　のまないうちに　水は　じべたに　すわれて　しまうでありましょう。

「たおしては，だめ，でも　この水を　のみたいなあ。」どうすれば　よいのでしょう。

からすは　くびを　右にまげ　左にまげて　かんがえました。だれも　みちを　あるいて　きません。

ひるの　そらから　日が　かんかんに　てっていて　みちに　ころがる　石ころが　あついくらいに　やけて　いました。

その　石ころに　目をやって　からすは　ふっと　きがつきました。

「わかったよ。」

からすは　ひとりで　うなずいて　石ころを一つ　しっかりと　くわえました。その石ころを　つぼの　そばまで　もってきて　つぼに　ぽんと　いれました。一つずつ　口にくわえて　五へん，六ぺん，七へんと　つぼに　小石を　おとしました。

すると　小石が　かさばってきて，水が　しぜんと　つぼの　ふちまで　のぼってきました。

からすは　こうして　くちばしで　おいしい水を　のみました。

教　師　の　発　言	児　童　の　反　応
（プリント配布）	（黙読）
○だれのお話かな，あとできくわよ。	
○だれの話かわかった人は？　ついでにどんな話かな。	
○はい，だれの話だかわかった人，手上げてごらん，だれの話だかわかった人。もう少し待とうかな。	（挙手７人，全員だまっている）
○はい，木津谷君，	○からすです。（すわったまま答える）
○からす，そう，どんなからすかな。（提示，黒板にはる。）	○この絵と同じだ。
○からすの話ね。	
○からすのどんな話かお友だちに読んでもらいますから聞いて。	
○声の大きい人，相沢君。	○大きい声出ない。
○どうして？　かぜひいているから？	
○立って読んでよ。	
○小さい声で読むそうだからみんなよく聞いて，からすがどうしたか。よく聞いて。	○朗読（全員だまって聞く，ほとんどのこどもが，プリントに目をやっている。）
○読み方どう？　じょうずね。じょうずに読めた。	○この話知っている。 ○ぼく読む前から考えてた。
○ふーん，池田さんどう？	
○からすの他に出てくるものある？	○ある。
○ある？　○○さん	つぼです。

○どんなつぼ？	○こんなつぼ（ロロに手で描きながら答える。） ○口の細いつぼ
○じゃ，こういうつぼかな。（つぼの絵をはる）	○畑のそば（ザワザワ）
○つぼどこにあったの？　教室かな。	
○畑のそばの道ばた。畑のそばの道ばた。あと他に出てくるものないかしら（道の絵を板書）	○水です。
○水，この中に水がはいっていたの。	
○このからすは畑のそばのつぼを見つけたのね，このからす，何がほしかったの？	○お水がほしかったの。
○お水，のどがかわいていたの。	
○どうしてのどがかわいていたの？	○日にてらされて。
○朝からお日さまにかんかんてらされていたの。（太陽の絵をはる）	朝から（２，３の児童） ○からすは水飲みたいと思って。
○このからすは朝から日にてらされちゃって，たいへんのどがかわいて，お水のみたいと思っていたの，それで，とんできたら，つぼを見つけたの。 それでどうしたの？	○喜んで，その水入れにとんでくるの。
○喜んでとんできたの？　うれしいってとんできたらくちばしがとどかない。	
○とどかなかったらどうだろう。	○かわいそう。（ひとり）
○かわいそう，かわいそうに飲めない。	○そこでからすは考えたの，そう。（他の児童）
○飲めないとわかったときにどうしたかしら。	○考えた。（二，三人）
○どうやって考えたの？	○首を右にまげたり左にまげたりしながら考えたの。
○そのいさん読むからみんなも，やってみましょう。（動作化させる）	
○みんなからすよ。のどがかわいている。やっと水があった，とどかない，首を右にまげ，どっちかな，左にまげ，考えたのね。それでどうしたでしょう。	（いっせいにうでをくんで首を右左にまげて，考える様子） ○たおすとこぼれちゃう。
○たおすと，水は出るけれど。	○すいこんじゃう。
○すいこんじゃう。かわいちゃう。	
○からすのまねのできる人。	○困ったなあ。
○これつぼっちよ，いいかしら。	○わるい。
○口が大きいからね。	
○からすのこまったところだれかできるかしら，きよ子さん。	○（３人挙手）

○よく見ていてね。 ○早くいらっしゃい。 ○きよ子さんからよ。 ○はい，おわんかぶせたわよ。 ○飛んでいって。 ○ああ，つぼが見つかりました。 ○飲めない困ったなあ。 ○どうしょう，だれか人に聞いてみよう。だれも来ない困ったな。	○（ひとり指名され前にでて動作化する。他の児童だまってじっと見ているもの，にこにこしている者あり。しかしだまっている。）
○きよ子さんだったらどうする。 ○地べたにすわれてものんじゃう。	○たおしてのんじゃう。
○ほかにだれかできる人。	○先生。（はい）（20人くらいきょ手）（前にでて動作化）
○次は男の子のからす。 ○えい困った。困ったなあどうしよう。困ったなあどうしよう。はいようし。	
○あんただったらどうする。	○小石をつまんで水がいっぱいだったら飲む。 ○イソップの話だよ。 ○たおさないで，あきらめちゃう。 ○田んぼには水が流れる道があるから飲みに行く。
○もうひとりやってもらいましょう。	○（先生からすはあっちみたりこっちみたりしなくていいの。だれも人がこないから）
○ほかの人もよく考えていてやってもらおう。	
○おめんかぶせたよ。はい。	○（全員みている）
○あんただったらどうする。	○この足でもってななめにでてきたら飲む。
○ほかの人は，おなじだったらどうする。	○ぼくだったら口でさきっちょをくわえてたおして飲む。（ああわかった。4，5名しゃべりだす）
○こがくんは。	○ぼくなら太いところを口ばしでつついてわってのむ。
○わりかたがたいへんだね。技術がいるね。	
○口ばしでとコツコツとわる。なるほどネ。	○（全員だまって男の子の説明をきく。ざわざわ半数ほどうごきだす）
○さてそれじゃあ，このからすはどうしたろう。	○（2枚目のプリント配布）
○やっぱり目でよんで。	○（うしろへわたす，5名立ってプリントもらう）

○1回先生読むわね。 ○なにがなくちゃいけないの。 ○七へん。七かいよ。	○石ころ（二，三名女の子じっとうしろを向いている。プリントに目のいっているもの，先生を見ているものなど）
○どうしても水が飲みたいのであきらめたかしら。	○あきらめない。（首をふりながら）
○それで考えて，あっ，この石に目をつけた。わかる，見たのよ。	○うん（教師動作化でびんに石をいれてみせる）
○これでこん中へ1回。	○七へん。
○そこで水があがってきたらのんだっていうのね。 森永ってしるしがついているよ。	○ああ上がった。
○このくらいだった。たいへん。 ○このへんの時もうすぐ飲めると思ったでしょう。そしておいしい，おいしいと飲んだのね。からすにこうしてくふうしたのね。	
○このからすどう。	○がまん強いからすだ。くふうはいい。
○のどはどう。	○うれしそう。
○どうして，だれかいったわね。 あきらめちゃうってね。やらないのね。	
○このからす心の中でうれしそうといったけど，むこうのからすと比べて，どこに感心した。まゆみさん。	○あたまをつかって。
○ここでやめなかったのね。	
○自分で考えたところがえらいのね。	○このからすはがまんづよい。 のめないところであきらめないでくふうした。
○あきらめないでやるからがまん強い。 ○他にどう。 ○このからすどうしてものみたいのね。 考えてどうかしてのもう。 ○まねしてみよう。	
・どうしよう，どうしよう，困ったな。あきらめちゃおう。	○それじゃない。（教師，児童うでぐみして首をひねる）
・どうしょう，どうしょう，家へ帰っておかあさんに聞こう。	○だめ。
・どうしょう，どうしょう，風間先生に聞こう。	○だめ。
・どうしょう，どうしょう，自分で考えてやってみよう。	○そう，そう。
○みんなの中にだめだやめちゃおうという人いない。	○とけいのときあった。
○まゆみさん	○テストのとき。

○考えるのやめた！	
○飲めないで終わりにした人。	○お料理やるときふたがしまらないでやめた。
○他に？	○とけいかってやめた。
○このとけいの時，できないからやめた人。 かったわね。	
○岡さんはくふうしてやり上げた。	
○くふうしてできなかった人。	
○針谷君うんていの話していいですか。	○ぼくうんていができなかったんだ。
この組には三重まるの人がいるでしょう。針谷君はふとっているからやるとおっこっちゃうの，皆みたいにいかないの，けれどもむちゅうでやったの，でもちっともできないで，針谷君はからすと同じよ。 学校終わるまでできないでいいやと思った，だけど皆がやるからやりたいの，そうだ下が川のつもりでやってみよう。	
○川　おちた人いる。	○中川くん
○中川くんどうだった。	
○どぶ川だったらどう。	○よごれちゃう。
○そのつもりでうんていにつかまったの。はじめ小さい川でやったの，その次もう少し大きくしてよというので大きくしたらまん中でおちちゃったの。そこでワニを川の中につくったのね，ワニになった人いたわね。先生も，ワニになったわね。そうしたらこの間△になったの，○までは行かなかったけれど。	
○こういう人まだいるんだけれど。	
○針谷君みんなできると思う。	○思う。
○他にない？	
○京子さんも今にできるようになるわ。	○あたしは□じるしでできないの。
○他に？	○ぼく遊びがないので考えたの。
○ぼくの話がカラスのようかどうか。	○図工の時間先生に聞いたら，考えてごらんといったので家へ行って考えたの。
○セロテープの話	
○セロテープ，みんながいつも，とってとってと言うので考えてごらんて言ったの。	（前に出てきて実演する）
○友だちにはこういうことがたくさんあるの，ね。	

○みんなも困ったことがあったらこの話を思い出してよく考えてやってね。	

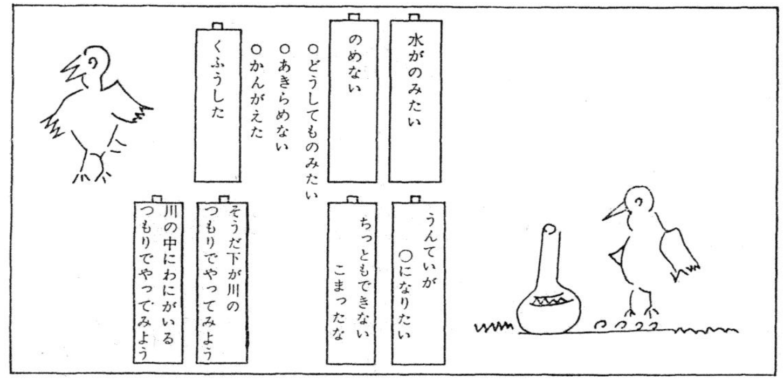

Ⅲ　考　察

低学年のぐう話を使って展開した指導事例を「価値の一般化を図るにはどうしたらよいか」という観点から考察してみる。

1.　授業前の問題

創意くふうということは１年生の児童にとっては，非常にむずかしい内容であってそのもの自体を理解させるということはむずかしい。そこで先ずその意を含んだぐう話「からすとつぼの水」を使って授業を展開し，児童が，文中のからすのように，欲してできないという立場においこまれた時に，創意くふうを必要とするという生活問題にもどしたら，１年生の児童にもこの内容がよくわかるであろうと考えた。すべて物事をなすには，できないから，むずかしいからとあきらめる前に，何かいいやり方はないものかと考える態度をもたせようとした。それで担任は，学級の各児童が，そのようなくふうをしたり考えて，いい方法を思いついて実行しているような日常生活の行動の中から，この価値に最も適した，また多数の児童にも納得できるようなものはないかと１か月くらい

じっと各児の行動を見つめていた。また作文に「やろうとしてできなかったこと」という題で書かせた。そしてたくさんの例の中から「うんてい」をやり上げた子の例を取り上げてこの価値の一般化を図ろうとした。

2. ぐう話と児童のようす

児童は非常にぐう話の内容にくいついていた。その原因を考えてみると

(1) ふだんから学級全体の学習のふんい気がよくできていて，全員がまじめに考える。

(2) 1年生の最高年令のクラスで大多数が4.5月生まれの児童のため，このぐう話も，よみ内容等の受けとめ方に無理がない。

(3) 教師の発問態度などが適当で，また変化ある指導法がとられた。

(4) ぐう話の提出のしかたが巧妙であった。

画の構成，読み物プリントの与え方，板書事項など

(1)について

これは学級を平常から学習面においてじゅうぶんしつけてあって教師と児童が一体となっているということは°道徳に限らず話し合

いや思考を要する問題の場合の必要条件であろう。

(2)について

このぐう話を同時期に学年の最低年齢のクラス（2，3月生まれ）に実施した場合，思考が深まらず，表面的に考える傾向がみえた。このクラス程度に深く考えた児童は2割ぐらいでもあろうか。

(3)について

教師も児童といっしょに烏のまねをしたり物語の中にはいったりして児童の心になって動作している。烏が困って考えている場面などは，劇化して児童に表現させた。壺に小石を入れると水が上ってくるということについては，ガラスびんに色水を入れ小石を数個順々に投入して水位の上がる状態を実証し，児童の理解を助けるなど，きめの細かい指導がなされた。そのため児童も非常に興味をもってのぞんでいた。

(4)について

最初，からすののどがかわいて困った表情の絵，次に太陽，次に壺，さらに畑の略画というふうにすっきりした線描きの画を次々に黒板にセロテープでとめ，最後に水ののめた笑い顔のからすをはった。その度に情景が構成され物語の発展につれ児童の興味は高まっていった。読み物は1枚目を先ず出して「烏は考えました」という処でとめて，児童にも考えさせて児童なりの解決法を実演させた。さまざまな解決法を数人が思い思いに実演するので，学習は非常に活動的でありもり上った。板書は画も言葉も精選されその配置がくふうされてあった。ことに価値の一般化がこれによってある程度達成されて効果的であったので，後に一般化の項で詳述する。

3. 価値の一般化について

ぐう話の状態と1児童のうんていをやりとげた実話とを対比させなが

ら板書によってそれをまとめていった。

板　　書

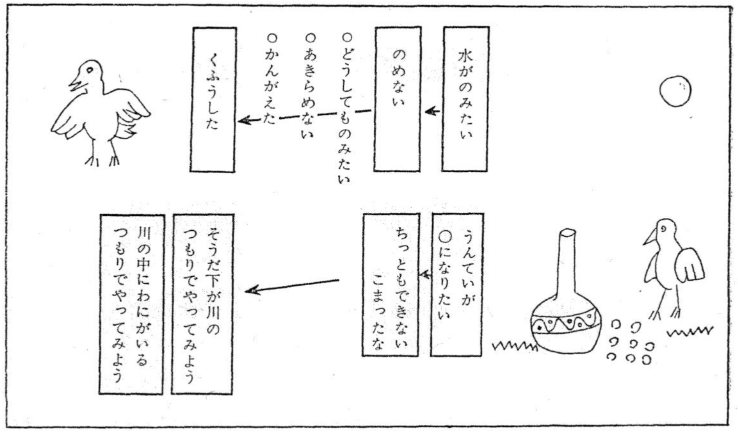

□のことばはカードであらかじめ作っておき，ぐう話をすすめつつ児童との問答によってこのことばをひき出させながら上段にはっていった。のめないのでからすがどうしたかということは，児童の答えを書いたものである。次に児童の生活問題にうつって数人からからすと同様の場面の経験をききあらかじめ用意してあった「雲梯のれんしゅう）の問題をとり上げた。そしてからすの状態と合わせて，うんていをやりとげようとした一児童の話をしながら，下段のカードをはっていった。このことばも，児童の答えをもとにしながら教師がまとめた。児童はいっしょうけんめい考えながら黒板を見つめていた。この場合うんていができるようになるということは，もちろん創意くふうだけの原因ではなく，多分に運動神経や能力の問題が関係してくるが，ここではそれにはふれず，非常に肥満している一男児が，板書のようなくふうをしてとうとう○になったという事例を取り上げた。

次に，このような経験を全児に問いかけたので，各自自分の意見を発

表したがり時間のあるだけ数分間だが3，4人に言わせた。児童はこのぐう話をよく理解しさらに自分の問題として真剣に考えて発表していて，単なるひとごとの話だというような態度は見られなかった。

4. 備　考

創意くふうとか，合理的精神とか探究心とかいう内容は，低学年の段階で，それぞれ主たるねらいとして主題を構成し，展開することはかなり困難である。したがって，本校のねらいのとらえ方からすれば「副価値」として抑えることが妥当であるとも考えられる。しかし，低学年であるから扱わなくともよいというのでなく，具体的な資料を求めて，児童のこうした生活態度の芽生えを育てていきたい。

指導事例　2

読み物の種類	研究・考察の観点	授業の角度づけ
ぐう話	○展開の過程における発問と助言 ○価値の一般化の図り方	心情化を図る指導

I　指導案

1. 学　年　　第2学年
2. 主題名　　おかあさんの願い
3. 設定の理由

○　2年生の段階では，自分で使ったもののあと始末や，自分の持ち物の用意・整理・整とんなど，身のまわりのことができなかったり，おろそかになったりすることが多い。

また，持ち物がふえ，取り扱いの条件が複雑になったりするとす

ぐにとまどって仕事が遅れ，その上，めんどうがったりして，まわりの人に援助を求めたり，他人に期待したりする傾向が強い。実態調査によると家庭でもこれらの点に深い関心をはらい依頼心を除去するよう随時指導の手を打っているようである。

○　そこで，じょうぶなからだと強い心をもって他人への依頼心を打ち破って，自力で海を渡る「うみのはなし」の読み物にふれさせ，自分でやらなければならないことは，すすんでやり通そうとする意欲と，かならず自分の力でやれるという自信を育てたいという考えから，この主題を設定した。

4.　ねらい

自分でやらなければならないことは，自分でやりとげようとする。

5.　主題の関連

学年	主題名	ねらい
1	自分でできること	自分でできることは自分でし，なるべくまわりの人にたよらない。
2	おかあさんの願い	自分でやらなければならないことは，自分の力でやりとげようとする。
3	自分のことは自分で	自分にできることは，他人にたよらないで進んでやるようにする。

6.　展開

段階	活動・内容	指導上の留意点	資料
導入	1．読み物「うみのはなし」を読んで話し合う。 ○親つばめは何を願っているか。 ○絵を見ながら話し合っていることがらを考えあう。	○あらかじめ観点を示して読み物のプリントを配布しておく。 ○絵により問題場面を提示する。 ○児童の読みが不確実のときは教師が読んで聞かせる。	読み物 「うみのはなし」文部省指導資料より 絵「ひなたちと親つばめが話し合ってる場面」
展開	2．絵や読み物「うみのはなし」を手がかりにして話し合う。 ○親つばめは，ひなに対して何を願っているか。 ○ほんとうのおうちへ帰る時のたいへんな苦労 ○その苦労にたえるつよいからだ ○困難をのり切ったつばめの喜び 3．自分たちの生活を反省し，自分のやらなければならないことを考える。 ○自分たちに対する母の願いを先生に話してもらう。 ○母の手紙を先生に読んでもらう。 ・自分でできることはなにか。 ・自分と比べて，友だちの行ないのりっぱなところ。	○話し合いが問題の中心に結びつくように努める。 ○絵や図解によって内容の理解を補う。 ○母の願いや母の手紙を手がかりとして，自分でやりとおそうとする意欲や自分の力でやれるという自信をもつようにしむける。	絵 「親つばめと子つばめたちがあら海を渡っている場面」 「やっと陸にたどりついてほっとしているつばめ」 読み物の内容の要点を拾い上げた板書やカード 事前に調査した母の願いやそれを書いたカード 事前に依頼して書いてもらった母の手紙
終末	4．自分のことは，自分でやり通そうとする心構えをつくる。 ○使った物のあと始末 ○自分の力でやりぬく。		

7.　資　料

文部省小学校道徳の指導資料第1集2年8ページより，

農家の軒先に巣をつくった親つばめが，子つばめをだきかかえながら，やがて来る冬を前にして子つばめに海を渡るきびしさを説いて聞かせ，ひとりひとりが自分のからだと心をきたえるよう話し合っているぐう話である。

この資料は，

(1)　読み物として与える場合，量的には，国語の教材と比較してみた場合長文としてぎりぎりの限界のものであろう。

(2) 内容的には，

○ 会話の連続で物語が進行している。

○ むずかしい用語やまぎらわしい表現がある。（かもい，ねむるともなく……）

○ 自主自立，健康，人格尊重等諸種の道徳的価値を包含している。

○ 作者の意図が動物の親子の愛情を強調している。

○ 自力で海を渡る強い心よりも，海を渡るためのじょうぶなからだとつよいはねの持ち主になるようにとの親の願いがくり返し述べられている。

(3) 読み物の内容を構造的にとらえてみると

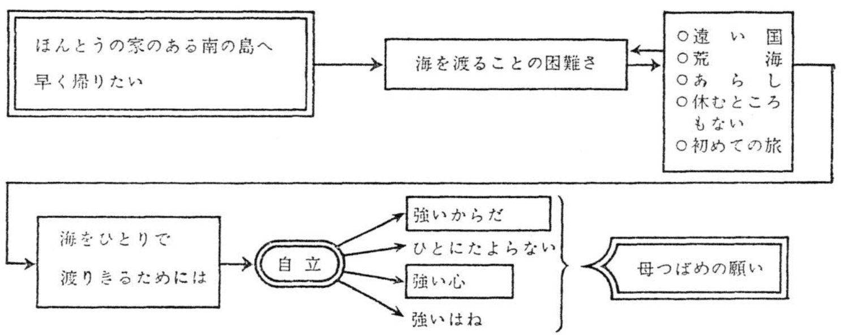

8. 事前調査

指導案作成にあたり児童の家庭に対して次のような事前調査を行なった。

(1) 次のことがらは自立心（独立心）を身につけさせるために，学校で指導を予定しているものですが，この中にもし，家庭で実際に指導していることがありましたら，番号を○で囲んでください。

また，（　）の中には，どんなことか具体的な例を書いてください。

このほかに指導していることが，ありましたら，書き加えてください。

ア　遊び道具を自分でかたづける。（道具の名）

イ　衣服の着がえは，他の者の手をかりないで自分でする。

ウ　登校の身じたくは，自分でする。

エ　自分で使ったもののあと始末は，ひとにたよらず自分でする。

（使ったものの名　　　　　　　　）

オ　勉強道具は自分であとかたづけする。

カ　予習や復習はひとにたよらず自分でする。

キ　家の手伝いは他の者の手をかりないで自分でする。

（手伝いの種類　　　　　　　　）

ク　その他

(2) 上記のアからクまでの中でこれだけはぜひとも実行させたいと思うものを二つだけ記号でかいてください。

（　　　　　　）　　（　　　　　　）

調査のまとめ　　回答　家庭数　男19　女20　計39

調査 (1) のまとめ				調査のまとめ		
家庭での指導の内容	男	女	計	男	女	計
ア　遊び道具のあとしまつ	16	17	33	0	1	1
イ　衣服の着がえ	15	18	33	2	1	3
ウ　登校の身じたく	17	18	35	1	1	2
エ　自分で使ったもののあと始末	13	15	28	13	5	18
オ　勉強道具のあと始末	18	15	33	2	2	4
カ　予習復習を自力でする	5	5	10	17	14	31
キ　家の手伝い	5	3	8	0	0	0
ク　その他	7	5	6	0	0	0

(3) 事前調査の結果の考察

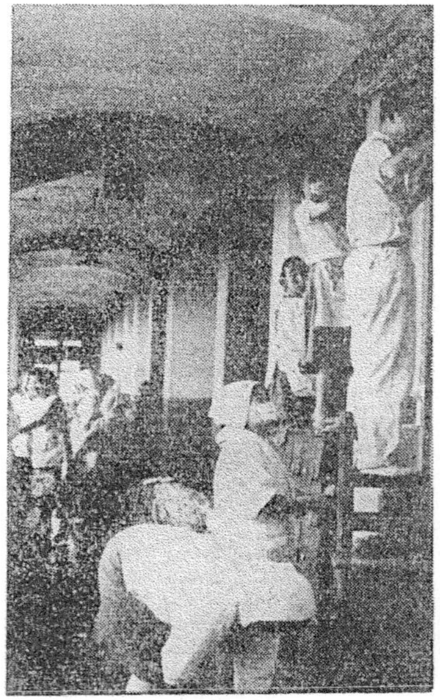

ア　これだけはぜひとも実行させたいという親の願いとしては，男女ともに，予習や復習をひとにたよらず，自分ですることがあげられまた，特に男子には，自分で使ったもののあと始末は，ひとにたよらず自分ですることが要望されている。

イ　家庭での指導は男女ともに登校の身じたく，衣服の着脱，学習用具の準備やあと始末，遊び道具のあと始末，自分で使った物のあと始末等について自分でするようにというのが多い。

ウ　あと始末対象になっ（いる遊び道具では

男子では，自転車，野球用具，おもちゃの電気機関車，自動車もけい，トランプ，バドミントン，絵本，積み木，工作用具など。

Ⅱ　授業記録とその考察（展開の段階）

指導過程（活動と内容）	教師の意図	教師の発言	教師の発言についての考察	児童の発言	児童の発言についての考察
2．絵や読み物「うみのはなし」を手がかりにして話し合う。 ○親つばめは，ひなに対して何を願っているか。 ・ほんとうのお	○読み物「うみのはなし」の通読，絵による問題場面の提示により，親つばめが子つばめにどんなふうになってほしいか，それらについて気づいたことがらをまず拾いあげる。	○たいへんじょうずに読めたね。 ○おかあさんつばめは，ひなたちがどんなつばめになればよいと思っているのでしょう。 ○そこへ線をひきましょう。 ○もう一つあるのだが……	① ○導入時の話し合いからただちに問題追求のめあてを示しただいじな発向でいわば中核的な発問ということができる。 ○「強いはね」という海を渡るための必要条件を見	○たっしゃなからだ（多数） ○50行目	○児童がまず第一に「たっしゃなからだに着目したので海を渡る上での必要な条件である身体的な面について考えを進めるように流れたものと考えられる。 ○強い羽を持つことのたいせつさをはあくし，「たっしゃなからだ」と「つよい羽」を持ってい

女子では，人形，まり，なわとびのなわ，ままごとの道具，おみせやセット，トランプ，カルタ，本，ざっし，自転車など。

エ　自分で使ったもののあと始末の対象になるのは

男子では，ハンカチ，マスク，パジャマ，本，はさみ，つめきり，レコード。

女子では，はきもの，ねまき，洗面用具，おふろの道具，てぬぐい，コップ，はさみ，ふとんなど。

オ　家の手伝いでは，男子は，お使い，買い物，ごみすて，自分のへやそうじ，小鳥のせわ，くつみがき，ふとんのかたづけ。女子では，ぞうきんがけ，花の水まき，お使い，せんたくものの整理，ごみすて，夜具の整理，食膳のしたくなど。

カ　その他では特にひとりで入浴することなど

以上のように，ごく身近な日常生活上のものに限られている。

お手伝いについては，家族の構成人員によっても要望が変わってくるので一般的には家の中で自分にできる仕事ということになる。

以上の調査事項は具体的な母親の願いとして展開の資料として用いる。

うちへ帰るときのたいへんな苦労。 • その苦労をのりこえるための強いからだ。		○これをみてもらおう。（絵をはる） ○このひなかな。（絵をさして） ○この広い大きな海を渡るときおなかがぺこぺこでもじっとがまんできるからだ。 ○このひなを見てごらん。 ○どうだ強そうな羽かな。 ○読んでごらん。 ○強いはねを持っているとこんなことにならないね。 ○読んでもらおう。このつばめもそんな人になるかな。 ○このつばめは昼も夜も広い海を休まず渡ることができるのだ。 ○○○さん読んでごらん。 ○○行目に筋を引きなさい。 ○強い羽を持っていると，どういうことができるのかな。
• その苦労にうちかつ心構え	○親つばめの願いを精神的な面から求めさせ最終の願いをはあくさせる。	○けれどもたっしゃなからだ強いはねをもっているだけではこんな広い海は渡れないよ。 （絵をさして） ○この眼を見てごらん，この眼はほんとうの南の国へ行きたいと思っているのだね。 ○この胸の張り方はこの海がこわいと思う張り方かな？ ○でもそれだけではだめだよ。たいせつなものがある。 （絵の中のつばめをさして） ○どこにかいてあるかプリントを読んでごらん。何行目？ ○ああなるほど……ほかに。 ○ああ38行目ね。読んでごらん。 ○だれにも人に助けてもらえない，自分だけだよ。

つけるためのヒントを与えた発問，たっしゃなからだを具体的にとらえさせるための発問。		れば広い大海原を渡ることもできるし空腹になってもへこたれないしまた道中休まずに旅をつづけることもできるというふうに思考が発展したようである。
㋺教師の示した絵の中のひなと，海の上をとぶ子つばめのつばさを比較させて，強いつばさだと広い海を渡れるが弱いつばさだとそれができないことに気づかせ，強いつばさのたいせつさに結びつける補助的な発言である。	○強そうだ。	○この発言から見た場合「どうだ強そうな羽かな」の発問は答えの裏がえしの発問になりやすい。
	○ならない	○この発言から見た場合「このつばめもそんな人になるのかな」は誘導的な発問であって思考が深まらなかった。
○中核的な発問内容やそれに対する児童の応答が妥当であるかをたしかめるための補助的発問といえる。	記録なし	
○海を渡るためには身体的な面のなかに精神的な面が必要であるというヒントを与えた中核的な発問 絵の中のつばめのこまかな観察を通してその眼の輝き，胸の張り方などからつばめが，海を渡る時の希望や自信について具体的につかませようとした発言。 ○上記の発問による思考を深め問題の核心に迫る発問。	○りっぱなからだ ○かいてあるよ。 ○その絵先生がかいたの。 ○眼が光っている。 ○胸をそらしている。 ○いいスタイルだ。 ○自信があるんだ。 ○だれにも助けてもらわないよ。	○中以下の児童の発言でピントがはずれていた。 ○中以上の児童の発言だが絵のほうに興味関心が走っていて，精神的な面の必要性に気づいていない。 ○南の島へかえるつばめの希望，海をわたれる自信が必要であることに気づき，それが • だれの力もかりず • 自力で海を渡る 強い心が必要であること，それが母のほんとうの願いなのだと思考が発展していく。
○「だれにも助けてもらわないよ」の応答の確かさを確かめたもの。	○34行目	○読み物資料と提示された絵の考察によって，強いからだや強いはねだけではだめだ，それを支える強い心が必要なのだと理解が深まっていった。
○上記の答えの不備に気づかせ完全な発言へと導く助言。	○38行目	
○応答のまとめ	○強い心 ○しっかりした心がないといけないのだ。	

3．自分たちの生活を反省し，自分のやらなければならないことを考える。 ○自分たちに対する母の願いを先生から聞く。	○母親たちの希望を知らせて日常生活の中でどんな点に自立的な行動をとったらよいかの意識を高める。 ・使ったもののあと始末	○ ここにみんなのおかあさんからいただいた手紙があるよ。この手紙を読むとみんなのおかあさんはみんなにどんなお願いがあるかわかるよ。 次のカードを掲示する。 （・使った物のあと始末を自分でする。・復習を自分でする。） ○もう一つおべんきょうのことがあるよ。 ○使ったものというと？ ○そのままにしない。 ○きれいに洗うのだよ。 ○先生もこの中でみんなに特にお願いしたいことがあるよ。 ○よるねるふとんはちゃんとたたむこと。
	○自分の持ち物の整理整とん。	○そこでもう一つみんなにお願いしたいこと。 （自分の持物と書いたカードを掲示して） ○これを自分の力でひとのおせわにならないで用意したりきちんとしておくこと。
○母の手紙を先生に読んでもらう。 ・自分でできることは何か。 ・自分と比べて友だちの行ないのりっぱなところは何か。	○母親の手紙を通して級友の実践状況を知り，それを児童各自が自分の現実の姿と比較することによって，級友のすぐれた点を知り，自分の今後の生活実践の内容とそれについての心のもちかたに気づいていくように導きたい。	○この間，おかあさんからこの手紙がきました，山口君のおかあさんからだよ。 ○そのほか，いろいろなおかあさんから手紙がいっぱいきているよ。 ○では読んでみましょう。 ○山口君のえらいところはどこだろう？ ○山口君は自分のハンカチをだれにもたのまず自分で洗ったのだ，えらいね。 ○次はまきおくんのおかあさんのです。 ○まきお君のえらいところは？ ○もっとえらいところがある。 ○先生もそう思うよ，よくわかったよ。 ○その次はだれにしようかな？よし子さんのにしょう。

○親つばめの真の願いのはあくから自分たちの生活に対する自分たちの親の願いに発展させていった。いわば間接資料から直接経験へと深めていったわけである。同時に「価値の一般化」をねらった発言といえる。	○ずいぶんあるね。 ○なんだろう。	○まず母親からの自立的な生活行動についての願いの全貌を知り，その中で特に使った物については，自分であと始末することが必要であることや先生からの願いとしての，自分の持ち物の用意整とんを自分ですることが必要であることに思考が発展していく。
母親のねがいの具体的なはあく	○予習だ ○おもちゃ｝板書 ○ハンカチ｝する	○母親からの手紙ということで子どもの関心が高まっていた。 ○いくつかの手紙の中から共通した点について思考を深めさせていくことが必要であった。 ○個々の例として受けとっているようだ。 ○記録の上から見ると児童の発言が少ないようであるが，発問の内容についての児童相互の話し合いはかなり活発になされていた。
母の手紙に対して興味，関心を高める助言		○母親の手紙によって自分の日常行動と級友の行動を比較し，級友の長所を明確に知るとともに今後の自分の行動の内容に考えをすすめ実践意欲を盛り上げるのがこの段階の意図であった。児童もだいぶ盛り上がった。
○上の発問に対する児童の応答をまとめ強調点を明確にしたもの。	○自分の持ち物は自分でしまったこと。 ○自分でアイロンをかけたから。 ○ハンカチを自分でほしたの。	○児童の発言が活発になり，内容も適確なのは手紙の内容が具体的であり教師の発問が平易なためと思われる。
○応答の不備に気づかせ，問題の中核をとらえさせた発問。 ○この助言によって前記の応答の妥当性を肯定し賞さんを与えた。	○自分のハンカチを洗った。 ○自分でふとんをたたんだりしたりしたところ。 ○テレビを見ていても自分のことはおかあさんに	○児童の母親からの手紙，教師の説話を通して，ひとりひとりが自分たちの生活態度を内省して，これから努力しようという意欲をもつようになったことがうかがえた。このことは，本時のねらいについて「価値の一般化」を図った重要な過程であり，はたらきであったと考えられる。

		○どうだい，えらいところがあるだろう。 ○先生はね，よし子さんの友だちもりっぱだと思うよ。 それはね，自分で使ったものは自分でかたづけるから。

指導事例　3

読み物の種類	研究・考察の観点	授業の角度づけ
童　　話	心情化を深める読み物資料の生かしかた	心情化を図る指導

I　指導案

1. 学　年　　第2学年
2. 主題名　　ななつぼし
3. 主題設定の理由

○　親切・同情の基調をなすものは，わたくしたちが本来的にもっている幅広い人間愛であり，また，社会連帯感に基づく信頼と助けあいの精神であろう。そして，同情は他者に対するやさしい，いたわりの心の内面的な働きかけであり，それが行動化した場合，親切となって現われる。

○　低学年の指導にあたっては，その内容として，だれにも親切にできるようにすることである。特に弱い人・きのどくな人・幼い人に対してのいたわり・思いやりの心情を養いたい。

○　童話「ななつぼし」は文章の構成が堅実で，筋も内容も児童に理解されやすく，道徳的価値のはあくも容易にできる。

その上，幻想的で民話風なこの読み物は，児童の興味と関心をひ

	たのまず自分でといたところ。 ○かたづけをあとまでかたづけたこと。	

きたてるにじゅうぶんであり，また，児童の道徳的心情を高めるのに好適である。

4. ねらい

やさしい心をもって，だれにも親切にし，弱い人やきのどくな人々をいたわろうとする。

5. 主題の関連

学年	主題名	ねらい
1	ちいさなともだち	小さな子をいじめないで，親切にする。
2	ななつぼし	やさしい心を持って，だれにも親切にし，弱い人や気のどくな人々をいたわろうとする。
	やさしい心	困っている人や友だちをいたわり，互いに助けあう。
3	あたたかい心	小さな親切でも，人々の心を明るくなごやかにすることを理解し，あたたかい心で人に接する。
4	赤いはね	からだの弱い人や不幸な人々に対して思いやりのある心で接する。
5	助けあい	だれかれの区別なく，困っている人には親切にし，力になってあげようとする。
6	みんなの幸福	互いにはげましあい，助けあって，みんなの幸福を与えようとする。

6. 展　開

過程	活動・内容	指導上の留意点	資料
導入	1．ひとに親切にしてあげたり，ひとから親切にしてもらったりした経験やそのときの気持ちについて話し合う。	○学校生活や社会生活のなかで経験した行為の美しさやりっぱな点に，そのときの気持ちを通して，気づかせるようにする。 ○親切にすることのむずかしさにも気づかせるようにする。	
展開	2．童話「ななつぼし」を読み，女の子の美しい行ないについ話して合う。 ○話のあら筋。 ○感じたこと。 ○だれにも親切にしてあげたこと。 ○弱い人やきのどくな人をいたわったこと。	○長文なので，教師が読む。 ○絵によって，話し合いをいっそううながし，女の子の美しい行ないを整理していく。 ○やさしい心や親切な行ないによって，みんなが救われたことをはあくさせる。 ○犬にも，母にも，老人にも平等におなじ心で接したことに焦点を置いて話し合わせる。	童話「ななつぼし」 女の子の美しい行ないの場面を絵にかいたもの４枚
終末	3．これからの自分の行動について，思ったことや考えたことを発表する。	○自分の生活をみつめて，親切な行為をしようとする心構えをつくらせる。	親切について自分のとるべき態度や考えを書いた児童の作文

7. 展開のあらまし

(1) 導入の段階では，はじめに，過去に受けた親切のありがたさや，その時のうれしさを話し合わせ，ついで，自分たちがした親切な行ないについて話し合わせた。

そして，それらの活動を通して，それが美しい行為であり，りっぱな行為であることに気づかせた。

また，親切にしてあげようと思いながら，ついに実践できなかった経験についての話し合いを通して，その理由について反省させ，今後どのようにしたらいいか，ひとに親切にしてあげるときには，どんな気持ちや態度をもってしたらいいかと共通の問題意識をもたせた。

(2) 展開の段階では，童話「ななつぼし」を資料として，物語の主人公である女の子の美しい行為を通して，特定の場面や人物に対処して発揮された親切の施し方により，問題の解明を図るとともに，それによって，児童の心情をゆさぶった。

(3) 終末の段階では，児童の作文を通して，親切について今後，自分はどのような行為をするか，思ったことや考えたことを発表させ，実践への意欲づけをした。

Ⅱ 資料

ななつぼし

出典　初級世界絵物語「トルストイどうわ」猪野省三著

文部省　小学校徳徳指導資料４　小学校道徳　読み物利用の指導１（低学年）P.146～150 参照（本文一部省略）

Ⅲ 考察

1. 資料の提示のしかた

資料は次のような点に留意して提示した。

(1) プリントは，文字５ミリ方眼大におさめ文字抵抗の削減を図った。

(2) 各行の下に行数を示す数字を記入しておき，読むときや話し合いで内容を指示するのに役だてるように考えた。

(3) 童話の中のおもな場面のさし画をのせ，童話への興味や関心を高めて，読む意欲をそそったり，内容の理解を補なったりした。

以上のような提示であったが，さらに考慮すべき点は，この読み物を読むことによって，自分の誤った考え方やその狭さに気づかせたい叙述部分に、、、を付して注意を意図的に集中させるくふうが必要である。また，さし絵もこどもたちの楽しい夢や希望を満たすことができるように，その絵の技法は重要な要素と考えられる。

2. 資料について

資料の内容構造については，次に示す構造図によって分析するが，この文章では，主人公である女の子と病母，犬，老人との出合いが，幻想的なふんい気のなかで，時間の経過につれて実にわかりやすく記述されている。そして，この中にもられた道徳的価値は，女の子のやさしい，いたわりの心から発せられた親切，同情が中核となり，これに親子の愛情や極端なまでに利己心を捨て去った女の子の献身的な奉仕の精神がからんでいると受け取りたいが，この星の物語での作者の意図は，おそらく，夜空に輝やく，あの北斗七星を思わせるような，女の子や，その母親によって発現された美しく，清らかな愛の心にあるのではなかろうか。

3. 資料を展開段階に位置づけてみて

ここで，指導はまず，教師が童話を読んで聞かせることから始められた。朗々たる音読のなかで，時に声を強め，時に声を低くして，つぼをよく心得たみごとなものであったが，なにぶん長文なので，読み終わるまでに約6分，この間，児童は黙々と印刷物の活字を追いながら聞いていた。

ついで，話のあら筋の話し合いにはいったが，活発な児童の発表により，順序よく話の筋がまとめられ，内容の理解が容易に行なわれたことが，はっきりとうかがえた。

読後の感想発表によって，主人公である女の子の，やさしい心や親切な態度が，児童の心に感銘を与えながら，よくはあくされたが，その際，児童の発言の中に「親切にすれば，何かいいことがある。」というのがあり，功利的な結果を頭にえがきながらの親切を，もし，児童が考えていたらばと気をもませたが，それは，あとになって，木の

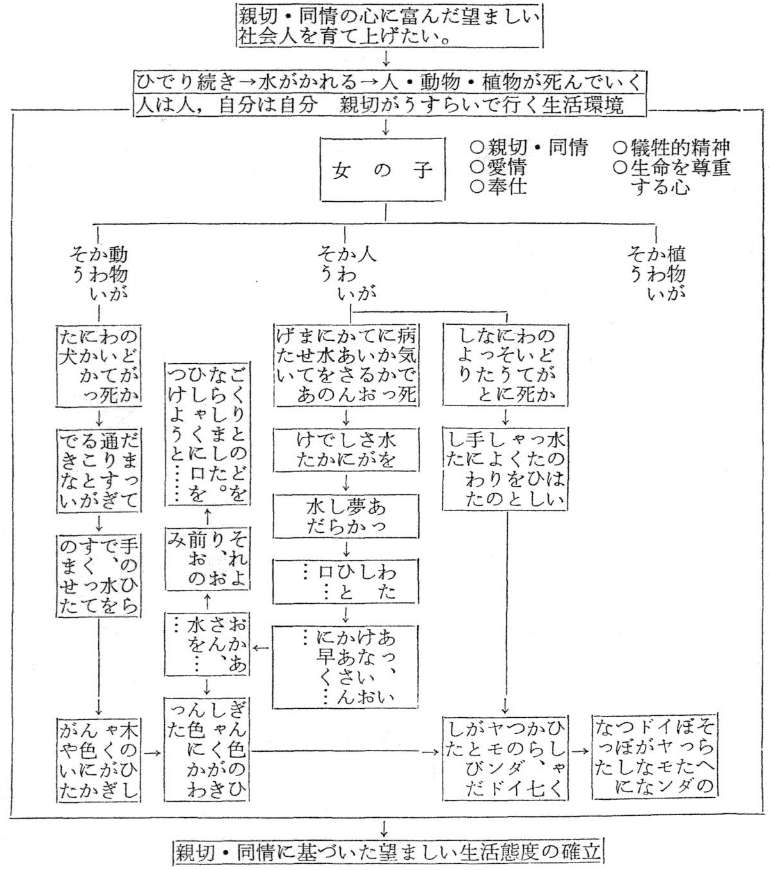

ひしゃくが銀色に輝いたり，銀色のひしゃくがきん色に変わったことを指して言ったことに気がついて，ほっとした。

しかし，このことには，一言触れておくべきであり，また，親切な行為には逆に，ある程度の自己犠牲が伴うことを児童に気づかせる指導が必要であった。

この童話のおもしろさとしては，いろいろな点があげられるが，そのなかで，木のひしゃくが銀色に輝いたり，銀色のひしゃくが金色に変わったり，ひしゃくのなかから，七つのダイヤモンドがとび出して空へのぼって北斗七星になったりなどは，ふしぎな現象として児童の興味と関心の的となり，さぞ授業をにぎわわせることだろうと予想したが，これについては，児童側から発言があった際，教師はごく軽く受け流し，この点にかかわりなく，手際よく処置した。

そこで，この童話の取り扱いに当たっては，とくに女の子がやさしい心でだれにもわけへだてなく親切に接したことに焦点を置いて話し合いを進めていくのであるが，この点については指導が入念に，よく行なわれた。

すなわち，のどがかわいて死にかかった犬に対しては，だまって，そのまま通りすぎることができない女の子の深い同情をよく押さえながら，手のひらで水をすくって犬に飲ませた行為に導いて，児童の共感をよび起こしたりした。

そして，最後には，児童に「おかあさん，こんないい女の子をもってしあわせだな。」と発言させ，児童の心情を最高潮に高めることに成功した。

4. 心情化を図る目的で利用した場合

本時に利用した「七つの星」は二年生としては，かなりの長文である。そのために，各児童に読ませるとなるとかなりの抵抗が生じてくる。やはり，ここでは教師がある部分を読んで聞かせ，そのあと各児童に主体読みさせる方法も考えられよう。要は，利用に先立って，教師は問題のありそうなところで意図的に切って，示唆を与えたり話し合ったりして進める手法も考えておくことがたいせつである。また概して長文でない読み物においては，全体をさらっと流して，そのあと

問題となる点を中心にして話し合ったり考えさせたりする方法も考えられる。

しかし，心情化を図るためには上記の扱い方にも多くの問題が起きやすい。すなわち，

- ○ 途中までで読み終わらせる。
- ○ そのつど感想を聞いたりする。
- ○ 生活場面にすぐ指向させようとする。

など，努めて避けるようにする。

読み物から受ける感銘の度合いによって，その深い場合は，くどくどした扱い方は避けるように心がける。また，教師があまり指導意識をもって指導にのぞむと心情化が阻害されやすい。

以上の点に留意しながら本時の指導はきめこまかに指導されたが，まだこれ以外にも，条件分析のさせかた，及び，作中の人物はどうしてこのような行動をとったのだろうか。このようなことをしないではいられない気持ちがわたしたちの生活にもあっただろうか。そうすることによって相手はどんな気持ちになっていったのだろうか等々，切りこむ余地があったし，資料は，あくまでも自己の行動に連らなるものとして活用していきたいものである。

指導事例　4

読み物の種類	研究・考察の観点	授業の角度づけ
童　　話	生活と間接資料の関連を重視した指導過程	心情化をはかる指導

I　指導案

1. 学　年　　第3学年
2. 主題名　　友だちどうし
3. 設定の理由

○　3年になって新しく学級編成が行なわれたり，転入児童を迎えたりして，学級内の友人関係も新たになっている。この時期には，こどもたちひとりひとりが，お互いにクラスの友だちとして考えあい，一日も早く落ちついた安心感のもてる学級にすることがたいせつである。

○　そこで副読本「あたらしい友だち」の中の転入学してきた者に対する態度を通して，友だちどうしは，お互いに相手の気持ちになって，あたたかい心をもって接するよう，友情とか，親切というような心情を育てていきたい。

4. 主題の関連

学 年	主　題　名	ね　　ら　　い
1	みんな仲よし	わがままをしないでみんなと仲よくする。
2	ないた赤おに	友だちの気持ちになって助けあいみんな仲よくする。
3	友だちどうし	みんながお互いに他人の立場にたって考え，仲よくはげましあうようにする。
4	力を合わせて	集団生活での友情のあり方を考え，友だちのよい行いを認め，はげまし助けあう。
5	友　　情	互いに励ましあい信頼をうらぎらないで仲よく助けあう。
6	真 の 友 情	友だちはたがいに信頼しあい，いつまでも誠意をもって助けあっていこうとする。

5. ねらい

みんながお互いに他人の立場にたって考え，仲よく励ましあうようにする。

6. 展　開

	活　動・内　容	指導上の留意点	資　料
導入	1 「あたらしい友だち」を読んで話し合う	•教師が読む（調子は平板）	「あたらしい友だち」副読本（東書）
展開	2 ○41ページのさし絵を見て話し合う。	•道徳時間の発言は特にすわったままでさせたい。	
	•先生に紹介されているゆうきちの気持ち。 •牛山君がこのクラスに転入してきた時の気持ち。 •みんながはじめてこのクラスになった時の気持ち。	•新しくクラス編成された時のひとりひとりの立場，転校してきた牛山君の立場，そして本文のゆうきちの立場を比較させ，その時の立場からくる安心感，特に不安感などを話し合わせる。	
	○43ページのさし絵をきっかけに話し合う。 •ひろしはどんな気持からこんなことをしたのか	•ちゃんちゃんこに対する感じ方に留意	
	•それをゆうきちはどう感じとっただろうか 「やめろけえしてくれ」まっかなかおをして…の文から •この時のゆうきちのような気持ちになったことは	•ゆうきちの気持ちも考えずに面白半分におどけてみせたひろしの態度について考えさせたい。	
	•作文「友だち」を聞いてさらに考える •外に出ていったひろしグル	•新しい友だちどうしはちょっとしたことにも喜びを感じるもの（作文）⟷なおさら欠点弱点をなじるような言動はお	作文「友だち」

		ープとゆうきちの場面をわたしたち仲よしグループとほかの友だちの関係に重ねて話し合う。	たがいに，つつしみたいことを，組み合わせて考えさせたい。
		○44ページの絵を見て考える。	
		・だまってひろう／かおをふせるの の文からゆうきちの気持ちを察しよう。	・仲よしグループがあればよいのではなく他の立場の友だちのことをも含めてみんな仲よし，という態度がたいせつであること。
		・もしみんながゆうきちのそばにすわっていたらどうしてあげるだろう。	・学級会のようすは簡単に扱いたい。
		○46ページの絵と41ページのゆうきちの手を見よう。 ・固く握っていた手，大きく開いた手	・こんなに気持ちが違った友だちの親切，同情，ゆうきちの楽しい様子に目を向けさせたい。
終末	3	この組ではこれから友だちどうし仲よくするためにどんなことを約束し合ったらよいか話し合う。 ぼくたち　わたしたちも手をたたこう。	・文の最後にならってわたしたちもこれからの友だちの接し方の一つでも二つでも出し合ってはく手をしたい。

Ⅱ　資　料

1しゅうかんほど　前　くにおたちの　組に　あたらしい　友だちが　ひとり　はいりました。なまえは　ゆうきちと　いって　町から　とおく　はなれた　山の　中の　学校から　うつってきたのです。
ゆうきちが　来てから　二・三日たった　日の　ことでした。ひる休みの　つぎは　たいいくの　時間なので　みんな　うわぎを　ぬいで　そとへ　出る　よういを　していました。　そのとき　きゅうに　ひろしが　ちゃ色で　できた　ちゃんちゃんこを　きて　前の　ほうへ　とびだしました。
そして
「おさるの　かごやだぞ」
と　いいながら　へんな　かっこうで　おどりの　まねを　しました。
それを見て　みんなが　ワーッと　はやしたてました。すると　ゆうき

ちが
「やめろ，けえして　くれ　けえして　くれ」
と　いいながら　まっかな　かおを　して　ひろしの　あとを　おいかけました。
（あ　あの　ちゃんちゃんこは　ゆうきちさんが　きて　きたんだな。）
くにおは　そう　思うと　すぐに
「ひろしさん　よせよ　ゆうきちさんが　かえして　くれと　いっている　じゃないか。」　と　とめました。
「よしなさいよ。わるいわ。」　と　やす子や　しげ子たちも　とめました。
すると　ひろしは
「けえすよ　けえすよ。」　と　ゆうきちの　ことばを　まねしながら　ちゃんちゃんこを　ぬぐと　ぽいと　ゆかの　上に　なげだしました。そして
「さあ　行こう」と　いつも　なかの　いい　すすむや　たかしと　いっしょに「……エッサホイ　サッサ……」
と，おさるの　かごやの　うたを　うたいながら　そとへ　出て　いきました。ゆうきちは　なげだされた　ちゃんちゃんこを　だまって　ひろうと　じぶんの　つくえに　もどって　かおを　ふせて　しまいました。
つぎの　日，くにおさんたちの　組では　がっきゅう会が　ひらかれました。
「きのう　ゆうきちさんは　とても　いやだった　と思います。」
と　くにおが　いいました。すると　やす子は
「ゆうきちさんは　まだ　来たばかりで　友だちが　ありません。だから　みんなで　なかよく　して　あげたいと　思います。」
と　いったので　みんなが　はくしゅを　しました。きのう　いたずらを　した　ひろしたちも　きまりわるそうに　あたまを　かいて　います。
こんどは　しず子が　立って
「みつ子さんは　このごろ　からだが　よわく　なって　きょうしつにば

かり　います。ひとりぼっちで　さびしそうです。みんなで　あそんであげるように　しましょう。」

と　いいました。みんなが　また　はくしゅを　しました。ゆうきちもまっかな　かおで　うれしそうに　手を　たたいて　いました。

Ⅲ 考 察

1 本時のねらいと資料について

お互いに他人の立場にたって考え……という立ち場を　読み物では，山の中の学校から転校してきた　ゆう吉と　すでに友人関係の　できている町の学校の　くにおたちの学級のこども　という点でおさえ，本学級では新しく編成された友だちどうしという点で，とらえている。

読み物資料の価値としては

・転入してきたものに対する態度から　新しい友だちに対しての接し方
・学級会が　どのようなとき　どのように行なわれたか
・発言するときの態度や，それを聞く友だちの態度。
・からだの弱いものに対する同情の気持ち。
・他人の服装や，ことばづかいを笑っている友だちを見たときなどの場面を通して。

(1) だれにも親切にし，弱い人や不幸な人をいたわる。
(2) 互いに信頼しあい　仲よく助けあう。
(3) 服装・言語・動作など，時と場所に応じて適切にし，礼儀作法を正しくする。
(4) 自分を反省するとともに，人の教えをよく聞き，深く考えて行動する。

などの価値をねらうことができるが，指導案と，ねらいの点から，転入学してきた友だち，また新しく編成がえになった際の友だちの立場を考え

あうことによって，だれもが不安感と，望みを共通にしていること，それが立場の違いによって，相手の気持ちを無視することが，どんなにさびしく，つらい思いがするのかを話し合っていき，みんな仲よく，励ましあっていくことのたいせつさに，焦点を合わせて，資料を活用しようと試みている。

2 指導過程について

指導過程としては，さし絵をきっかけとして，文中の問題場面を考えさせ，これを常にクラスのこどもひとりひとりの問題として受けとめさせるよう組まれていた。

展開の方式としては，

理解 → 心情 → 態度化のコースをとり，具体的には，先生に紹介されているゆう吉の場面で，ゆう吉自身のもっている新しい環境，新しい友だちへの危惧や心配すなわち不安感を共通の問題として意識づけ，ひろしのとった言動と，これに対するゆう吉の行動の場面を，問題の分析・追求理解をはかる中心として位置づけ，ゆう吉の「だまってひろって机の上に顔をふせた」場面を，心情面の考察，最後の，ゆう吉の楽しそうの姿の場面を，前段階の心情を通しての確認と，さらに今後，生活していくうえの態度化という過程に位置づけている。

展開の中心段階に

〔ひろしに，いたずらされて，ゆう吉が，まっかな顔をして「やめろ　けえしてくれ」と，いった場面〕に，こどもの作文を使っているが，これは「この時のゆう吉のような気持ちになったことは？」を，さらに角度を変えて“新しい友だちどうしは，ちょっとしたことにも，よろこびを感じるもの”という点から，逆に推察させるための補助資料のようである。

以上のことをまとめてみると，

問題の共通化 → 問題の分析・追求・理解（心情）

問題の共通化		問題の分析・追求・理解（心情）
・先生に紹介されているゆう吉 ・牛山君が転入してきたときの気持ち（不安な気持ち） ・新編成されたときの友だちどうし	→	・ひろしの言動・ゆう吉の気持ち ・ひろしのグループ⇄わたしのグループ ・新しい友だちどうしの間に生じるささやかな心情と逆にそれをむしろぶちこわされる心情

発問	反応
○勇吉君はどこからきたのですか	△山の中から △山の学校
○勇吉君が立っていますがこのときの気持ちはどんなだったろう	△
○牛山君は，よそからきたけれどこの学校に来たとき，どんな気持ちだったか	△恥ずかしかった，いい友だちがいるかなあ　と思った
○もう一度勇吉君みてみよう	
○みんなも，2年生の友だちがあったか，かわった時の気持ちどんなだった	△心細かった △恥ずかしかった
○この勇吉君も先生に紹介された時，同じ気持ちだったかしら	△

発問	反応
○P43の絵を見よう何をしているのかな	△勇吉のちゃんちゃんこをひろしがだまってとっておさるのかごやといっている
○勇吉君をみて――何といっている	△けえしてくれ，けえしてくれって
○けえしてくれといっしょうけんめいいっている勇吉の気持ちはどんなですか	△おこる気持ち △ひろしくん　，いやだなあ △いじわるな子かなしくなるような気持ち
○かなしくなるような気持ちみんなどんな時なったことある	△人に自分のことをいわれたとき，かけっこのときおそいとか △ボールをいじわるな子に取り上げられてしまったとき
○勇吉君はどうしてまっかな顔になったのですか。	△都会の子はちゃんちゃんこきないでしょ，それはきてみせられたからよけい恥ずかしくまっかな顔になった
○勇吉吉はちゃんちゃんこをきていることをどう思っていた	△恥ずかしいと思っていた △ちゃんちゃんこをきられてしまったので
○原田さんに作文よんでもらいましょう	
○新しい友だちは飛田君だね飛田くんしらなかったでしょ	△友だちにあの子とび田さんよといわれていた
みんなも新しくこの組にきたとき原田さんと同じように友だちになりたいと思った	
原田さんととび田さんはもとからこの学校にいたんだよ　それでもこう思ったんだよ	
○ゆうきち君にもどろう この時のゆうきち君の気持ちわかるね	△ゆうきちさんがないているみたい。ひろしさんにちゃんちゃんことられてなきたいような気持ち

発問	反応
○ひろしには仲のよい友だちいるんだね	
○みんなにも仲のよい友だちいるね	△はい，いる
○ゆうきち君はひろし君と友だちになりたいんだけれどいじわるされて仲よくなれなかったんだね	△ただちょっといじわるしただけちょっと仲がわるい
○きみたちも仲のよい友だちのほかにいじわるされた友だちいる	△いる

→ 心情化 → 問題の解決 → 確認→態度化

心情化		問題の解決		確認→態度化
○だまってひろって机の上に顔をふせた姿の勇吉を思いやる ○もし勇吉がみんなのとなりにいたら……	→	○学級会でのようす	→	○ゆう吉の楽しそうな姿 ○わたしたちの約束

発問	反応
○どうしてだまってひろったんだろう。みんなこんなことされたらだまっている	△くやしい
○ゆう吉さんがだまってひろったね。ゆう吉の気持ち考えてやろう	△なぐさめてやる
○みんながそばにいたらどうする。なんといってなぐさめる	△うれしくて
○P45をよんでみよう。またまっかな顔になったね。このときのまっかな顔はどうして	

発問	反応
○ひろし君もあまりわるい子ではなかったんだね。	
○ゆうきち君はどんなかっこうをしている。	△にぎっている
○はじめの手はどうだった。	△恥ずかしいときは，恥ずかしいのをみせてはいけないからにぎってしまう
○にぎるときはどんなときだろう。	△うれしいときは手をひらいている
○にぎってるときの心はどうだろう。	△心配ごとがある
○手をひらいているのは	△友だちがはいってくる
○どっちがいい？と？	
○これからこのくみの友だちにどんなことを考えてあげたらいいだろうか	△北村さんがうしろでひとりでしょ。だから給食のときグループを作って友だちになるの
○こまっているときほんとうに助けてあげられるかな	△助けてあげるの
○岡島さんき自動車にぶつかっち	△おみまいにいってやるの

ゃって病院にいるね。何かしてあげられることある。いま家にいるけど

○先生ちょっといったら元気だったよ　△元気だった？

○みんなでおみまいにいってやろうね　△いく

この授業では，読み物にある価値を，学級の実態としての類似の問題やそれに対処するこどもたちの動きに結びつけながら展開をしていったところに特徴を見いだすことができる。

お互いに他人の立場にたって考え……という立場を，読み物では，山の中から転校してきたゆう吉とすでに友人関係のできている町の学校のくにおたち，学級のこどもという点でおさえ，この学級では，新しく編成された友だちどうしという点でとらえている。

転入学してきた友だち，または新しく編成替えになった際の，友だちの立場を考えあうことによって，だれもが不安感と望みを共通にしていること。それが，立場の違いによって，相手の気持ちを無視することが，どんなに寂しくつらい思いがするかを話し合っていき，みんな仲よく励ましあ

っていくことが，いかにたいせつかに焦点を合わせて授業を展開している。

授業のどの段階を取り上げても，教師と児童とのやりとりの中で，資料の内容についての話し合いから，児童の生活場面へと常に眼を向けさせ，また，読み物へかえって思考していくという過程が間断なくくり返され，単に資料に含まれた価値追求のみに終わらず，児童たちの生活を常にふまえながらいったことが，如実に現われていた。

指導事例　5

読み物の種類	研究・考察の観点	授業の角度づけ
ぐう話	資料と指導過程	主として判断力を高める指導

I　指導案

1. 学　年　　第3学年
2. 主題名　　ろばをうりにいく　おやこ
3. 主題設定の理由

○　この学年の児童は，自主性もかなり芽ばえ，自分なりの考えもそれなりに出てきてはいるが，ともすると，単なるひとりよがりの主張におちいってみたり，また，反対に自分の考えがありながら，友人関係の中で，相手の様子や，力関係，そのときの条件などで，簡単に態度を変えることもしばしば見受ける。

この時期に，ものごとを事実に即して考え，正しく判断し，自分の考えで行動することが必要となってくる。

○　読み物「ろばをうりにいく　おやこ」の人のいいなりになっているおろかさを通して，みだりに，ひとの言動に左右されたり，ひと

まねや，ひとにひきずられることなく，あくまで自分の考えに従って行動することのたいせつさをわからせたいために，本主題を設定した。

4.　主題の関連

学年	主　題　名	ね　ら　い
1		
2	からすの　ものまね	ひとのまねをしないで，自分のことは自分の考えでする。
3	ろばをうりにいく　おやこ	人のいいなりにならないで，自分の考えに従って行動する。
4	多　数　決	まわりの人の意見や言動に動かされないで，正しいと思ったことを自信をもって発言し，行動するようにする。
5	自分の考え	自分の考えを確かめて，人に頼らないで行動する。
6	自分の主張	自分の考えをはっきり述べ，みだりに人の意見に左右されないで行動する。

5.　ねらい　　人のいいなりにならないで，自分の考えにしたがって行動する。

6.　展　開

	活　動・内　容	指導上の留意点	資　料
導入	1．さし絵を見て，話し合う。	○あまり時間をかけないで簡単に扱う。	副読本「みんなのどうとく」3年
展開	2．「ろばをうりにいく　おやこ」を読んで話し合う。 ○この親子のおかしいところ ○親子がかわるがわる「ろば」にのった理由を考える。 ○この人たちの言ったたとについて考える。	○おろかしさ，とんまさを簡単につかませるようにしたい。	

	○この親子はなぜ，はじめ「ろば」にのっていなかったのか。 ○この親子は，どうすればよかったか。	○はじめの親子の考えはどうだったのかを考えさせたい。	
終末	3．この親子と，自分たちとを比べてみる。 ○似ているところ。 ○それはどんなときか。どんなことか。 4．これから，わたしたちの注意しなければならないことは。	○各自の行動について反省させたい。	生活作文

Ⅱ　資　料

「ろばをうりにいく　おやこ」副読本　みんなの　どうとく　3年2ページ～4ページ

○1.　ろばをうりにいく　おやこ

ある日，おやこが一ぴきのろばを町へうりにいきました。

とちゅうまでいくと，女の人たちがいいました。

「せっかく，ろばをつれているのなら，どっちかのればいいのに。」

そこで，おやは，子をろばにのせました。しばらくいくと，年とった人たちがいいました。

「あれをみろ。ちかごろのわかものはけしからん。年とったおやがあるいているのに，あのわかものは，ろばにのっている。」

そこで，子が，ろばからおりて，おやがのりました。

しばらくいくと，小さなこどもをつれた女の人がいいました。

「なんて，のらくらなおやじさんだろう。よくも平気なかおで，じぶんだけのっていられるものだ。」

そこで，おやは子ものせました。

川の近くまでいくと，町の人たちがいいました。

「こんなちっぽけなろばに，おやこでのるなんて，ひどいことをするな。かついでやればいいのに。」

そこで，おやこは，ろばのてあしをしばって，かつぎました。しかし，川にかかっている丸木（まるき）ばしを，わたるとき，ろばをおとしてしまいました。（さし絵４枚）

1.　資料についての授業者の配慮

○　本資料は，子どもたちによく知られた話であり，含まれた価値も明白である。そのため，どのように価値の内面化を図るか取り扱いは，なかなか困難である。

そこで，下記のような指導過程を一応組んでみた。

さし絵を見せ，文を読ませてから，親子の，人のいいなりになっていることに目を向けさせて，そのおろかさをまずつ気づかせる。それから，親子がかわるがわる「ろば」にのった理由を考えさせることから，さらに，町の人や女の人の言ったことばについて考えさせ，単なるかってな批判は人間の常とすれば，言う人自身についてとやかくいうよりも，むしろそれをうける側の姿勢がたいせつであるということをこどもなりに考えさせたい。

特に，親子がはじめ「ろば」にのっていなかったことについて目を向けさせ，親子が一ぴきの「ろば」を売りに行くごく自然な，おろかしくもない場面に再び返らせ，それはあくまで自分たちの最初の考えであったはずであることをつかませたい。

さらに，資料には，でてないが，もし「ろば」に乗るのだとすれば，それはどんなことを考えてのことならよかったのかを聞いてみたい。

ともすると，単なるひとりよがりの主張におちいるきらいもあるので，人のかってな批判と，人の意見，忠告も聞き入れる必要のあることの区別を判断することが，自分の考えであることを合わせて考えさせたい。

そして，自分のことに関しての反省を求め，今後の姿勢をつくっていきたい。

5.　指導記録

教師の発言	児童の反応
○きょうは，この本を使って勉強しましょう。では，１ページをあけて……なかなかおもしろそうだね。３ページにも絵がある。４ページには二つある。	
○この話は，どこのお話だと思う。	○外国の名まえを口々にいう。 ○着物，家 ○ウイリアム・テルのお話ににている。 ○かみの毛がくり色。
○このお話は，どんな話か知っている人ある。	○（挙手多数）
○はい，じゃあ，どんなおもしろいところがあるか気をつけて読んでごらん。	○読む。
○終わった人。……それでは，本をおきなさい。まだ，読み終わらない人。	○（３名挙手）
○今一度読んで……何かおかしいなあと思うことがありましたか。	○ろばをうりにいく　親子が，人のいうとおりにすること。
○そのほかではどうですか？　○さんのいいたことと違うかな。	○最後が違う ○しまいに，川におっことしてしまったこと。 ○ばかげた話。
○今の話ともっと違うところ，あるいは，……つぎたししたいところは。	
○だいたい同じだった人？	○（大部分の児童挙手）
○それじゃあ，少し考えてみよう。今，みんながお話ししてくれましたけれど，かわり番こに乗っていきましたね。それは，なぜそんなことをしたのかね。……？	○よその人が，いろいろなことをいったから。 ○みんなのまねをした。 女の人，年をとった人，町の人
○女の人は，どんなことをいいましたか。	○なんてのらくらなおやじさんだろう。よくも平気な顔で，自分だけのっていられるな。（小山）
○まだいってたね。いちばん，最初にいった人は。	カード
○（カードを出す。）	せっかくろばをつれているのなら，どっちかのればいいのに 女の人（板書）
○そうして，この親子は，どうしたのだろうか。	○こどもがのっちゃった。

こどもが乗った 板書	
○そうして，とぼ　とぼと歩いているうちに，またいわれたね。どういわれたの。	○あれをみろ，ちかごろのものはけしからん。……のっているよ。
○ちょっと，読んでごらん。（カードを出す。）	
あれを見ろよ。ちかごろの……………………いるよ。	
○さあ，その次も，いらいろいろあります。次から，次から町の人たちがいったんで，そのとおりに変わっちゃったんだね。	

○こんどは おやがのった 板書	
○この人たちがいったのは，悪いことかな。正しいことかな。ちょっと聞いてみましょう。	○ろばを売りにいったのなら，どうして乗ったのだろうか。
○ろば売りの親子のことを，考えていったことだろうか。	○言ったことは，自分の考えだけと思う。（野山） ○いった人のとおりにして，自分が変えていくからおかしい。
○みんなは，正しいことだといっているが，みんなはどう思う。正しいと考える人。 はい，じゃあ，まちがっていることなのか。悪いことなのか。	○いいところだけとって，あとは変えないでいけばいい。 ○これは，ぼくたちの組の考えじゃないんですか。自分たちで考えなけれ

	ばいけないんです。
○正しくもなさそうだ。悪くもなさそうだね。草山君は，なんといったっけかな。じゃあ，それを，おぼえていてね。	
○みんなの生活の中に，こういうことは，ありませんか。……というのは，ないしょ話やほかのことなんかで。	○ないしょばなし？
○ちょっと，先生が作文を読むから，みんな，聞いてくださいよ。（作文を読む）	
○今の作文で，みんなどんな気持ちがしましたか。	○大川さんが，せっかく読んでいるのに，口だしするのは悪いこと。（小川） ○読みたくても，読めない気持ちになる。 ○にくらしい。 ○大川さんが，いっしょうけんめい読んでいるのに，いうのは悪い。
○大川さんは，このときの気持ちは…。	○続けて読みたい。
○読みたいけれど，今，どうしちゃったの。	○読むのをやめちゃった。
○大川さんが，“アルプスの少女”が，おもしろいと思って読んでいたときに，草山君が，「にあわないぞ。」といったことと，まんがを読んでたときに，「この本のほうがいいよ。」といったことと同じか，違うかな？	○草山という児童，小さい声で，「だれが，いった。」とおこった様子。 ○アルプスの少女 読みを乱してしまったようだ。 ○まんがのことは， こっちのほうがいいよといったのだから違う。
○大川さんが，まんがの本を読んでいたと仮定しますね。「そんな本，読んでも役に立たないぞ。もっと，ほかの本読んだほうがいいよ。」っていわれたとしたら，……これについて，違うところがありますか。	○まんがの本は，幼稚に思われる。「アルプスの少女」の本は，ためになる本だから，言われても，これは気持ちが違う。 ○「アルプスの少女」を読んでいて，文句をつけられたときは，やっていることを乱して邪魔していることだからやるほうが悪いけれど，まんがのほうは，その人をばかにしているみたいに聞こえる。
○はじめに，草山君のいったことばは，ほんとうに，大川さんのことを考えていったのでしょうかね。	○からかっていったこと。
○あとのほうは，まんがのほうは。	○ほんとうに，大川さんのことを思っていったこと。
○さあ，そこで，もう一度もとにもどって……絵をみてみましょう。まず２ページ なにしに行くところか。 どうして乗っていないのか。	○ろばを，売りにいくところ。

[うりもの] と板書 さあ，どうして乗っていないのか。	○ろばは，売りもの。
○みんなのうちが，お店やさんとします。洋服にたとえてみましょう……。 売りものとしての洋服の扱い方で話し合う。	○売りものだから。 ○よごれる。 ○うれない。
○ろばに，のってないのは，なぜだろうか。 [ねだんが安くなる つかれてしまう] と板書	○乗っていると，あれはもう使っていて，だめだなあと思われる。 ○たいせつな品物だから，きずつけたら，値段が安くなっちゃう。
○この絵の乗っていないということは，だれが考えていたの。	○それは，ぼくたちじゃない。 ○何かをいった人…。この人たちは，売りもののことを考えていない。
○いろいろ，いっぱい理由があるだろうけれど，それは，ろば売りの親子の気持ちは，なんだったろう。	○願い 気持ち めあて } こういうふうにしたいな。
○「こういうふうにしたいな。」というのは，親子の……。 板書 [考え] 先生も，こう思います。 （売りものとしての）	
○ところが，このように考えがあったのに，親子はどうしたの。	○女の人にいわれたときは，乗っちゃった。
○乗ったほうがいいのかなあと，引きずられた。つられた。	○さっき，大川さんが話したように，「乗ったほうが，いいのかなあ。」と思った。 ○人につられたんです。
○今の小川さんの考えでいうと……	
○じゃ，少し，自分たちのことを考えてみよう。 ろば売りの親子のようなことに似ているようなことは，きみたちには，ありませんか。	
	○自分は，１塁か，２塁をやりたいと思っていたのに，それを，だまっていたので，３塁になって損しちゃった。
○もう一つ作文を読んでみるから，聞いていてください。 “ビーズさし”の作文を読む。	
○これは，どうでしょう。自分のはじめの考えはなんだったの。	○ビーズ遊びのこと。
○友だちから何回もいわれると，どうしてもやらなければならないことはありませんか。	○ある

○もし，それは，ことわらなければならないときは，どんな気持ちですか。	○今，ビーズ遊びをしているから，また，あとでといえばいい。
○おしまいに，自分がこれから，どんなようにしてやったら，よいと思いますか。	○自分の考えていたことを，ちゃんとやる。
○ちゃんとやるということは……	
○人にいろいろいわれることがあるかもしれない。そのときは，どうする。 よく……	○考える。
○以不略	

6. 考　察

本主題を扱うには，次のようなことがらが，特に，たいせつになってくるのではなかろうか。

○　「人のいいなりにならないで，自分の考えにしたがって行動する」まずこのねらいに含まれていることがらを具体的にはあくしておく必要がある。

○　児童に，よく読まれており，しかも，一読してぐう意のはっきりしている資料の扱い方をどうするか。

○　どう生活に結びつけたらよいか。すなわち間接的な資料の取り扱いから→価値の一般化を図る指導過程の組み方を考える。

したがって上述のような点について，主として，考察してみた。

① ねらいと資料について

授業は，○　はじめから自分の考えをもつべきである。

○　その場に合った判断をすべきである。

○　自分の考えを正しい判断によらず，むやみに変えてしまわないこと。

を指導の内容と押さえて，読み物「ろばを売りにいく　おやこ」の中から人のいいなりになっていて，結局ばかを見た親子のおろかさに気づかせ，人々が何を言おうと，結局は自分の態度，考えがしっかりしていることがたいせつであることを考えさせようとした。ただ単に，「ろばを売りにいくおやこ」が他人からとやかく言われ，そのつど，自分の行動を変えていたという読み物の筋を追うということを避け，親子に対して，とやかく言った側の人たちのことばについて考えさせるようにし，他人に対しての批判や中傷というものまでを含めて，この読み物資料を活用し，ねらいにもっていこうとした。

いったい，自分の考えにしたがって行動することができないのは何によるものであろうか。それは，

○　自分の考えをもっていないこと

自分の考えというものをもっていなければ，他人の考えを受け入れたり，それに従ったりしなければならなくなる。

○　自分の考えに従えないこと

自分の考えをもっていても，それに従えないのは自分の考えに自信がなく，他の人の考えがよいと思うからであるが，また，深く考えもせずにことの道理もわきまえず無批判に他の人の考えに従ってしまうことがある。そこで，何ごとにもよらずまず自分の考えをもつということがたいせつになってくるが，自分の考えをもっていても，それに自信がなかったり，他人の考えがよいと思うようなときには，それを自分の考えに取り入れたり，修正したりすればよいのである。このことは他の人の言動にまどわされることにはならない。また，現実的な理由で，自分の考えを否定するようなときでも，それは自分でそう判断したのであるからその判断が正しかったかどうかは問題はあるとしても，そのこと自体は他の人の言動にまどわされたことにはならない。

したがって，おもにその他の心理的な動機から，なんとなく自分の考えをかえてしまったり，他の人の言動に従ってしまうようなときが問題にされなければならない。

つまりこのねらいに含まれている価値の具体的内容というものは，

○　自分の考えをもつこと

○　自分の考えを正しい判断によらずして，むやみにかえてしまわないことということになると思う。

この点をはっきりおさえることによって，本主題のねらいと結びつくものと考えられる。

授業は，ねらいの具体内容をよく押えていたが，判断に重点をおきすぎて，やや，理づめとなった。判断力を養うとともに感情に訴えて納得させていく，心情面の取り扱いも必要であろう。児童は理屈ではよくわかっていても，そのときの心理的状況でひきずられてしまうことがよくあるからである。

ろば売りの親子は一度ならず四度まで，そして行きつくところまで，いかなければ，救いようのないようなおろかな親子である。ろばを売りにいくことすら，親子の考えからでたことのようには思えない。まったくあきれるほかはない。その愚かさを理解することはやさしい。しかし単に「ばかな男だ」と感じるよりも，その愚かさをより深く知ることによってそこに感じられる愚かさへの感慨もいっそう深いものとなるであろう。ろばうりの親子の愚かさが，自分の考えというものを，まるでもたなかったこと，そのために人のいいなりになって，とりかえしのつかない失敗をしてしまったことにあった点を理解させ，その愚かさを深く感じとらせることによって，自分もそうあってはならないという心構えをもたせることができると思う。それが本時のねらいである。

３年生ごろになると，わりあい物事を現実的に考えるようになってきているが，「ろばを売りにいく　おやこ」は，おもしろい読み物として，また考えさせる読み物として適している。一読して，ぐう意がはっきりしているが，教訓的なところも出てないし，町の人たちがいったことば

や立場，ろば売りの親子の心理，態度を深く考えさせることによって，じゅうぶん活用できる。量も時間内に扱うのに適当である。

(2) 指考過程について

授業は，

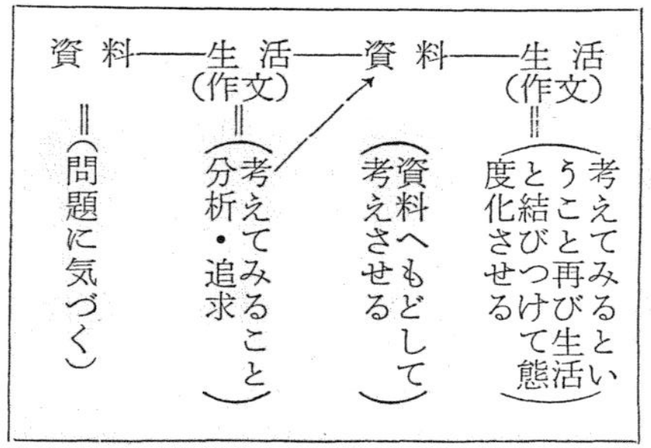

右のような過程をとっている。いきなり資料からはいっているが，このようなねらい，内容を気づかせ，考えさせるには，資料からはいるのが，わかりやすくて順当であろう。

展開のしかたとしては，まず，さし絵を手がかりとして話し合い，興味と関心をもたせて，読ませた。そして

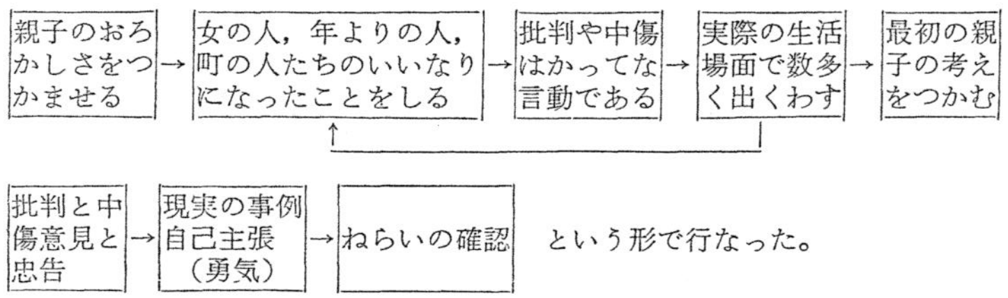

という形で行なった。

言われた親子の側よりも，むしろ言った側のかってに言動というような点から切りこんでいこうとした。ところが，いささか余計なことを話し合った。わらい以外の項目，すなわち批判，中傷，忠告，意見との相違を欲ばって考えたため，そこに時間をかけすぎ，もっと深く考えさせなければならないところか不完全だったと思う。親子のおろかの中味をもっと追求すべきであった。

作文の利用箇所は予定外のところで，上述のようなことを考えさせる

ために取り出してしまった。最後の作文は人のいいなりにならないためには勇気がいるということをつけ加えたいためにとったが，「ビーズ遊び」の作文と，ろばを売りにいく親子は内容的に結びつかないところがあるし，時間もなかったのでほとんど読むだけで終わってしまった。資料そのものをもっと追求していくようにしたほうがよかった。

指導案③一般化させるところから終末になっているが，むしろここが山であり，自分の生活を見つめさす重要なところである。児童の生活経験に基づいて，友だちのいいなりになったことなどの事例を話し合い，みんなに考えさせることがたいせつである。

生活と結びつけるには，次のようなことを発問し，話し合ったらよいと思う。

○「あなたは，いままでに自分でしようと思ったことで，ほかの人になにかいわれて，できなかったことがありますか。」

自分でしようと思ったことの内容であるが，ごく身近な生活事実を取り上げる。たとえば，学級文庫の本が乱れているものを，整とんしていたら，あなたのすることでないといわれた。といった問題。

人にとやかくいわれて，自分の意見をいえない経験の発表でもよい。そのときの，口だしをする人の心理，口だしをされたために変えた態度を話し合い，ささいなことをいわれただけで，気にかけたり，すぐ態度をぐらつかせたり，争いを起こしてはならないことも指導したい。

○ 今だったらどうしますか。

自分の考えをもつことがたいせつだね。で終わったらどうか。

指導事例　6

読み物の種類	研究・考察の観点	授業の角度づけ
伝　記（抄伝）	中学年における伝記扱い	主として判断力を高める指導

Ⅰ　指導案

1.　学　年　　第4学年
2.　主題名　　本居宣長
3.　主題設定の理由

○　低学年においては，自分の身近な整理整とんはだいたいよく行なわれていたがそれは教師の指示や親の注意など助力による他律的な面が多かったと思う。

しかし4年生になると学校生活にもすっかりなれ学年相応の考え方もできて自分からやれることが多くなってきた。その反面粗雑になりがちとなり自分のことだけで他人のことは意識的に行なうことが少ない。しかも計画的効果的な整理整とんができているということは調査によっても考えられない。

本学年においては自分のものだけではなく公共のものにも積極的にその整理整とんができることが必要であると思う。

○　本居宣長が使途によって能率的な整理整とんのしかたをくふうし実践したことが後世に残る偉大な業績の一助となったことを理解させるとともに自他のものにかかわらずよごれたり乱れたりしているとどうも気がかりでたまらないという人間的な習性にまで高めたい

ために本主題を設定した。

4.　主題の関連

学年	主題関連	ね　ら　い
1	つくえの中	持ち物をていねいに扱いきちんと整とんしておくようにする。
1	わすれた　きょうかしょ	自分の持ちものを自分で整とんしようとする。
2	もちものしらべ	自分たちが使っている学用品や持ち物を使いやすいように整とんする。
2	おそうじ	いつも気をつけて身のまわりをきちんとしようとする。
3	きれいなへや	身のまわりを整理整とんしてきれいなへやにしようと努める。
4	整理整とん	身のまわりの整理整とんが必要なことを理解しこれを実行しようとする。

5.　ねらい

身のまわりの整理整とんが必要なことを理解しこれを実行しようとする。

6.　展　開

	活動・内容	指導上の留意点	備　考
導入	1．整理整とんはなぜ必要か話し合う。 ○きれいになると気持ちがよい。 ○便利だから，つごうがよいから，能率的だから……など	○予備調査によって48人中6人が整理整とんはどういうことかを知っていた（正確なものではないが）のでそのことの必要について，どの程度受けとめているかを知って本学習を進めるための根底としたい。	小学校道徳の指導資料第1集（4年）
展開	2．プリント「本居宣長」を読んで宣長はどんな仕事をしたかについて話し合う。 ○伊勢の国松坂の生まれ ○たいへん勉強をこのみ多くの本を読みいろいろの	○本居宣長の名を知っていた児童は48人中男人1名であったこと。 ○文章中に理解困難な語句が多くあったことなどを考慮し印刷した資料を前日に渡してよく読んでくるようにし，問題意識を持たせてお	読み物本居宣長のプリント

	研究をした。 ○たくさんの本を持っていた。 ○よく整理整とんをした。 ○りっぱな医者，国学者としても有名（国学の四大人） ○古事記伝をはじめ多くの著述もした（263巻）	く。 ○児童の読みとったことがらを主として，日本の偉人の一人であり，国学の四大人ともつたえられ35年の苦心ののち「古事記伝」44巻をつくりあげ日本古代文学の研究に大きな業績を残した宣長の姿を4年生なりにわからせるために話し合いを進めたい。 ○適当に補説しながら ○宣長の伝記について深くつっこむことのないように注意する	
	宣長の日常生活はどんなだったろうか。 ○とても忙しかっただろう。 ○たいへんだったろうなど。	○現在のわたしたちの日常生活と比べて考えさせる ○宣長の日常生活面から整理整とんの必要性が生まれてきたとも考えられることに気づかせたい。	宣長の使用した「くすり箱の写真」
	忙しい宣長がこんなにりっぱな仕事ができたもとの一つになっていることはなんだろうか ○書物をよく整理整とんしたこと ○一つの仕事をなしとげようとする努力心の強い人であったことなど	○この仕事は自分のためでもあったがそれを通じて世の中に（後世まで）奉仕できたことにも目を向けさせられたらよいと思うが……	
	自分たちの日常生活においての整理整とんについて反省する ○できているだろうか。 ○できているとしたらどんなことについて行なわれているか ○自分の整理整とんについて考え宣長の整理整とんと比べて考える。 ○同じだろうか。 ○違うとしたらどうちがうか	○整理整とんの正しい意味について4年生なりに理解させるように努める。 ○わたしたちの日常生活においてどんなに整理整とんが必要であるかまた効果的であるかに気づかせたい。	図 調査をまとめたグラフ
終末	3．本居春庭（宣長の長子国学者）の話を聞く。	○きょうの学習についてどんなことを思い考えたかをノートに書いてくる。	

備　考

○　指導内容から考えて時間の不足が予想されるため読解は家庭でじゅ

うぶんやってくるようにする。また4年生でもあり宣長についてプリントの価値的内容や，それ以外の宣長についてもできるだけ調べてくるように。

○　板書に要する時間を少なくするため，予想される児童の発言や必要なことをカードに書いておく。しかしそれを押しつけることのないよう留意する。

○　整理整とんの必要性がねらいではあるが，本居宣長という人物を通して指導していくので宣長の人となりや偉大な業績について，その全ぼうを理解するこることは困難にしても，せめてそのアウトラインだけは児童につかませたいと考えている。

Ⅱ　指導の記録

教師の活動と発言	児童の応答
○この前に先生が，本居宣長について知っている人いますかと，いいましたね。だれが知っていましたか。	○井上くん
○そう，井上くんだけでしたね。	（本居宣長と板書）

これはなんと読みますか。	
○もう一つのことききましたね，それは整理整とんということでしたね，そうしたら知らない人はひとりでしたね。	ひとりいる
このことばを聞いたことがない人はだれもいませんでしたね，読めますね	（整理整とんと板書）
○整理整とんは，必要がありますか	ある
○整理整とんは，なぜ必要なんでしょう	○あちらこちらにおくと，ものがなくなったりする。
○ほかに手があがっているとうれしいんだけど。	○すぐつかうときに，整理整とんしておかないとすぐにみつからない。
○もうひとりいないかな。	○整理整とんをしておかないと，自分がきたなくて，人にいやな気持ちを与える。
○おまけに聞いてみましょう。	○よその人が，見たときされいに見えない。
○さすがは○○さんですね，いつもきちんとしている！	
○整理整とんが必要だと思う！ なぜ必要かといったら，みんながこれだけ答えてくれましたね。	○思う
○プリントを読んでみましょう かすかに先生に聞える程度に考えて読んでみましょう。	静かに朗読（堀景山の読みの注意うける）
○さあおいてください。	
○本居宣長はたったひとりしか知っている人はいませんでした，先生もあったことがありません，あっておけばよかった。	○むりだよ，だって230年前の人だもの。
○先生が本居宣長を教えてあげましょう	○（肖像画をはる）
○ちょっとみてどんな感じがしますか。	○昔の人，着物が古い，頭の形が違う，中国人みたい，千円さつにでてくる人みたい
○この本居宣長をみんながぜんぜん，知らなかった，では，きのう勉強してきたかどうか調べますよ。	
どんな人だったでしょう	○お医者さん
どんなことをした人でしょう りっぱな小児科のお医者さん！	○お医者さんだったけれどその勉強をしながら古事記伝の勉強をした人。
○こういうお医者さんの仕事をしながら古事記伝をかいた人。 みんながあたってくれるとうれしいんだけど。	○古事記伝をつくりながら，数百さつの本をもっていた。
○まだありますか。	○整理整とんのできる人，よくした人，昔のりっぱな国学者だ。

○その数百さつの本の中には，どんな本がありましたか。このりっぱな人はどこで生まれたのでしょう。	○医者の本　薬草の本　国学の本　和歌の本　神道の本　三重県紀伊半島 だいたい国学者だったけれど四大人であった。
○整理整とんだって，みんないってくれましたね。この整理整とんをしたことがどんな役に立っているでしょう。	○夜明かりをつけなくても，本がさがせた。 ○古事記伝44巻全部で263巻の本が整理整とんですぐだせた。 ○医者を昼していたでしょう。夜こういう仕事をするときやりかけでもすぐつづきができた。
○これはなんでしょう！ 薬箱の写真です この薬箱大きいでしょう，どうしてこんなに大きいのでしょう。 今のお医者さんのかばんは小さくてもいろいろのものがはいっているけれども，昔は	○大きい薬箱だな。
○草や木の根くたねだったから，大きい箱が必要だったんです。	○本居宣長の家の階段は，とりはずしができるようになっていた。
○どうして	○勉強しているときじゃまされないため。
○勉強を好んだのと，勉強をしたいということと同じですか。	○違う。
○そうねすきですきでたまらなかった。それでもあきるときがあったの。そういうときは。昔のことばでかいてある本はなんですか。 これをみんなにわからせたいとして	
○整理しておいて，すぐに勉強できるようにしておいた。	
どうしててんがうってあるんでしょう 13はなんですか。	○13あるから 本箱が13あった。
○これはみんなの整理整とんの様子をまとめてかいたものです，ゆっくり考えてください。 説明してみましょう。 グラフの説明	
○先生そこでこういうことを，考えてほしいんだけれど	
○みなさんがやれる整理整とんは，自分のどんなことならやれるんでしょう。	○簡単なもの　やりいいもの
○まだある。	○すぐできるもの
○すぐできるものはなあに，簡単なものでしょ。	○勉強のこと （いろいろな意見）
○だれかがいっていることを，みんなでいってください。自分の身のまわりのこと。	やりたいこと身のまわりのこと

本居宣長も自分の身のまわりのことでしょう，同じですか，違いますか。	△本居宣長はみんなと違って，簡単なことばっかりでなかった。昼医者の仕事をしていたから努力がいる。
	○いっしょうけんめい努力すればわたしたちもできる。
	△本居宣長のように何年もできますか
	○努力すればできる。
	×本居宣長とは仕事か違うんではないんですか。
	○本居宣長は違うから古事記伝のようなものができたんでしょ。
○○○さんのいったこと，だいじだと思いますよ，どこか違う。	（分類） ○13この本を13の本ばこに入れてあるでしょう。
	○ぼくたちは本が少ないでしょう，本居宣長のほうは多いでしょう。
○○○さんのいったことにたいせつなところがあるんだけれど。	
この本の中でいちばんたいせつなところはどこでしょう。	
みんなの整理整とんと，本居宣長の整理整とんは，どこが違うでしょう。	○ほしい本だから
○本居宣長はだれに教わったんでしょう	○自分から
○自分から役にたつように苦心した。	○努力した。進んでやった。苦心した。
○努力，苦心してやったその整理だけじゃなく，もっとほかに，	（応答なかなか出ず）
では先生が教えてあげる	
役にたつように，くふうして整理整とんをした。	○くふう
○みんなの整理整とんとに，だいぶ違いますよ，とこが違うでしょう。	○くふうしてやらない。
○そうね，だから本居宣長はえらいと思う。	
○本居宣長のこどももたいへんえらかったその人のお話をしましょう。	
○本居春庭の話	・静かに聞く
○本居宣長は，どんな人だったかわかった人手を上げてごらんなさい。	
○思ったこと，わかったこを書いていらっしゃい。	

板　書　事　項

◎本居宣長

整理整とん　なぜ→
・必要だと思う
・なくなったりする
・すぐ使えない
・人にいやな気持ち
・きれいでない

本居宣長の絵　苦につたように役よう心（くふう）

どんな人　りっぱな小児科医となる　二十八才

どんなことをしたか　昔からの学問に興味をもつ国学の四大人

古事記伝四十四巻を……

勉強をこの人だ

数百冊

くすり箱の真写り　きちんと整理しておきました。（十三個の本箱）

二百六十三巻もの本を書いた。

わたしたちの整理整とん表

○自分の身のまわり（簡単なもの　やりいいもの

Ⅲ　考　察

1. 資料「本居宣長」　小学校道徳指導資料第1集（第4学年）

(1)　本居宣長は，偉大な業績を残した歴史上有名な人物だが，児童向きの読み物としてはまったく市販されていない現状から，児童たちにとってははじめて聞く国学者の名であり，無縁の人物に等しい。

(2)　文章中に難語句が多く，（儒学　漢法　医術　国学等）児童にとって，読むという活動からすると，興味をもって読もうとする意欲や，読解の妨げとなることが多い。

2. 資料の与え方

○　資料に難語句が多いし，時代感覚のずれがわざわいするのではないか，という不安から，資料を前もって与えている。こうした配慮はごく当然のことであるがたいせつなことがらである。

① 前日に資料を印刷配布する。

② 難語句に読みがなをつけ，読みやすくする。

③　難語句に，意味をつけ加え読解を助ける。

〈資料の註釈〉

○もめん商　もめんの糸でおったおりものをあつかう商店。
○勉強をこのみ　勉強がすきになる。
○じゅ学　中国の孔子という人がひらいた学問で，人として，やらなければならない道を教えたもの。
○漢方医術　中国ではじまった医術(病気やけがをなおすやりかた)で木や草の根，葉，皮から作ったくすりを使ったり，おきゅうをすえたりして，病人をなおすやりかた。
○和歌　日本に古くからあった歌
○古典　昔の書物で今でもねうちのかわらないすぐれたもの。
○典医　りっぱな人や，とのさまにつかえていた医者
○でし　先生について勉強する人（門人・門弟ともいう）
○小児科　こどもの病気をなおす医学（お医者さんの勉強）
○小児科医　小児科の医者
○興味をおぼえ　そのことがおもしろくて，やりたくてたまらなくなる。
○古事記　日本で，いちばん古い歴史の本たいへんむずかしい本
○古事記伝　古事記の本がむずかしいのでわかりやすく説明した本。
○数百冊　五・六百冊
○写しとった本　ほかの人が書きあらわした本を自分でうつした本。
○種類別　同じような，なかまの本をまとめて，ほかの本と区別する。
○薬草の本　薬にする木や草について研究してかいてある本。
○国学の本　日本の国のことをはっきりわからせるために古事記やそのほか日本の古い時代のことについて書いてある本を研究した学問の本。

○神道の本　日本に昔からあった宗教の一つで神をまつってせんぞをうやまうことをたいせつにすることを研究してある本。
○四十四巻　(同じことについて)四十四に分けて，書いてある書物（巻は本を数えるときに使う）
○目録　本の中にかかれていること（内容）の見だしを順序だてて，ならべて書いてあるもの。
○整理　むだなく，きそく正しく，きちんとととのえること（しまつ）
○整とん　正しく，きちんとかたづけること。

授業前の話し合いにも，資料のむずかしさが問題点としてあげられたので，４年生なりの読解を助けるべく，あらかじめ資料をよく検討し，価値内容やそれ以外に宣長についても，できるだけ調べてくるように配慮している。

3.　ねらいと資料

○　設定理由に，低学年の整理整とんは他律的である。また４年生の実態としては粗雑で利己的であり，そこには，計画的効果的な整理整とんができているとはいえない，と述べている。さらに，本資料によって，この主題のねらいを達成するために，「基本的な生活行動様式のしつけとして，単に身のまわりの整理整とんを指導するのではない。そのことは，すでに３年生までに達成されるべきであって，４年生としては，ふたたび単なる整理整とんを取り上げるのではなく，一歩進めて，くふうされ創造されてできた整理整とんであって，そのために，他の仕事が能率的になる，ということを，宣長の偉大な業績の一助と考えさせ，ねらいと資料を結びつけるよう配慮している。さらに，ただ単なる整理整とんでなく，生活の中で能率的にものごとをとり運ぶためのくふうであることを，

児童に理解させる。さらに，その理解の上に立って，児童みずから，整理整とんの必要性を改めて認識し，日常生活をよりよく能率的に営もうとする意欲をもって，努力していこうとするように，本資料を活用している。

4. 指導過程

資料を前もって与え，児童の理解を助け，その理解の上にたって，導入で整理整とんの話し合いから，展開の前半は宣長の業績をおさえながら，本主題の核心にふれ，整理整とんの必要性を考えさせるよう指導過程を組んでいる。

本時の指導過程

導入	→展開	→終末
気づかせる段階	考えさせる段階	意欲づける段階
問題解決 整理整とんの必要性について話し合う。	問題に迫り核心にふれる。価値の認識を確かめる。 抄伝を読んで話し合う。	実践の構えをつくる。 説話を聞く。

考　察

① 導入段階

資料を事前に与えた理由について

内容の複雑　理解が困難　ほとんどの児童が本居宣長を知らなかった，などから，何を考え何に感心して本時にのぞんだのだろうか。

指導者の意図は，導入において，整理整とんの必要性について，改めて生活をみつめようとしている。この引き出し方は，事前に与えた場合の読み物としては望ましいとはいえない。事前に与えられ読んできた児童たちは，宣長について何か感得して来たであろう。その感得したものをまず発表しあい，その中から整理整とんの必要性に気づいていくようでなければならない。板書事項を参照すればわかるとおり，最初に本居

宣長と書き出しているが，本時では，本居宣長を知らせるのではなく，あくまでも，この資料を通して，整理整とんという価値を理解させようとするものである。この整理整とんの出しかたにも疑問があろうし，後述のとおり指導者の姿勢には，やや全伝という取り扱い方に傾いたようにうかがえる。その一端として，導入の最初に人名が掲げられたと考えられる。整理整とんの必要性については，児童からは出ているが，この発言から，資料内容にどう指向させようとするか。いきなり「プリントを読んでみましょう。」と指示しているが，どういうことを読みとるのか，児童の視点はまちまちである。ゆえに事前に与えておいた場合は，特にこの点に留意したいものである。整理整とんの必要性からこの資料内容を，どんな視点で読みなおさせるかは，抄伝のみならず他の読み物でもたいせつなことであり，必要である。

② 展開段階

ア　資料プリントを与えるときに，指導者はどんな視点を児童に与えるか，明瞭でない。記録によると，宣長の肖像画を手がかりに，印象を問い，どんな人物でどんな事をしたか，おいたちからその業績すべてを取り上げている。この指導は，いわば全伝的取り扱いである。指導者は，整理整とんの必要性がねらいであるが，本居宣長という人物を通して指導していくので，宣長の人となりや，偉大な業績について，その全ぼうは理解することは困難にしても，せめてそのアウトラインだけはつかませたいと考えている。しかしながら，このような配慮もすでに導入からくずれ，展開においては，その全ぼうを理解させていくという指導を進めている。本資料は全伝でなく抄伝である。ゆえにその生がいをふまえた学習をとおしても，宣長が成した書物の整理整とんの価値は，単なる逸話であるにすぎない。この資料にある背景となるものをすべて取り上げなくとも，抄伝としての伝記を学習することはできるはずである。

(ア) ここでは，整理整とんの必要性をねらう指導とすると，きわめて焦点がぼやけていないだろうか。問題になるべき価値の引き出しに，いま一つ配慮がほしい。たとえば，本箱を13に分類していることを取り上げているにかかわらず，指導者は，どうしてこんな点がうってあるのでしょう，13はなんですか，との発問を投げかけっぱなしで終わっている。なぜ宣長はそのように，あ，ひ……というように分類しておいたか，ここから，本時のねらう価値をじゅうぶん引き出すことによって，創造され，くふうされた，整理整とんができた，というその必要性が，児童に理解されたはずである。

(イ) 宣長の業績を扱った後，事前調査した児童のグラフを掲げ説明している。ここでは，宣長の業績と自分たちの実態とを比較していくことによって，自己の生活を反省させ，日常生活をよりよくさせようと意図して取り扱ったが，この扱いを導入段階で生かす方法も考えられたのではないか。また宣長と自分を比較させておるが，ただたんに書物の整理整とんのみを追って進めている。本時のねらいは，書物のみの整理整とんではない。身のまわりについて整理整とんさせようということであるから，その扱いについてもじゅうぶん配慮していかなければならない。

③ 終末段階

本時の価値の一般化をねらって，また心情面に訴えようという意図で，本居春庭の説話をもってきたが，本時のねらいとは異質である。自分たちのあるべき生活，こうありたい自己の生話態度を，形成するよう意欲づけるのであるから，この点については，指導者として資料をじゅうぶん検討分析して，終末に位置づけることが必要である。

(ア) 終末段階を説話とおさえているが，それは妥当であろうか。グラフの説明から，宣長と自己の生活を比較したことから，価値の一般化を図ろうとしているとすれば終末段階のおさえはもっと前にさかのぼるべきである。

指導事例　7

読み物の種類	研究・考察の観点	授業の角度づけ
作　　文	指導過程と価値の一般化	主として判断力を高める指導

I　指導案

1. 学　年　　第５学年
2. 主題名　　公共心
3. 主題設定の理由

○ 日本人に公徳心・公共心が欠けていることは，世の多くの人々が指摘するところであり，また新聞紙上や，地域社会の問題として数多く見聞したりする。その理由は，いろいろな角度から取り上げられるであろうが，日本人はとかく公共物は自分のものではないとか，旅の恥はかきすてという考え方が心の一隅にあるようである。そこで共同社会の一員として，社会的連帯感に目を向けさせ，一歩外に出ても自分のものに対する扱い方以上の態度が示せるようにしたい。

○ 児童の調査に示すとおり，公共物に対して自分のものでないからとか，ちょっとぐらいこわしてもなどと安易な考え方がみられる。そういった公共物に対する安易な行動や態度が，どれほど社会の多くの人びとの心を暗くしているかを知らせたい。そのために児童が経験した作文「ピクニック」により，楽しい一日を過ごそうとした気持ちがそこなわれた資料を通して深く考えさせたい。

4. 主題の関連

学年	主題名	ねらい
1	みんなのものとじぶんのもの	みんなで使うものには，どんなものがあるかがわかり，自分のものと同じようにたいせつに扱う。
2	みんなの本	学級文庫はみんなのものであることを知り，たいせつに扱う。
3	みんなの広場	公園や広場はみんなのいこいの場であることを知り，よごさず利用する。
4	みんなで使うもの	公共のための施設や道具の取り扱いを考えてじょうずに使う。
5	公共心	公共物のたいせつさを知り，すすんで愛護する。
6	旅のエチケット	公衆道徳の必要性を理解し，すすんでこれを守り高める

5. ねらい

公共物のたいせつさを知り，すすんで愛護する。

6. 展開

	活動・内容	指導上の留意点	資料
導入	1．学校や公共施設の問題場面の写真を見て話し合う。 ○何の写真か。 ○だれがやったのか。 ○どうしてこうなったのか。 ○この写真から何を考えたらよいか。	○写真にあるものはみんなのものであることに気づかせる。 ○自分たちの生活の中の行動をはっきりみつめるようにさせる ○問題の所在を明らかにさせこれでよいかというなげかけをする。	○写真 ・野毛山遊園地 ・学校校庭
展開	2．読み物「ハイキングに行って」を読んで話し合う。 ○問題となることは何か。 ○道標がかえられたことによってどうなったのか。 ○ふたりはどう思ったか。 ○こわれた鏡をみてどう思ったか。 ○だれがしたのだろう。 ○「たいせつなもの。だれが考えても……」とはどんなことか。 ○写真にあるようなことはこのことと比べてどうだろう。	○安易な気持ちでしたことが実は人の心をたいへん暗くしていることに目をむけさせる。 ○ふたりの怒りの気持ちも感じさせたい。 ○道標・そして鏡にいたるふたりの心の変容にも深くふれるようにしたい。 ○前掲の写真もこれと同じであることを理解させ，内省するようにしたい。 ○読み物のあとに特に生活にひきもどすことをしないで，話し合いの中でとらえ内省するようにする。	○作文「ハイキングに行って」
終末	3．説話「日本の印象フィリップ君の話」を聞く。	○理解し内省した上で，さらに説話によってきょうの学習のひびきを強める。	○説話 文部省指導資料（5年）「日本の印象を聞く」

7. 調査（数字はひん度数）

① わたしたちの学校でみんなの使う場所とか使う物など，うまく使われていなかったり，よごされていたりしているところはどこか，○をつけなさい。

社会科資料室	5	学級図書	28
図書室	15	とび箱・マット	35
視覚資料室	2	はんとう棒	35
理科室	14	すべり台・シーソー	33
調査	20	砂場	18
水のみ場	32	学校のボール	27
便所	35	学級園	16
げた箱	26	学校の楽器	17
机・腰掛	31	ゴミやき場	33
そうじ用具	40		

② 山下公園・野毛山遊園地・野毛山動物園・青少年ホールなどで，みんなのともだちが遊んでいるとき，あんなことはしてはいけないと思ったことがあるでしょう。あなたがいままでにみたことを書い

てください。

紙くずでよごしたりする	25
木の枝を折ったり，のぼったりする	25
はいってはいけない場所にはいる（芝生）	23
遊び道具やのりものをらんぼうに扱う	14
室内や構内を走りまわる	14
陳列物のいたずらをする	14
水のみ場のいたずらをする	10
プールや池のいたずらをする	8
構内で野球をする	8
らくがきをする	4
その他	

③　みんなが使う場所をきたなくしたりするのは，わたしたちの心にどんな考え方があるからだろうか。

ちょっとぐらいこわしてもよいだろう　23

自分のものでないのでどうでもよい　16

自分がしなくてもほかの人がやる　14

みんなの物だから　9

また新しい物が買われるだろう　6

8.　ねらいからみた資料の価値

（資料のあらすじ）　　（心の動き）

① 兄とふたりで箱根旅行に出かけた……余暇を楽しく過ごそうとした

② わかれ道で道標をみて先に進んだ

道の様子がおかしい……………不安な気持ちになった

道標にまちがいがない

③ ふたりの山男に会う

道がちがうことがわかった

山男といっしょにひき返した…もしやそうではないか？

④ わかれ道の道標のところに来た

道標がかえられていた…………かえられていたことがわかった

山男がなおした　　怒りの気持になるだろう

⑤ ほそうされた広い道に出た

道路の鏡がこわされていた……あぜんとしたろう
暗い気持ちになるだろう

⑥ 山男の話を聞く

たいせつなものだ………………どうしてこんなことをするだろう

だれが考えてもわかる

→ これでいいのか

Ⅱ　資　料

ハイキングに行って

春休みを利用して，大学生の兄とふたりで箱根に旅行することにした。

朝，横浜から箱根行きのバスに乗った。右手に旧東海道を見ながら，湯本を通り，バスはほそうされた山道を右に折れ左に曲がりながら，しだいに登っていく。窓をあけると，ひんやりした空気がほほをなでる。そしてやっと駒が岳のふもとに着いた。

「これからケーブルに乗って頂上に登るのだよ。」

「帰りはどうするの。」

「駒が岳の向こうがわにおりてみようと思うのだ。」

「同じ道を通ってもしかたがないので，少し山道を歩いてみよう。」

兄と話し合いながら，ケーブルの乗り場に急いだ。下からみるとケーブルの線路が急こうばいで頂上まで続いている。ここからこのケーブルに乗るのかと思うとなんとなく身ぶるいする。

ケーブルはしだいに登りはじめた。頂上につくと正面に大きな建物がある。

「あれはスケートリンクだよ。」

「こんな上まですべりにくるの。」

「ここで大きな大会がおこなわれることもあるのだよ。」

と兄が教えてくれた。

「ここからは，晴れていると富士山や芦(あし)の湖(こ)が見えるのだよ。」

兄の説明を聞きながら頂上に着いた。中学生らしい団体もおおぜい見える。ここで少し休んで，ここから歩いて湯の花沢におりることにした。

山を少しおりはじめると，すぐかん木林にはいった。地面から枝の出たようなくねくねした木で，高さは2メートルぐらいでトンネルのようになっている。なにかまほうの国にはえているような感じの木です。道は細くやっと通れるくらいです。

「この道は雨が降ると川になるのでしょう。」

「そうなんだ。山にはこんな道が多いのだよ。」

ぼくは楽しくなって先にたって歩いた。こんな山道を20分も歩いたところで急に目の前が開け，道がふたつに分かれているところに出た。

「にいさん，これはどっちに行ったらいいの。」

「そこに道しるべが立っているから見てごらん。」

「そうだ。右に行くと神山で，左が湯の花沢だよ。」

「神山は箱根の中でいちばん高い山なんだ。」

「天気が悪くなってきた。きりが出てきたから急ごう。」

見ると，いまおりてきた駒が岳はきりにかくれてみえない。道を左におれてしばらく行くと，また登り道になった。

「にいさん登り道になっているけれどいいの。」

「うん。そうだね。しかし道しるべに書いてあるのだからまちがいないだろう。」

「そうだね。」

もうだいぶ時間もすぎているので前方はあまりよく見えない。心配しながらしばらく歩いていくと，木の間から人かげがふたつおりてきた。

「やあ，ごくろうさん。」

これが山のあいさつらしい。兄も

「ごくろうさんです。」

と声をかけてすれちがった。すると

「これからどちらに行くのですか。」

と声をかけられた。ぼくが

「湯の花沢に出ようと思うのです。」

「それでは道がちがいますよ。この道を行くと神山に出てしまいますよ。」

「わたしたちも湯の花沢におりるのですからいっしょに行きませんか。」

「それは助かります。ぼくたちははじめてなものですから。」

また，いま来た道をひきかえしました。道がふたつに分かれているところに出た時。

「ああ，この道しるべがちがっているのですよ。」

「だれがこんないたずらをしたのだろう。こんなことをするからそうなんする人が出るのだよ。」

ふたりは，あたりに落ちていた石を拾って道しるべをなおしはじめた。天気はいよいよ悪くなり，今にも雨がふり出しそうである。

「さあ。なおった。行きましょう。」

こんどは竹や，くまざさのはえた道をふたりの後ろについてくだりはじめた。ぼくは，重そうなくつをはいて，リュックを背負ったふたりの後ろすがたを見ながら，いっしょうけんめい歩いた。1時間ばかり歩いて，やっとほそうされた広い道に出た。

「とうとうふりはじめましたね。もう少し急ぎましょう。」

ぼくたち4人はほそう道路を急いだ。

「あれを見なさい。これだから困るのですよ。」

山男のひとりにいわれてみると，道のまがりかどに反対からくる自動車が見えるように鏡がたっている。その鏡がむざんにもわられているのである。

「さっきの道しるべにしろ，このかがみにしろ，たいせつなものなんだよ。こんなことはだれが考えてもわかることなのにどうしていたずらするのでしょう。」

ぼくはここに来るときの楽しさを忘れて，ゆううつな気持ちになりながら山道を急いだ。

Ⅲ　考　察

1.　判断に角度づけた指導過程の基本型にあてはめてみて

第2章で述べた「判断に角度づけをもった指導過程の基本型」にあてはめてみると授業の流れにむりがなく忠実にしくまれている。それぞれの段階での意図が明確に具体的に示されている姿を知ることができる。

	授業者の意図		指導過程の基本型
導入	1．公共施設の問題場面の写真をみて話し合う。 ○だれがやったか ○どうしてこうなったか。 ○何を考えるか	 →経験の掘り起し。 →問題の所在を知る。 →問題意識の高め。	1．自己の体験の発表 2．問題となる行動の発見。 3．問題となる行動に対する意識を共通なものにする。
展開	2．読み物「ハイキング」を読んで話し合う。 ○問題になること。 ○どうなったか。 ○ふたりはどう思ったのか。 ○だれがしたのか。 ○「たいせつなもの」とはどんなことか。 3．はじめの写真にあることと比べて考える。	 →問題の共通化。（分析） →反省のほりおこし。 →理解・判断 →反省の深め。	4．問題になる行為に迫る。 ○行為の場の条件や関係の分析 5．問題になる道徳的行為の核心にふれる。 ○道徳的判断力を高める 6．道徳的行為をささえる価値を確める。
終末	4．説話「日本の印象―フィリップ君の話」を聞く。	→広い視野で判断させる。	7．実践の構えをつくる。 ○自分の生活の場を見通し，障害となる点の除去や克服を考える。

2.　教師の発問からみた指導過程の考察

○　導入段階

1.　公共施設の問題場面の写真をみて話し合う。

教師の発問
①これは何だろう。

公共物が破損されている写真4点（あきかんの散乱している公園・公園のさくがこわされている場面など）をみせて本時の問題となるところにきりこん

②なぜこうなってしまったのだろう。
③だれがやったんだろう。
④だれが使うのかね。
⑤だれのものかね。
⑥どうしてこうなったのかな。
⑦ぼくたちは何を考えたらよいのだろう。
⑧みんなで，これでよいのかよく考えてみよう。

でいる。この場合事前調査の結果の表を提示して，「だれがやったのか」「これでよいか」という問題の発見では第３者の立場にたって児童が話し合いを進める傾向におちいりやすい。設定の理由にも書かれているように，ふだん児童が見聞しているのにかかわらず安易な気持ちがある。そこを授業者はよくつかんでか，表に変わって見聞している場面を写真によって，新たに児童の経験している事実を再現させたことは効果あるものである。

であるからいきなり１枚の写真を見せて，「これは何だろう」という発問で「わぁーひどい」という児童の反応があったほど児童の心をひきつけることができた。したがって導入段階で教師が筋を通してなげかけた発問に対して直接ひとりひとりがたって答えるのでなく，次々に出される写真の興味と自然にでてくる児童の声で本時の問題とする点が強烈に意識化されたともいえる。

本時は事前に調査されたものが，直接つかわれなかったが，写真を見せたあと結果の表を簡単にみせて，「ぼくたちは何を考えたらよいだろう。」という発問をなげかけたらよかったのではないだろうか。

友だちもやはり同じように「ちょっとぐらいしても」という気持ちがひそんでいるのだなと知り，それがまたこのような結果になったんだ。もっとみんなで考えなければいけないという共同の責任として話をしていこうという意識化が図れたのではないだろうか。だからこの発問で児童は「そういうことをなくすにはどうしたらよいか」とか「うまく使う」など方法的なことに考えがはしっていったようである。あまりにも基本型に忠実すぎてそのままのことばをなげすぎたきらいがある。そのため「これでよいか」という展開へのつながりの発問がだいじなものとなる。

きめ細かい発問がそれぞれうかがえるが「何を考えるか」「これでよいか」はそれぞれ問題意識を高めるためのものであり内省させるものが何であるかを明示しているものである。

○　展開段階

2.　読み物「ハイキングに行って」を読んで話し合う。

ア　問題の共通化

①読みながら気がついたこと，考えたところに線をひいたり，書きこんだりして読んでいこう。
②ぼくとにいさんと箱根登

読んで，道しるべがちがえられていたこと，鏡がこわされていたことという問題場面を分析し，追求しようと意図している。そこで，共通化を図る中核的発問となると，③の「何が問題だと思いましたか」であり，④⑤⑥は③の中心的なものへの高まり

山しましたね，ちょっと登山のことを思い出してください。
③何が問題だと思いましたか。
④道しるべがどうなっていたの。
⑤そのためにふたりはどうした。

と考えられる。問題提示型に書かれている資料であったら「何が」と教師の意図に鋭くひっぱりこむことができるであろうが，問題提示の意図に書かれていないふつうの作文にはかなり抵抗ある発問といえよう。ところが児童が「道しるべと鏡のこと」とほとんどがとらえられていたことは資料の明確さとともに導入時における問題の意識化が適切であったためといってよい。

⑥とちゅう山男に会ったが会わなかったらどうなっただろうか。
⑦道しるべが曲げられていたときは登山者はどう思う。

安易な気持ちでしたいたずらが，実は人の心をたいへん暗くしていることに目を向けさせる意図が⑦の発問によってはっきりしている。調査にもでているように「ちょっとぐらいしても」という気持ちがこの発問によってほり起こされている。公共物のたいせつさの意味をじゅうぶん考えさせる中核的な発問である。

⑧ふたりで通りに出たら何を見たの。
⑨これを見てふたりは？

このように資料の中に含まれている「道しるべと鏡がこわされていること」の問題を分析し，公共物のたいせつさの理解にたたせているのは，判断に角度づけた方向性がっはきりしている。

イ　問題の核心にふれる

①みんなだったらどんなことを考える。
②だれがやったの％。
③どんな人がやったのか。

①②③により「ちょっとぐらい」という考え方をしている児童に自己の反省をしつつ発表させ，公共物をこわした人の心の内面にふれさせようとしている意図がわかる。

④どんなつもりでやったのか。
⑤この人たちはどんなことをしたと考えているのだろう。

③⑤が問題の核心にふれるためにふさわしい中核的発問である。この発問によって児童の応答にあるように

○みんなのものをたいせつにしない人。
○考えない人。
○おもしろ半分にやった。
○ひとつぐらい人が見ていないからいいだろう。
○ほかの人がやったから。おもしろいから。
○なにげなく。
○人もやっているから自分もやってみよう。

自分がそのような行為をしたときの心の状態をいけないものだという理解の上にたって，判断させ内省させている。

3.　はじめの写真にあることと比べて考える。

ウ　道徳的価値を確かめる。

①そうすると鏡をこわした人とこの写真と同じだろうか。
②道しるべも鏡もたいせつなものであるということは何がたいせつなのか。
③なぜたいせつなのか。

生活→資料→生活というとらえ方をするならば生活へひきもどすことを特別しないで導入時の写真上もどってともに考えることによって一般化へ具象化されている。

読み物を通したことによって導入時に扱われた写真を見直させている。①の発問がそれであり②で何がたいせつかを見つめさせている。②③によって道しるべも鏡もたいせつなものであることの理解をねらったものとして中核的な発問である。さらに④⑤で児童に反問させながら，なおいっそうの反省の深めを意図している。それは資料が生命に関係することだけに切実に考えられてはいたが，事の大小に関係なく⑦でしめくくっている。

④命にかかわるからたいせつなのだとすると写真(導入時の)はどうかね。
⑤たいせつじゃないだろうか。
⑥命に関係するからこれがたいせつだというのではなく，たくさんの人たちに迷惑がかかるということだね。

エ　価値の一般化

⑦場所はちがっても山男がみたら同じことをいうでしょうか。
⑧命に関係あるからたいせつだということではないね。
⑨写真のようなことをやっている人が山へ行ったらどんなでしょう。
⑩写真をみせたが，何を考えましたか。

導入段階で使った写真による問題提起も，読み物「ハイキングに行って」も問題とするものが同質なものを持ちこんでいる。だから展開の終わりに写真と比較考察をさせることによって，児童も自分たちの問題として切実にうけとめることができたであろう。だから

写真の中で

こわした人はどんなつもりでやったのだろう。

資料で

道しるべをまげた人，こわした人はどんなつもりか。

写真と資料の比較で

たいせつなものとは何か。

と類似の発問・思考を重ねているところに，児童の思考の筋道に一貫性をもたせている。そして行為の大小の比較をさせながら，行為の大小のいかんを問わずたいせつなものをつかませている。児童を自己の切実な問題として「いかに行動したらよいかを考えさせ，日常生活でのかかる意識の不足を内省させつつ価値の一般化をたどろうとしている。このことは児童を⑦⑨の発問によって，今までの学習の総括的な判断の上にたたせていることでも考えられる。

さらに正しい理解，深まった判断の上にたって実践する意欲を強めるために終末に説話が位置づけられている。

○　終末段階

4.　説話「日本の印象」を聞く。

終末時の説話は，日本人の欠点をとらえた内容のものであるので，授業の導入から終末までの過程がくどいようである。そこで，終末ですすんで公益に努めるような美しい話として，「リンゴ並木」のようなものが考えられるであろう。

指導事例　8

読み物の種類	研究・考察の観点	授業の角度づけ
物　語	指導過程と資料分析	心情化をはかる指導

I　指導案

1.　学　年　　第5学年
2.　主題名　　友　情
3.　設定の理由

○　児童の友だち関係をみると，自分が心さびしかったとき，あたたかい心をなげかけてくれた人，またはいつもいっしょに遊んでいる人を友だちと思っている。このようにして結ばれた友だちに対しては，少々の不快なことでもお互いに許したり，誤った行ないにも見て見ぬふりをする。それが友を異にすると，ささいなことでも受け入れず，友人関係を自分からこわしていくような閉鎖的，排他的傾向もみられたりする。このことをふまえて，交友関係のありかたを考えさせ正しい理解を深めさせたい。

○　自分が友だちのためにと思ってとった行動が，ときに相手の人に理解されないで，お互いが不快となり，自分自身で苦悩したりする。このようなときの忠告のしかたや受け方を取り上げて，友だち関係の基本となるものは，友だちをよくしていこうとする誠意であり，

その善意を信じてこたえるべき態度がとれることであることに気づかせたい。

○　どんなことでもうちあけて相談しあい，助けあう友人をもつことが幸福である。と同時に美しいものは多くの人の心を動かすものである。そこで，お互いが深い友情で結ばれ，だれをもってしてもたちきれなかったという資料をここで取り上げて，崇高な美しさに感動させたい。

4.　主題の関連

学年	主題名	ねらい
1	みんななかよし	わがままをしないでみんなと仲よくする。
2	ないた赤おに	友だちの気持ちになって助けあい，みんな仲よくする。
3	友だちどうし	みんながお互いに他人の立場になって考え仲よく励ましあう。
4	力を合わせて	集団生活での友情のありかたを考え，友だちのよい行ないを認め，励ましあい助けあう。
5	友情	互いにはげましあい，信頼をうらぎらないで仲よく助けあう。
6	真の友情	友だちは互いに信頼しあい，いつまでも誠意をもって助けあっていこうとする。

5.　ねらい

互いに励ましあい，信頼をうらぎらないで仲よく助けあう。

6.　指導計画

第１時　友だちどうしははげまし助けあうことのたいせつさを考えさせる。

第２時　メロスとデーモンの最後まで信頼をうらぎらなかった友情にふれさせる。

7.　展　開（第２時）

過程	活動・内容	指導上の留意点	資料
導入	1．前時と本時との学習内容の結びつきについて話し合う。		
展開	2．読み物「走れメロス」のプリントを読んで話し合う。 ○どんな感想をもったか。 ○王の涙は何だったか。 ○メロスとデーモンの心のふれあい。 ・ふたりで抱きあったときに思ったこと。 ・友のもとに急ぐメロスの心の中にあったもの。 ・デーモンの気持ち。 ・ふたりの関係にあったいちばんたいせつなもの。 ○メロスが帰っていないと考えたとき。 ・王の改心との関係。	○最後の場面を目をつぶっていろいろ心に描かせてみる。 ○信じあうことの価値の深さをくみとらせる。 ○死をもおそれぬ友情の強さを，深く感じさせたい。 ○友情というものを考えさせる。 ○自分の心に反問させながら批判したり，人間のもつ心の弱さを考えさせる。	○読み物　大宰治作「走れメロス」
終末	5．友だちのことで「こうすればよかった。」「これからはこうしよう。」と思ったり，考えたりしたことをノートにまとめる。	○「持つべきは友なり」という感じを持たせたい。	

8.　資料の価値分析

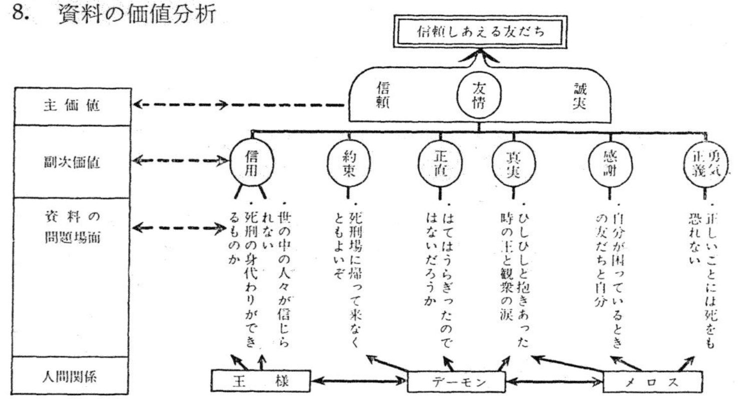

Ⅱ　資　料

1　読み物「走れメロス」

(1)

メロスは村の羊飼いでした。

たったひとりの妹が近いうちに結婚式をあげるので，そのお祝いの品を買ってから，久しぶりに友だちのデーモンに会おうと，はるばる都にやってきたのです。

ところが，都は，２年前に来た時とはまるでちがって，生き生きとしたところがなく，道で会う人々もしずんだ顔をしていました。

「都に何か悪いことでもあったのですか。」

メロスは，ひとりの老人をつかまえて聞きました。

「しっ。あまり大きな声を出しなさるな。」

老人はあたりに気がねしながら，低い声で

「実はな。王様が人を殺すのじゃ。王子さまでも，大臣でも……」

「王様は気がくるったのですか。」

「もしかすると，そうかもしれない。王様は自分よりほか，だれも信じられないとおっしゃるのじゃ。」

「そんなばかな。よし。ぼくは王様に会ってくる。」

メロスは老人のとめるのも聞かず，

「王様に会わせろ。」

とさけびながら，お城にかけこみました。メロスは番兵たちにつかまえられ，なわでぐるぐるまかれて王様の前につれていかれました。

(2)

王様「わしに言いたいことがあるなら言ってみろ。」

メロス「いうとも。ぼくは殺されたって言います。人の心をうたぐるのはもっともいやしいことです。いちばんはずかしいことです。国民は真心をもっているのに，それを信じない王様なんか王様じゃありません。」

王様「だまれ。人間はみな欲のかたまりだ。自分以外の人間なんか信じることができるものか。お前だって同じだ。番兵。このらんぼう者を，すぐはりつけにしてしまえ。」

メロス「わたしは，もとより死ぬかくごなのですから……。けれど王様，もしお情があるなら処刑まで三日間のおひまをください。たったひとりの妹に，村で結婚式をあげさせて，三日のうちに必ず帰ってまいりますから。」

王様はしわがれた声で低くわらいながら，

「とうとう本音をはいたな。このうそつきめ。にがした小鳥が帰ってくるものか。」

と言いました。

メロス「いいえ，必ず帰ってきます。もしどうしても信じられないなら，こういたしましょう。この町に石屋をしているわたしの親友のデーモンという友だちを人質にしてください。もし，わたしが三日間の日ぐれまでに帰ってこなかったら，その友だちを殺してください。」

王様はメロスの言っていることを聞いてばかばかしくなってきました。いくら親友でも，死ぬかもしれない身がわりになってくれる者なんかいるわけはないし，また，そんなことを友だちが引き受けてくれると信じているメロスも少し頭が変なのではないかと思いました。

けれども呼び出された石屋のデーモンは，２年ぶりに会ったメロスからわけを聞くと，だまってうなずき，メロスのかたをしっかりとだきしめました。そしてメロスの代わりに，なわでしばられて，ろう屋にひきたてられていきました。メロスは，その夜，40キロメートルの道をいそぎにいそぎました。

(3)

村へ着いたのはよく日の朝でした。メロスはすぐ妹と花むこになる青年を呼んで

「都に用事を残してきたから，すぐまた引き返さなければならない。急な話だがあした式をあげてくれないか。ぼくはお祝いのじゅんびをするから，きみたちは村の人たちにそのことをしらせにいってくれ。」

2　スライド「走れメロス」台本

(1)

むかし，ギリシアの片いなかに，メロスという羊飼いの若者が年をとったおかあさんと平和にくらしておりました。ある晴れた日のこと，メロスはオレンジの実をもぎながら，

「おかあさん，これを都にいるデーモンに持っていってやったら，きっと喜ぶでしょうね。」

「ああ，それはいい考えだね。久しぶりだからゆっくり行っておいでよ。」

メロスは40キロメートルの道をはるばる都にやってきましたが，どこもここもしいんとしていて，なんだかようすがおかしいのです。

「いったい，これはどうしたというのですか。」

「いや，今度の王様はたいへんうたがい深くて，だれのいうことも信用なさらず，その上お気に召さないことがあると，すぐ人を殺してしまうのです。」

「えっ，それで町中がこんなに暗くしずんでいるのですか。」

「そんなわからない話ってあるものか。」

そして，王様のようすを見ようと，お城にしのびこんだメロスはたちまち見つかって，とうとう王様の前にひき出されてしまいました。

(2)

① 「お前はなぜこのようなことをしたのじゃ。」

「王様はつみもない人を殺すから，おいさめしようと思ったのです。」

「ハッハッハッ……わしは王じゃぞ，なにをしようとわしのかってじゃ。これこれ，このばかものを死刑にいたせ。」

「はっ。」

② メロスは正義のためにはいさぎよく死のうと思いました。しかし，その時ふと心に浮んだのはいなかのおかあさんのことです。

「王様おねがいがあります。死ぬ前に一目おかあさんにあって来たいのです。３日間のゆうよをくださいませんか。」

「ハハハハ……うまいことをいうな。逃げようとしてもその手にはのらぬぞ。」

「いいえちがいます。それでは身がわりをたてましょう。この町に住んでいるデーモンという者を呼んでください。」

よばれて来たデーモンは，わけを聞くと，だまってメロスの肩をだきました。

「これ，デーモン。お前は身がわりになるつもりか。」

「はい。メロスはかならず帰ってまいります。」

「ハハハハ……。これはおもしろい。きょうから３日目の太陽が沈むまでにメロスが帰らなければ，お前が殺されるのだぞ。よいか。」

「はい，よろしゅうございます。」

「よし。メロス行け。」

(3)

③ メロスは夜どおし歩きつづけて，翌日のおひる前に家に着きました。

「おや，メロスもう帰って来たのかい。」

「ええ。…………」

「何だか顔色が悪いね。つかれたのだろう。早くおやすみ。」

「ええ，おかあさん。」

ほんとうのことをいおうか，いうまいかと，メロスは帰る道々も思いなやんで

というと，おどろいているふたりをせきたてて，いそいでお祝いの用意をしました。

よく日は，大雨でしたが結婚式はにぎやかでした。そのよく朝，メロスは一番どりの声とともにはねおき，身じたくを整えると，大雨の中を矢のように走りだしました。メロスはいっしょうけんめい走りました。5キロメートル・10キロメートル・20キロメートルを走りすぎたとき，メロスの足は，とまってしまいました。大雨のために橋が流され，川の流れはうずまいていました。だが，メロスは，そのはげしい流れの中にとびこみました。いくどもしずみ，流され，岩にぶつかり，うずまきにひきずりこまれながらも，メロスはけんめいに泳ぎました。

日は，しだいに西にかたむき気はあせるのです。——友だちを身がわりに殺させてなるものか。——メロスは必死の努力でやっと川を泳ぎきりました。よろめく足をふみしめ，ふみしめやっと山道をのぼりつづけました。すべってはころび，ころんではおき，苦しい息をはきながら，やっとのことで山をのぼりきり，ほっとしたときふいにふたりの山ぞくがメロスめがけておそいかかりました。（いまここで命を落としてはたいへんだ。）

メロスは，棒をむちゅうで拾うと，力いっぱいふたりをなぐりつけ追いかえしました。メロスはすっかりつかれてひざががっくりくずれてしまいました。ふと気がついたとき，すぐ近くに何かほとばしるものが音をたてていた。見よ，泉を。メロスはよろこんでその上にかがみ水をのんだ。

来たのでしたが，おかあさんの顔を見ると，やはり何もいえなくなってしまいました。そして2日は夢のように過ぎて——。

④　いよいよ出発の朝が来ました。あいにく外はひどいあらしです。
「おかあさん，ぼくは正義のために死にます。どうぞ元気でくらしてください。」
メロスは何も知らずに眠っているおかあさんにそっと別れをつげると，あらしの中にとび出しました。

⑤　メロスは雨の中を矢のように走りました。残してきたおかあさんのことを考えると思わず立ちどまりそうになるのでしたが，
「いけない，必ず約束の時間に間に合わなければ——。」
おかを越え，森をぬけてとなり村につくころにはさいわい雨も小降りになってきました。ところが——。

⑥　たいへんです。このげきりゅうを見てください。昨夜のあらしで橋も流され，舟もありません。
「ああ，どうしたらよいだろう。太陽が沈まぬうちにお城に行きつかなければデーモンが殺される。」
雨上りの陽はキラキラとひかりながら，もうだいぶ高くのぼっているのです。メロスははげしくおどりくるう流れの前にぼうぜんと立ちつくしました。

⑦　「よし。泳ぎきるよりほかはない。」
ざんぶとと飛び込んだメロスはたちまちげきりゅうにおし流されて沈みました。
「負けるものか，負けるものか。」
のたうち，荒れ狂う流れに，おし流されてはまた泳ぎ，おし流されてはまた泳ぎ，ついに死にものぐるいで向こう岸にすがりつくことができました。

⑧　見事にげきりゅうをのりきったメロスは，さすがに疲れてしまいました。けれども陽は西にかたむきかけています。一刻もむだにはできません。メロスは走りました。ぜいぜいあえぎながら野を越えてとうげをのぼりました。

(4)

こちらは，都の処刑場です。はりつけの柱に高々とデーモンの体がつるされていた。日はまさにしずもうとしています。王様はデーモンのそばにいっていいました。
「どうだ。デーモン。友だちを信じて，とんだ目にあったろう。世の中に信じられる人間なんか，ひとりもいないことがわかったろう。」
デーモン「いいえ，王様……」と。さらに苦しい息の下から
「わたしは，わたしはメロスを信じます。やくそくを信じます。メロスは必ずきてくれます。」
とさけびました。
王様は「ばかめ。くるものか。」と大声をあげ，手で合図をし，首つりのさしずをしました。
その時です。
「まて，その人を殺してはならぬ。メロスはいまもどってきたぞ。」
とさけびながら，おおぜいの中をかきわけて，刑場に走りこんできたメロスを見たとき，群しゅうの中からどよめきの声があがりました。
「ありがとう。メロス（デーモン）」
ふたりは同時に同じことばを言い，ひしと抱きあい，うれし泣きにおいおい声をあげて泣きました。このありさまをじっと見ていた王様は，静かにふたりに近づくと
「お前たちは，わしの心に勝った。信じあうということがいかにたいせつであるか，いまはっきりわかった。どうかわし

⑨　「ああ。」強い西陽に照りつけられて，くらくらとめまいがしたと思うと，メロスはばったりとたおれてしまいました。
「ああ，なさけない。ここまで来たのにたおれてしまうのか。」
そのときです。ふとおかあさんのことが頭にひらめきました。
「ああ，このまま助かっておかあさんと楽しくくらそうか。」
そんな考えがちらりと浮かびましたが，メロスはそのままうとうととなにもかもわからなくなってしまいました。太陽は西に落ちはじめています。

(4)

⑩　そのころお城では，メロスが帰って来ないので，とうとうデーモンが刑場に引き出されました。
「はっはっは。どうじゃ，メロスは来んじゃろう。」
「来ます。きっと帰って来ます。」
けどもデーモンは刻々に沈んでゆく太陽を見たとき，ふと，
「メロスは帰るのがいやになったのではあるまいか。」
と疑いの心がおきました。
「いやいや，メロスはそんな男ではない。必ず帰って来る。」
さて，メロスはどうしたでしょうか。

⑪　うとうとと悪い夢をみていたメロスは，ふと水の流れる音に目がさめました。しみずがわきでているのです。むちゅうではいよって，口をつけました。するとふしぎにからだじゅうに力がわいてきました。あたりを見まわしますと，夕日を浴びた草や木がもえるばかりにかがやいています。
「よし，まだ間に合うぞ。走るぞ，デーモン。」

⑫　野原をかけ，小川をとびメロスは風のように走りました。やっと都が見えはじめました。高い塔が夕日にきらきらひかっています。
「まだ日は沈まぬぞ——。」
走れ——。走れ——。メロス。

⑬　太陽がゆうゆう地平線に落ち，そし

を，君たちのなかまにいれてくれ。」 といいました。 王様の目に，はじめてなみだがひかっていました。	てまさに沈みきろうとしたとき， 「待ってくれ――。メロスが帰って来たぞ。約束どおり，いま帰って来たぞ――。」 群衆はおどろいて道をあけました。 ⑭　「わたしだ――。殺されるのはわたしだ。メロスだ。メロスだ。デーモン，いま帰ったぞ。」 群衆はどよめきました。 「ゆるしてやれ。」「ゆるしてやれ。」 その声はしだいに高まっていきます。 「デーモンのなわをとけ。」 王様は静かに命令しました。 ⑮　「デーモン，ぼくをなぐれ。力いっぱいなぐってくれ，ぼくは途中でただ一度，このまま助かろうという気持ちにおそわれた。きみがもしぼくをなぐってくれなかったら，ぼくはきみをだくしかくがない。なぐってくれ。」 デーモンはすべてを察したようすでうなずき，メロスのほおを力いっぱいなぐりました。そしてほおえむと。 ⑯　「メロス，ぼくをなぐれ。同じくらい強くぼくのほおをなぐれ。ぼくはこの３日間たった一度だけ，ちょっときみを疑った。きみがぼくをなぐってくれなければ，ぼくはきみとだきあうことができない。」 メロスはうでにうねりをつけて，デーモンのほおをなぐりました。 ⑰　「ありがとう。」「ありがとう。」 ふたりはひしと抱き合い，それからうれし泣きにおいおい声をあげて泣き出しました。群衆の中からもすすり泣きの声が聞こえます。王様はさっきから，ふたりのようすをまじまじと見ていましたが。 ⑱　「わしはいま初めて目がさめた。人を疑ってばかりいたわしは悪い人間だった。どうかわしをおまえらの友だちにしてくれまいか。」 どっと群衆の間に歓声が起こりました。 「ばんざい。王様ばんざい。」 そしてその声は町のすみずみまでひろがっていきました。

○　資料分析については第２章参照。

Ⅲ　考　察

1.　考察の観点

この研究事例は主題「友情」の指導にあたって，読み物資料を利用した場合とスライドを利用した場合とで

①　指導過程においてどのようなちがいがあったか。

②　教師の発言に対して，児童の反応はどうであったか。

③　児童の反応からみた資料はどうであったか。

という観点から考察を試みた。

2.　指導過程の違いについて

スライドの場合は，スライドを見たあとの話し合いが「こま」の順を追って行なわれているのに対して，読み物の場合は「王の涙」というものを展開の中核にして，学習を進めている。このあたりが読み物とスライドの特色が現われているところで，読み物において読む人それぞれの心象が自由に行なわれ，特に強く印象づけられたところから話し合いを進めることができる。

3.　教師の発言に対して，児童の反応はどうであったか。

読み物においてもスライドにおいても，教師が意図的に同じような発問をしたのに対して，その反応は読み物を扱ったほうがたいへん活発であった。特に「いちばん強く感じた場面」という発問に対しては読み物のほうが強い反応を示している。

それは，前述の読み物資料とスライドの台本内容とを対比して掲載したのであるが，その中から特に差違ある場面を下記にしるすことにする。

場　　面	読 み 物 資 料	ス ラ イ ド 台 本
○メロスが王様につかまるまでの様子。	○メロス「いうとも。ぼくは殺されたって言います。人の心をうたぐるのはもっともいやしいことです。いちばんはずかしいことです。国民は真心をもっているのにそれを信じない王様なんか王様じゃありません。」	2の① ○「王様は罪もない人を殺すからおいさめしようと思ったのです。」……なにしようとわしのかってじゃ。これこれこのばかものを死刑にいたせ。」
〈考察〉 ○メロスが正義感に燃える人物であることの度合いは，読み物のほうが話しことばによって読み手の心を深く理性的に考え深められよう。これに対して，スライド台本は，王に対して至極簡潔な表現で語られている。読み物のアンダーライン部分は，読者をして，何回も味わいながら自己の心に問い正すところのものである。		
○一刻も速くデーモンのもとに帰ろうとするメロス。	○よく日は，大雨でしたが…メロスは，その激しい流れの中にとびこみました。いくども，沈み，流され，岩にぶつかりうずまきにひきずりこまれながらも，メロスはけんめいに泳ぎました。	3の6 ○たいへんです。この激流をみてください。……メロスは激しくおどりくるう流れの前にぼうぜんと立ちすくみました。
〈考察〉 ○スライドの画面は，メロスが激流を前にぼう然として立ちすくんでいる姿。これに対して，読み物は，激流にも負けず力尽きるまで泳ぎ通したメロスの姿は，スライドの一画面より遥かに多様な印象を感得することができる。		
○力つきて，ばったり倒れた時のメロスのかっとう。	○――友だちを身がわりに殺させてなるものか。――メロスは，必死の努力で…。（ここで命を落としてはたいへんだ）	3の⑨ ○「ああ。」強い西陽に照りつけられ……「ああ，なさけない。ここまで来たのにたおれてしまうのか。」「ああ，このまま助かっておかあさんと楽しくくらそうか。」
〈考察〉 ○力尽きて倒れたメロスの胸中について，読み物では，簡単に記述されているが，スライド台本は，かっとう場面が，死か生かの岐路に立っての心からの叫びであり，しかも，よろめき倒れる画面は，見る人をして心うたれる光景である。このこまあたりからしだいにクライマックスとなって児童の心をまったく画面に引き込んでしまう。		
○ひしと抱き合うメロスとデーモン。	○「まて，まて，その人を殺してはならぬ，メロスはいま，もどってきたぞ。」……「ありがとう，メロス（デーモン）」 ふたりは同時に同じことばを言い，ひしと抱きあい，うれし泣きにおいおい声をあげて泣きました。	4の⑮⑯ ○「デーモン，ぼくをなぐれ。力いっぱいなぐってくれ。なぐってくれ。」 メロスのほおを力いっぱいなぐりました。そして，ほおえむと「メロス，ぼくをなぐれ…。」メロスはうでにうなりをつけて，デーモン

〈考察〉		のほおをなぐりました。
○資料を読んだあとに，「王の涙について」話を展開していったのであるが，ふたりの友情に心うたれた涙であることは感得されても，その感動は，スライド台本と比べると稀薄である。一方，台本ではメロスとデーモンがひしと抱きあう場面と，ほおをたたきあうふたりの顔。そして，その時になげかけたふたりのことばがいちばん児童の心の中に，くい込んだ場面である。 それだけに視聴後の話し合いは，劇的な印象が奥深い谷底にあるかのように，すぐさま話の路上に乗ってこなかった。 読み物を通したときの話し合いが，活発であったから心情化が図れたとは一概にいいきれない。要は，読み物資料とスライド資料の特性を生かし，これらを併用して，心情化がいっそう図れるように展開過程に位置づけてみることがたいせつである。		

以上の資料分析から読み物の前半（川をわたるところ）までを利用し，スライドは，メロスが倒れ苦悶している場面から終わりまでのコマを利用してみることが道徳的心情を深めるのに適切と考えられる。

指導事例　9

読み物の種類	研 究・考 察 の 観 点	授業の角度づけ
作　　文	作文を利用した指導	主として判断力を高める指導

Ⅰ　指導案

1. 主題名　　自由と責任（第６学年）
2. 設定の理由

学校生活が充実してきたこのころの児童は，個人生活では自主的な行動ができるようになってきたが，反面集団の中での行動をきゅうくつと考え，外からの圧迫からのがれようとする傾向がみられる。また，これを自由だと誤解しているむきも強く，自分かってな行動をふるまうものがある。

特に係り活動などにおいては，6年生になった当初，最上級生としての誇りをもって責任ある地位につくことの感激と自覚から，下級生のよい模範となり，係としての責任を果たそうという積極的な意気ごみが見えていたが，現在では当初の感激と熱意も若干うすれ最後までやりぬこうとする気力が乏しく思われる。

そこで，自分のわがままな生活を反省させ，きまりの中で自分の生活の正しいありかたを理解し責任をもって自分の行動をするようにさせたい。

3. 主題の関連

学年	主題名	ねらい
2	おつかい	ひとに頼まれたことや，自分の仕事はきちんとする。
3	自分のかかり	自分で選んだ係りの仕事は喜んでやるようにする。
4	言うことと　することと	自分のかってな気持ちで仕事を怠けたり，やめたりしないで自分のやることに責任をもつ。
5	みんなの仕事	分担しあった仕事はお互いに責任をもってやりとげようとする。
6	自由と責任	集団の中における個人の自由を考え，自分の言動に責任をもつ。

4. ねらい

集団の中における個人の自由を考え，自分の言動に責任をもつ。

5. 展開

	活動・内容	指導上の留意点	資料
導入	1．責任を果たさなかったために人に迷惑をかけたり，かけられたりしたことはなかったか話し合う。	○「責任」について児童が受け止めている程度で，生活の中から話を進めていく。	

展開	○人に迷惑をかけたと思ったこと。 ○迷惑だと考えたこと。	○個人の行動を強く批判しすぎないように発表させる。	
	2．「わたしはわからない」の作文を読んで話し合う。 ○三つの作文の話について ・運動場の使い方 ・給食当番 ・となりの家のこと	○三つの作文から作者のわからない所に気をつけさせて読ませる。 それぞれの場面を明確につかませる。	作文「わたしはわからない」
	○作者がわからないと述べている問題点について ・4年生の場所を6年生がとったこと ・柴田さんが引き受けたこと ・中学生のおかあさんのこと ○共通となる問題について ・4年生と6年生の考えや態度 ・北村君や柴田さんの態度 ・両方のおかあさんの態度	○作者がわからないと述べているところをプリントから指摘させる。 ○1，2，3の場面から自分の自由と他人の自由について考えさせたい。 ○柴田さんの態度を妹のことばと関連させたい。 （登場人物の心情面も考えながら） ○柴田さんの態度や人柄を中心にして三つの場面を総合して考えさせる。	
終末	3．ほんとうの自由とは何かを考え話し合う。 ○「自由とわがまま」の作文を聞く。 ○自由と責任について意見をまとめる。	○自由とは特に良心に誠実であることに気づかせたい。	作文「自由とわがまま」本町文集

Ⅱ 資料

作文「わたしはわからない」　6年　山野和子

① きのう土曜日，岩田先生は近くの町の学校へ研究のため出張されました。「先生がいないからいいぞ。」そんな顔をしている人もいました。でも，朝の話し合いで静かに自習することにきめたので，わたしたちが心配したほど，さわがしくもならず2時間目も終わりました。

休み時間，荒木さんたちと校庭に出てみると，福田君や青木君がボールを持ってかけて行っています。砂場の横では4年生がドッチボールを持って遊んでいます。福田君たちは，しばらく４年生のドッチボールをみていましたが，やがて何やら相談をしていました。そして，青木君が４年生に「ここは前の時間から６年生がとっといた場所だからのいてくれよ。」といっているのです。４年生はおどろいてゲームをやめました。だれかが「ぼくが先に来たのに，運動場はみんなのものだよなあ。」などと，小さな声で言っていましたが，結局おおぜいの６年生の勢いにおされて４年生は，不満そうな顔をしながらゲームをやめました。かわりに６年生がゲームをはじめたのです。

わたしは，このようすを見て何だか６年生がかってすぎるように思えました。なるほど１時間目の休みにはこの場所を福田君たちが遊んでいた場所です。しかし，この休み時間は４年生が先に出ていたのです。「４年生がかわいそうですね。」と，となりにいた宮地さんに声をかけると，宮地さんもそのようすを始めからみていたようでした。

「でも，福田さんたちは，ちゃんと４年生に言ってからのいてもらったんだから……あの人たちは悪くないと思うけど，ねえ荒木さん。」

「そうよ。悪くないと思うなあ。」「でもね。４年生だって自由に遊ぶ権利はあるわよね。」岸さんの声です。

話しさえすれば，４年生の遊び場所をとりあげてもよいのでしょうか。なんだかむずかしくてわからなくなりました。終わりの会に，この問題を出しても，はっきりと解決しそうにも思えないのでやめました。岸さんも同じ考えだったのでしょう。わたしの顔をみてにっこりしました。

② 二・三日前にも，こんなことがありました。

給食当番の柴田さんに西田君が，「北村君の代わりに，このパン箱を返しといてくれよなあ。」とたのんでいるのです。柴田さんは，学級でもやさしいおとなしい女の子です。しばらく当番の北村君と西田君

の顔を見ていましたが，「ええ，いいわ。」と，ひきうけてあげました。

西田君は，北村君をせきたてて運動場へとび出して行きました。それにつられて，男の子はみんな出ていってしまいました。給食当番をしていると遊ぶ時間はほとんどなくなるのです。それに学級の中でもスポーツマンの北村君は試合の時は，なくてはならない存在なのです。

きょうもＢ組と何やらボール運動の試合をしているようでした。柴田さんは，だまって食器あつめをはじめました。でも少ない人数ではなかなかはかどりません。わたしは柴田さんたちに手伝ってあげました。となりにいた荒木さんたちも手伝いました。すっかり後かたづけができたときはもう予鈴のサイレンが鳴っていました。

結局，わたしたちは休む時間がありませんでした。この時もわたくしはわからなかったのです。柴田さんが当番の仕事をひきうけてあげるのは自由だろうと思います。友だちのぶんまで仕事をしてあげることはよいことかもしれません。でも，当番の人が責任を果たさないで当番以外の人にまで迷惑をかけてもよいのでしょうか。家に帰ってからおねえさんに聞くと

「柴田さんってりっぱね。友だちの仕事までしてあげるなんて。ひきうけてあげるかどうか自由だわね。だったらそれでいいじゃないの。」とわらっていました。でもわたしはなんだかすっきりしませんでした。

③ その夜テレビのドラマでもわからないことがありました。団地のおかあさんどうしの話ですが片方の家には中学生がいて高校受験の勉強にいっしょうけんめいです。その家の近くで立ち話をしていてもそこのおかあさんにどなられるしまつです。

ちょうどその家の二階にあたる室に音楽学校へ行く女の人がいなかから出て来て毎日おそくまでピアノの練習をはじめたのです。

中学生のおかあさんはその室に半ばどなるようにたのみにいったの

です。ところが
「わたしの妹も音楽学校へ行く勉強をしているんですからね。あなたのところの家で何をしようと自由ではありませんか。」とその家のおかあさんにことわられてしまったのです。このドラマをみてわたしは個人の家で何をしようと自由だという人の意見もまちがっていないように思いますが言い分はありそうな気がします。多くの人の住む団地にはいろいろな約束や規則があるのではないでしょうか。

住んでいる人にはそれを守る責任があるはずです。いろいろ考えているうちに，わたしたちのくらしの中にも，おとなの人たちのくらしの中でもよく自由だということをききますが，自由とはどんなことなのか，わからなくなってしまいました。だれかわたしに教えてください。

作文「自由とわがまま」　6年　安岡里子

自由とわがままは同じようでちがいます。社会では，はきちがえている人が多いようです。字がちがっているように，その内容もちがっているのです。「自由」はなんでも自分の思ったようにするのが「自由」だとはきちがえている人が多いようです。それはもう「わがまま」ということがはいってほんとうの「自由」ではありません。「自由」は人に迷惑をかけないで，人の道をふみはずさないで行なわれたものをいうことです。

終戦後，「自由」とか「平等」とかいわれてきました。なんでも人の自由とか，自分のやることをとやかくいうことを，いやがっていましたが社会には「規律」というものがあります。「自由」も人に迷惑をかけたり，人に対してきびしいものであったりしてはならないと思います。

自由には，たとえばある人が自分の思ったようにしたいと思っても

他人には，それが迷惑になっていやなことである場合には，それはもうわがままになっているのです。「わがまま」は人の迷惑を考えないで自分の主張を通して，ずうずうしくおしとおしていくことだと思います。社会では，「が」が強いといいますが，これが「わがまま」の一つの現われではないかと思います。

家では，よく弟がわたしに対して食事のときでも自分はすわってテレビを見ているのですが，水を持ってきてくれ！　とか，いろいろ言ってわたしを困らせますが，それも「わがまま」であって，自分で取りに行けばすむことですが，それができないので人を使うということは，自分自身は満足することですが，それは「自由」ではなくてわがままになっていると思うのです。

人はよく「自由」にしてくれといいますが，はたして自由とは，人に迷惑をかけない自由はむずかしいのではないでしょうか。それによって人がきずついたりすることが，社会では多すぎるのではないかと思います。ひとりひとりが「わがまま」を出さないで，一つの家が思いやりのある生活をすれば社会も明るくよいものになると思います。

Ⅲ　考　察

1.　授業の概要

この授業は，児童の生活場面から責任という問題場面を想起させ，事実や実態に関する単純な報告を求め，作文①②③の資料を活用した。さらに，終末において作文（論説文）を利用している。いわゆる，この指導過程は生活～資料～資料という構えで学習が流された。

そして，この指導過程の主たる角度づけは道徳的判断力を高めることに重点がおかれた指導である。さらに，その指導内容は前述の指導案のとおりであるが，その要点をまとめてみると，

① 集団の中における個人の自由について理解を深めさせる。すなわち，集団生活において無ルールの中にもルールのあることに気づかせようとした。換言すれば客体からの統制を知的な主体の統制におきかえることのできる人間こそ真の自由であること。

② 自由を欲するならば同時に責任を果たさなければならないことを理解させる。

③ 自由は，わがままを通して自分の好きなことをすることではなく，良心に誠実であること，および集団生活のきまりを守ることによって得られるものであることに気づかせる。

④ 自分の言動について責任をもって行動する態度を養う。

などの主価値とこれにまつわる副次価値とを内包して作文編を駆使し道徳的判断力を高めようとした。この作文利用によって目的はある程度達せられたといえよう。しかし資料の活用は多すぎた感があり時間不足だったとも言えよう。

2. 児童の道徳性形成過程

次の表は実際授業の記録に基づいて，児童の道徳性形成という志向においてたどりえた内面化過程として，発言活動による学習の動態を(+)(-)に分類し，内面的な思考の深まりかたを考察しようとしたものである。

〈この表の見かた〉

- □は教師の主たる発言内容と活動。
- (　)は学習の動態や内面的な思考の深まりの洞さつ。
- (+)(-)は，いずれも児童の発言活動でその広がり，発展，吟味，討議の観点によって，(+)は学習の興味，関心，集団討議への参加などに意欲的で内容的にも深いもの。(-)は内面化過程への志向の稀薄なもの。

過程	(+)	(-)
生活経験のほりおこし	きょうは，みんなで自由と責任について考えてみましょう。 板書「自由と責任」	
	(自由と責任というけど何か関係があるだろうか。自由の身であって責任が果たせるだろうか。)	(「自由と責任」と板書されたがいつも口にしていることでわかりきっているのになあ。)
	自分の生活をふり返ってみて責任が果たせなくて人に迷惑をかけたことで，どんなことが思い出されますか。	
	○放送部の原稿を自分が期日までに書かなければいけなかったのに友だちに頼んでそのままにしてしまった。 ○給食部の仕事をなまけてしまった。	(係り活動の中に問題を見いだしたものが多かったが，なかには男女間の遊びの中から，人に迷惑をかけているがどうかと批判めいたものも出てきた。)
	責任を果たさないとどういうことになるでしょう。	
	○ひとりびとりが自分に負わされた責任を果たさなければ人々に迷惑がかかってしまう。	
作文内容のあらすじのはあく	それでいったいいいだろうか。きょうはこのこと（責任と自由）について考えてみましょう。 「わたしはわからない」作文を読む。	
	〈板書〉 ○運動場の使い方 ○給食当番 ○となりの家のこと	○６年生が４年生の場所をとった， ○男子が給食当番を女の子に頼んで外に出てしまった。 ○高校受験の中学生の家庭の母と音楽学校受験生の家の親との争い。
問題の洗い出し	作者がわからないと言っているが，どんなことがわからないのだろうか。	
	(作文内容①②③から作者の疑問に思っていることを児童の発言からその要点を引き出し板書した。この三つの板書事項から共通する問題点を引き出させ，「自由と責任」の価値追求へと進めている)	○話し合えば４年生の場所を６年生がとりあげてもよいだろうかといっているところ。 ○おねえさんの話のところの自由と責任との関係。その考え方に疑問をもっているところ。 ○『よく自由だと口にしているけども自由とはどんなことなのかわからない』と述べているところ。

自由と責任ということの追求はあく

この三つの作文から作者がわからないと言っている。自由と責任の考え方を，みんなで考えてみよう。③の自由の考え方でおかしいと思うところがありませんか。

○『わたしの家で何をしようとかってじゃないですか』と言い張っている奥さんの考え方は，おかしいと思います。 ○ではYさんに質問しますが，人に迷惑をかけても自由だというのですか。 ○作者が言っている『住んでいる人には，それを守る責任があるはずです。』と述べていますが，もし約束や規則がないような場合，たとえばこの作文の②のような当番を頼むとかいったとき自由を守るということはどういうことですか。	○『個人の家で何をしようと自由だという人の意見もまちがっていないように思います』と言っているとおり，わたしはいいと思います。 ○他人のことも考えないで自分の家庭だけよければよいという考え方は絶対よくないとわたしも思います。あくまでも自分の自由を主張すると同時に相手の人の自由をきずつけないようにしなければいけないと思っています。

K君自身の自由に対する疑問が出てきたようですから②の作文から自由と責任について考えてみましょう。

○自分の責任を果たさないで友だちに頼み，その上，友だちに迷惑をかけているし，自由だと姉は言っているけれども，それはまちがっていると思います。	○姉の言っていることは責任ということを考えていないと思います。 ○まず自分の責任を果たすことだと思います。

こんなとき当番を引き受けてあげるべきだろうか。

○引き受けることはその相手をあまやかして悪い結果になるし，自分ひとりでできないときは，かえって人に迷惑をかけてしまうから引き受けないほうがよいと思います。 ○当番の責任を果たした上で遊んだほうがもっと自由だったと思います。	○こういうときには北村君に注意してあげたほうがよいと思います。 ○自分が承知の上だから当番を引き受けようとその人の自由だからかまわない。

自由と権利の関係はあく

①の作文内容を②と関係づけて考えてみよう。相手が承知すればよいだろうか。

○４年生が納得したと解釈しがちであって，それはほんとうの納得ではなくて，力で相手をおさえたのだから，自由にする権利はないと思います。	○話してから６年生が運動場を使用したのだからそれは，自由です。 ○相手の自由をふみにじるようなことはほんとうの自由じゃないと思います。

○運動場を使う権利はどちらにもあるが，その権利を力でとりあげたりすることは自由ではないと思います。	○４年生は不服なんだからもっと自分たちの権利を主張すればいいと思います。

（自分の権利を無意味に放棄することは自由を放棄することに等しいことなどに志向させるべきであった。）

無ルールの中のルールについて

②の給食当番の話は自由でしょうか。

○北村君が柴田さんに頼んだのだから柴田さんは責任を負わなければならないのに，人に迷惑をかけたのだから北村君の態度はいけないと思います。 ○きまりがあるなしにかかわらず，自分も自由の身になりたいならば，まず相手の自由を考えてやれば当然自分のなすべき責任は果たせると思います。	○西田さんが北村君をせきたてているが，学校のきまりであるから北村君が「ぼくやるよ」と言わずにすごしたのはこの態度がよくない。

自由の追求

人に頼んではいけないという給食当番のきまりはどこにもないね。となりの家どうしの争いの作文ではきまりはどうですか。

○わたしの家の前の人もこのような人がいて早くねようと思うが自動車のエンジンの音がして自分もおばあさんもねられない。こういうことが自分たちのまわりにもあるのでお互いに静かに話し合ったらよいと思います。	○隣りどうしのきまりは別にないけれども人に迷惑のかかることはやめるのが当然です。

では，この中学生の母がしたことはどうだろうか。

○みんなの立場を考えないで自分のことしか考えない人です。 ○自分のことしか考えない利己主義者で相手の自由をうばっている人です。 ○ピアノ練習で低くひくことはできないもっと自由にひける時間が話し合ったらできると思います。	○いけないと思う。 ○自分かってな言い方です。 ○ピアノはまわりの人に迷惑がかかるから低くひいたらいいと思います。

こういう場合は，あなたたちだったらどうしますか。

	○話し合う場合も相手をきずつけないようにお互いの自由がまもれるように話し合います。

わたしたちは自由だ自由だという。しかし，ほんとうの自由とはどういうことだろうか。

○人に迷惑をかけないように心の中で思っている。心の中のきまりによって自分の判断で行動できる人がほんとうの自由な人だと思います。	○他人に迷惑をかけない。 ○相手の気持ちを考えてやること。

（作文「自由とわがまま」を読んで，その違いを明確にはあくさせ，自分の良心に従って行動できるように志向を図った。）

2. 内面化の図らせかた

学習は，その目標によって方向づけられ展開していく。多くの児童が共同思考できるのも学習目標を共有するからである。今ねらいがどのように提示されたか考察してみよう。

(1) 概括的なねらいの指示（Ⓣは教師の発言　Ⓒは児童の発言）

Ⓣ「きょうは，いつもみんなが耳なれた「自由と責任」ということについて考えてみましょう。」と述べて，本時のねらいの中核に志向させようとしている。児童にとって日常口にしないような徳目であればこのような提示のしかたは危険であり，話し合いが観念的抽象的なことばのやりとりに終わりやすいので留意したい。

Ⓣ「自分が責任を果たさないで人に迷惑をかけたこと，あるいは，

人が責任を果たさないで迷惑したことはありませんか。」これに対して，

Ⓒ「先生，学校内でも家庭に帰ってからでもよいですか。」「放送部の原稿を友人に頼んで……。給食部の仕事をなまけて……」などの発言によって責任を想起している。だがいずれも係り活動における責任上の問題であったので，もっと異質な責任を発言の中から求めておくことが次への資料に接近できるものと考える。

Ⓣ「そうだ，そういう経験の中にだね。別にこれという細かいきまりはないけれども，自分のしたことが他人に迷惑をかけてしまったということがあるでしょう。」の発言によって本時学習の見通しがたつ。もし，この指示がなかったならば導入に時間を相当要したであろう。

(2) 作文「わたしはわからない」の提示のしかた

Ⓒ「運動場の使用で６年生が広い場所を取って人に迷惑をかけているが男性はどう考えていますか。」このようなある女性からの発言をすかさず取り上げて

Ⓣ「Ａさんの言うことについて男性からの意見もあると思うが，ちょうどあなたたちと同じような問題をもった作文があるので，みんなで考えてみましょう。」

本時の主要な学習展開は，この発言によって決まったのであるが，それまでの手順として，人に迷惑をかけた経験，人のしたことで迷惑だと考えたこと，責任のがれをした経験などの発言から，教師は何を引きだしていこうとするのか。その意図を明確にして指導にのぞまなければならない。また，このことが資料の位置づけの大きな要因ともなる。

児童の側から読み物資料を手にしたときに何を考えるであろうか。

○自分たちが今話し合ってきたことと少し違った話の内容だが，どうしてだろうか。
○こんな見かたや考え方でよいだろうか。
○自分だったら，こうするのになあ。
○あ！ そうだ。さきほど話し合ってきたことはこの部分の話だな。

などの心的活動が伴って，個々の感得したものが出し合わされて，共同思考がいっそう深まっていくものである。ここで注意すべきことは資料提示以前の話し合い内容と資料内容とにあまりにも断層があってはならない。

ここに利用された作文①②③をどのような順序で提示することが最も効果的であり，また，児童の思考の論理に一致できうるか。これは重要な問題である。道徳の指導過程が内面化への過程であれば，内面化の手だてすべてが問題視されなければならないので，当然資料内容の配列と中心内容が最も吟味され適切な提示方法が考えられなければならない。

本時主題の展開から考察すると②の作文，給食当番を1番目に提示したほうが児童の経験内容発表からしても自然であったと思う。ところが，三つの作文を同一の紙に印刷し録音を通して視聴させた。この点読む速度が同一であるため内容はあくが不確実となるおそれがある。長文の読み物であれば，むしろ事前に与えておくほうが効果的である。また，作文3編を分割してプリントすることも一方法である。

①の作文は運動場使用についてかなり地域差も認められようが資

料の量からみて，これを除き②③の作文を関連的に扱ったほうが効果的であったと思われる。

③の作文内容の自由を最初に取り上げたことは児童の思考の筋道に飛躍がありむしろ，②の作文中の責任の転嫁と自由との関係をはあくさせるのが自然である。③の作文によって集団の中における個人の自由というものの考え方を明確にさせることが可能であろう。

(3)　「自由と責任」の価値の理解追求

——資料のもつ意義の理解・判断——

「わたしはわからない」の3編からなる作文から，自由と責任がわたしたちの生活にどのような意味と役割をもつものであるかを価値理解させて，本時のねらいに対する実践への見通しや励ましを与えようとするものである。

展開から終末に至るまで作文4編を利用したことは何よりも資料が多すぎると言わざるを得ない。そのために皮相的に流れ深く考え問題を追求することの浅さを認める。この資料から教師の意図する無ルールの中のルールが，児童にとってかなりむずかしかったのではないかと思う。そこで作者の「わたしはわからない」と述べている諸要素を分析考察させる時間がもっとほしかった。

児童たちにとっては自分たちの生活との距離感が少ないため，資料から自分たちの生活を無意識のうちにふりかえっていたため，主体的な学習活動をささえることができたと思われる。

価値理解を図る段階で教師との一問一答に終始した傾向が強かったが，こういう場合は，ひとりのこどもの発言についてみんなで考え，あるときは同意したり反発したりして，それぞれの立場から考え方を出し合わせるようにして共同思考を深めることがたいせつである。

終末の過程で「自由とわがまま」の作文を読ませたが，自由とわがままの定義に再認識したまでにとどまった。三つの作文によって，自由と責任の価値理解は深められているので，この作文は不要と思われる。

(4) 資料からの脱出　　——価値の一般化——

3編の作文を中心に作者の考え方を対比させながら「自由と責任」の価値を追求させはしてきたが，これらの場や条件によっては納得いくものの，他の場面や条件を与えたときに果たして正しい自由の主張ができるだろうか。本時の扱い方は，その面において主体的に考えさせる機会が乏しく思われる。

終末において，自分の考え方や判断が学習のはじめと，それ以後の変容を各自の心の中で見つめさせる指導が必要である。すなわち，各自の変容を発表しあう中に，さまざまな「自由」の考え方のあったことを認め，これからの集団生活のあるべき個人に指向させることができよう。

価値の一般化が指導意図のもとに図れる場合と，異質な資料を組み合わせ，これを扱う中に価値の一般化が図れていく場合とがある。本時は，むしろ後者の扱い方のほうが望ましく，それだけに危機的場面のいくつかを包含する資料の組み合わせがのぞまれる。そういう場面から主体的に自己を見つめ，こうありたい，あるべき生活へと指向させなければ，資料にはいまわる自己を忘れた授業に陥らざるを得ない。

指導事例　10

読み物の種類	研究・考察の観点	授業の角度づけ
物　　語	長文の物語の扱い方	心情化を図る指導

1　指導案

1. 主題名　　真の友情　　(第6学年)
2. 設定の理由

○　この期の児童たちは，それぞれに仲のよい友だち，または，親友というものをもっている。その関係に目を向けると，ただなんとなく気が合って楽しく遊べるとか，互いにことばを気安くかけられるとか忘れ物をした時など，物の貸し借りが容易にできる関係があるかないかで友人，親友と考えている者が多い。

○　真の友情とは，お互いの欠点をなおしあったり，正しい忠告をしあったりして，お互いが成長していくことであり，そのためには他人の信頼に対しては誠意をもってこたえようと努力しなければならない。また，他人から信頼を受けるよう常に誠実な行動がとれるように心がけることがたいせつである。

○　来年3月には小学校を卒業していく6年生でもあるので，ここで友人相互のありかたを考えるとともに，さらに，この読み物を通して友だちどうしは互いに信頼しあい，いつまでも誠意をもって助けあっていくことの美しさをわからせたい。

○　読み物「友情」は，小学校時に受けた恩を卒業後40年たっても忘れずに身をもってその恩人を救おうとした，心あたたまる読み物である。

3. ねらい

友だちどおしは互いに信頼しあい，いつまでも誠意をもって助けあっていこうとする。

4. 主題の関連

学年	主題名	ねらい
1	みんななかよし	○わがままをしないでみんなと仲よくする。
2	ないた赤おに	○友だちの気持ちになって助け合ってみんな仲よくする。
3	友だちどうし	○みんながおたがいに他人の立場になって考え仲よく励ましあうようにする。
4	力を合わせて	○集団生活での友情のあり方を考え，友だちのよい行ないを認め励まし助け合う。
5	友情	○たがいに励ましあい，信頼をうらぎらないで仲よく助け合う。
6	真の友情	○友だちどおしはたがいに信頼し合い，いつまでも誠意をもって助け合っていこうとする。

5. 指導計画

第1時　児童作文を取り上げて友人相互のありかたを考える。

第2時　読み物を通してニコラスとウェークの友情にふれる。

6. 本時のねらい

ニコラスとウェークの友情を通して，友だちどおしは互いに信頼をうらぎらないで，いつまでも誠意をもって助けあっていこうとする気持ちを育てる。

7. 展開

過程	活動・内容	指導上の留意点	資料
導入	1．前時と本時との学習内容の結びつきについて話し合う。		読み物「友情」
	2．録音によって「友情」1，2の話を聞く。	・目を閉じて聞かせ事件の概要をわからせる。	文部省小学校道徳指導資料2年
展開	○ニコラスのあやまちとそれに対する態度。	・児童たちに話し合わせることは特にしない。	1，2を録音
	○ニコラスの態度に対してのウェークの気持ちと代わって罰を受けるようすについて	・身代わりになったウェークの考えを教師が補説する。	1，2の内容の要点を図表に示したもの
	○ウェークに助けてもらったニコラスの気持ち		
	3．読み物「友情」3，4を読んで話し合う。	・あまり勉強もしない上に憶病だった。	プリント3，4
	○特に強く感じた点について。	・勇気のある人間になる！　ひきょうなまねをしない。	
	○ニコラスが旧友を助けようと苦心したことについて	・恩に感激し生まれ変わったようになったこと。	
	・小学校時代のニコラスとその後のニコラス。	・文章に即して考えさせる。	
	・そのことをニコラスは，あれから毎日どのように感じていたのだろうか。	・今のニコラスの立場と旧友を救わねばならない心の苦しみをわからせる。	
	・そのウェークと法廷で会ったときのニコラスの気持ち。		
	・判決を宣告したときのニコラスの心。		
	・ロンドンまで夜を日について馬を走らせるニコラスのようす。		
	・「わたしをウェークの身代わりに死刑にしてください」のことばからウェークへの友情の深さについて思いかえす。	・身代わりとなっても助けたいの一心を録音1・2の要点から3・4への内容とを結びつけて考えさせたい。	
終末	・ニコラスの涙とそれを聞くクロンウェルの涙	（立場をこえて恩になった友への誠意）	
	4．わたしたちの友人関係の中で改めたいことは何か。	・それとなくわからせる程度にとどめる。	

Ⅱ　資　料

ニコラスとウェーク　読み物「友情」

小学校道徳の指導資料第１集（第６学年）P128参照（本文省略）

出典　山本有三編　国語６年の１　日本書籍株式会社

1.　資料の本文，１部カットについて

本文中次のところは，児童に読ませることが不適当であると考え，意図的にカット（P632L10）して，これを与えた。

〈カット内容〉

> ○　打たれたせなかは，まだ，ぴりぴりいたんだが，かれの気持ちは明るかった。
>
> 終業のかねが鳴った。きょうの授業はこれで終わりである。生徒はみんな，校庭のはずれにある寄宿舎に帰っていった。しかしウェークのクラスの者だけは，自分のへやへ帰ることもわすれて，ウェークのところに集まってきた。そして，みんなでウェークをどうあげして「わっしょ，わっしょ」と運動場をまわり始めた。

〈カット理由〉

○友人のために身代わりになってその罰を受けたこと。

○罰を受けても友人を救ったウェークの気持ちは明るかった。

○そのウェークの行為に対して級友が英雄的扱いにして胴上げをした。

という道徳的価値を読み物としてのみ受けとめはするが，現在の児童たちの生活経験からも，感覚からも具体的はあくとして受けとめることは困難であると考える。

2.　児童に与えるプリントの配慮

○　物語が長文で内容が比較的高度と思われるので，各文段の観点を

下段のわくに記載した。

○　難語いは平易なことばにおきかえたこと。

○　重要な叙述部分には…を付して児童の注意を喚起するようにした。

Ⅲ　指導記録

教　師　の　発　言	分	児　童　の　反　応
1　この前の時間は，みなさんの作文によって，みんなの友情について勉強しましたね。 きょうは，ある物語を通して，やはり友だち同志の心あたたまる友情について考えてみましょう。 2　この話は４つの場面からなっていますが，まず初めに，お話の①と②をテープにふきこんでおきましたのでそれを聞いてもらいたいと思います。 3　では，らくな姿勢で目を閉じて静かに聞くことにしましょう。 4　今から300年前のイギリスのお話です。 5　300年前の当時のイギリスといったら封建制度のきびしい，教育の面でも相当きびしかったころのお話ですよ。	0	（録音機の位置を児童前方の中央の少し高めにして置く。）
（静かに録音を聞かせる）		（静かに録音を聞く）
・300年ほどむかし ・イギリスの話 と板書する （録音の半ばごろ模造紙に書いた表をはる。）——→		ニコラス ←——→ ウェーク ニコラス：勉強をしない → 憶病な子 → カーテンをさいた → 恩は一生忘れない → 勇気のある人間に ウェーク：勉強ができる → 勇気のある子 → ニコラスの身代わりになる → ニコラスをうらまない
6　話の内容が聞きとれましたか 7　話に出てきた人は，どれですか 8　そのふたりがどうしたのでしょう	10	1　はい 2　ニコラスとウェーク 3　ニコラスはあやまって，たれまくを破ってしまった。 4　ウェークはニコラスの身代わりに

9　そうですね。ニコラスはあやまって幕を破ってしまいましたが，あやまる勇気がなかった。そこで，親友のウェークがニコラスの身代わりになって罰を受けたという話ですね。

10　では，ウェークはなぜニコラスの身代わりになってあげたのか。そのことについて話を一度聞いただけでは，わからなかった人もいたかもしれませんから，そのことについて先生が補説いたします。

11　ニコラスは幕を破ってしまった。幕を破ったばかりでなく，うそをついてしまった。二重の罰を犯してしまったのです。
ニコラスの父は非常にきびしい人であるから，退校処分にでもなったら，家から追い出されてしまうだろう。それでは親友として見るにしのびない。しかたない，だまっていた。もし自分がやったのだと思われたらその時は身がわりになろうと考えた。そこでニコラスに代わって罰を受けるようになってしまったのです。

12　ウェークに助けてもらったニコラスの気持ちはどんなでしたか。

13　では，今度は，この話の続きをプリントしておきましたから，みんなにそれぞれ読んでもらいましょう。
（プリント配布）

14　はい，いつものように気づいたところにアンダーラインを引いてもよいし，また下はメモ欄になっていますからメモしてもよし，さあ，あとの続きを読んでみましょう。

15　読み終わった人は手をあげてください。

16　では，もう少し待ちましょう。

17　さあ，読みおえましたか

18　読んでどんなことを感じたでしょう，特に強く感じた点について何人かの人に感想を発表してもらいましょう。

なってあげた。

5　ウェークに対してすまない気持ち

6　恩は一生忘れない

7　二度とひきょうなまねはしないでこれからは勇気のある人間になると誓ったと思います。

12　8　読みながら書きこんでいってもいいですか。

（児童たち思い思いに読みはじめる）

9　（半数ぐらい挙手　まだ読みふけっているものもいる）

10　もう少し待ってください。

11　はい，読みおえました。

20　12　小学校のころ，意気地なしだったニコラスがおとなになってから裁判官にまでなったことはえらい。

13　自分が死刑になってもいいから少年時代の恩人を救おうというニコラ

19　そう，いろいろ出てきましたね。では今こたえたＹさんと同じ意見の人は？

20　では，ニコラスは40年前の友を助けようとしたのでしょう。

21　小学校時代のニコラスはどんな児童でしょうか。

22　身をもっても，ウェークを助けようとしたことは，どこでわかりますか。

23　このニコラスの気持ちについてみなさんはどう思いますか。

24　そうですね，40年前の恩を忘れなかったということは，ほんとうになかなかできないことですね。

25　40年来　心にきざまれていたウェークに法廷で会った時のニコラスの気持ちはどんなだったでしょうね。

26　しかし，さばかなければならないニコラスの気持ちはどうでしょう。

27　そこで，ニコラスは馬を走らせた，何のためにでしょう

スの気持ちに感心した。

14　夜も日も休まずにウェークを救おうとしたところ

15　命をかけてもウェークを救おうとした態度

16　敵，味方と立場が違うのに救ってやった

17　ニコラスは年前の恩を忘れなかった。

18　同じです。

19　（半数ぐらいの者が挙手する）

25　20　ニコラスは，40年前の恩を忘れなかったことはえらいと思う。

21　ウェークがいなかったらニコラスはえらくなれなかったかもしれません。

22　小学校のときウェークに助けてもらったから

23　そのとき，すまなかった，この恩は一生忘れず自分で心に誓ったから

24　気の弱い臆病な子

25　べんきょうしない。いたずら

26　６ページの６行目に「ああ，40年来，かれの心に深くきざみこまれているウェーク」と書いてあるところでわかる。

27　ウェークの恩を身にしみて感じていた。

28　よく40年前のことを忘れなかったと思う。ぼくだったら，かたく心に誓っても忘れてしまうかもしれない。

29　はっとした

30　自分の目をうたぐった

31　なつかしい

32　なんとかして救ってあげたい

33　自分のなさけで国法をまげることはできないというつらい立場

34　死刑の判決をしたときのニコラスの気持ちはつらかっただろう。

35　ウェークを助けようとしたため。

28　どんな気持ちでニコラスは馬を走らせましたか，気持ちの出ているところを文章からさがしてみましょう。	36　7ページの5行目から1行目までにその様子が書かれている。
29　当時の乗り物は？	37　汽車も自動車もなかった。たのみにするのは，ただ馬だけだった。
30　様子は？	38　馬が疲れると新しい馬に乗りかえて夜を日についで一休みもしないで走らせた。
31　必死に馬をとばしているニコラスはどうだろう。 風にたなびく服	39　ばさばさ
32　かみの毛は	40　ふりみだれている
33　目は？	41　きつい　するどい目，らんらんと輝いている。
34　口もとは？	42　ひきしまっている。のどはかわききっている。
35　息づかいや手綱をにぎる手のひらは？	43　はあはあしている。手は汗びっしょり。
36　目を閉じてごらんなさい。 馬上のニコラスが髪をふり乱して必死に馬をとばしていく情景が浮かんできますか。	44　はーい （それぞれ場面を想像している）
37　そしてやっとたどりついたニコラスはクロンウエルにあってどうしたの。	45　わたしをウェークの身代わりに死刑にしてくださいと願い出た。
38　このことばを聞いてどう思いますか	46　身代わりになってもどうしても助けてあげたいというニコラスのほんとうの気持ちとその誠意がわかる。 47　恩になった友へどうしても恩をかえさなければならないという美しい気持ちがわかる。
39　こんな気持ちになれるのはどんなとき	48　一生に一度ぐらい。一度でもあればよいほうだと思う。
40　そして願いの結果はどうなったかね	49　クロンウエルが美しい友情にまけて許してくれた。
41　「ニコラスの涙」「クロンウエルの涙」とあるが，この涙はどんな涙でしょう。	50　きれいな涙。 51　美しい涙。 52　やさしい涙だと思う。
42　冷静なクロンウエルをも涙を流させたのですからね。	53　ニコラスとウェークがほんとうの友情でつながっていたからだと思います。
43　ほんとうに美しい友情ですね。	54　ほんとうの友情というものはいつまでたっても心と心が結びついているものだと思います。
44　みなさん，どうでしょうか。 この物語は物語としてちょっと別に	55　それに関連して，ウェークが小学校時代誠意をもって助けてくれたか

考えてみなさんの生活の中でも，何か友だちどうしの間で考えさせられることはありますか，どうでしょう。あったら発表してみてください。 45（児童の発言から次のことを板書する） いつまでも変わらない友情 誠意——まごころ	らだと思います。
46　わたしたちの友人関係の中で何か考えさせることはありませんか	56　わたしたちも来年は小学校を卒業していくのですが，この物語のように40年とまではいかなくとも，クラス会をできるだけ続けていきたい。 57　友だちどうしは信頼しあうことがたいせつだと思います。
47　そうですね，お互いに信頼しあわなければ，いつまでも美しい友情としては続いていかないでしょうね。	58　ほんとうのよい友だちだったら友情はいつまでも消えないと思います。 59　でも，先生，この物語で幕を破った事件がなかったらニコラスとウェークがここまで結びついていたかどうかわからなかったんじゃないですか。
48　みなさんはどう考えていますか。	60　わたしもちょっとYさんのように思いますが，ただそれだけではなく日常生活のささいなことまで友人として固く結びついていたから40年後の美しい友情となったのだと思います。 61　わたしは，この物語から考えさせられたことは，自分に対してもっときびしくして行きたいと思います。また，互いに励ましあってひとりでもよい友だちをつくりあげていくことだと思っています。
49　せっかく美しい物語についていい勉強をしたのですから，これからはKさんYさんTさんたちのような考え方もだいじにしながら，自分たちの美しい友情を育ててきましょうね。	

Ⅳ　考　察

1.　主題設定の理由について

小学校生活を巣立つ6年生として，この読み物を通して友だちどうしは互いに信頼しあって，いつまでも誠意をもって助けあっていくことの美しさをわからせたいという意図をもった主題である。

しかし，ここで明らかにしておきたいことは，6年生として，また，自分たちの学級集団として友情をどのような姿でとらえているかを明確にしてかからなければならない。そのことが明らかになり，そこに生起する問題点が浮きぼりになってこそ，この物語に述べられている“40年後の友人の思”がはじめて児童の胸にひしひしと感じられるであろう。また，真の友情のあるべき姿を認知して，さらには，友人への愛の心が啓培されると考えられるからである。

2. ねらいと資料との関連

「真の友情」の第2次扱いのねらいが，いつまでも誠意をもって…に特にウエイトをかけて扱おうとしている。すなわち，中心資料③④の後半の物語にスポットをあてながら，前半①②の小学校時代に受けた恩を卒業後40年たっても忘れずに，身をもってその恩人を救おうとした心あたたまるニコラスとウェークの友情にふれさせようとした。つまり，この資料の性格からすれば道徳的心情を育成するのに適当であると考えたのである。上述のねらい，いつまでもについては6年生の卒業期という条件からは妥当であるし資料内容もそれを満たしてくれている。しかし，“友だちは互いに信頼しあい……”とねらいにおさえられているが，この読み物の中には，あらわに信頼しあうというところはないけれども心の一隅にふれさせることは可能であろう。

3. 指導計画について

前述の指導案に示しているとおり，生活～資料～生活への一連の流れを意図している。この場合の前者の生活は，第1時扱いにおいて，あるがままの児童の生活場面から作文を利用して問題を掘りおこしている。後者の生活は資料に含む高度な価値を通して，各児童がこうあ

りたい，こうあるべきだという次元の高まった生活指向をさしている。この一連の過程は具体的，特殊的な資料によって，児童の経験に訴えて，その心情をさらに深化，拡大して，価値の一般化を図り，さらに抽象的な徳目そのものについての心情を育てようとしている。これに要する時間を2時間配当しているが，ただ単に，そこに利用される読み物が長編であるからではなく，ねらいの主たる価値を追求をする上に，それにまつわる副次価値をも側面から追求させていくプロセスにおいて価値実現への実践意欲が高まるものでその構成にはじゅうぶん配慮し時間配分しなければならない。

右の図は，本校の⑥「信頼友情」の主たる学年内容のポイントを関連的に図示したものである。

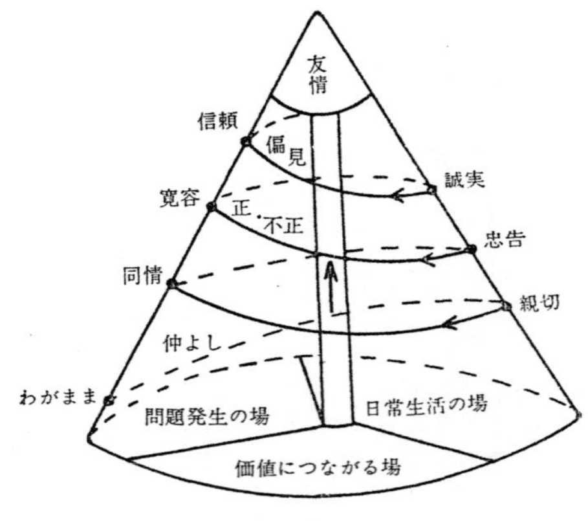

〈主価値と副次価値〉

次に示した表は，本主題の2時間扱いの発展を図解したものである。第2時扱いの角度づけは資料を通して道徳的心情を深めようとした扱い方であった。このような流し方は他の主題にも多く見られるが，その場合，視聴覚利用の方法をとることのほうが，よりいっそう感動を深めることが容易な場合がある。しかし，ここでは，読み物利用の立場から文字を通して道徳的心情を文章の組みたてに即して心情の啓培に力点がおかれたように概観できる。

道徳的心情を深める過程には二つの方法が考えられる。

これを大別すれば日常卑近な問題の解決を図る場合の心情陶やに関

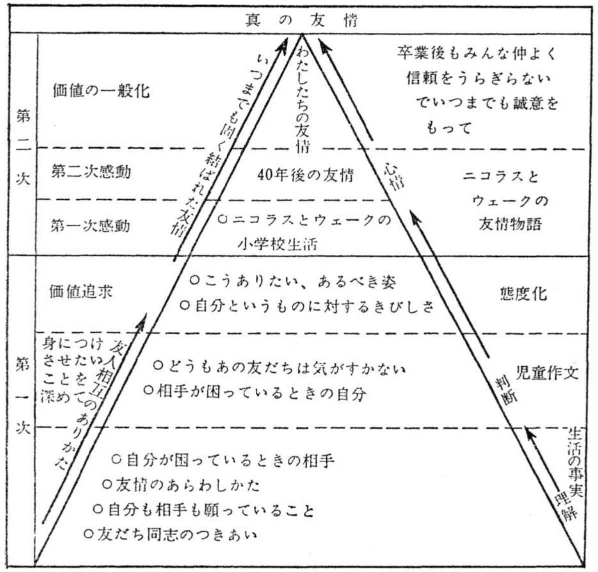

するものと，読み物資料によってより広い視野に立たせて児童の心情に大きく訴え自分の立場を考えさせる方法とがある。これらの資料を扱う場合に次に述べるような強い印象を与えておき，次に強く感銘し共感を呼び起こしたところを発表させ，さらに内容を分析しながら確かなものにして人間本来の豊かな心情にふれさせていく方法がある。これに対して，児童の具体的生活場面などから問題を掘り起こすことによって理解や判断力を深め，そこから別の角度から心情に迫った資料を与え深い感動をよび起こし，実践意欲を高めようとする方法が一般的である。

次に本主題の2次扱いの展開構想と実践例とを対照して考察をすすめることにする。

4.　第2時展開過程の構想と心情の育て方

録音によって資料①②を聞く

(→③④へいくための事件の概要)

○特に目を閉じて聞かせることによって，その情景場面を想像させ事件の様子を発展的に追求させたい。

○録音聴取の間に要点を書いた表を掲げて理解を深める。

(③④を学習するときの手がかりとする。)

(考察)

心情を育てる方法には二つ考えられる。(イ)理性活動（知的判断）を通していく方法と(ロ)，本能，情緒，道徳的心情などに直接はたらきかける方法とがある。

この授業は①の方法を取り入れている。

300年前のイギリスの小学校を背景とした教室内の一事件は，児童にとって，あまりにもかけはなれたエピソードでもある。また，資料が長文でもあるため，できるだけ抵抗を排除して早く問題の核心にふれさせようとして録音利用を試みた。長文の場合このように一方を録音とかスライドなどを利用して時間の配分とその効果をねらうくふうはたいせつな方法である。

児童の反応③④から，あやまって結果的には，たれ幕を破ったということの判断は容易である。問題は④の応答である。ウェークが③の問題に対してどのように判断し決断したか。決断するところに心情が大きな位置を占めるのであるから，教師の発言⑩⑪は，むしろ不要である。

児童が録音を聞き，そこから感受した印象的なものだけを発表させ（第1次感動）次に，教師の発言⑫でことがらの内容を究明させるプロセスが望ましい。これによって各自の見かた，考え方，感じ方を広げ深めていくことが可能である。⑫の教師発言からさらにウェークの気持ちはどうだったろうか。と常に対比的に思考をはたらかせることがたいせつである。児童（⑤⑥⑦）

↓
プリント３，４を読む

プリントの各行の頭には，１，２，３…の番号をふり，いつでも適確に指摘できるように配慮し，文章の下段には余白をとってメモができるように，また「法廷であったニコラスとウェークの気持ちは」「今のニコラス」「ニコラスの気持ち」等々，要点を指示してあることは指導の効果を高める配慮点である。

プリント提示の時機であるが，前段の録音から発展して後段資料③④を読もう（riddle謎を解く）とする心の姿勢が稀薄に思われそのつなぎに一だんの注意を払いたい。

↓
強く感じたことの発表

○ここで発表としてでてくるものをねらいとは考えない。それでよいと考えるならば，読書活動でも，国語学習の一次感想の次元でも達成できると考える。

○本時は，その発表のことばを土台にして，心情，感動の確認とその共通化（ねらい）へのステップをふんでいきたい。

指導者が一次感想として述べているとおりである。児童の反応⑳→⑲までが第一次感動の発表，話し合いである。

教師の発問⑱→㉓によって内容をいっそう明らかにしつつ各自の見かた，考え方，感じ方を確かめながら深めていると思われる。

↓
ニコラスがウェークを助けようと苦心したこと。

○ニコラスの40年前の様子──→現在のニコラス

その間，何回かことあるたびにニコラスが考えていたこと

（特に読みとりを必要とする）

児童⑳㉒㉓㉗の内容はどれも40年前の恩に報いたことに共感をよせている。40年前に助けられたから救おうとしたのか。もし助けられていない立場の級友であったらどうなったのか等。この点確かめられていないし，資料自体にも問題が内蔵していると思われる。

↓
ウェークに法廷であったときのニコラスの心

○多くの場合，過去の思い出として，しだいに忘れ去ることが人間社会の常である。

○喜びと悲しみを伴った人生の出あい。

○この接点で相手を認めた瞬間のニコラスの心。形相を想像させるとともにウェークの気持ちもからめて考えさせる。そして瞬間から遠ざかるほどのニコラスの心の様子。ただ何とかして助けたい──苦しみ──誠意

教師㉕→㉘㉛の発問の段階が第二次感動に導いている。すなわち，ニコラスの行動の価値をわからせ，その人間性にふれさせながら，なるほど親友としてりっぱな行為だと納得し，共感し感動づけられている。

㊳㊴の発問によって児童は，今までの話と自分の経験とを対比させ，より具体的にわからせようとしている。

㊶の「クロンウェールの涙」にふれさせ，ふたりの心あたたまる友情がいつまでも結びついているのだという児童54の発言などから察して，心情の深まりが推測できよう。

ロンドンまで夜を日についで馬を走らせるニコラス

○一文「なにしろそのころは……馬をいそがせた」を本時ねらいの山と考え，その中でも馬上のニコラスの目の前には……馬を急がせた」を頂点と考えたい。

○文字をとおして特にそのときの様子（必死の誠意が必死の行動に結びつくダイナミックな感動（とてもむずかしいとは思うが）を中心に話し合う。

○その話の手がかりとして，馬上のニコラスの風になびく服，かみの毛，目，口もと，息づかい，汗の様子，たづなをにぎる手のひらなどのこまかい情景描写を思いやりながら。

○文章の

- たのみにするのは馬だけ
- 野を，森を，町を，村を……必死に　夜を日についで……ひと休みもせず……
- 消えては現われる……あの時のむちの音……むちをふるって馬を……にもどりながら話し合っていきたい。

> この文章を本時の山場と指導者は考えている。特に読み物の特性から各児童によって感銘の度合いや内容理解も異なってくる場合もある。ここでは「40年前の友を助けよう。だが，とてもむずかしいが」を中心に内容を深く理解させようとしている。それだけに話し合う場合には焦点づけた話し合いが進められるよう注意したい。また，一問一答式にくり返しつつ進めていく指導法では，児童の共感や感銘への力とはなりがたい。

クロンウェルーの頼み。

○「身がわりに死刑にしてください」の一文は，児童たちが現実的，主体的な受けとめかたをすればする

ほど困難であるが，ただ発問に注意してきたい。

○特にニコラスの涙とクロンウェルの涙に焦点を合わせて誠意の涙＝鬼人をも涙さす

人間であればこその感動を少しでもわからせたい。

> 板書「いつまでも変わらない友情」と書くよりも
> いつまでたっても変わらないもの→心と心（友情）という動的なことばで書きとめたほうが感動的ではないだろうか。

価値の一般化

○かるく扱う程度にする。

> ㊹の教師の発問によって価値の一般化が㊻㊾60 61などの児童の発言内容からみてもかなり高められ意志化されたと思える。

5.　資料活用上の問題点

ア　ニコラスとウェークの友情は，6年生の友情をねらうものとしてはかなりレベルの高いものである。それは，日本の国状とかなり相違のあるイギリスの社会制度，特にここでは300年前の社会，教育そして，それに連なる家庭教育制度の確認を基盤として，内容的には資料１，２を通して，

- 友人のために身代わりになってその罰を受けたこと。
- 罰を受けても友人を救ったウェークの気持ちは明るかった。
- そのウェークの行為に対して級友が英雄的扱いにして胴上げをした。

（本文カット）

という価値を読み物としてのみ受けとめはするが，現在のこどもたちの生活経験からも，感覚からも具体的はあくとして受けとめるこ

とは困難であると考えること。

さらに，資料３，４では，40年後。当時の政治的不安の社会制度から両党の対立と，それが即，裁判になり，さらに死刑にいたることについても「時代」というものを認めた上での場面はあくがなされなければならない。また，大法官ニコラスが40年前のウェークの恩に報いるため，かれを救おうと苦しみ，その場は一応“罪人一同は死刑に処する”の宣告をした上，時の権力者クロンウェルのもとに走り救ったという場面を考えたとき，児童たちは，美しい友情をうんぬんする前に，何人かの罪人のうち，ウェーク個人だけを救ったということで，他の罪人たちがかわいそうだとすなおに感じるであろうと思われること。（平等とか正義とか言う正しく筋を通すものの考え方，および，感覚は，われわれおとなより児童たちのほうがはるかに純粋に感じとる。）

- 資料３，４の「40年後」を中心として扱ったが，むしろ小学校時代１，２にスポットを当てて取り扱ったほうが，児童の見かたや考え方が，さまざまな場面から引き出せる余地があり，３，４の場面を逆に録音で聞かせる手法がむしろ，効果があがったのではないかと思われる。

指導事例　11

読み物の種類	研究・考察の観点	授業の角度づけ
伝　記（全伝）	資料の価値分析とその生かし方	心情化を図る指導

Ⅰ　指導案

1. 主題名　　シュバイツアー（第６学年）
2. 設定の理由

○　児童は，すでに伝記などを通して，人類愛の尊さを知り，人間平等，博愛の精神などが平和な世界，幸福な世界を形成していく上にたいせつなことであることは一応知っている。しかし，それが児童の内面に深くくいこみ，理解されることなく，単に“ことば”の上での理解にとどまっていることが多い。

○　平和な世の中になればなるほど，広く赤十字精神，博愛の心のたいせつさが再確認されなければならない。また，これにむかって小さな努力を続けようとする心を掘り起こすことはたいせつなことである。

○　卒業期を迎えた児童の心の中で深く考えさせ，感じさせみずからの理想像を描かせ，これに精進していこうとする意欲をもたせたい。

○　児童は周辺の人々の中に理想の人間を見いだしたり，また，偉人伝などを読み，その人物に感じ，心をひかれ，あこがれたりする。したがって現在なお黙々として人類平和のために献身的活動を続けているシュバイツアーを取り上げた。シュバイツアーが持っていた心や，考え方を知るとともに，シュバイツアーの努力や苦心を深く考えさせ，児童の生活の向上に役だたせたい。

3. ねらい

広く人類のために貢献したシュバイツアーの業績を理解し，その人がらにふれ世界の平和と人類の幸福に役だつ人間になろうとする。

第一時

人類愛に尽くしたシュバイツアーの業績を知り，シュバイツアーの心や考え方を深く考える。

第二時………（本時）

シュバイツアーの考えや行動を通して，みんなとともに幸福になりたいと願う気持ちが偉大な業績の樹立となったことを理解し，自信をもって自分たちの向上に努めるようになる。

4. 主題関連

学年	主題名	ねらい
3	世界のこども	よその国の人にも親しみをもち，親切にする。
4	外国のひとびと	外国の人にも親しみをもち，互いのよさを認めあい，あたたかい心で接するようにする。
5	人類のためにつくした人々	人種や国籍による偏見をもたないで世界のひとびとと仲よくしていうとする。
6	シュバイツアー	広く人類のために貢献したひとびとの業績を理解し，世界の平和を人類に役立つ人間になろうとする。

5. 第1時の展開

◉事前（3日前）にプリント（原始林の聖者）を児童に配布

① シュバイツアーのパイプオルガンの演奏をレコードで聞く。（バッハの曲）

・どんな感じがしたか　・だれの曲か　・だれの演奏か

② シュバイツアーの伝記（原始林の聖者）を読んでみよう。

（第1段ぐらいが読めるまで静かにレコードを流す）

③ 感想を発表する

④ シュバイツアーの業績について話し合う

・どんなことをした人か　・どんな苦心をしたか

・どうしてそのようなことをしたのか

⑤ 感想文を書く（家庭で不足分を補う。）

6. 第2時の展開

過程	活動・内容	指導上の留意点	資料
導入	1．前時の感想文の1節を聞く	○りっぱな人だ。偉い人だ。まねてみたい。だができない。自分には実行できない。美しい心だ。尊い心だ。 少年時代にどんな小さな命でもたいせつにする心からだと思う←これらを導入として取り上げたい。	・シュバイツアーの写真 ・感想文 ・プリント「原始林の聖者」
展開	2．アルベルトの少年時代について話し合う ・どんなことをしたか ・どんな心の人か	○わたしたちと似たことをしている。しかし心はたいへんりっぱだったことに気づかせたい。 少年時代をもっと知りたいという関心をもたせる。	
	3．アルベルトの少年時代の物語をよんで話し合う	○わたしたちと同年齢に近いころのアルベルトの行為と心を知らせる。	プリント「アルベルトの少年時代」
	(1) 前半を読む ・自分たちとよく似ている行動は ・感心したこと，えらいと思ったこと，ゲオルグと争った時のアルベルトの心	・偉人として遠くの人と考えさせたくない。身近な人間と考えさせたい。 ・批判や疑問も取り上げてみたい ・自分の幸福だけでなく他人のみんなの幸福を望むアルベルトの心に目を向けさせたい。	
	(2) 黒人像を読む ・アルベルトの心	・アルベルトの心と成人になっての業績と結びつける。	
	(3) アルベルトの心はアルベルトだけでよいか話し合う ・自分たちの心を考えてみる ・どんなことができるか考えてみる	自分の心でもあることに気づかせ，勇気をもって実践する意欲をわからせたい ○みんなとともに幸福になろうとする心をもたせたい。 ○小さい行為でも，大きくは人類愛，博愛につながるものであることに気づくとともに，具体的に具現できる自信をもたせたい。	
終末	(4) 感想文を書く	○自分の心，意欲や決心を自分自身でたしかめさせたい。また教師の指導上の評価に活用したい。 ○時間が足りなければ家庭で書かせる。	・レコード ・原稿用紙

7. 資料について

人類愛の価値については，指導計画で2時間扱いになっている。これはこの価値についてじっくり掘りさげ，価値の内面化をより深く，より確かなものにしようとするものである。そこで授業展開をするためにシュバイツアーの全伝と抄伝を持ちこんだ。

第1時に用いた全伝　　原始林の聖者（学図6年：教科書）

第2時に用いた抄伝　　アルベルトの少年時代（シュバイツアー　小学館（34〜37　59〜60）

○　全伝を用いた理由

伝記は徳の総合体であると言われ，複雑な価値がからみ合っているものである。しかし，シュバイツアーの伝記からにじみ出ているものは，不幸な人はみすてておけない他人の幸福を願う心である。すなわち，人類愛であり，平和を願う心である。

そこで1時に全伝を扱い人類愛につくしたシュバイツアーの業績を知り，シュバイツアーの心や考えかたを深く思い，強い感動を与えねらいに力強く迫ろうとするものである。

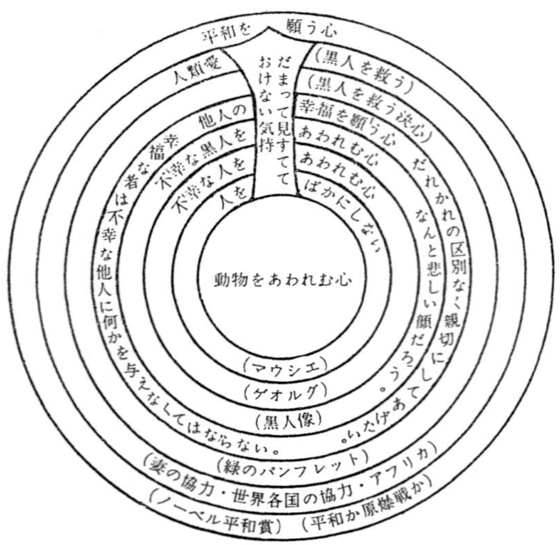

○　抄伝を用いた理由

シュバイツアーの生がい（全伝）の感動を基盤に，少年時代の逸話を二つほど取り上げ，考えや行動を通して“みんなと共に幸福になりたい”と願う気持ちが偉大な業績の樹立となったことを理解させ，感動を深いものにさせようと考えた。

○　指導の内容を明確にするため，二つの資料を関連的に次のように分析した。

Ⅱ　資　料

（1時の資料は除く）

資料1

そのころ，マウシェという，ユダヤ人の老人がよく村を通っていった。マウシェは隣村のグリースバッハに住んで，家畜や土地の売買を商売にしていた。

アルベルトの住むギュンスバッハには，ユダヤ人がひとりも住んでいなかったし，それに，ユダヤ人というと，なぜか子どもたちはばかにした。マウシェ老人の姿を発見すると，

「マウシェ，マウシェ——」

と，はやしたてた。なかには，上着の端を丸めて豚の耳を作り，老人のそばへ飛んでいく勇敢な少年もいた。それを見ると，アルベルトも自分の勇気を見せるために，その仲間に加わったのである。

「マウシェ，薄のろのマウシェ——」

ろばのように，のそのそと歩くマウシェのあとについて，村はずれの橋のたもとまで来た。さんざんばかにされたマウシェは，めいわくそうに首や肩を動かしたが，ふいに立ちどまってふり返った。アルベルトは，はっとした。

が，マウシェは，にこっと笑ったまま，橋を渡っていった。その微笑が，アルベルトの目に，いつまでも消えずに残った。たとえようのない寂しさにおそわれた。

仲間と別れると，裏山にかけのぼった。父と母のいる教会が目の下に見える。その丘に腰をおろしてアルベルトは，しずかに考えている。

「そうだ。マウシェは，どんないやなことにあっても，じっとがまんしているのだ。」

胸にもやもやしていたものが，はっきりしてきた。今までばかにしていたマウシェが，きゅうに偉い人のように思われた。

「もう，人をぜったいにばかにしないぞ。マウシェには，先生と同じように，あいさつをしよう。」

アルベルトは，げんきに山を降りながら，もう一つの誓いをたてた。

「腹がたって，あばれたくなったときには，マウシェさんのことを思いだそう。そしてがまんをするのだ。」

アルベルトは，自分に誓ったことは，どんなことがあっても，守りとうそうと思った。

ある日，学校の帰り道だった。

「おい，おまえはどうして，あのユダヤ人にあいさつをするんだ。」

アルベルトより背の高い，からだもじょうぶなゲオルグ・ニッチェルムがアルベルトの肩をつついた。

「あいさつをしては，どうしていけないんだい。」

そのひと言が，ぐっとゲオルグの胸にきたらしい。

「こいつ，イエスキリストを，ローマ兵に売ったユダの味方だ。」

というなり，ぱっとアルベルトに飛びかかっていった。ふたりは取っくみあったまま，大地をころがった。上になり下になっていたが，ゲオルグの敵ではないと思っていたアルベルトが，馬乗りになって，ゲオル

グを押えつけてしまった。

わいわい，さわいでいた悪童たちの顔が青ざめた。そのときである。

「ふん，おれだって，おまえみたいに毎週二回も肉スープを食わせてもらえりゃ，おまえよりぐっと強くなれるんだ。」

と，ゲオルグが苦しそうな声でさけんだ。その瞬間，アルベルトの手から力がぬけていった。

ぼうぜんと立ちあがったアルベルトは，ほっぽりだした勉強道具を，拾いあつめると，黙々と帰っていった。

アルベルトは，村のこどもたちと寸分の違いのない生活をしよう，と心に誓った。

資料2

黒　人　像

公園の中央に，バルトルディが作った英雄ブリュア提督の記念碑が，どうどうと建っていた。見上げるほど高い，みごとな銅像である。

台の回りに，世界の四大州を表わす像が置かれている。アフリカの象徴は黒人の像であった。その顔を見た瞬間，アルベルトの背筋に冷たいものが走った。

「悲しい顔だ。どうして，こんな悲しい顔を彫ったのだろう」

アフリカの原住民がどんな生活をしているのか，アルベルトは知っていた。

一年生のころ，アフリカがどんなに世界から遅れているか，黒人のみじめな，貧しい生活を聞いて，同情心に燃え，黒人の運命にひとみをぬらした。激しかった感動が，悲しそうな黒人の像の顔を見たとき，ふっとわいてきた。

「悲しい顔だ」

と，心の中でつぶやいたとき，彫刻家バルトルデイがなにをいおうと

しているのか，わかるような気がした。アルベルトは，コルマールにいる間じゅう，いく度そっと見にいったかわからない。

そのたびに，アルベルトは，胸にしみる冷たい感情をいだいて，さびしく家路をたどった。

3. 考　察

①　資料の価値を授業の流れの中でどう取り上げたか（授業記録より）

レコードで音楽が流れる（ハッハ）

教　師　の　発　言	考　　　　察
① この前，原始林の聖者をみましたね。シュバイツアーの業績は……	○前時に扱ったときの感動を再生させるために，シュバイツアーの業績にふれ，さらに全文に目を通させた。ここに２時間扱いの配慮がうかがわれる。
② この前，書いてもらった感想文を読んでみましょう。（4.5人の感想文の１部を読む）	○児童の感想文からでたことば りっぱである。神さまのようだ。 わたしたちにはできない。 こんな人がいまでもいるのか，わたしたちにはとうていできない。
③ きょうは，シュバイツアーの少年時代のことを考えてみよう。	○このあたりから，次の資料の内容にはいる手がかりを持とうとしていることがうかがわれる。 ○「原始林の聖者」の中の小鳥を打つ場面に目を向けさせている。
④ 生きものは，小さい小鳥のようなものでも殺してはいけないと自分をせめたのでしたね。	○次の資料への接近を意図し，さらに少年時代の行為を，児童の周辺の行為の中に持ちこむ教師の発言が見られた。
⑤ シュバイツアーの少年時代の考えや心をもっと知るために，もう少し少年時代のことを読んでみましょう。	○生がいの感動の上に，少年時代の心や考えを深く感動させようとの意図からすれば④～⑤の移りは，児童の思考や感動の移りに間が少しできた感がある
（資料１・２・３を読ませる）	
⑥ シュバイツアー（アルベルト）は，どんなことをしたか， なぜ　ばかにしたのか	○児童への接近を③～④から考えれば，アルベルトの行為を取り上げ，児童の気持ちを平らにしようとする意図はよくわかる。しかし，生がいについての感動を基盤に考えれば“どんなことを感じたか”“どう思ったか”などと発言することも考えられる。 ○資料の価値を取り出そうとするとき，読み物を与えた後の発問に留意すべき

教　師　の　発　言	考　　　　察
	である。
⑦ えらいと思ったり，感心したりしたことがありますか。	○⑥で行為を明らかにし，感想を問い，資料の持つ価値に深く迫ろうとしている。
⑧ マウシエにあってからの気持ちはどうだったかな ゲオルグに言われたとき，どう思ったのでしょう。	○資料の中の価値にふれさせるためにアルベルトの心を深く読み，児童の体験を基盤とした気持ちから心情を掘り起こし，強く迫ろうとしている。
⑨ 君たちだったらどうするか。	○感動を意図したうえに，さらに自己の意志決定を迫ることは相当むずかしいことである。 ここでは行為の一断面の思考と考えてよいか？
⑩ アルベルトはマウシエと争ったあとどうだったか どうしてそのようにしたか。	○“人をばかにしない”というアルベルトの心は，おいつめられてもかわらないということを強く意図していることがうかがわれる。
⑪ 相手の不幸を自分でも受ける。いいかえれば不幸な人の身になって考えてあげる気持ちが青年時代になって，黒人を助けようとしたんだね。	○資料１の価値をここでまとめているのは，次の黒人像の資料にいくふく線的な意図と，本時のねらいである人類愛をより明らかにしぼりだし，現在の業績への長い線を結ぼうとしている。
⑫ 黒人像のところを読んでみましょう。	
⑬ “なんとかなしい顔だ”とつぶやいたシュバイツアーの心のうちはどうだろう。どんなことを考え，思っているのだろうか。	○ここで児童の発言が数多くでることを望んだであろうがごく少数であった。それは教師の発問が足りなかったのであろう。資料を二つ用いたのであるから，資料１と２を関連的にとらえ考えさせればよかったのではなかろうか。
⑭ 黒人像をいく度も見にいったとあるが，その心のうちはどんなだろうか。どうして何度も見にいったのだろうね。	○アフリカに生きるシュバイツアーの心により近く迫ろう，本時のねらいを資料で達成しよう，とする意図がはっきりでている。
⑮ シュバイツアーはこどものとき，それから青年時代，そして，現在とずっと不幸な人々を救おうという気持ちが続いている。あなたたちはどう思うか。	○伝記扱いを考えた，教師の意図があり，その中で価値を認識させようとしている。
⑯ こういう心はシュバイツアーだけで	○児童の心の目をひらき，これからこう

よいだろうか。きみたちはできないといったね。何ができないのだろう。	ありたいという気持ちを起こさせようとする意図がうかがわれる。
↓	
⑰ わたしたちはシュバイツアーの伝記から何をしっかり受けとめたらよいか。	○児童の持った感動，すなわち価値を確かめた。
↓	
⑱ シュバイツアの心とみんながきょうの学習で持った心はりっぱにつながっているんだ。その心をたいせつにしようね。	○それを自分自分で生かせと意欲づけている。 ○このとき児童の具体的行為におしつけて，しまうことは考えなければならないことである。

2. シュバイツアーの伝記扱い。

伝記を扱うことは，伝記を学ぶのではなく，伝記によって学ぶことである。しかし，道徳の時間の1時間や2時間の学習の場で伝記を扱うことはひじょうに困難である。

かといってまったく手のつけられないものであるかどうかは別の問題である。文字としての伝記作品のもつ重量を短時間のうちに扱おうとすれば，仲介者としての教師が，作品のもつ「心」を象徴的に伝えることが最も有効であろう。

そこでシュバイツアーの扱いにおいては，シュバイツアーの生がいについて記述した全伝（原始林の聖者――学図6年）を用いた。それは，この主題においてシュバイツアーの全人性を特にたいせつにしようとしたからである。そして，これを第1時の扱いとしたのである。

第2時では，シュバイツアーの少年時代の話を二つ取り上げ，指導の資料とした。これについての考え方は，

① 人間として生きるか死ぬかの底をみせる……（特に高学年）
② 伝記を動機論的に考えようとする……（同じ人格に立って見たり考えたりする）
③ 内面的な見かたを深くし，感動を永続的なものにする。

ＭＥＪ 3107

初等教育実験学校報告書 10

小学校道徳の指導法

読み物資料の効果的利用

昭和40年5月20日　印　刷
昭和40年6月1日　発　行

著作権所有　文　部　省

東京都千代田区神田淡路町2の13
発　行　者　株式会社　東洋館出版社
代表者　錦　織　登美夫

東京都新宿区市谷富久町108
印　刷　者　株式会社　亨有堂印刷所
代表者　大　柴　亨　介

東京都千代田区神田淡路町2の13
発　行　所　株式会社　東洋館出版社
電　話（253）８８２１～３
振替口座　東京　９６８２３

定価 149 円

小学校指導資料等一覧

書名		定価	発行所	書名		定価	発行所
国語Ⅰ	読むことの学習指導	円 125	光風出版	道徳 3	道徳についての評価	円 40	日本文教出版
国語Ⅱ	書くことの学習指導Ⅰ	78	東洋館	道徳 4	読み物利用の指導Ⅰ（低学年）	74	東洋館
国語Ⅲ	書くことの学習指導Ⅱ	70	教育図書	道徳 5	読み物利用の指導Ⅱ（中学年）	81	東洋館
社会Ⅰ	社会科学習指導法 ―低・中学年を中心として―	113	光風出版	道徳 6	読み物利用の指導Ⅲ（高学年）	89	東洋館
社会Ⅱ	〃 ―高学年を中心として―	108	教育図書	特別教育活動Ⅰ	特別教育活動の指導計画作成と運営	65	光風出版
算数Ⅰ	数と計算の指導Ⅰ	95	大日本図書	学校行事等Ⅰ	学校行事等実施上の諸問題の研究	70	光風出版
算数Ⅱ	〃 Ⅱ	75	大日本図書	学校図書館	小・中学校における学校図書館利用の手びき	185	東洋館
算数Ⅲ	表・グラフの指導	90	東洋館	学校図書館	学校図書館の管理と運用	229	東洋館
理科Ⅰ	低学年の指導	92	大日本図書	実験学校報告書 1	道徳の評価	110	東洋館
理科Ⅱ	低学年の施設・設備とその活用	94	大日本図書	〃 2	特別教育活動指導計画のあり方	130	教育図書
音楽Ⅰ	器楽の指導	600	東洋館	〃 3	音楽の指導法に関する二つの実験研究	178	音楽教育図書
音楽Ⅱ	鑑賞の指導	220	東洋館	〃 4	道徳指導計画改善の観点	115	教育図書
音楽Ⅲ	歌唱の指導	269	音楽教育図書	〃 5	クラブ活動の効果的な運営	75	教育図書
図画工作Ⅰ	デザイン学習の手びき	215	日本文教出版	〃 6	音楽の指導法に関する実験研究	160	大蔵省印刷局
図画工作Ⅱ	彫塑学習の手びき	139	学校図書	〃 7	小学校家庭科 すまいの領域を中心にした学習指導法の研究	150	教育図書
家庭Ⅰ	第5学年の家庭科の学習指導	55	開隆堂	〃 8	学習に役だつ小学校図書館	279	東洋館
家庭Ⅱ	第6学年の家庭科の学習指導	108	開隆堂	〃 9	作文の学習指導	221	教育図書
道徳Ⅰ	道徳指導計画の事例と研究	120	光風出版	〃 10	読み物資料の効果的利用	149	東洋館
道徳Ⅱ	道徳指導方法の事例と研究	190	光風出版	〃 11	児童会活動運営の実際	104	東洋館

東洋館出版社発行　　¥140

初等教育実験学校報告書　11

小学校

児童会活動運営の実際

1965

文部省

初等教育実験学校報告書　11

小学校

児童会活動運営の実際

1965

文部省

ま　え　が　き

昭和36年度に小学校の新しい教育課程が実施されて以来，特別教育活動の研究および実践が進み，研究成果が年ごとに充実してきたことは，まことに喜ばしいことである。

しかし，特別教育活動における児童会活動に関しては，まだ，じゅうぶんに研究されたということはできず，その指導計画作成や実際の運営についての問題点が少なくなく，今後の研究にまたなければならない面が多く残されているのである。

本書は，文部省が昭和38，39年度の2か年にわたって，東京都荒川区立第四日暮里小学校に実験研究を委嘱して得た成果を，「児童会活動運営の実際」と題してまとめたものである。本書を一つの手がかりとして，この方面の研究をいっそう進められることを期待してやまない。

本実験研究に心からの協力をいただいた第四日暮里小学校の熊谷直夫校長はじめ全職員のかたがたに深く感謝する次第である。

昭和40年5月

文部省初等中等教育局
初等教育課長　西　村　勝　巳

は　じ　め　に

昭和38年4月から，文部省実験学校として，特別教育活動における「児童会活動運営の実際」について，研究をすすめてまいりました。このたび，2か年にわたる本校の実践と研究をまとめることになりましたが，実験研究をすすめる基本的な考え方を次の3点におきました。

1　学校の全活動の調和を保ちながらすすめる。

特定の研究を取り上げることによって，他の教科，領域がおろそかになったり，全体活動の均衡がくずれることのないように気をつけ，むしろ，調和的な全体活動の中でこそ，特別教育活動がどう位置づけられ，他教科，他領域と，どのようなかかわりあいがあるかを確かめ，その意義とねらいを明らかにとらえようとしました。特に生活指導との関連を明確にしながら，研究をすすめました。

2　無理のない研究の計画と方法であること。

研究校であるとないとにかかわらず，わたくしどもの職務上から，常に個人または共同で研究の時間と機会をもたなければなりません。特別教育活動は全職員が分担して行なわれる組織的活動で，特に共通の理解と全校的立場で問題を解決する熱意と協力が，指導の効果をあげるので，常時研究を継続できる無理のない方式が望ましいと考えました。まず，研究の見通しをたて，毎月2回の研究日を定め，その研究主題と時間を予定し，1年間の具体的な研究計画をたてて実施しました。

3　先進校の研究を生かし，重複とむだのない研究をすすめる。

全国的に研究し報告された先進校の実践を，本校の実態にあわせて取り入れ，その上に研究と解決すべき問題を取り上げて深めることが，今後の研究校のあり方と考えました。全国にわたって，特別教育活動の実践研究資料を集め，内容別に分類して，研究の過程でこれを生かし，研究を積み上げていく方式をとるように努め，くり返しとむだをできるだけ避けるように努めました。

この2か年の研究の期間に，鉄筋校舎の改築が行なわれ，学級減による職員の異動など，あわただしい悪条件が続きました。しかし，普通の学校が，さまざまの条件のなかで，無理なく行なう研究を原則としてすすめたので，当初の計画のとおり実施されました。その間，文部省の青木孝頼先生の適切な指導と助言をいただき，岡本孝司先生（前荒川区指導主事・現荒川区立瑞光小学校長）には2か年を通し，懇切熱心なご指導をいただきました。また，東京都，荒川区の指導部の先生方は，お忙しい中をさいてご指導ご援助くだされ，共に衷心より感謝申しあげます。この研究に，中田英義主任を中心に，一体となって取り組んだ，本校の職員は次のかたがたです。

大川　均　中田　英義　宇藤ハツミ　赤塚　安信　倉持　美穂
有松よし子　谷田川隆介　金子てる子　新井　宏正　小見　猛
佐々木興子　稲垣　京子　中条美弥子　篭谷　典子　仲岡　久王
吉沢あづま　月野木隆晴　清水　宏子　渡辺　良象　木下　照子
長崎　照雄

昭和40年5月

東京都荒川区立第四日暮里小学校長
熊　谷　直　夫

目　次

まえがき
はじめに

Ⅰ　研究の進め方 ……………………………… 1

1　研究の進め方 ……………………………… 2
2　研究過程で取り上げられた問題点 ……………………………… 4

Ⅱ　特別教育活動全般の指導計画 ……………………………… 7

1　指導計画作成上の考え方 ……………………………… 7
2　特別教育活動全般の指導計画の内容 ……………………………… 9
3　特別教育活動全般の指導計画 ……………………………… 11

Ⅲ　児童会活動の指導計画 ……………………………… 27

1　児童会活動の指導のねらい ……………………………… 27
2　児童会活動の内容 ……………………………… 28
3　組織と児童の参加 ……………………………… 29
4　時間配当 ……………………………… 30
5　年間指導計画と実施計画 ……………………………… 31
6　児童会活動指導上の留意事項 ……………………………… 34
7　児童会活動の評価 ……………………………… 35

Ⅳ　代表委員会の指導と運営 ……………………………… 37

1　代表委員会の基本的な考え方と指導 ……………………………… 37

2　代表委員会の実施計画……61
3　代表委員会の評価……85

V　部活動の指導と運営……89

1　部活動の基本的な考え方……89
2　各部年間指導計画……108
3　部活動年間実施計画……110
4　部活動実施計画および活動記録……111
5　部活動を活発にするためのくふうと実践例……115
6　部活動の評価……119
7　ま　と　め……121
8　児童の意識調査……121

VI　学級会活動の指導と運営……125

1　学級会活動指導のねらい……125
2　期待される学年別能力段階表……126
3　学級会活動の年間指導計画……130
4　学級会活動の実践例……132
5　学級会活動の評価……144

VII　クラブ活動の指導と運営……146

1　クラブ活動の指導のねらい……146
2　クラブ活動の指導計画……146
3　運営上の問題点……156

I　研究の進め方

特別教育活動が，教育課程の中に位置づけられ，各教科・道徳・学校行事等とあいまって教育目標の達成にあたるものであることは，特別教育活動指導書第1章の第1節「特別教育活動の意義・目標および内容」に詳しく明示されており，そのねらいは教育の本質と深いむすびつきをもっている。

児童の自発的・自治的な活動を通しての自主性・社会性を育てることや，所属する集団の運営への参加を通しての，自己の所属する集団の向上発展に尽くす積極的な態度や，実践活動を通しての個性の伸長，心身ともに健康な生活を営むことができるようにすることは，現在の教育が目ざす本道であるといえるし，通してということで特別教育活動の性格を明らかにしている。

その指導計画作成にあたっては，指導要領に示された目標・内容，指導計画作成および指導上の留意事項に基づいていなければならないし，その計画は次の諸条件の上に立案するように，特別教育活動指導書の第2節1に次のように述べられている。

(1)　児童の発達段階に即応するものでなければならない。
(2)　学校の規模，教職員の組織，施設・設備などの諸条件に即し，地域社会の実態や特性をも考慮したものであること。
(3)　それぞれの活動のねらいが，明確に，具体的に示されているもの。
(4)　各教科・道徳・学校行事等との関連がじゅうぶん考慮されているもの。
(5)　全校の教師が計画作成に参加・協力し，学級会活動はもちろん，児童会活動・クラブ活動も全教師が分担するような指導体制の計画であること。

本校では昭和37年度までは，これらの条件をじゅうぶん吟味することもなく，簡単な特別教育活動の組織表を中心とした指導計画で指導にあたってきたのであるが，おそまきながら昭和38年度より，ふり出しから検討してみることにしたわけである。

以下，その研究の進め方を中心に，その過程で取り上げられた問題点をあげ，本校の研究のあしあとについて報告する。(問題点についての考え方や指導は他の各章を参照されたい。)

1 研究の進め方

代表委員会

前述のように，ふり出しから再検討を加えてみることにしたので，研究段階を次のように分け，計画的・実証的に研究が進められるようにくふうしてみた。

(1) 第1期 基礎研究 (38年4月～38年10月)

教育全体についての職員の共通理解を深め，現在の本校の特別教育活動全般についての実態調査を行ない，特別教育活動指導計画について再検討

するための準備段階。

ア 教科・道徳・特別教育活動・学校行事等の四領域のそれぞれの特質とねらい，相互の関連についての共通理解を深める。

イ 児童会活動，学級会活動，クラブ活動のそれぞれのねらいと特質，相互の関連について共通理解を深める。

ウ 特別教育活動の現状における児童の実態，指導体制について，各種の調査を実施する。

エ 特別教育活動指導計画の再検討をする。

(2) 第2期 実験研究 (38年11月～39年3月)

基礎研究の段階で作成された特別教育活動指導計画第1次案により，実際の指導をしながら，それぞれの活動のねらいを達成させるための指導について研究する。

指導仮設の設定 ⟶ 検証 ⟶ 仮設の再検討 ⟶ 検証

という基本的な態度で研究を進める。

ア 児童会活動，学級会活動，クラブ活動のグループ別研究をし，それぞれの活動の指導上の問題点について，授業を中心に討議をしながら解決を図っていく。

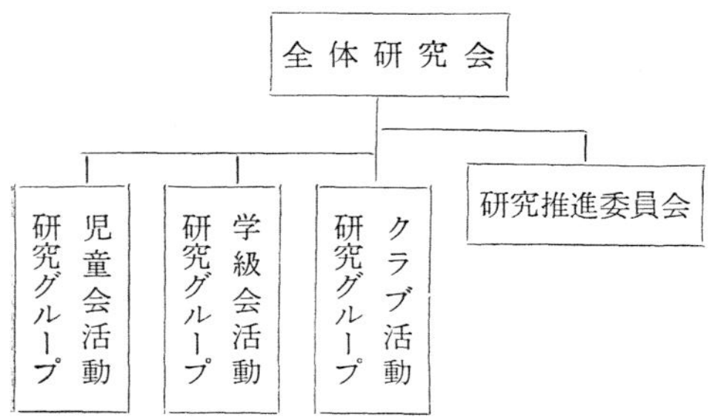

○各グループは，指導計画，調査，資料の三つに分かれる。

○研究推進委員会は，各グループの責任者と，各グループに分かれている指導計画，調査，資料の分担者の全体の中から各1名の計6名で構成する。

イ 特別教育活動の指導計画第2次案を作成する。

ウ　指導上の問題点について，第2年度の中心研究課題を明らかにする。

（3）　第3期　指導仮説再検証（39年4月～40年3月）

第2期における実験研究の段階で焦点化された研究課題について，その解決のための実践指導と，記録の収集，整理，分析，検討をし，まとめをする段階。

ア　それぞれの諸活動の研究課題をきめ，活動別グループの研究を全体会に提出して指導計画，指導法の改善を図っていく。

イ　記録・調査・資料の三つの部を設け，指導計画，指導法改善のための基礎資料を集める。

ウ　指導計画第3次案を作成し，第3年度(昭和40年度)の準備をする。

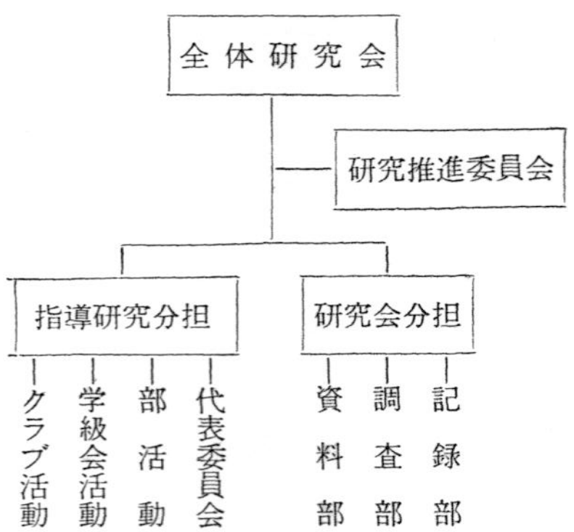

○全職員が指導研究分担，研究会分担の両方に所属し，それぞれのグループの責任者6名と研究主任で研究推進委員会を構成する。

2　研究過程で取り上げられた問題点

以上のような組織で研究を進めてきたのであるが，その過程で問題となり全体会で取り上げられて検討された問題のおもなものを，その順にあげると次のとおりである。

① 本校の教育活動全体の中で，特別教育活動をどのように位置づけるか。

② 教科・道徳・学校行事等の特質と，特別教育活動との相互関連。

③ 特別教育活動全般の指導計画，各活動別の指導計画は，何をどの程度におさえたらよいか。

④ 学級経営に特別教育活動をどのように生かしたらよいか。

⑤ 自発的・自治的活動と生活目標・生活規律との関連について。

⑥ 自発的・自治的活動の限界をどうおさえたらよいか。

⑦ 特別教育活動における教師の指導性と指導体制について。

⑧ 特別教育活動の評価について。

⑨ 集団への積極的な参加のさせ方と，その中における個の尊重について。

⑩ 集団意識のとらえ方について。

⑪ 児童の問題意識を高める手だてについて。

⑫ 学年の発達段階に即した効果的な指導と運営について。

⑬ 議題を精選し，焦点化していくための手だてについて。

⑭ 話し合いを深める教師の助言について。

⑮ 各活動に参加していても，活動意欲の少ない児童の指導について。

⑯ 各活動別の固定時間（授業として時間表の上に明示）と，必要に応じて随時行なわれる時間の取り方のくふうについて。

⑰ 部活動・係り活動と当番による活動について。

⑱ 特別教育活動における集会活動と，学校行事等における集会活動について。

⑲ 特別教育活動を効果的に指導運営していくための施設・設備について。

⑳ 特別教育活動を通しての所属感・連帯感について。

これらの諸問題の中には，さらにいろいろな具体的な諸問題が含まれているし，また相互に関連しあい，重なっている問題である場合が多いが，本校では諸先進校の実践やそれらによる方向づけを，本校の実態にあわせてじゅうぶん取り入れ，研究の重複によるむだをはぶき，効果的な指導実践を通して研究を進めていく方針で今日にいたったのである。

II　特別教育活動全般の指導計画

1　指導計画作成上の考え方

特別教育活動が児童の自発的・自治的活動そのものであり，しかも教育課程に位置づけられた正規の授業としての教育活動であることは，しばしば論ぜられるところである。

児童の自発・自治の活動でなく，また，実践活動の名のもとに教師の指示どおりの活動をさせるものでもないことは明らかで，どこまでも，学校の教育目標にそったものとして，教育的な配慮の範囲内で，児童自身が自分たちのとらえた問題を話し合い，計画を立てて解決したり，自分たちの生活の向上・発展のための実践活動を行なうものである。

したがって，教育的配慮を明らかにするために，教師によって作成された指導計画が必要であり，計画に基づく指導の手がさしのべられなければならない。

また，その活動は個人個人がひとりひとりのやりたいことを自由に行なうものでなく，児童の所属する集団の向上・発展，解決を迫られている問題の話し合いを計画的に処理するための活動・実践でなければならない。

特別教育活動の指導計画が，以上のような観点から，各教科，道徳，学校行事等の指導計画と性質を異にしていることは明らかである。

本校ではその観点に立ち，次の諸点を考慮して特別教育活動の指導計画を作成したのである。

(1) 学校の教育目標を達成する一分野としての教育活動である。

(2) 学校の実態（規模・職員構成・施設・設備・地域社会の実態や特性）に即したものであること。

(3) 児童の実態（発達段階・自発的要求・関心・興味など）に即したものであること。

(4) 児童会活動，学級会活動，クラブ活動のそれぞれのねらいが明らかに具体的に示され，それぞれ独自のねらいを追求しながらも，互いに関連し，あい重なり合って特別教育活動のねらいに迫るものであること。

(5) 児童の参加は，その発達・能力段階に応じることはもちろんであるが，一部の児童のみにかたよったり，希望する児童だけで編成したりしない。可能なかぎり，多くの学年の全員を参加させられるように計画する。

(6) 特別教育活動の活動内容は，校内に限定し，校外の指導は，教育的価値として重要なものがあっても含めない。

それは，地域社会の社会教育活動の一環として位置づけ，教師も，地域社会の一員としての立場から協力することが学校教育と社会教育のそれぞれの特質を生かしながら，あい補っていく姿ではないかと考えたからである。

(7) 日直・そうじ当番・児童の看護当番（週番）などの活動は，学校経営管理上どうしても必要なもので，児童の自発的・自治的な活動意欲のあるなしにかかわらず，児童に課さなければならない活動である。

したがって，それらの活動内容を，特別教育活動の中に位置づけると，特別教育活動の活動内容が，与えられた仕事の機械的な反復や教師の手伝いにかたよる危険が強い。

そこで本校としては，それらのものを教育課程外の活動内容として

位置づけることにした。

しかし，その教育課程外の活動としても，方法上の能率化・創意くふうは，児童の発意によって自治的に処理解決するように指導している。

(8) 特別教育活動の時間設定は，指導要領の第1章総則において，適切な授業時数を配当することが望ましいと示されている。

本校では学校の実情に応じて教育課程全体の調和を考え，その上でできうるかぎり多くの固定時間をとり，授業時間表の上に明示して，計画的な指導が加えられるように考慮した。

その他，特別教育活動のねらいから，児童が必要に応じて随時行なう活動の時間があるが，これはそのときの活動内容によって長短があり，一律に活動時間を規定することはむずかしく，また，規定することによって，児童の自発的・自治的な活動をはばむおそれがある。

したがって，随時活動する時間（以下随時活動時間という）は指導計画に含めないが，生活時程表の上で，児童が随時活動しやすい配慮をしている。

(9) 指導計画は，精粗さまざまな形のものが考えられるが，主体はどこまでも児童の自発的・自治的な活動にあるのであるから，教育的配慮を示すための大まかなわくぐみと考え，具体的な実践上の計画は，実施計画として児童が教師の助言を得ながら作成するようにさせる。

2　特別教育活動全般の指導計画の内容

特別教育活動の内容として，指導要領には「児童会活動・学級会活動・クラブ活動などを行なうものとする。」と示されている。したがってこの三つの活動は特別教育活動として行なわれなければならないものである。

その他，などと示されている三活動以外のものについても考えなければならないが，指導書第1章の第4節「特別教育活動の内容」には，「なお，そこに『など』とあるのは，特別教育活動の目標を達成するために行なわれる活動を，それら三者にだけかけることができないからである。しかし，それら三者のほかの活動を特別教育活動として行なうような場合には，児童の自発的な要求，学校の実情，地域社会の特殊性などをじゅうぶんに考慮し，特別教育活動の目標達成に有効であると判断されるものだけについて行なうべきである。」と述べられているが，本校では，三活動以外に，特に有効な活動と判断されるものはない。

したがって，児童会活動・学級会活動・クラブ活動をその内容として計画し指導することになるが，そのそれぞれの活動のねらいは，相互に独自のねらいと活動内容をもっている。

しかし，特別教育活動の目標とする児童の自発的・自治的活動と，所属する集団の運営に積極的に参加することや，実践活動を通すことは，児童会活動・学級会活動・クラブ活動のいずれもねらわなければならないことである。

ただ，それぞれの活動場面や，集団の構成がちがい，したがって活動方法も異なっているが，究極のねらいは一体のもので，所属集団の向上発展のための自治的・自発的活動であると考えられる。

特別教育活動の指導計画は，上述のことを考慮しながらも，それぞれの特質を明らかにし，児童の発達段階に即応し，学校の規模や職員の組織，施設・設備などの諸条件，他の領域との関連などの上にたって作成されなければならない。

この意味で，特別教育活動全般の指導計画が必要であり，各活動別の指導計画は，全般の指導計画を基礎にして作成されなければならない。

以下は，指導計画作成上の考え方をもとにし，上述のことをじゅうぶん

考慮し，全職員で討議しながら作成されたものである。

3 特別教育活動全般の指導計画

(1) 指導の重点

すべての学校の教育活動は，教育目標を達成するためのものであり，したがって特別教育活動全般の指導計画を作成する場合も，その関連をはっきりおさえておかなければならない。

本校の教育目標は，次のとおりである。

〔教育目標〕（昭和39年度）

教育基本法に述べられている人間像の形成を目ざして，本校の実態に基づく児童の理想像を次のように描き，これが実現に努める。

(1) 基本目標

① 自主的で，合理性・科学性に富み，創造力が豊かなこども。

② 他を愛し，協調的で，情操の豊かなこども。

③ 勤労と責任を重んじ，誠実で実践力の豊かなこども。

④ 健康で明るく，よい生活習慣を，豊かに身につけたこども。

(2) 本年度の具体目標

① よく見，よく聞き，よく考えるこども。

② ほかの人のことも考え，仲よく力を合わせていくこども。

③ まじめに，おわりまでやりぬくこども。

④ いつも身のまわりに気をつけ，じょうぶで明るいこども。

そして，その目標達成のための指導方針を四つあげているが，その一つに，

○児童の自発的・自治的な活動を尊重し，創意くふうを生かした集団生活を通して，望ましい社会的態度を育てる。

ということがある。

これは主として，特別教育活動の指導を通して達成できるものであり，また，このことは本校の四つの教育目標の全体の到達にせまる指導方針で，特別教育活動の指導の重点も，そこにおかれなければならない。

したがって，この教育目標および，指導の方針をうけて，本校の特別教育活動全般の指導の重点を，次のように設定したのである。

本校の教育目標・指導方針・指導要領に示されている特別教育活動の目標を受けて，指導のねらいを次のように設定している。

① 教師の適切な助言により，自分たちの力で，自発的・自治的に解決できる問題に気づかせ，すすんでそれにとりくませる。

② 学校・学級の生活を，より楽しく豊かにする活動へ，積極的に参加し集団の一員として所属する喜びと連帯感を深めさせる。

（2） 特別教育活動の内容と参加の範囲

上述の指導のねらいを効果的に達成するため，特別教育活動の内容として，本校では次の３活動を行なうことに定めている。

なおこの３活動に限定した理由は，Ⅱの１，指導計画作成上の考え方および，同２，の特別教育活動全般の指導計画の内容の項で述べたことによる。

ア　児童会活動

学校生活に関する諸問題を話し合って解決し，さらに，学校内の仕事を分担処理し，学校全体の生活をより楽しく豊かにするために，創造くふうする活動で，それは次の三つに分かれる。

(ア) 代表委員会の活動

４年以上の学級会の代表および各部の代表者によって構成し，必要に応じては，３年以下の学級会代表・クラブ活動の代表者が参加する。

そしておもに学校全体の児童のための生活向上の諸問題の話し合いや実践活動をする。

(イ) 部の活動

５・６年児童全員で組織し，学校生活を豊かに向上させるため，児童会活動に必要な仕事を分担し，実践活動を通して処理をする。

(ウ) 集会の活動

全校の児童で構成し，児童の計画に基づいて児童会活動のねらいを達成するための集会を行なう。

イ　学級会活動

学級生活に関する諸問題を話し合って解決し，さらに学級内の仕事を分担処理し，学級全体の生活をより楽しく豊かにするために，創造くふうする活動で，学級の全児童で構成され，次の三つに分かれる。

(ア) 話し合い活動

児童が，自分の所属する学級の生活をより楽しく豊かにするために，学級生活に関しての諸問題を，解決するための話し合いをする。

(イ) 係り活動

児童が，自分の所属する学級の生活をより楽しく豊かにするために，学級生活から生まれ，考えられる自治的な範囲での仕事を分担処理していく。

(ウ) 集会活動

児童が，自分の所属する学級の生活をより楽しく豊かにするために，いろいろな集会を，自主的に計画し，実行する。

エ　クラブ活動

共通の興味・関心をもった児童が集まって，楽しみながら自分たちで相談し，計画を立て，協力しながら実践をしていく過程で，自発的

・自治的な活動ができるようにするもので，４年以上の全児童で構成され，学級を解体して組織される。

そのおもな活動は，次の三つである。

(ア) 話し合いの活動

児童が自分の所属するクラブの活動について，計画を立てたり，運営のための話し合い活動をする。

(イ) 共通の興味・関心を追求する活動

クラブ全員，あるいはグループ・個人に分かれながらも，クラブ全員の共通の興味・関心の追求に打ちこんでいく活動を行なう。

(ウ) 発表する活動

クラブの成果を発表したり，学校行事等として行なわれる行事や，児童会活動として行なわれる集会活動に参加協力する活動を行なう。

(３) 特別教育活動の組織

ア 特別教育活動全般の組織

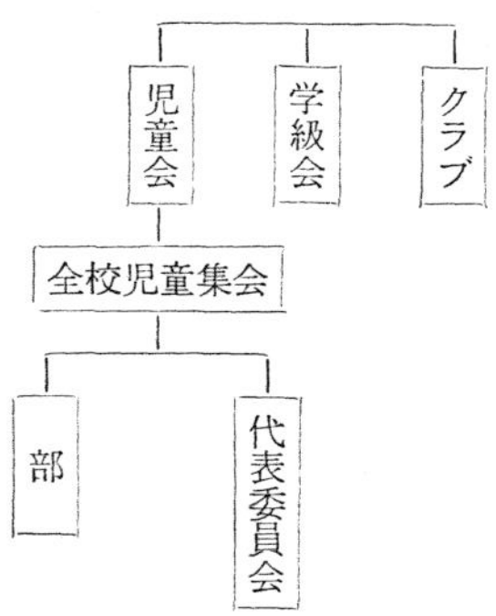

(ア) 部の組織

児童会に必要な仕事を分担処理するために，児童の希望，学校の施設・設備，職員構成，伝統を考慮して部の種類を決定して組織する。

(イ) クラブ活動

児童の希望，学校の施設・設備，職員構成，伝統を参考にしてクラブの種類を決定して組織する。

(ウ) 全校児童集会，代表委員会，学級会活動

それぞれ(2)の参加の範囲で示した全児童または代表によって組織

する。

(エ) それぞれの活動は独立しながらも互いに関連し，そのそれぞれの組織で活動することを通して特別教育活動のねらいにせまるものである。したがってそこには組織上の上下の従属関係はない。

イ 児童会活動の組織

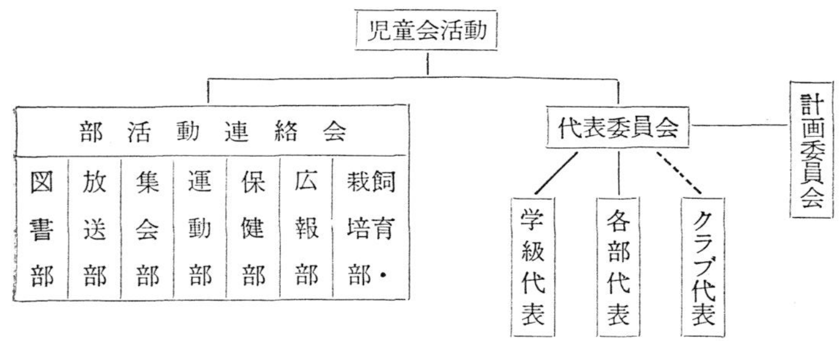

(ア) 代表委員会には，議長１，副議長２，書記２の役員をおく。

(イ) 計画委員会は，役員および各部の代表で組織する。

(ウ) 部活動連絡会は，各部の代表１名で組織する。

(エ) 各部に部長１，副部長１，書記１の部の委員をおく。

(オ) クラブ代表は，その必要に応じて代表委員会に参加する。

ウ 学級会活動の組織

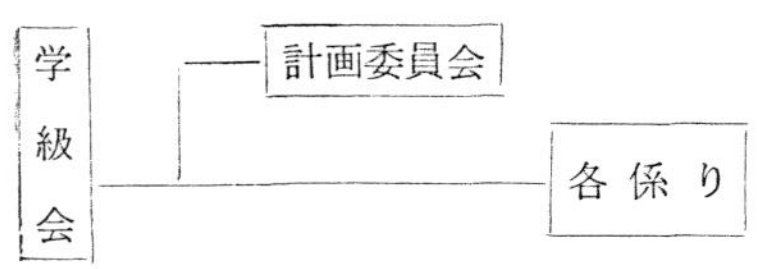

○計画委員会は，低学年は，教師と司会者で組織し，高学年では，議長，副議長，書記，係り代表提案者で組織する。

エ クラブ活動の組織

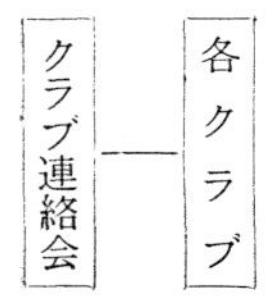

(ア) 各クラブに，クラブ長１，副クラブ長１，書記１をおく。

(イ) 必要に応じて，各クラブの代表によるクラブ連絡会を組織する。

(ウ) クラブ連絡会の必要に応じて，代表委員会に，クラブ代表を出す。

（4） 特別教育活動の時間のとり方と配当

特別教育活動の時間を，どれだけ配当するかによって，各活動への児童の参加の範囲や組織活動に大きな影響がある。

1年間の計画された時間表の上での総時間には限度があり，その上指導要領では，教科・道徳の基準指導時数が明示されている。

したがって，特別教育活動の指導時数をきめる場合にも，往々にして残りを特別教育活動の指導時間にということになりやすく，また，年度途中においても，他の領域の指導が計画どおり進まないと，とかく学級会活動・クラブ活動などの時間を，その指導にふりかえてしまうことが見かけられる。

本校では，各領域の調和を図りながらも，特別教育活動の時間を最大限に確保するという意図から，次のような手順によって指導時間の配分を行なっている。

年間授業総時間数の算出 ──→ 各教科・道徳・特別教育活動年間授業時数 ──→ 特別教育活動の月別・各活動授業時間 ──→ 特別教育活動の曜日別指導時間

昭和40年度のものを資料としてあげると次のとおりである。

<資料> 昭和40年度授業総時数算出表

（5月）

日	曜	学校行事（○学校行事等 ●特別教育活動（クラブ・学級会を除く））	行事時数	授業時間数 1年	2年	3年	4年	5年	6年
1	土	○祝日事前指導	1/3	3 2/3	3 2/3	3 2/3	3 2/3	3 2/3	3 2/3
2	(日)								
3	(月)	憲法記念日							
4	火	○全校こども会	1	4	4	4	5	5	5
5	(水)	こどもの日							
6	木			4	4	5	6	6	6
7	金	学年部会		4	4	5	5	6	6
8	土			4	4	4	4	4	4
9	(日)								
10	月	特活研究会(発表諸準備)集金日		4	4	5	5	5	5
11	火	発表連絡会(協力諸団体)		4	4	4	4	4	4
12	水	職員会　○退避訓練	1/3	3 2/3	3 2/3	3 2/3	4 2/3	4 2/3	4 2/3
13	木	○開校記念日集会　学年部会	2/3	3 1/3	3 1/3	4 1/3	5 1/3	5 1/3	5 1/3
14	(金)	開校記念日							
15	土			4	4	4	4	4	4
16	(日)								
17	月	特活研究会(発表諸準備)		4	4	5	5	5	5
18	火	○遠足(1，2年)	5	0	0	5	6	6	6
19	水	職員会　集金日		4	4	4	5	5	5
20	木	○遠足(3，4年)	5 6	4	4	0	0	6	6
21	金	○遠足(5，6年)	6	4	4	5	5	0	0
22	土			4	4	4	4	4	4
23	(日)								
24	月	父母会(1，2，3年)		5	5	5	5	6	6
25	火	○知能検査(2，4，6年) 父母会(4，5，6年)	1	5	5	5	5	5	5
26	水	○学校美化デー	1	4	4	4	5	5	5
27	木	●部活動		4	4	5	5	6	6
28	金	学年部会　●代表委員会		4	4	5	5	5	5
29	土			4	4	4	4	4	4
30	(日)								
31	月	特活研究会(発表諸準備)		4	4	4	4	4	4
授業日数	23	その他の月例行事を含めた授業時間数の合計		88 2/3	88 2/3	97 2/3	104 2/3	108 2/3	108 2/3
その他の月例行事		○発育測定予防注射(日脳) 荒教研部作り ○遠足事前指導		−1 −2 −1	−1 −2 −1	−1 −2 −1	−1 −2 −1	−1 −2 −1	−1 −2 −1
教科・道徳・特活授業時間数				83 2/3	83 2/3	92 2/3	99 2/3	103 2/3	103 2/3

9月

日	曜	学校行事（○学校行事等 ●特別教育活動（クラブ・学級会を除く））	行事時数	授業時間数 1年	2年	3年	4年	5年	6年
1	水	○始業式	2	0	0	0	0	0	0
2	木	○夏休み作品展　給食開始	1	4	4	4	4	4	4
3	金	○夏休み作品展，学年部会	1	3	4	3	4	3	4
4	土	同上	1	4	3	4	3	4	3
5	(日)								
6	月			3	4	4	4	4	4
7	火			4	4	4	4	4	4
8	水	●部活動　職員会		3	3	3	4	5	5
9	木	●代表委員会		4	4	4	4	4	4
10	金	学年部会　集金日		3	4	4	4	4	4
11	土	短縮授業終了		4	4	4	4	4	4
12	(日)								
13	月			3	4	4	5	6	6
14	火	父母会(1，2，3年)		4	4	4	6	6	6
15	水	○退避訓練　研修日	⅓	2⅔	2⅔	2⅔	4⅔	4⅔	4⅔
16	木	父母会(4，5，6年)		4	4	4	5	5	5
17	金	学年部会		3	4	4	5	6	6
18	土			4	4	4	4	4	4
19	(日)								
20	月	集金日		4	4	5	5	6	6
21	火			5	5	5	6	6	6
22	水	職員会　○祝日事前指導	⅓	3⅔	3⅔	3⅔	4⅔	4⅔	4⅔
23	(木)	秋分の日							
24	金	学年部会		4	4	5	5	6	6
25	土			4	4	4	4	4	4
26	(日)								
27	月			4	4	5	5	6	6
28	火			5	5	5	6	6	6
29	水	●部活動　体育日		4	4	4	5	6	6
30	木	●代表委員会		4	4	5	5	5	5
授業日数	25	その他の月例行事を含めた授業時間数の合計		90⅓	94⅓	98⅓	110⅓	117⅓	117⅓
その他の月例行事		○発育測定		−⅓	−⅓	−⅓	−⅓	−⅓	−⅓
教科・道徳・特活授業時間数				90	94	98	110	117	117

＜資料＞　教科・道徳・特別教育活動年間授業時数

上記のようにして得られた各月のものを合計すると，次のようになる。

月	授業日数	1　年	2　年	3　年	4　年	5　年	6　年
4	21	48	70	77	86	92	92
5	23	83⅔	83⅔	92⅔	99⅔	103⅔	103⅔
6	26	99⅔	99⅔	109⅔	119⅔	128⅔	128⅔
7	17	55	59	61	74	75	75
8	0	0	0	0	0	0	0
9	25	90	94	98	110	117	117
10	25	97	107	108	118	126	122
11	24	93⅔	93⅔	105⅔	108⅔	118⅔	122⅔
12	22	86	86	96	104	112	112
1	19	73	73	82	87	95	95
2	24	93	93	103	113	120	120
3	21	77	77	83	88	93	93
計	247	896	936	1, 016	1, 108	1, 181	1, 181

＜資料＞　各教科・道徳・特別教育活動別年間授業時間数

上記の各学年の年間授業時数より，教科・道徳の基準時数を差し引き，残りの時数から，特別教育活動の時間として必要な分をとり，残りをさらに再調整した時数が次のものである。

（　）内は最低基準

領域		1　年	2　年	3　年	4　年	5　年	6　年
教科	国語	246(238)	326(315)	293(280)	280(280)	245(245)	245(245)
	社会	68 (68)	70 (70)	105(105)	148(140)	140(140)	140(140)
	算数	102(102)	140(140)	190(175)	215(210)	210(210)	210(210)
	理科	68 (68)	70 (70)	105(105)	105(105)	140(140)	140(140)
	音楽	112(102)	70 (70)	70 (70)	70 (70)	70 (70)	70 (70)
	図工	112(102)	70 (70)	70 (70)	70 (70)	70 (70)	70 (70)
	家庭					70 (70)	70 (70)
	体育	112(102)	112(105)	105(105)	105(105)	105(105)	105(105)
道徳		35 (34)	36 (35)	36 (35)	36 (35)	37 (35)	37 (35)
特活		41	42	42	79	94	94

<資料>　**特別教育活動の月別，各活動授業時間**

上記のようにして得た特別教育活動の授業時数を，各活動別に配分すると次のようになる。

月	活動別	1　年	2　年	3　年	4　年	5　年	6　年	代表委員会
4	学級会 クラブ 部	3	4	4	4 3	4 3 2	4 3 2	2
5	学級会 クラブ 部	4	4	4	4 3	4 3 1	4 3 1	1
6	学級会 クラブ 部	4	4	4	4 5	4 5 2	4 5 2	2
7	学級学 クラブ 部	3	3	3	3 2	3 2 1	3 2 1	1
9	学級会 クラブ 部	5	5	5	5 4	5 4 2	5 4 2	2
10	学級会 クラブ 部	4	4	4	4 4	4 4 1	4 4 1	1
11	学級会 クラブ 部	4	4	4	4 3	4 3 1	4 3 1	1
12	学級会 クラブ 部	4	4	4	4 4	4 4 1	4 4 1	1
1	学級会 クラブ 部	3	3	3	3 3	3 3 2	3 3 2	2
2	学級会 クラブ 部	4	4	4	4 4	4 4 1	4 4 1	1
3	学級会 クラブ 部	3	3	3	3 2	3 2 1	3 2 1	1
活動別合計	学級会 クラブ 部	41 0 0	42 0 0	42 0 0	42 37 0	42 37 15	42 37 15	
総　計		41	42	42	79	94	94	13

ア　代表委員会・部活動の時間のうち，随時活動の時間はその部，活動の実際により一定でないので，いっせいにはとらない。

イ　このほか全校児童集会の時間を，毎週金曜の第１校時前に20分間と

る。

ウ　学級会の時間は，必要に応じて１週１単位時間を２回に分けて実施することもできる。

<資料>　特別教育活動の曜日別指導時間（学級会活動の時間を除く）

週＼曜	月	火	水	木	金	土
1　週	昼休み・放課後に各部の班・全体会		クラブ（５校時）		毎日行なわれている朝の打ち合わせ、準備の時間（二〇分）を全校児童集会にとる。	
2　週			クラブ（５校時）			
3　週			クラブ（５校時）			
4　週			クラブ（５校時） 部（６校時）	代表委員会（６校時）		
5　週			クラブ（５校時）			

ア　学級会の時間はその性格上，各学級の最もつごうのよい曜日，時間にとればよいので，各学級ごとに，時間表の上に明示する。

イ　毎週月曜日の朝の20分間は，朝礼として学校行事等に位置づけ，毎週金曜日の同時刻に行なわれる全校児童集会とは明確に区別する。

ウ　学級会の係り，部，計画委員会の時間は必要に応じ適時行なわれる。

（５）　運営上の基本方針

以上のような，指導の重点，活動内容と参加の範囲，指導時間をきめ，その運営の指導に当たるわけであるが，全職員が運営上の共通理解をもち，一致して指導に当たらなければ，その効果はあがらない。

そのすべてを述べるわけにはいかないが，重要と思われる点を以下に述べてみる。

ア　指導体制

学級会活動は別にして，代表委員会，部活動，クラブ活動は高学年が中心で構成され，組織されるので，とかく高学年の担任が中心となった指導体制がとられがちである。

それでは，その指導はかたより，全校的な効果は期待できない。

そこで本校では，次のように指導分担を明示して，全校的な指導体制で運営に当たることにしている。

(ア)　全校児童集会

○毎週の定例日，集会部の担当教師

○臨時集会，代表委員会担当と，その集会に関係のある部，クラブ活動の担当教師

(イ)　代表委員会

○専任助言担当教師　3名

○他の教師も，毎回全員が参加できるよう，他の授業はなしにする。

(ウ)　部 活 動

○代表委員会専任助言担当教師以外の全教師で分担する。

(エ)　学級会活動

○各学級担任教師

(オ)　クラブ活動

○全教師で分担して担当する。

(カ)　そ の 他

○学校長・教頭は，随時全活動に出席し，必要に応じて指導助言をする。

イ　指導計画・実施計画

それぞれの活動が効果的に運営されるためには，それぞれの活動別に，児童の自発的・自治的活動を援助するために，教師の教育的配慮を

表わした指導計画が必要である。また，その教育的配慮によって児童の指導が行なわれる。

その児童による活動が行なわれるとき，児童自身の活動計画による実践のための実施計画がないと，その活動は偶発的・突発的なものになり，線香花火のようなその場かぎりの実践に終わってしまうことが多い。

そのためにも教師の適切な助言指導のもとで，児童の手による実施計画が必要となる。

児童の要求や実態のどう察が適確であればあるほど，指導計画と実施計画は一体化されるものであるが，指導計画はあくまで望ましい児童の活動を生み出すための，大まかな計画であり，児童の要求や意欲にこたえる意味で，弾力性に富んだものでなければならないし，そのように運用することが必要である。

ウ　他の教育活動との関連

特別教育活動の指導にあたっては，他の教育活動とあい補い，互いに関連しながら，学校の教育目標達成を目標にしなければならないことは，前述したとおりである。

それぞれの教育活動が，教育目標達成のためにどのような役割を分担しているのか，また，学校教育の中で位置づけられているのかという点について，全教師の共通理解を深くもっていなければならない。

特に，第1章，2で述べた研究過程で取り上げられた問題点の多くは，指導運営上の教師の共通理解として，全職員が同じ立場をもたなければならないものと考える。

エ　学校教育計画上の位置づけ

学校教育計画という用語そのものが，運営上の用語として明確さを欠くものであるが，一応，教育課程の指導を進めていく上での，直接ある

いは間接の教育活動の計画であるとすると、その実践によって学校教育目標の達成を図っていくものであるから、学校教育計画上での特別教育活動の位置づけも、明確にしておかなければならない。

本校では、その意味において、本校教育計画の上の特別教育活動の位置づけを次ページのように考え、学校教育活動全般との関連を図りながら運営している。

（6） 特別教育活動全般の評価の方針

「特別教育活動の評価は、そのねらいにどこまで迫ったかを見るものであり、できるかぎりの客観的な判断を下し、それによって個々の児童と集団の成長過程を明らかにし、さらに効果的な指導を計画し実施するために行なわれるものである。

したがって、児童のためには、集団生活の中で自分および自分の所属する集団の進歩向上していく過程を知って喜び、さらにその所属集団をよりよくしていくための動機づけとなるものでなければならない。」と指導書の，第2章 第4節 特別教育活動の評価に述べられている。

特別教育活動の特質や、上記の指導書の考え方をもとにして、特別教育活動の評価を考えるとき、一定のものさしを用意して、自主性、社会性、個性の伸長を評定しようとする前に、楽しく豊かな充実した所属集団の建設に、児童が集団として、集団の中の一員としてどのように活動したか、また、活動しているかという、その過程のほうを結果より第一に考えなければならない。

具体的な評価については、活動別の指導計画に示してあるので、ここでは全般的な評価の観点について述べる。

ア 指導計画についての評価の観点

(ア) 児童の自発的・自治的活動を促進するために、弾力的で融通性をもったものであったか。

— 24 —

II 特別教育活動全般の指導計画

〔図表1〕

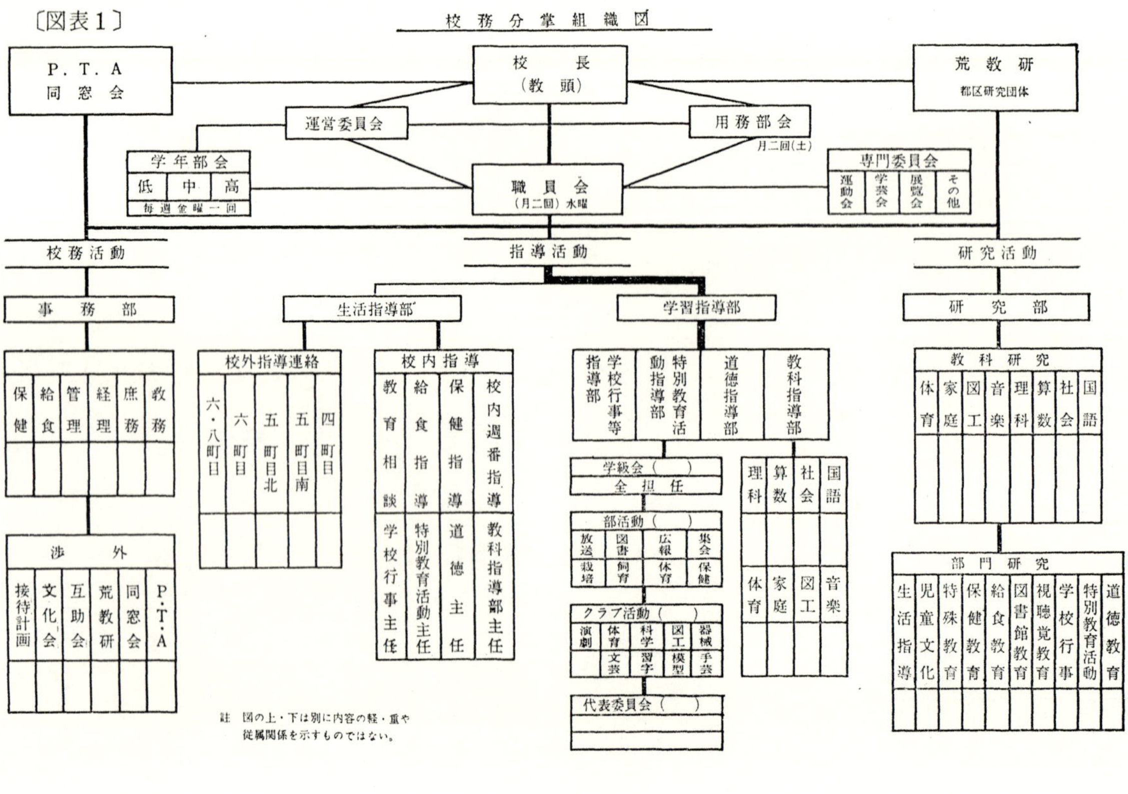

— 25 —

(イ) 組織や活動の内容・時間配当が適切であったかどうか。

(ウ) 児童の希望や意志が，どの程度尊重されていたか。

(エ) 発達段階に応じた計画であったか。

(オ) 各活動の関連が，有機的にもたれていたか。

(ア) 他の教育活動との関連・区別が，よくできていたかどうか。

イ　運営・指導方法についての評価の観点。

(ア) 児童の創意くふうがじゅうぶん尊重されたか。

(イ) 教師の指導助言が適切に行なわれたか。

(ウ) 発達段階に応じた指導をしたか。

(エ) 特別教育活動の特質を生かした，民主的な運営が行なわれたか。

(オ) 児童の実践力の度合いはどうであったか。

ウ　児童自身による評価

(ア) 各活動についての理解は，どの程度か。

(イ) 特別教育活動に参加して，楽しく活動できたかどうか。

(ウ) 積極的に参加し，協力できたかどうか。

(エ) 発言，発言内容，実践上の創意くふう，記録の整理はどうか。

(オ) 集団全体として，よいふんい気で活動できたかどうか。

Ⅲ　児童会活動の指導計画

児童会活動の指導は，第Ⅱ章において述べたように，特別教育活動の目標を達成させるものであり，特別教育活動全般の指導計画の指導の重点に基づき，計画的・意図的に行なわれなければならない。

しかし計画的・意図的といっても，教科・道徳・学校行事等の指導における意味とちがい，既述のように，児童の自発的・自治的な活動を促進するための，教師の教育的配慮をさすものである。

以下，本校の児童会活動の指導計画について，その概略を述べてみる。

1　児童会活動の指導のねらい

児童の学校生活に関する諸問題を話し合って解決し，さらに学校内の仕事を分担処理し，学校全体の生活をより楽しく豊かにするために，児童の手で自分自身の問題を話し合い，積極的にその解決・処理をする。

ということをねらっている。

したがって，そのねらいの中味を分析すると，

○学校全体の児童に関する生活上の問題の解決

○学校全体の児童の生活に関する学校内の仕事の分担処理

○学校全体の児童の生活をより楽しく豊かにするための活動

があげられ，創意くふうしながら学校生活の向上発展をねらうものである。

そのそれぞれがあい補い関連しあって，児童会活動のねらいを達成するものであり，一つ一つ切りはなして考えることはできないかもしれないが，

そのねらいから，次にあげるような三つの活動と内容が考えられる。

2　児童会活動の内容

(1)　代表委員会の活動

全　校　児　童　集　会

おもに，学校全体の児童がより楽しく豊かに生活するための諸問題の話し合いや，実践活動をする。

したがって学校生活の中という限定された場で，全校の児童に関係し，解決の必要に迫られている諸問題や，生活の向上発展のための問題という範囲で，児童にその結論をまかせられ，児童の能力で解決したり，実践するといった方法による活動である………と考えることができる。

(2)　部　活　動

おもに，学校全体の児童が，学校生活をより楽しく豊かにしていくための仕事を分担して，実践を通して処理をする。

したがって，代表委員会と同じく，学校生活という場で，全校の児童に関係し，児童がその必要や関心をもつ仕事で，しかも児童にまかせられる

範囲で，児童自身の手によって自発的・自治的に創意とくふうをしながら分担・処理するといった方法による活動であるといえる。

(3)　全校児童集会

おもに，学校全体の児童が，より楽しく豊かに生活するための集会を，自発的・自治的に計画し実施する活動である。

したがって，学校生活という場で，学校全体の児童に関係し，楽しく豊かに過ごすために創意くふうをこらしながら実施する活動で，児童が主体になって計画・運営できる範囲のものであるといえる。

これらの三活動は，それぞれあい補い合いながら，児童会活動のねらいにせまっていかなければならない。

3　組織と児童の参加

(1)　代表委員会

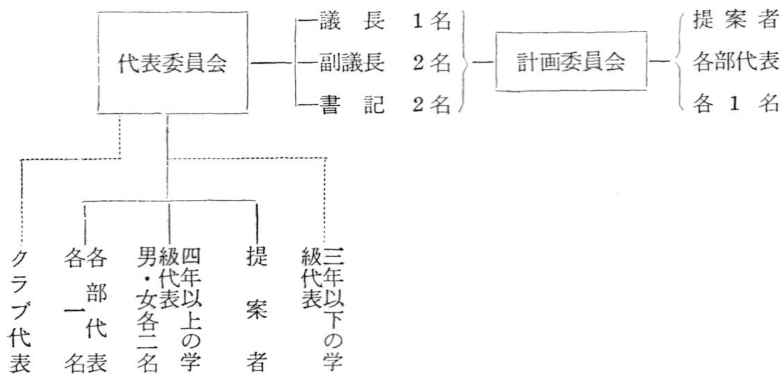

(注)　組織表のうち実線は，常時の構成メンバーであり，点線は必要に応じて参加するメンバーであることを示している。

(2) 部活動

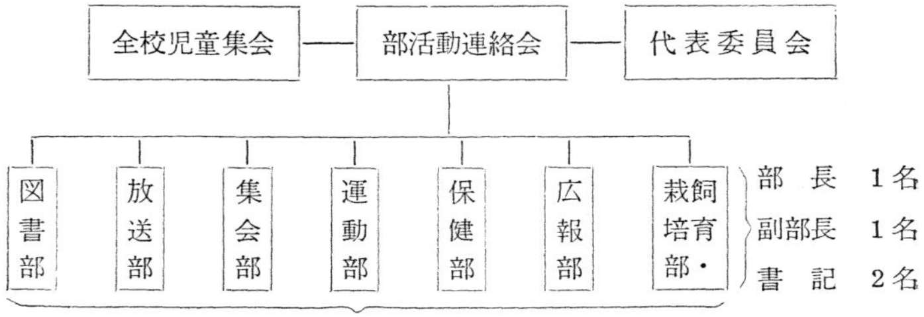

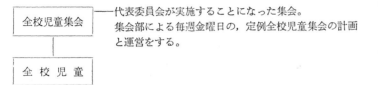

5・6年の全児童によって構成・組織する。
各部の人数は部の活動内容に基づきながら全体の部活動の調和を考慮して学校で定める。

(3) 全校児童集会

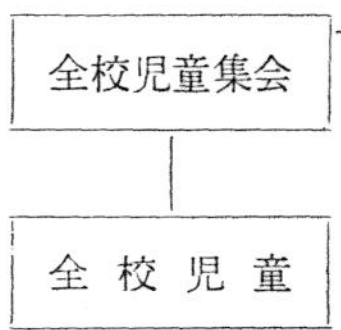

代表委員会が実施することになった集会。
集会部による毎週金曜日の，定例全校児童集会の計画と運営をする。

4 時間配当

(1) 代表委員会

ア 原則として，毎月の第4週の木曜日・第6校時をあて，この時間には，他の授業はいっさい行なわないで，全職員が参加する。

イ また，4月，9月，1月の最初の週の木曜日の第6校時も，組織編成のために同様の扱いとし，合計年間14回の定例会を開く。

ウ 必要あるときは，臨時に代表委員会を開くことができるが，その時間は他の教育活動に支障のない日に行なう。

エ 計画委員会・代表委員会自体の活動を要する実践のための時間は，ふつう定められた校時外に，必要に応じて随時とる。

(2) 部の活動

ア 固定時間

毎月の第4週の水曜日の第6校時および，4月，9月，1月の最初の週の水曜日の第6校時の計14回の定例部会の時間を設定する。

イ 随時活動時間

必要あるときは，臨時に部会を開くことができるが，その時間は他の教育活動に支障のない日の定められた校時外に，随時とる。

ウ 部の連絡・打ち合わせ時間

毎週月曜日の6校時終了直後の30分を，部活動のための打ち合わせ，連絡，実践活動のための時間として特設する。

エ その他，部の実践活動のための時間は，その内容により第1校時前，昼休み，第6校時後に随時とる。

(3) 全校児童集会

ア 定例全校児童集会

毎週金曜日の第1校時開始前の20分間をあてる。

注 毎週の朝の20分の時間の使い方

月 曜	教師の計画による学校行事等としての朝礼
金 曜	児童の計画による全校児童集会
他	10分…職員打ち合わせ会 10分…学級の時間

イ 臨時全校児童集会

必要に応じて昼休みと，第6校時終了後にとることができるが，他の授業時間にくいこむときは，学校が許容した範囲でとらせる。

5 年間指導計画と実施計画

第Ⅱ章の3の(5)特別教育活動の運営上の基本方針の，イに述べてあるように，児童会の各活動が，効果的に運営され，特別教育活動のねらいを達成するためには，意図的で計画的，継続的な指導が加えられなければならないし，そのためには年間の見通しの上に立った指導計画が必要である。

しかし，その意図的・計画的・継続的な指導といっても，それはどこまでも，児童の自発的・自治的活動を促進させ，援助するための教育的な配慮であることが基本条件である。

とかく，児童の自発的・自治的活動であるから，児童の自主性にまつことが必要という考え方で，拱手傍観の態度で児童会活動にのぞみ，児童をして暗中模索させ，いたずらに指導時間を空費させてしまったり，教育である以上は意図的・計画的でなければならないとして，細部にわたる活動まで規定して，児童はその計画に従って，教師の立てた計画どおりの活動のみ行なうというのであっては，特別教育活動のねらいを達することはできない。

したがって，年間指導計画の作成にあたって，本校としては次の諸点に留意して立案することにした。

（1） 年間指導計画作成の考え方

ア　児童の発達段階，学校規模，施設設備，地域の実情に即し，

イ　他の教育活動との関連が図られ，

ウ　弾力性に富んで，所属集団の児童が自分たちの自発的・自治的必要にしたがって実施計画を立てる余地が多く残され，

エ　融通性のあるもので，児童の必要（願望）によって，活動の選択・変更のできるように用意され，

オ　具体的で，児童にまかせて実践させられるものであり，

カ　児童の自発的活動を促進させる刺激となるものであり，

キ　特別教育活動の他の活動との関連がじゅうぶん図られている。

以上の配慮に基づいて，年間の指導の見通しを立てて全職員によって作

成することにしている。

この考え方は児童会活動の指導計画ばかりでなく，学級会活動・クラブ活動の年間指導計画作成にあたっても，共通していることである。

（2） 年間指導計画

ア　代表委員会

学期	予想される活動・議題	指導上の留意事項
1	◦代表委員会の組織や運営のしかた。 ◦計画委員会の構成をどのようにしたらよいか。 ◦議題の集め方と処理のしかた。	◦代表委員はその選出母体の学級会，部で毎回代表を適宜選んでよいが，議長や他の役員は任期中固定するように指導する。 ◦計画委員会，議題の集め方は，前年度の方法をもとにくふうさせ改善させるようにする。
2	◦２学期の代表委員会の組織・運営のしかた。 ◦運動会にうけもつ役割と人数，応援。	◦１学期に役員だったものは，なるべく交代するように指導する。 ◦代表委員会の活動としてまかせる範囲を明確にしてやる。
3	◦３学期の代表委員会の組織・運営のしかた。 ◦６年生を送る会。 ◦代表委員会の申しおくり	◦今までの活動内容の反省を中心に組織・運営の改善を図らせる。 ◦４・５年生が中心となって計画実施するように指導する。 ◦年間の役員も全部出席し，活動内容の反省を中心として指導する。

イ　部　活　動

部活動の年間指導計画は，記述の関係で，第Ⅴ章 部活動の指導と運営にのせたので，ここでは省略する。

（3） 実 施 計 画

代表委員会・部活動の指導計画は，とりあげるべき種類や活動内容，時間や運営方法などについての，基本的なわくぐみを定めたものであるから，その実施にあたっては，児童とともに，いっそう具体的な活動のため

の実施計画を立てる必要がある。

また，その実施計画は，年間を通したもの，学期・月・週，１回ごとのものなどが考えられるが，それぞれの活動内容にあわせて作成されることが望ましいと考えている。

年間・学期を通した実施計画は，大まかなものとなるのが当然であるので様式を統一しておいても，各活動の実施計画作成の障害にならないが，短期または活動直前の実施計画は，その活動内容によって様式を定めないと，活動しにくい結果を生じる。

たとえば，放送部は曜日別の１週間単位の実施計画のほうが活動しやすく，集会部は毎週金曜日の定例全校児童集会ごとの，１回くぎりの実施計画のほうが活動しやすいようなことである。

そこで本校では，学期単位の部活動の実施計画は様式を一定にし，活動直前の実施計画は，活動記録といっしょにして，各部がそれによって活動しやすい独自の実施計画を定めている。

代表委員会の実施計画は，活動記録とあわせた様式で，１回ごとに作成することにし，年間・学期の実施計画は定めていない。

これらの実施計画の具体例は，第Ⅳ章 代表委員会の指導と運営，第Ⅴ章 部活動の指導と運営にのせてあるので参照されたい。

6　児童会活動指導上の留意事項

それぞれの活動の運営上・指導上の留意事項や，問題点やその対策については，後述の第Ⅳ章，第Ⅴ章にそれぞれ詳しく述べるので，ここではごく原則的なことの二，三についてのみふれる。

（1）　代表委員会

ア　議題の決定は，もちろん児童の手によって行なわれるが，計画委員会

において助言指導をするときは，次のことに留意する。

(ア)　児童の学校生活に直結する問題であり，しかも所属集団全員で解決したり，創意くふうを要するもの。

(イ)　児童の発達段階にふさわしく，その能力で解決したり，実践の見通しのつくもの。

(ウ)　実践活動として児童にまかせられる範囲のもの。

したがって，次のようなものをもちこまないように留意する。

○理想的・抽象的なもので，観念的な話し合いに終わるおそれのあるもの。

○当然教師が行なうべき，学校の管理運営上のこと。

○健康や安全の点で問題があったり，金銭の取り扱いに関して望ましくないと考えられるもの。

イ　取り上げられなかった議題の処理を適切にさせる。

ウ　取り上げた議題の表現は，具体的な考え方や，意見，方法が出されるような表現にあらためさせる。

エ　教師はよき一員，観察者，よき助言者としてのぞみ，結論をおしつけず，児童の共同思考，実践の方向づけに努める。

オ　全職員が参加し，活動をはげまし，あたたかく見守るように努める。

7　児童会活動の評価

各活動別の具体的な評価は，第Ⅳ章・第Ⅴ章に述べられるので，ここではその観点のみについてふれる。

（1）　教師自身の評価

ア　指導計画は，児童の望ましい活動を生み出すのにふさわしいものであったかどうか。

イ　教師の助言指導は，児童の自発的・自治的活動を育てることに役だったか。

ウ　活動で，児童の自発的・自治的活動をはばむようなものはなかったか。

エ　全教師によって，協力的に指導が進められたかどうか。

オ　児童の欲求を実施計画の中にじゅうぶん生かしたか。

（2）　**児童の評価**

ア　集団の活動の中で，相互に協力し，協調的に進める態度は高まったか。

イ　組織的活動はどの程度されたか。

ウ　進んで活動に参加し，分担したことについて責任をもって実践したか。

エ　決定したことを尊重して，その実践がどの程度されたか。

オ　自主的な意見や判断，その主張を正しく表現しているか。

カ　自分で計画したり，くふうしようとしているか。

キ　所属集団や，相手の立場に立って考えようとしているか。

ク　所属集団の向上・発展のための要求内容は高まっているか。

ケ　下級生への連絡とその指導はどの程度なされたか。

コ　代表委員会，部，学級会の連けいはよく行なわれたか。

Ⅳ　代表委員会の指導と運営

1　代表委員会の基本的な考え方と指導

代表委員会

自分たちの学校生活をより楽しく，より豊かにしていくために，児童代表が参加し，話し合い，実践活動を通して学校内の諸問題を解決していくことは，児童の自主性，自発性を高める上に果たす役割は大きい。

このような意味で代表委員会の必要性が生まれてくる。代表委員会を指導運営していくためにはどのようなことが必要であるか，本校としての考え方と指導を以下順をおって述べてみることにする。

（1）　**ね　ら　い**

学校生活をより楽しくより豊かにし，向上発展させるために

○学校全体に関する諸問題を話し合い解決する。

○学級や部の代表が参加し，全校児童の意志を反映させるとともに，代表者は常に全校的視野に立ち意見を出し自由に話し合う。

○会議のふんい気は楽しくやわらかで，その運営は民主的である。

というようなことに意をとどめたい。

（2） 運営の方法

代表委員会の目標達成のためには会を効果的に運営していくことがたいせつである。そのためには，代表委員会の組織を中心にいろいろと検討し，明確にしておかなければならない。まず代表委員会への参加についてであるが，これは目的からも部と学級ということになると思う。学級のほうも指導書には「最小限中学年以上の参加が望ましい。」とあるが，実際問題として3年生では5，6年児童の日常用語は解しにくく，参加しても会のために役だつかどうか疑問である。そこで当然4年生以上ということになると思うが，この場合も児童数その他に関係し多少の変化があると思う。構成人員は40名前後がよいのではないか。多すぎても効果的な会の運営は期待できにくいと考えられるし，少なすぎた場合は全校を代表しているかどうか疑問である。もちろん，きめられた代表のほかにも必要に応じて，クラブ，低学年の参加等も考えられるわけである。この他にも種々考えられるが，それらについては児童の実態，学校の地域性により変わってくると考えられるので，以下は本校の場合について述べることにする。本校では昭和37年度までは，全校児童会という名称で現在の代表委員会とほぼ同様の活動が行なわれてきた。当時の記録によれば参加の委員は学級，クラブ，地区の三分野から次のような割合で参加していた。すなわち，学級代表としては4年以上の各学級から学級委員長1名，副委員長2名の計3名ずつが，クラブからは部長1名，副部長2名の計3名が，地区からは地区長1名ずつが参加していた。昭和38年度に，「特別教育活動の指導」を努力目標の一つとして取り上げ，特別教育活動の研究を始めた。これととも

に，代表委員会についても学習指導要領，特別教育活動指導書，先進校の資料等を中心に理論的研究や事例研究などを行ない，前年度まで行なわれてきた全校児童会についても大幅の改訂がなされ，全校児童会という名称を改めて代表委員会と改称し，内容的にも大きな修正を行ない現在にいたっている。

ア 代表委員会の構成

本校の場合，代表委員会の委員は学級，部の代表者によって構成されているが，その他必要に応じてクラブ代表者も参加する余地が残されている。

(ア) 各学年からの参加について

代表委員会への参加は4年生以上の各学級男女各2名（うち2名は固定，2名は交代も可）ということにしている。当初の職員間の話し合いでは5年以上という意見もでたが，できれば全学年からの参加が理想であり，4年生が参加した場合でも会議の運営にさして支障もないと考えた。また5，6年生では気のつかない角度からのよい意見が出る可能性も多分にあり，4年生ともなれば一応全校的視野に立ち学校生活の向上発展に寄与することができると判断し，4年生以上の参加にふみきった。

なお，学級代表4名のうち2名を固定にしたのは毎日メンバーが入れかわると代表委員会の進め方そのものに大きな努力を要し，短時間で効果的な話し合いが行なわれにくいからである。しかし，代表委員会に少しでも多くの児童を参加させ，経験を通して代表委員会の機能を理解させ，全校の一員であるということを自覚させるために2名は交代制にし，各学級ごとに議題に応じた人選ができるようにした。

また，3年以下の学級代表は必要に応じて参加できるようにしている。たとえば「上級生ばかりが運動場を使っているからなんとかして

ほしい。」というような問題が3年生から提出されたときは，その切実な問題をかかえている当時者として出席し，提案討議に参加させることが心要である。このような積み重ねが全校的立場での視野を拡大しながら，自治的・自発的に自分たちの問題を解決していく経験と喜びを味わわせることになる。

(イ) 部代表の参加について

学校生活を楽しい充実したものにしていくためにそれぞれの仕事を分担処理していくことが部活動のねらいである。しかし，部は一つの小集団であり，自分たちだけで解決処理できない問題，たとえば「ボール大会を開きたい。」という運動部の発案，また代表委員会で「この計画は○○部でやってほしい。」というようなこともある。このような場合に，互いにその機能を発揮しあい児童会活動のねらいを達成するためにも，部の代表が参加する必要がある。

本校では 現在七つの部の 中から 部長各1名が参加している。しかし，それは固定というのではなく議題によっては適任者が部長に変わる場合もある。

(ウ) クラブ，地区代表の参加について

クラブ代表については前述のように，本校では必要に応じて随時参加するという方法をとっている。クラブ代表が常時代表委員会に参加する必要がないというのは「クラブ活動のねらいが，学校の全生活に直結するものではない。」という特別教育活動指導資料1（文部省編）の考え方をもとにしたものである。

また，地区代表の参加については，昭和37年度まで地区長1名が必ず参加していたのであるが，地区における指導については生活指導計画の中で地域社会における教育の一環として処理すべき問題であり，その教育的意義は高いが，特別教育活動には位置づけず，地域社会の

教育活動の一環として位置づけている。

イ 代表委員会の組織

アで述べたように本校の代表委員会は学級，部の代表者により組織されているのであるが，その構成人員は4年以上の学級代表24名（4人×6組）および部代表7名である。しかし議長，副議長，書記の三役に選出され欠員になった部および学級は，欠員数だけ補充することができるようにしてある。

代表委員会の組織

議　長	1名
副議長	2名
書　記	2名
部代表	7名
計	12名

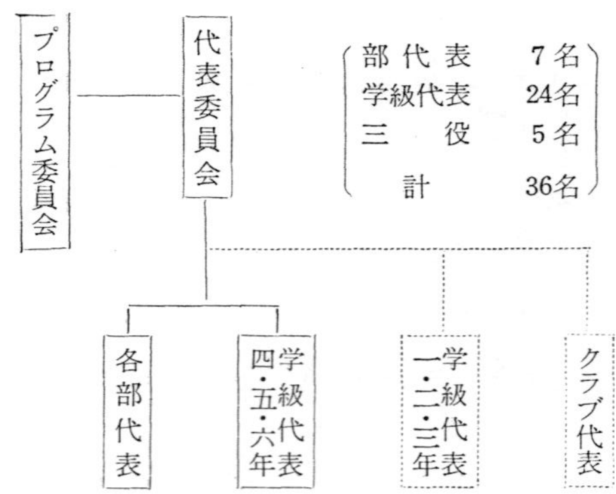

部代表	7名
学級代表	24名
三　役	5名
計	36名

(ア) 代表委員会と部，学級会，クラブ代表との関係

学校生活の諸問題を話し合い解決し，学校内の仕事を分担処理するために本校においては七つの部が設けられている。これらの部は学校生活を向上発展させるため，児童自身の自発的・自治的活動としてまかせてもじゅうぶんやっていける仕事の内容を吟味して設けた。これら児童の集合体と学級からの代表者が一堂に会して全校的な問題を話し合うことは，学校生活をより豊かにする上にたいせつであると思う。

このような意味で代表委員会が設けられたわけであるが，その構成

から所属する集団の意志を発表したり，問題を提起したり討議する面と，所属集団を離れ自由に全校的立場で活動する両面がある。部，学級，クラブの代表がその所属集団の利益代表としてのみ立場を固執すれば代表委員会の機能は非常に縮小される。反面，飼育栽培部で「学校内に花による美化運動をやってほしい。」児童会用掲示板のある隣の組で「その管理をしてほしい」などのことは部，学級にもちかえって所属成員の承認をうけなければならないということもある。これらの，ごく少ない例外的な場合をのぞいては全校的立場で活動することが望ましい。また，みずからの代表として選出した以上は問題の解決処理を一任した信頼関係で活動するようなふんい気を育てることも必要である。

このような考え方であるから，学級会や部は代表委員会の下部機構であるというような組織としては本校では考えていない。

すなわち，学校生活をより豊かにするため，学級内，部の中だけでは解決できないような問題を解決する場として代表委員会を設けているわけである。

またクラブの代表を随時参加にしたのは，その活動がグループ別の興味と関心を追求することが主で，全校的問題が少ないからである。しかし，発表会など全校的立場で行なわれることもあるので参加できる組織にしている。

(イ) 役員の選出と任期

代表委員会を円滑に運営していくために，役員として議長，副議長書記の三役をもうけている。役員の選出は毎学期初めの代表委員会で立候補投票により決定している。しかし，立候補のない場合は推薦により役員の決定を行なう。

代表委員会の目的の一つが学校生活の諸問題を話し合い解決するこ

とであるから，短い時間で効果的な話し合いをすることがどうしても必要となってくる。それゆえ，役員の任期は昭和37年度までの二期制を一期制に切りかえ実施してきた。ところが，昭和39年12月プログラム委員会の席上で三役がそろって辞任を申し出てきた。理由は

① 自分たちはもうじゅうぶん議長という職になれたから他の人に役をゆずりたい。

② 来年度の準備のためにも５年生に役をゆずり来年の代表委員会が円滑にできるようにしたい。

というのが表面上の理由であった。そのため，このことについての激しい意見のやりとりがあり，ついに，自分たちは疲れていやになったのでやめたいと本心をもらした。そこで，全員で話し合った結果，全員交替では次の委員会から急に運営がうまくいかなくなることを考慮し，どうしても役員をやめて，役員でない立場で発言をしたいという議長，副議長の２名はやめ，副議長１名と書記３名が留任することになった。それに伴い役員の任期についてアンケートをとった結果が次のようであった。

図表２(A)の理由

①○なれていない人がやってもなかなか相談が進まないので。
○どうせやるなら長くやってもらいたい。
○１年間通したほうがいちばんよいと思うから。
○長くやれば経験も豊かになるし，交代しなくても次の人がどうせやるのだから。

②○来年度のために。
○多くの人が経験したほうがよいから。
○あまり長いといやになるし，あまり短いと仕事ができないから。
○あまり長すぎるとあとが困るから。

〔図表 2〕(A)

この前の代表委員会で，議長の交代についての意見がいろいろ出ましたが，あなたは来年度の議長，副議長，書記の任期について次のどれがよいと思いますか。

	理　由（かんたんに）
①　1年間とおしてやったほうがよい。	
②　半年交代がよい。	
③　学期ごとの交代がよい。	

(B)　アンケート集計

①　1年間をとおしてやったほうがよい	②　半年交代がよい	③　学期ごとの交代がよい
6	20	7

○なれてやりやすく，経験できる人も多くなるから。
○多くの人になるべくやってほしいから。
○1年間では長すぎるし，学期ごとでは短すぎる。
○あまり長すぎてもよい仕事ができない。
○議長さんがたいへんだから。
○ただなんとなく。

③○議長，副議長の人があきてしまうから。
○多くの人が経験したほうがよいから。
○みんなが議長，副議長になれるから。
○代表委員会に組の人が多くでられるから。

この調査の結果では②の「半年交代がよい」という回答がいちばん多かったわけであるが，全体とすると約8割の委員が交代を希望している

ので，職員全員で話し合った結果③の学期交代ということに決定した。

理由は

(1)　児童にとり学期のきれめは新しい意欲にもえており，代表委員会の運営にもその新鮮さを加えられる。

(2)　交代による会議進行の不慣れの点については過去2年間の特別教育活動全般についての指導の結果，たいした影響はないと判断される。

(3)　代表委員会の役員という重要な役目を多くの児童に経験させることは，学校生活に対する興味と関心を深める上に役だつと考えられる。

(4)　学期始めに学級代表の固定2名の改選も予想され，代表委員会のメンバーの変更も考えられる。

などによるものである。昭和40年度は，この学期交代制を実施し，しばらく様子をみた上で改良すべき点があった場合には次年度より改めていきたいと考えている。

(ウ)　代表委員

代表委員会の委員はだれでも選出される資格をもっているわけであるが選出された委員はどのような立場にたち行動しなければならないか，また教師側としてどのような考えで指導助言をしなければならないかを明確にしておく必要があるわけである。

代表委員会の委員は所属部および学級の代表者であるというたてまえから各部，各学級の利益を代表するということはもちろんあるが，その反面，部，学級の問題をはなれて全校的立場でものを考え，判断処理していくべきであるという考えを強くもたせるよう指導している。すなわち，自分の所属するグループに関係のある問題の場合は部の代弁者になることもあるが普通は部，学級に関係なく学校の一員で

あるという考えのもとで発言活動するように指導助言している。この結果，部，学級会の活動が活発になるにつれてどうしてもおちいりがちな所属グループ偏重主義を排することができるとともに，代表委員会の委員のありかたについても，児童全体によい影響をもたらしているものと考えている。

ウ　代表委員会の運営

本校では代表委員会を毎月４週の木曜日第６校時に実施している。このほか，特別な場合には臨時の会議をプログラム委員会で計画実施することができる。この会議への参加者は前述のごとく，部，学級の代表36名であるが，この他，傍聴者としてプログラム委員会の承認を得れば低学年児童および部，学級会関係者の出席も認められている。

〔図表３〕低学年，クラブの参加状況〔昭和39年度〕

回数	1	2	3	4	5	6	7	8	9	10	11	12
1　年												
2　年						○						
3　年			○			○			○	○	○	
クラブ										○		

(ア)　話し合い活動

代表委員会の中心的役割を果たすのが話し合い活動であるが，異なった学年からの代表参加であるのでどうしてもかたくなりがちである。特に４，５年の場合はどうしても６年生に遠慮しがちであり発言の度合いも少なくなりやすい。また，４年生などの場合は６年生の発言内容がむずかしくてつかめず，それが会議に対する参加態度を阻害するとも考えられる。

そこで教師は適宜助言し全員が公平に発言できるようなふんい気を作ることも重要である。また全校的立場からの発言ということに留意

し，あらゆる機会をとらえてこれらの指導をすることが必要であると考えられる。

本校の場合，代表委員会はプログラム委員会の計画のもとに実施されるのであるが，会議を円滑に進めていくために児童に対しては，特に次のような指導をいろいろな機会を利用して行なっている。

①　代表者らしい誇りをもった態度で会を進める。

②　発言内容は簡単にし，意見には必ず理由をつけ加える。

③　話し合いは討論ではなく討議であることを理解させる。

④　自分の考えは勇気を出して堂々と発表し，みんなに考えてもらう。

⑤　自分の意見を聞いてもらうかわりに，人の意見をよく聞く。

⑥　なるべく多数決をさけ，話し合いにより納得の上で解決する。

このような指導の結果（特別教育活動全般についての指導の効果にもよるが）次のような成果がみられた。

①　発言のしかたがうまくなり，みんなに聞いてもらうというような気持ちがでてきた。

②　当初に見られた感情的な意見が少なくなってきた。

③　発言者数が徐々にではあるかふえてきた。

④　少数意見にも耳をかたむけるようになり会議が民主的に進められるようになった。

しかし，これはひとり代表委員会だけの指導ではその効果はあまり期待することはできない。やはり，特別教育活動を含めたすべての教育活動においてじゅうぶん指導がなされる必要があると思う。

(イ)　実践活動

代表委員会の「話し合い」も「実践活動」の一つと考えられるが，ここでは代表委員会の具体的な活動について述べてみたい。

〔図表４〕昭和39年度発言者比較表

学年＼回数	2	3	4	5	6	7	8	9	10	計
4　年	3	2	2	4	4	1	4	1	2	23
5　年	5	6	5	5	6	4	5	6	7	49
6　年	11	13	10	11	13	12	12	14	13	109
計	19	21	17	20	23	17	21	21	22	181

（回数とは代表委員会の回数）

とかく，代表委員会というと話し合いだけに終わり，児童会活動の決議機関のような錯覚にとらわれやすい。もちろん代表委員会は「全校的な問題を話し合い解決する。」ことに目標をおいているわけであるが，その話し合いの結果，部や学級で実践にうつしたほうがよいものを除いたいろいろの問題について，実際的な活動をすることも考えられる。代表委員も部や学級の一員として，そのグループ活動の一翼をになっているわけであり，代表委員会で決議されたことが部なり学年，あるいは学級に委嘱された場合は所属の部，学級に帰って仲間とともに活動に従事するわけである。したがって，代表委員会自体の実践は形をかえて行なわれているものである。また，今までは代表委員会の名のもとに実践活動を行なったものはわずかであったが，今後，実践活動に直結する議題がで，また議決されるようなことがあった場合は，率先して，代表委員会の問題として処理していけるような方向にもっていきたいと思っている。昭和39年度中の例を上げれば下記のようである。

○掲示板の使い方………部，クラブ，学級などその使用範囲が決定した後，その表示を行なった。

○運動会の代表者のあいさつと応援を……決定事項を担任に連絡，あいさつをお願いした。

どのようにするか。　応援の練習のしかたを考え，方法を指導した。

○各部の計画発表………学芸会の会場プロと会場案内図を作成。当日会場にはり出した。

(ウ)　職員の指導体制

職員が共通理解に立ち，統一した計画的指導が心要なことは，ひとり，代表委員会にかぎったことではない。本校では特に，当初より共通理解を深めるための「話し合い」を行ない，代表委員会に対して次のような職員間の約束をした。

○部活動，学級会活動，クラブ活動とともに，代表委員会の研究グループを設け，その中の２名は専任の指導者としてプログラム委員会および，代表委員会の直接の指導にあたる。

○代表委員会には全職員が参加することを原則とし，もし，他に重要要件がある場合でも，各学年最低１名は必ず参加する。

○職員は原則として，直接の指導助言はひかえる（専任の２名と１，２，３学年の教師は除く）が，議長の要請があれば，必要な指示，助言をすることができる。なお専任の２名は指導助言はするが決議には参加しない。

○代表委員会終了後「反省会」をもち，その日の会の問題点を全員で話し合う。

このような共通理解のもとに代表委員会に対して臨んできたわけであるが当初は先生方がおおぜい見ているというので，児童自身が幾分あがり気味になり会議のふんい気がかたくなっているような点もみられた。しかし，それも徐々に慣れ，周囲に気を散らすことなく話し合えるようになった。以上のような指導の結果

○代表委員会に全員出席という方法をとってきたため，全職員が代

表委員会の会議の様子を詳しく知ることができ，部，学級等の所属に帰って指導がしやすかった。

○内容を熟知しているため研究会が効果的に進められ，その後の指導に役だった。

○低学年の担当教師も出席しているため，話題が低学年のことにふれた場合，発言を求めることができ，全校的視野で判断する一助となった。

○おおぜいの先生方が見ているというので会議が自然にもりあがった。

児童の意見を聞くと先生方がおおぜいいるのでどうしても真剣になるということであった。やはり全員が一丸となって指導に当たっているということを児童自身も感じているのであろう。このような意味で全員の参加による指導は効果があったことと思っている。

（3） 議題の取り上げ方

ア　提案のしかた

「全校的問題を話し合い解決処理していく」のが代表委員会の「ねらい」であるので，その議題については，学校生活全般よりの提案が望ましいわけである。すなわち，学級，クラブ，部はもちろん教師，その他の職員からの提案も期待されるわけである。そのため本校では，年度初めの第１回代表委員会終了後，ただちにプログラム委員会を開催「提案のしかた」について相談し次のような決定をみた。

○全校児童に代表委員会が開催されることを知らせ，よい議題を出してくれるようお願いする。

○先生方にもよい議題があったら提案してくれるようお願いする。

○給食や用務員のおじさん，おばさんたちにも代表委員会の存在を知らせ，よい議題があれば提案してくれるようお願いする。

○全校より提案してもらうための投書箱を各階の廊下，水飲み場に置く。

投書しているところ

このような話し合いの後広報部にお願いして，まず投書箱を３個用意してもらい，各階廊下の目につきやすい所に置くとともに，全校集会において投書箱を用意したので相談してもらいたいことがあったら，どしどし投書してくれるよう全校児童に知らせるという順序をとった。

〔図表５〕　(A)　(B)

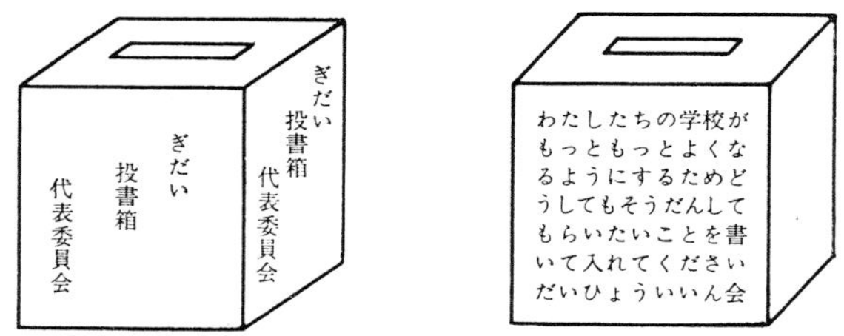

上図は本校で使用し，また使用している投書箱であるが(A)は昭和39年７月までのものであり，(B)は同年９月以降，新らしく追加された時にくふうされたものである。このような投書箱を各階の廊下におき，そのわ

きに，投書用紙と鉛筆をそろえておくわけである。はじめは投書箱のみをおいたのであるが，投書数が少ないため，プログラム委員会で相談した結果，投書するためにわざわざ用紙と鉛筆を用意するのはたいへんだろうし，それに，用紙鉛筆まで用意してあれば廊下を通りながら思いつくまま提案できるであろうというので，次のような用紙と鉛筆が用意されたわけである。

本校ではこの投書箱を通して相談してもらいたいことを全校児童が提案できるようになっているが，この他にも，直接プログラム委員会に用紙，あるいは，口答で提案してもよいという方法をとっている。しかし，現在までのところでは，投書箱を通しての提案がほとんどで，プログラム委員会へ直接提案されたのは数回だけであった。また用務員，作業員からの提案はなかった。

〔図表６〕　(A) 提案用紙

わたしが話し合ってもらいたいこと

月　日

年　組

名まえ

代表委員会

(B) 提案の学年別集計表

学年＼回数	2	3	4	5	6	7	8	9	計
1　年									
2　年							1	2	3
3　年	9	3	4		1	12	7	10	46
4　年	3		1	1	2		7	11	25
5　年	14	4	1	1	1		3	1	25
6　年	11	2	1	3	1		3		21
計	37	9	7	5	5	12	21	24	120

（回数は代表委員会の回数）

このような方法で議題が提案されたわけであるが，昭和39年度の投書内容をみると〔B図表〕のようであり，全般的に投書数が少なく，しか

も，内容的にも好ましい議題がなく，議題の選定に苦しんだようなわけである。投書内容の少なかった理由については後述するが，特に高学年の提案が少なかった点については，やはり考えなければならないと思っている。

イ　提案の中からどのような議題を取り上げるか。

(ア)　議題に対する考え方

代表委員会の目的が「全校的問題を全校的視野に対して話し合い解決する」ということにあるのであるから，代表委員会の議題は当然この目的にかなうものでなければならないわけである。この考えのもとに，本校では議題について

○学校生活に関係のあるもの。

○少なくとも，児童自身で実施可能なもの。

○少数の児童だけでなく，全校児童に直接関係があり，しかも共同の問題であるもの。

でなければならないとし，具体的にこれらをどのように指導するかが問題となった。指導の方法としては，このことを紙に書き全児童に配布する方法も考えられるが，これは児童に議題とはむずかしいものであるという観念をうえつけてしまうと考え，その場その場で直接指導するということにした。

(イ)　このましい議題

学級会の場合も同じであるが，代表委員会を運営していく場合に，いちばんたいせつなのは議題であるといえる。代表委員会が円滑に運営されるか否かは議題によってきまるといっても過言ではない。それでいながら，なかなかよい議題がみつからず苦労するわけである。本校でも〔図表６〕(B)で示したように提案数も非常に少なく，代表委員会の議題として適した内容のものがわずかで，議題の決定に困惑した

ようなわけである。それではどのような議題が好ましいか，昭和39年度の本校代表委員会の中から選んで述べてみたい。

「掲示板をどのように使ったらよいか。」

これは第2回の代表委員会の議題となったものであるが，本校では38年度に鉄筋3階の新校舎が完成した。その折，児童の自発性を伸ばす意味で児童用の大型掲示板を各階に設置したわけである。ところが全然利用されずに5月まできてしまった。もちろん児童たちは掲示板が自分たちのために作られたということを知っているわけである。

まず，(ア)の議題に対する考え方で述べた3項目にかなっているかどうかであるが，児童自身の作品を掲示し，全校児童が自由に見ることができるのであるから，児童に直接関係あることはいうまでもない。次にこどもたちだけで考え，実施できるかという問題も，われわれ教師側で監督しなくてもできると思われるし，また各学年共同の問題とも考えられるわけである。しかも，きれいな掲示板に対する児童の関心もじゅうぶんである。そこで取り上げたわけであるが，代表委員会での意見の交換も非常に活発であり，事後処理もうまくいき，現在でもそのまま決定どおりに使用されている。

「運動会の代表者のあいさつと応援をどのようにするか。」

この議題は昭和39年9月の代表委員会の議題となったものである。運動会の計画に，児童自身も参加し，その一翼をになっているのだという考えをもたせる上にも大いに役だったと思う。もちろん，学校行事等として実施する以上どこまでも学校計画のもとに実施されるものであるが，運動会という学校生活の中心的な大行事であり，全校児童にも直接関係があり，しかも，あいさつ，応援は児童にじゅうぶんまかせられるものであり，まかせることにより児童

自身が創意くふうをめぐらし，より効果的な運動会ができると考えられる。もちろん，応援団は高学年児童だけの練習であると予想されるが，運動会当日は1，2年をうまく指導することにより運動会の気分を盛り上げるのに役だつと考えられる。実際，結果的にみた場合も開，閉会のあいさつ，宣誓，きめられた役割による活動は3年以上の学年に配分されたし，応援も非常に統一され，1，2年も夢中になって手をたたくという好結果が生まれた。

この二つの例はうまくいったと思われる例であるが，議題は特別教育活動全般についての不断の努力が生み出す卵であり，こまやかな指導がすみずみまでゆき届いていないとどうしても望ましい議題は出にくいものであるし，また形式的に流れやすいと思われる。

また，議題について次の項に該当するものはさけるべきと考えている。

○「基本的な考え方」には一応かなうが，実施する段階において児童自身の健康や安全に支障があると考えられるもの。

○「基本的な考え方」には一応かなうが，児童の自治的活動の範囲をこえるか，またはこえるかもしれないと予想されるもの。

○学校管理上の問題であり，児童にまかせるべきでないと思われるもの。

○教師の補助的なもので，そこに児童自身の創意くふうの余地がないと考えられるもの。

などについてである。

本校で実施した中で上の項目に該当し現在反省しているものを一つあげてみたい。

昭和39年度第4回の「新潟地震の災害募金について」という議題についてである。この議題の取り上げるまでの経過については

① 各学級で学級会の議題としては話し合われなかったが，非常に多く提案されていた。

② 各学級でやるよりは，学校全体でやったほうがよいのではないかという意見が高学年より出されていた。

③ 本校は過去の関東大震災の時に，新潟よりの援助を受けている。

④ チリ津波の時も援助物資をおくったことがある。

などから，代表委員会で扱ってもよいのではないかと考え議題として提案させた。

もちろん，「基本的な考え方」の「学校生活に直接関係あるもの」という項目には該当しないわけであるが，他の項目には該当するし，全校的な呼びかけとも受けとれるのでよいとしたわけである。

ところが１月になって同じ都内の大島で大火があり，また北海道の冷害についても，新聞やテレビ等の呼びかけに応じ，募金についての話題がのぼり始めた。

職員会で話し合った結果，募金の必要は数かぎりなくあり，これを児童の自治的な活動にまかせていくと，いつかは赤い羽根の共同募金等にも街頭へ出てということにもなることが予想される。

児童の不幸な人々をはげましてあげたいという真情は，それが提出された時，問題を学校ですいあげ，学校が主になって無理のない範囲と方法を提示して実施すべきだということになり，やはり児童の自治的活動の範囲をこえるものという意見に達し，プログラム委員会でこれを中止させ，学校が主になって実施した。今後，このような問題にはじゅうぶん留意し，また誤りのない指導をしていきたいと思っている。

(ウ) 議題の選定

投書数はあまり多くはなかったが，投書されたいくつかの提案の中

からどのようにして議題を選定したか以下述べてみることにする。

このことについては「プログラム委員会の構成と運営」のところでふれることになるので，ここでは基準そのものだけ述べてみたい。

① 学校生活に直接関係のあるもの。

② 少なくとも児童自身で実施可能なもの。

③ 少数の人だけでなく全校児童に関係があり，しかも共同の問題であるもの。

また，以上事項に該当すると思われるものでも

① 実施上危険性のあると予想されるもの。

② 児童の自治的活動範囲をこえるもの。

③ 学校管理上の問題と思われるもの。

④ 教師の補助的なものと考えられるもの。

などについては特に考慮をはらうわけである。この他，生活目標と関係するものも当然議題からはずすべきであると考えている。

本校では生活目標として

① 登校の時刻を守る。

② くつをきちんとげた箱に整とんする。

③ チャイムがなったら早く体操の準備をする。

④ 教室にはいったら，口を閉じて静かにする。

⑤ 外へ出る時は腰掛をきちんといれる。

⑥ 室内，廊下では大声を出さない。

⑦ みんな仲よく楽しく遊ぶ。

⑧ 水のみ場はいつもきれいに，水のむだがないようにする。

⑨ 給食の前にきれいに手を洗う。

⑩ そうじ用具の整とん，あと仕末をしっかりやる。

⑪ ドアをあける前にノックする。

⑫ 下校の時刻を守る。

⑬ みんなで使うものはていねいに使う。

⑭ 悪いことばは使わない。

等40数項目にわたった「四日のこども」という「めあて」を設定しており学校生活全般について，この目標達成のための指導を行なっているわけである。これらについては，当然児童自身が守らなければならないものであり，もし守られていないような場合でも，守るように指導するのは教師であるという考えから議題として適切でないと判断するのである。

しかし，問題により児童の自治的活動の範囲内と考えられるものについては，上述の項に該当するような問題であっても，形が変わり，児童の発意で，創意くふうの余地のあるものは議題としてもよいのではないかと考える。

たとえば「廊下の歩き方」という問題が提出された場合に「廊下の歩き方」は右側を静かにという学校のきまりがあり，議題として適切ではないが，「廊下の歩き方をくふうしよう」というような問題であれば議題として取り上げて具体的な実践へ導くことも考えられる。ただ「きまり」的なものは意識の上では納得できても実践がむずかしいと思われるので，原則的には適切でないと考える。

(エ) 集まらない議題

代表委員会でいちばん問題となったのは本校の場合，議題がなかなか集まらないというよりは，出てこなかったということではないかと思う。代表委員会ばかりでなく，学級会でも適切な議題をもとによい「話し合い」と「実践活動」が最も期待されるわけであるがかんじんの議題がでてこないで苦しんでいる。

これはいったいどういうことだろうか。特別教育活動全般について

の理解が深まるにつれて，児童はおりにふれ，教師と話し合ったり，直接助言を受けることが多くなる。このような機会をとらえて，児童から代表委員会の議題についても質問を受け，その場合は(ア)の中で述べたような説明をすることになる。

ところが，かえって児童自身に議題とはむずかしいものであるという考えを植えつけるような結果になっているようである。そして，これもだめ，これもだめとかってに判断し，投書する意欲を失ってしまうのではないかと思われる。このことは次の表でもうかがわれる。

〔図表７〕〔調査人員　３年 54名　５年 54名〕

(A) 提案したことのないのはどうしてか

① 投書するのがめんどうから

② なにを書いたらよいかわからない

③ 投書してもとりあげてもらえないから

(B) 問題別解答例

	3年		5年	
	人	%	人	%
①	0		0	
②	26	96	31	97
③	1	4	1	3

上記の表は３，５年生について調査した結果にであるが②の「なにを書いたらよいのかわからない」というのが約半数を示していることからも議題についての考え方がうかがわれる。これは，昭和37年度まで行なわれていた各学級の係りなどが教師の指導のもとに徐々にではあるが

○先生の手伝いであるから。

○当番として先生のほうで決めるから。

などという形で廃止されてきたことなども，原因となっているとも考えられる。このことは次の表からも推測できる。

〔図表８〕　(A)　代表委員会の議題としてよいと思われるものを選んでください。

①　上級生が下級生をいじめて困る。
②　６年生が廊下でふざけているのでよその学年のじゃまになる。
③　体育の道具をきちんとする。
④　そうじの時の水道の使い方。

(B)

	3年		4年		5年		6年	
	人数	%	人数	%	人数	%	人数	%
①	4	7	3	6	0	0	2	3
②	2	4	3	6	2	4	1	1
③	5	9	4	7	3	6	1	1
④	43	80	43	81	49	90	66	95

このように示されたものからでは，ほとんどまちがわずに正しい議題が選べるのであるが，それを児童自身が自分たちの問題として考えだすというところまでは，本校としては到達していないわけである。しかし，これは一朝一夕にできるものではなく，やはり長い目でみるのが本筋ではないかと考えられる。ただ，どうしても議題がでてこない時に過度期の段階として，全生活の中から自由に提案させて話し合うこともまれには必要かもしれない。

〔図表９〕　昭和39年度の議題例

	議　　題	提　案
1	２階，３階の掲示板をどのように使ったらよいでしょうか。	5　年
2	ワッペンシールの使い方をみんなで考えよう。屋上の遊びをくふうしよう。	5，6年
3	新潟の人たちをはげますための募金をしよう。	6　年
4	代表委員会の反省。	5　年
5	運動会の代表者のあいさつと応援をどうするか。	6　年
6	各部の計画を発表しよう。	6　年
7	代表委員会に議題がでるようにするにはどうしたらよいか。	プログラム委員会
8	水道のまわりをきれいに使おう。プログラム委員の改選。	6　年
9	クラブの発表会を開こう。プログラム委員の改選。	習字クラブ
10	６年生のお別れ会をしよう。各部のしるしをつけよう。	集会部 広報部
11	代表委員の反省。	5　年

2　代表委員会の実施計画

（1）　プログラム委員会の構成と運営

代表委員会をより効果的に運営していくには，代表委員会に提案される議題を精選し，決定した議題を代表委員に事前に通知し，その内容等についてじゅうぶん検討しておくことが重要である。このような意味でこれらの仕事をする機関が必要となってくる。

その名称についてはいろいろあると考えられるが本校ではそれらをプログラム委員，そして，その委員で構成されている会をプログラム委員会と呼んでいる。

ア　プログラム委員会の構成

プログラム委員会についてもいろいろ考えられるが，本校では昭和39年度半ばまでは代表委員会の議長１名，副議長２名，書記２名の計５名で構成されていた。これは第１回代表委員会の席上で議題を決定するような組織が必要ではないかという話をしたところ，簡単に三役でよいということに決定してしまったためである。

もちろん，教師側としてその他，部代表の参加ということも考慮してはいたが，代表委員全員がそれでよいというので黙認してみた。そこで部と部の連絡調整のためには部の代表者会議を開くことを決め実施してきた。しかし，代表委員会の活動が活発になるにつれ，プログラム委員会の役割の重要性を児童自身が認識してきた。

また，（後章の「事後処理」の項でも述べるが）提案された議題の中で部活動に関係のあるものは，代表委員会より各部に委託するわけであるが，その場合でも，いちいち部の代表者にあって連絡しなければならず困難を生じてきた。

そこで，昭和39年度の途中から，代表委員会の話し合いによりプログラム委員会に部の代表者7名を参加させることになった。これにより部への委託も円滑にすみ，プログラム委員会の負担が非常に軽くなった。

イ　プログラム委員会の運営

本校においては，プログラム委員会の運営は前述の議長1名，副議長2名，書記2名，部の代表者7名の計12名で行なわれているわけである。その方法は議題を投書箱より回収，投書の内容整理，検討，議題の決定，取り上げなかった議題の処理という順に行なわれているわけである。

(ア)　議題を投書箱より回収

本校の代表委員会は毎月第4週の木曜日第6校時に行なわれている。それゆえ，代表委員にプログラムを配る関係からも，その2～3日前までに議題を決定しておかなければならない。

このため，毎週水曜日，プログラム委員が放課後投書箱を見て歩き，投書を回収している。ただし，上記の理由により，第4週だけは火曜日に回収することにしている。

(イ)　投書内容の整理

このようにして集められた投書は，集めた日づけを書き，袋の中に

フログラム委員会で話し合っているところ

保管される。そして，第4週の月曜日（代表委員会の3～4日前ぐらい）に議題投書箱より最後の回収を行ないプログラム委員会全員で投書を類似内容別に分類し検討するわけである。この検討方法は自分の処理した投書を全員の前で読み上げ，それについての意見の交換を行ない，議題としての適否を決定するという方法である。

ここで大きなふるいにかけ，議題として適切なものだけを最初に選び，最後にその中から議題が決定されるという手順をふむのである。

たとえば「住みよい美しい教室」　理由，このごろわたしたちの学校には，いろいろな先生がいらっしゃいます。そのとき，教室がきたなかったら恥ずかしいので（6年）というような問題の場合

○少しきたない教室もある。一応残しておいてもよいと思う。
○全校の問題としても考えられる。
○わたしたちでやってできることだ。
○きれいにしている教室だってある。
○これは学級で解決する問題じゃないか。
○全校の問題として取り上げる必要はないと思う。

というような話し合いが行なわれ，最初のふるいにかけるわけである。このようにして残されたものの中から，さらに教師の助言をうけながら検討を加えて，最後に議題の決定を見るわけである。

議題として取り上げる内容が決まった後，すぐ提案者にそのことを連絡しプログラム委員会に出席を依頼する。翌日，その席上で改めて提案者より提案理由を聞き，それを参考にして議題としての文章表現を考えるというわけである。

文章表現のしかたについては表現の方法が具体的で，議題を見て，すぐ話し合いの内容が考えられるようなものがよいわけである。

たとえば「掲示板の使い方」というような形で提案された場合よりは「掲示板をどのように使ったらよいか。」というような提案のほうが，児童にわかりやすいわけである。また，「水道の使い方」というような提案である場合，そうじなどの混雑を解消するための相談か，水道のまわりをきれいにするための相談かわかりにくい。そこで「水のみ場をよごさないようにするにはどうしたらよいか。」というような表現にすれば話し合いの内容が明確で考えやすいわけである。本校で行なわれた代表委員会の議題のうち，児童提案と議題表現の違いを二，三あげてみると次のようである。

〔図表10〕 議題の内容と表現

児童からの提案	決定した議題表現
①◦掲示板の使い方を話し合ってもらいたい。	① 2階，3階の掲示板をどのように使ったらよいでしょうか。
②◦シールをはってもよいのですか，きめてもらいたい。 ◦シールのことについて話し合ってもらいたい。	② ワッペン，シールの使い方をみんなで考えよう。
③ 新潟地震でこまっている人がおおぜいいます。みんなで助けてあげるよう話し合ってください。	③ 新潟の人たちをはげますための募金をしよう。
④ 運動会の係りについて話し合おう。	④ 運動会の代表のあいさつと応援をどうするか。

(ウ) 実施計画の作成

こうして決定した議題をもとに代表委員会の実施計画を作成するわけである。実施計画について後章で述べるが，この中で特に重要なことは話し合いの計画について詳しく検討しておくことである。

特に

① 簡単な話し合いの順序だけおさえておく程度でよいもの。

② 細案をたてておいたほうが効果的な話し合いが期待できると考えられるもの。

③ ある程度の原案を用意したほうがよいと思われるもの。

④ 詳しい原案をはじめに示し，それを修正していくという方法をとらなければよい結果を期待できないもの。

というような議題に対する根本的な分析をし，その場その場に応じた適切な指導助言が必要であると考えられる。

以下は本校で39年度に実施した話し合いの記録の中から「話し合いの順序」の項を抜すいしたものである。

議題	話し合いの順序	議題	話し合いの順序
掲示板の使い方	1 各部の活動内容の発表 2 質問 3 掲示板の使い方についての話し合い	代表委員会に議題がでるようにするにはどうするか	1 どうして議題がでないのか話し合う 2 議題がでるようにするにはどうしたらよいか
ワッペン，シールの使い方	1 提案理由 2 使ってもいいか 3 使うとしたらどのように使うか	水道のまわりをきれいに使おう	1 提案理由 2 よごれているのはどこか 3 どうしたらきれいに使えるか

屋上の使い方	1 今までの使い方 2 どういうふうに使うか 3 どんな遊びをするか	プログラム委員の改選	1 理由 2 選ぶ方法 3 改選
新潟地震の災害募金について	1 提案理由 2 するかしないか 3 するならいくらだすか 4 どのように集めるか 5 集めたらどうするか	クラブの発表会を開こう	1 提案理由 2 ひらくかひらかないか 3 同じ日にできるクラブとできないクラブにわける 4 同じ日にできるクラブの日と時刻 5 場所はどこにするか
代表委員会の反省	1 提案理由 2 議題集めの反省 3 会の進め方の反省 4 決定後の処理のしかた 5 その他 6 改良する点	6年生のお別れ会 各部の印をつけよう	1 お別れ会の計画提案（集会部） 2 話し合い 1 各部の印の提案 2 あるほうがよいか，ないほうがよいか 3 どんな印にするか，いつからつけるか
運動会の役割について	1 提案理由 2 代表者のあいさつ 3 どこでするか 4 応援をどうするか	代表委員会の反省	1 バッチの紹介（各部）提案理由 2 議題についての反省 3 会の進め方の反省 4 決定後の処理の反省 5 会の机の配置
各部の計画発表	1 提案理由 2 各部の発表 3 問題についての話し合い		

上記のような「話し合いの順序」によって実施したわけであるがもう少し詳しい計画があってもよいと感じたところもいくつかみられた。もちろん，議長はも少し詳しいメモを用意しておく場合もあるわけである。ただ，プログラム委員会の席上での指導助言が行きすぎるよりは，心もとない計画であっても児童自身でくふうし立案したもののほうが，自主性・自発性を育てる上でも大きな意義があると考えられる。また，話し合いがうまくいかなかった場合の反省も自分たちの問題として真剣にとりくんでいるのがみられた。このような意味で

も，児童に自分たちの問題を自分たちで計画し，自分たちで話し合い解決していくのだという自覚をもたせることが重要なわけである。

(エ)　代表委員会の議題の配布と公示

本校では上述のような手順を経て代表委員会が開かれるわけであるが，代表委員会に出席しない全校児童にもその月の代表委員会の議題を知らせておくことは代表委員会に対する興味と関心を高める意味でも重要であると考えられる。そこでプログラム委員会の名のもとに，広報部に依頼したり，またはプログラム委員会自身で議題の掲示をしたりするとともに，放送部を通して全校に決定議題の「お知らせ」をするわけである。それと同時に次のような形式の印刷物を作り代表委員会に参加する児童全員に配布している。

〔図表11〕

代表委員会プログラム

一、日　　月　　日　　曜日
二、場所　　　　室
三、議題
四、話し合いのじゅんじょ（これは省くこともある）
五、きまったこと
・・・・・

代表委員会
プログラム委員会

この印刷物により，議題，話し合いの内容，順序までをおよそ知ることができるわけである。また，決定事項の記入，話し合いの時のメモなどにも便利で役だっている。

(オ)　取り上げられなかった議題の処理

真剣に学校生活の向上を願い提案した議題が取り上げられないばかりか，なんの音さたもないというのでは代表委員会に対する児童の信頼はうすれてしまい，やがては関心も示さなくなってしまうであろう。このようなことでは，自発性・自主性を育てるという特別教育活動の目標に反するばかりか，豊かな学校生活を期待することはできない。

そこで，本校としては取り上げられなかった議題についてもそれをたいせつにし，自分たちの考えが代表委員会で相談され，また学校生活に反映しているという自覚をもたせるために，次のような形の処理方法を実施している。

〔図表12〕　(A)

あなたが代表委員会に出した問題について

月　日

代表委員会内
プログラム委員会

(B)

あなたが出してくれた「もんだい」は
・代表委員会で相談してもらうことになりました。
・　年　組で話し合ってもらうことになりました。
・　部で考えてもらうことになりました。
・先生におねがいしました。
・その他

月　日

代表委員会内
プログラム委員会

上図(A)は38年度初めに実施されたものであるが，プログラム委員の負担が大きいので改め，現在は(B)の回答用紙を用い提案者に回答しているわけである。書き方は必要項目に○印をつけ末尾に不足分を説明するという簡単なものである。以下その回答例を二，三のせてみる。

〔図表13〕

あなたの出してくれた「もんだい」は
・代表委員会で相談してもらうことになりました。
・　年　組で話し合ってもらうことになりました。
・　部で考えてもらうことになりました。
・先生におねがいしました。
○・その他
先生に注意していただきます

一月二十六日

代表委員会内
プログラム委員会

あなたの出してくれた「もんだい」は
・代表委員会で相談してもらうことになりました。
○・広報部で考えてもらうことになりました。
・　年　組で話し合ってもらうことになりました。
・先生におねがいしました。
・その他

一月二十六日

代表委員会内
プログラム委員会

あなたの出してくれた「もんだい」は
・代表委員会で相談してもらうことになりました。
・三年一組で話し合ってもらうことになりました。
・　部で考えてもらうことになりました。
○・その他
あなたの出してくれた「ぎだい」は学級会で話し合ったらよいでしょう。

一月二十六日

代表委員会内
プログラム委員会

これらの結果，特に低学年の児童が喜びを感じてか投書数が多かったようである。ただ，議題として適切なものはあまり出ていないが代表委員会に対する興味と関心を育てる上にやはり大きな効果があったと考えている。現在は過度期の域を脱していないので，著しい効果は現われていないが，これが地につき児童の自覚とあい伴った時には現在より活発な代表委員会が期待できるものと確信している。

(カ)　代表委員会終了後の事務的処理

代表委員会が終了した翌日（本校では毎週金曜日全校児童集会が開かれている）代表委員会議長（時には副議長，書記に変わることもある）が全校集会で決定事項を報告するとともに，広報部に「お知らせ」の掲示を依頼したり，またはプログラム委員会自身の手で掲示物を作成し，全校児童が細目について知ることができるような方法をとっている。以下１～２例をあげてみると次のようである。このほか，校庭にある代表委員会掲示板に決定事項を記入し，全校児童に決定事項が徹底できるように留意している。

〔図表14〕

お知らせ

六月二十八日（木）の代表委員会でつぎのようなことがきまりましたのでよくまもってください。

。ワッペンはつぎのようなものに、はってはいけないことになりました

・したじき、さいほうばこ、ノート、本などの勉強どうぐ。

・ロッカー、とだなどの学校のもの。

おくじょうでいろいろなあそびがはやっていますが、つぎのようにきまりましたので、みんなできょうりょくしてください。

。やっていけないもの。

・ドッジボール、やきゅう
手つなぎおに、大ほう

。やってよいもの。

・なわとび、だんとび

六月二十九日

代表委員会

お知らせ

みなさんがたのしみにまっている運動会がもうすぐになりました。

代表委員会で、運動会に、あいさつする、学年がつぎのようにきまりましたのでお知らせします。

・あいさつ

一、はじめのことば…………三年
二、ちかいのことば…………六年
三、反省のことば…………五年
四、終わりのことば…………四年

。おうえん

赤白から　六年……………三人
　　　　　五年……………三人
の人が出て、赤白ぜんたいのしきをする。

そのうち集会でおうえんのれんしゅうをします。

九月二十二日

代表委員会

(キ)　プログラム委員会の時間のとり方

代表委員会や部活動は正式な時間を時間表の中に組み入れてあるので，活動にあまり支障は考えられないがプログラムの委員会の場合は，特別な時間をとることができないので，本校では昼休みと放課後を利用し，これを実施している。昭和39年度にでた問題点は次のとお

りである。

① 集まりが多いとどうしても児童の負担になる。

② 組により終了時間が一定せず集まるのに時間がかかりすぎる。

③ 話し合いに時間がかかりすぎ，遊ぶ時間がなくなってしまう。

④ 投書に対しての回答に多くの時間がとられる。

などであるが，①③については毎週水曜日，第４週の月火水の放課後以外はなるだけ集合せず，この時間内で円滑に処理するよう指導している。

また②については，その時によって種々条件が異なってくると思われるが，その日だけは特にプログラム委員の児童だけは他の仕事を免除し，出席できるような体制を作りたいと考えている。

④については回答の方法を簡単にしたため，またプログラム委員会への参加児童が増えたため，現在のところ解消したと思われる。要はプログラム委員会が効果的に運営され，その時間が児童の負担にならないようじゅうぶんな配慮をすることである。

特に次のような点はじゅうぶん留意しなければならないと考える。

① 話し合いはできるだけ短時間で終わらせ，じゅうぶんな遊び時間を児童にもたせる。

② 時にはへやをかえたりして，気分の転換を図る。

③ プログラム委員であることに誇りをもたせる。

しかしまだ改善されなければならない点はあると思われるが，それらについては，今後さらに検討し，改める点はその場その場でよい方向に向けるよう努力したいと考えている。

ウ　プログラム委員会作成の資料

代表委員会をより効果的に進めるために，会の進行に必要な資料をプログラム委員会で作成することがある。内容が簡単で口で言えばわかる

と思われるようなものでも，視覚を通したほうが訴える力は大きい。このような意味で面倒がらずに資料を準備することはたいせつであると考えられる。

以下は本校で使用した資料である。（昭和39年度）

第２回「掲示板の使い方」

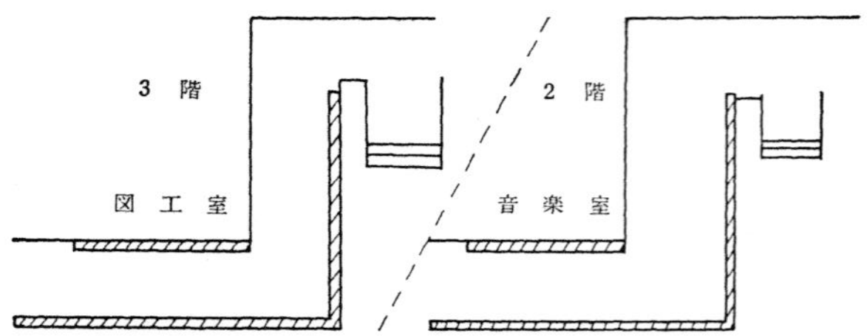

第５回「代表委員会の反省」

今まで話し合ったこと
1　掲示板の使い方　第二回
2　ワッペンシールの使い方　第三回
3　新潟地しんのさい害ぼ金　第四回

毎回の投書数

第２回	第３回	第４回	第５回
37　枚	9　枚	7　枚	5　枚

第６回「運動会のあいさつと応援」

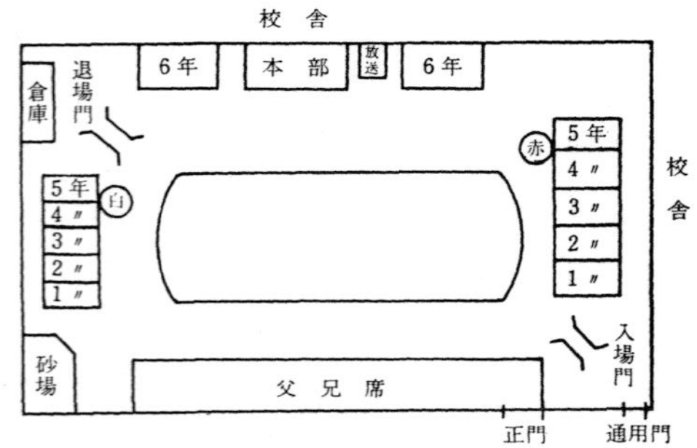

第10回「クラブの発表会」

同じ日にできるクラブ	同じ日にできないクラブ

クラブ	文芸クラブ	科学クラブ	手芸クラブ	習字クラブ	地理クラブ	もけいクラブ	図工クラブ	球技クラブ	演げきクラブ	器楽クラブ
日										
場所										

（２）　ある日の実施計画と記録

ア　議題がきまるまでの経過

毎週木曜日に集められた議題を１月26日のプログラム委員会で検討，翌27日提案者をまじえて実施計画作成について話し合い，すぐ実施計画作成にかかった。

(ア)　提案された議題の整理と決定

提案総数は13通であり，その内訳は次のとおりであった。

①　砂場での遊び方……………………………（提案数１～３年）

②　廊下階段の歩き方…………………………（提案数３～３年）

③　クラブ作品の展覧会…………………（提案数１～習字クラブ）
④　ラジオ体操の時の態度………………………（提案数１～３年）
⑤　そうじのしかた……………………………（提案数１～３年）
⑥　本校全体がよい子になるためには…………（提案数１～３年）
⑦　大島の災害募金…………………………（提案数４～５，６年）
⑧　掲示板の「○○部」の表示を
　　とりかえてほしい…………（提案数１～５年）

これらの提案について全員で話し合った結果，次のような結論を得た。

①は学校のきまりがあるのだから，先生に注意してもらったほうがよい。

②の「廊下，階段の歩き方」については，右側を静かにというきまりがあり守られていないときにはお互いに「指さし」をして注意してあげるようにと決められている。

④の「ラジオ体操の時の態度」については学級内の問題であるので学級で話し合ってもらえばよい。

⑤の「そうじ」についてはやはり学級内で話し合ってもらったほうがよい。

⑥はたいせつなことだが議題としてはどうも。これはわたしたちひとりひとりがもっと考えなければならないし，各学級でも考えたほうがよい。

⑧については広報部にお願いしてなおしてもらう。

というような結論に達し，「クラブの作品展」と「大島災害募金」の二つが残った。そこで，教師側より「大島災害募金」については，非常にたいせつな問題ではあるが，直接きみたちでやって，無理やまちがいが起こったりしてはいけないのでそのことは先生方の考えにまかせ，別な問題にという助言をした。

そこで残されたクラブ作品展について話し合った結果

○他のクラブでどんなことをやっているか知ることができる。
○低学年の児童に見せれば，一応全校の問題にもなる。
○もうすぐ入部する３年生がクラブに対する理解を深めることができる。
○球技クラブなどは発表ができない。
○音楽クラブは作品でない。
○演劇クラブも同じだ。
○作品でなくても，別の方法で発表することができる。

など，さまざまな話し合いが行なわれ，結局，表現の方法はともかくとして，議題として適切であるという結論に達した。

イ　実施計画

議題が決定された翌日，提案者も参加して実施計画を作成した。まず議題の表現についてであるが作品のないクラブもある（音楽，球技，演劇）のだから作品展ではおかしいという意見もで，いろいろ考えた結果「発表会」という名称であればどの部にも通用するというので，提案者の了解を求め「クラブの発表会を開こう」と決定した。続いて話し合いの順序を決めることになったが，集会部より，６年生のお別れ会についての原案を作成したいので，代表委員会の賛成を得たいという申し込みが事前にあったので，まず最初にそれを行ない，次に「クラブの発表会」の話し合いという手順をとることになった。

まず，「開くか，開かないか」の決定を行ない，次にクラブによっては同じ日にできない部もあるので，同じ日にやれるクラブとやれないクラブを決めたほうがよいということになった。続いて，同じ日にできるクラブの発表会の日時をきめ，さらに同じ日にできないクラブの実施日を決め，最後にそれぞれの発表場所を決めるという順序を決定し，次のような実施計画案を作成した。

〔図表15〕　第10回　代表委員会プログラムと記録

（注　話し合ったおもなこと，きまったこと，その後のこと，代表委員会が終わってからは記録である。）

1月29日　金曜日	場　所	図書室	時　間	第　6　校　時
これまでのこと	1月　13日　議題集め 1月　20日　〃 1月　27日　議題決定 月　日 月　日			

	問　　題	出た所	問題のしまつ
プログラム委員会に出されたいろいろな問題	◦クラブの発表会をひらく	6　年	代表委員会議題
	◦ラジオ体操について	3　年	用紙回答
	◦そうじのことについて	3　年	〃
	◦よい子になるには	3　年	〃
	◦大島の災害募金	5, 6 年	〃
	◦ろうかの歩き方	3　年	〃
	◦げたばこの使い方	3　年	〃

議　　題	クラブの発表会を開こう		
提　案　者	飯　村	議　長	大柴，山口，飯塚
	高　橋	書　記	斎藤，鈴木
提案の理由	◦クラブの活躍を知りたい。 ◦6年生の思い出にもなる。 ◦3年生の参考にもなる。		
話し合いのめあて	◦クラブの発表会を開く。 ◦日，時間，方法をきめる。		

話し合いの順序	話し合ったおもなこと
①　あいさつ ②　提案理由 ③　ひらくかひらかないか。	◦他のクラブのようすを知りたい。 ◦ひらくことにしたほうがよい。

話し合いの順序	話し合ったおもなこと
④　同じ日にできるクラブとできないクラブにわける。 ⑤　同じ日にわけるクラブの日と時刻。 ⑥　同じ日にできないクラブはどうするか。 ⑦　場所はどこにするか。	◦球技部や器楽部の場合どうするのか。 ◦3月上旬ごろにやったらどうか。 ◦2月中旬ごろに開いたらどうか。 ◦3月3日に開く。 ◦場　所 ・いくつかに分けてする。一か所でする。 ・図工室にする。三日間展示する。 ・器楽クラブは屋上でする。球技クラブは校庭。 ◦同じ日にできるクラブ。 ・地理，図工，模型，手芸，文芸，習字，器楽。

きまったこと		◦クラブの発表会を開く。 ◦同じ日にできるクラブは3月3日，クラブの時間と放課後 ◦演劇クラブは3月5日の集会のとき ◦場所は図工室 ・球技クラブは3月4日の放課後，校庭器楽クラブは屋上
その後のこと		◦2月4日　三役会議を開く。 ◦2月5日　◦代表委員会で決定したことの報告 ◦器楽部の発表が12日の児童集会に変更になったことの連絡。 ◦2月11日　◦クラブ長会議を理科室で開く。
先生から	プログラム委員会のとき	◦大島の救援募金は学校のほうで考えます。 ◦クラブ名を書いたものを用意したらどうか。 ◦話し合いの順序を詳しくたてておくと便利です。
	代表委員会が終わってから	◦クラブ代表者会議はできるだけ早く開くようにしたら。 ◦クラブ代表者会議で ・展示会の準備はいつ，だれが，どのようにするかも考えておいたら。

以上のようなプログラム（実施計画）によって運営された代表委員会の模様は次のようであった。

第10回代表委員会記録　　　昭和40年1月29日金曜日第6校時

議　起立，礼，これから代表委員会を始めます。きょうは3年生も来ていますが，見学だけで発言することはできません。最初に各部からの連絡で集会部お願いします。

集　6年生のお別れ会をしたいと思いますが，やるかやらないかを決めてもらいたいと思います。

議　それでは，お別れ会をするかしないかを決めたいと思います。したほうがよいと思う人は手をあげてください。（多数）
したほうがよい人が多いのですることにします。

集　お別れ会は，3月にやりたいと思いますが，原案は部の人たちと相談してこちらで立て代表委員会に出します。どうもありがとうございました。

議　それでは議題にはいります。きょうの代表委員会の議題は「クラブの発表会を開こう。」ということです。はじめに，提案者から説明をしてもらいます。

児　わたしたちは，クラブ活動をやっていますが，他のクラブ活動の様子がよくわかりません。だから，作品をみたり，また活動の様子が知りたいので，クラブの発表会を開いてもらいたいと思い提案しました。

議　きょうの議題は「クラブ活動の発表会を開こう」という議題ですが，みなさんわかりましたか。（はいの返事）
それでは，開くか開かないかを決めたいと思いますが，みなさんの意見はどうですか。

児　クラブは，楽しみのためばかりでなく，団体生活になれるためとか，また今までの作品もあると思うから開くほうに賛成します。

児　3年生も4年になるとクラブにはいるのでよい参考になることだから賛成します。

議　発表会を開いたほうがよいか，開かないほうがよいか決をとりたいと思います。賛成の人は手をあげてください。
（賛成多数）それでは開くことにします。

児　発表会を開くことには賛成ですが，球技部や器楽部の場合はどんな方法でやるか説明してください。

副　球技部，器楽部の場合は校庭か屋上でやればできると思います。

児　器楽部の場合は演奏すればよいが，球技部の場合はどうするのですか。

副　たとえば，球技部の場合は，ポートボールのような試合をやってみせればよいと思います。

議　それでは，同じ日にできるクラブ，できないクラブに分けてみたいと思います。

児　同じ日とは，どういうことですか。

副　いい忘れましたが，その日に集中してやることです。……（あちこちで雑談）

教　同じ日というのは，同じ日にできるクラブ，たとえば科学模型，習字，手芸クラブなどは提示場所を決めておけば，いっせいにできますね。そういう意味だと思います。

議　それでは同じ日にできるクラブを聞きますが，作品ができていて発表会ができるクラブは手をあげてください。文芸，地理，図工，模型，球技，手芸，習字，科学ですね。
同じ日にできないクラブは何クラブですか。

児　演劇クラブです。

演　そのことですけれど，わたしたちは練習しなければならないので日が決まらなければだめです。

児　同じ日にすることは，なかなか困難だと思います。

器　わたしは器楽クラブですが自分のクラブをやっていると，他のクラブを見ることができません。

副　発表する時間を決めたらどうでしょうか。

議　同じ日にできるクラブは，いつごろ開いたらいいでしょうか。

地　ぼくたちは地理クラブで，今模型を製作中で2月の下旬に仕上がるので3月上旬がいいと思います。

習　習字部は2月中旬ごろにやりたいと思います。

議　3月上旬と2月上旬という希望がありますが，ほかにはありませんか。

児　同じ日にできるというのは，放課後ですか，休み時間ですか。それとも水曜日のクラブの時間ですか。

児　いつやるかまだ決めてないんです。2月中旬，3月上旬とありましたがいちばんおそいクラブに開いたらいいと思います。

副　時間がじゅうぶんとれないから掲示できるものは展示し，他は放課後やったらどうですか。

児　わたしは，クラブの時間をとってやるのだと思っていました。

議　クラブの時間にでもできるが，提案理由によると活動も見たいと言っているから，いっしょの時間だとまずいのではないですか。

教　まだ日が決まっていませんね。日が決まってから時間や内容を話し合ったらどうですか。発表はクラブの時間にやってもよいし，金曜日の児童集会または放課後やってもよいと思います。

クラブの時間を使う場合，1時間ぐらいならよいが3，4時間も使われては困ります。

議　それでは発表の日を3月上旬にしたいと思いますがいいですか。

児　3月上旬といってもはっきりしないので，日を決めたらいいと思います。

議　それでは3月3日の水曜日はどうですか。

全　いいです。

議　それでは3月3日に決めます。

児　同じ日にできないクラブはどうしたらいいですか。

児　時間を変えれば同じ日にできると思います。

児　時間を変えても同じ日にできないクラブもあると思います。

演　演劇部は3月の2週のクラブの時間に発表します。

児　演劇部の人にすすめるのですが，集会部に頼んで集会の時にやったらどうでしょう。

児　放課後だと下級生が見られないので，集会の時に賛成します。

議　集会部の人どうですか。

集　いいと思います。集会部は班にわかれているので，その班にあたった人が計画したらいいと思います。

演　演劇クラブは五日の児童集会の時にしたいと思います。

議　それでは演劇部と集会部でよく話し合ってやってください。

議　ではその次に場所を決めたいと思います。どこがいいでしょうか。

児　器楽部は音楽室がいちばんいいのではないですか。

児　球技部は校庭でいいと思います。展示できるものは理科室でやったらどうでしょうか。

児　理科室だとごちゃごちゃして作品がこわれてしまいませんか。

児　置ききれないといけないから，各階ごとに展示したらどうでしょうか。

議　それでは，いままでの意見ですと，一つの教室にまとめて展示するか分けて展示するかの二つの意見ですが，どちらかに決めたいと思います。

一つの教室にするか，各階ごとにするか多数決で決めます。

どこか一つの教室でやったほうがいいと思う人は手をあげてください。（賛成多数）

一つの教室に展示することに決まりました。それではどこの教室がいいでしょうか。

児　あまり使わない教室がいいと思います。

児　図工室は作品をはるところもあるので図工室がいいと思います。

児　家庭科室，理科室も広いのでいいと思います。

児　いろいろなものを置くので，机を動かしにくい特別教室よりも会議室がいいと思います。

児　会議室はせまいのでほかの教室がいいと思います。

児　図工室は広さもちょうどよいし，机も自由に動かせるので図工室にしたらよいと思います。

議　それでは図工室，会議室，家庭科室，理科室で，決をとりたいと思います。

（採決の結果）図工室に決まりました。

児　器楽クラブの場所ですが，音楽室だとはいりきれません。

児　音楽室だと何回にも分けてやらなければならないので屋上がよいと思います。

議　器楽クラブの人どうですか。

器　いいです。

議　では器楽クラブは屋上でやることにします。球技クラブは運動場でよいですね。

球　はい。運動場でいいです。

議　これで場所は決まりましたが，時間のほうはどうですか。

児　地理，文芸，模型クラブなど図工室でやるのは3月3日の5時間目のクラブと決まっているのではないですか。

児　さっき先生は，放課後でもよいとおっしゃいました。だからクラブの時間と決めずに放課後も見られるようにしたほうがよいと思います。

児　放課後は球技クラブがやりたいと思います。だから2，3日図工室をあけておいてもらって，作品を置いたら見られなかった人でもあとで見ることができ，よいと思います。

議　先生，図工室を2，3日使ってもいいですか。

教　2，3日でしたら使ってもよいでしょう。

議　それではクラブの時間と放課後3日ぐらい作品を展示するということでどうですか。

児　3日ぐらいではわかりませんので，何日とはっきり決めてください。

議　それでは3日ではどうですか。（全員賛成の声）

では，クラブの時間とあと放課後3日間展示しておくことにします。ではもう一度はっきりまとめます。

同じ日にできるクラブを表に書きこみますから言ってください。地理，図工，模型，手芸，文芸，習字，球技，器楽クラブですね。このクラブは3月3日にやります。ただし器楽クラブは放課後ですね。

児　球技クラブは，器楽クラブとかちあってしまうので，四日の放課後にしたいと思います。

議　演劇クラブは五日の集会の時ですね。（はいの声）

それから，時間がありませんので作品をどう展示するかということは，クラブ長さんにあとで集まってもらって決めたいと思うのですがどうでしょう。（賛成の声）

それでは，あとで日と時間を知らせますから，クラブ長さんはその時集まってください。

議　では，きょうの代表委員会で話し合ったことを書記さんに発表してもらいます。

議　これで代表委員会を終わります。起立，礼。

ウ　結果の考察

(ｱ)　議題について

学期末も近づきそろそろ仕上げの段階にあるクラブの発表会を開くことは，クラブ活動の最後の整理をする上でも，また，3年生に対する入部指導，他のクラブの活動内容を互いに理解しあう意味でも重要なことであると考えられる。また話し合いの結果を児童の手で実施計画することも可能であり，特別教育活動本来の目的を達成する上からも重要であると考えられる。もちろん，クラブ活動には同好の者が集まり自己の生活を豊かに楽しくするという目的があり，代表委員会でこれらの発表会を計画するということは疑問であるが，クラブだけで計画するよりは代表委員会の力を借りたほうが実施段階においても便利であると考えられるし，内容についても，クラブの独自性を全面的に認めているので，クラブの自主性をそこねるとは考えられない。このような意味でよい議題であったのではないかと思う。

(ｲ)　提案のしかたについて

(2)の実施計画作成のところでもふれたが，この問題については細案をたて，それを話し合いながら修正していくという提案方法をとったほうが，より効果的な話し合いを期待できたのではないかと考える。

実践記録でもわかるように，話し合いが前後したり，日や時間，場所などの点についても混乱したところが多くみられた。もっと具体的な提案方法をとれば，より筋のはっきりした話し合いができたのではないかと考える。

(ｳ)　話し合いの順序について

実践記録の「話し合いの順序」の④と⑤は入れかえて考えるべきだったと思われる。一応日を決めた後，その日につごうのよいクラブとつごうの悪いクラブを決めるようにすれば，よりわかりやすい話し合いができたのではないかと考えられる。しかる後，その日にできないクラブはどのようにするかという話し合いのほうがよかったのではないか。

(エ) 児童の発言について

議題が身近で考えやすかったせいか発言数は非常に多かった。特に6年生はクラブ活動の中心的役割を果たしているせいか多かったようである。また，児童の所属クラブについての発言も，自分たちの利益に関係なく全校的立場で考えられたのではないかと考える。

(オ) 話し合いの進め方について

議長が変わったばかりで不慣れのため発言内容のまとめや議事進行の上で幾分とまどったところがみられた。もう少し，細かな話し合いの計画をたてておいたほうがよかったのではないかと反省している。また，全員に考える時間をもたせず挙手したものをすぐ指名してしまい，結果的に4年生の発言が少なくなってしまうということになった。また話し合いが前後したため，作品の掲示場所について相談する時間がとれなくなってしまったのはまずかった。

(カ) 事後処理

翌日の全校集会で議長より決定事項についての報告並びに，音楽部が3月12日の児童集会に発表したいというので変更したことの伝達。それと同時にクラブ長の打ち合わせを2月12日（木）に実施することを知らせる。

2月11日，図工室でクラブ長と三役の会合をもち，各クラブの掲示物の内容と展示場所について話し合い次のような決定をした。

○会場作り…………3月2日昼休みにプログラム委員，クラブ長全員で会場の準備をする。

○作品の展示………各クラブごとに3日の放課後自由に展示する。

○展示期間…………3月3日より5日までの3日間

○作品のあとかたづけ……3月6日の放課後各クラブで

○会場図の掲示……広報部

○見学についての注意書きを作成……希望者2名

○会場図

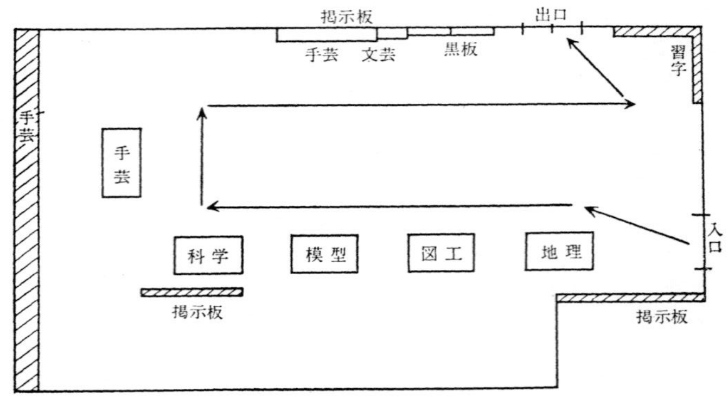

3 代表委員会の評価

特別教育活動を推進していくためにはたゆまざる努力と創意くふうが必要である。しかし，計画性の無いところに進歩はあり得ない。確実に，一歩一歩あゆんでいくためには，毎日を謙虚に反省し，あすからの活動の一助としなければならない。このような意味で評価が必要となってくる。

(1) 評価の観点

代表委員会の目標を達成するために，児童の実態を知り，実施方法をくふうし，その指導過程について教師の反省が加えられる。そのためには，どうしても，種々の角度からの評価が必要である。

ア 児童個人についての評価

代表委員会の目的が「全校的問題を話し合い解決する。」というのであるから全校的立場で学校生活の向上に努力しているかどうかということが重要である。

○代表委員会の内容をどの程度に理解しているか。

○積極的に話し合いに参加できたか。

○全校的視野にたって発言できたか。

○所属の代表であるという自覚がもてたか。

○発表態度は代表者としてふさわしかったか。

○決定事項を尊重し進んでそれに協力できたか。

イ　代表委員会についての評価

○代表委員会の性格をどの程度に理解しているか。

○高学年児童として中学年，低学年にどの程度の指導がなされているか。

○会議に協調的であるか。

○各学年，部などの連絡調整がうまくできているか。

○学校全体の問題にどの程度の関心がもたれたか。

（2）　評価の方法

上記のような観点にたち，種々の方法で実際の評価が行なわれるのであるが，その評価にあたっては特に次のような点に注意しなければならない。

○評価が公平で教師自身の偏見や誤解により結果が著しくそこなわれないこと。

○実態に即した計画的な評価であること。

○その方法は容易で児童，教師共に負担にならず，長続きするものであること。

ア　観察による方法

代表委員会全般について簡単に記録できるような用紙を用意してお

き，適宜，その場その場で，あるいは終了後，記憶の新鮮なうちに記録する方法など種々考えられる。もちろん，この他にも部，学年などに分類しそれぞれの分担について実施してもよいわけである。

要はその評価が客観的で，教師により結果が著しく変わらないこと，また観察者が途中で変わっても変化が少ないようなくふうが必要である。次に示したものは本校で実施した教師評価の一例である。

〔図表16〕

評価項目		4年	5年	6年	部	クラブ		全体として	備考
議題の適否									
議題についての理解									
提案のしかた									
話し合い	初めごろ								
	中ごろ								
	終わりごろ								
	発言のようす								
参加態度	積極的であるか								
	態度は								
協調性	意見をよく聞けたか								
結果の処理									

イ　質問による方法

実施方法についてはいろいろ考えられるが，問題は慢然とした記録収集のための集積ではなくして，明確な目的の上に役だつ，計画的，系統的なしかも継続性のある評価でなければ後の資料として代表委員会の向上に役だたせることはできない。次は本校で児童の自己評価として実施した一例である。

〔図表17〕

次に書いてあることで自分の考えや気持ちにあうものに○印をつけなさい。

① きょうの議題について	・わかりやすくてよい議題であった。 ・あまりよくわからなかった。 ・ほかに何かよい議題があったと思う。
② きょうの代表委員会にわたしは	・とても楽しく参加できた。 ・ふつう。 ・あまり楽しくなかった。
③ きょうの代表委員会でわたしは	・意見がよく言えた。 ・ふつう。 ・あまり言えなかった。
④ きょうの話し合いは学校生活を向上させるのに役だったと思いますか。	・役だったと思う。 ・思わない。 ・わからない。
⑤ きょうの代表委員会でわたしは部や学級の代表として	・よくやれたと思う。 ・ふつう。 ・あまりよくやれなかった。
⑥ きょうの代表委員会全体を考えてみて	・よくできたと思う。 ・ふつうと同じ。 ・あまりよくなかった。

ウ　話し合いによる方法

特別教育活動指導書にも述べられているように「教師間の研究会や反省会はきわめて重要な評価の機会である」。本校でも研究会は毎月代表委員会終了後行ないその中で種々反省し，代表委員会の向上に努めている。児童側としてはプログラム委員会でその反省を行ない，記録ノートに記載し，次回からの代表委員会の一助としている。

以上代表委員会の評価について述べてみたが，結論として言えることはたゆまざる研究と反省，そして努力により，その場その場に応じた適切な指導をすることが重要であるということである。

V　部活動の指導と運営

1　部活動の基本的な考え方

児童会活動は，「学校生活に関する諸問題を話し合い，解決し，学校内の仕事を分担処理して，より楽しい充実した学校生活ができるようにする。」と指導書に述べられている。

したがって児童会の中の部活動は，代表委員会の活動とあい補いあって児童会活動のねらいを達成するものでなければならない。

二つの活動のねらいは共通であり，それぞれ切りはなすことはできないが代表委員会はその組織・構成からして，その活動の中心が「学校生活に関する諸問題を話し合い，解決し，より楽しい充実した学校生活ができるようにする。」ことになる。

部活動は「学校内の仕事を分担処理して，より楽しい充実した学校生活ができるようにする。」ことに，活動の中心がおかれる。

「学校内の仕事を分担処理し……」ということは，いろいろな活動が考えられる。

本校も，同じ部名の活動を年度ごとに検討してみると，数年前は学校運営上児童に手伝ってもらいたいような補助的活動が中心であったり，教育目標の月・週に具体化されたもの，学校のきまり等の徹底を中心に各部の活動が行なわれていた時期があった。

これらは，学校管理上の補助的な仕事のうけおいであるか，教師の指導の便宜のために，児童自身の組織を利用しているのにすぎなかった。

実践活動ではあるが，その発想そのものは児童自身のものでなく，特別教育活動の最もたいせつな，「自発的・自治的活動を通して」というねらいから，かけはなれたものであった。

たいへんおそまきながら昭和38年度から誤りに気づき，望ましい姿にするよう，試行錯誤をしているところであるが，その経過・現在の本校としての考え方について以下に述べてみる。

（1） ね ら い

上述のように部活動を，「学校内の仕事を分担処理して，より楽しい充実した学校生活ができるようにする活動。」と考えたとき，いちばん問題となるのは学校内の仕事のとらえ方である。

その活動する学校内の仕事は，特別教育活動の目標として「学習指導要領の特別教育活動の目標を達成するためのものであり，特にその(1)に「児童の自発的・自治的な活動を通して，自主的な生活態度を養い，社会性の育成をはかる。」と示されている前段に合致するものでなければならない。

したがって，教師のお手伝いに終始するようなものや，活動・仕事の処理が教師の手を借りなくてはできないものであってはならない。

そこで本校では，まわりくどい表現であるが部活動のねらいを，

「児童が自分たちの学校生活を向上発展させるため，自発的・自治的に学校内の仕事を分担処理し，より楽しい充実した生活ができるようにする。」ことにおいている。

そして，このことからその過程と結果において学校の集団の一員としての自覚を高め，自主的な生活態度を養い，社会性の育成を図ることをねらっているのである。

（2） 部 の 設 定

ア　部の経過について

本校では昭和32年以降，全校児童協議会の名のもとに運動・保健・図

書・放送の4部を設け，4年生以上の各学級委員8名が4部に分かれて，実践活動に当たってきた。なお4部とも，学期末ごとに編成がえをする年3期制をとっていた。

このことは，部活動を児童会に所属する部というので，学級代表による専門部として考えていたのである。

部の設定をするにしても，特別教育活動の真のねらいをじゅうぶん理解していなかったので，管理上の補助的な役割でも児童に受けもたせていた。

また，名称をどうつけるか，各部の仕事の内容をどうするかなど，児童自身の希望を聞くことはしていなかった。

児童自身も部活動というのは学校をよくする活動ぐらいの理解で，自分自身の学校生活の向上と充実のための活動ではなく，教師の決めた部のどれかにはいるだけの時代を経過してきた。

昭和38年度後期以降は特別教育活動についての教師の共通理解も深まったので，児童の部活動に対する理解を深めるための入部指導をし，希望の調査をとって部の設定をするようになった。

イ　本校の部設定の基本的態度

(ア)　部の設定については児童自身が決定するのが望ましいことである。しかし児童が主体となってする活動であるが，小学校の児童が特別教育活動のねらいを理解し，そのうえ学校の規模，施設・設備・指導者・時間・児童数などの関連まで考慮して決定できるか児童の能力の上から疑問である。

そこで本校では，ねらいにあわせてできるかぎり児童の意見を聞き，全職員で施設・設備・職員の指導体制・児童数など，さまざまな条件を考慮に入れて児童の能力にふさわしい適切な部を設定した。

(イ)　管理的・補助的内容の部を排除し児童自身の自治活動にしぼった。

すなわち，整美部のように活動のなかには自主的にやれる面もあるが自治的にはできず，運営上教師の指示に従う面の多かった部は統合改廃した。

(ウ) 自治的・自発的に仕事を受けもって児童自身が積極的に創意くふうしながら活動できる分野の多いものをあげるようにした。

ウ　部の種類について

昭和38年度前期，これまでの放送部・図書部・保健部・運動部の4部に広報部・整美部を増設した。

その理由としては，広報部は代表委員会，各部の活動状況を視覚面から紹介し，学校生活に関心をもたせること。整美部は管理的・補助的内容の強い週番活動が廃止された結果，清掃のあと始末の点検，汚れやすい場所の調査，清掃状況を調査統計して校内の美化を図ることを活動のねらいとしたのである。

ところが6か月を経過して整美部が保健部に統合されることになった。整美部は学校内の環境を美しく気持ちのよい学校にするために設定したのであるが，これには手足を働かせる面と，汚さないようにする面の活動がある。・校内の汚れをとる，・清掃用具の配布の手伝い，・用具のあと始末，・清掃点検などは当番活動が多く，また生活指導の面で当然やらなければならないものである。

すなわち，機械的なくり返しのうえ部員の過重負担も考えられる。継続的にやれるだろうか，部の発展性がみられるだろうか。さまざまな意見が出され職員の全体討議の結果，整美部活動の一部を保健部に統合させ，他は廃止して，当番や教師の直接指導にしたのである。

ややもすると，部の活動内容はお互いに規制しあうものとか，安全とか管理面にかたよりがちである。したがって児童自身で企画して見たり，聞いたりする楽しい前向きの活動が欠けていたように思われる。

そこで本校では教師の指導する面と，児童にまかせて自発的・自治的に解決させたほうがより効果的な面を明確にし，焦点を明らかにした。

その結果として集会部が新設されたのである。集会部は朝の集会の企画運営と代表委員会・各部・クラブからの伝達・報告の企画，リクレーションの指導にあたるわけである。

また昭和39年9月，館育栽培部が新しい姿で生まれた。2年前は生物クラブが担当していたのである。

本校が動物の飼育，植物の栽培についてはどんな環境にあるかと言えば，地域の特質として小工場が多い。家屋が密集している。そのうえ最近はコンクリート建築が目だって多くなった。

これからくるところの生活様式は情操に欠け，動物を飼育などすることはきわめて少ない。そこで樹木・草木・小動物と校舎を調和させ，できるだけ美しく清潔な環境にするためにも新校舎の完成が待たれていた。

昭和39年7月，学校園・飼育小屋が作られ，その管理運営を児童に任せるという案が学校側より出された。

時を同じにして児童からも飼育栽培部の設定を希望する声が多く出された。そこでどのような形で児童に任せるか，担当職員が検討した結果，2年前の生物クラブの活動内容をじゅうぶん吟味し，その実績を認めたうえで飼育栽培部を設定したのである。

〔図表18〕　部活動の変遷

年度別		部名						
32年度～37年度		放送	図書	保健	運動			
38年	前期	放送	図書	保健	運動	広報	整美	
	後期	放送	図書	保健	運動	広報		集会
39年		放送	図書	保健	運動	広報	集会	飼育栽培

エ　部活動の組織と参加児童

(ア)　組　織

部の組織については，特別教育活動指導書にも「部活動は学校が参加させると決めた学年の全児童がいくつかの部に分かれて，学校生活を向上発展させていくための実際の活動を分担して行なうものであり……」と示されている。

本校においても前述のような基本的態度から児童の希望を尊重し，最終的にはいろいろな条件を考えあわせて，児童会に所属する部として放送・図書・保健・運動・広報・飼育栽培・集会の七つの部が組織されている。

各部は互選により部長・副部長・各１名を選出している。また部の実情により（一度に活動できないところは，曜日別の小グループ，週別の小グループなど）編成をしているが，それらは各部に任せている。

部長は部を代表して代表委員会に参加する（問題によっては部員と適宜，交代してなるべく多くの児童に経験をさせる）ことをたてまえとしている。

(イ)　参加児童

部活動に参加する児童は５・６年の全児童で，七つの部に分かれて仕事を分担し，実際の活動を行なっている。

参加児童は各自の希望を尊重しながら学年・学級のわくをはずし部の活動を行なっている。しかも本校では年間を通して同一の部に所属することを原則としている。

これは，クラブ活動のような児童自身の興味・関心を中心とするものと，性格を異にし，また学級の係り活動のように話し合いで統合改廃したり，調整したりできず，もともと学校生活上に必要な仕事を分

担処理することを通すことによって自主的な態度を育てることがねらいだからである。

しかし児童の強い要望による交代は事情をよく考慮したうえで認めることもある。

〔図表19〕　部活動参加児童・組織の変遷

	参加学年	人員構成	選出法	交代期
32年度～38年度前期	４年以上	４年以上 各学級代表８名	選　挙	前期 後期 (2)
38年度後期	５・６年	５・６年全員	全員参加	
39 年 度	５・６年	５・６年全員	全員参加	１年間

(ウ)　代表参加から全員参加にきりかえた考えについて

図表19にあるように，本校は昭和38年度まで各学級の委員８名が六つの部に配属されて活動していたのである。そして代表参加の場合は，部の運営は円滑に進み，結果的に仕事が順調に処理されたので，すぐれた方法のように思われていた。

それは学級のなかから選出された特定の児童であるだけに，質的にも優秀な児童である場合が多いからであった。しかし代表参加の場合は部活動に参加できる児童は少数の限られた児童になってしまう。

学期ごとに交代する学級委員であっても，６年卒業までに１回以上経験することのできる児童は学級在籍の３分の１程度であった。

しかも活動内容は同じことがくり返されて自発的・自治的にくふうできるものではなかった。さらに特定の児童がその活動を分担しているので小人数のため，あまりに負担過重となってしまうことが必然的に強くなった。

当時は「当番的な活動をさせて管理・運営の補助にあたらせる。」

という活動をすすめていたのである。

しかし，児童が学校内の仕事を分担処理するだけでなく，自分たちの仕事を通して全校的な立場にたって生活上の問題を拾いあげ処理解決するように指導することが部活動であると考えられるならば，より多くの児童が，より多くの機会を通して部活動の経験を重ねることが必要である。

そのためには代表参加よりも全員参加のほうが適切であり．より教育的であると思われる。

よって昭和38年度後期から全員参加にきりかえて，今日まで試みてきた。しかし全員参加にきりかえた当時は，さまざまな意見が担当教師から出されたのである。いま結論的に，賛否両論を次に述べてみたいと思う。

○全員参加であるため参加児童の半数は無口で，人の後についているだけで関心がない。

○全員参加により部の固定時間での話し合いが多数のためか，不活発になりがちである。

○児童の能力差が大きいので部に対する意識にも差があり成果はあまり期待できない。

○全員参加により質的な低下ということが問題になるようだが，およそ特別教育活動においては，結果よりもその過程を重んじ，児童全員が学校集団の一員としての自覚を高め，自主的な生活態度を身につけることを最終の目標とするのであるから全員参加でよいと思う。

以上の意見が担当教師から出されたが，教育的価値があればあるほど，全員に同じように経験させるべきであり，困難点は計画・指導の面で補うべきであるということから全員参加にふみきったのである。

㈢　部の交代制

図表19にあるように，前期は委員制であり後期より全員参加にきりかえた結果が２期の交代制をとるようになった。

後期の部活動の反省として，それぞれの部担当教師から次のような意見が出されたのである。

○２期交代制にすることは，所属する部を自分たちの部であるという感じとりがなくなり，席のあたたまる暇もなくかえって安定感に欠けるきらいがある。

○いろいろなこどもによって構成され，部に対する意識に差があるとき２期交代制はさらに部活動の不活発に拍車をかけるように，活動は消極的となり部内の機構は整っているようであっても，実質的にはほとんど効果が期待できない。

放送部に例をとると，器械の扱い方と正し操作，音質の調整の方法，マイクの位置と姿勢，よいアナウンスのしかた，放送コンクー

放送部員の活動状況

ルの計画などがあって仕事が技能的な習熟を要することが多い。

そのために2期交代制は技術を会得したところに交代ということになり，放送部としてはむずかしいところである。

しかも放送技術というものは，かなりの熟練と経験が必要なため放送部としては年間を通して同一の部に所属してもらいたいという考えが非常に強いものであった。

その他，部の伝統の育成というような面から考えても，なるべく同じ部に所属して活動したほうがよい。

以上のような理由から，昭和39年度より年間を通して同一部に所属させるようにしている。途中での交代は原則として認めないことになっているが，どうしても交代したい児童は本人の実情をじゅうぶんに聞いて担当教師と学級担任が相談して認めることもある。しかし原則として交代は禁止されている。

部活動を年間通して固定制にするか，2期交代制にするかの問題は，われわれの短期間の実験だけで即断することはできないかもしれない。

しかし1年間実施した結果，特に大きな支障もないので現在の同一所属制を保持していきたいと考えている。

オ　児童の所属希望について

各部の活動内容から考えて，適切な人数をあらかじめ学校側で決めておき，どの児童がどの部にはいるかは児童の希望に任せている。

このような原則を定めて現在まで編成してきた。なるべく児童の希望にそったほうがよいが，あまりある部にかたよっては運営上よくないので，担任教師が男・女・能力なども考慮に入れて学級ごとに所属調整してきた。

例として6年2組の調査結果をあげてみる。

〔図表20〕　部の所属希望・学級調査表

6年2組　在籍　35名（39．4）

部名＼選出		第1回希望数	第2回希望数	第3回希望数	決定数	児童氏名
放送部	男	0	2	2	2	
	女	0	2	2	3	
広報部	男	2	2	2	2	
	女	2	2	3	3	
図書部	男	2	0	2	2	
	女	2	2	2	2	
集会部	男	3	3	2	2	
	女	0	5	5	4	
飼育部	男	6	3	1	2	
	女	5	4	3	3	
保健部	男	2	2	2	2	
	女	4	4	3	3	
運動部	男	2	3	2	2	
	女	3	1	1	3	
計					35	

なるべく希望にそえるようにしたほうがよいが，第1回希望調査でもわかるように，ある部にかたより，はじめての部には少なかった。

そこで部担当教師の計画案を児童に示し，2回，3回と調整した結果，全員納得のいく配属ができたように思っていた。

（3）　**部と係りの活動**

高学年の児童においては，学級会の一員であると同時に部活動のメンバーとして重要な役割をしている。

そこで両者の円滑な関連を図るために，強く結ばなければならないと考えがちである。この形では係り活動が部活動の下部組織の姿におちいりやすいことになると思われる。

ア　部と係りの違い

部活動は学校生活上の必要性から生まれるものであり，係り活動は学級生活上の必要からおかれるものである。

このように部と係りの活動は仕事の内容が同じような場合でも背景が違うということである。そこで係り活動として，部活動としてそれぞれ独自の立場から組織するような配慮をしている。

イ　部と係りの活動のつながり

前述したように学級の係りは学級生活上の必要に応じて組織づけられるものであるから部の活動とは関係なく考えてよいものと思う。

このことから部活動の経験を通して部と学級の係りを同一人に割り当てたりすることになると，児童は部と学級の両者の仕事で混乱を起こし，現在何の仕事をしているかわからなくなってしまう。

〔図表20〕　部と係りのつながり

部	係り	部	係り
保健部 放送部	保健係・衛生係	広報部 運動部	広報係・報道係
図書部	学級文庫係	飼育栽培部	美化飼育係
集会部			

上記の表は本校の部と係りのつながりを示したものであるが，部と係りの名称が同じものがある。

しかしこれは，係りと部の活動を関連づけていこうという考えは全然ない。部と係りの関連については，全く別に考えたものである。しかし実際の場合，偶然にも部と係りの名称が一致する場合もある。

今後は係り活動が部の活動と混同されることのないように部と同じ名

称をつけないような配慮をしていく考えである。

(4)　部活動と当番活動

当番の活動というと，清掃当番・給食当番・日直などがあげられる。このことは「学校，学級の管理，維持のためにどうしても児童の手をかりなければならない活動。」であるから仕事は義務的に負わされる面が強い。

たとえば，給食時に食器の運搬・配膳・あとかたづけなど毎日同じ仕事がくり返される。しかも昼休みの時間の大部分を，いつもつぶされることになる。

このように活動内容が自発的・自治的にくふうして活動できる余地が少なく，きまりきった内容しかないものは当番活動と考えられる。

すなわち，部の活動は全校児童の共同生活に役だつような，ある程度の永続性が要求される活動をするものである。

だから当番活動と部活動と混同して取り扱うことは，望ましくないと考えている。

しかし，部活動のなかにも当番的な活動も許容していることがある。すなわち，児童を主体とした自発的・自治的活動を行なう部の活動のなかにも，当番的な活動がある。

放送部を例にとれば，放送器械の操作・マイクの準備を朝会時に行なう。昼休み時の校内放送・下校時の音楽放送。

広報部では班組織になっており，校内ニュース班・児童の作文・ポスター募集班・展示班・学芸会プログラム作成班など，7班のグループに分かれて分担の仕事をくふうしている。

図書部では6班編成で各曜日ごとに当番制になっていて，それぞれの担当する仕事（貸し出し班・新刊書の紹介をする班）をしている。

このように部活動のなかにも当番として活動するものもあるが，それは清掃・給食などのように一定のことを順をきめて番に当たるのではなく，

保健部員の活動状況

児童が自分たちで仕事の内容を決め，分担・順を自主的に話し合って決めるものである。

いずれにしても，その活動内容が教師の補助的役割を果たしていると思われる活動は，特別教育活動のわくからはみでるものと考えられる。

次に管理的手伝いとしての週番活動廃止について簡単にふれてみたい。週番は教師にとって便利な制度であったと思う。活動のうち清掃後の点検とか，戸締り点検とか，登・下校の注意など，これは教師自身が責任をもってしなければならない仕事である。

上ばき・下ばきの注意など規則・しつけの面の活動はお互いを規制しあうもので前向きの活動ではないといえる。当然教師が指導すべきことを児童にかた代りさせ，効果があがらないとますます児童の指導監督を厳にするような週番活動は特別教育活動としては，不適当であると考えて廃止することにした。

週番が廃止されて規律が乱れるというのでは，教師は何をしているかということになる。各学級で，いや全教師が協力しあって努力することは当然のことである。廊下を走っている児童がいても，自分の学級の児童でな

いからといって見のがしたり，自分の学級の児童を注意されて感情的になるようでは指導の実はあがらない。

週番を廃止しても，けが人がふえたとか，廊下をかける者が急にふえたということはなかった。むしろ各学級で清掃のあと始末に気をつけるようになったり，清掃のしかたをくふうするようになってプラスといえるのではないだろうか。週番を廃止したかわりに部活動を盛んにさせるということでなく，児童自身は規則を守るということに対して熱意をもっているが，規則を守るだけでは特別教育活動の自発的・自治的活動は盛んにならないというふうに考えている。週番にまかせていた活動が部の活動の中で自発的に取り上げられ，部の活動が盛んになるということも考えられる。

（5）　部活動の時間

部活動は学校内の仕事を分担処理するための活動である。その活動の時間としては，放課後・休憩時間中などの随時の活動と，時間割りに組まれている固定時の活動とがある。

ア　固定時の活動

第4週水曜日，第6校時を固定時の活動として1時間を設定して実施している。

この時間において，おもに話し合い活動に使用されることが多い。その月，前週の反省をし，それをもとにして次の活動への計画を立てるようにしている。この話し合い活動をより深めることにより，常時活動への大きな足がかりになるものと考えられる。

イ　常時活動

固定時間において話し合ったことを実践活動にうつしていくのが常時活動である。本校においては，始業前・休憩時・昼休みの時間・放課後の時間をあて，各部の実状に応じて活動している。

部活動は常時活動に重点があるべきで，固定時だけに活動すればよい

というものではない。

ウ　部長会

(ア)　構　成

各部より互選された部長1名ずつ計7名の部長により構成され，必要に応じて放課後開かれている。

(イ)　活　動

ここで行なわれるおもなことは，各部の活動状況や問題点などについて話し合い他の部の活動内容の理解を深めあい，各部の連絡徹底を図るようにしてある。

（6）　部活動の問題点

ア　時間の取り方

活動を始めるとき，いちばん困ったことは全員がいっせいにそろっていくことがむずかしいことである。活動以前に清掃して定刻に集まることになっている。しかし実際には，各学級では，あすの予定，その他の指示事項で手間どっている様子である。だから正常な運営はもとより活動にも影響する状態であった。

常時活動となると，固定時間の活動のときよりもなおさら集まりにくいようである。特に昭和38年度はその常時活動の時間がうまくとれずに児童からも部の担当教師からも問題点として出されていた。

放送・集会部のように給食時，児童集会の時間が固定されている部は問題ないが，他の部は放課後に常時活動をすることが多い。

ところが授業がすむと清掃があり終了時間がなかなか一定せず，ついつい部員の集合もまちまちである。そのため，まとまって活動できないことが多いという悩みがあった。

そこで昭和39年度は，次のような時程表にし清掃を第5校時の開始前にもっていった。それによって放課後の時間がまとまってとれ，常時

〔図表21〕　本校1日の時程表

39. 11. 1～40. 3.31

職員出勤	8：40
職員朝会	8：50～ 9：00
朝の話合い	9：00～ 9：05
第1校時	9：05～ 9：50
第2校時	9：55～10：40
第3校時	10：50～11：35
第4校時	11：40～12：25
昼食休憩	12：25～13：15
清掃作業	13：15～13：35
第5校時	13：40～14：25
第6校時	14：35～15：20
反省時間	15：20～15：30
児童下校	16：00
職員退出	16：20

活動がしやすくなった。

問題になっている部の例をあげて述べてみると，保健部の場合は常時活動の時間の絶対的な不足を感じている。児童に過重な負担をかけずに活動をスムーズにいかせるためには，終業時刻をきちんと守ってもらわなくてはならない。

図書部の場合は，部員18名を常時活動として当番3名をきめて，放課後図書館を利用しやすいように図書の貸し出しを行なっている。

放送部の場合は放送時と給食時が問題になってくる。すなわち昼の校内放送は給食時間である。したがって放送部員の給食時間はたいへんに制約される。

集会部の企画による全校集会

本校においては給食の用意をしている間に，放送当番にあたっている

部員は，放送終了後に給食をうけるようにしている。また，給食の時間は学級によってまちまちなので放送時と給食時が合わないことがあるので放送の効果が少ないようである。

このようなことから考えて，部活動が熱心になればなるほど，仕事もふえて児童の活動時間が長くなる傾向になり，部によっては仕事の過重になるところもできてきた。

児童の立場としては仕事の内容よりも帰りがあまり遅くなることを喜ばないようであるが，これらのことが活動をきらう原因にもなるようである。

イ　部長の発言について

代表委員会には学級と部の代表が出席している。人数のうえでは部の代表は７名である。しかも全部最高学年の６年生ばかりである。

それにもかかわらず，いままでの代表委員会での状態をみると発言することが少ない。これは部の代表であると同時に全校の代表であるという自覚がたりない点にあるのだと考えられた。

部ではその性格上から相談し，話し合う機会が少ないということも一つの原因となっているように思われる。今後は代表委員会が開かれるまでに，部の会合をもつとか，部と部との協力をかたくするために部長会の回数を多くして横の連絡を図りたいと考えている。

ウ　部活動と学校管理

指導書に「児童会活動に学校管理上の補助的な役割を期待してはならない。」とある。

しかし，次のようなことがある。「廊下をかけない。」「屋上の金網に登るな。」「各階の水のみ場がいつもぬれて困る。」「下校の合図で全校児童を下校させる。」などである。

これらの問題は，学校・児童の管理上，当然教師が指導すべき問題で

あって児童が自分たちの学校生活をより楽しく，より豊かにするために常に自主的に，このように行動するとはかぎらないものであろう。

それらの問題を指導することはだいじなことであるが，特別教育活動の活動内容として教師の便宜のために上記のような問題を児童に取り組ませることである。そこには少しも児童の発意もくふう創造もなく，自治的・自発的な活動を通すことにならない。

だが，廊下をかける友だちがいるために校内が騒がしくて困るとか，水のみ場がいつもぬれるとかの問題について，保健部員が自発的にある期間，それらの状況を調査し，自主的に部活動の問題にして話し合いを続け，自分たちなりに問題の解決を図っていくことは，教師の指導をより徹底させることにもなるし，またこうした問題に関する児童の自覚を高めることにもなるので，必ずしも部活動として不適当であるとはいえないという考え方もある。

しかし，このような問題が児童から出されなかったら，廊下を走る問題も，水のみ場のよごれもそのままにしておけるものか問題である。

当然教師が学校管理の立場で徹底した指導をしなければならないことである。児童の発意で「廊下を走らないくふうをしよう。」「水のみ場をきれいに使うには。」という問題が出されても，それをいつでも容認しておくといつのまにか活動が教師の意にそおうとするものになりがちであるから，なるべくこの問題はさけるようにしている。

その場合，たとえば児童が授業終了後，下校時までの自由時間にボールの練習がしたい。また使用したいという強い希望から代表委員会で話し合って運動部の活動としてボールの保管整理をするということを決め，教師の判断において認められた場合は，部のねらいにあった活動として認められてもよいであろうと考えている。

しかし，児童が自主的に活動するから教師の指導は不要になったとい

うことであってはならない。

適切な児童の指導という教師に与えられた問題を忘れてはならない。

エ　施設，設備について

他の教科にも関係することであるが，特別教育活動においてはその性格から，これに対する要求の度合いは高くなる。ということは直接その部の活動内容につながることであり，さらには児童の自主性にも大きな関連をもってくる。創意くふうによってある程度，解決されるとしても限度があると思う。各部より出されているそれぞれの声をあげてみる。

○各部とも消耗品が補充できない。

○広報部専用の印刷機がほしい。

○録音するのには，現在のへやでは狭すぎる。（放送部）

○図書部の予算がはっきりしないので活動が低調である。

○小動物，球根，種苗の購入費が足りない。（飼育栽培部）

これらの要求に対して，限られた公費では満足するまでにはいたっていない。しかし現在徐々に補充されつつある。

2　各部年間指導計画

特別教育活動が新しく学校教育の一領域を占めて教育課程に明確に位置づけられた以上，部活動も当然指導計画が用意されなければならないと考えられる。部活動を指導していく場合に，教師があらかじめ中心となって立てる計画であり，おおよそのわく組みをもって総括的に年間を見通したところの計画である。

〔図表22〕　各部年間指導計画

部名	ね ら い	予想される活動内容
広報部	○代表委員会・各部の活動状況を紹介し，学校生活に興味と関心をもつようにする。 ○社会・学習・生活面で学校全体に参考になる資料の収集・掲示をする。	○新聞・校内ニュース作りと紹介。 ○学校・社会行事の資料作りと掲示。 ○作文・絵の募集と掲示。 ○学芸会大プログラムの作成。
運動部	○運動用具の取り扱いを知り，教室や運動場で仲良く遊び，生活を楽しくさせる。 ○適当なリクレーションを主催する。	○集会におけるラジオ体操の指揮や遊びを紹介する。 ○運動用具の取り扱いと整理保管をする。 ○各種競技の実施計画を立て実施する。
図書部	○児童が学校図書館の図書が利用しやすいように貸し出しをする。 ○児童が本に親しみ，楽しい読書ができるようにする。	○図書館の利用状況を調査し発表する。 ○破損・汚損図書の修理をする。 ○読書傾向調査を行ない，全校児童に発表する。
保健部	○保健衛生の仕事を分担し，明るい健康な生活ができるようにする。そして責任をもって行なう。	○測定・検査の統計をグラフに表わす。 ○健康に関するポスターを作って掲示する。 ○環境整備に活躍する。
放送部	○校内放送を行ない，自分たちの活動を楽しむ。 ○校内放送により学校生活の様子を皆に知らせる。	○校内放送の計画を立て分担して行なう。 ・朝の放送 ・給食時の放送
集会部	○毎週金曜日朝の児童集会の企画運営をし，全校の児童が楽しい集会ができるようにくふうする。	○代表委員会，部，クラブ，学級会と連絡をとりながら企画を立て児童集会を実施する。 ○集会の企画，運営をする。

飼育栽培部	○草花を栽培することによって学校環境の美化を図る。 ○小動物類の飼育を通して自発的にせわをし，保護しようとする態度を育てる。	○花壇の整地，種まき，育苗，肥培，除草をする。 ○飼育小屋の管理および給飼をする。 ○飼育日誌をつけ，その観察を全校児童に知らせる。

3　部活動年間実施計画

さきに述べた部の指導計画は教師が前年度，児童の実践活動の反省や児童の自治的活動としてふさわしいものを見通して計画したものである。

部活動年間実施計画の作成に当たっては，部を構成する全児童が主体となって教師の助言を得てつくる。そのとき教師は「部の指導計画」のねらい，活動内容を児童に説明し理解させて学校の施設・設備，活動時間，季節，経費などの諸条件を考慮し，学期の当初に児童とともに作成する。

部活動年間実施計画は学期ごとの大まかな活動のめやすとして考えている。

〔図表23〕　部活動年間実施計画

	1　学　期	2　学　期	3　学　期
広報部	○部内組織を作る。 ○活動計画を立てる。 ○開校記念特集を計画する。	○夏休みの思い出 ○学芸会めくりプロ作成 ○実地見学だより ○勤労感謝の手紙の募集と配達	○新入児童の図画募集 ○1年間の歩み新聞 ○さようなら6年生（作文募集）
運動部	○部内の組織作り ○活動計画の立案 ○雨季室内遊びの紹介 ○小運動会の計画	○運動会の計画 ○校庭の遊び紹介 ○前期活動の反省 ○後期の部作り ○部の計画立案	○冬季の遊び紹介 ○なわとびの取り扱い ○運動場の整理整とん ○年間活動の反省

図書部	○図書整理と貸し出しの仕事になれる。 ○新刊図書の紹介	○読書週間 ○感想文募集・発表 ○読書傾向調査を実施する。	○図書館利用の年間調査 ○仕事の分担 ○年間活動の反省
保健部	○部の組織を作る。 ○活動計画を作る。 ○健康診断の結果をグラフに書く。	○健康な生活を主題にしてポスターを作って掲示する。	○清掃用具を整備して校舎内外の整美に活躍する。
放送部	○部の組織を作る。 ○活動計画を作る。 ○各部の連絡放送 ○器械操作練習に参加する。	○放送技術の習得 ○放送希望調査 ○運動会の放送活動 ○器械操作練習に参加する。	○演劇部員による放送劇の演出 ○卒業特集番組 ○年間活動の反省
集会部	○部の活動組織，実施計画の作成 ○1年生の歓迎会 ○楽しみ会の希望調査をする。	○各部の2学期の活動計画紹介 ○全校合奏集会をひらく。 ○ゲームをする。	○6年生とのお別れ集会をする。 ○年間活動のまとめと反省をする。
飼育栽培部	○年間計画作成 ○花壇整地，育苗 ○除草，害虫駆除 ○飼育小屋整備 ○生態研究，給飼	○春まき草花の種子，球根の採取 ○秋花壇の整備 ○球根植えをする。 ○冬越しの準備	○動植物防寒技術研究 ○春花壇準備 ○飼育用具手入れ ○観察のまとめ

4　部活動実施計画および活動記録

（1）　各部の実施計画作成上の留意点

指導計画は教師が児童の希望をもとに作成し，年間計画は構成児童が教師の助言を得て作成されるものである。それを実施するに当たっては，いっそう具体的な実施の計画を作成する必要がある。これには，部によって月ごとに立てるもの，週ごとに立てるものがある。形式も各部担当教師と児童の発案によって違いがあるのは当然である。

第４週水曜日，第６校時の固定時活動の際に話し合いによって計画を立てるが45分間では足りないこともある。

時間が不足しているときは，任意の時間とか，常時活動の部会などで協議しながら進めていくことにしている。

また，計画を立てるときは，予定外の問題がおきてくることを予測し，計画の変更を認める弾力性がなくてはならない。

また，計画をねったり，記入したり，実施後の記録のことを考えると，なるべく簡潔に児童の記入しやすいものにする必要がある。そのために形式を一定せずに各部に任せてある。

したがって変更の際は消しゴムで書きかえて実施記録としてそのまま使えるようにしてある。

前述したとおり，常時活動を続けている間に他の問題が生まれることもある。

しかも実施計画は児童の意向によって立てられるものであることを忘れてはならないと思う。

飼育栽培部員の活動状況

（２） 各部の活動記録

各部活動のなかで，どんなことを話し合ったか。どんなところが問題になっているか。どんなことをしたのかを，その

つど記入しておくと，他の部との連絡や代表委員会へ提案する焦点がはっきりしてくる。記入は児童の手によってなされ，教師の適切な指導助言が加えられるのは部活動を活発にするうえに重要なことである。

〔図表24〕　集会部　年間実施計画（昭和39年度）―児童が中心で立てたもの―

学期	活　動　予　定	特に気をつけたいこと
1	○１学期の部の進め方を考える。 ・部役員（部長・副部長・書記） ○金曜日ごとの児童集会のやり方を話し合う。 ・１週間のうち，いつ，どこで週実施計画を立てるか。 ・他の部，クラブ，学級会，代表委員会との連絡のしかた。 ○年間のおもな集会を考えて年間実施計画を立てる。 ○１年生の歓迎会，こどもの日の歌の会をする。	○自己紹介をていねいにやり，互いに相手がよくわかってから役員を選ぶようにする。 ○部員が多いので，昨年のようにグループに分かれる。 ○歓迎会，歌の会は代表委員会に提案してから計画を立て実施する。
2	○２学期の部の進め方を考える。 ○毎週の集会をくふうして楽しくする。 ○クリスマス合奏会をする。	○毎週の集会がいつも同じものにならないように計画を立てる。
3	○３学期の部の進め方を考える。 ○あたたかくなるゲームをくふうする。 ○６年とのお別れこども会をする。 ○１年間の活動のまとめ反省をする。	○まとめと反省には，全校から集会についてのアンケートをとる。

〔図表25〕　集 会 部　週 実 施 計 画 と 記 録 例

計画の	（５）月（11）日（月）曜　　場所（理科室）　時間（昼休み）
会　合	司会（山口君）　　記録（２）班　（岡部）
第（４）回　（５）月（15）日　児童集会の計画と記録	

	予定	どんなふうにするか	係り	連絡
順	○せいれつ ○あいさつ ○軽い体そう ○代表委員会の発表 ○しあわせの歌 ○ストップゲーム ○退場	○大きな声で号令をかける。 ○元気な声でいうように注意。 ○運動部にたのむ。 ○低学年の人にもわかるようにやさしく話をする。 ○６人が一つずつやる。 ○審判は号令のほかの人。 ○放送部にやってもらう。	康本 山口 沢田 岡部 小松 斉藤 康本	運動部 代表委員会 放送部
記録と反省	○号令をかける時，はずかしいので大きな声が出せなかった。 ○運動部との連絡がうまくいかなかったので初めはまごついた。 ○歌のときアコーデオンよりオルガンで伴奏するとよかった。 ○退場の時レコードがなかなかならない。連絡をよくしたい。			
先生より	○少しはずかしそうだったが，みんな一生けんめいにやったのでよかった。 ○この次は各部との連絡をうまくするともっとよい。			

〔図表26〕　広報部　実施計画と記録

4班　5月　学校のたんじょう日

計画	仕事と記録	連絡	気づいた	先生より
—1— こどもの日の作文をはる。	２年生に予約をした。 誤字を訂正した。 見出しと紹介文を書いた。	２年生	サインペンで書いてもらいたい。	掲示板は毎月とりかえるとよい。
母の日の起こりについて。	新聞や百科事典で調べた。 わかりやすく大きく書いた。	図書部と相談		
大川先生に学校の歴史を聞いて紹介する。	大川先生が原稿をくださった。	集会部放送部へ呼びかけを頼む。		１年生にわかるように。
—15— 学校の昔の写真をはる。	全校へ昔の写真をはる。 借りた写真に名まえを書く、			返すときはお礼文をつけて。
新任の先生に作文を書いてもらう。	むずかしい字に読み仮名をつけた。	新井・稲垣・両先生	ポスターに時間をとった。	
広報部仲良し会をする。	人形コンテストの用紙を作る。	部員へ	全校児童に紹介したかった	給食会をしよう。
—30— 印刷工場で紙をもらう。	男子がもらいに行った。	大柴君の父。	リヤカーで運ぶ。	部のようすを話す。

5　部活動を活発にするためのくふうと実践例

特別教育活動で，自主的な行動といえるものはなんであろうか。明確にははあくできないかもしれない。しかし，各部の活動が児童の創意くふうによってどんなふうに実践されたか，部活動のなかから具体例を拾いあげてみる。

(1)　各部の標識決定

本校では児童からの提案によって各部の標識を制作することになった。もちろん，各部の自主性にまかせて制作させ，はしぎれを使っての標識なので僅少な費用であった。各部とも児童の考案によるものである。

〔図表27〕

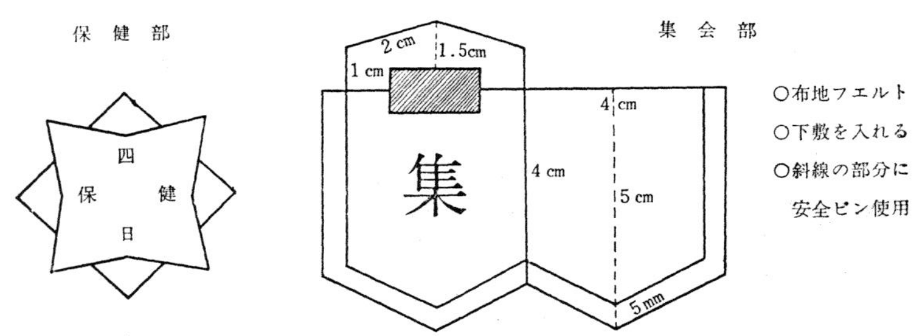

広 報 部　　運 動 部

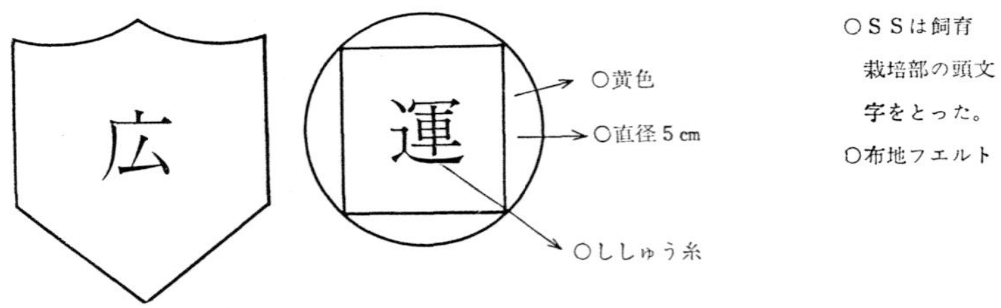

飼 育 栽 培 部

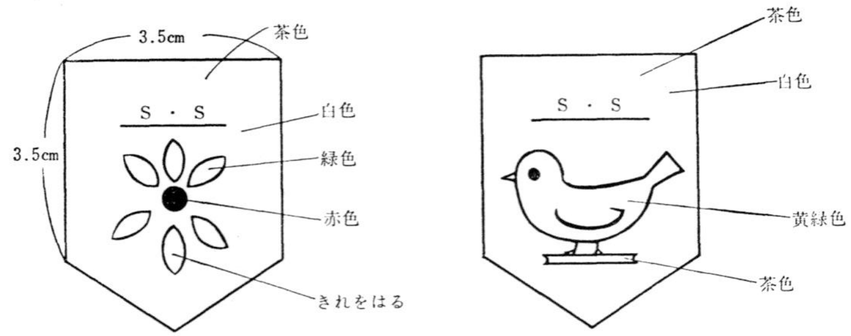

（２）　放送部員のサインを決める

放送用のサインとしてはハンド・シグナルを決め，謄写版刷りにして放送部員や放送と関係のある集会部員，教師などに配り，放送が円滑に進むよう努力している。

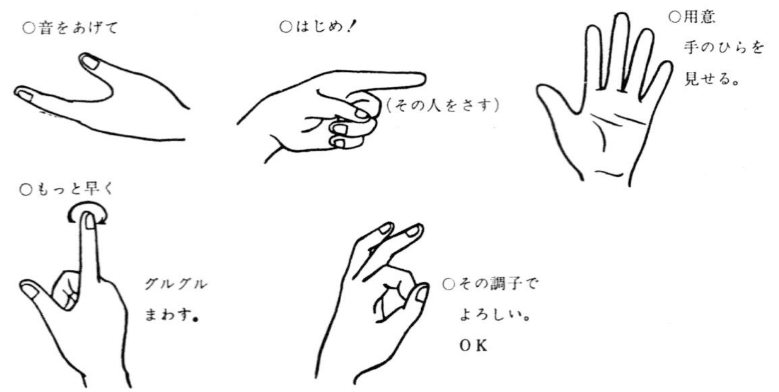

おもに使う記号は上記のとおりであるが，ほかに次のような記号がある。

○マイクからはなれて，マイクによって。　○音をさげて。

○テスト・リハーサル　○そこで急にやめる。　○もっとゆっくり。

（３）　放送番組についてのくふう

部員による番組編成の話し合いが進むにつれて内容に変化がみられ，学級めぐり，なぞなぞ，季節だより，部員の放送劇など広範囲なものとなってきた。

放送の方法にもくふうが見られるようになった。例をレコード鑑賞にとってみると，レコードを流し，その解説をするというあたりまえの方法ばかりでなく，曲の一部を流し，二，三のヒントを与えて曲名をあてさせる。

すなわちクイズ形式を考え出し，全校児童に対して放送に関心をもたせるくふうも，みられるようになった。

（４）　広報部員による開校記念日特集号を作った

広報部員たちの活動は，豆記者訪問記事として写真やグラフとともに紙面をかざっている。これは全児童からの希望を集めて訪問先を決め，読者にかわっていろいろと聞きたいことを豆記者たちが聞いて紙上に発表するのである。

——開校記念日特集号——

勤続年数の長い大川先生の思い出。新任の三浦・中田先生の感想などを豆記者が訪問して記事をとってきた。開校記念日の特集号を次に述べてみる。

○大川先生の思い出

５月14日は開校記念日です。今から25年ぐらい前の記念日のことです。空はよく晴れていた。先生は当時担任していた４年生男子を連れて魚つりに行きました。

当時の金町は，ほとんどが田で家はなかった。フナ・ドジョウ・メダカなどたくさんとり，小川のそばで食べたときのお弁当がとてもおいしかったので，きょうになっても忘れることはできません。

○中田先生のお話　――四日校（第四日暮里小学校）のこども――

先生は四日校にいらっしゃって２か月ですが，四日校のこどもについてどのようにお考えになっているかを豆記者が訪問してきた。

- 先生にいわれた仕事は，どの人も気持ちよくやってくれます。でもいわれないとやろうとしないところがありますね。
- 明るく，すなおでたいへん元気のよいのに感心させられます。でも元気を出すところをまちがって，廊下や階段や教室などであばれたりします。

  また，勉強している教室のそばで大声でさわいだりしていますね。

  このように，あぶないと思うこと，迷惑と感じること，などがあります。
- ふだんのおしゃべりはとても大声ではっきりしていますね。

  でも勉強時間になったり，学級会で意見を発表したりする時間になると，おしみたいに，だまってしまう人がいます。

○三浦先生のお話　　――四日校のこども――

- よい点

  礼儀が正しいので感心しました。朝，校門をはいると，遠くにいる人も，ボール投げをして遊んでいる人も，みんなにこにこしながら「先生，おはようございます。」と，元気にあいさつされて，ほんとうに

  よいこどもたちばかりいる学校だと思いました。
- 悪い点

  運動場・遊び道具がないのでみなさんがかわいそうです。でも廊下や教室のなかでかけまわったり，机の上にあがって遊ぶのは感心できませんね。

  静かに遊ぶくふうはないかしら。それからよその教室にだまってはいったり，窓からはいったりすることがないようにしましょうね。

これまでに校長室をたずねて校長先生の抱負を聞いたり，用務員さんのかげの仕事を知らせたり，給食室のおじさん，おばさんの訪問をしてきた。

この豆記者訪問もいつも大評判で，ずっと続けてほしいという要望が広報部新聞班にたくさん寄せられている。

6　部活動の評価

（1）　評価についての考え

特別教育活動が自発的・自治的な活動を通して自主性を育てることを目的としているわけであるが，部活動では特に実践活動を通してその育成をめざしていくことであると考えられる。

活動の効果を高めることが自主性を伸ばしていくことであり，自発的な行動がその実践の過程にどれだけ多く現われ，積み重ねられているかをみるのが評価であると考えている。

（2）　評価の観点

ア　組織について　（教　師）

○計画に積極的に参加しているかどうか。

○現在の組織でじゅうぶん活動できるか，部の人数は適切であるか。

○児童の希望はどの程度かなえられているか。

○常時活動がしやすいように組分けされ設備・施設が適切であるか。

イ　指導法について　（教　師）

○年間指導計画案は昨年の反省と資料をもとにして修正されたか。

○実施計画案は実践活動ができやすいように立案できたか。

○指導助言は効果的に行なわれたか。

○実践の反省が行なわれ，次の活動の参考になるための記録はじゅうぶんであったか。

ウ　児童の成長について　（教　師）

○協力して仕事をしていこうとする意識が話し合いや実践活動のなかでみられるか。

○自分の仕事は責任をもち，創意くふうしながらじょうずに処理できるように努力しているか。

○自分とその仲間の力で仕事をなしとげようとする意識が高まってきているか。

○自分の仕事に対して自覚と責任をもって行なっているか。

エ　集団の成長について　（児　童）

○みんなで楽しく力を合わせて仕事ができたか。

○困った問題にあったとき，みんなで力を合わせて解決していこうとしたか。

○話し合いで決定したことがうまく実践されたか。

（3）　評価の方法

ア　記録簿

部の話し合いや活動について記録しておく。

実施計画案の裏面が記録になっており，部活動を記録し反省を加

え，次の資料にする。その判断の規定になるのは前記の観点である。

イ　児童記録簿

各部に個人記録簿を用意し，個人の成長の度合いや活動の過程を記録しておく。この記録は，個人の成長のかてになるように留意して行なわれる。そして文章表現で累加的に行なうようにしている。

7　ま　と　め

現在，改善していきつつある問題としては，

○指導体制の確立。○時間の有効な使い方。○集会活動の効果的な運営などであるが，各部で研究，改善されなければならない問題である。

担当教師の研究と創意により改善されることが多いことは当然のことながら，今後，各部内の話し合い時間を多くとり充実した部活動にしていきたい。

8　児童の意識調査

児童の心の中にある意識を，教師がしっかりつかんで，指導を進めなければ，児童の自発性，自主性を伸ばす実践活動は，じゅうぶんできないと考え，下記のような調査を行なった。

（1）　調査の結果

ア　部活動をやってよかったと思いますか。（昭39.4.調べ）

よかった

6　年	5　年	平　均
76%	92%	84%

よくなかった

6　年	5　年	平　均
24%	8%	16%

よかったわけ	よくなかったわけ
○学校やみんなのためになる。 ○いろいろなことをおぼえる。 ○仕事がおもしろい。	○仕事があわない。 ○仕事がはっきりしない。

アの調査から考えられることは，「学校やみんなのためになる。」ということは活動の結果が表面に現われ，関心が深まってきたと，みることができる。「いろいろなことをおぼえる。」「仕事がおもしろい。」というのは，施設や設備を使うことが関係しているようである。将来はじゅうぶんな計画や，適切な指導がなされれば，目標達成に近づくことができると思われる。また，きらいなわけをみると「仕事がはっきりしない」点については，教師自身がじゅうぶん反省しなければならない。また，「仕事があわない。」については，希望した部にはいれなかったことにも原因があるが，興味のないままで仕事を続けなければならなかったり，能力に応じなかった場合などによるものと考えられる。つまり，指導面と児童の意欲の面との調和がとれなかったと考えられるから，これらの児童については，その事情をよく聞き，部担当教師と担任教師が話し合って，学期の終わりに配置がえを行ない，解決を図るように努めていきたいと考えている。

イ　部にはいって仕事が仲よくやれましたか，仲よくやれませんでしたか。（昭39. 10. 調べ）

仲よくやれた

6　年	5　年	平　均
61%	77%	69%

仲よくやれなかった

6　年	5　年	平　均
39%	23%	31%

仲よくやれたわけ	仲よくやれなかったわけ
○みんな仲よくやっている。 ○男子，女子とも仲よく仕事をする。 ○仲のよい子がいる。 ○楽しく話し合い実行にうつす。	○自分かってな人がいる。 ○もんくを言う人がいる。 ○協力してくれない。 ○仕事の分担でもめる。

イの調査から考えられることは，「仲よくやれた」と考えているものが大多数であり，部活動の成果がはっきりと表われていると思われる。しかし，「仲よくやれなかった」わけから考えられることは，上級生と下級生の関係，同学年の能力差，男女の性別など，学級・学年を解体して作られた集団の中における人間関係の上で，考慮されなければならない問題が　まだまだ残っていることが え省される。

ウ　部活動をしたことによって，学校やみんながよくなったと思いますか。（昭39. 3. 調べ）

〔図表28〕

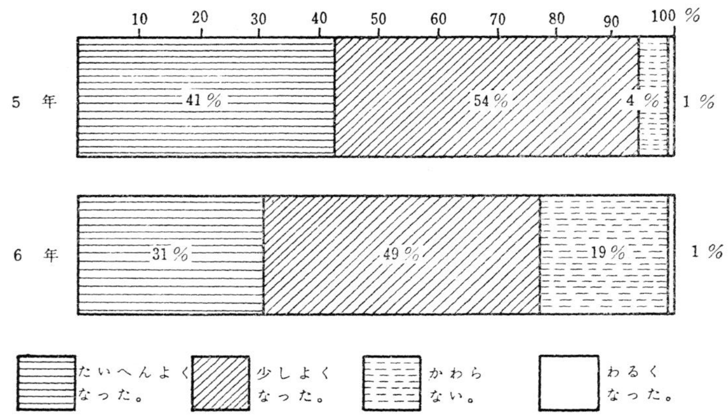

ウの調査から考えられることは，「たいへんよくなった。」と答えたものが，5年，6年で72%，「少しよくなった。」との答えを合わせる

と，5年が95%，6年が80%と，ほとんどの児童が「よくなった」と思って解答をよせている。おもな理由をあげてみると，

○いろいろなことをおぼえるから，学校全体がよくなった。

○広報活動が活発になったので，いろいろのことを知るようになった。

○放送部員が下校の時間に「白鳥の湖」のレコードをかけるといっせいに帰るようになった。

○花壇が整地され，草花もきれいに咲くようになった。

○部と部の連絡がうまくいっている。

○部長がしっかりしているから，部の仕事に責任をもつようになった。

などである。調査全員よりみて「よくなった」が80%以上あることは毎日の仕事を部員が自覚をもって活動していると考えられる。これは，5・6年生の日ごろの実践活動の反映が，以上の結果を示したものと思われる。

Ⅵ　学級会活動の指導と運営

1　学級会活動指導のねらい

本校では各学年における児童の発達段階に応じ「年間指導計画表」に学年別のねらいをたてた。

〔図表29〕　　学　年　別　ね　ら　い

1年	教師を中心に，友だちどうしが仲よく交わり，すすんで学級会活動に参加し楽しく生活できるようにする。 ○教師が中心になって学級内の諸問題を共に考え，話し合うことができるようにする。 ○学級内の仕事で，自分たちでできる仕事があることに気づき一人一役ぐらいの役につくことにより，係りとしての仕事の素地をつくるようにする。 ○教師が中心になって計画をたて，全員が楽しく集会に参加できるようにする。
2年	過去1年間で積みあげられた仲間としての意識を高め，自分たちの学級をよくするために，学級内の問題に気づき，教師の指導で協力してそれらの処理解決ができるようにする。 ○教師の指導助言のもとに問題を見つけ，それを解決するために，簡単な話し合いができるようにする。 ○学級内の仕事をするための係りをつくり協力して活動できる。 ○進んで集会に参加し，まずしいながらも自分の考えを述べ，人の発表を聞き，楽しく過ごすことができるようにする。
3年	学級生活についての関心を高め，学級に関係ある問題に気づいて協力し，教師の指導助言のもとで，その処理解決ができるようにする。 ○自分たちで自分たちの問題をみつけ，解決のため，やや形の整った話し合いができるようにする。 ○学級内で必要な仕事の内容を考え，係りを作り，簡単な計画をたてて

	活動ができるようにする。 ○自分たちで計画した集会に進んで参加し，全員で楽しくやることができるようにする。
4 年	集団の一員としての意識を高め，学級の全員が自分の思うことや，考えていることを自由に発表し，他人の立場をじゅうぶんに考え，学級内の諸問題を自分たちでみつけ，みんなでよく話し合い，よい方法を考えて実行できるようにする。 ○学級内の必要な諸問題に気づき，議題として整理して話し合い，実践のことも考えて解決していくことができるようにする。 ○小集団で必要な係りを分担し，その種類内容などに応じ，進んで計画実践することができるようにする。 ○自分たちの計画した集会に，全員がすすんで参加して楽しくやることができる。
5 年	よりよい学級生活をするために，学級内の諸問題を自分たちで考え，話し合った結果を係り活動を通して実践したり，児童たちで計画した集会ができるようにする。 ○学級内の諸問題を整理し話し合った事項を実践できるようにする。 ○必要な係りの分担ができ，活動内容の計画を児童だけでたてることができるようにする。 ○全員の協議によって自発的に計画しよりよい集会をすることができるようにする。
6 年	学級内の諸問題と積極的に取り組み，自治的・自発的に，計画のある生活ができるようにする。 ○全体的な立場から実態に即して，建設的な話し合いができるようにする。 ○係りの組識分担を，合理的に行ない，全体で継続実践できるようにする。 ○児童自身が企画運営し全員が建設的な態度でのぞみ，効果的な集会ができるようにする。

2　期待される学年別能力段階表

ねらいをさらに「話し合い活動」「係り活動」「集会活動」に分け，児童の発達段階に即した具体的内容を設定し，各学年の学級会活動の指導上

の参考資料としたものが，この学年別能力段階表であり，この基準に即して，児童の活動が自治的・自発的な実践活動を行なえるよう努めるものである。この学

学　級　会

年別能力段階表は，1　学習指導要領　2　児童の実態（長所欠点）　3　地域の特性　4　本校の教育目標　5　児童の発達段階　などを考え作成したもので，指導目標と考えたり，おしつけになったりして，自発的・自治的な活動をそのためにゆがめることのないように，最低限におさえたものである。

〔図表30〕　学年別能力段階表

三分野／学年	話し合い活動	係り活動	集会活動
1 年	◦司会記録ともに教師が行なう。 ◦実施計画は教師がたてる。 ◦全員が発言できるようにする。 ◦大きな声ではっきり話す。 ◦他人の発言を聞くことができる。	◦1人1役につくようにする。 ◦教師の活動の手伝い的なものも含まれる。 ◦係りの名は具体的にし，児童に必要とするものはすべておく。	◦回数，種類，内容ともに教師の計画による。 ◦みんなで仲よく楽しくできる。 ◦人の前で恥ずかしがらず発表ができる。 ◦いろいろな役割があることに気づく。

2年	∘児童の司会をたてる。 ∘教師も司会をする。 ∘思ったことをわかるように話す。 ∘だまって注意して聞く。 ∘人の話のじゃまをしない。	∘全員が何かの係りにつく。 ∘幾人かで一つの係りを受けもつ。 ∘係りの仕事が組の役にたっていることがわかる。 ∘児童の気づいた係りはふやす。	∘回数は教師の計画による。 ∘静かに最後まで見たり聞いたりする。 ∘集会に必要な係りをおくことができる。 ∘内容は児童と教師が相談して決める。
3年	∘教師の助言で司会をすることができる。 ∘教師の助言で，議題を前もって決めることができる。 ∘簡単な記録がとれるようになる。 ∘他人の話を注意してきくようにする。 ∘他人の話が，わからなかった時には，聞きかえすことができる。 ∘だれもが自由に話しをすることができる。 ∘順序よく話すことができる。	∘仕事の内容によって全員で係りを決めることができる。 ∘係りの仕事が継続できるように話し合う。 ∘係り活動が学級生活においてたいせつなことを知り，協力できるようにする。	∘回数は教師の計画による。 ∘種類と内容は児童と教師が決める。 ∘全員が楽しく参加できるように考えることができる。 ∘集会活動に必要な係りを分担することができる。
4年	∘教師の助言でプログラム委員会を作り，必要な議題を選ぶことができる。 ∘内容順序などを考えて提案の説明ができる。 ∘自分の考えをまとめて発表でき，友だち	∘係りの種類や内容について全員で話し合い，必要な係りを自分たちで決め，分担することができる。 ∘実践しながら実情に即し統合分割や改廃ができる。 ∘学級全体の話し合い	∘学級会の話し合いで年間の集会の内容を決めることができる。 ∘自分たちで集会の計画をたて，プログラムの役割分担準備，あとかたづけなどを決めることができ

4年	との意見のくいちがいを公平に判断し活動の具体例を出しながら内容を考える。 ∘公平に指名しながら司会することができる。 ∘要点をおさえ，経過や決まったことを順序よく書くことができる。 ∘決まったことの内容をよく理解し，実践しできないものは原因を考えて再度実践計画をたてて実践する。	で継続して活動できる計画をたてる。 ∘各係り全体の話し合いで，自主的に仕事を改善し進んで活動し学級全体が協力して実践していく。	る。 ∘グループ・リーダーを中心に各係りの種目，実施方法をくふうすることができる。 ∘グループ・リーダーを中心とし運営を相談し実践することができる。 ∘集会の内容や参加のしかたについて反省し，次に生かすことができる。
5年	∘学級会の議題として，ふさわしい議題を選ぶことができる。 ∘司会は，話し合いの目的をしっかりつかみ全員を公平な立場で指名し扱うことができる。 ∘司会，記録の役割をなるべく多く経験する。 ∘児童会と学級会との関係が理解できる。 ∘話題の中心からそれないように話すことができる。 ∘聞いたことの要点をおさえて記録することができる。	∘必要な係りを自分たちで決め，仕事を分担することができる。 ∘自分たちでよく話し合って活動内容の計画も，たてることができる。 ∘係り活動の自己評価を通して効果的な生活をすることができる。	∘学級全員の話し合いによって，年間計画をたてることができる。 ∘集会内容もできるだけ自分たちで決め，自主的に計画し運営することができる。 ∘集会の反省をして次回の集会をよりよくすることができる。

6年	◦議題の選び方をくふうさせ，適切な議題を選ぶことができる。 ◦教師の助言はできるだけ少なくし，ほとんど児童の司会で行なうことができる。 ◦司会者は公平な立場で指名し，意見をまとめることができるようになる。 ◦議題の中心からそれないで，全体によくわかる話し合いができる。 ◦人の意見を尊重し話の内容や意図をとらえ，まじめに聞くことができる。 ◦結論に対しては責任をもつ。	◦仕事についての評価をして企画することができる。 ◦効果的な活動をするため仕事に創意くふうを加えることができる。	◦集会活動の反省を通じて，年間の集会計画をたてることができる。 ◦発達段階に即した内容の活動ができるようにする。 ◦集会のための必要な係りについては児童相互でじゅうぶん話し合って決めることができる。

3　学級会活動の年間指導計画

(1)　指導計画立案上の基本的な考え方

児童の自治的・自発的な活動を促進し，自主的な態度の育成に基本をおき，弾力性あるものにした。

ア　必要と思われるだいたいのわくだけにとどめ，固定化をさけ，弾力性をもたせた。（そのときどきの必要や，随時でてくる児童の要求などが自由に組み入れられる。）

イ　学年としての指導の重点，指導上の留意点，年間を通じかなりはっきりと取り上げられる可能性のある議題などにおさえておく。

ウ　地域の実態を考える。

エ　児童の希望を可能なかぎり受け入れ，なるべくそれを中心にする。

オ　教師も集団の一員として位置づける。

(2)　形　　式

必要な最少の記入にとどめ，大わくだけを設定し，融通性，弾力性のあるものとした。

ア　空欄を多くおき，議題，取り上げの理由など，その時の状態に応じて記入できるようにする。

イ　教師の予想議題，留意事項と提出された議題としての関連をはっきりわからせるようにする。

ウ　学年別能力表の内容や，用語の配置を適切にして，評価との関係を密にさせた。

〔図表31〕　第１学年　学級会年間指導計画（記録簿兼）

ねらい	教師を中心に友だちどうしが仲よく交わり，進んで学級会活動に参加し，楽しく生活できるようにする。 ◦教師が中心になって学級内の諸問題を共に考え，話し合うことができるようにする。 ◦教師が中心になって計画をたて，全員が楽しく集会に参加できるようにする。 ◦学級内の仕事で自分たちで，できる仕事があることに気づき一人，一役ぐらいの役につくことにより，係りとしての素地をつくるようにする。

月日	議　　題	とりあげられた理由	提出者名	司会	記録者	決まったこと	評価	予想議題	備　考
								学級会活動の時間の過ごし方。 名まえの発表。	学級会活動の時間の過ごし方を話してきかせる。

（3） 指導計画表の活用について

ア　指導運営上（よい点）

(ア)　実際活動場面において学年のねらいに即した，助言指導ができた。

(イ)　児童の実態と，ねらいとの，ずれがよくわかる。

(ウ)　記録の累積ができるので，全体の流れがはあくできた。

(エ)　変化をもたせ，活動的である。

（悪い点）

(ア)　議題が取り上げられるまでの経過がわからない。

(イ)　形式を簡略化したために，細部までの内容がわからない。

(ウ)　記入，反省に時間的制約があるため，繁雑さがある。

イ　児童の活動上（よい点）

(ア)　児童の活動が，いきいきとして，活発である。

(イ)　積極性や意欲的態度がでてきた。（自分たちの仕事として）

（悪い点）

(ア)　今までのところ，特に現われていない。

ウ　反省点と将来の見通し

運営上，活動上の問題点を改善し，わく組みの空欄の取り方に留意して記入上の取り扱いを容易にし，記録の累積とともに，指導計画が，常に座右にあり，常時活用されて，血肉化され，よりよい能動的な学級会活動が展開できるようにしたい。

4　学級会活動の実践例

（1） 経　　過

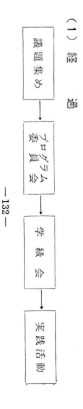

議題集め → プログラム委員会 → 学級会 → 実践活動

（2） 議題決定までの考え方

ア　議題決定の要点

話し合い活動が活発に行なわれ，それから生まれた結論が，実践活動に移行して，じゅうぶんな成果をあげるためには，なんといっても議題の適否にかかっている。それには議題をよく精選し，よく吟味して決定することが必要である。その観点として，次のようなものがたいせつである。

(ア)　児童ひとりひとりにとって切実であり，共通な問題であるか。また，共同的なものに，なりうる可能性をもつもの。

(イ)　その問題は，児童にとって身近なものであって，よい学級を作ろうとする児童の積極的な願いであるもの。

(ウ)　話し合いだけでなく，結論が実践へ結びつきを期待できるもの。

(エ)　議題としての問題の解決は，参加している児童の能力からみて，自力で結論を生みだせる予想のつくもの。

(オ)　議題の内容が学校，教師の問題でなく，児童の活動として成立するもの。

（3） 議題決定までの手順

〔図表32〕　（高学年例）

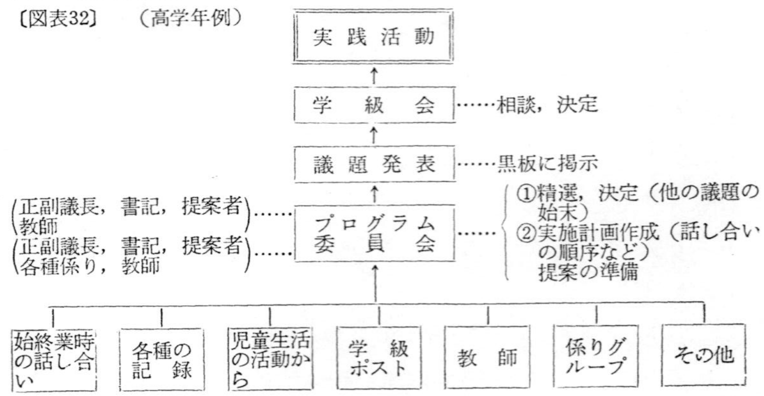

以上のような手順で議題が決定され，審議に移されるが，このように具体的な例を通して実践されてくると，内容がたしかめられ，意欲の高まりとともに，話し合い活動が活発になり充実したものになってくる。

（4） 議題名のつけ方

たとえば「遠足について」とか「はきものについて」というように，ばくぜんとした問題ではなく「遠足の時の昼休みのすごし方」，「はきものは，どのように，せいとんしたらよいか」のような，わかりやすく問題がはっきりと，つかめるようなことばで実践活動に結びつく形で，とらえる必要がある。

（5） 今までに出た議題例（39年４月～12月まで）

1　　年	提案者	適否	5　　年	提案者	適否
∘わたしたちの学級会。	教	適	∘学級会のすすめ方。	児	適
∘学級会には，どんな仕事があるだろうか。	〃	〃	∘議題の集め方と整理のしかた。	〃	〃
∘係りの仕事を決めよう。	〃	〃	∘どんな係りを作ろうか。	〃	〃
∘学級のきまりをつくろう。	〃	〃	∘こどもの日のおたのしみ会のやり方。	教	〃
∘遠足では，どんなことを守ったらよいだろう。	〃	〃	∘各係りの仕事と打ち合わせ。	児	〃
∘教室をきれいにするにはどうしたらよいだろうか。	〃	否	∘学級会用黒板の使い方。	〃	〃
			∘遠足のバスの中での過ごし方。	教	〃
∘学級会では，なにをするのだろうか。	〃	適	∘係りからのお願い。	児	〃
∘雨の日の教室での遊びは，どうしたらよいですか。	〃	〃	∘教室の中の遊び（どんな遊びをしようか。）	〃	〃
			∘学級の立札を作ろう。	〃	〃
			∘給食当番が早くくばるにはどうしたらよいか。	〃	否
∘鉛筆や消しゴムを取られてしまうが，どうしたらよいだろうか。	児	否	∘たなばた会の計画。	〃	適
			∘たなばた会。	〃	〃
∘西山君のお見舞いのしかたはどうしたらよいか。	〃	適	∘おひるの放送のない時，なにをやるか。	〃	〃

∘夏休みをどのように過ごしたらよいだろうか。	教	否	∘休み中のいねの世話のしかた。	児	適
∘運動場では，どのように遊んだらよいだろうか。	〃	適	∘係りの反省。	〃	〃
			∘係りのこれからの予定。	〃	〃
∘２学期の係りを決めよう。	児	〃	∘作品展のかざりつけをくふうしよう。	教	〃
∘運動会では，どんなことを守ったらよいだろう。	教	〃	∘運動会の応援をする人をきめよう。	児	〃
∘給食のくばり方をどのようにすればよいか。	〃	〃	∘げた箱に名札をつけよう。	〃	〃
∘ふざける人が多いから，注意係は注意してほしい。	〃	〃	∘転校した新井君に手紙をだそう。	〃	〃
			∘理科室の机のならび順を決めよう。	〃	否
∘水のみ場の使い方はどのようにすればよいか。	〃	否	∘掲示板の使い方。	〃	適
∘教室でふざける人が多くなったがどうすればよいか。	児	〃	∘５年１組の歌を作ろう。	〃	〃
			∘テクシー免許証を作ろう。	〃	否
∘ロッカーから，運動服を出す順番を決めよう。	〃	適	∘係りを変えよう。	〃	適
			∘議題をたくさん集めるくふう。	〃	〃
∘おたのしみ会をしよう。	児	適			
∘係りの反省とおたのしみ会の準備。	〃	〃	∘第３回学級集会計画（クリスマス）	〃	〃
∘おたのしみ会。	〃	〃	∘新年会の計画をたてる。	〃	〃
			∘クリスマス会。	〃	〃

（注）否となっている議題の理由の一例をあげると，

○ばくぜんとした議題であったので，こどもの話し合いが，観念的になり，具体性がなかった。

○学級全体のことでなく少数の問題行動児に関することで，教師の個人指導すべき問題や学級だけでなく学校全体として指導を考えるもの，また，お互いの生活を干渉しあうようなことである。

（6） 話し合い活動の議題例に表われた適否の割合

39年４月～12月までの間に出た251の議題についての調査の結果，

〔図表33〕

適否グラフ

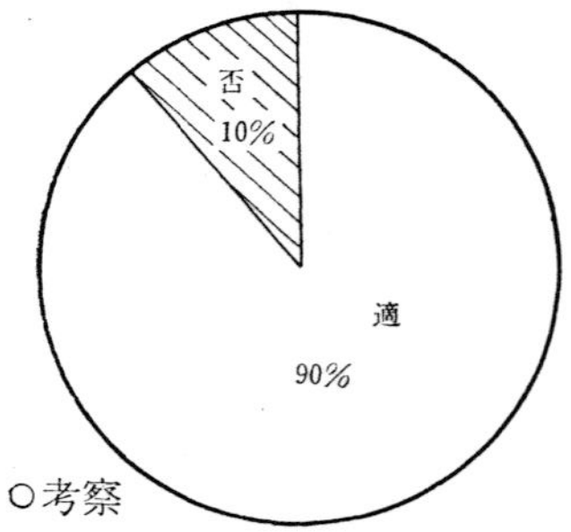

否の分析グラフ

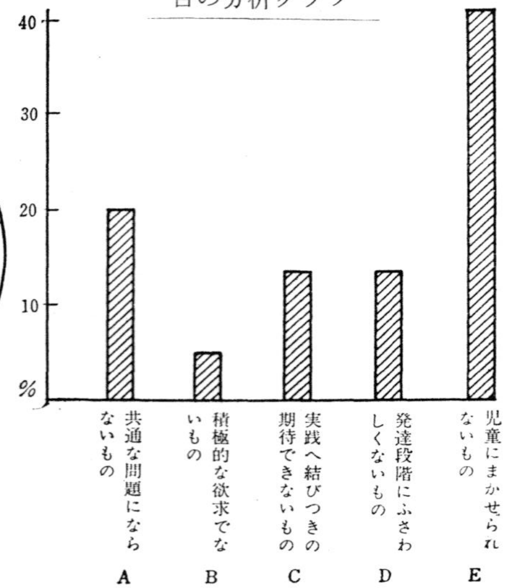

○考察

議題の適否の比が9：1であるのは，児童の問題の見つめ方が確かである査証で，これは「否」の分析と裏はらにもなるが，問題の内容が児童の生活に切実な，しかも興味のあるものであり，意欲の高まりも期待してよいと思う。

否の内容としては，前述の観点とのずれがでたもので「全般的な問題にならないもの」「児童活動としてまかせられないもの」が多かったが特にEの多いことについては，児童の活動内容と教師の仕事との関係をもう少し細かく分析し考えなければならない点であると思う。また，実践不可能として「否」にする場合も，児童の夢，あるいはこどもとしての，とてつもない希望，創造力をつみとってしまってはいけないので，現実とのバランスをどうとるかむずかしい問題である。

（7） 係りと当番について

いろいろと問題にされている「係り活動」と「当番」の関係について，本校としては，基本的に次のように考えた。

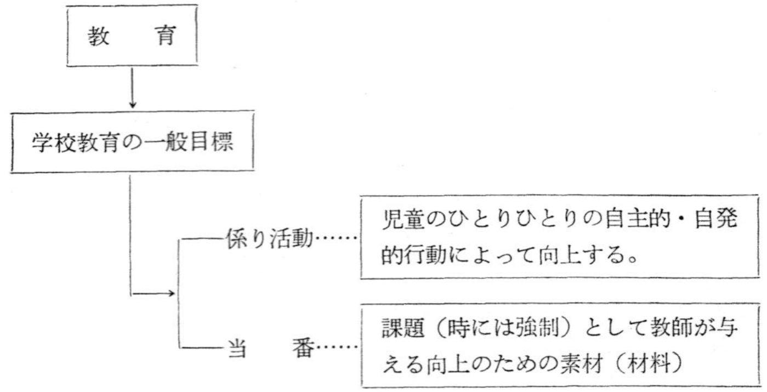

すなわち発想が違うのであって，一つは，児童自身の自主的・自発的なものであり，他は他律的なものである 。

ア 係り活動

(ア) 児童自身の意図，あるいは必要から生まれたもの。

(イ) 学級の特殊性，実情に即して，自発的，意欲的に作りあげられたもの。

(ウ) 仕事の内容や分担は，児童の希望ができるだけ生かされたもの。

イ 当　番

(ア) 学校が必要と認め，教育的に意義のあるもの。

(イ) 教師の補助的な仕事もある。

(ウ) 教育的な意図があり，それに基づいて仕事を分担する。

(エ) 仕事は事務的であり，反復性をもつものが多い。

(オ) 仕事の負担過重を考慮し，また，その教育上の見地からも，全児童交替で当たり，差別のないようにする。

（8） 集会活動の実践例

児童の興味と関心の高い活動を重ねることにより，積極的，自主的な態度が養われ，学校生活をより楽しく豊かにする。

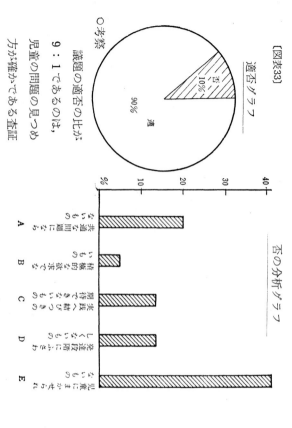

低学年……教師が中心となり，計画をたて，児童が楽しんで参加するようにしていく。

中学年……教師とともに自分たちで計画をたて集会に必要な，細かな仕事の分担を決め，児童の創意を生かして運営していく。

高学年……年間を見通して教師の助言で計画をたて，改善を図り自主的に効果のある集会とする。

〔図表34〕　39年度の集会活動

低　学　年	中　学　年	高　学　年
◦たんじょう会 ◦おたのしみ会 ◦七夕こども会 ◦夏休み発表会 ◦クリスマスこども会 ◦まめまき会 ◦さよなら会	◦こどもの日のたのしみ会 ◦たなばた会 ◦夏休み発表会（作品展） ◦お別れ会（転校） ◦読書発表会 ◦クリスマスこども会 ◦学級音楽会 ◦球技大会	◦こどもの日の集会 ◦夏休み作品発表会 ◦読書会 ◦クリスマス会 ◦研究発表会 ◦学級対抗，球技大会 ◦お別れ会

学級集会場面

（9）第2学年　話し合い活動実践例

ア　実施計画と記録

〔図表35〕

<table>
<tr><td colspan="4">だい28回　がっきゅう会　2月1日（月）1時</td></tr>
<tr><td>ぎだい</td><td colspan="3">清水さんのびょうきみまいのしかた</td></tr>
<tr><td>だした人</td><td colspan="3">良川　伸一</td></tr>
<tr><td>だしたわけ</td><td colspan="3">清水さんがびょういんで，さみしいから，おみまいのしかたを，かんがえてあげたい。</td></tr>
<tr><td>しかいしゃ</td><td>上原　文夫，市川　直彦</td><td>きろくしゃ</td><td>石井なか恵，猿田ふさえ</td></tr>
<tr><td>はなしあいのめあて</td><td colspan="3">清水さんがよろこんでくれるみまいのしかたをみんなできめる。</td></tr>
<tr><td>はなしあいたいこととじゅんじょ</td><td colspan="3">◦どんなやりかたがよいか，グループからじゅんにだしてもらう。
◦それをみんなで，そうだんする。
◦いついくか，なん人ぐらいかをきめる。</td></tr>
<tr><td>よういするもの</td><td colspan="3">きょ年の2年生のおなじぎだい。</td></tr>
<tr><td colspan="2">はなしあった　だいじなこと</td><td colspan="2">きまったこと</td></tr>
<tr><td colspan="2">◦いきたい人がたくさんだった。
◦お金をあつめる人に，さんせいがおおかったが，おかねをつかわないで，よろこんでくれるやり方にさんせいした。</td><td colspan="2">◦さくぶんをあつめてあげる。
◦うちから本をもってきてあげる。
◦かみしばいをつくる。
◦おたのしみ会のろくおんをとる。</td></tr>
<tr><td>先生のお話</td><td colspan="3">お金をつかわないで，清水さんの，よろこぶやり方を，かんがえてあげてよかった。</td></tr>
<tr><td>きのついたこと</td><td colspan="3">グループのそうだんの時，うるさかった。
良川伸一さんがよい考えをだしてくれた。よく話し合いができた。</td></tr>
</table>

イ　学級会　指導案

(ア)　議題がきまるまで

人気のある清水さんが入院した。清水さんの話題は毎日なんらかの形で児童の口にのぼった。また，清水さんのおかあさんがときどき学校へきてようすを話してくれた。今週の議題「おひなまつりの会」などがあり，集会計画のほうへ関心があったが，良川さんのお見舞いをしようという熱心な話と，また，教師のほうから「ひなまつりのそうだんはもうすこしのばしてもよい。」という助言で安心してこの議題にすることに賛成した。

(イ) 実施計画の作成

(ウ) 指導のねらい

病気のおともだちに，いちばんよろこんでもらえるお見舞いの方法を考えさせ，自分たちの経験や意見で「この計画なら」と自信をもって実行できる案に，決めさせる。

グループごとに意見をまとめ，それを出し合って，みんなで相談する経験になれさせる。

(エ) 話し合いの記録

開　会	司会	これから学級会をはじめます。きょう相談することについて良川さん，お見舞いをしたい気持ちをみんなに話してあげてください。
提案理由の説明	良川	清水さんね，ぼくとならんでいたでしょう。おとなりの子がいないと寂しい。清水さんも病院でひとりぼっちで寂しいと思うの。だからみんなでお見舞いをしてあげたい。
	司会	良川さんのいったこと，どうですか。
提案について賛否	鈴木	賛成，ぼく行きたいな。（にぎやかになってしまう。）
	市川	ぼくも賛成だ。けど清水さんのつごうもきかないとわるいとおかあさんいっていたよ。
	佐々木	この前奥村さんが熱をだした時，うさぎグループの人がいった時，おばさんとても困っていたよ。
	良川	だからね，つごうはきくけれど，お見舞いのやり方を考えてほしいの。

	司会	お見舞いをしてあげること，みんな賛成ですね。
お見舞いの方法	金木	みんなでいっていいの。
	吉野	ゲーム持っていってあげようよ。清水さんとやるんだ。
	猿田	お菓子のほうがいいわよ。お菓子かっていって，みんなでいくの。（口々にいいだし司会収拾むずかしくなる。）
	教師	ちょっと静かにしてごらん，まるで遊びにでも行くみたいだね。もう少し落ち着いて考えていきましょう。 司会の人，つづけてごらん。
	司会	みんなに聞くんだけど，清水さんのお話をもう少し，先生にお聞きしましょう。
	良川	ぼくもそのほうがいいと思います。みんなでいってへやにはいれないといけないから。 （病院知っているという声もあったが，司会者の提案に納得）
	教師	それでは，きのうの夕方清水さんのおかあさんのお話をいたします。（清水さんの様子，食べ物，おへやの広さ）
グループ討議	司会	お見舞いの方法について５分ぐらい，グループで集まって相談してください。うるさくならないように。 （５分後たずねたら話し合いつかず，助言して再度延長合計10分くらい）
グループ案発表	司会	うさぎグループから発表してください。
	長川	わたしたちお手紙を書いて送ったらよいと決めました。
	市川	みんなでお金を集めて，お花を買ってプレゼントする。
	竹川	ぼくの班，少し違う，お菓子と本です。
	坂本	かみしばいを作る。
	小沢	本を持ってきて，清水さんに貸してあげる。
	司会	記録の人が黒板に書いてくれました。一番からします。
	高野	ひとりひとり手紙を書いておくるといいと思います。

市川　手紙より作文のほうが，いろいろ書けるからいい。自由な題で書いて，とじて送ったらよいと思います。

司会　決めていいですか。（賛成）

司会　じゃあこんどは，すみれグループさん。

渡辺　病院にはどこにもお花があるでしょう。だからお金を集めて買ってあげるの。

竹川　それより，ぼくたちのほうがいいよ。お菓子だもの。30円くらい集めるのがいいよ。本もあげるんだよ。

（予期していたとおり騒然となる。）

司会　待ってください。静かに，お金のことなら先生に聞きます。

教師　みなさんが清水さんにいろいろなものを買ってプレゼントをしたい気持ちはよくわかりますが，お金を集めることはやめましょう。

小沢　本はみんなのうちにあるおもしろい本をかしてあげよう。清水さん，白雪姫の本すきだよ。

横田　お花はうちにあるからもってきてあげる。たくさんある。

司会　本のこと，お花のこと，いいですか，では決めます。

藤井　わたし，いま考えたのですけれど，清水さんに，おたのしみ会をしてあげたいの。良川さんと相談したのだけれど，ほんとうは病院へいってやりたかったの。だけれどおへやがせまいって聞いたから録音して持っていけるでしょう。

石井　わたしもいいと思うわ。賛成。

教師　すばらしい考えね，先生も考えつかなかったわ。

司会　おたのしみ会のこといいですか，決めます。

司会　かみしばいを作ってあげること，どうですか。

坂本　その紙しばいの中に清水さんを入れてください。

司会　かみしばいのこと，「いいですか。」全員賛成，決めます。

まとめ

記録　きまったことを読みます。

おみまいのやりかた
- すきな作文を書いて，みんなのをまとめる。
- みんなのうちから本を持ってきてあげる。
- お花は，きふ。
- おたのしみ会のろくおんをきかせてやる。
- かみしばいを作る。

教師　たいへん，すばらしいことがきまりました。清水さんもおお喜びですよ，きっと。

ところで，録音はいつとるか。作文はいつまとめるか。細かいところを決めておかなくてはいけませんね。

司会　細かいところは，どういうふうに決めますか。

時間となりました。せっかく決まったのだから，つづけてやったほうがいいです。（賛成の声が非常に多い。50分すぎ疲労がみえている。）

教師　もう，だいぶつかれているからこの時間はやめましょう。細かいことはお帰りの会でやったらよいと思います。

良川　先生，またグループで相談しよう。そのほうがいいと思う。

教師　そうね，みんながよければそういうふうにね。

司会　それでは，学級会をこれで終わりにします。

オ　留意事項

(ア)　清水さんの病状，病室の条件を理解させその上で討議させたい。

(イ)　お金を集めて見舞うという案がでる可能性があるので，前もってその対策を考えておく。

カ　評価の観点

(ア)　清水さんの見舞いの方法がうまく決められたか。

(イ)　平素発言の少ない児童がグループの中で参加し，よく話し合うことができた。

(ウ)　司会を援助する助言の時期と内容が適切であったか。

(10)　指導者の反省

ア　司会者に対してじゅうぶん指導しておいたため不安に思っていた「お金集め」という意見が出たが切りぬけることができた。

イ　グループの中で平素発言の少ない児童がどう参加しているか，そのグループに近づくと申し合わせたように口をつぐんでしまうので，まだ指導の余地が残されていた。

ウ　お見舞いの方法を列挙するまでの小集団の話し合いに非常に時間がかかり，具体的な実践のとりきめまでいけなかった。

エ　「おたのしみ会を録音してきかせてあげる。」という案が事前にわかっていたら，これを中心にしたほうがよかった。

5　学級会活動の評価

評価は目標と表裏の関係にあるもので，その観点は活動のねらいに照らして求めなければならないのは当然のことであるが，他教科のように学習結果の集積の評定でなく，特に学級会活動では児童が「ある目的のもとに努力し，それがどのくらいできたか，また障害点はどこにあったのだろうか。」という自覚的な認識を高めるものが中心でなくてはならない。しかし，本校では評価の方法に関する研究も，評価に対する教師，児童の積極的な取り組みも，まだふじゅうぶんである。

評価としては，∘児童評価，∘教師の評価，∘個人別評価，∘学級集団評価等を考え，その評価方法を決めているが，一応形態別評価としての観点をしるすと，次のとおりである。

（1）　話し合い活動（学級集団としての，話し合い活動の進行と児童各自の活動）

○話し合いの内容が理解されているか。

○解決しようとする努力がみられたか。

○人の意見に協力する態度はどうであったか。

○自分の考えをうまくいうことができたか。

（2）　係り活動（実践を通じてどれだけ育てられたかという行動面）

○自分のことは自分でやろうとしたか。

○進んで協同の仕事をしようとしたか。

○集団内での役割を自覚し責任を果たしたか。

○計画が具体的に進められたか。

○根気強く持続的にできたか。

○自分のもっている特性が発揮できたか。

（3）　集団活動（実施計画の適否，仲間意識の高さ，運営などについて）

○児童みずからの計画運営はどうであったか。

○進んで学級協同の仕事に参加できたか。

○みんなで決めたとおり実践できたか。

○楽しい活動ができたか。

Ⅶ　クラブ活動の指導と運営

1　クラブ活動の指導のねらい

学級会活動のように学級内の諸問題を処理していく活動に対して，クラブ活動は，中学年以上の児童が，学年のわくをはずして，同好の者が集まって，共通の興味関心を追求する活動である。

本校では，クラブ活動の主体を児童において，自発的・自治的な活動ができるように指導し，また共通の興味・関心をもった児童の活動を通して，個性の伸長を図り，協力しながら，生活を楽しく豊かにすることを，ねらいとしている。

2　クラブ活動の指導計画

クラブ活動の指導計画は，クラブ活動のねらいを達成できるためのものでなくてはならない。したがって，よりよい発展のために，児童の希望にそったものであることと，活動しやすいものであることが必要である。また円滑に運営できるように，助言者としての指導教師を決め，年間指導計画をたてる。指導計画には，組織，指導教師，配当時間が含まれる。

（1）　クラブ活動の組織

ア　基本的な考え方

クラブ活動の中で重要なものは組織である。なぜなら，児童のクラブ活動参加を教師の指示によって行なわれたときは，活動のねらいである

自発性が失われてしまう。

そこで本校では，次の点を基本として組織作りに当たることにした。

○児童の主体性をできるだけ生かした組織であるよう。

○クラブの種類は，児童の希望を尊重し，指導教師や，学校の施設・設備など考慮し，実態に即した組織であるよう。

○教師は，教師間の話し合いで，所属を決定するよう。

○本校では，人員・施設等を考え，参加児童を４年５年６年を対象とする。

∘特に，３年生を対象とした入部指導をする。

∘指導の担当は原則として１クラブ１教師とする。

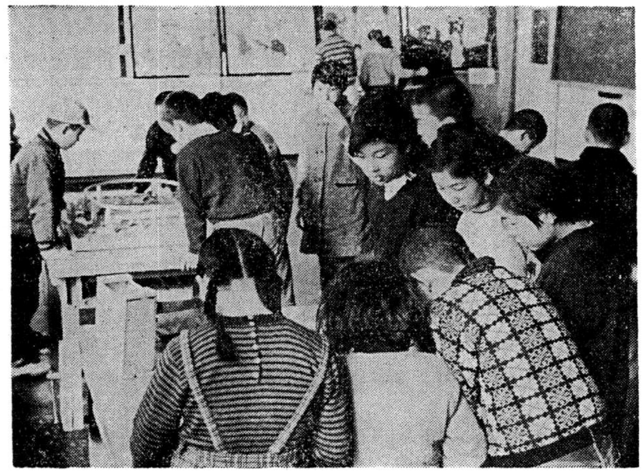

クラブ活動の発表展示会

イ　参加児童

特別教育活動の指導書によると「中学年以上の同好の児童をもって組織する。」と示されている。本校では，38年度後期から，特別教室も整備され，児童の活動が期待されるところから，４年生以上の参加にふみ

きった。

参加人員は次のとおりである。

〔図表36〕

	38年度の参加人員			39年度の参加人員		
	1組	2組	合計	1組	2組	合計
4年	28名	28名	56名	23名	27名	50名
5年	35名	35名	70名	28名	28名	56名
6年	29名	35名	64名	35名	37名	72名

ウ　クラブの種類決定

クラブ活動に4年生を参加させることにしたが，4年生はクラブということについて，ほとんどわかっていないことが予想された。そこで5・6年のクラブ活動を実際に見学させて，理解させるようにした。それだけでなく，4年生以上196名に対し，興味・関心等の希望を知る上でアンケートをとることにした。

アンケートは，次のような形式のものである。

〔図表37〕

クラブ活動調べ

年　組　氏名

こんど，どんなクラブがあったほうがよいか，希望をとることにしました。どんなクラブがあったらよいと思いますか。

□の中に，書いてください。なお，今まであったクラブは，次のとおりです。

クラブ名	指導の先生	いままで活動したないよう
習字	赤塚　木下	毛筆，こう筆で，かんじひらがな練習
しゅげい	宇藤　有松	ししゅう，花びんしき，かべかけ
たっきゅう	小見	たっきゅうの歴史，打ち方，打ち込み練習
読書	清水	自由読書，かんそう文を書く
きがく	渡辺	小だいこのリズム打ち，合奏などする
えんげき	金子	人形げき，紙しばい，げきなどをする
もけい	中田	もけいつくり，作品展をする
文芸	谷田川	作文，本を読む，呼びかけ
理科	渡辺	けんびきょうの使い方，植物しらべ
図工	三浦	好きな絵，共同せいさく，石こう
しんぶん	佐々木	個人やグループで新聞をつくる

そのほかほしいクラブ名	どんなことをしますか。

以上の結果をまとめてみると，次の表のような結果になった。

〔図表38〕

	文芸的なもの					芸術的なもの			体育的なもの													
クラブ	習字	学習	読書	文芸	お話	音楽	器楽	図工	体育	卓球	排球	剣道	野球	水泳	ダンス	サッカー	ドッジボール	ボクシング	理科	算数	地理	写真
人員	9	3	3	2	1	1	7	2	22	6	1	2	5	1	5	1	1	1	7	1	4	4

科学的なもの										手芸的なもの		その他								
模型	歴史	社会	鉄道	空中	研究	天気	考古学	電気	観察	手芸	編物	将ぎ	新聞	料理	演劇	家庭	お花	連絡	タイプ	ミシン
6	3	11	1	1	2	2	3	1	1	11	19	6	1	35	1	3	3	1	1	8

以上のような表からみると，今まで実施されていなかったようなものが大半である。それについて考えたところ，児童は，そのほか，ほしいクラブを書くのかと考えた者が多く，記入させる上での説明不足がはっきりした。そこで，次のような観点のもとに，クラブの種類を決定した。

○1クラブ20名以上の人数になることは，本校のような小規模学校では，施設・設備が不足で，じゅうぶん効果があがらない。

○現行のクラブ活動の成果をじゅうぶん生かすべきである。

○たびたびクラブの改変をしたのでは，クラブの伝統が育たない。

○１クラブに指導者が２名というのは，運営上たいへんよいが，本校のように職員数が少なく児童の活動分野の希望の多い時は，児童の希望を第一にして1クラブ1名の指導教師を原則とすることにした。

〔図表39〕　38年度のクラブ決定

1	器楽クラブ	5	模型クラブ	9	バレーボールクラブ
2	地理クラブ	6	演劇クラブ	10	手芸クラブ
3	図工クラブ	7	習字クラブ	11	文芸クラブ
4	科学クラブ	8	卓球クラブ		

39年度は，さらに児童数の減少により，学級数，職員数も少なくなり，したがって昨年度の11のクラブ活動のうち，児童数，指導者数，施設・設備等から検討した結果次の10のクラブに決定した。

〔図表40〕　39年度クラブ決定

1	器楽クラブ	5	模型クラブ	9	手芸クラブ
2	地理クラブ	6	演劇クラブ	10	文芸クラブ
3	図工クラブ	7	習字クラブ		
4	科学クラブ	8	球技クラブ		

エ　所属の決定

児童の所属については，できるだけ児童自身の希望を生かすようにした。そのために，参加児童に，クラブの種類を発表し，それぞれの具体的内容を理解させるよう，入部指導をした。なお，今までの経験からすると，あるクラブに多数の児童が集中するという傾向がみられた。そこでクラブの希望にあたっては，第１希望第２希望を考え，その配分は，強制にならないよう，担任教師と児童の間に，話し合いの上で決定する

ような配慮をした。児童の希望調査は，次のような形式で行なった。

なお，４年生は，はじめての経験なので，希望をとる前に，各クラブの活動の様子を見学させた上で，希望を書かせた。　〔図表41〕

クラブ希望調べ

年　組　氏名

こんどのクラブは，次のようになりました。どのクラブにはいりたいと思いますか。はいりたいクラブの上のらんに，第１希望は◎　第２希望は○をつけてください。

希望										
クラブ名	器楽クラブ	地理クラブ	図工クラブ	科学クラブ	模型クラブ	演劇クラブ	習字クラブ	球技クラブ	手芸クラブ	文芸クラブ

（２）　指導教師の配当

学校長，教頭，事務主事，養護教諭を除き，全職員の12名がクラブの指導に当たることは，従前どおりである。

大半のクラブは，１クラブひとりの指導教師であるが，児童の希望が多い手芸，図工クラブは，施設，設備の上からも無理がないので，指導教師を２名にした。クラブの希望人員は，予想したとおりにならなかったが，その点については，できるだけ調整し，児童の希望を生かして，実施することになった。　〔図表42〕

	1	2	3	4	5	6	7	8	9	10
クラブ名	器楽クラブ	地理クラブ	図工クラブ	科学クラブ	模型クラブ	演劇クラブ	習字クラブ	球技クラブ	手芸クラブ	文芸クラブ

指導者名	中条	谷田川	佐々木倉持	小見	中田	金子	赤塚	新井	有松宇藤	稲垣
教　室	音楽室	四の二	図工室	理科室	図工室五ノ一	五ノ二	一ノ二	運動場	家庭科室	図書室
4 の 1	2	3	2	1	4	3	4	1	6	1
4 の 2	4	3	3	3	2	3	3	2	1	2
5 の 1	3	2	2	3	3	3	2	5	3	1
5 の 2	2	2	2	3	1	4	1	6	4	2
6 の 1	4	3	4	3	3	3	1	6	6	3
6 の 2	3	3	3	3	3	3	4	5	6	3
合　計	18	16	16	16	16	19	15	25	26	12

（3） クラブ活動の指導の時間

本校のクラブ活動は指導教師が出張などの少ない水曜日の第5校時を当てている。39年度は，年間37回の指導を予定した。

（4） クラブの年間指導計画

ア　計画作成上の考え方

クラブ活動が，特別教育活動の目的達成のために，児童の自発的・自治的活動として，実施されていくためには，適切な指導計画をたてることが必要である。

そこで本校では，次の点を考慮して計画をたてるようにした。

○児童の必要と要求を満たすための，年間計画

○指導計画は固定的なものでなく，弾力性に富むもの

○各教科の延長や，補習にならないような内容のもの

○指導教師と児童の話し合いにより，具体的な実施計画をたてることができるもの

イ　年間計画表

特別教育活動指導資料1「小学校特別教育活動の指導計画作成と運営」84ページに「年間指導計画は，きわめて，おおまかなものである。児童みずからの手で，各クラブの実施計画を作成する手がかりとなる性質のもの」とある。

本校では，その趣旨を生かして，次のような形式で作成した。

〔図表43〕　　演劇クラブ指導計画

ねらい	演劇活動を通して，自分たちで相談し計画をたて，実践させる。互いに認めあい協力しあいながら，楽しく表現活動ができる。

学期	前年度活動内容	予想される活動	留意事項	経費	時間
1	◦話し合って年間の実施計画を作る。 ◦リレー童話会をする。 ◦放送劇（わらしべ長者げんこつ話）をする。 ◦擬音を作る。 ◦校内放送で発表する。	年間実施計画を作る。 ◦劇をする。	自分たちで話し合って計画をたてさせる。（あらかじめ時間数を各月算出しなるべく実際にそった計画をたてさせる。） ◦費用の点も考慮させる。 ◦38年度は計画が多過ぎたので39年度は数をしぼりよい作品を完成させるようにさせたい。 ◦年間を通し発表の機会を作らせる。 ◦グループ編成のしかたを考えさせる。		3 5 4
2	◦グループに分かれ劇をする。 ◦学芸会に発表するための分担を決める。 ◦出演グループ	◦パントマイムをする。 ◦放送劇をする。	◦大げさな表現を思いきってさせるようにする。 ◦演劇を通して放送室の設備を使いこなすことができるようにする。		4 4 3

	◦準備グループ ◦学芸会に発表 ◦反省をする。				4
3	◦ひな祭り紙しばい会 ◦さようなら6年生音楽劇	◦劇をする。 ◦紙しばいをする。	◦6年生を送る意味を含める。(伝統の育成) ◦入部指導用としても活用しやすいもの。		

ウ　実施計画

児童がみずからの活動を，自発的に計画するところにクラブ活動のねらいもあるのだが，実際には，児童自身だけではじゅうぶんな計画がたてられないこともある。そこで昨年度の実施計画を参考にして教師の助言のもとに児童の考えや希望を出しあって児童の手により作成させる。

本校では，この実施計画を作成するにあたって，次のような点を考慮して計画をたてるようにした。

○活動の内容については，昨年度の活動内容を参考に，季節による内容も考慮し，また，教科の補習にならないようなものを，教師の助言を得て計画する。

○活動の内容の予定についても，できるだけ具体的に考えて計画をたてる。

○他のクラブや学校行事等の関連から，発表の機会などを考慮して，計画をたてる。

〔図表44〕　模型クラブ実施計画

月	児童の計画	活動内容	経費	時間
	年間実施計画をたてる。	◦自己紹介。クラブ長，副クラブ長，書記を決める。 ◦活動の希望調査をする。 ◦希望調査を発表しあって，1学	模造紙	

月	児童の計画	活動内容	経費	時間
		期の活動の予定をたてる。 ◦わたしたちの動物園の作製準備をする。		
5	◦4年生の歓迎会 ◦わたしたちの動物園の作製計画	◦4年生と，となり紹介をする。 ◦見取図をかく。 ◦見取図に着色，動物記入。 ◦製作の分担を決める。	模造紙 パス	
6	◦わたしたちの動物園の製作	◦動物園模型台の製作 ◦紙粘土作り	ベニヤ板 新聞紙 ふのり	
7		◦動物園模型作製（紙粘土）	紙粘土	
9		◦動物園模型作り（着色） ◦モノレール，橋げた作り	ポスターカラー，セメンダイン，板	
10		◦動物園模型作り ◦人の模型作り	木の枝 セメンダイン マッチ，毛糸 布	
11		◦動物園模型作り（おり） 　同　上　（動物） 　同　上　（着色）	はりがね	
12		◦モノレール，レール作り	角材	
1		◦モノレール作り ◦公園の補習	厚紙 角材	
2	個人作品製作	◦作品の鑑賞反省をする。 ◦個人作品テーマを決めて発表する。 ◦個人作品を製作する。	材料費 100円以内	
3	クラブ発表会に参加	◦個人作品を鑑賞批評しあう。 ◦作品の展示のくふうをする。 ◦クラブ活動の反省会をする。		

3　運営上の問題点

（1）入部指導

クラブ活動の運営が，自発的・自治的に行なわれるためには，クラブに参加する以前の児童の実態を理解し，適切な指導が行なわれなければならない。

本校では，3年生を対象に次のような調査をした。

調査1　「この学校では，クラブ活動をしていますが，知っていますか。」という問いに対し，

○知っていると答えた者48名，知らないと答えた者3名という結果がでたが，大半の者はすでにクラブ活動を知っている。

調査2　「あなたの知っているクラブ活動の名をあげてください。」という問いに対し，

〔図表45〕

順	男　子（26名）		女　子（25名）		男，女（51名）	
1	模型クラブ	24名	手芸クラブ	20名	習字クラブ	43名
2	地理　〃	24名	習字　〃	20名	手芸　〃	42名
3	習字　〃	23名	器楽　〃	19名	器楽　〃	40名
4	器楽　〃	22名	地理　〃	16名	模型　〃	38名
5	手芸　〃	21名	模型　〃	14名	球技　〃	34名
6	球技　〃	20名	球技　〃	14名	地理　〃	30名
7	科学　〃	17名	科学　〃	12名	科学　〃	29名
8	図工　〃	14名	図工　〃	11名	図工　〃	25名
9	演劇　〃	8名	演劇　〃	6名	演劇　〃	14名
10	文芸　〃	4名	文芸　〃	3名	文芸　〃	7名
11	図書　〃	2名	体操　〃	4名		
12	体育　〃	3名	図書　〃	4名		
13	放送　〃	2名	理科　〃	1名		
14	理科　〃	3名	家庭　〃	1名		

以上のような結果が出たが，放送クラブ，図書クラブなどは，あきらかに部活動と混同した見方をしている。また，比較的興味があると思われるクラブはよく知られているが，室内のみで活動し，発表の機会も少ないクラブは，あまり知られていない。

調査3　「クラブ活動の名をなんで知りましたか。」の問いに対しては，

男子		女子	
集会で……6名	先生より…3名	集会で……7名	兄より…2名
見た……6名	姉より…2名	友だちより…4名	見た…2名
兄より……4名	放送で…1名	先生より……4名	時間表で…1名
友だちより…3名		姉より……3名	

以上のような結果が出たが，集会や放送で見た者が44%，あと56%は，先生や友だち，兄姉に聞いて知ったことになる。やはり自分の目で，しっかりたしかめる意味からも，発表の機会を作ることが必要であると考える。

調査4　「クラブ活動はどんな活動だと思いますか。」という問いに対し，

○いろいろな物を作ったり，ならったりする活動。

○話し合いの活動だと思う。

○みんな集まって，いろいろなことをする活動。

○作ったり，書いたりする活動だと思う。

○遊んだり，勉強したりする活動だと思う。

以上のような程度の理解をしている。でも大半はクラブ活動の実質的な面を知らない児童が多い。

（2）施設・設備の利用

クラブ活動のねらいを達成させるためには，教師の指導計画もたいせつであるが，それとともに，施設・設備が整備されることも，また児童の自

発的・自治的活動を進めるための条件である。活動しやすい状態をつくることにより，活動も活発になり，興味・関心をいっそう追求するようになると思う。

本校では，施設の利用といっても，特別室はなく，ほとんどクラブ活動を各教室で実施していたのであったが，39年度より，施設・設備も完備され，活動も可能になって現在にいたっている。

ア　クラブ活動の場所

施設が完備された現在は，最大限にこれらの施設を利用している。たとえば，器楽クラブは音楽室を，図工クラブは図工室を，また，科学クラブは理科室，手芸クラブは家庭科室などの活用である。けれども，問題がないわけではない。たとえば模型クラブは教室を使用しているが，工作などをするとき，机がきずつくことがあり設備の利用からも図工室を使いたいとか，習字クラブなどでは，1階の教室で，窓ごしに球技クラブの活動が目にうつり，ともすると心をうばわれることもあるので場所を変更してほしいなどである。

イ　特別教育活動用の黒板

特別教育活動を発展させるために，特別教育活動の専用黒板の占める位置は大きい。児童会からの連絡とか，全クラブの活動予定を一覧することができれば，児童の活動も一段と活発化される。

ウ　クラブ表示板

本校では，半数のクラブは特別教室を専用の室として利用しているがあと半数は，教室や運動場を使用している。特別教室はそれなりの設備も整い，条件のよい状態で活動も進められるが，教室利用の場合は，やはり「自分たちのクラブである」という意識もうすくなりがちで，そのためにも，クラブの表示板設置も，やはり必要であろう。

（3）　評価について

クラブ活動の評価には，児童個々を評価する場合と，指導計画，指導法を評価する場合，クラブ集団を評価する場合などが考えられる。クラブ活動が「児童ひとりひとりの個性の伸長」をねらっている以上，評価の中心となるのは，やはり児童の活動である。

本校では，児童が現在のクラブ活動に関して，どのように受けとめているだろうか調査することにより，活動の運営のためにも，よい手がかりとなるものと考えて，4年，5年，6年生を対象に次のような調査を実施した。

〔図表46〕　児童の関心についての調査

こんどクラブ活動について調査することになりました。次に書いてあるもののうち，あてはまるものに○をつけ，理由も書いてください。

A　クラブ活動は，ふつうの勉強と，どうですか。

（　）同じようだ　（　）ちがう　（　）わからない

そのわけ｛　　｝

B　クラブ活動は楽しかったですか。

（　）楽しくできた　（　）あまり楽しくなかった　（　）ふつう

そのわけ｛　　｝

調査の結果

(A)　クラブ活動は，ふつうの勉強とどうですか。

同じようだ（36%）　違う（54%）　わからない（10%）

以上のような結果がでてきたが，さらにこれを分析してみると，

「同じようだ」の理由として，

○クラブ活動も勉強の一つだから。

○受け持ちの先生でも，へたな時は教えてくれる。

○やっぱり音楽の時間のように，笛を吹いたり，オルガンをひいたりするから。

○体育でやっているようなことを，おもにやっているから。

○高学年の場合は，クラブ活動も，勉強の一つであるとして，解答した者が，多く見られた。

次に「ちがう」という理由では，

○違う学年でいっしょに合唱したり，オルガンをひいたりすることができるから。

○作る物を自分たちで決めて，共同でやるから。

○図工の時間にやらないようなことを，自分たちで決めてやれるから。

○４年，５年，６年といっしょに，違う組の子とやるから。

○楽しみながら覚えられるから。

○歩きまわっても，あまりおこられないから。

○自分の好きな字を書くことができるから。

○テープレコーダーなどに声を入れて，それをきいたりすることができるから。

というようなことをあげている。

以上のことから，クラブ活動のねらいを，はっきり自覚して，楽しく活動している児童が多いことがわかった。特に自分たちで好きなことを計画し，のびのびと，明るいふんい気の中で活動しているように思われる。

次に実際の活動の中で，児童はどのように感じているか調査した結果は次のようになった。

調査の結果

(B)　クラブ活動は楽しかったですか。

楽しくできた（70%）　あまり楽しくなかった（12%）　ふつう（18%）

以上のような結果がでたが，これを分析してみると，

「楽しかった」の理由として，

○合唱したり，合奏することができるから。

○まだやっていない焼き物など，ちがう学年の子といっしょにやれるから。

○知らない時は教えてくれるから。

○放送劇や人形劇などやったりすることができるから。

○みんなといっしょにやると，知らない人でも親切に教えてくれて，すぐ覚えられるから。

○教えてもらったり，教えたりして，あみ方がよくわかるから。

こういった解答を出しているが，大部分の児童は，楽しくやれているように思う。その反面，

「あまり楽しくなかった」の理由として，

○ボール運動でへまをすると６年生がすぐけちをつけるから。

○劇をやる時，好きな人たちばかりで決めたりするから。

○紙粘土の時，４年生はよくやったが，５年生の人はあまりよくやってくれないから。

○時間になるまでやるので，墨をかたづけるひまがなく，こぼしたりするから。

○ときどき予定の違う時があるから。

という解答を出している。いばっているという解答は，特に運動する場合におこる対人関係で，体力差からくる問題も含まれていると思う。また，予定のちがうときがあるという解答に対しては，指導教師のほうでも，じゅうぶん考慮して，計画をたてる時は，前年度の計画などを参考に，具体的にたてることが必要であると考えられる。

MEJ 3108
初等教育実験学校報告書 11

児童会活動運営の実際

昭和40年5月20日印刷
昭和4年6月1日発行

著作権所有　文　部　省

東京都千代田区神田淡路町2の13
発行者　株式会社　東洋館出版社
代表者　錦織登美夫

東京都台東区入谷309
印刷者　第一印刷所東京工場
代表者　堀　仙次

東京都千代田区神田淡路町2の13
発行所　株式会社　東洋館出版社
電話 (253) 8821—3
振替口座　東京 96823

定価　104 円

小学校指導資料等一覧

書	名	定価	発行所	書	名	定価	発行所
国語 I	読むことの学習指導	円 125	光風出版	道徳 3	道徳についての評価	円 40	日本文教出版
国語 II	書くことの学習指導 I	78	東洋館	道徳 4	読み物利用の指導 I (低学年)	74	東洋館
国語 III	書くことの学習指導 II	70	教育図書	道徳 5	読み物利用の指導 II (中学年)	81	東洋館
社会 I	社会科学習指導法 —低・中学年を中心として—	113	光風出版	道徳 6	読み物利用の指導 III (高学年)	89	東洋館
社会 II	〃 —高学年を中心として—	108	教育図書	特別教育活動 I	特別教育活動の指導計画作成と運営	65	光風出版
算数 I	数と計算の指導 I	95	大日本図書	学校行事等 I	学校行事等実施上の諸問題の研究	70	光風出版
算数 II	〃 II	75	大日本図書	学校図書館	小・中学校における学校図書館利用の手びき	185	東洋館
算数 III	表・グラフの指導	90	東洋館	学校図書館	学校図書館の管理と運用	229	東洋館
理科 I	低学年の指導	92	大日本図書	実験学校報告書 1	道徳の評価	110	東洋館
理科 II	低学年の施設・設備とその活用	94	大日本図書	〃 2	特別教育活動指導計画のあり方	130	教育図書
音楽 I	器楽の指導	600	東洋館	〃 3	音楽の指導法に関する二つの実験研究	178	音楽教育図書
音楽 II	鑑賞の指導	220	東洋館	〃 4	道徳指導計画改善の観点	115	教育図書
音楽 III	歌唱の指導	269	音楽教育図書	〃 5	クラブ活動の効果的な運営	75	教育図書
図画工作 I	デザイン学習の手びき	215	日本文教出版	〃 6	音楽の指導法に関する実験研究	160	大蔵省印刷局
図画工作 II	彫塑学習の手びき	139	学校図書	〃 7	小学校家庭科 すまいの領域を中心にした学習指導法の研究	150	教育図書
家庭 I	第5学年の家庭科の学習指導	55	開隆堂	〃 8	学習に役だつ小学校図書館	279	東洋館
家庭 II	第6学年の家庭科の学習指導	108	開隆堂	〃 9	作文の学習指導	221	教育図書
道徳 I	道徳指導計画の事例と研究	120	光風出版	〃 10	読み物資料の効果的利用	149	東洋館
道徳 II	道徳指導方法の事例と研究	190	光風出版	〃 11	児童会活動運営の実際	104	東洋館

東洋館出版社発行

¥104

MEJ 3123

初等教育実験学校報告書 12

児童の実態に即した学習指導法の研究

―特に下学年の理科指導について―

1965

文部省

初等教育実験学校報告書 12

児童の実態に即した学習指導法の研究

――特に下学年の理科指導について――

1965

文部省

まえがき

本書は，昭和36，37，38年度における文部省初等教育実験学校として指定した東京都豊島区立目白小学校の研究成果の一部を収録したものである。同校には，昭和34，35，36年度の実験学校であった東京都中央区立有馬小学校とその研究に協力した東京都世田谷区立弦巻小学校の研究課題であった「児童の自然認識の実態，特に幼稚園および小学校低学年児童について」の成果に立ち，学習指導方法の確立を図るのには，どのような手続きや手順を必要とするかを明らかにすることを委嘱した。すなわち，「児童の実態に即した学習指導法の研究，特に下学年の理科指導について」の表題にもあるように，学習指導における児童の実態とは，どのようなことを考えるべきか，また，その児童の実態のはあくはどのようにしたら確実にできるか，そしてそれを学習指導に生かすのにはどのようにしたらよいかなどについての研究なのである。

本書に収録したものは，その研究成果の一部にすぎないが，有馬小学校，弦巻小学校，その他大阪府堺市立大仙小学校や京都府京都市立本能小学校などの積極的な協力のたまものである。また，この研究は千葉県習志野市立実籾小学校や東京都江戸川区立下小岩小学校，大阪府豊中市立中豊島小学校などに継承されて，研究が進められている。これを基点にする研究の発展のために，これまでの過程を明確にしておく必要があるので，できるだけ正確な資料になるようにと期待した。したがって，他の学校においても，本書を一つの手がかりとして，それぞれ学習指導の改善をくふうされることを望んでやまない。

なお，3か年にわたって，この困難な研究に従事していただいた同校の教職員の方々に対して，厚く謝意を表する次第である。

昭和40年10月

文部省初等中等教育局
初等教育課長　　西　村　勝　巳

は め じ に

わたくしたちは，文部省理科実験学校として昭和36年以来，その主題である児童の実態に即した学習指導法について，とりくみ，ひとすじに実践研究を続けてきた。

この本は，その間におけるわたくしたちの真しな実践の記録である。

わたくしたちの日常の教育活動は，理科だけではない。算数あり，国語，社会，体育あり，特別教育活動ありといったように，きわめて多岐になっている。しかしそれらがひとりひとりの児童の内部で統一されていくことを思うと，わたくしたちの学習指導の方法についても，児童がわかるという仕組み，すなわち，すべての学習経験が統合され，しかも，そこから，新しいものを生み出す基盤ができていくということを求める立場から，考えられなければならないであろう。

したがって，このような立場から計画されたわたくしたちの研究は，理科という教科の窓を通して児童のわかり方の追究をするものだといってもよいかも知れない。

このことは，実は，理科だけに限ることではなく，すべての学習指導を貫く考え方としてよいと確信している。

児童の実態に即するとはいかなることか。わたくしたちは，児童の見方考え方を想定する場合，それは何によってどのようにとらえたらよいか，この本は，それにじゅうぶんに答えているものと思う。児童の見方考え方がより広く深くより確かになっていくための練習の場は，どのように用意されなくてはならないか，児童の自然認識の尺度はどうあったらよいか，このような点についても，できるだけ児童の実態に即して記述したつもりである。

学習指導要領を手がかりとして，どのような読みとり方をするか，わたくしたちが苦心して歩いたところを忠実に記述した。素材の検討，教材としての位置づけ，さらには教材の構造化，目標の具体化等は，教育専門職として，わたくしたち自らの手で，どうしても究めてかからなくてはならないことである。

学習指導の考え方，順序，方法等について，ひとは，目白方式などと称しているとのことであるが，わたくしたちは，この研究で，理解の筋道を明らかにしたけれども，何々方式などと自ら固着した考えをもってはいない。わたくしたちにとって現在これが最善のものではあるが，さらに検討改善を加えなくてはならないと思っている。

このような実践研究は，数多くの学校が長期にわたって，同じ主題で同じ方法で協力しあえるような共同研究の態勢をととのえて，有効で，確かな研究資料が得られることになるのである。わたくしたちもまた，千葉県の実籾小学校，東京都の有馬小学校，弦巻小学校，下小岩小学校，大阪府の中豊島小学校等多くの学校の協力によって研究を進めつつある。学校における教育方法学は，このような共同研究を押し進めることによって，初めて生み出されるのではあるまいか。わたしたちは，そのような夢を抱きつつ努力を重ねているのである。

この本をまとめるにあたっても，文部省実験学校（理科）研究期間，担当指導官であった蛯谷米司先生および東京都教育委員会指導主事井口尚之先生からいろいろ指導を受けた。ここに両先生に対し衷心より感謝の意を表する次第である。

昭和40年10月

東京都豊島区立目白小学校長　渡　辺　徳　雄

目　次

まえがき
はじめに
第1章　児童の実態に即した学習指導法の確立を求めて……7
第1節　理科教育をどう考えるか……8
Ⅰ　小学校の理科でめざすこと……8
Ⅱ　理科指導法の研究ということ……11
Ⅲ　何をどのように指導するか……12
Ⅳ　こどもを理解すること……14
Ⅴ　教育活動を効果あらしめること……15
第2節　学習指導法の研究の進め方……16
Ⅰ　教育の実践活動の中で解決する……17
Ⅱ　学習指導要領を手がかりにする……18
Ⅲ　共同研究・継続研究とする……20
第2章　具体的な目標の設定……23
第1節　目標設定の条件……24
第2節　こどもの実態……26
Ⅰ　こどもの実態とは……26
Ⅱ　認識のものさし……28
Ⅲ　こどもの実態のとらえ方……35
1　他校の研究の成果を生かして……36
(1)　地域や調査方法の異なるものの比較から
(2)　こどもの発達段階との関連から
2　授業の実践の中でこどもを理解する……51
事例1　「あさがおの世話」
事例2　「浮くもの沈むもの」

3　先行する学習経験よりこどもを想定する……64
第3節　素材の検討と教材としての位置づけ……67
Ⅰ　素材と教材……67
Ⅱ　素材の検討と教材としての位置づけ……71
1　素材を選び出すこと……72
2　素材の特徴をつかむこと……73
3　内容を整理すること……78
4　他の教材との関連を考えること……85
Ⅲ　全体構造……89
第4節　目標の具体化（指導の目標）……94
第3章　学習指導過程の設定……97
第1節　指導過程設定の立場……98
第2節　学習指導の順序と方向……100
Ⅰ　こどもの見方・考え方を出発点にする……101
Ⅱ　こどもの見方・考え方でつなげる……103
Ⅲ　展開計画……105
第3節　指導細案とその実践例……107
Ⅰ　指導細案とは……107
Ⅱ　発問のくふうとこどもの反応の想定……108
Ⅲ　材料・器具の吟味と選択……111
Ⅳ　学習指導案……114
第4章　学習指導の結果の反省と指導法の改善……149
第1節　吟味の方法……150
第2節　学習指導過程の改善……151
第5章　実践例……173
第1節　研究の具体的な手順……174
第2節　実践例……177

第1章　児童の実態に即した学習指導法の確立を求めて

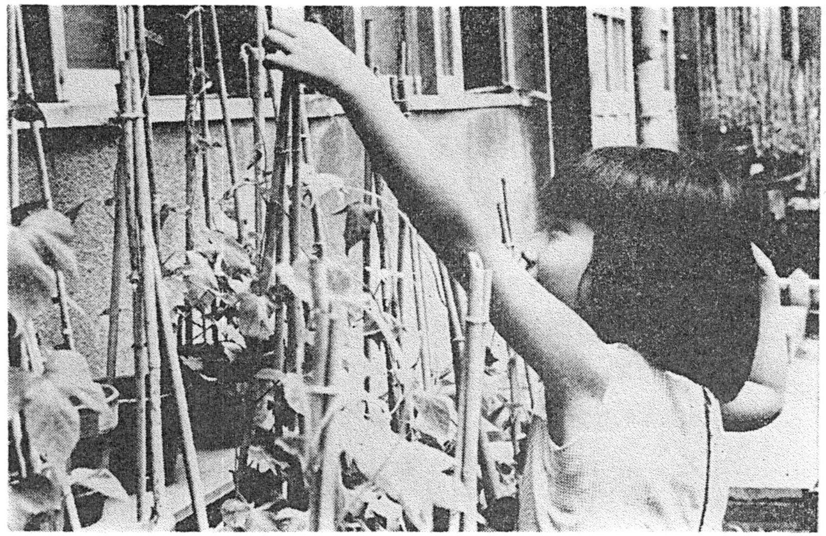

第1節　理科教育をどう考えるか

小学校理科指導書（昭和35年文部省刊行）によれば，小学校理科の具体的なあり方は，「児童を自然の事物や現象に親しませ，そこで得た基礎的な経験を，学年の進行を追って，児童の心身の発達に応じたしかたで，計画的，具体的に積み重ねていき，児童の科学的な考察，処理の能力や態度を，その発達に合わせて育てていこうとすることにある。」と述べられている。

一方，わたくしたち教育の実際にたずさわっている者の耳には，プログラム学習，問題解決学習，科学的思考を伸ばす指導法，自然認識を育てる学習指導，理科指導内容の構造化，理科指導法の現代化など数えあげればきりがないほどいろいろなことばがとびこんでくる。

いずれも，小学校理科の目標の達成を目ざしての具体的な方法であり，理科教育をより効果的でより確実なものにしようという意図のもとに生まれた考え方であろうし，その目ざす方向もけっきょくはこどもをよくしたい，りっぱに育てたいという教育の目標につながっていることに違いはないであろうが，目標にたどりつくまでの道筋には違いがあるはずである。

それでは，どのような考え方をとり，どのような方法で理科の学習指導を行なえば，目標にせまる方法としてもっとも有効なのであろうか。そしてもっとも確実にこどもを育てることができるのであろうか。

これらを吟味し，選択するにあたっては，単に形式的な過程の形で解決するのでは指導も形式的なものになってしまう。当然理科教育や学習指導に対する基本的な考え方によらなければならないであろう。

I　小学校の理科でめざすこと

小学校における理科教育のねらいは，こどもたちが自然における具体的

な事物や現象をもとにして，その中に含まれる自然科学的な事実や基礎的な原理を理解するという過程において，ものの見方や考え方，扱い方を身につけ，生活を合理化しようとする態度を養うことである。

自然科学的な事実や基礎的な原理を理解させるといっても，体系的な自然科学の原理や法則をそのまま覚えさせ，その適用のしかたを機械的に練習させたり，科学の先端の知識をわかりやすく解説して装飾的な知識として与えてやったりすればよいということではない。自然の事物，現象をもとにして，あくまでも具体的なこども自身の活動によって自分の経験をまとめあげ，知識の形に育てていく過程をたいせつにするような配慮がなければならない。

また，科学的な見方や考え方，扱い方は，物理学や化学，あるいは生物学や地学といったものを，学問の体系に沿って学ばなければ身についていかないというものでもないはずである。むしろ，生物学とか天文学，物理学など自然科学の体系やわくぐみをもたないこどもたちが，こども自身をふくめての生物，空気，水，土，日光，熱，光，電磁石，そのほか道具などを対象にして得たものをこどもたちの意識の中に統一し，そこに一つの理解の筋道をみつけ出すような活動の中にこそ，科学的な見方，考え方，扱い方を育てる有効な場があり，その結果として自然科学の基礎的原理が理解できるようになるのであろう。

ところで，小学校の理科でねらう見方，考え方，扱い方とはどのようなものであろうか。そしてそれらは具体的にどのような機会に育てられるのであろうか。

小学校理科指導書（昭和35年文部省刊行）によれば，自然に対する見方，考え方の深まりとして次のように述べられている。

「低学年では，身近な自然の事物，現象を五感を通して総合的に観察し，自然をありのままに見て，自然から直接学ぼうとする態度を養うとともに，

その目だった特徴に気づき，物を正しく見たり考えたりしようとする気持ちを育てる。中学年になるに従い，物を客観的に見たり，考えたりすることができるように導き，しだいに自然の変化や事物，現象の間の関係などに留意するようにし，いろいろな事物・現象の共通点や相違点に気づくようにするとともに，自然の著しい特徴をとらえるようにする。さらに，分析的に見たり，考えたりするように導き，高学年になれば，それから発展して自然の事物・現象を広く関係的に見たり，考えたりして，自然をいっそう深く見るように導いて，分析したり総合したりする考察のしかたを進め，自然科学の基礎的原理が理解できるようにする。」

また自然に対する扱い方についても，

作ったり，ためしたりしてみて，うまく処理できない場合にぶつかってやり直すといった，ごく単純でそぼくな低学年の段階から，やや，こみいった処理が計画的にできるようになる中学年，そして，事実に基づいての処理はもちろん，筋道を立てて考え，さらにこれらを別の事実にあてはめてみて確かめるようになり，このような考え方をもとにして合理的な処理ができるようになる高学年と，そのねらっている程度が解説されている。

このような見方・考え方・扱い方を育てるための学習指導は，こどもたちが具体的な自然の事物・現象の中から疑問や問題を見つけ出し，これを解決しようと努力する問題解決の過程が活動の中心になる。問題を解決するために，自分がとらえた事実をもとにしてこれを分析したり総合したりして考察する間に，筋道の通った考え方でくふう，処理する能力を養うことができるし，その結果として，自然科学的な事実や基礎的な原理の理解も得られるのである。

わたくしたちは，小学校における理科教育の実践的なねらいを，まず，こどもたちが，つねに接してはいるがそれ自身では自ら語りかけてこない自然の事物，現象をもとにして，その中から自然科学的な事実や基礎的な

原理を，こどもたち自身の手で導き出すことができるようにするということに置く。そして，ものを見たり，考えたり，扱ったりするしかたを身につけていく練習の場を用意することだと考えている。

つまり，自然の事象を対象にして，見る・聞く・扱う・考えるという活動の場を設定してやることであり，すべての物の存在やその関係，さらに状態や性質の変化を理解できるような見方・考え方・扱い方のものさしを育ててやることである。その結果としてまとめあげ獲得したところの知識をもとにして，さらに新しく接するものの本質の解明へこども自らがせまっていくしかたを身につけさせることだと考えている。

Ⅱ　理科指導法の研究ということ

理科の学習指導をわたくしたちは，毎日，毎年続けてきているわけであるが，その方法が最高，最善のものであるのか，あるいはその学習指導の成果がどのようにこどもたちの見方や考え方を育て，必要に応じて適切な扱いや行動がとれるようになっているのかという点になると，はっきりと確信をもって保証することができないのが現実である。少しでもよい指導法，こどもが自然の事象を自らの目で見，自らの頭で考え，自らの意志で行動し，新しい世界を開拓していけるような能力や態度を育てる学習指導の確立をめざして努力しながらも，じゅうぶんに効果を上げることができない現状である。

しかし，だからといって年々新しくとなえられる理科教育についての思潮や方法を一つ一つ試みて，その中から有効な指導法を見つけ出すといったことは許されるであろうか。

教育の研究は，こどもにとって，かけがえのない一回きりの人生の中でなされることである。そして，その一刻といえども，とどまることのないこどもを対象にして，計画的で継続的な条件の中から結果を求めようとす

ることである。したがって，ひとりひとりのこどもに対しては，絶対に失敗を許されないものである。その方法もつねに最高，最善であるということを前提になされなければならないはずである。たとえ研究であっても，その結果に責任をもてないものや，はじめから結果の悪くなることが予想されるような条件を設定しての研究は避けなければならない。こうした研究が，教師の反省と結果の吟味を経て，一つ一つの事例として積み上げられることによって，研究の前進を期待しようとするものでなければならない。ともあれ，わたくしたちは一度の授業，一回の研究は，まさに一期一会といった気持ちであることを念じて研究をしてきたのである。研究の対象であるこどもを確実に育てていくという過程をたいせつにし，その累積の中で，指導法を検討してきたのである。

Ⅲ　「何を」「どのように」指導するか

それでは，「何を」「どのように」指導すれば，「認識のものさし」を育て，ものを意識的に見たり考えたりすることができるようになるのだろうか。自分のもつ経験を組織してある一つのまとまりをもったものにしていく力，自然に積極的にはたらきかけ，その中に含まれている事実や原理を自分の手で導き出すような力が育つのであろうか。

それは，自然科学的な知識を数多く与えることでも，その適用のしかたを機械的に練習させることでもないということは先に述べたとおりである。いかに多くの原理や法則を単なる「知識」として覚えても，「知識」それ自体を創造する力は育たないのである。

しかし，だからといって知識が不用であるとか，自然科学の体系によって考えてはいけないとかいっているのではない。どうしてもものを見たり考えたりしていく過程には，基礎となる知識を必要とすることがあるしそれを既成の知識体系に求めなければならないこともある。けれども，ただ

知らされ，伝達された内容だけではなく，こども自身の活動によって確かめられ，納得された知識でなければならない。かれらの見方や考え方を，じゅうぶんにはたらかせてたどりつき得た知識をたいせつにするようにしていかなければ，生きてはたらく知識とはなり得ないことを忘れてはならない。結果だけを重視するのではなく，結果に至るまでの過程がたいせつであることを強調したいのである。

こどもたちが，自然の事物・現象を，自分の経験――それが，たとえ生物を対象にしたところで得たものであっても，あるいはまた，天文・気象の変化や機械やそのはたらき，物質とその変化を対象とするところで得られたものであったにしても――を総動員して受けとめ，そこに一つの理解する筋道を見つけ出すことができるような配慮をもって計画された内容であり，方法でなければこどもの見方や考え方を育てる内容，方法にはならないものである。

もちろん，この場合，体系的な自然科学の内容は，教師が自然の本質を理解し，素材のもつ特徴をつかむための手がかりにはなるだろう。しかしだからといって，この体系をこどもの思考をすすめる筋にそのままあてはめようとする考え方――自然科学の体系に従うことの中に，こどもの発達段階に即したはたらきがあるかのような安易な考え方で，学習指導を進めていくということはどうであろうか。

わたしたちは，それがこどもたちの理解の筋道とまったく同じものだとも，あるいは，まったく違ったものであるとも考えてはいない。単なる自然科学の知識をどれだけ多く与えても，自然科学を理解する力が育つとも，またそれを理解して自らの生活を発展させる力が得られるともいえない。むしろ，知識と理解する能力の間の関係が，安易に結びつけられているところに問題を感じている。どうしても，こどもたちが，基礎となる具体的な事実に即した経験内容をもつことが先行していなければならないと考え

ている。いかにりっぱな，おとなを満足させる自然科学の体系なり，知識が提示されたとしても，そのままではこどもたちを育てる教材にはなり得ないというところに，研究課題を感じている。

ここに，どのような自然の事象――これをわたしたちは素材と呼んでいる――を，どのようなねらいをもたせて教材とするか――教材性の確立――ということと，それを，こどもたちの理解の筋道に即して，どのように展開するか――指導過程の設定――という問題が浮かび出てくるわけであるが，それらは，あくまでもこどもを見つめ，こどもの状態の変化をものさしにしてそのよしあしを吟味すべきであろう。

Ⅳ　こどもを理解すること

このように考えてくると，理科の学習指導法を研究する第一歩は，学習活動の主体であるこどもを理解することにはじまることになる。

こどものもつ経験内容や，その経験がどのように広がり，どのようなしかたで連合し，成長していくのか。あるいは，どのような経験が基盤となって自然の事物を認知・識別するのかといった，いわゆる自然認識の成立する過程を明らかにする必要があると考えられる。

なぜならば，学習指導とは，こども自身がもっているもの，あるいは過去の経験（学習という形で得たものを含めて）によって獲得したものと，教師がこどもの将来を見通した中で用意したものとがからみあい，こどもの中で統合され，組織づけられ，新しく形づくられていくことを期待しているものであるから，こどもの考えや判断を肯定し，それが切れることなく続くことが条件であり，そのためにはこどもの発達の様相を確実につかむことが必要なわけである。

認識の成立する過程を明らかにし，それにはどんなものが関係しているかをつかみとれば，認識を育てるのに必要なものを計画的に「学習経験」

として与えることができるし，ものを見たり，考えたり，扱ったりするための練習の場を有効に設定することもできる。

まず，こどもを理解すること，そしてこどもたちの姿に合わせて，こどものもつ経験と教師の未来を見通した中から用意したものとを結びつけるための教材を組織し，ねらいに即したまとまりをもたせていけば，教材相互の関連もつけられ，指導の順序やその程度についてくふうする観点や角度も明確になり，教育の効果も期待できるわけである。

Ⅴ　教育活動を効果あらしめること

現在のこどもを理解しようとするとき，そのこどもたちが過去にどのような経験を得てきたかを考えなければその姿をつかむことはできないし，過去の経験によって得たものを基盤にして行なわれる現在の指導は，こどもたちの将来を見通し，次に経験するであろうところの事象との結びつきによって，いっそうその効果の上がることを期待してなされるものであるから，こどもの発達の様相を連続したかたちでとらえていかなければならない。

一方，小学校6年の間には，学級の編制がえ，担任の移動，こどもの転校などがあって，ひとりの教師がひとりのこどもを6年間連続して指導するということは，あらゆる意味で困難である。

どの学級で，どの教師が指導をしても，こどもの過去の経験を確実にとらえることができ，将来の見通しについても共通なものをもった教師の連帯責任においての教育活動を考えなくてはこどもを理解することはできず，有効な学習指導も，教育活動としての研究も成立しない。

さらに，公教育としては，私的な考え方で内容や方法を選択して教育することは許されず，つねに全国的に認められた共通な基盤の上に立っての指導が必要である。

さいわい，こうした研究の出発点にわたくしたちは学習指導要領を置くことができるので，学習指導要領に即しながら，つまり，研究を進めていく共通基盤をこれに求めながら，こどもの理解とそれに即した学習指導のあり方を追究しようとした。

要するに学習指導要領に示された内容を素材として取り上げ，素材に対するこどもの実態をつかみ，素材と素材の間をことさらに，自然科学の体系をもたないこどもの立場を想定し，自ら設けたそうしたきびしい制約の下で，なお，こどもたちの理解を成立させえられるようにと，指導の方法をある程度考えながら，素材のもつ教材性をこどもに即して生かす指導を計画し，その実践する中で，こどもの理解とそれに即応した学習指導のあり方を追究したわけである。このことは，研究条件を極度にきびしく制約するわけであるが，それなりにえられた結果の一般性・普遍性は大きくなると考えている。

第2節　学習指導法の研究の進め方

わた　したちは，こどもが自分の力を信じ，自分の力で獲得した知識や能力をもとにして，新しく接するものの解決にせまっていくような力を育てる学習指導法の研究を取り上げたが，そのためには何よりも教育活動の主体としての「こども」の理解が，じゅうぶんになされていなければならないということは前にも述べたとおりである。

ところで，一日一日と成長し，連続的に変化している「こども」を，どのようにして理解するか，その発達の様相をどのようにしてつかんだらよいのであろうか。そしてまた，こどもの実態に即した指導過程をいかにして設定したらよいのであろうか。

わたくしたち，こどもに接しているものにとってのみ可能な方法でこれ

を解決すべきであると考えている。

I　教育の実践活動の中で解決する

こどもを知る方法としては，経験調査，環境調査，能力調査，思考力の調査などいろいろあるが，学習指導にとって価値のあるこどもの実態は，こどもたちが事物・現象に接したとき，それをどう見るか，どう考えるか，どうとらえるかといった，つねに変容していく認識の過程でとらえられたものでなければならないであろう。教育ということは，短時日にできるものではないし，こどもが連続的に変化成長していくことを期待するものであるから，つねに変化しているこどもの実態をつかむことが必要なわけである。また，それだけに，一つの断面，一つの時点だけではその様相を的確につかむこともむずかしくなってくる。

わたくしたちは，ある素材，ある内容を教材として取り上げたとき，こどもたちがどのように反応し，どのように発展させようとしたかといったこども自らが解決しようとする動的な姿からこどもを理解しようとした。つまり，毎日行なっている理科の授業の中で，つねに変容していくこどもの実態をとらえようとしたのである。

こどもを理解すること，しかもそれが学習指導を考えていく上に有効に生かされる形でなされることが必要不可欠なことであったにしても，その方法が特別な時間や人手を必要とするものであっては，必要とはわかっていても継続して実行していくことは困難になってくる。日常の指導過程の中で実現できるものであることが望ましい。

ところで，毎日の授業の中で，こどもの反応をつぶさにとらえていくということは，とりもなおさず，よりよい指導のあり方を追究していくことにもつながってくる。

なぜならば，授業中における教師の発問に対するこどもたちの発言や行

動，提示された教具や材料に対してのこどもたちの思考と行動の結びつきなどを分析することにより，こどものこえられない理解のみぞのあり場所やその深さ，広さをさぐり出すとともに，ここで明らかにされたこどもの実態をもとにして取り上げた教材の内容や指導の順序，程度が妥当であったか，こどもの経験が生かされていたかを吟味することができるからである。そして，具体的な目標の設定や，素材を教材としてまとめあげること，さらに直接指導する上に必要な材料・教具，教師の発問などのくふう，改善についても，その観点が明らかになってくる。

Ⅱ　学習指導要領を手がかりにする

わたくしたちは，「授業」という教育活動の実践を通してこどもを理解し，それに即した学習指導のあり方を追究しようとしたが，そのためにはまず，教材としてまとめあげる具体的な素材を選び出すこと，さらにその素材に対する具体的なこどもの実態を，あらかじめつかむことから始めなければならなかった。

この場合，素材を選ぶにしても，こどもの実態をつかむにしても，ある一つの時点，ある一つの断面からの吟味だけでは，いいかえれば，単独に切りはなされた形で素材を選んだり，それに対するこどもの認識の実態をつかんだりしたのでは，過去の経験や行動を意識的にまとめあげていくような教材を組織していく上にも，こどもの思考の筋道に即した指導過程を設定するのにも，効果の少ない素材や実態となってしまうであろう。

素材を教材としてまとめあげるにあたっては，前述したように，その教材を学習する以前にどんな教材をどんな角度から学習したのか，このあとにどんなものを，どのようなねらいで学習するのかといった，全体に対する見通しをもたなければ，その教材の生かされる場所が明確にならず，したがって重点のおき方や指導の順序も決められず，方向をもった思考操作

を期待する学習活動もできないわけである。

言い換えれば，教材の性格としては，こどもたちがもつ過去の経験と，将来のそれとを結びつけるものでなければならないし，しかも，そこで得た経験はもっとも基礎的なものであって，多方面に発展する可能性をふくんだものであることが要求されるということになる。

このような内容，性格をふくんだ素材を，こどもたちをとりまく無数の自然の事象から選び出し，一つの構造に組織づける作業は非常にむずかしいしごとである。素材のもつ特徴とこどもの認識の実態とを，相互に，有機的関連の中でお互いに成立しうるしかたでなされなければならないし，小学校の6年間，さらに中学校3年間を見通した中でこそはじめて可能なことであるからである。

わたくしたちは，この作業——こどもの実態の想定や，教材としてのまとまりを全体的な見通しの上に立って考えること——の手がかりを学習指導要領に求めたが，学校における研究の方法としてはもっとも適切なものであると思っている。学習指導要領は，長い年月にわたった実践による検討を受けたものであり，きびしい吟味と反省の結果をまとめあげたものであるから，学校の教育活動の見通しをつけるには，もっとも信頼のおけるものではないであろうか。

学習指導要領には，こどものはたらきかける自然の事物・現象の範囲，対象に対する見方・考え方・扱い方の程度，疑問を解いたり問題を解決していく場合の程度，自然愛護の学年的発展など，こどもの発達段階を考慮して各学年の目標が設定され，さらに目標を達成するための具体的な手段としての内容（ア，イ，ウなどの事項）や，その扱い方の程度（(ア)，(イ)，(ウ)などの事項）が示されている。こうした形式は時代とともに改められることがあるかもしれない。しかし，ここには未来においても必要にしてじゅうぶんな，しかも教育活動に不可欠な要素がこめられていると考えてよ

いであろう。

この内容に取り上げられた事象を素材とし，素材のもつ特徴や性格をつかみ，こどもの認識の実態を想定するため，第１学年から第６学年までの目標や内容をたて，よこにじゅうぶん見通して，その相互の関連や発展・系統を吟味した。そして素材を教材としてまとめあげ，こどもの理解の筋に即したと思われる指導過程を設定した。つまり，研究を始めるにあたっての必要な作業仮説の設定の基盤を学習指導要領の全学年にわたる研究結果の上に求めた。そのこと自身が計画的・具案的・継続的であるべき教育活動そのものになるのである。

Ⅲ　共同研究・継続研究とする

わたくしたちは，研究の作業仮説の設定を学習指導要領の中に求めた。そして，具体的な学習指導過程の詳細な内容を想定し，授業という実践活動を通して，想定した内容とその中で学習活動をすると予想したこどもの実態との関係を吟味するようにし，その反省の中から，指導法改善の観点をさぐり出そうとしてきた。

しかし，ただ１回の授業，一つの学級だけを対象とする研究に終わっては，広くこども一般を理解することや，学習指導法の客観化を期待することは不可能なことである。

すべての教師が，どのこどもに対しても将来の発展を約束できるような効果的な学習指導法を確立するためには，具体的なことがらを出発点にして，それがどこにでもあてはめられ，しかも実証されうるものでなければならないはずである。

しかし，だからといって，教育という場における研究では，自然科学の研究のように目的によって実験の条件を自由に規制することはできないし，失敗したからといってやりなおしのできるものでもない。

研究の対象であるこども自体が，教育とともに変化・成長することを期待して授業は行なわれるのであり，変化させる原因を完全に取り除くことや，変化する以前の状態にもどすことなどは絶対に不可能なことであるから，同一条件の対象を使って，同一の条件を与える実験的な試みや，その結果を求めることはできないわけである。

そこで，どうしてもいくつもの事例を集めて，その集積されたものの中から，普遍的なもの，一般化されたものを抽出するような方法をとる必要が生まれてくる。学校や地域社会が違えば，そこには規制や分析しにくいいくつもの条件がからみ合ってくると思われるが，その影響をなるべく除外して考えられるような範囲で仮説を設定する。そして，仮説に基づいた事例報告をいくつもの学級，いくつもの学校から集めて，共通している点や共通していない点などを区別し，そこで得られた結果を吟味することによって，こどもを理解することもできるし，よりよい指導のあり方も明らかにされてくる。ここに共同研究の必要性が生まれてくるわけである。

また，連続的に変化しているこどもを理解し，その実態をとらえようとするとき，こどもたちが過去に，どのような教材を，どのような形で学習してきたかを考えなければ，現在の時点におけるこどもを理解することはできないし，現在学習として与えた経験が，こどものもつ過去の経験とからみあってどのように変容していくのかという，こどもの変化・成長を想定することもできない。

さらに，こどもの実態に即した学習指導を計画し，それによって与えた経験が，こどもたちに見方・考え方・扱い方を確実に身につけさせることができたか，生きてはたらく知識となり得たかを吟味しなければ，設定した「仮説」としての「こどもの実態」についての確認も，「指導の過程」の吟味もできず，学習指導の改善への発展も期待することができなくなる。ここに，継続的な研究の必要性も生じてくるわけである。

このように考えてくると，理科教育は，まず望ましい経験を計画的に設定することに始まるものであるから，研究はどの学年を対象にして始めても支障はないが，いずれの場合においても，それ以前の学年を考えることなしに研究を進めることはできないことになる。

そこで，わたくしたちは下学年（1・2・3年）を研究の対象として選んだのである。下学年の理科教育の内容と方法が上学年のすべてを決定するのであるから，下学年における研究は理科教育の研究においてもっとも重要な問題であるといえよう。

第2章　具体的な目標の設定

第1節　目標設定の条件

わたくしたちは，創造的な思考を育てることをねらって学習指導法の研究に取り組んだが，それにはまず，具体的な学習指導の目標を設定することが必要であると考える。

具体的な指導の目標とは，その学年，その単元，その指導時間などの学習指導によって，こどもたちが到達すべき知識・能力・態度，あるいは見方・考え方・扱い方といったものを具体的に示したものであるから，指導しようとする内容と密接な関係があり，実験・観察・飼育・栽培などの学習活動を決定するのに重要な関係がある。

学習指導要領には，理科の目標の4項目が，どのような学年的発展をして達成されるものかを具体的に示した各学年の目標，学年の目標に照らした内容の全体のねらいが具体的に述べられている領域の目標（説明）などがある。しかし，わたくしたちが実際の授業を行なっていく上に必要な，具体的な内容や手段と結びついた各教材，各単元，各時間の指導目標は，領域の目標，学年目標，さらに小学校の理科の目標へのつながりを考えて，指導にあたるもの自身が研究すべきものであろう。

すでに述べたように，小学校の理科でねらうことは，具体的な自然の事象を対象にして，望ましい経験を計画的に得させ，その中で認識のものさしを育て，科学的な見方・考え方・扱い方を身につけさせていくことであるから，具体的に取り上げる内容が，それぞれどんな見方や考え方・扱い方を育てることをねらっているものかを吟味して，指導目標の具体化を考える必要がある。

それには，まず，具体的に取り上げる自然の事物や現象に対して，こどもたちが，どんな見方や考え方をしているかを知らなければならない。

こどもたちが，自分の経験を足場にして自然の事象に疑問をもち，その中から問題を構成し，自分が見たり，聞いたり，扱ったりしてとらえた事実を手がかりに問題を解決していく過程を学習活動の中心に置くならば，こどもの思考を連続させ，それを高めていくような内容を設定し，こどもの発達段階に即し，無理や飛躍がないかどうかを検討して目標の具体化を図る必要がある。

また，それぞれの指導内容が単独に切り離されて存在するのではなく，それぞれの活動の集積された結果として，あるいはその過程の中で自然科学の基礎的な原理の理解や，創造的な思考が育つことを期待するものであるから，各単元，各指導時間における具体目標も，他の単元，他の時間の目標と無関係に考えることはできないはずである。

どの指導目標も，こどもが学習し経験したことがしだいにまとまっていくように，全体的な見通しをもって組織された構造の中に位置づけられ，なぜその目標がそこに設定されたのか，その目標はその位置で，どんな役割を果たしているかが明確にされていなければ，それぞれの学習指導が相互に結びつき関連しあって，こどもを育てるのに有効なものとして発展することはできない。

このように考えてくると，具体的な指導の目標を設定するにあたっては，

○こどもの認識の実態をとらえること

○こどもの実態に即して教材を組織すること，その際，他の教材との関連を考え，学習の全体的な構造の中に位置づけること

の二つが重要な条件になると思われる。

そこで，この2点に問題をしぼって，目標具体化の方法を究明していくことにした。

第２節　こどもの実態

Ⅰ　こどもの実態とは

こどもの実態といったとき，多くの場合は，「きんぎょを飼ったことがあるか」「あさがおの花を見たことがあるか」など経験の有無を中心にしたものや，「どんなことを知っているか」といった知識の保有量についての実態，あるいは「どのような自然物があるか」という環境についての実態などが考えられている。

これらのものも実態には違いないが，学習指導を有効なものにしていく上に真に価値あるこどもの実態とは，常に変容していく認識の過程でとらえられたものでなければならないと，わたくしたちは考えている。

こどもが自分の力でものを理解し，判断を行なえるようにするための要素を育てる指導であるから，こどもが何をもとにしてものをとらえ，どう考えていくのかを知らなければならないし，そのような見方や考え方が，どんなかたちで，何を経験することによって育ってきたかを知る必要がある。

すなわち，認識の成立する過程に何が影響しているのか。それぞれの経験がどんな形で記憶され，連合され，位置づけられ，再構成されるのかといった，いわゆる自然認識の成立する過程を明らかにする必要がある。

たとえば，１年生のこどもに「きんぎょとはどんなさかなか」と質問したところ「赤い」と色について述べたもの40%，「ふとっている」「ひらひらしている」など形について表現したもの10%，生態面（運動）についていったもの８%，種類の名（でめきん，りゅうきん）を答えたもの15%，「かわいい」「きれいだ」など形容したもの５%，となり，色についての

はあくが多い。

さらに，実物を見せないできんぎょを描かせると，下表のような結果が得られた。（1960年，東京都中央区立有馬小学校調査による）

色	赤　系	95%
	黒　系	5%

えらぶた	68.3%
うろこ	31.6%

尾ひれ	100%
背びれ	90%

きんぎょを「赤いもの」といった「色」でとらえていることは，日常こどもたちの見るきんぎょがほとんど「赤」であるという経験が影響していることがわかるし，この年令のこどもたちが感覚的にものをとらえがちなこと，あるいは，色，形など特に印象づけられたもので全体的直覚的に事物を認識する傾向が強いこともわかる。

また，水に入れたものが浮くか沈むかということについて，２年生のこどもたちは，

手に持ったとき感じる重さや，見かけの大きさ（体積）で判断し，「重いから沈む」「軽いから浮く」とか「大きいから重くて沈む」「小さいから軽いので浮く」などと表現する。さらに塊状のものを平板にすると「軽くなったから浮くのではないか」など，形が変わると重さも変化すると思いやすい傾向がある。

つまり，ものの浮き沈みの判断は，経験したことのあるものについてはかなり明確であるが，ものがもっている本質的な性質といった角度から，沈むもの，浮くものと判断しているのではないこと，重さや大きさ・形などで浮き沈みを判断する傾向が強いが，それらの要素の間にはかなり混乱がみられ，それぞれを単独に切り離しては考えにくいことなどがわかる。

このように，何をもとにしてものの存在や状態をとらえ，それらの関係をどう判断しているのか，また，それにはどんな経験が基盤となっているのかといったこどもがものを理解し判断していく姿を，わたくしたちは学

習指導を有効に進めていく上に必要な「こどもの実態」と考えている。

そして，きんぎょを「赤いもの」と総合的にとらえた色，浮き沈みの判断をする上に基準となった重さ，形，大きさなどのように，それぞれの経験を記憶し，秩序づけ，再構成して概念を形成する基準となるものを「認識のものさし」と呼ぶことにした。

こどものもつ「認識のものさし」をとらえ，それらが，何を，どんな形で経験することによって育てられてきたかが明確になれば，学習指導を考えるにあたっては，どんな機会に，何を，どんな形で与えればもっとも有効であるかがわかり，具体目標の設定や，学習の全体的な見通しを立てた構造の中に素材を教材として位置づけること，そして，そこから導き出される学習の順序，さらには，指導に直接必要な材料，教具，発問のくふうなどの手がかりとなる。

Ⅱ　認識のものさし

前述したように，こどもが自然の事象を認識していく上に基準となるものを，わたくしたちは「認識のものさし」と呼んでいるが，これにはどんなものがあるかを考えてみたい。

わたくしたちの認識を成立させるもっとも基礎的なものは，空間的な認知と時間的な認知とである。つまり，空間と時間という座標の中で直覚的にすべてのものを認知し，それを識別して認識を成立させているといえよう。そして，この空間というものや時間というものを意識させ，それらを知覚という形でまとめあげるもとになっているものは，やはり感覚的なものである。

ところで，こどもたち，特に低学年のこどもたちも，同様なしかたでものの存在や状態をとらえているのであろうか。

感　覚

「こどもの実態」の項で述べた１年生のこどもたちのきんぎょのとらえ方，２年生のこどもの浮き沈みに対する判断の傾向でもわかるように，自分が見たり触れたりしたとき強く印象づけられたものから，全体的，直覚的にそのものをつかむ際に基準となっているのは，視覚的経験による色や，触覚的な重さなど感覚的な要素が中心になっている。

感覚的なものには，視覚的なもの――色，明るさ，触覚的なもの――重さ，手ざわりのほかに，聴覚的なもの――音，嗅覚的なもの――におい，味覚的なもの――味，温度覚的なもの――寒暖などが含まれ，低学年のこどもはこの感覚的なものを基準にして，端的にそのものの本質をつかもうとする傾向が強い。

次にその事例をいくつかあげてみる。

○事例１　風についてのとらえ方

２年生の「ゴム風船と空気」の学習において，こどもたちが風をどうとらえているかを授業記録から見てみよう。

T　風船の口をおさえていたのをはなすと，風船はどうなりましたか。
C　口がぶらぶらしながら飛んでいきました。
C　口をはなすと，中から風が出てきた。
T　風船には，はじめ風を入れたのですか。
C　空気を入れたの。
T　空気を入れたのに，なぜ風だと思いましたか。
C　冷たいのがほっぺたにあたりました。
C　髪の毛が上にあがりました。
C　ひゅうと音がしました。

このことから，こどもたちが，風を，冷たいもの，音のするものなど，感覚的なものさしでとらえていることがわかる。

○事例２　磁石の磁力の強い部分と弱い部分についてのとらえ方

１年生の「磁石あそび」の学習で，磁石のどこにくぎが引きつけられるかを調べた際，赤くぬってある部分につけてみようとしたこどもは少なく，教師の発問に対しても「赤いところはつかない」「赤いところは手に持つところだから」などと答え，つくところと，つかないところを色に関連させてとらえる傾向があることがわかった。

このほか，石——かたいもの，氷，水——冷たいもの，太陽——明るいもの，暖かいものなど，強く印象づけられた感覚的なものさしで，事象をとらえることが多い。

空　間

こどもたちがものの存在や状態をとらえる基準には，色，重さ，味，手ざわりなどの感覚的なものと同時に，形や大きさといった空間的なものがある。

たとえば，１年生のこどものあさがおについてのとらえ方を見ると，

「あさがおとはどんなものですか」との質問に対して，花に関して答えたものは88％であり，花のとらえ方についての内訳は，色によるもの—23％，形によるもの—50％，現象に関するもの—13％となっていて，あさがおの概念を花の色，形を手がかりとして形成していることがわかる。

さらに，他の花と比較させても，まず，花の形の差異に注目していることから，その形の特徴をつかむことができていると思われる。（以上，有馬小学校の調査による）

また，たねをまいてから，はじめて出てきた葉（子葉）と，そのあとから出てきた葉（本葉）の違いについても，形によってとらえているものが大部分で（90％），子葉の形そのものについても直観的にその特徴をつかむことができる。

このように事物の存在を認識していく上に，感覚的なものさしのみではふじゅうぶんであり，感覚的なはたらきにささえられた空間的なものさし

を同時に使いながら，こどもはものを識別している。

一方，個人の感覚的なものの見方から抽象した見方へ発展させていく上には行動と思考を分離することができるようにしていくことが必要で，感覚的な影響を離れた空間のものさしを育てることに努めなければならないが，この感覚的なものと，空間的な要素とを分けて考えることは，低学年のこどもにとってはむずかしいことである。

たとえば，水の中に入れたものの浮き沈みを判断する際に，体積の相対的な大小関係によって「沈む」といっていたものを「浮く」と考えたり，「形」が変わると「重さ」も変化すると思いやすいこと，さらに，船の形をしていれば質や量を離れて「浮く」と考えることなどの根底には，感覚的な「重さ」と，空間的な「形」「大きさ」との間に混乱したものがあることを示していて，感覚と空間の分離のむずかしさを物語っている。

こうした空間のものさしを充実するには，形，大きさといった大まかなとらえ方にとどまらず「大きさ」という中には，長さ，広さ，かさが含まれていること，「形」をはっきりとらえる基底には，上下，左右——方向の関係からのつかみ方があること，ものが存在している位置や状態をとらえるためには，水平・鉛直といった基準，スケールが必要なことなど，空間をとらえる上に必要なものを分析してみることがたいせつである。

２年生の「浮き沈み」の学習に例をとってみると，

茶わんやさらを水の上に浮かし，その置き方によって浮き沈みの状態が変わるという現象の中には「浮く置き方」は茶わんやさらを上向きにしたとき——水がはいらないようにしたとき——だけであるという「方向」に関係づけた「形」のとらえ方が含まれている。そして「水がはいらない置き方」を意識したときには，傾かない，平らに置く——水平，鉛直のスケールがはたらいて判断が行なわれる。やじろべえのつりあいや，こまの安定についても，この水平とか鉛直とかの関係でつかんでいるといえよう。

また，粘土の量を変えずに，底を広くしたり，ふちを高くしたりして沈みにくい形を作りあげていくとき，そこには「大きさ」を「広さ」「高さ――長さ」，そして「かさ」といったスケールに分けて考える場がふくまれている。

このような，感覚経験にささえられた空間は，学年が進むにつれて基準の取り方が大きくなり，太陽，月，地球，星といった宇宙空間を理解していくには，感覚的なものから離れた「より抽象的な空間」へ育てあげられることが必要である。

時　間

こどもたちが身のまわりの自然の事象――生物，土，空気，光，音，電磁気，天体，気象など――を認識していく場合，それを「存在」として見ているかぎりでは　色，形，大きさ，重さ，明るさなどの感覚的なものさしや空間的なものさしによってとらえることができるが，それだけではものの本質にせまっていくことができない。どうしても，成長とか変化とかいう「現象」を通してものを認識していくことが必要であり，「現象」として見ていくには「感覚」「空間」のものさしに「時間」というものさしが必要になってくる。

「現象」としてこどもたちの目に触れるのは，

○まいた種子が芽を出し，茎が伸び，葉の数がふえて大きくなることや，種子・球根がふえるといった成長・繁殖に関するもの（動物についてもいえる）

○風車，水車，こまなどが回る。紙玉でっぽうや水でっぽうで，紙や水が飛ぶ，月や太陽が動くなど運動に関するもの

○くだもののしるや，花，葉，実のしるの色が変わる様子(性質の変化)
氷──→水──→氷，せっけん，食塩，ほうさんの溶ける様子(状態の変化)
といった変化に関するもの

などがある。

これらの現象をこどもたちは

○茎やつるが長く伸びた，葉が大きくなった，体重が重くなった―（成長）

○よく回ると水車や風車のはねの形が見えないで丸く見える―（運動）

○みかんのしるをつけてかいたところが茶色にこげた―（性質の変化）

○せっけんのつぶが見えなくなり，水が白く濁った―（性質の変化）

などのように，変化した結果の「あらわれ」について，感覚や空間のものさしによってとらえている。

しかし，現象をとらえていくためには「変化する前のもの」と「変化したあとのもの――あらわれ」を「存在」としてとらえるだけでなく「変化するもの」「変化させるもの」「あらわれ」の三者を関係的にとらえてこそ，はじめてものの本質の理解にせまることができるし，原因と結果といった因果関係を考察するしかたも育ってくる。そして，「変化するもの」が「変化させるもの」によって「変化したもの」あるいは「変化しつつあるもの」として現われるとき，そこには必ず「時間」が存在し「順序」や「連続」ということが含まれている。

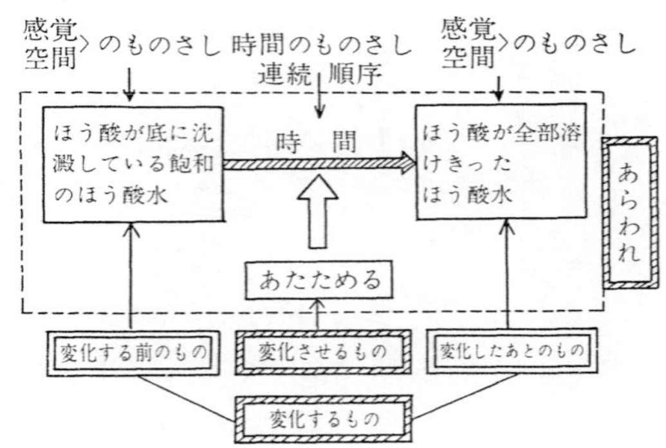

たとえば，水にほう酸を溶かしたとき，飽和状態に達して底に沈澱した液を（変化する前のもの）あたためると（変化させるもの）底に沈澱

していたほう酸が溶けて，すきとおった液になる（変化したあとのもの）現象をとらえるとき，熱を加えるに従って，徐々に沈澱していたほう酸が溶けはじめ，しだいにその量が減ってついには完全に溶けきった状態になるといったように，現象を連続的に，順序だてて とらえていくことが，時間的な感覚といえよう。

時間のものさしは，このように細かな見方のスケールになるものと，生物の成長や，それをもとにしてとらえた季節のリズムを認識していくもの，さらに，土地の変化や天体の動きをとらえていくような宇宙的な時間など，そのスケールにも違いがある。

以上，感覚，空間，時間という認識を成立させる上に必要な三つの要素について述べてきたが，こどもたちが自然科学的な事実の認識を，自分でできるようにするためには，感覚的な要素や空間的なものさしを充実してやること，さらに両者を意識して分離することや，三要素の中ではもっとも育ちにくい時間のものさしを育てることに努力をはらわなければならない。

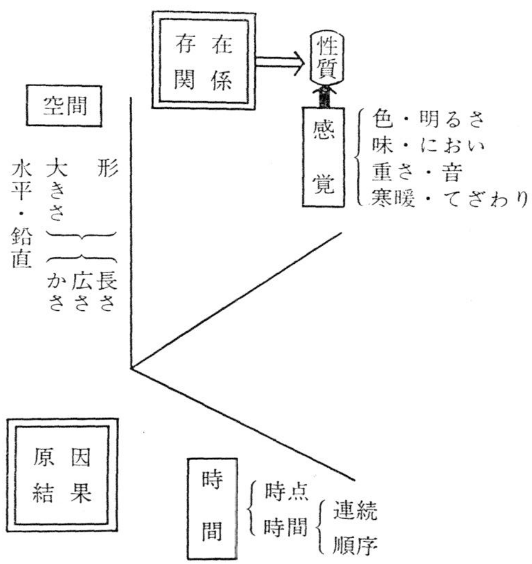

生物の育ち方には一定のきまりがあることや，水のはたらき，土地の変化，そして天体の動きなど，すべて時間的な見方が必要である。

逆にいえば，これらの事象を教材にして，時間

や空間のものさしを育てトレーニングする場を設定してやるならば，こどもたちが対象から無意識につかんでいるしかたを，意識的に，しかも，いついかなるところで，どんな対象に対しても観察が自由にできるよう認識のものさしの使い方が訓練できるといえよう。

Ⅲ　こどもの実態のとらえ方

こどもたちの身近な自然の事象から素材を選び出し，これを教材としてまとめあげたり，指導の具体目標を設定したり，あるいは，こどもの思考を筋にした指導過程を設定したりする上に，真に価値のあるようにこどもを理解し，実態をとらえるには，

① 常に変容していく認識の過程でとらえること
そのため，ある時点，ある角度からだけのとらえ方ではなく，連続した発展の様相としてとらえることが必要である。

② 実態をとらえる方法も，特別な技術，あるいは時間を必要とするものではなく，日常の指導活動の中で実現できるものであること

の二つの条件を考えなければならない。

この２点を満足させるために，わたくしたちの選んだ方法を図示すると下図のようである。

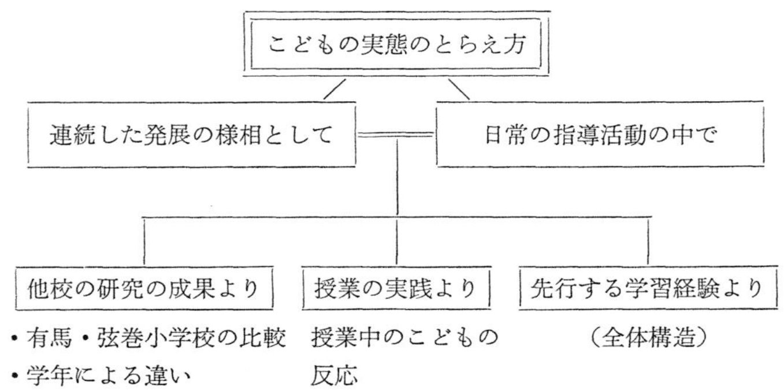

1　他校の研究の成果を生かして

（1）地域や調査方法の異なるものの比較から

こどもの実態に即した指導過程（作業仮説）を設定するためには，まず具体的な素材に対するこどもの実態をあらかじめ知らなければならない。

わたくしたちは，このこどもの実態を想定する基盤に，東京都中央区立有馬小学校，世田ヶ谷区立弦巻小学校の研究「低学年児童の自然認識の実態について」の成果を置くことにした。

すなわち，有馬小学校の研究は，東京都の中央に近い商業地区のこどもたちが自然の事象に対してどのような見方や考え方をしているか。またそれはどのような経験にささえられ，育ってきたものかなどを「月・太陽，天気，磁石，浮く・沈む，とける，きんぎょ，あさがお，からだ」などを対象にして，直接的な学習指導を離れた立場から，問答法やペーパーテスト法などによって明らかにしたものである。

この学校の立地条件は，きわめて本校の実状に似ている面がある。

弦巻小学校の研究は，有馬小学校とほぼ同じ素材を扱いながらも，こどもを調べる方法を変えて，日常の授業の中でのこどもの行動や発言の分析によって，その背景や特色をつかもうとしたものである。

弦巻小学校のこどもたちは，都心から離れているので，自然の観察の条件は，本校や有馬小学校とは比べられないくらい有利なもののようである。

本校では，両校で得られた結果を比較検討し，有馬小学校，弦巻小学校のこどもたちに共通して考えられる面と，それぞれについてだけ見られる事実を区別し，素材に対するこどもの実態を想定し，こどもの理解の過程に即したと思われる学習指導過程を設定する手がかりとしたのである。

例を，第１学年「じしゃく」と，第２学年「ものの浮き沈み」にとって述べてみよう。

事例１　第１学年「じしゃく」についてのこどもの実態

①磁石を知っているこどもはどれぐらいいるか

ことがら ＼ 学校名	有馬小学校	弦巻小学校
知っている	98.3%	91.7%
知らない	1.7%	8.3%
遊んだことがある	88.0%	86.3%
遊んだことがない	12.0%	13.7%

②どんなことをして遊んだか

有馬小学校	
砂鉄とり	56.6%
くぎなどをつけた	18.3%
さかなつり	23.3%
針を磁石にした	0
紙の下に磁石をおいた	1.6%

弦巻小学校	
砂鉄をつけた	23%
くぎをつけた	23%
さかなつり	18%
鉄をつけた	16%
磁石と磁石をつけた	9%
下敷きにのせて	9%
その他	23%

資料を分析して得たこどもの想定

磁石については，ほとんどのこどもが経験をもっているが，遊びの種類から考えて，磁石から離れているものが引きつけられる状態を明確にとらえてはいないと思われる。

③磁石につくものを，どうとらえているか

有馬小学校

示された物の中からどんなものが磁石につくと思うかを選ぶ。

くぎ，はさみ	52%
くぎ，はさみ，10円，１円	27%

どうして選んだのか（くぎ，はさみ

弦巻小学校

「磁石にはどんなものがつくのか」との質問に対する解答

く　　ぎ	30人
かねのもの	19人

を選んだこどもについて）

鉄だから	$\frac{30}{52}$
かねだから	$\frac{7}{52}$
わからない	$\frac{15}{52}$

（注）提示したものは，くぎ，はさみ，10円，１円硬貨，紙，布，ガラス，セルロイドの小片

鉄	16人
砂（砂鉄もふくむ）	14人
は　　り	6人
はりがね	4人

こどもの答える発言を記録したものひとりでいくつも答えている。

資料を分析して得たこどもの想定

磁石につくものとして「鉄」ということばが使われているが，物質としての「鉄」としてとらえているのではなく，「くぎ」「かなもの」などと等価値に考え，物体として見ているようである。

また「かなもの」であれば，非鉄金属も磁石につくものと考える傾向がある。

④磁力を何に関連づけてとらえているか

有馬小学校

強弱各１個のU形磁石と鉄片を示し「これは同じですか違いますか調べてごらんなさい」と質問

違うと答えたもの	78.3%
同じと答えたもの	11.6%
わからないと答えたもの	10　%

「同じ」と解答したものが何によってそう考えたのか

引きつける力	$\frac{1.6}{11.6}$
すいつく力	$\frac{1.6}{11.6}$
形	$\frac{8.4}{11.6}$

弦巻小学校

U形磁石の極，中央，赤い部分，黒い部分，赤と黒の境目附近，全体などに，それぞれ小さいくぎが多くついている実物大の原色図（６枚）を提示して，

「磁石にくぎはどんなふうにつくでしょうね」と質問。

正解……………………32人

誤解……………………26人

その理由としてこどもが発言したおもなもの

赤いところはつかない	9人
黒いところだけつく	9人
下のほうがよくつく	8人
電気があるから	2人

資料を分析して得たこどもの想定

磁石の部分による磁力の強さの違いについては，半数以上のこどもが，「つくところ」と「つかないところ」があることは知っていても，磁力が部分によって強弱があることはとらえていない。そして，磁力を，磁石の形そのものや，塗ってある色に関連づけてとらえる傾向がある。

事例２　第２学年，「ものの浮き沈み」についてのこどもの実態

①「浮く」「沈む」の判断と，重量の大小との関係について

有馬小学校

約５×５×２cmの鉄，木片，石の浮き沈みを質問した結果

木は浮く（93%）	木だから	36%
	軽いから	50%
	その他	0%
	わからない	7%

鉄は沈む（100%）	鉄だから	10%
	重いから	90%
	その他	0%
	わからない	0%

弦巻小学校

茶わんやさらの浮き沈みについてのこどもの考え方

浮くことについて	水がはいらないから	24%
	軽いから	29%
	空気がはいっているから	8%
	ふちがあるから	21%
	わからない	15%
	その他	2%
	無答	2%
沈むこ	重いから	35%
	ふちがないから	2%

石は沈む(95%)	石だから	5%
	重いから	83%
	その他	2%
	わからない	5%

とについて	空気がなくなるから	8%
	水がはいるから	46%
	わからない	4%
	その他	2%
	無答	2%

資料を分析して想定したこどもの実態

浮き沈みを判断した理由として，木だから，鉄だから，あるいは，水がはいらないから，水がはいるからなど，質的な表現や「形」を意識したような考え方が見えるが，その根底には，手に持った感じが重いとか，水がはいって重くなるなど，感覚的な重さが判断の基準となっていると思われる。

②「浮く」「沈む」の判断と体積の大小との関係について

有馬小学校

ゴム粘土の粒（直径約5mm）の浮き沈みについて（かたまりが水中に沈んでいるのを見せたあとの調査）

浮くと答えたもの		32%
理由	小さくなったから	11%
	軽くなったから	17%
	その他	2%
	わからない	2%

「小さな木は水に浮きますね。それではうんと大きな木は水に浮きますか，沈みますか」と質問した結果

沈むと答えたもの		23%
理	重くなるから	13%

弦巻小学校

小石，消しゴム，スプーン，木のはし，鉛筆，ふね，茶わん，コップ，石けん箱，給食ざら，どんぶりを使って，浮き沈みの状態を調べる学習を行なったあと，大小2種の粘土のかたまりと，同じ粘土で作った舟を見せて，調査したもの

	粘土(大)	粘土(小)
浮く	2%	15%
沈む	95%	83%
両方	2%	0%
不明	0%	2%

由	大きい	5%
	わからない	5%

資料を分析して想定したこどもの実態

「沈むもの」あるいは「浮くもの」と確認しているものでも，大きさが変わると，浮き沈みの状態も変化すると考える傾向があり，そこには「重さ」がいつも関係しているようである。

③形の変化と，浮き沈みの判断との関係について

有馬小学校

10×10×0.05cmのアルミ板3枚，1枚は，つぶしてかたまりにした，1枚は，ふちをまるめて，舟形にした。これを手に持たせて，浮き沈みを質問した結果。

	平板	かたまり	舟形
浮く	50%	7%	98%
沈む	50%	93%	2%

浮く理由

○平板……軽いから(23%)，うすいから(12%)

○かたまり……小さくて軽い(2%)めかたが同じ(3%)

○舟形……舟の形をしている(78%)かるいから(13%)

沈む理由

○平板…重いから(15%)，平たいか

弦巻小学校

②であげた調査の結果

（舟形をした粘土は，内部をわずかにへこました程度のもので完全に沈むものである）

	粘土(大)	粘土(小)	粘土のふね
浮く	2%	15%	48%
沈む	95%	83%	42%
両方	2%	0%	4%
不明	0%	2%	6%

あぶら粘土の形を変えて浮かすくふうをした学習後

粘土を浮かす方法についての調査

舟のような形にする	55%
舟や茶わんの形にする	11%
茶わんのような形にする	20%
舟やさらのような形にする	2%
その他	12%

ら(20％)

○かたまり…重くなるから(74％)，
　厚くなっている(12％)

○舟形…重いから(２％)

資料を分析して想定したこどもの実態

形が変われば，浮き沈みの状態も変わるとのとらえ方をしているが，その根底には「形が変わると重さも変化する」といった考え方があるようである。さらに「舟」の形をしていれば，質や量を離れて浮くと考えてしまう傾向が強い。

（２）こどもの発達段階との関連から

連続的に変化するこどもをとらえ，かれらの認識の成立する過程を知るには，ある一つの事象に対する見方や考え方を，ある一つの学年のこどもを対象にしてとらえるだけではふじゅうぶんである。

調査の対象となるこどもを固定し，一時点における調査だけではなく，時間の経過に従ってこどもの成長を追い，見方や考え方の変化をとらえていく方法（追跡調査）もあるが，短時日にはその結果が得られない。

そこで，わたくしたちは，同一事象に対して，学年のちがうこどもたちが，どのような見方や考え方をしているのか，また，それには何が関係しているのかなどを調査した結果から，こどもの実態＝認識の成立する過程を追究しようとした。実態想定の基盤となったのは，やはり他校（有馬小学校）の調査結果である。

右表のごとく，幼稚園から３年生まで，直接経験にはほとんど差のないあさがおを，どのように見たり考えたりしているのかを例にとって述べてみよう。

幼稚園	1　年	2　年	3　年
40％	56.6％	63.3％	60％

あさがおを栽培したことのあるもの

①あさがおといわれたとき，直感的なものとして何を取り上げるか

学年／初めに答えたもの	幼稚園	1　年	2　年	3　年
花についていったもの	90％	88％	88％	83％
茎（つる）についていったもの	0	1.6％	8.3％	16.6％
葉の形についていったもの	0	1.6％	1.6％	1.6％
たねについていったもの	5％	5％	0	1.6％

想定したこどもの実態

大部分のこどもは，「花」によってあさがおを代表させようとしているが学年が進むに従って，つる性の茎の状態によってあさがおを表現しようとするものがふえてくる。学年が低いほど，花のように強く印象づけられるものの影響を受けて，全体的・直覚的にとらえる傾向が強いが，それでも学年が進むにつれ，花以外のものに着目するようになる。

②あさがおの花を何によってとらえているのか

学年／判定		幼稚園	1　年	2　年	3　年
色についていったもの		40％	23.3％	26.6％	25％
形についていったもの		35	50	33.2	20
現象	朝，花が咲く	0	10	23.3	20
	つぼんだり，咲いたりする	0	3.3	0	0
しぼると色が出る		0	0	1.6	20
花である		30	6.6	3.3	1.6
その他（おしべとめしべがある）（朝昼夜咲くのがある）		0	0	5	3.3

想定したこどもの実態

花を色，形でとらえる傾向は，学年の進行によってもあまり変化はないが，形によってとらえるこどもは少しずつ減少し，逆に朝花が咲くとか，しぼると色が出るなど「現象」に対しても目を向けるようになる。

「花である」というように「花」そのものを直感的にとらえ，色とか，形とかに分けて考えることができないこどもが幼稚園に多いが，学年が進むにつれて減少している。これは，認識のものさしの中の感覚的なものさしの育ち方によるものであろう。

③成長の各段階の形態を，どのようにとらえているか

（各段階ごとに選択肢を３個ずつ絵で示し，あさがおに該当するものに○印をつけさせた結果，正答者）

判定＼学年	幼稚園	1　年	2　年	3　年
芽　ば　え	30%	45%	45%	31.6%
子　　葉	75	95	98.3	95
つるの出方	45	56.5	70	70
まきついたつる	75	86.6	90	90
葉のつき方（互生）	45	41.6	60	43.3
花のつき方（葉柄のもとより）	25	38.3	48.3	51.6

想定したこどもの実態

つるに関する成長の様子は学年が進むにつれて正確にとらえられているが，芽ばえ，葉のつき方，花のつき方については年令に関係なく漠然とした内容しかもっていない。これはかれらが細かな面までの観察ができないためなのか，具体的な対象に接する機会の不足によるものか，あるいは，目的，方向をもった観察がなされていないためなのかは不明である。

④芽ばえから開花・結実に至る成長の順序をどのようにとらえるか。

（種子，芽ばえ，第一葉，第二葉，子葉，つぼみ，花，結実，実のひらい

たところの９枚の絵を示し，成長の順に並べさせた結果）

判定＼学年		1　年	2　年	3　年
正　　答		54%	78.4%	90%
誤答	花を最終とし，その前に結実の絵をもっていったもの	21	10	5
	そ　の　他	25	11.6	5

想定したこどもの実態

成長の順序についても，学年が進むにつれて正しい認識ができるようになると思われるが，絵に示された植物体の大小，葉の形，数などから推理や判断をしたものもあるのではないかと考えられる。誤答者の多くが，植物体の大きさは変わらず，ついているものが，つぼみ，花，実，と違っている段階の順序をまちがえていることからも，その様子がうかがえる。

花を最終と思っているこどもが学年が低いほど多いことは，①で述べた「花」によってあさがおをとらえていることと考え合わせても肯定できることである。学年が進むにつれて正しいとらえ方ができることは，あさがおの成長に対する経験の多少にだけ関係することではなく，他の草花の成長——芽ばえから結実まで——についての経験にも関係があるのではないかと思われる。

以上，あさがおに対するこどもの認識の実態を，学年（年令）の変化との関係から分析してみたが，植物の成長のように変化が端的に現われないものの現象をこどもたちが認識を成立させるために必要な条件として，そのものに接する機会の多少や，それが意識的に行なわれたかどうかが大きく影響していることが考えられる。

あさがおの例では，過去の経験をもとにした知識の正確さが中心になった「発達との関連から見たこどもの実態」を想定する結果になったが，現実に目の前にある事象について，こどもたちは，どのようなとらえ方をす

るのか，それが年令とどんな関係があるのか。例を「浮く，沈む」という現象にとって考察してみよう。（資料は有馬小学校の調果結果による）

①水中での物の浮き沈みを，どこを基準にして判定するのか。

（ビーカーの水に浮かせた木片と，図のような6枚のカードに書かれた絵を見せて，「この絵は横から見て書いたものです。水の中に入れたものは，水に浮いていますか，沈んでいますか。」と質問した結果）

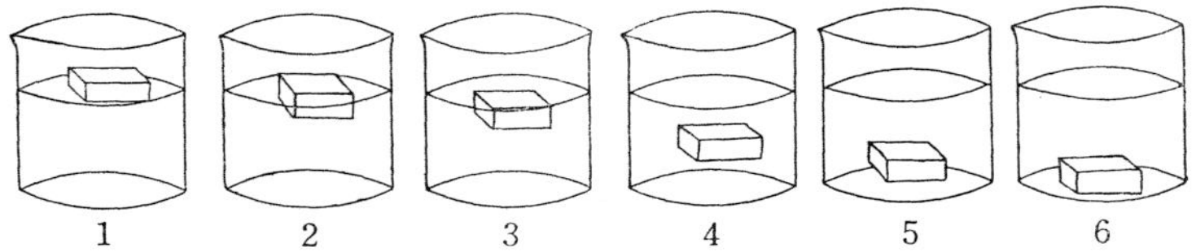

1のカード

判定＼学年	幼稚園	1　年	2　年	3　年
浮いている	100%	100%	100%	100%
沈んでいる	0	0	0	0

2のカード

判定＼学年	幼稚園	1　年	2　年	3　年
浮いている	55%	100%	100%	100%
沈んでいる	10	0	0	0
半分沈んでいる	35	0	0	0

3のカード

判定＼学年	幼稚園	1　年	2　年	3　年
浮いている	15%	75%	81%	92%
沈んでいる	70	20	16	3
ちょっと浮いている	17	0	3	2
少し沈んでいる	0	5	0	3

4のカード

判定＼学年	幼稚園	1　年	2　年	3　年
浮いている	0%	23%	61%	62%
沈んでいる	85	64	33	21
半分浮いている	0	13	13	8
半分ぐらい沈んでいる	15	0	0	0
浮いても沈んでもいない	0	0	3	0
沈みそうだ	0	0	0	7
わからない	0	0	0	2

5のカード

判定＼学年	幼稚園	1　年	2　年	3　年
浮いている	0%	5%	3%	13%
沈んでいる	95	95	97	82
ちょっと浮いている	5	0	0	5

6のカード

判定＼学年	幼稚園	1　年	2　年	3　年
浮いている	0%	0%	0%	0%
沈んでいる	90	100	100	100
いちばん下まで沈んでいる	10	0	0	0

想定したこどもの実態

水中での物の浮き沈みを，水面を基準にして判定する傾向が強い。1のカードでは全員が「浮いている」と判定しているものが，3，4と，水面下の部分が増すに従って「沈んでいる」と判定するものが増えていることから，このことがいえよう。そして，年令の低いものほどこの傾向が強い。学年が進むにつれ，水底を基準にして判定するものが増加し「浮く」というとらえ方の範囲が広がってくる。

②「浮く」「沈む」の判断と，重量の大小との関係について

（約５×５×２㎝の鉄，木片，石を見せて，水に浮くものはどれか，沈むものはどれかを質問した結果）

判定＼学年		幼稚園	１年	２年	３年
木が浮くと答えたもの		95%	100%	93%	100%
理由	木だから	30	20	36	15
	軽いから	60	57	50	75
	その他	5	8	0	10
わからない		0	15	7	0

判定＼学年		幼稚園	１年	２年	３年
鉄が沈むと答えたもの		95%	100%	100%	100%
理由	鉄だから	0	13	10	2
	重いから	95	80	90	96
	その他	0	7	0	2

想定したこどもの実態

木片や鉄片の浮き沈みについては，年令を問わず正しい判断ができるし，その判断の基準になっているものは，「重いから」「軽いから」と，重さに関連づけていることも，年令による差はみられない。

③「浮く」「沈む」の判断と，体積の大小との関係について

（ゴム粘土のかたまりを水中に沈めておいたものと，直径５mmほどの粒にしたものとを見せ，このゴム粘土をこんなに小さくしてやれば水に浮くでしょうか，沈むでしょうかと質問した結果）

判定＼学年		幼稚園	１年	２年	３年
粘土の粒が浮くと答えたもの		60%	42%	32%	45%
その理由	小さくなったから	35	15	11	21
	軽くなったから	20	13	17	16
	その他	0	9	2	6
	わからない	5	5	2	2

判定＼学年		幼稚園	１年	２年	３年
粘土の粒が沈むと答えたもの		40%	58%	68%	55%
その理由	粘土だから	5	12	20	17
	粘土は重いから	15	8	8	0
	その他	10	12	15	17
	わからない	10	26	25	21

（小さな木は水に浮きますね，それでは，うんと大きな木は水に浮くでしょうか，沈むでしょうか，と質問した結果）

判定＼学年		幼稚園	１年	２年	３年
大きな木も水に浮くと答えたもの		25%	88%	77%	94%
その理由	木だから浮く	10	17	34	22
	軽いから	5	30	2	47
	その他（やったことがあるからなど）	5	15	20	12
	わからない	0	26	21	13

判定＼学年		幼稚園	１年	２年	３年
大きな木は沈むと答えたもの		75%	12%	23%	6%
その理	重くなるから	55	10	13	3
	大きいから	10	2	5	3

由	わからない	10	0	5	0

想定したこどもの実態

「浮く」とか「沈む」とかの判断を，感覚的な「重さ」と関連させて行なっていることは①で述べたが，ここではそれがいっそう明確になってきた。「沈む」といっていたものを，体積の相対的な大きさの変化で「浮く」と判断し，その理由としては，大きさが変われば重さも変わると表現していることでわかる。しかも，その傾向は，年令が低いほど著しいことが認められる。

④形の変化と重さの変化の関係について

（10×10×0.05cmのアルミ板3枚を，1枚はつぶしてかたまりにし，1枚は平板のまま，他の1枚は舟のようにしたものを，手に持たせて，浮くか沈むかを質問した結果）

判定 ＼ 学年	幼稚園	1　年	2　年	3　年
平板が水に沈むと答えたもの	35%	50%	50%	67%
〃　浮くと　〃	65	50	50	33
かたまりが水に沈むと答えたもの	80	85	93	98
〃　浮くと　〃	20	15	7	2

浮くと答えた理由のおもなもの

平板…………軽いから，うすいから

かたまり……軽いから，小さいから

沈むと答えた理由のおもなもの

平板…………重いから，平たいから

かたまり……重くなってくるから，厚くなってくるから

想定したこどもの実態

形が変わると重さも変化すると思いやすい傾向があり，年令が低いほど

それが顕著である。

平板はうすくて軽いから浮くと判断していたこどもが，幼稚園児には65%もいたものが，かたまりにしたときには，重くなったから沈むと答えたものが80%にものぼり，浮くと答えたものは20%にすぎない。この「浮く」と答えたこどもも，かたまりにして見かけの大きさが小さくなったことから「軽くなった」と考えて，形の変化と重さの変化を切りはなすことはできないようである。

以上，こどもの実態をとらえる方法として，他校の研究の結果を分析・考察することを，1. 地域や調査方法の異るものの比較，2. 年令（学年）による比較，の二つの立場から述べてきたが，これを別個に扱うのではなく，両者をからみ合わせてこどもの実態を想定することが必要なことはもちろんである。

2　授業の実践の中でこどもを理解する

常に変容していく認識の過程でこどもの実態をとらえるには，授業の中で，教師が意図的に設定し与えた事象に対して，こどもたちがどのように反応を示すかをつぶさにとらえることが最も確実な方法であろう。

教師の発問に対するこどもたちの発言や行動，提示された教具や材料に対しての思考と行動の結びつきの関係などを分析することにより，こどもたちの見方や考え方の傾向をさぐり出すことができると考えた。そして，吟味の資料として，授業記録，事後調査記録の二つの記録をとり考察を加えることにした。

事例1　第1学年「あさがおの世話」の指導によりとらえたこどもの実態

（1）授業記録

授業中の教師の発問に対するこどもたちの反応を，その発言を中心にして記録したもので，1時間の授業全体を記録したものではない。

指導過程を設定するにあたって想定したこどもの実態についての疑問点，この指導で特に育てようとした見方や考え方の現われる場などにしぼって，発言や行動を記録するようにした。

６次扱いの第５次

目標○あさがおの花の色，形，大きさに気づく。
　○つぼみ，開いた花，しぼんだ花の関係がわかる。

授業記録

①夏休み中，家で観察し続けた，あさがおの世話について，花に焦点をしぼって話し合う。

花を色・形・大きさの何で表現するか。

T　夏休みに，家であさがおの世話を続けてもらいましたが，花が咲きましたか。
　どんな花が咲きましたか。
C　赤色の花が咲いた。
C　青色の花が咲いた。
C　むらさき色の花。
C　赤色と青色の花が咲いた。
C　もも色と紫色のまじった花。
C　こんな大きいの。（手で示す）
C　こいもも色。
C　白と水色のまじったの。

②１本のつるには，一つの色の花が咲くことを調べる。

たくさん巻きついたつるの中から，１本のつるをたぐり寄せることにより，同じつるに咲く花の色は，同じ色であることに気づかせるようにした。

③あした咲く花を予想する学習を通して，つぼみと花との関係に気づかせていく。

次に咲くところとして，どれをさすか。

T　今度咲くのはどれだかわかりますか。指でさしてごらんなさい。
C　（花弁が見え，色がついているふくらんだつぼみをさして）これだよ。
C　これだよ。こっちのほうが早いよ。つぼみが大きいもの。
（ほとんどの児童が花弁が見え，色づいてふくらみの大きいつぼみをさしている。）
C　これだよ。（小さいつぼみをいちばん最初にさして）

④　あした咲く花は，朝咲くこと，色や大きさにはいろいろあるが，形は似ていることを取り上げて話し合う。

⑤　あした咲く花と，今見ているしぼんだ花の関係を考える。

しぼんだ花についてこどもたちの反応はどうか。

T　（しぼんだ花をさして）これはあした咲かないの？
C　咲かないよ。
T　何回ぐらい咲いたと思いますか。
C　一度しぼんだら，もう咲かないよ。
C　一度咲いたら，もう，終わっちゃうもの。
C　しぼんだのは，たねになるんだよ。
（１回咲いたらもう咲かないということをほとんどの児童が知っていたが，中に１～２名，“もう一度咲いてから落ちるよ”と発言した児童あり。）

T　きょう咲いた花はどれですか。

C　（しぼんだ花をさして）これだよ。

C　（　　〃　　）これです。

T　これから咲く花はどれですか。

C　（つぼみのいちばん大きいものをさして）これです。

（咲き終わって，花弁の落ちた「がく」だけのものを「つぼみ」と考え指さす児童あり）

T　花は咲いたあと，どうなるのでしょうね。

C　しぼんで，そのあとにたねになるんだよ。（他の児童皆うなずく）

⑥どれが明日咲くのか，つぼみに印をつけさせ，これからの継続観察への期待をもたせて授業を終わる。

以上の授業記録をもとにして，次のような討論を行ない，こどもの実態についての考察をした。

花を，色・形・大きさの何で表現するか。

〔意　見〕　「どんな花が咲きましたか」の発問に対して，「色」について発言するこどもが大部分であったが，想定したこどもの実態とは違っていたように思うが。

〔意　見〕　有馬小学校，弦巻小学校の研究結果より想定したところでは，あさがおの花についての印象は「色」よりも「形」のほうが強い傾向が見えているが，これは他の花と比較する場合のとらえ方ではなかろうか。きょうの授業での発問は「あさがお」に限定された中での「どんな花か」との発問であるから，「色」か「大きさ」で表現するよりほかに方法はないのではないか。

〔意　見〕

ということは，こどもがあさがおの花をとらえるとき，基準となっているものは「色」や「形」であり，他の花と比較したり，同形のものとの違いを見るのには，それぞれ「形」や「色」といったスケールを使い分けることができると考えてよいのだろうか。

〔意　見〕　大部分のこどもは色について発言していたが，「こんなに大きいのが咲いたよ」と大きさについて述べていたこどももいた。

〔意　見〕　あさがおの花は，形も大きさも「色」の違いに比べれば，その差は非常に小さいものである。同一種類の花の違いを表わそうとすれば，「色」で表現するのがいちばんやさしいことだ。

〔意　見〕　同じ仲間の花ということは「形」によってとらえているからこそ，その中でも違う花があるのを「色」によって表現できるのだと思う。このことは，あさがおにはいろいろな色の花がある，色が違っても形が同じだからあさがおの花だ，ということをこどもが理解しているということにもなるだろう。

つぼみ，花，しぼんだ花の関係について

〔質　問〕　弦巻小学校の調査によると，「つぼみ」についての関心がうすく，また，一つの花が咲いたり，つぼんだりすると考えるこどもが10％以上もあるようだが，本校のこどもはどうであったか。

〔指導者〕　「あした咲く花」として「つぼみ」を的確にとらえていたと思う。

〔意　見〕　「あす咲く花はどれですか」の問いに対して，大部分のこどもが正しくつぼみをさしていたが，グループによっては「あした」咲きそうなつぼみのついていないところもあって，とまどっていた。

〔意　見〕　「つぼみ」についての意識が高いのは，夏休み中，すでにつぼみから花の咲く状態を観察しているためではないか。

〔意　見〕　自分でまいて，自分で世話をしてきた鉢のあさがおについて観察を続けてきた結果の現われであろう。

〔意　見〕　一度咲いた花が，しぼんでからまた咲くと考えたこどもは２名だけであったが，これもひと鉢栽培による結果であろうか。

〔意　見〕　しぼんだ花が落ちることについて「あさがおの花」だから１日咲いただけであとは落ちてしまうと考えているのか，単に花が散るという面から考えているのかは，はっきりしないのではないか。

〔意　見〕　花びらがしぼんで落ちて「がく」が残っているものと，「つぼみ」の小さいものとの区別ができないこどもがいたようだ。

〔意　見〕　目だった違いがないことが原因しているのではないか。

これから咲く花に，咲くと思われる順序に番号をつける際，こどもたちは，大きさによってそれを判別し，大きいものから順に番号をつけていた。この時，つぼみの小さなものと，花が終わって花弁の落ちた状態のものと混同していたようである。

〔意　見〕　花が咲くまではよく観察しているが，花の咲き終わったあとについては関心がうすれてしまうことが，原因になっているのではないであろうか。

花に対する関心について

〔意　見〕　「つぼみ」についての関心や，「つぼみ」と「花」との関係のとらえ方が正しいことは，「花」についての関心が高いと解釈してよいのであろうか。

〔意　見〕　あさがおについて，誤りをさがす事後調査においても「花」に関して指摘しているものが大部分であり，このことからも花に対する

関心が強いといってよいだろう。

〔意　見〕　あさがおの花，葉，つぼみ，しぼんだ花の各部の名称をこどもに聞いたところ，葉，つぼみ，しぼんだ花などはそれぞれ正しい呼び方で答えているのに「花」をさして「あさがお」と答えたものが20％近くあった。このことから考えても花に対する印象が強く，あさがおを，「花」によってとらえているといってよいだろう。

以上，授業記録をもとにして，授業の中におけるこどもたちの見方や考え方の実態をさぐり出そうとしたが，上述の討論の中にもあるように，授業中のこどもの反応だけでそれをさぐり出すのではふじゅうぶんである。授業中にはとらえきれなかった見方や考え方を知る方法として，授業後に調査を行ない，その結果を授業記録とあわせ検討するようにした。

（２）事後調査記録

授業記録の中では明確にされ得なかったこどもの見方，考え方は何か，こどもの理解がどこで進められたかなどを分析し，これをもとにして問題を作成，個別面接法やいっせいペーパー法などにより授業後に調査をした。

これは，授業記録が，授業者あるいは観察者がこどもたちの発言や行動を記録したものであるため，発言のなかったこどもや，発言はしても，その発言の根底にはどんな見方や考え方が基盤となっているかとらえきれないものなどがあるためである。

第３次の指導，あさがおの本葉を子葉と比べる学習の中におけるこどもの実態を，授業記録と事後調査記録の両記録によって比較してみよう。

子葉と本葉の違いを何でとらえているか。

授業記録

T　この前見た葉（子葉）と，今，５枚や６枚になっている葉と同じですか。

C　違います。

T　どこが違うの。

C　こんどのは毛が生えている。

C　根もとが赤むらさき色になっている。

C　形が違っている。

C　この前のはつるつるしている。

C　こんどのはたくさんついている。

C　前のよりもざらざらしている。

授業中のこどもの発言では，毛の有無による手ざわりの違いが強く印象づけられているようであるが，５〜６名のこどもの発言からだけでは，本葉と子葉の違いを何によってとらえているか，その傾向はとらえられないと思い，次のような事後調査をした。（個別聞きとりによる）

事後調査記録

設問　きょうは，あさがおの勉強をしましたね。これからあさがおのことを聞きますから答えてください。

①　たねまきをして，はじめて出てきた葉と，きょう見たときあったあとから出てきた葉は同じでしたか。

②（①で違うと答えたものに対して）

どこが違っていますか。知っているだけいってください。

調査結果

①　「違う」と答えたもの……51名，わからないと答えたもの……１名

②

答えた順＼答えた内容	形に関するもの	色に関するもの	葉の数に関するもの	毛の様子	大きさ	不　明
1	40	1	1	10		1
2	4	3		12	2	
3		4		1		
4			1			

事後調査の結果を分析してみると，子葉と本葉のちがいを，まず「形がちがう」と答えたものが80％と圧倒的であり，授業記録によって想定した手ざわりのちがい，毛の様子を第一答であげたものは20％，第二答以後のもの全部を加えても50％には達していない。必ずしも授業中に発表したこどもの発言からだけで，こどもたちの見方や考え方の傾向をじゅうぶんにつかむことができるというわけではない。

また，このあと，茎の変化の様子を観察し，さらに今後の成長について，本葉のほかにどんなものが出るかを予想した際のこどもの反応を，授業記録と事後調査記録の両者からとらえてみると次のようである。

葉のほかにどんなものが出るか成長の過程を予想する。

授業記録

T　このあと出てくるのは葉だけでしょうか。

C　違う。

C　花，花……

C　花が出る。

C　つぼみが出てきて花が咲く。

C　つるが出てきます。

C　花が枯れると中から種子が出る。

C　咲くときは外から咲く。

C　つるが出てきます。

つる，つぼみ，種子などの発言もあるが「花」と発言するこどもが多いことから，「花」に対する印象が強いと思われるが，成長の順序をどうとらえているかは不明である。

事後調査では，これがどう現われるであろうか。

事後調査記録

設問　このあとから出てくるのは葉だけでしょうか。

（解答がとぎれた場合には「もうないの」と再質問する）

調査結果

答えた順＼答えた内容	花	つぼみ	つる	たね	葉	その他	不明
Ⅰ	26	7	12		3	2	1
Ⅱ	8	13	3	10	1	4	
Ⅲ	9	3	4	6	2		
Ⅳ	1		1	6			

事後調査の結果からも，花に対する印象の強いことがわかり，授業中のこどもの反応からとらえたことと一致する。そして，つる，つぼみ，たねについても，かなりのこどもが関心を示していることがわかる。

以上，「あさがおの世話」の指導における第３次，第５次の授業記録，事後調査記録をもとにしてこどもの実態についての考察を行ない，あさがおについてのこどもの実態を次のようにまとめた。

① あさがおの成長の過程においては，特に花についての印象が強いことが，全体の指導を通じて明確になった。このことは，有馬小学校，弦巻小学校の研究の成果より想定したこどもの実態と差がない点である。

② 花については「形」によるとらえ方が強いが，これは数種の色があって特に代表的な色のない花として，しかもらっぱ状の特徴ある形の花と

しては，当然なとらえ方で，これも想定した実態と同じである。

③ 有馬・弦巻両校のこどもは「つぼみ」についての印象があまり強くないようであったが，本校のこどもたちは「花を咲かせたい」との意識と関連して，「あす咲く花」として「つぼみ」を的確にとらえ，成長の過程においても，多くのこどもたちが関心を示している。

④ 花弁の落ちたあとの「がく」と，花弁が見え出す前の小さな「つぼみ」との区別はつきにくい。すべて「つぼみ」と考えてしまう傾向がみられる。これは外形の似ていることに原因があるが，同時に「花」の咲くまでの状態には強い関心を示すが「花」の終わったあとの変化に対して，あまり関心をもたないことにもよるのではないかと考える。

⑤ 一度咲いた花が「つぼんで，また咲く」と考えるこどもは，ほとんど見られない。これは，有馬，弦巻小学校の実態とは異なる点で，ひと鉢栽培で株の区別が容易にできるようにした継続観察による結果であろう。

⑥ 全体的，直覚的なとらえ方をするため，細かな点にまでは観察が及ばないのではないかと想定したが，茎の色の変化，本葉と子葉の毛の有無，花やつぼみのつく位置など，相当細部にわたっての観察ができることが明確になった。

⑦ 種子の形を「みかんの袋」，子葉の形を「うさぎの耳」，本葉の形を「ハートのようだ」など，他の類似したものにたとえて表現する傾向が強い。

事例　２　　第２学年「浮くもの，沈むもの」の指導によりとらえたこどもの実態

「あさがおの世話」の指導事例では，教師の発問に対するこどもたちの発言を中心に記録した授業記録と，そこには現われなかったこどもの考え方，いいかえれば，授業中に発表しなかったこどもがどう考えていたかを調べた事後調査記録とによって，こどもをどうとらえたかを述べてきた。

授業記録には，このように発表したこどもの発言のほかに，こどものと

った行動，その行動の根底にどんな考え方があったのかなどについても，記録者（観察者）が学級内のこどもを数名ずつ分担し，授業の進行を妨げない範囲でその場で個別に聞き取り，記録するようにした。

①　大きさの違う3個の木片（5×5×5，5×5×10，5×5×20cmのラワン材）の浮き沈みの予想に現われた行動と考え方。

予想の結果	人数	考え方
大・中・小とも浮く	7グループ（35名）	木だから浮く。
大・中・小とも沈む	1グループ（5名）	重いから沈む。 重そうだから沈むと思う。
大・中は沈み小は浮く	1グループ（5名）	大きい木は小さい木より重いから沈む。
小2個の中の一個だけ浮く	1グループ（5名）	同じ大きさの木だけれど，持って見たらこっちのほうが軽いから浮くと思う。

大部分のこどもは，経験的にわかっている木であり，大きさの違いも1：2：4の程度であるためかそれによって浮き沈みの状態が変わるとは考えていない。しかし，「沈む」と予想したこどもたちは，いずれも感覚的な「重さ」を判断の基準としている。

②　大小の消しゴム（小は大の約$\frac{1}{10}$）の浮き沈みの予想に現われた行動と考え方

予想の結果	人数	考え方
大小とも沈む	1グループ（5名）	はっきりした理由なし
大小とも浮く	4グループ（20名）	ゴムでできていて軽いから浮く。 はずむから浮く。
大は沈み小は浮く	5グループ（25名）	小さいから浮く。 小さくて軽いから浮く。

木片の場合と同様に，感覚的な重さを規準として判断しているほか，経験のないゴムの浮き沈みを「はずむものだから浮くのではないか」など，他の経験に関連づけて判断しようとする傾向が見られる。

③　粘土の形を変えて浮かす学習に現われた行動と考え方

行動	考え方
板のように薄く伸ばす	薄い方が浮きやすい
船の形にする マスト，オールなどつける	船は浮くものだから
茶わんの形にして浮かしたが沈んでしまった。	ふちが厚いから沈む 底が厚いから沈む

沈むものを浮くようにするには形を変えればよいと考えているが，その根底には「薄くすれば軽くなるのではないか」との考え方や，「船の形にすれば浮くだろう」と　浮くもの＝船　といった考え方が強く，同量の粘土ならば，薄くしたほうが「かさ—容積」が大きくなることに着目しての行動とはいいきれない。

以上①～③に現われたこどもの行動や考え方から，浮き沈みについてのこどもの認識の実態をまとめてみると次のようになる。

○どんなものが浮き，どんなものが沈むかということは，経験のあるものについては的確にとらえているが，質的なとらえ方をしているとは考えられない。

○「重い・軽い」「大きい・小さい」などで浮くか沈むかを判断する傾向が強い。

○経験の上から浮くか沈むかがわかっているものでも，大きさ，重さが変わると，浮き沈みの状態も変わるのではないかと考えがちである。

○「浮くもの」といわれたとき，船を思い浮かべる傾向がある。

○形が変わると重さも変わるのではないかと考え，形，大きさ，重さを分離して考えにくい。

このことは，事例1で述べた「あさがお」に関する実態と同様，有馬小学校・弦巻小学校といった他校の研究の結果より想定したこどもの実態と，ほとんど一致するもので，授業の中でこどもをとらえることの可能なこと，確実なことを示すものであると同時に，逆にいえば，他校の研究の成果を生かしてこどもを想定することの可能性をも実証したことになるであろう。

3　先行する学習経験よりこどもを想定する

わたくしたちは，他校の研究の結果をもとにしてこどもを想定し，授業の中におけるこどもたちの反応から，認識の成立する過程をとらえようとしてきたが，対象であるこどもや，調査の方法，時，場所を変えても，具体的な素材に対するこどもたちの見方や考え方には，大きな差が認められなかった。そして，それらの見方や考え方は，過去の経験を基盤にしていることが明らかになった。

認識が成立するためには先行する経験が必要であり，現在の見方や考え方はそれを基盤にしているものならば，こどもたちが過去にどのようなものに接し，それをどう見たり考えたり扱ったりしてきたか知ることによって，現在のこどもを理解することもできるのではないか。しかも，それをより確実な姿としてとらえるためには，自分たち教師が，学習経験として「何」を「どのように」与えてきたかを考えれば，最少限の範囲で現在のこどもの実態を想定することができるであろう。

それでは，どのような範囲で学習経験を取り上げ，分析・吟味すれば現在のこどもの姿を想定することができるであろうか。

直接的には，現在取り上げようとする事物や現象と，共通しているもの，類似した現象を考えていくことになるが，それだけではふじゅうぶんである。見方や考え方が身につくということは，ものをとらえていくための基

準となる「認識のものさし」が育つことと無関係には考えられないのであるから，この面からの関連を考えて過去の学習内容を取り上げ，そこでの行動や思考の様相を吟味することが必要である。

たとえば，第2学年の内容「物の浮き沈みに関心をもつ」の指導にあたって，こどもの実態を想定する場合，直接的に関連のある学習としては，第1学年の「氷のはっている様子や氷の性質に関心をもつ」の内容がある。

ここでは，池やプール，あるいは水そうの中などで氷の浮くことを観察し，それが，大きくても小さくても，板ガラスのように平たいものでも浮くことに変わりのないことを経験している。

この学習にはいる前のこどもたちは「氷の浮くこと」についてどのようなとらえ方をしているのかを調査してみると次のような結果が得られた。

調査1　飲みものに氷を入れて飲んだことがあるかどうか質問したあと，図を示しながら「氷はコップのどのへんにありましたか」と質問（個別面接）

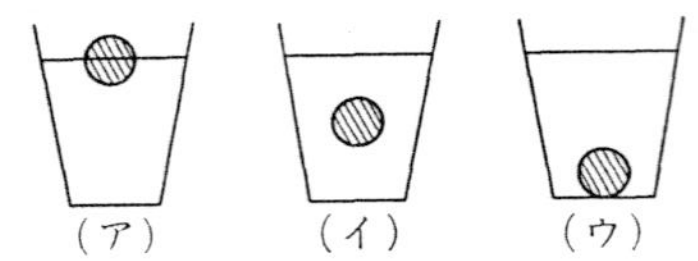

結果　(ア)……約70％　(イ)・(ウ)　わからない……30％

調査2　氷が水に浮くと答えたものについて「手に持てないような大きな氷はどうでしょう」と質問

結果　沈むと答えたもの……約90％

これに対して厚さや大きさ，形の違う氷が，どんなにしても浮く状態を学習として経験したのちに，次のような調査をした。

調査1　窓ガラスぐらいの厚さの氷を水に入れるとどうなりますか。

全員が「浮く」「沈まない」と答える。

調査2　これぐらいの厚さ（手で10cmぐらいの厚さを示す）の氷を水に入れるとどうでしょうか。

全員が「浮く」と答える。

調査３　さいころぐらいの氷を水に入れるとどうなりますか。

３名のこどもが「沈む」と答えた。理由は「小さいから」

調査４　戸だなぐらいの大きさの氷を入れるとどうなると思いますか。

「沈む」と答えたもの４名，理由は「重いから」

調査５　教室ぐらいの大きさの氷はどうですか。

「沈む」と答えたもの７名　理由は「重いから」

（以上1962年１月31日　１年生53名に対する本校調査による）

この事前，事後の調査でわかるように，大きな氷は重くて沈むのではないかと考えていたこどもたちも，学習経験によって，形や大きさに関係なく，氷を「浮くもの」としてとらえることができたようである。

第１学年において，このような学習経験をもったこどもが，第２学年で「浮き沈み」を判断する際，形や大きさに影響されずにそれが行なえると想定してよいのであろうか。事後調査４，５に現われたように，その数は少ないが大きさが増すに従い「重いから沈む」と答えるこどもが増加していることは，授業前に，小さな氷は浮くが大きい氷は沈むと考えていたこどもが90％もあったことと考え合わせ，「浮き沈み」の判断と「大きさ，重さ」の間に深い関係のあることを示していると考えなければいけない。

また，「認識のものさし」の育ち方――ものをとらえていくのに何を基準としているか――の立場から考えてみると「あさがお」を「花」で代表させ「きんぎょ」を「赤いもの」としてとらえるなど，強く印象づけられた色，形，大きさ，重さ，などによって端的にものをとらえる傾向が強いことも見のがすことはできないであろう。

さらに，一方では「磁石あそび」の中で見られる「鉄」「くぎ」「かなもの」などを等価値に考えて「磁石につくもの」としているこどもたちの様子から，物体と物質とが区別できない実態をも考え合わせていけば，「氷」

については浮き沈みの状態をとらえているこどもが，他のものについても同様な判断がくだせるか否かおよその想定ができるであろう。

このように考えてくると，授業の中で確実に与えたことを，こどもが自然を認識していくしかたを筋にして関連づけ，それによって実態を想定していけば，現在のこどもの姿をおよそ理解することができるし，想定したこどもの見方や考え方に即した学習指導過程を考えていけば，地域による差などは，あまり問題にしなくても，有効な学習指導を成立させることができるであろう。

授業の中で与えたことをもとにしてこどもを想定していくためには，各学年で取り扱われる学習内容が明確にされ，全体的な見通しをもった構造の中に位置づけられていることが必要である。さらに公教育の立場から見ても，こどもたちに与える内容は，どこにいってもあてはまることが必要で，それには，全国的な広がりをもった学習指導要領に即して内容を組織し，それを手がかりにしてこどもを想定することが，きわめて有効であり，現実的であるといえよう。

第３節　素材の検討と教材としての位置づけ

Ⅰ　素材と教材

こどもたちの身のまわりには，数限りない自然の事象があるが，その中のどれを，いかなる機会に取り上げれば，こどもたちにものを認知，識別するための規準となる「ものさし」を育て，科学的な見方や考え方，扱い方を身につけさせていくのに，最も有効なものになるであろうか。

理科の学習は，自然を対象とする中から疑問や問題をもたせるようにしそれを解決していく過程において，科学的な考察・処理の能力が育つことや，それらの活動の集積された結果として，自然科学の基礎的な原理の理解を期待するものであるから，つとめて実際の自然の事物や現象に，直接ふれる機会を多くすることを考えなければならないのはもちろんである。

しかし，だからといって，いたずらに数多くの事象を取り上げては，具体的な事物や現象から問題を見出したり，それを解決するための操作（実験や観察など）や思考に多くの時間をとることができず，いきおい教師の解説的な指導が中心になってしまう。

また，現代のこどもたちの生活に密接なつながりがあるからとか，最近の進歩した自然科学を理解するのに直接必要な内容であるからとの観点だけで指導内容を選び出し，相互の関係を検討せずにばらばらに指導していく限り，教育効果として期待する創造的な思考を育てることはできない。

こどもたちは，それらの事象をたえず「新しく学ぶもの」「よりむずかしいもの」との感覚で受けとめ，自分の経験を総動員して取り組むこともなく，学習の結果を暗記することだけに追われて，事実に基づき，筋道を立てて考えたり，くふう，処理したりする力を訓練することができないからである。たとえ教師の「解説」によってその事象を知ることができたとしても，そこで得た知識が，次の新しい経験を受け入れるときに積極的に参加するとか，あるいはまた，次の学習を進めていく上に，必要不可欠なものであるとかいう関連も発展もないものになり，いわゆる「生きてはたらく知識」にはなり得ないからである。

こどもたちをとりまく自然の事物，現象は，こどもが容易に接することはできても，自然そのものがこどもに語りかけてくるものではなく，ましてや，こどもに，ものの見方や考え方，扱い方を確実に身につけさせていくような順序や方向を示してくれるものでもない。むしろ，扱い方によっては，いろいろな方向へ発展する可能性を含んだ角度や観点があると考えるべきであろう。

たとえば，学習指導要領の第1学年の内容に取り上げられている「きんぎょ」について考えてみると，

○わきん，りゅうきん，でめきん，らんちゅうなどの名称や，種類による色，形，大きさのちがい。

○おびれ，せびれ，むなびれ，はらびれ，しりびれなど，ひれの種類とその名称，運動とひれとの関係。

○えらぶたの動きから発展して，えらのはたらき。さらには水中での呼吸のしかた。

○えさの種類，与え方，水かえ，容器の良否など飼育のしかた。

など多くの要素を含んでいる。

しかし，これらの内容が1年生のこどもに全部理解できるものではないし，教師の解説によって「きんぎょ」とはどんなものかを覚えることはできたとしても，そのことがこどもたちに，どんな見方や考え方，扱い方を育てることができるのかが明確になってはいない。

このように，こどもの発達段階との関係や，こどもを育てるためのねらいや方向が限定されていない状態の事象を，わたくしたちは「素材」と呼んでいる。

これに対し，きんぎょは「赤いもの」といった漠然としたとらえ方をしている1年生のこどもの実態や，学習指導要領に示された「自然をありのままに見るように導く」という学年目標，「生物の性状や生活の目だった様子に気づく」という領域の目標などから各要素を検討すれば

○種類や名称の扱い

色の違うきんぎょを提示することによって，「赤いもの」という漠然とした見方をしていたこどもに，「色は違うが形が似ている」といった見方をさせたり，大きさのちがうものを見たとき，形や動きの共通しているところに気づかせ，ものを意識して見るしかたに慣れさせ

る（どんな種類を扱うか，名称の指導をどうするかが限定できる。）

○ひれの種類，運動との関係の扱い

色，大きさなどが違っていても，きんぎょの仲間であることを，動き，形でとらえようとするとき，広がった尾びれ，ゆらゆら動くむなびれなどがこどもたちの判断の基準となりやすい。これは，性状，生活の目だった様子をとらえる要素でもある。

○えらぶた，口の動きの扱い

ひれと同様に，色，形，大きさが違っていても，水中でたえず動いているところがある—口，えらぶた—といった立場からの扱いが考えられる。これも生活の目だった様子としてたいせつな要素である。

なお，与えるえさの種類，えさの食べ方などを観察することは「飼育の世話の手伝いができる」上に必要であり，「生物をかわいがる」という学年の目標へ発展するものである。

のように，それぞれの要素を取り扱うねらいを明確にすれば，取り上げる範囲やその程度もおのずから限定されてくる。

さらに，うさぎ，にわとり，あるいは，ばった，せみ，かたつむりなど同学年に示されている他の素材との関係や，他の学年のものとの関連を考えていけば，ここで扱うべきねらいや内容はいっそう明確になってくる。

このように，素材のもつ内容や性格を分析し，他の素材との関係を考え，こどもの発達の姿に合わせて内容を取捨選択し，ねらいや方向をもたせてまとめたものを，わたくしたちは「素材」と区別して「教材」と呼んでいる。

このように考えてくると，素材とは教育の全体的な計画の中の位置づけが明確にされていない，あるいは位置づけられていないものであり，教材とは，こどもたちが学習し経験したことが，しだいにまとまっていくように組織された全体的な構造の中における位置づけが明確にされているもの

と考えることができよう。

自然の事象の中から選び出した一つの内容を，素材のままで指導したときには，学習をささえるこどもの経験とのつながりも，学習の結果が次の学習へ生かされる発展も考えられず，たとえ学習したことが理解されたとしても，こどもが育っていく過程において必要不可欠なものであるといった保証のないものになってしまう。なるべく少なく教えて最大の効果をあげることを期待する学習指導においては，なぜこの内容がここで取り上げられたのか，この内容はこの位置でどんな役割を果たしているかが明確にされていなければならないし，ここで学習したことが，他の学習とどのように結びついて，こどもたちの見方・考え方・扱い方を育てるのに有効に発展するかが考えられていなければならない。

素材が教材化されて，指導計画の全体的な構造の中に位置づけられれば，それぞれの教材のもつ意味・性格——教材性——がはっきりとし，具体的な指導の目標や展開の順序も導き出されてくるであろう。

Ⅱ　素材の検討と教材としての位置づけ

——素材の教材化——

先行する学習経験を計画的にまとめあげ，将来への発展を期待して構成したものを「教材」と呼ぶならば，素材を教材化するにあたっては

① こどもたちをとりまく自然の事物・現象の中から，有効な教材になりうる素材を選び出すこと。

② 素材の含む内容や教材として期待できる性格を分析し，特徴をつかむこと。

③ その事象を，こどもたちがどう見るか，どう考えるか，素材に対する認識の実態とのかみ合いから内容を整理する。

④ こどもを育てる教材としての機能をじゅうぶんに発揮させるため，一

単元，一領域といった範囲にとどまらず，小学校6年間を見通した全体構造の中での関連を吟味し，占めるべき役割を考えること。

などが重要な要素となる。

1　素材を選び出すこと

こどもたちは，自然についての経験をもってはいるが，その広さ，深さともじゅうぶんではないし，特にこれらの経験を意識してまとめあげていこうとすることが少ない。

そこで，教材として選び出す事象は，先行する学習経験を意識的にまとめあげていくのにつごうのよい内容，性格をもったもの，しかも，そこで得た経験が多方面に発展する可能性をふくんだものが望ましいわけである。

しかし，このような条件に適合する素材を，こどもたちをとりまく無限ともいえる自然の事象の中から選び出す作業は非常にむずかしい。

素材のもつ特徴を分析し，他の素材との関連を考え，こどもの発達の姿に合わせるといった作業を，同時に，相互の有機的な関連の中で行なわなければならないからである。

わたくしたちは，このような素材を選ぶ手がかりを学習指導要領に求めることにした。つまり，学習指導要領に示された内容を「素材」と見なしたわけである。

わたくしたちは，先に，学習指導要領に即して研究を進めるとの立場を明らかにしたのであるから，教材としてまとめあげる素材もその範囲で考えていくことが当然であろう。

学習指導要領に示された内容は，提示された学年において必ず学習すべきものであると学年の固定がなされていることから考えると，こどもの発達との関係や，内容相互の関連が考えられた「教材」とも受け取れるが，小学校理科指導書（文部省刊行）の解説によれば，これを「素材」と見な

すことが妥当であると考えられる。

たとえば，内容の解説の項に「学習指導要領にあげた各事項は，いずれも学校の指導計画に含まれ，指導されるべきものであるが，各事項のまとめ方や順序はこれによる必要はない」と，指導の全体計画の中における位置づけまで固定していないことが明記されている。

また，内容の解説がかなり具体的な指導に関連して記述されている点の説明として「……。決して，ここに示すような方法だけが最良とするものではない。これを手がかりにして，たえず学習指導における素材の見方やまとめ方を反省し，つねに新しい目で検討しながら指導の方法をくふうするようにすることが望ましいのである。」と述べ，学習指導要領に示された内容をそのまま指導するのではなく，“まとめ”て指導することの必要なことが強調されていることからも，これを素材と見ていくことがよいと考えられる。

2　素材の特徴をつかむこと

ある一つの事象を選び出し，それを素材として見たときには，いろいろな内容が含まれていて，見る角度や扱う観点によって有効な教材になりうるものであるか否かという価値判断も違ってくることは，先に述べたとおりである。

素材の特徴をつかみ，その中にふくまれるどの内容に，どのような教育効果を期待するのかを明確に限定したとき，はじめて素材が教材となりうるのであるから，素材を教材としてまとめあげるにあたってはまず，素材の含む内容や性格を分析することから始めなければならない。

ところで，どのような角度から素材を分析すれば，素材を教材化するのに価値ある内容や性格をつかむことができるであろうか。

素材に含まれる事実や原理を取り出し分析するためには，既成の自然科

学の体系から得た知識によることも必要であるが，教材としてまとめあげる着眼点をつかむためには，それをこどもたちがどう見たり考えたりするのか，こどもの立場からの分析が必要である。

わたくしたちは，この分析の手がかりを，学習指導要領に示された目標や内容の中に求めることにした。学習指導要領に示された内容を，理科の目標や学年の目標，領域の目標とからみ合わせ，その内容が取り上げられた意味を読みとることによって素材の特徴をつかもうとしたわけである。

学習指導要領に示された内容には，

○理科の目標を達成するための具体的な手段（ア，イ，ウなどの事項）
○そこで行なわれる学習のねらい（(ア)，(イ)，(ウ)などの事項）
○それによって得られる知識の程度（　　〃　　）
○取り扱われる各事項と児童の経験との関係（〃　　）
○予想される内容の扱い方（　　〃　　）

などが知識・理解が主軸になって表現されているので，素材にふくまれる事実や原理，それに対するこどもの実態などのおよそをつかむことができる。

また，各学年の目標には

○こどもたちのはたらきかける自然の事物・現象の範囲
○対象に対する見方・考え方・扱い方の程度
○疑問を解いたり，問題を解決していく場合の程度
○自然愛護の態度の深まり

などが明らかにされているので，これとの関連を考えていけば，内容の取り上げられた真意，素材に期待する教育効果の範囲・分担（役割）などを知ることができ，素材の内容や性格など特徴をつかむことができるであろう。

例を　第２学年　(3)　イ「物の浮き沈みに関心をもつ」にとって述べて

みよう。

学習指導要領には，次のように示してある。

> イ　物の浮き沈みに関心をもつ。
> (ア)　茶わんやさらのような形のものは，水面に置く場合，その置き方によって，水に浮かんだり沈んだりすることに興味をもつ。
> (イ)　油粘土などで船を作って水に浮かべ，水に沈むものでも，形によっては，浮く場合があることに気づく。

ここで取り上げられている素材は

(1)　茶わんやさらのような形のものの浮き沈み
(2)　油粘土などによる船作り

の二つであるが，この中にはどんな内容や性格がふくまれているであろうか。

これを領域の目標

> (3)　身近にある簡単な道具やおもちゃなどでいろいろくふうして遊び，これに関連した自然科学的な事実に気づくように導く。

さらには，学年の目標に示されている。

> ○………自然をありのままに見て，物と物との間の著しい違いに留意しようとする態度を養う。
> ○………見たり，ためしたりすることにより，自然の事物，現象の目だった特徴のとらえ方ができるようにする。
> ○………簡単な自然科学的事実に気づき，これに関連した新しい事実の正しい見方・考え方・扱い方ができるようにする。

との関連から，詳しく分析してみよう。

○物の浮き沈みに関心をもつ

「物の浮き沈み」という中には，ある一つの物体——たとえば茶わんやさらなど——が，状態によって浮いたり沈んだりする現象をさす場合と，

いろいろなもが，「浮くもの」と「沈むもの」に分けられることをさす場合とが考えられる。

ここでは，内容に示された「茶わんやさらの浮き沈み」と，「油粘土で船を作る」ことから考え，両者とも扱うことが必要であろう。

○浮くもの，沈むもの

どんなものが浮き，どんなものが沈むかについては

①鉄，木，石，ガラスなど，物質によって分ける。

②つみ木，わりばし，くぎ，はりがね，ろうそくなど，物体で分ける。

③大きい，小さい，重い，軽いなど，こどもの感覚によって分ける。

など，いくつかの分け方が考えられる。

目標に示された「自然をありのままに見て，物と物との著しい違いに留意する態度を養う」あるいは「事物・現象の目だった特徴のとらえ方ができるようになる」という立場から考えると，身近なつみ木，わりばし，くぎなどを水に入れてみると「浮くもの」と「沈むもの」の二つに分けられること。ものの特徴をとらえる基準となっている，色，形，大きさ，重さなどの何が，浮き沈みに関係しているのかを調べることなどが内容として考えられる。

○水面への置き方

① 茶わんやさらなどは，水平に置く，傾けて置く，上向きに置く，下向きに置くなどが考えられ，置き方によって水のはいり方が違い，浮かんだり沈んだりする現象が起こることから「水のはいりにくい形」を考え「形」に着目させることができる。

② 「形」をいっそう明確に意識づけるには，水面へ置く場合のみにとどまらず，机の上などかたいところへ置いたとき，その安定の状態の違う様子を扱うことも必要であろう。このことは，「形」を意識させるとともに，将来「水」の性質を理解する方向をも含むことになる。

③ また，「浮くもの」と「沈むもの」を区別する際には，水面への置き方を変えるだけでなく，水面に置く，途中まで沈めてみる，水底まで沈めてみる，などの操作を含め，どんなにしても浮かんでくるものと，沈んでしまうものに分けることが必要であろう。

○浮かんだり沈んだりする

① 浮かんでいる状態の見方

- 水面を基準にして，水面上の部分と水面下にある部分との多少を比較し，浮きやすい（よく浮く），沈みそうだなどと区分けする。
- 水底を基準にして，水面上にその物体が見えなくとも，水底に達していないものを，「浮かんでいる」とするか「沈んでいる」とみるか。

② 沈み方についての見方

- 水底まで到達する時間を比較して，すぐ沈む，なかなか沈まないなどと区分けする。
- 沈んでいくとき，直線的に進むか，ゆれながら沈んでいくのかを分けてみる。
- 水面へ置いたときの状態（上向き，横向き，あるいは傾きなど）が沈む途中，あるいは沈んでしまったときでも変わらないのか。
  変わるとしたら，そこには何か共通したものがあるのか。

③ 一つの物体が，状態により浮かんだり沈んだりする理由をどう考えるか。

- 中に水がはいるから沈む，水がはいらないから浮かんでいると，現象をそのまま理由にする。
- 水がはいると重くなるから沈む。中に空気があって軽いから浮かぶなどの考え方。

これら，浮き方，沈み方の違いが，物体の種類，その大きさ，形などの違いとどんな関係にあるかを調べていくことは，「自然をありのままに見

る」上に基準となる“認識のものさし”としての，形，大きさ，重さなどに着目させ，それを区別していくために必要であり，将来，物体を物質として見ていく方向をもったものであろう。

○沈むものでも形によっては浮く

「油粘土などで船を作り……」と，「沈むもの」が「浮くようになった」のは「形」に関係があるということをとらえさせる方法として「船を作る」ことが取り上げられているが，これだけでじゅうぶんであろうか。

まず，形を変えるもの，たとえば油粘土は，大きさを変えても，どんな入れ方をしても「沈むもの」であることを確認しておくことが必要であり，油粘土以外のものでも同様な結果が得られることを扱うことも考えられる。

また，目標に示された「……いろいろ くふうして遊び……。」ということから，学習活動としては船を作る遊びが考えられるが，これだけでは浮くために必要な形が「船の形」にとらわれてしまうおそれがある。

浮くための形を，中空なもの，ふちが高く底が広いもの，さらにかさ（容積）の大きいものといった抽象された「形」としてとらえさせるためには，船作りだけに終わらず，茶わんやさらの浮き沈みを調べた経験を生かして形をくふうすることや，浮く形を，底面の広さ，ふちの高さ，中の大きさ（容積）などに分けて吟味することも考えなければならないであろう。

3　内容を整理すること

このようにして，素材の含む内容や性格の分析ができたならば，次には，この内容の中のどれを重点として取り上げ，どんな順序で扱ったらよいのかを整理し，教材としてまとめあげていく。

これを決める柱となるものは，素材に対するこどもの見方や考え方であり，理科の目標であることはいうまでもない。

学習指導要領に示された内容からは，

㋐　置き方によって，水に浮かんだり沈んだりするものがあることを調べる。

㋑　水に沈むものでも，形を変えれば浮く場合があることを調べる。

二つが考えられるが，素材を分析した結果

㋒　物には，水に浮くものと，沈むものとがあることを調べる。

も，内容につけ加える必要があると考えられる。

ところで，この三つの内容を取り上げるとしたならば，どんな順序で，どの程度まで扱うのがよいかを決めなければならない。

この順序は，こどもたちにどんな疑問や問題を設定して学習を展開するのか，どんなことを目標において指導するのかによって決まることであり，これが決まれば，それぞれの内容を指導する観点や，取り扱う程度もいっそうはっきりして，教材としての意味・役割が明らかになってくるわけである。

たとえば，次のような二通りの順序について考えてみよう。

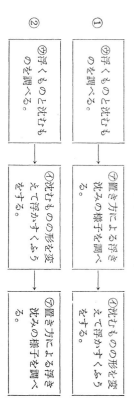

①	㋒浮くものと沈むものを調べる。	→	㋐置き方による浮き沈みの様子を調べる。	→	㋑沈むものの形を変えて浮かすくふうをする。
②	㋒浮くものと沈むものを調べる。	→	㋑沈むものの形を変えて浮かすくふうをする。	→	㋐置き方による浮き沈みの様子を調べる。

①の順序から考えられる内容（㋒⟶㋐⟶㋑）

㋒の内容

どんな材料を使って浮き沈みを調べるかにより，物の浮き沈みに対する関心や，見方・考え方の深まりも違ってくる。

A　つみ木，わりばし，くぎ，はりがねなど，身近にあるからとの理由だけで選び出し，浮くか沈むかを調べた場合には，物には浮くものと沈むものがあるということや，扱った物体についての浮き沈みがわかる程度にとどまり，物体を物質として見ていく方向への発展を期待することはむずかしい。

B　同質のものでも大きさの違ったもの，感覚的には重く感じられても水に浮くもの，あるいはその逆のものなどを選び，それらがどんな入れ方をしても浮き沈みの状態は変わらないことを扱っておけば，質的な見方へ近づけることができるのではないであろうか。

このことは，㋑「沈むものの形を変えて浮かすくふう」を扱う際に，本質的には沈むものが浮くようになったのは，「形」が変わったことだけに関係があることをはっきりととらえさせ，こどもたちがものの浮き沈みを判断する際に大きく影響している相対的な大きさの変化や感覚的な重さと，形の変化とを分離していく上にも重要なことである。

なお，材料の中に茶わんやさらをふくめておくことは，㋐の「置き方」や，㋑の「形を変える」扱いへのきっかけとして有効なものである。

㋐の内容

茶わんやさらなどが，浮かんだり沈んだりする現象をとらえ，どんな置き方をしたときに浮き，また沈むのかを調べれば「水がはいらないときに浮く」ことに気づき，㋑の「形を変えて浮かすくふう」の手がかりを得させることができる。

茶わんとさらの水面への置き方をいろいろ変え（水平のとき，傾けたとき，その傾きの角度を変えたとき）どちらが沈みにくいかを比較していけば，「よく浮く形」を「水のはいりにくい形」としてとらえることができよう。

A　「茶わんは浮きやすい」「さらは沈みやすい」など，物体の状態としてとらえることにとどまらず，質的な見方を手がかりにして「形」を強

く意識づける。そのため割れた茶わんが沈む様子を見て，せとものは水に沈むものであることを確認したり，割る前のものと割ったものとは重さに変わりのないことなど扱うことが考えられる。

B　茶わんやさらの大きさを変えたり，アルマイトなど質の違う容器を使ったりして，置き方の違いによる浮き沈みの様子の変化を調べ，大きさや物質が違っていても，浮きやすい形は，「中が深い」「底が広い」など水のはいりにくい形であることを意識づける方法もある。

㋑の内容

沈むものでも形を変えれば浮く場合のあることに気づかせるのであるから，㋒のAの扱いをしてきたときには，ここで油粘土などがどんなにしても沈むものであることを確認する必要がある。

また，㋒のBの経験をしている場合でも，ここで「形を変える」材料として使われるものがふくまれていなかったときには，「沈むもの」の確認は当然行なわれなければならない。

沈むものを浮かす手がかりとなるものは，浮くもの＝船と考える傾向の強いこどもの認識のしかたや，㋐で扱ってきた茶わんの形などであるが，「浮くための形」を船や茶わんの形にとらわれずに考えられるようにする必要がある。

そのためには，粘土の量を変えずにいろいろ形を変え，よく浮く形は中空なもので，底が広くふちの高い「かさ」の大きいものといった抽象された「形」をとらえさせるくふうがなければならない。

たとえば

○こどもたちに与える粘土は，その量を一定にし，与えられた粘土を全部使って浮く形のものを作らせる。できたものを比較して，よく浮く形のものは，見かけが大きいもの，あるいは，ふちが高いもの，底面が広いものといった角度からとらえさせる。

○見かけが大きい，あるいはふちが高い，底が広いということは，「かさ」が大きいことであるとの見方へ高めるため，中にはいる水の量などを比較してみる。

○形が変わると重さも変化すると考える傾向が強いので，重さが変わりないことを確認し，「形」を強く印象づけるために，「かたまりのままの粘土」と「浮く形にした粘土」の重さを比較してみる。

などの方法が考えられる。

②の順序から考えられる内容（㋒──→㋑──→㋐）

㋒の内容

②の順序が①と違うのは，「置き方による浮き沈みの様子を調べる」ことを最後に扱う点である。したがって，最初に扱う㋒の内容については，①の場合と同様に考えてよいと思う。材料の中に，茶わんやさらを含めて置くことはもちろんであるが，置き方の違いは扱わず，

浮くもの，沈むもの，浮いたり沈んだりするもの

の3グループに分け，前2者についてだけ，大きさや重さが変化しても，あるいは，平板と塊状など形が変わっても，浮くものは浮き，沈むものは沈むことに変わりのないことを確認しておく。

㋑の内容

この内容についても，①の順序の中で扱ったことと同様である。ただ㋐の「置き方による浮き沈みの様子」が扱われていないので，茶わん，さらなどを手がかりにすることが強く期待できず，浮くもの＝船との考え方を生かした扱い方が考えられなければならない。

そして，「浮くための形」を，船や茶わんの形にこだわらずにくふうするということより，船の形でも，茶わんの形であっても，「かさ」が大きいものが浮きやすいことをとらえさせるのが指導の中心になってくる。

㋐の内容

沈むものの形を変えて浮かすくふうをする前に扱った場合には，浮くための形を考える手がかりとしての要素が強かったが，扱う順序を逆にした場合にはその必要はなく，むしろ，沈んでいた粘土が浮くようになったことによって着目されてきた「形」を，いっそう明確にすることをねらって扱うべきであろう。

すなわち，底が広い，ふちが高い，中にはいる水の量が多いなど，浮くための形を「かさ」の大小によってとらえてきたこどもたちに，それがいつでも上向きの状態でなければ浮かないことを確認させ，形には上下あるいは左右のあることを気づかせる。

さらに，机の上などでは，上向きでも下向きでもあるいは横に向けても安定しているものも，水の上へ置いた場合にはいつでもある一つの置き方しかできないことから，水平・鉛直といったことに関心をもたせるとともに，「水」そのものの性質へ目を向けることもできる。

この順序で指導をした場合，茶わんやさらは本質的には浮くものでできているのか，あるいは沈むものなのかの解決がなされないまま扱われているが，この教材がねらうところの，重さと大きさの関係や，形というものをしだいにはっきりさせていくという立場から考えれば，しいて取り上げる内容ではない。

また，物体を物質という見方に近づけることをねらい，茶わんやさらを作っている「もの」は“水に沈むもの”であることを確認するとしても，茶わんやさらのかけらを水に浮かべて見るような扱いをせず，次のような過程によってとらえさせることができるであろう。

油粘土は水に沈む → 形を変えたら浮く → 置き方により沈む（浮く） → 茶わん，さらも置き方により沈む(浮く) → 茶わん，さらも沈むものでできている

以上，素材を教材にまとめあげる際，その順序によって内容のどこに重

点を置くか，どのような扱い方が必要になってくるかが決められることを二つの順序を比較しながら述べてきた。

これを整理して図式化すると次のようになる。

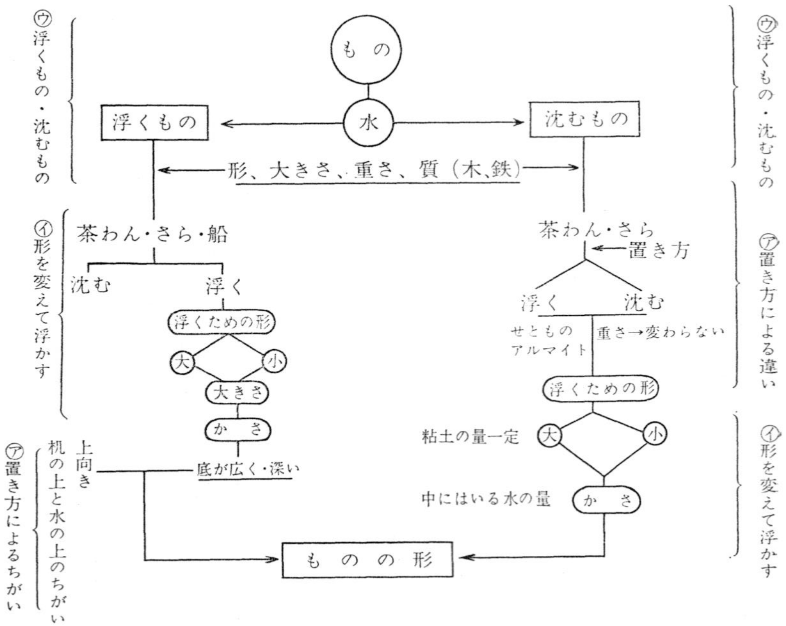

順序①は，研究の第1年め，および2年めの実践の結果を整理して得たものであり，②は，第3年めに実践したものである。

これらが，何をもとにして，どのような経過をたどって改善されたかについては，第4章「学習指導法の結果の反省と指導法の改善」の項で詳しく述べることにするが，内容を整理し，順序を決定づける柱となる「他の教材との関連」について，次に述べることにする。

4　他の教材との関連を考えること

——全体構造における位置づけ——

こどもをとりまく自然の事象の中から素材を選び出し，その中に含まれるどの内容に，どのような教育効果を期待するかをこどもの立場から分析・整理してきたが，先行する学習経験を意識的にまとめあげ，そこで得た経験がもっとも基礎的なものであって，多方面に発展する可能性をふくんだものにするには，他の教材との関連を考える必要がある。

すなわち，この教材を学習する以前に，どんな教材を，どのような角度から学習したのか。あるいは，このあとに，どんなものを，どのようなねらいで学習するのかといった，全体に対する見とおしをもてば，教材の受け持つ役割がはっきりし，重点のおき方や指導の順序がいっそう明確になってくる。経験を組識づけていく構造が必要なわけである。

小学校理科指導書にも「指導事項の選定と組識」の項で

「(3)　各学習事項が相互に関連づけられ，しだいに発展して，筋道の通った思考や，まとまった理解，技能などが得られるように構成すること」と，その重要さを指摘している。

ところで，何をもとにして，教材相互の関連を考え，一つのまとまったものに組織していけばよいのであろうか。

学習指導要領に示された内容を，相互の関連を考えて組織しようとするとき，それが取り上げられている領域の中で検討していくことは，一つの手がかりを得る方法としては考えられる。しかし，ひとつひとつの項目にとらわれてしまっては，教材としての機能をじゅうぶんに発揮できるような構造にまとめあげることは困難である。

まして，動物学・植物学・物理学や化学といったもので区分したり，植物の系統，化学の系統，あるいは力と運動の系統など既成の自然科学の知識体系だけに依存して教材を組識したのでは，発達途上にあるこどもの感覚・知覚をたいせつにし，それを通して得たあらゆる経験を総合したり分析したり，それを組織づけたりする過程において，見方・考え方・扱い方を訓練しようとするような学習指導の全体計画をまとめ上げることは不可能である。

どうしても，こどもたちがものを認識していく過程を考え，こどもの理解の筋道にそって教材相互の関連を吟味，検討し，まとまりをもたせていくことが必要である。

つまり，直感が成立するために必要不可欠な色，形，大きさを知る訓練や，長さ，かさ，形，感覚をはなれた重さ，温度，時間など，認識のものさしを育てるという立場から組織していこうというのである。

たとえば第2学年の内容 (3) イ「物の浮き沈みに関必をもつ」について，その関連する教材を考えてみよう。

「浮く・沈む」という現象から直接関連する教材として考えられるのは

○第1学年 (3) カ「氷のはっている様子や氷の性質に関心をもつ」の中で，氷が水に浮くことに気づかせる。

○第4学年 (5) イ「物の浮き沈みについて調べる」の学習によって，物の浮き沈みが，その物体の体積と重さに関係のあることや，物を浮かべる液体の違いによって，同じ物でも浮き沈みの様子が違うことに気づかせる。

○第6学年 (6) ア「鉄・銅・アルミニウムなどの性質を調べる」の中で重さを比べる際，物質の性質として重い軽いを論ずるときには，同じ体積にして重さを比べる必要があることを理解させる。

の三つのものが考えられる。

これらの学習指導を通して，こどもたちに重さ・形・大きさ一かさなどが「もの」を認識するたいせつな要素であることを理解させていくのがね

らいである。

したがって，第2学年の「物の浮き沈みに関心をもつ」では，ものの浮き沈みを調べたり，沈む粘土を浮かすくふうをすることが，形とかさや重さとの関係に気づかせる学習の場になるように，指導の順序や学習のやま場が用意されなければならず，重さ・形・かさなどを相互に分解して考えられるようになることをねらった扱い方が必要になってくるのである。

しかし，これら「浮き沈み」に直接関連のある教材の指導だけによって重さ・形・かさなどが「もの」を認識するたいせつな要素であることを理解させたり，それらの要素を分解してとらえていくような見方・考え方・扱い方をこどもたちに育てることができるのであろうか。

「内容を整理する」の項で述べたような順序や内容をもった指導を行なっても，「浮くもの」といわれたとき「船」を思い浮かべる傾向や，形・かさ・重さの間には依然として混乱した状態のあることが実践によって明らかになったことからも，「浮き沈み」以外の学習経験との関連から，それらの見方や考え方，扱い方を深めていく必要がある。

そこで，これらの関連を，重さ・形・かさなど認識のものさしを育てる立場から考えてみよう。

○重さと形について

第2学年 (3) オ「落下さんの飛び方を調べる」や，カ「ゴム風船やボールなどで，空気のはたらきに関心をもつ」の学習経験の中で，落下さんのひろがり方やゴム風船のふくらまし方によって落ち方が違う様子を観察しているが，その扱い方によっては，重さは変わらないのに形によっては落ち方が違うことに気づかせることができる。

これは，水面への置き方（水平に置く・垂直に置く）などを変えたときのさらの沈み方の違いや，油粘土を平板にしたときと塊状にした場合の沈む様子の違いと類似したものであろう。

もちろん，この場合，こども自身が両者の類似に気づき，そこに共通したものとしての「形」を意識することを期待したり，学習指導の中で無理に結びつけるような扱いをしたりすることは望むべきではないが，こどもたちの中に，重さと形についての直観的な経験内容が累積されていることは事実である。

○重さとかさについて

第４学年 (5) オ「温度の違いによる水の状態の変化を調べる」や，カ「温度の違いによる物の膨張・収縮を調べる」の内容として，水が温度によって氷や水蒸気に変わること，状態が変わると体積も変化することなどが扱われている。

ここでは，温度の変化と体積の変化との関係を調べていくことが中心であるが，体積が変わっても重さは変化していない事実から，重さとかさを分離して考えるようにすることができるし，それを分離することによって膨張・収縮という事実を明確にすることができるのである。

さらに，一定の体積をとって比較したとき，膨張したものの重さが軽いという事実は，氷が水に浮くこと，第５学年 (2)「風の向きや強さを調べる」の中で扱われる「風は空気の動きであること」や「局地風の起こるわけ」。(5) カ「熱の移り方にはいろいろあることを調べる」での「対流」などを理解していく際に生かされてくるとともに，これらの経験を通して重さとかさの関係がいっそう明らかになってくる。

○水についての見方を深める

いろいろなものを水に入れ，浮くか沈むかを調べる過程で，形・重さ・かさを意識させたり，茶わんやさらの置き方を水面と机上とで比較することにより「形」をいっそう明らかにしたりするように，ものを認識していく上に「水」はたいせつな要素となっている。

第３学年 (2) イ「土の性質を調べる」ウ「川原の様子とそこにある石を

調べる」などで，土や石を水の中に入れ，沈み方の違いから，そのものの性質をつかもうとする経験や，第１学年「あぶりだし」第２学年「しゃぼんだま」第３学年「しおとほうさん」，さらに「水でっぽう」と対応した扱いを受けた「紙玉でっぽう」などは，いずれも，水をものさしにしてそれぞれのものの本質をつかもうとしているものである。そして，これらの経験は，水をものさしにしての見方や考え方・扱い方を訓練すると同時に，水そのものの性質についての理解を深めていくことにもなる。

以上のように学習指導の全体に対する見通しをもった構造――これをわたくしたちは「全体構造」と呼んでいる――があってこそ，はじめて重さ・かさ・形などが見方・考え方・扱い方を発展させていく上に，生きてはたらく「認識のものさし」となり「知識」となりうるのではないであろうか。

そして，このような全体構造の中の，どこに位置づくか，あるいは位置づけるかを検討していくことにより，その教材でねらうべきことや指導の順序などが明確になってくるわけである。

Ⅲ　全体構造

こどもたちに，ものの見方・考え方・扱い方を育て，自然科学的な事実や基礎的な原理の理解を得させるために周到に用意され，綿密に計画された全体的な学習指導のまとまりをわたくしたちは“全体構造”と呼んできたが，これをまとめあげるには二つの要素が考えられる。

すなわち，“こどもの実態”の項で述べたような，こどもたちの発達段階を基準にしたものと，学習指導要領に示された理科の目標に到達すべき段階を考えたものとがそれである。

自然についての経験の広さや深さ，それに対する興味や関心の程度，あるいは疑問や問題のもち方，その内容，疑問や問題を解決しようとする態度・能力など，こどもの発達の姿と，理科の教育でねらっているところの科学的な考察・処理のしかたとのからみ合いの中で組織されたものでなければ，創造的なこどもを育てていく有効な学習指導の“構造”とはなり得ない。

つまり，こどもの発達段階を手がかりにして，こどもたちが容易に取り組むことのできる内容をもった素材に教育効果を期待して教材とし，さらにそれらをいくつかの教材群にまとめあげ，順序や配列をくふうすることによって教材としての機能をじゅうぶんに発揮できるようにするわけである。

その際，ある一つの教材から得た経験は，目標にせまるためにきわめて基礎的なものであり，しかも将来多方面に発展することができるように順序や関連を考えて構成しなければ，能率的な学習指導を計画することはできない。

小学校理科指導書にも，

「自然に接し，自然を理解し，その認識を深めていくことを能率的に進めるためには，どうしても欠くことのできない必要なことがある。すなわち，連続して発展していく学習のつねに下位にあって，学習の発展をささえているものを明らかにして，これをもとにして学習を進めていくことが望ましいのである。理科では，こうした基礎的なものをしっかりおさえて，学習を組織立てることがたいせつなのである。つまり，自然科学上の基礎的な事実や原理の理解が得られるように組織立てられ，その学習によって科学的な能力や態度が育てられるべきものである。」

と，その重要さが解説されている。

この場合，“学習の下位にあるもの”あるいは“基礎的なもの”というと，自然科学の基礎的な原理や法則，物質や生物の基本となる分子，原子，細胞などを考えがちであるが，こどもの発達段階を無視し，事実に基づか

ないものを観念的に知らせても，新しいものを自らつくり出す思考も行動も生まれてはこない。

すべてのものの存在や，状態・性質の変化を理解できるような，見方や考え方・扱い方の基準となる“ものさし”を「基礎的なもの」と考え，こどもたちの経験を意識的にまとめあげ，その過程でそれらが育っていくような配慮のもとに全体構造を組織することが必要である。

具体的には“他の教材との関連”の項で述べたように「浮き沈み」の現象においては，重さ・形・かさなどが「基礎的なもの」であり，「学習の発展をささえているもの」そして認識の手がかりになるものであるから，これをもとにして学習を進めるよう全体的なまとまりを考えていったのであるが，さらに「空気」を対象にする学習指導に例をとって“全体構造”を考えてみよう。空気を対象にした内容には，次のようなものが学習指導要領に示されている。

第１学年　(3)　ア　風で動くおもちゃを調べる。
　　　　　　　イ　はねの飛び方を調べる。
第２学年　(3)　オ　落下さんの飛び方を調べる。
　　　　　　　カ　ゴム風船やボールなどで，空気のはたらきに関心をもつ。
第３学年　(3)　イ　紙玉でっぽうや水でっぽうのはたらきを調べる。
　　　　　　　ウ　グライダーの作り方や飛ばし方をくふうする。
第４学年　(5)　エ　ポンプのしくみとはたらきを調べる。
　　　　　　　カ　温度の違いによる物の膨張・収縮を調べる。
第５学年　(2)　ア　風の向きや強さを調べる。
　　　　　(5)　エ　音の伝わり方や進み方を調べる。
　　　　　(6)　イ　酸素と二酸化炭素をつくり，その性質を調べる。

これらの学習を通して，風と空気の関係や，空気の性質・はたらきを理

解し，空気が気体の一つであること，そして，気体も「もの」の一つであることの理解まで高め，その過程において，科学的な考察・処理のしかたを身につけさせるのがねらいである。

ところで，“空気”という物体を，“物質”といった見方にまで高めていくには，まず，空気の存在をとらえさせることからはじめなければならないだろう。こどもたちが，ものの存在を認識する手がかりとなっているのは先に述べたように，色，形，重さ，手ざわりなど「認識のものさし」といわれるものであるが，空気の存在をとらえる手がかりとなるものは，その中の「かさ」と「重さ」である。

そこで，「かさ」と「重さ」をもとにして，全体をまとめ，次のように図式化してみた。

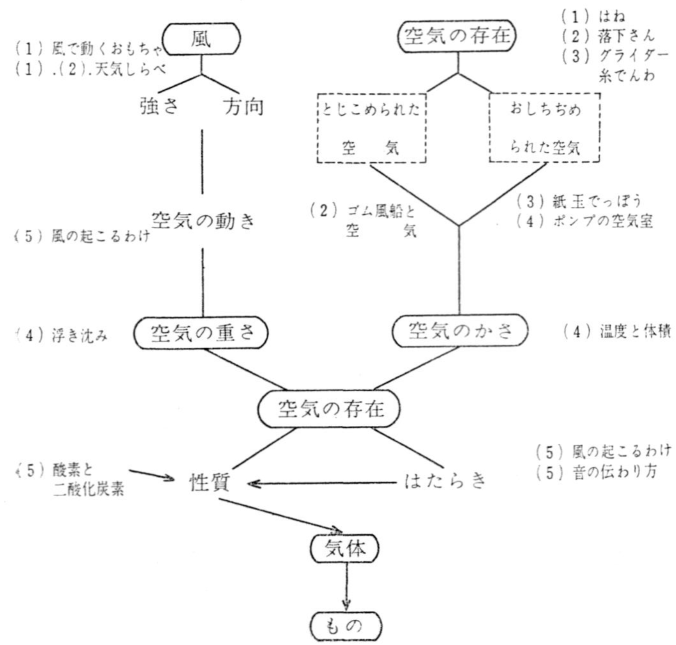

空気の存在・性質をはっきりつかませるのに，重さやかさが重要な要素であるとしても，からのコップの中に空気があることについてはほとんど意識していないことや空気と風の関係が明確でないこどもに，ただちにそれを扱うことはできない。

空気を物として見ていくことができるような経験をもたせ，それらの経験が基盤になって，しだいに新しい経験を取り入れることができるような力をこどもの中に育てるようにしなければならない。

そこで，まず，はね・落下さん・グライダーなどの飛び方や落ち方を扱う中で，空気の存在を「抵抗」といったかたちで意識させ，ゴム風船や紙玉でっぽうの中にとじこめられたり，押し縮められたりした空気を，手ごたえ，水中での泡などにより確認する。さらに温度の変化によって体積の変わる様子を経験することにより「かさ」のあることをとらえさせるとともに，空気の存在をいっそうはっきりと意識させることができる。

また，一方では，風についての経験を，局地風の起こるわけを実験的にたしかめることによって，風と空気とを結びつけたり，空気にも「重さ」のあることなどを確認するのであるが，この際必要な「重さ」の要素，あるいは，先にあげた「かさ」の要素に対しては，浮くものや沈むものを扱う中でしだいにはっきりさせてくることは，前に述べたとおりである。

このように，空気に対しての個々の経験，つまり，ある角度からの切りこみが必要であると同時に，個々の経験をたがいに結びつけ，空気の存在がより具体的になってくるような教材体系が必要で，それには，前の経験を足がかりにして次のものを考えるだけでなく，現在の立場で過去の経験をふりかえってみたとき，それが姿をかえてきょうの授業の中に生きてくるような配慮がなければならない。

たとえば，酸素や二酸化炭素の性質を調べるときには，空気についての経験が一つの足がかりになるが，この性質を調べ終わった目でふたたび空気をふりかえって見れば，酸素や二酸化炭素とは違った“空気の性質”がいっそう明らかになってくるようなものである。

以上，教材とこどもの関係を明らかにし，教材をまとめあげた“全体構造”を考えていけば，その中のどんな位置に置かれた教材かによって，具体的な指導の目標や指導の順序を導きだすことができる。

第４節　目標の具体化（指導の目標）

わたくしたちは，具体的な指導の目標を設定する方法として

○こどもの認識の実態をとらえること

○素材を検討し，教材としての位置づけをすること

の２点について考察を加えてきた。

その結果，素材を教材化するには，こどもの実態をつかむことと，小学校理科の目標や学年の目標とのつながりを考えなくてはならないことが明らかになった。

いいかえれば，具体的な指導の目標は，素材を教材としてまとめあげ，全体構造の中に位置づけたとき，すでに決められているといっても過言ではないであろう。

もちろん，指導目標を具体的にする場合には，地域の自然環境や社会環境，学校の施設・設備なども無視することはできないが，これらはこどもの実態を想定する際や，実験・観察の材料・方法を選ぶときに考慮することにより補正できることであり，さらにいえば，これらのことをふくめて，素材の教材化を行なうことが必要なわけである。

そこでわたくしたちは，素材の含む内容を分析し，こどもの実態・学年の目標・教材のつくる全体構造における位置などから，素材のもつ本質的なものを取捨選択して重点のおき方をきめ，意図的に行なわせたいことを

まとめて指導の目標とした。

目標の中には，育てたい期待する見方・考え方・扱い方と，その結果得られる知識・理解の２面が考えられるが，理解とは，具体的な行動を通し学習の場で生まれるのであるから，たしかな理解ができたということは，見方・考え方・扱い方もできたと判断することができると考え，知識・理解を主軸にして目標をまとめるようにした。

例を第２学年の「物の浮き沈みに関心をもつ」にとって述べてみよう。

素材の含む内容としては，“素材の特徴をつかむ”の項で述べたように，浮くものと沈むものの違い，浮いたり沈んだりする様子の違い，置き方や形の変化と浮き沈みの状態の変化の関係などが考えられる。

一方，こどもたちは，どんなものが浮き，どんなものが沈むかということは，経験のあるものについてはかなり明確にとらえている。しかし，その判断は，物のもつ本質的な性質よりも，見かけの大きさや，自分で感じる重さを基準にしている場合が多く，同質のものでも形が変わると重さも変化するのではないかと考えたりして，形や大きさ，重さが混とんとしている。

そこで，ここでは大きさや重さの違うものを水に入れ，いつでも浮くものや，どんなにしても沈むものに分けたり，沈むものでも形を変えれば浮かすことができること，浮く形のものも水面への置き方によって浮き沈みが変わることを経験させる。

このことは，こどもたちが漠然としてとらえていたものを認識する上にたいせつな要素である「重さ」と「大きさ＝かさ」の関係や，形というものをしだいにはっきりさせるとともに，「水」そのものの性質についての理解をも深めていくことになるであろう。

以上のことから，単元の目標を次のように設定した。

(1)　物には，水に入れたとき浮くものと沈むものがあり，それらは，大き

さや重さを変えても浮き沈みは変わらないことに気づく。

(2) 粘土の形を変えて浮かすくふうをし，水に沈むものでも，形によっては浮く場合のあることに気づく。

(3) 茶わん・さらのように水に浮く形のものも，水に浮かすときの置き方と机などの上への置き方では，安定の様子に違いのあることに気づく。

第3章　学習指導過程の設定

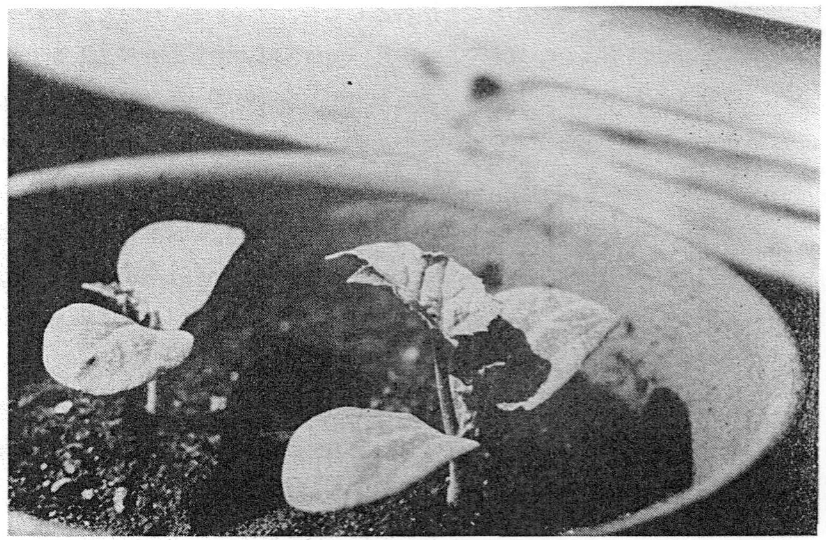

第1節　指導過程設定の立場

こどもの認識の実態を想定し，ねらいと実態との関係から教材をまとめあげ，全体的な見通しの上に立って具体的な指導の目標を設定してきたが，次には，この目標を達成するための指導の筋道＝学習指導過程を設定することが必要である。

学習指導過程を考えるにあたっては，教材の内容をどんな順序に配列するか，目標とのからみ合いからどこに重点を置くか，そのための指導の時間はどう配当したらよいのかといった単元全体に対する見通しや，導入，計画，研究，作業，整理，活用，あるいは，あそび，製作，実験，観察，飼育，栽培などの具体的なあり方をどうするかなど多くの観点がある。

しかし，どの観点から切り込むにしても，けっきょくはいくつかの学習活動が，目標にむかってまとまっていくように考えることが必要で，ともすると，初めの目標を忘れて違った方向に走ったり，それぞれの活動がばらばらになり，単なるあそびに終わったり，実験のための実験，観察のための観察などといわれるような結果になりがちである。

それとは逆に，まとめることを意識しすぎると，こどもにとっては興味のない学習活動になり，納得の上に立たない知識を与えるだけの指導活動に終わってしまって，創造的な思考や行動を期待することは望めないものになってしまう。

まとまっていくのはこどもたち自身の考え方であり，知識であるのだから，こどもの立場を無視し，理解の筋道をはなれた指導では，こどもの越えることのできない溝を作ってしまうことになるであろう。

こどもたちは，過去に獲得したいろいろな経験をもっているが，その広さや深さはじゅうぶんではなく，また，多くの場合それらがばらばらなも

のであって，それを足場にして行なう判断も自然科学の立場からみれば誤っていることが多い。

しかし，そのような判断をしたことは，そのこどものもつ経験の広さや深さからみれば，むしろ必然の結果といえるのではないだろうか。

教師の立場からみれば誤った判断も，こどもにとっては経験の不足によって生ずる必然的な結果であるならば，その判断を否定するのではなく，不足している経験を計画的に与えることによって，正しい判断へ導くことができるはずである。

こどもは過去の経験の上にたって学習し，教師は将来を見通した中で指導をしようとしている。この両者のかみ合わせが行なわれるところに学習指導が成立するのであるから，学習指導過程を設定するにあたっては，こどもの思考を筋にして，それをつなげていくための順序や方向を考えていくべきである。

こどもがもつ経験と，教師の用意した経験とを，こども自身が結びつけ，さらに新しい経験の輪をひろげて正しい判断ができるようにするためには，こどもがもつ見方や考え方に即した指導過程が必要で，教師の発問，材料の選択，実験・観察などの操作の方法や順序，その程度など，すべてこどもが自分のもつ経験をじゅうぶんにはたらかせ，無理なく取り組めるような配慮が必要である。

こどもが，それまでの経験をもとにして，ある一つの像をかたちづくっているとすれば，それとは違ったものを持ち込むことによって動機づけをしたり，こどもの思考を連続させるための発問をくふうしたり，過去の経験を現在の立場からふりかえらせたりすることも，すべてこどもを理解した上でこそ可能なことである。

第２節　学習指導の順序と方向

こどもたちに，ものの見方・考え方・扱い方を育て，自然科学的な事実や基礎的な原理の理解をねらって設定した具体的な指導の目標は，各単元，各指導時間における到達点を明らかにしたものである。

これに対し，こどもたちが自分のもつ経験（過去に獲得したところの見方・考え方・扱い方，あるいは知識・能力・態度などといわれるもの）をもとにして，その目標に近づいていくしかたには順序と方向が必要である。

学習活動を進めていく場合，こどもたちにとってなんらかのめあてがなければ，自分のもつ経験をじゅうぶんに生かした自主的な活動は望めないし，それらの学習活動が，教師の設定した指導の目標に向かって，まとまっていく方向をもたなければ，こどもを育てる指導活動とはなり得ず，学習指導は成立しないといえるであろう。

それでは，こどもたちに学習のめあてをもたせ，自分の経験を意識的に生かして活動させ，しかも，それぞれの学習活動が目標に向かってまとまっていくような有効な学習指導は，どのようにすれば成立するのであろうか。

それにはまず，こどもたちに疑問や問題をもたせることである。そしてそれぞれの学習活動が，疑問や問題を解決する方向に向かい，その線にそってはっきりと位置づけられることが必要である。

こどもの考え方は，つねに問題解決のかたちで広がり深まっていくものであるから，適切な問題を設定すれば学習活動にめあてをもたせることができ，こどもの思考を筋にして，それを無理なく連続させつつ目標に迫ることができるわけで，方向が決まると同時に問題解決の筋道から指導の順序も導き出されてくるであろう。

このように，一つの問題を中心にして方向づけられ，順序づけられた学習活動が，さらにいくつも集まって一単元の学習活動が構成されるのであるから，単元全体としても順序や方向が考えられ，それぞれの学習活動がそこに位置づけられることが必要なことはいうまでもない。

単元全体の指導計画を立てる場合にも，１時間の展開を考えるときにも，どのような問題を設定して授業を展開していくかを考えなければ，学習活動の順序が決められないことになる。

逆にいえば，問題のもち方が変われば，学習活動の順序も変わってくるのであるから，こどもの思考を筋にして，それを無理なく連続させつつ目標にまとまっていくような問題を設定することが必要であるということである。

このように考えてくると，学習指導の順序や方向を決定づけるものは，こどもの見方・考え方の傾向，すなわち認識の実態であり，こどもたちの経験の輪を広げ，見方・考え方・扱い方のものさしを育てることをねらって立てられた具体的な指導の目標であるということがいえるであろう。

Ｉ　こどもの見方・考え方を出発点にする

こどもたちは，それまでに得た経験をもとにして，ある一つのイメージを形づくったり，判断を行なったりしているのであるから，それとは違ったものを持ちこむことによって，疑問や問題をもたせ，学習に対する動機づけをすることができるであろう。

たとえば，“こどもの実態”の項で述べたように，きんぎょを「赤いもの」「小さいもの」ととらえている１年生のこどもたちに，それとは違った黒色，橙色，あるいはまだらなものや，大きさの違ったきんぎょを見せる。「こんな色のものもきんぎょなのだろうか」「ずい分大きいけれども，これもきんぎょなのかな」など疑問をもたせれば，それを解決していくために，ひれの形や動きの様子，口やえらぶたの動き，さらに食べものなどにも着目させることができる。

このような見方をさせることは，第1学年の目標である「自然をありのままに見る」ことや，「生物の性状や生活の目だった様子に気づく」ことに一歩一歩近づくことになるのであるから，学習のはじめに色の違ったきんぎょをもち込んだことは，学習に順序や方向を与える上に大いに役だったことになり，それは，こどもの見方・考え方を出発にすることによって可能になってくる。

また，第2学年の「物の浮き沈み」に例をとって考えてみよう。

ここでのねらいは“具体目標の設定”の項で述べたように，浮き沈みの現象の観察を通して，物を認識していく基準になるところの重さ，形，かさなどの要素に対する見方を深めていくことであるが，それには，どんな問題を設定し，どんな学習活動からはいったならばよいのであろうか。

学習指導要領の内容には，

(ア)　茶わんやさらのような形のものは，水面に置く場合，その置き方によって，水に浮かんだり沈んだりすることに興味をもつ。

(イ)　油粘土などで船を作って水に浮かべ，水に沈むものでも，形によっては，浮く場合があることに気づく。

の二つがあげられているが，このいずれからはいったならば，こどもに問題をもたせ，目標にせまる有効な学習指導が展開できるであろうか。あるいは，これ以外の内容を考えなければ，こどもの思考を筋にして，それを連続させつつ目標にせまるような問題を設定できないのであろうか。

ここで，浮き沈みについてのこどもの見方や考え方を想定してみることが必要である。

物の浮き沈みという現象については，第1学年の「冬の天気」あるいは「水と氷」といった学習の中で，氷が水に浮く様子を見ているし，日常生

活の中でもいろいろなものの浮いたり沈んだりすることを経験している。

しかし，水の中に入れたとき，浮くものや沈むものがあるという漠然とした見方をしているにすぎず，みかけの大きさや重い軽いの感じ方によって処理し，浮き沈みが，形によるものか，重さ，または大きさによるものかはは っきりしていない。ものを見たり考えたりする基準となる形・大きさ・重さが混然となっているわけである。

そこで，授業を展開するに当たっては，それらの要素を分けざるを得ないという順序が必要となってくる。

すなわち，浮き沈みという現象の中で，形・大きさ・重さなどの要素をこどもに意識させるために，質が同じで大きさの違うものや，重く感じられても浮くもの，軽くても沈むものなどいろいろなものを水に浮かせてみることがまず必要なわけである。

わたくしたちが，第2学年「物の浮き沈みに関心をもつ」の単元名を，“浮くもの・沈むもの”としたことも，第1次の指導に“いろいろなものの浮き沈みを調べる”を取り上げたことも，こどもの見方・考え方を出発点に置き，その思考を連続させつつ目標に迫る展開を考えようとしたことによるものである。

Ⅱ　こどもの見方・考え方でつなげる

こどもの見方・考え方を出発点にして疑問や問題を設定し，学習に対するめあてをもたせて方向が決まったならば，次には，そこへ到達するまでの順序が必要である。いわゆる，教材の内容をどんな順序で配列するのかということであり，こどもの側からいえば，問題解決の筋道をどうとるかということになる。

こどもの経験を足場にし，その見方や考え方を出発点にして問題を構成したのであるから，問題解決の筋道——学習指導過程——も，こどもたち

の経験を積極的に参加させ，こどもの思考を筋に，それを連続させながら目標に迫っていくようなくふうや配慮が必要なことは当然である。

たとえば，「浮くもの・沈むもの」の学習において，いろいろなものを水の中に入れ，浮くか沈むかを調べることにより，形・大きさ・重さなどを印象づけたならば次にはこの中の何に着目させることが，こどもの思考を連続させるのに適しているかを考えなければならない。

これを決定づけるものはこどもの見方・考え方の傾向すなわち認識の実態である。

そこで，わたくしたちは，こどもの実態と教材のねらいとの関係から，下図のような学習構造を考えた。

こどもたちは，大きいものは重く，小さいものは軽いものだと考えたり，同じものでも，形を変えると重さも変化するのではないかと考えたりして，形・大きさ・重さを分けて考えられないのが実態である。（こどもの実態の項参照）

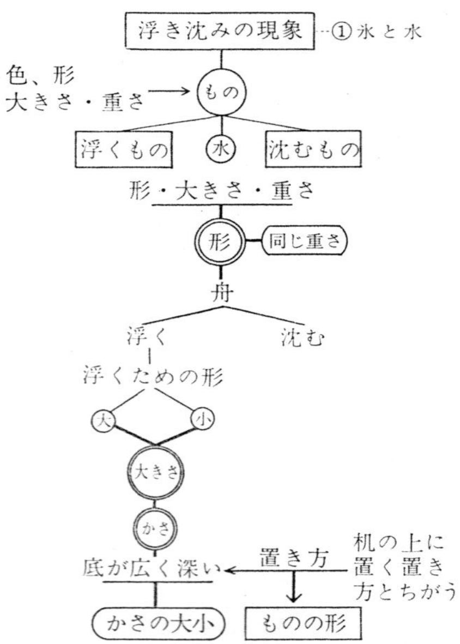

そこで，同じ重さという条件を与えることによって，“重さ”という要素を一つ整理してやれば，残る問題は“形”と“大きさ”の二つになると考えた。

これを“浮くもの”として取り上げた場合には，浮くもの＝船といった連想をするこどもの実態から考えて，そこには当然“形”という問題が残ってくる。問題を追

求していく手がかりを“船—形”に求めることが妥当であるということになる。

船を取り上げた場合，“浮く”ということがこどもの関心の焦点となるので，こどもたちは“浮くための形”をくふうするであろう。そこには当然大きさ——かさが問題になり，“かさ”を追求していくと，底が広い，ふちが高いなど，再び“形”が問題になりながら，かさの大小がはっきりしてくる。

さらに，上向き，下向き，あるいは机の上に置くときと，水面への置き方とを比較することから，水平・鉛直などの関係を含めた空間的な見方に立って，“形”を抽象していく方向へ発展させることができるであろう。

このように，こどもの思考をつなげていくことを中心にして学習の構造を考えてみると，次のような展開の順序が導き出される。

① いろいろなものの浮き沈みを調べる。
② 油粘土の形を変えて浮くようにする。
③ 水に浮く形のものの，置き方による状態の違いを，机の上などと比較しながら調べる。

以上，こどもの思考の発展を軸にして指導の順序を考えてみたが，提示する事物・現象によって思考の進む方向も変わってくるのであるから，教材のねらいに迫るためには，材料を吟味したり，条件を設定したりするくふうや配慮の必要なことはいうまでもないことである。

Ⅲ　展　開　計　画

教材のねらいと，こどもの実態とを軸にして指導の順序と方向を考えてきたが，これをさらに具体的なものにするため，単元の全体計画および毎時の展開計画を作成した。

全体計画案は，こどもの思考のまとまりによって第１次，第２次……に

分け，単元の具体目標をさらに細分した目標，目標達成のためのおもな学習活動，指導に要する時間を記入したものである。

第２学年「浮くもの・沈むもの」の全体計画案は次のとおりである。

次	目　標	おもな学習活動	時間
第一次	1　ものには水に入れたとき浮くものと沈むものがあることに気づく。 2　重さ，大きさ，形が変わっても，浮き沈みは変わらないことに気づく。	1　大きさ，質，形の違ういろいろなものについて，浮くか沈むかを予想する。 2　実際に水に入れて，予想を確かめる。 3　重さ，大きさ，形を変えて，浮き沈みが変わるかどうか調べる。 ・同質のものの重さ(量)を変える。 ・同質のものの大きさを変える。 ・平板と塊状のもので調べる。	四十五分
第二次	1　水に沈む油粘土も，さらや船の形にすれば浮くことに気づく。 2　沈みにくい形は，中のかさが大きいことに気づく。 3　かさや形が変わっても，重さは変わらないことに気づく。 4　水に沈むものでも，形によって浮く場合があり，それは，中空の形であることに気づく。	1　油粘土を浮くようにくふうする。 2　沈みにくい形と沈みやすい形とを比較して調べる。 3　沈みにくい形になおす。 4　沈みにくい形は，かさが大きいことを確かめる。 ・ビー玉を入れてみる。 ・中にはいる水の量を調べる。 5　形が変わっても，重さは変わっていないことを確かめる。	四十五分
第三次	1　浮き沈みが，形によるだけでなく，水面への置き方にも関係することに気づく。 2　水面へ置く場合はななめでも，浮いているときは水平になっていることに気づかせる。 3　形には，上下・左右があることに気づかせる。	1　茶わんやさらを浮かす置き方を考える。 2　茶わんやさらの水面への置き方を変えて，浮き沈みの状態を調べる。 ・上向き，下向き，横向き，ななめなど。 3　机の上に置くときと，水面へ置くときでは，安定の状態が違うことを，確かめる。 ・大きさの違うもので調べる。 ・形の違うもので調べる。	四十五分

第３節　指導細案とその実践例

Ⅰ　指導細案とは

単元の全体計画案ができると，いよいよ学習指導を実践に移すための，毎時の展開を計画することになるが，この際特に吟味すべきことは，教師の行動（発問，実験・観察の指示，使用する教具・材料の選択など）に対するこどもたちの反応である。

毎時の展開の順序や方向も，教材のねらいとこどもの実態とを軸に計画されることはもちろんであり，単元の全体計画を立てる際に当然考えられてきたことであるが，これではまだ，全体に対しての見通しができた程度である。

実際の指導の場面でのこどもたちは，教師の発問や，提出する教具・材料などの種類，提出する時期，実験・観察の方法やその程度などによって，思考が停滞したり，発展の方向が変わったりする。したがって，毎時の展開を計画するにあたっては，これら教師の発言や行動に対するこどもの反応を予想し，こどもの思考が無理なく目標へまとまっていくような配慮が必要である。

わたくしたちは，毎時の展開計画の中に，こどもの思考を連続させ，ねらいに迫るための教師の発問・行動と，それに対して予想されるこどもの反応（発言・行動など）を表わすようにし，これを“指導細案”と呼ぶことにした。ここに表わされたこどもの反応は，“こどもの実態”の項で述べたような方法でとらえたものをもとにして想定したものである。

指導細案の形式は次表のようである。

学習活動	指導の要点	教師の発問・行動	予想される児童の発言・行動

Ⅱ　発問のくふうとこどもの反応の想定

こどものもつ経験と，教師の用意した経験（授業の中における実験・観察・飼育・栽培などを通して得られるもの）とを，こども自身が結びつける過程で，ものの見方や考え方・扱い方を訓練していくためには，こどもたちの考え方の中にあるものを引き出し，それを組織づけていくような操作が必要であり，授業中における教師の発問はその有効な手段の一つである。

こどもたちは，過去の経験を基盤にして，ある一つの見方や考え方をもってはいるが，それらは直感的であり，漠然としたものであるから，それを意識化するための有効な発問を用意したり，こどもの思考を連続させつつ，目標の方向へまとめていくよう，発問の順序をくふうしたりすることが考えられなければならない。

実際の授業における教師の発言の多くは，ともするとひとりのこどもとの対応（一問一答）に終わってしまったり，事象の解説が中心になってしまう。そのため教師の発言の回数が多くなり，こどもたちに考える場を与えない結果になりがちである。

わたくしたちは，特に次のような点に重点を置いて発問をくふうし，指導過程の中に位置づけるようにした。

○こどものもつ経験を意識化し，そこに疑問や問題をもたせるような発問であること。

○こどもが過去の経験を足場にし，事実に基づいて考えられるような発問であること（想像や思いつき，聞きかじりなどで答えるものではないこと）

○こどもの理解の筋に即し，こどもの思考を連続させつつ目標にまとまるような発問であること。（授業のはじめの第１問の内容が授業の最後まで連続し，発展していくようなものであること）

これらの条件を満足させるような発問をくふうするには，絶えず，教師の発問に対してこどもがどんな考え方をするのか，その反応を想定していくことが必要である。一つの発問に対して，こどもがどのように反応するかを想定し，そこでの見方や考え方がさらに次の学習へつながるような第２，第３の発問が用意されなければ，こどもの思考の筋に沿った有効な学習指導は展開できない。いわば，こどもの実態に即した教師の発問が必要であるということである。

こどもたちの経験や思考を無視し，それとの結びつきを考えない発問からは，自分の経験を足場にしての自主的な学習活動は望めず，経験を意識してまとめあげ，新しいものをつくり出す創造的な思考を育てる場にもなり得ない。そのような発問では，どうしてもこどもにとっては取り組むことのできない問題になってしまい，次に求められることは，教師の解説や，「ああしなさい」「こうしなさい」といった指示以外に，授業を進めていく手だてがないからである。

例を第２学年の「浮くもの・沈むもの」にとって考えてみよう。

ここでのねらいは，直観的なしかたで漠然とみていた「もの」に対して，水の中に入れると浮いたり沈んだりするものであるという状態を見せることにより，「形」「大きさ」「重さ」など，いくつかの要素を意識させ，それらを尺度に，「もの」をはっきりとみるようにさせることである。

このねらいに迫るためには，ものを浮かせたり沈めたりする遊びの中で「形」「大きさ」「重さ」ななどを意識させることが必要で，それには「どんなものが浮くのか」「どんなものが沈むのか」との 発問では じゅうぶんではない。この発問に対して予想されるこどもの反応は，「木が浮く」「つみ木も浮く」「粘土は沈む」「くぎも石も沈む」など物体の違いを意識するであろう。

物体の違いを基準にして，浮き沈みの状態の違いをとらえたこどもに，「形」「大きさ」「重さ」を意識させ，その観点から浮き沈みをみさせていくようにするには，次にどんな発問を用意すればよいのであろうか。

「浮いている木を もっと大きくしても 浮くだろうか」，「沈んだ粘土を小さくしたらどうだろう」と 問題をなげかけても，「木だから浮く」，「粘土は小さくしても，やはり沈んだ」など，物体を中心にした考え方が続くと思われる。

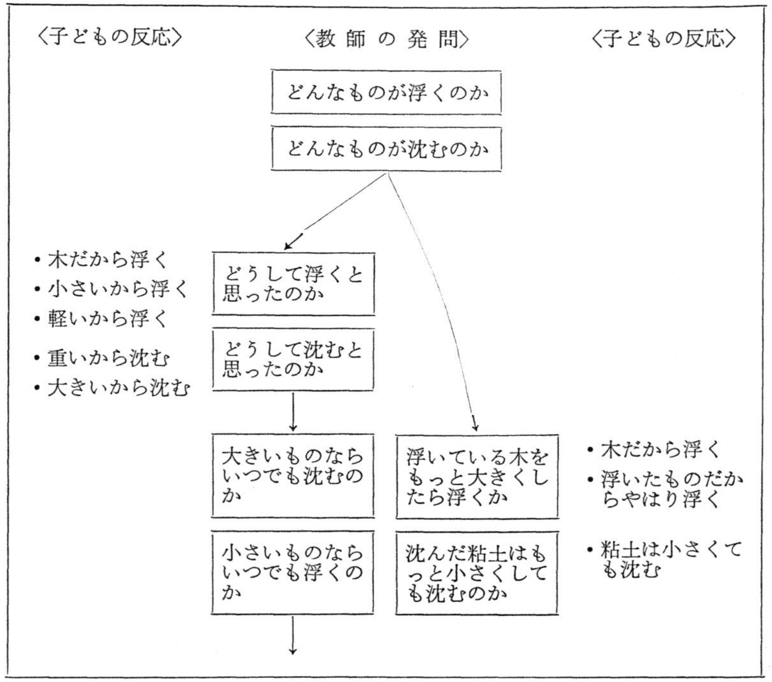

「どんなものが浮くのか」「どんなものが沈むのか」との発問にとどまらず，「どうして 浮くと思うのか」あるいは「どうして 沈むと思ったのか」との発問を用意し，浮き沈みに対し，こどもたちが判断の基準としているものを引き出してやったとき，はじめて，「大きさ」「重さ」をうち出すことができるであろう。そして，「重さ」「大きさ」が意識されれば，それを軸にして，次の学習へつながるような発問も導き出されてくる。

これらの関係をまとめてみると前図のようになる。

Ⅲ　材料・器具の吟味と選択

学習の順序に従い，こどもたちの考えを目標の方向に進めていくためには，こどものもつ経験と教師の設定した教材のねらいとを結びつける操作が必要であり，その有効な手段として発問をくふうすることについて述べてきたが，授業中における教師の発問と同様に，そこで使われる材料や器具を吟味することも，こどもの思考を連続させていく上には重要な要素である。

教師の発問と同様に，思考操作の一手段として実験や観察があるのであるから，そこで使用される材料や器具も，単に，身近にあるとか，使いやすい，わかりやすいなどの角度からのみで選択されたのでは学習活動の中で有効に生かされてこない。

こどもの経験の中にあるものを意識化したり，それを連続させ，まとめあげていくのに適切であるか否かの立場から吟味し選択すべきであって，この際手がかりとするものは，こどもの認識の実態である。

以下，いくつかの事例によって述べてみよう。

○意識化する立場から材料を選ぶ，

●第２学年「浮くもの・沈むもの」の指導の中で，身のまわりのものを，浮くものと沈むものに分ける際の材料としては，次のようなものを選んだ。

すなわち，浮き沈みには，重さ，大きさ，形などが関係しているらしいことはとらえていても，それらが漠然としているこどもの実態から考え，

- 軽そうに見えても沈むもの…………１円硬貨，消しゴム
- 重そうに見えても浮くもの…………角材(大)，ろうそく(大)
- 同質のもので大きさの違うもの……消しゴム(大，小)，ろうそく(大，小)，つみ木(大，中，小)
- 浮いたり，沈んだりするもの………さら

などを意図的に選んで，こどもたちの考えの中に，形，大きさ，重さなどを意識づけるようにした。

浮くと思われるもの	沈むと思われるもの
ろうそく(小)	ろうそく(大)
消しゴム(小)	消しゴム(大)
1円硬貨	1円硬貨
つみ木(大，中，小)	つみ木(大)
皿	皿

予想したこどもの反応は，左表のとおりで，こどもたちは，自分の考えたことが実際に水に入れてたしかめた結果，違っていた場合，おぼろげだった，大きさ，重さなどをはっきり意識するのではないであろうか。

- 油粘土の形を変えて水に浮くようにし，ものの形やかさに着目させる学習の際，粘土の量をどの程度与えるかが問題になる。

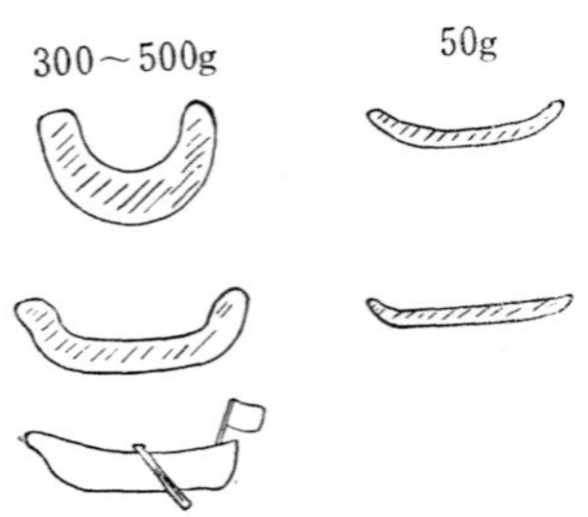

300g～500g の粘土を与えた場合は，こどもたちの手先の能力からいって，中空の形が浮くことがわかっていても，量が多いために厚みのあるものができ，なかなか浮くようにならない。また，船の形を作ったときなど，余分の粘土で，オール，マストなど付属物をつけるものも出てくる。

逆に，50g 程度と，その量が少なすぎた場合には，すぐに薄くなり，ふちが高くなくともほとんどが浮くようになる。

これでは浮くことが「形」に関係していることや，「かさ」の大きいことが浮きやすいなど，「形」「かさ」を意識しないで終わってしまう。

わたくしたちは，これらの関係を吟味し，100gの粘土を選ぶようにした。

○思考を連続させる立場から材料を選ぶ。

- 油粘土の形を変えて浮かす学習において，こどもたちが使用する粘土の量を 100g にしたことは 前述したが，こどもに与える粘土の量は，どのこどもの量も一定にし，しかも，それを全部使用して一つの形のものを作らせるようにした。

これは，形が変われば重さも変化するのではないか，軽いから浮くのだろうなどと考えるこどもたちに，重さが変化して浮くようになったのではないことをはっきり意識させ，形──→かさへ思考を進めるための配慮である。

すなわち，形，大きさ，重さなどの要素の中から，“重さ”という要素を一つとり除き，条件を整理することによって，思考を進めやすくしたわけである。

また，でき上がったものが「かさ」の大小によって，沈みやすかったり，沈みにくかったりしたとき，ここでも“重さ”が関係していないことを再度確認する意味で，両者を簡単なはかりやてんびんで比べ，相対的な重さは同じであることをたしかめるようにした。これも，こどもの思考を，形──→かさへ進めるための操作の一つである。

- かさの大小を比較する方法として，中にはいる水の量や，浮かべたときにのせることのできるビー玉の数などを比べるようにした。

これは，よく浮くものは，ふちが高い，底が広いなど「形」によるものであり，そのことはけっきょく，中が広い──→かさが大きいことの考え方

に進めることになると考えたからである。

なお，中にはいる水の量は“体積”として比較するのではなく，液量計などの水面の高さで，相対的な量を比べるようにした。

Ⅳ　学習指導案

こどもの認識の実態と，全体構造における位置づけを明らかにした教材との関係から，具体的な指導の目標を設定し，こどもの考えが連続し，まとまるように指導の順序をくふうして，学習指導過程を考えてきたが，これが具体的に表わされるのは，“学習指導案”と呼ばれるものである。

目標達成のための指導の筋道を，こどもの見方・考え方に即して計画したものであるから，ここには，すでに述べたような教師の発問，材料・器具の選択，操作の方法や順序などについてのくふうが現われているわけである。

わたくしたちは，これらを「単元の見方」「指導にあたっての留意点」「教師の発問・行動」として現わすようにした。

○単元の見方

理科の目標，学年目標，領域の目標などや，素材の性格，こどもの実態などから，どのように教材を構成し，全体計画の中に位置づけたかを現わそうとした。

○指導にあたっての留意点

指導の重点，特に育てたい見方・考え方・扱い方，あるいは，こどもの実態に即してくふうした指導の順序，材料・器具の吟味，実験・観察の操作の方法やその程度などを現わすようにした。

以下，第1学年から第6学年まで，各一単元を実践の中から選び出し，学習指導過程の設定についてのまとめとしたい。

第1学年　理科学習指導案

1　単　元　名　ふんすい

2　単元の見方　ふんすい遊びをしながら，どんなときに水がよく上がったか，どんなときに水が上がらなくなったかをみつけ出させ，それが水源の高さや，水の出口の太さなどに関係していることに気づかせたい。

こどもたちは，水については，各種の容器にたまった状態や「流れる」「こぼれる」などの現象に接し，容易に形のきまらないものといったとらえ方をしていると考えられる。なかには，公園でふん水をみたり，水道の蛇口につないだホースの先をつまんで，水を遠くへ飛ばしたりした経験をもっているものもあるかもしれない。ここではふんすい遊びをしながら，容器にたまった「たいらな状態」の水が細い管の中を流れ，さらに管口から棒のようになって，下から上へ，上がるといった水のいろいろな状態に触れさせるとともに，水源の高さや管口の太さによって，水の上がり方が違うことに気づかせる。

ここで得た水についての経験は，第1学年「土地の高低」第2学年「雨水のゆくえ」「水ぐるま」などの学習と第3学年「水でっぽう」第4学年「ポンプ」や「川の水の流れ方」「川や海の水のはたらき」などへ発展し，水の性質の理解が広がり深まっていくと予想される。

3　指導にあたっての留意点

○水のいろいろな状態については，こどもたちは，無意識のうちに経験していることであるが「高くあがる」ということを意識の表面にのせてやる取り扱いが必要である。

○噴水が「なぜ高く上がるのか」と原理を追求するのでなく「どうすれば高く上がるか」とあくまで事実の発見に指導のねらいをおく。

○水源を高くした場合，子どもたちは「管の長さ」と関連させてとらえることも考えられるので，管の長さには関係がないことを明らかにする取り扱いが必要である。

○水源を上げると棒のような形になる。水源を下げると形がくずれる。という点をはっきり見させるべきである。

○水源の上下と，管口の上下との間に共通なものがあるという考え方は，こどもに直感的にとらえさせる必要がある。

○高さを極端に高くしたならば，こどもの興味はいっそう高まり，その違いもはっきりわかる。こどもは自分の手のとどく範囲のことしか考えないから，もっと広い見方を与えるためにも，この方法は必要である。

○特に，ここでは，形のきまらない水を棒のように立てるということをおさえたいので水源の高さによって，噴水の上がり方が違うことを気づかせる取り扱いからはいり，次に，管口の太さを変える指導にはいるように考えた。

4　単元の目標

(1)　噴水の上がり方は水源の高さが高いほど，水源と水の出口の高さが違うほど高く上がることに気づく。

(2)　噴水の上がり方は，水の出口の細いほど高く上がることに気づく。

(3)　水源の高さや水の出口の太さをくふうして高く上がる噴水をつくることができる。

5　指導計画

第1次（45分）　水源の高さを変えて高く上がる噴水をつくる。

第2次（45分）　水の出口の太さや，水源の高さを変えて，高く上がる噴水を作る。

1　本時の目標　　ふんすい遊びをしながら，ふんすいの上がり方は，水源の高さにより違うことに気づく。

2　本時の展開　　（第1次の第1時）

学習活動	指導の要点	教師の発問・行動	予想される児童の発言・行動
1 水の形についての経験を話し合う。	• 水の形は，いろいろ変わることを，はっきりさせる。	• （ビニールの袋に入れた水を，おさえて，いろいろな形に変えてみせる。） 。この水を柱のようにできないか。 。水はどんなになってでていたか。	。ホースを使うとよい。 。ふんすいのようにするとよい。 。下から上へ出ていました。 。水の柱のようになっていました。
2 ふんすいを作って高く上がるように，くふうする。	• 高く上がるように，自分たちでくふうさせる。	• では，先生が水の柱をつくって見せる。 （管を横にしてやる。） （管の先を上向きにして水を出す。） 。どうやったら柱のようになるだろうか。 （水の容器，管と水のとめ方，場所やグループについて指示する。） （自由にふんすい遊びを	。水が出ない。 。水がくずれている。

学習活動	指導の要点	教師の発問・行動	予想される児童の発言・行動
		させる） 。高い柱ができるように，くふうしてやってごらん。	。（ふんすいをつくって水をとばしたり，高く上げたりする。）
3 管の口を上げたり，下げたりして水の上がり方がかわるようすを見る。	• 管口の太さを変えないようにさせる。 • 管口が下がると水柱が高くなり，棒のようになることに気づかせる。	• どうやったとき，ふんすいが高くなったか，○○さんいってごらん。 。管の口を高くするとどうなったか。 • だれのふんすいでもそうなるか，もういちどやってみよう。 • こんどは，先生が大きいのでやってみる。	。管の口を下にさげるとよい。 。柱が小さくなる。 。低いふんすいになる。 。水が出なくなる。
4 水源の高さを変えると水の上がり方がかわる様子を見る。	• 管口と水源のへだたりから，管口を下げるかわりに，水源を高くしてもよいことに気づかせる。 • 極端に高い所に水源をあげて高さを印象づける。 • 水源と管口のへだたりが，ふんすいの高低に関係し，管の長さに関係がないことに気づかせる。	。管の口を動かさないで，高く上がるふんすいがつくれないか。 • かんは動かしてもいい。 • ではやってみよう。 。管を高くすると管の口を低くしたときと同じように高く上がるふんすいができたね。もっと高く上がるふんすいが作れないか。 • それでは，きゃたつの上に先生の管を上げて，ふんすいをつくってみる。 。先生のは，管が長いから高くあがったのだろうか。 。（管を横に延ばして水を出してみせる。）	。水をいっぱい入れるとよい。 。口をとめていちどに流すとよい 。管を傾むけるとよい。 。管を長くするとよい。 。管を高く上げるとよい。 。管をもっと高いところへ上げるとよい。 。そうだ。違う。 。管を高くし，管の口を低くしないとだめだ。

１．本時の目標　　水の出口の太さや，水源の高さを変えて高く上がるふんすいをつくる。

２．本時の展開　　（第２次の第１時）

学習活動	指導の要点	教師の発問・行動	予想される児童の発言・行動
1 水源を高くしたら，噴水が高く上がった。ほかの方法で高く上がる噴水がつくれないか話し合う。	◦前時のまとめで水源をきゃたつの上に置いてふんすいを作った。本時はそれよりも，もっと高い噴水を作りたいという問題を与え，めいめいの道具でためしてみることにする。	◦この間，ふんすい遊びをしたね。ふんすいを高く上げるにはどうやったのか。 ◦この間，いちばん終わりに先生がこういうふんすいを作ったね。（きゃたつの上に水源を置いたふんすいを作る）高さを計っておこう。（水柱の高さを棒で計り，その部分に色をぬっておく）この間はこれだけ上がったよ。	◦管の口を下に下げた。 ◦水のいれものを高く上げた。
	（用意） •児童の実験器具（ふたりで一つずつ）あきかんに穴をあけビニルホースをつけたもの。 •児童用机 •先に穴のついたキャップ２個ずつをふたりに一組ずつ。 •きゃたつ（大小２台）	◎きょうはもっと高く上がるふんすいを作ろう。できるだろうか。 •ほかのやりかたはないかな。 ◎いまみんなが持っている道具でやるにはどうしたらいいだろう。やってごらん。	◦水のいれものをもっと高くすればいい。 ◦管の口をもっと下にすればいい。 ◦ホースを長くする。 ◦ホースを太くする。 ◦水をもっとふやす。 ◦（各自の噴水で高く上がるくふうをする。
2 管口の太さを変えて，水の上がり方を見る。	◦管口の大小と水柱の高さとの関係を調べさせる。 ◦管口を指でおさえることは水の出口を小さくすることである点に気づかせる。 ◦人に水をかけないように注意する。	•○○君のがよく上がったね。どんなにやったのか。 ◎先をつかむとよく上がるかどうか，みんなでやってみなさい。 •先をつまむとホースの先がどうなるか，よく見てごらん。	•先をつまんだ。 •よく上がる。 •水が出ない。 •横に飛び出す。 •穴が小さくなっている。 •穴が平たくなっている。

学習活動	指導の要点	教師の発問・行動	予想される児童の発言・行動
		◎鉛筆のキャップに大きい穴と小さい穴をあけたのをあげるから二つで比べてごらん。 •水の出るところが小さいほうが高く上がるね。	◦（ふたりずつ組になって，穴の大きさの違うキャップをつけて比較する。）
3 管口の太さ，位置，水源の高さをかえて，高くあがる噴水をつくる。	◦管口の太さをかえた場合，管口の高さや，水源の高さがふんすいの上がり方に関係することに気づかせる。	•今までにわかったことを考えながら，だれのがいちばん高く上がるか，比べっこをしよう。 ◎（管口をなるべく低くしようとしている子をさし）○○君のが高く上がっているね。どうやっているか見よう。 ◎もっと高く上げるにはどうしたらいいだろう。	◦（高く上がる噴水をつくる。） ◦管の口を地面につけようとしている。 ◦水のいれものを高くすればいい。
4 教師のふんすいを見ながら学習内容をまとめる。	◦教師の作る噴水を見ながら。 管の口が小さい。 管の口が低い。 水源が高い。 とき，噴水の上がり方がどうなるかをはっきりつかませる。	•先生が，大きな方のきゃたつに，いれものを置いて，高いふんすいを作ってみるよ。 •管の先に何もつけないでやってみるよ。 ◎２本の管に穴の大きさの違うキャップをつけるから，どっちに小さい穴のキャップをつけたかあててごらん。 •なるべく水のいれものを高いところに上げて管の先を小さくすれば，高く上がるふんすいができるのだね。	◦あんまり高く上がらない。 ◦太いふんすいができた。 ◦（ふんすいの高さを見て，穴の小さい方をあてる。 ◦（水柱の高さを計って，はじめの時より上がったことを確認する。）

第２学年　理科学習指導案

1　単　元　名　浮くもの・沈むもの

2　単元の見方　身近な材料を使って物の浮き沈みの様子を調べ，具体的な物について，もっている重さについての感じ方や見かけの大きさでは浮き沈みは決められないこと，さらに沈むものでも形を変えたり，置き方をくふうすることにより浮くようにすることができることなどに気づかせ，「重さ」や「形」に注意を向けさせていくことがねらいである。

こどもたちは，どんなものが浮き，どんなものが沈むかということは，経験のあるものについてはかなり明確にとらえている。しかしその判断は物のもつ本質的な性質によるものよりも，見かけの大きさや，自分で感じる重さを基準にしている場合が多く，同質のものでも「形」を変えると「重さ」も変化するのではないかと考えたりして「形」や「大きさ」「重さ」が混とんとしている。

そこで，ここでは大きさや重さの違うものを水に入れ，いつでも浮くものや，どんなにしても沈むものに分けたり，沈むものでも形を変えれば浮かすことができること，浮く形のものも水面への置き方によって，浮き沈みが変わることなどを経験させる。

このことは「こま」「やじろべえ」などの学習経験とともに，こどもたちがばくぜんととらえていた「重さ」と「大きさ」の関係や「形」というものを次第にはっきりさせ，第４学年「物の浮き沈み」「てんびんのしくみとはたらき」へ発展するものである。

３　指導にあたっての留意点

○物の浮沈を見かけの大きさや，感覚的な重さによって判断する傾向が強いので，浮き沈みがそれらに関係がないことをつかませる必要がある。

そのためには，同質のものの大きさを変えたり，感覚的に重そうでしかも浮くものや，軽く感じられるものでも沈むものなどを材料として選ぶことが望ましいと考えた。

○沈むものが浮くようになるのは「形」が関係していることを明確にするために浮くものか沈むものかをはっきりとらえさせてから「沈むもの」を「浮かす」学習の順序を考えた。

なお，その際「形」が変わると「重さ」も変化すると考える傾向が強いので，「重さ」が変化していないことを明らかにするため「かたまりの粘土」と「浮く形にした粘土」の重さをはかりを使って比較するようにした。

○「形」をより明確にするため，形の上下・左右（水平・垂直）にも目を向けさせる。そのためには，茶わんやさらなどが，水面上と机上では，同じ置き方をしても安定の状態が違う様子を観察させるようにした。

４　単元の目標

(1)　物には，水に入れたとき浮くものと沈むものとがあり，それらは，大きさや重さを変えても浮き沈みは変わらないことに気づく。

(2)　粘土の形を変えて浮かすくふうをし，水に沈むものでも形によっては浮く場合のあることに気づく。

(3)　茶わん・さらのように水に浮く形のものは，水に浮かすときの置き方と，机

などの上への置き方では違いのあることに気づく。

５　指導計画

第１次（45分）　身のまわりのものの浮き沈みを調べる。

第２次（45分）　油粘土の形を変えて，水に浮くようにする。

第３次（45分）　茶わん・さらなどで，水面への置き方の違いによる浮き沈みの様子をみる。

１　本時の目標　　ものには水に入れた場合，浮くものと沈むものとがあることに気づく。

２　本時の展開　　（第１次の第１時）

学習活動	指導の要点	教師の発問・行動	予想される児童の発言・行動
1 教師が用意したものについて，それが水に浮くか沈むかを予想する。	◦みかけの大きさや，重さの軽重だけが，ものの浮き沈みに関係するものではない，ということをこどもたちの意識にのせるよう，話し合いを導びく。	◦どんなものが水に浮き，どんなものが水に沈むかを調べよう。 •これは（教師が用意したもの）水に浮くだろうか。それとも水に沈むだろうか。 •どんなものが水に浮くと思うか。	◦大きいから沈む。 ◦重そうだから沈む。 ◦小さいから浮く。 ◦軽そうだから浮く。 ◦木，竹，コルク
2 実際に水に入れてみて，浮くか沈むかを確かめる。	◦実験を通して，調べてみなければわからないということを気づかせる。	◦浮くと思うものが沈んだり，沈むと思うものが浮いたりしたが，実際にやってみなければわからないものもある。	
3 児童の机上に用意したものを，浮くものと沈むものとに分ける。 •はじめに予想する。	•はじめに浮くか沈むかを予想させ，次になぜそう考えたのかを発表させる。	◦浮くものと，沈むものに分けてみよう。 ◦どうして浮くと思ったのか，沈むと思ったのか。	◦粘土は重いから沈む。 ◦ローソクも沈む ◦けしゴムは，小さいのは浮くが，大きいのは沈む。 ◦さらは重いから沈む。 ◦さらが浮いているのを見たことがある。 ◦つみ木は木だから浮く。 ◦一円玉は軽いから浮くと思う。

学 習 活 動	指 導 の 要 点	教師の発問・行動	予想される児童の発言・行動
4 予想したものを実際に水の中に入れてたしかめる。	◦ものには浮くものと，沈むものとがあることに気づかせる。 ◦さらの場合は，かるく扱う程度にする。		◦小さいけしゴムは浮くと思ったのに沈んだ。 ◦ローソクは沈むと思ったのに浮いた。 ◦さらに平らに入れると浮くが，立てて入れると沈む。
5 気づいたことを話し合う。	◦水に浮いたもの沈んだものを発表させて，ものの名まえを板書しながらまとめる。 ◦さらの場合は，浮くと答えたもの，沈むと答えたものの両者の意見を取り入れて，黒板の中央に別に◯を書き，その中にさらと板書，特別に扱う意図を示す。	◦浮いたものは。 ◦沈んだものは。 ◦さらは，浮いたところも沈んだところもあるが，これは別に調べることにしよう。	◦コルク，竹ばし，つみ木，ローソク，さら •けしゴム，くぎ，一円玉，粘土，さら
6 ローソクの浮き沈みについて調べる。 • 1本の場合。 •数本たばねた場合。	◦重さがかわっても水に浮くことに気づかせる。	◦たくさんのローソクをいっしょにして，水に入れたらどうだろうか。	◦浮くと思う。 ◦重くなるから沈むと思う。
7 つみ木の浮き沈みについて調べる。 •小さなつみ木1個の場合。 •大きなつみ木（4倍の大きさ）の場合。	◦大きさを変えても，浮くことに気づかせる。	◦小さいつみ木は浮くが，大きいつみ木はどうだろうか。	◦浮く。 ◦木だから浮く。
8 粘土の浮き沈みについて調べる。 ◦まるめた場合。 ◦平たくのばした場合。	◦形を変えても沈むことに気づかせる。	◦粘土をまるめて水に入れたらどうなる。平たくのばしたらどうなる。	◦沈む。 ◦平たくのばすと浮くかもしれない。 ◦やっぱり沈むと思う。

1　本時の目標　　水に沈むものでも，形によっては浮く場合があることに気づく。

2　本時の展開　　（第２次の第１時）

学 習 活 動	指 導 の 要 点	教師の発問・行動	予想される児童の発言・行動
1 油粘土を浮かすことについて話し合う。	◦前時学習した「さら」をてがかりにして浮くものの形をとらえさせる。その際，舟についての意識があれば扱う。	◦この油粘土は水に入れると沈んだね。これを浮かすことはできないかな。 •舟やおさらの形にすれば浮くようになるのかやってみよう。	◦できる。 ◦おさらのような形にすれば浮く。 ◦舟の形にする。
2 油粘土が浮くように形を変える。	◦油粘土は同量のものを用意し全部使って作らせる。	◦この油粘土はみんな同じ重さに分けてある。これを全部使って作り，できたら浮くか調べてみよう。	
3 沈みにくい形と沈みやすい形について話し合う。	◦水のはいりにくい形の類型をとらえさせる。	◦おさらや舟の形にしたら浮いたかね。 • Aさんのはこんな形（浮く） Bさんのはこんなのです（沈む） •これは浮いてこれは沈んだね。これも沈んだよ。どうしてだろうか。 •これもこれも水がはいったから沈んだんだね。水がはいらないようにするにはどんな形がいいかな。	◦浮いた。 ◦よく浮かない。 ◦すぐ沈む。 ◦重いから。 ◦水がはいったから。 ◦ふちを高くする ◦ふちを平らにする。 ◦うすくする。
4 最も沈みにくい形になおす。	◦ビー玉のはいる数によって中空の広さを比較させる。	◦水がなかなかはいらないのは沈みにくいね。沈みにくいかどうか調べるには，どんなやりかたがあるかな。 •ここにビー玉があるがビー玉ではできないかな。 •ビー玉をたくさん入れても沈まないような形になおしてみよう。	◦水を入れてゆする。 ◦石を入れてみる。 ◦できる。

学習活動	指導の要点	教師の発問・行動	予想される児童の発言・行動
5 沈みにくい形について話し合う。	∘ビー玉がたくさんはいったものは水もたくさんはいり中が広いことに気づかせる。	∘沈みにくい形ができたね。Cさんのは○こはいり，Dさんのは○こまではいった。どっちが沈みにくいかな。 •水を入れてみよう。たくさんはいったのはどっちかな。 •Dさんのは水がたくさんはいったね。 Dさんのと C さんのとは，どこが違うか。 •中を広くしたほうが	∘Dさんの方。 ∘Dさんの方。 ∘Dさんのは中が広い。 ∘沈みにくい。
6 浮くことは重さに関係ないことを確かめる。	∘かさや形が変わっても重さは変わらないことに気づかせる。	∘これは沈みこれは浮いたね。どっちが重いだろうか（はかりで計る） •同じ重さでもこんな形にすると浮くんだね。	∘同じだ。
7 本時の学習をまとめる	∘水に沈むものでも，形によって浮く場合があり，それは中空の形であることに気づかせる。	∘水に沈むものでも，浮かすことができる。どうやったら，浮くようになるか，調べたんだね。浮くようにするには •浮くようにするにはふちを高くしたり，中を大きくあけるといいということがわかったね。	∘形を変える。 ∘ビー玉がたくさんはいるような形にする。 ∘中を大きくあける。 ∘ふちを高くする。

1　本時の目標　　水面への置き方によって浮いたり沈んだりするものは，浮かすための置き方は，一つだけであることから，形には上下・左右などがあるとに気づき，水平・垂直に関心をもつ。

2　本時の展開　　（第３次の第１時）

学習活動	指導の要点	教師の発問・行動	予想される児童の発言・行動
1 どんな形のものが沈みにくいのかを話し合い確認する。	∘形を変えたことによって沈むものでも浮かすことができたことに気づかせ「形」に着目させる。	∘ねんどの形を変えて浮かそうとしたね。すぐに浮いたかな。 （前時にねんどで作ったものの中から，浮きやすい形のものを選んで確認	∘ねんどが厚いと重くて沈む。 ∘ふちが高くないと水がはいって沈む。

学習活動	指導の要点	教師の発問・行動	予想される児童の発言・行動
		する）	∘中が広くあいていないのは沈みやすい。
2 茶わんやさらを浮かす置き方を考える。	∘浮き沈みが「形」によるだけでなく，水面への「おき方」にも関係することに注意を向けさせる。	∘ふちが低かったり，中がせまかったりすると，いつでも沈んでしまうのだろうか。 •おさらは，浮かないのかな ∘ふちが高ければ，どんなおき方をしても浮くのだろうか。	∘浮くときもある。 ∘そっとおけば浮く。 ∘水がはいらないようにおけば浮く。 ∘さかさにしたら沈んでしまう。 ∘水がはいらないようにおかなければだめ。
3 さらや茶わんなどの水面への置き方を変えて浮き沈みの状態を調べる。	∘机上に置くときには，「さかさ」でも「横」でも安定させることを示し，水面上と，机上の違いを，はっきり意識してから作業にとりかからせるようにする。 ∘水面へ置く場合は，斜めであっても，浮いているときにはいずれも水平になっていることに気づかせる。	∘机の上に置くときは，ふちが高くても低くても，いろいろな置き方ができる。 水の上でも，もっとほかの置き方ができないか，やってみよう。 （結果を児童に発表させる） •茶わんは，斜めにおいても浮くのか，もう一度やってみよう。 •浮いている時も斜めか	∘机の上では，裏返しでもおける。 ∘茶わんは横にしてもおける。 ∘上にむけたときだけしか浮かない。 ∘さかさにおいたら沈んだ。 ∘さかさにおいても沈みながら上向きになる。 ∘茶わんは少し斜めに入れても浮く。 ∘おさらは斜めにするとすぐ沈む。 ∘水が少しはいっても浮く。 ∘あまり斜めにすると沈んでしまう。 ∘浮いているとき

学習活動	指導の要点	教師の発問・行動	予想される児童の発言・行動
		な。 ・おさらでも同じだろうか。やってみよう。	は平らになる。 。斜めに入れると浮かない。 。浮いているときは平らになる。
4 机の上と，水面上とでは，物の置き方による安定の状態が違うことを，大きさ，形を変えて確かめる。	。水面への「置き方」を問題にしてきたが，これはけっきょく，形に上下(左右)があることに気づかせるための方法であるので，できるだけ，その方向に注意を向けさせる。	。水の上に置くときは，いつでも上向きにしか置けないのだろうか。 大きさや形の違うものでやっても，そうだろうか。 （粘土の量を変えて作った器や，弁当箱などで確かめる。）	。大きくても，小さくても上向きのときだけ浮いている。 。たいらな形のものは，水の上でも，机の上でも同じ。 。たて長だと，倒れやすい。

第３学年　理科学習指導案

1　単　元　名　　紙玉でっぽう水でっぽう

2　単元の見方　　紙玉でっぽうや水でっぽうを作り，ピストンを押すと，紙玉や水の飛び出すことから，空気は押し縮めやすいが，水は押し縮めにくいことや，すきまのある所にはいりこみやすいことなど，空気や水の性質に気づかせるのがねらいである。

　空気については，「風車の形や，風の向きとまわり方の関係」「はねの数や大きさと，落ちる速さ」さらに「落下さんのかさの大きさ，開き方と落ち方」などの現象から，その存在や抵抗に目を向け，「ゴム風船や，ボール」などにとじこめられたものや，「はずむ」「手ごたえがある」「勢いよく出る」などの感覚的なものから，水中において「あわ」となって見える空気などによってはっきりとその存在や働きを意識してきている。

　水についても「ふんすい」「土地の高低」「水車」「雨水のゆくえ」などの学習経験から，「形」の変えやすいもの，高い所から低い所へ流れるものなど，その性質に気づいている。ここでは，とじこめられた空気は，押し縮めることができる，押し縮められた空気は，縮められるほど，はねかえそうとする力が強くなること，水は押し縮めにくいことなどを，紙玉でっぽう，水でっぽうを使って経験させ空気や水の性質を気づかせる。

　このことは第４学年の「ポンプ（空気室のある）」「空気の膨脹」。第５学年の「暖められた空気は軽くなる」などとともに，空気の性質を考えていく手がかりになる。また，第４学年の「ポンプのしくみとはたらき」などへ発展する。

3　指導にあたっての留意点

○水と空気の性質についての共通点，相違点を明確にするために，空気の性質を紙玉でっぽうを使って調べ，空気を尺度として，水の性質を見ていくようにした。

○玉がよく飛ぶ，水がよく飛ぶようにくふうさせるなかに，工作面のシリンダーの長さ，押し棒の長さ，柄の取りつけ方，穴の大きさなど。遊びの面からの玉の紙の質，水のしめし方，玉の大きさ，水の量，押し方，などを含ませた。

　紙玉でっぽうを作り，水でっぽう作りでは，押し縮められた空気の様子や水の様子が観察できるよう，透明なシリンダーを用意し，特に，あと玉が先玉を押しているのではないことに気づきやすいようにした。

○紙玉でっぽうを作り，じゅうぶん遊ばせ，その遊びの中から新しい問題をもたせるようにし，その問題を解決するために，さらに遊びをくふうするようにした。

4　単元の目標

(1)　紙玉でっぽうを作り，玉がよく飛ぶようにくふうする。玉は押し縮められた空気の力で飛ばされることに気づく。

(2)　水でっぽうを作り，水が吸い込まれたり，押し出されたりするしくみがわかり，ピストンで押された水は穴から飛び出ることに気づく。

(3)　すきまのあるところに水も空気もはいるが，空気は押し縮めやすいが，水は押し縮めにくいことに気づく。

5　指導計画

第１次（45分）　紙玉でっぽうを作って，紙玉を飛ばす。
　　　（45分）　紙玉の飛ぶわけを考える。
第２次（45分）　水でっぽうを作って，水の飛ぶわけを考える。
　　　（45分）　水のすいこまれたり，押し出されたりするしくみを考える。

1　本時の目標　　紙玉でっぽうを作り玉がよく飛ぶようにくふうする。

2　本時の展開　　（第１次の第１時）

学習活動	指導の要点	教師の発問・行動	予想される児童の発言・行動
1 教師の作った紙玉でっぽうを打って見せる。	。紙玉でっぽうを作る意欲を起こすように導く。	。これを紙玉でっぽうというのだよ。 。きょうはよく飛ぶ紙玉で	

学習活動	指導の要点	教師の発問・行動	予想される児童の発言・行動
		っぽうを作って飛ばしてみよう。	
2 用意しておいた模型の紙玉でっぽうを見る。	◦紙玉でっぽうの各名称を知らせる。 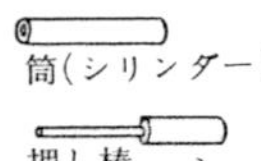 	◦名まえがわからないとあとで皆が話し合うとき困るので名まえをつけよう。	
3 紙玉でっぽうを作る計画を立てる。 4 紙玉でっぽうを作る。	◦シリンダーの長さを考え，押し棒の長さ，押し棒を柄に取りつける方法などを考えさせる。 ◦押し棒の長さと，シリンダーの長さを同じにしたり長くしたりするなど考えた通りに作らせる。 ◦順序よく仕事を進めさせる。 ◦黒板の模型の紙玉でっぽうを参考にする。	◦どんな順序でつくったらよいだろう。 •押し棒は柄から抜けないようにしよう。 •それではけがをしないように手ばやく作ろう。	◦押し棒を柄に入れる。 ◦押し棒がとれないようにする。 ◦押し棒を切ったらよい。
5 まとあて遊びをする。 6 よく飛ぶようにするにはどうしたらよいか考える。	◦玉の作り方が悪かったり，押し棒の長さが長すぎてあと玉の飛び出してしまうのがあっても自由にやらせる。 ◦よく飛ぶようにするために，てっぽうの作り方，玉の具合に分けてくふうするように注意する。	◦できた人から，紙玉を飛ばしてみよう。 •まとをねらって，うってみよう。 ◦みんな，もう飛ばすことでいっしょうけんめいだがほかの人の紙玉でっぽうと飛び方をくらべてごらん。 •不便な所がある人はいないかな。	◦よく飛んだ。 ◦大きな音がする。 ◦押し棒を強く押すとまとによくあたる。 ◦玉を大きくするといいよ。 ◦ぼくのは押し棒が筒より短かいのによく飛ぶよ。 ◦よく飛ぶときは大きな音が出るよ。 ◦押し棒が筒の先に出ても一つはよく飛ぶよ。

学習活動	指導の要点	教師の発問・行動	予想される児童の発言・行動
	•ゆっくり押したり勢いよく押したときの違いに気づかせる。 •押し棒の長すぎるのは切り取らせる。 •飛ぶときの音にも気をつけさせる。 •紙玉はバケツの水を使ってぬらすようにさせる。 ◦紙玉をぎっしりつめ，押し棒を勢いよく，はやく押すとよく飛ぶことに気づかせる。	•押し棒を切るときはこれを使いなさい。 •押し棒を勢いよく押してばかりいるが，ゆっくり押しては飛ばないかな。 •押し方だけでなくもっとくふうするところはないかな。 •紙は水でぬらさないとだめなのかな。 •玉は一つでは飛ばないのかな。 ◦ほんとうにそうだろうか。 •玉のことから確かめてみよう。玉はぬらすとよかったのだね。 •ぬらしたぴったりした紙玉を，二つ入れるよ。 •勢いよく紙玉が飛ぶときはどんなときといえるか。	◦あと玉が出てしまう。 ◦強く押した時のほうがよく飛ぶよ。 ◦ゆっくり押すと音が小さい。 ◦ゆっくり押しても飛ぶときもあります。 ◦玉の大きさを変える。 ◦小さな玉は飛ばない。 ◦水でぬらさないと飛ばないよ。 ◦紙玉は一つではだめだよ。 ◦紙玉は二つないと飛ばない。 ◦筒にぴったりした，二つの玉がいる。 ◦玉をぬらしたとき。 ◦押し棒を勢いよく押したとき。

1　本時の目標　　1　空気は，押し縮められることに気づく。

2　紙玉が勢いよく飛ぶのは，押し縮められた空気の力であることに気づく

2　本時の展開　　（第1次の第2時）

学習活動	指導の要点	教師の発問・行動	予想される児童の発言・行動
1 紙玉でっぽうは，どんな時に勢いよく飛んだか話し合う。	•玉　ぬらす •押し棒　勢いよくおす	◦紙玉でっぽうを飛ばした時，ポンと音が出て飛んだのはどんな時か。	◦玉をぬらした時 ◦大きな玉を，ぎゅっとつめる。

学習活動	指導の要点	教師の発問・行動	予想される児童の発言・行動
			∘勢いよく押した時
2 紙玉でっぽうを飛ばしてみる。		∘玉はどうして飛び出すのか。 •まだほかの考え方はないかな。 •ゆっくり押してごらん。 （机の上に固定させて，ゆっくり押させる）	∘勢いよく押したから。 ∘押しぼうで，押し出した。 ∘（実験する）
3 紙玉でっぽうの玉の勢いよく出るわけを，考える。 •教師実験	∘先玉は，あと玉がくっつかないうちに飛び出ることをわからせる。 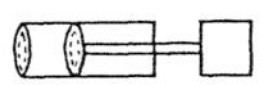	•ぼうで押しているのかな。 •新しくどんなことがわかったか。 ∘あと玉が先玉を押すんではない。 （模型を，そうさして）あと玉がここにきた時，先玉が勢いよく飛んだね。何か押したのかな。皆で考えてごらん。	∘ぼうではない。 ∘あと玉と，先玉がくっつかないうちに出る。 ∘あと玉が，押すんではない。 ∘空気です。 ∘そう空気です。
•シリンダーの先を水の中に入れて，あと玉をおして見る。	•水中であわの出ることにより，先玉とあと玉の間に空気のあることに気づかせる。	∘空気？空気があるかどうか調べるのには，どうするのか。 •水の中にあわが出れば空気なのね。先玉をつけたままシリンダーの先を水の中に入れて，押して見よう。 •あわが出たね。あわは何かな。	∘水の中に入れておす。 ∘おすとあわになります。 ∘（実験する。） ∘あわが出た。 ∘空気だ。
•先玉を取り，指をシリンダーにあてて見る。	∘押し縮められた空気の力を，指に感覚させたり，見させたりする。	∘（模型をそうさして）あと玉をぎゅっと押して，ここまでくると先玉が飛び出した。この中の空気はおしたことで，どんなに変わったのかな。	∘にげて少なくなった。 ∘縮んだ。 ∘にげるんではない。縮むんだよ。

学習活動	指導の要点	教師の発問・行動	予想される児童の発言・行動
		•空気が縮むの。 •ぎゅっと押すと，にげられないで縮むね。 ∘縮んだ空気は，先玉を飛ばすような力があるのかな。ためしてみよう。 •先玉を取り，シリンダーの先を指で押さえてごらん。	∘（実験する。） ∘棒はさわらないよ。 ∘強く押すと，強い力だよ。
•先にゴム風船をつけて，ふくらみや，破裂を見る。	∘空気が押し縮められるためには，気密でなければならない事に気づかせる。	•ゴム風船を先につけて，押してごらん。 •ゆっくりと押してごらん。 •あと玉を，ぬらさないで押してごらん。	∘ふくらむよ。破けた。 ∘すうすう音がして，ふくらまない。
•押し縮められた空気の力で，先玉が勢いよく飛び出すことがわかる。		∘ぎゅっと押すと，中の空気が縮まるね。縮んだ空気は強い力なので先玉が飛び出すね。空気がにげないようにしないと強い力はでないね。	

1　本時の目標　1　水は押し縮めにくいことに気づく。

2　水でっぽうの口を細くすれば水が勢よく飛び出すことに気づく。

2　本時の展開　（第２次の第１時）

学習活動	指導の要点	教師の発問・行動	予想される児童の発言・行動
1 紙玉でっぽうの空気のかわりに水を入れてみたら玉が飛ぶかどうか調べる。	∘紙玉でっぽうの空気の代わりに水を入れて玉の飛び方を見させる。	∘紙玉でっぽうは押し縮められた空気の力で勢いよく飛んだ。空気の代わりに水を入れたらどうなるだろう。 ∘空気の代わりに水を入れて打ってみよう。 ∘空気の時はよく飛んだのに変だね。先生がやって	∘玉がよく飛ぶよ。 ∘空気の時はよく飛んだから水でもよく飛ぶよ。 ∘（児童実験） ∘玉はよく飛ばなかった。

学習活動	指導の要点	教師の発問・行動	予想される児童の発言・行動
	○水を入れた時は紙玉がよく飛ばないことをしらせる。	みるよ。よく見ていてごらん。 （教師実験）	○やっぱり玉はよく飛ばないよ。 ○押すとすぐ水といっしょに出てしまった。
2 水を入れて押した時水は押し縮めにくいことを話し合う。	○紙玉は押すとすぐ水といっしょに出てしまうことを知らせる。 ○水は押しても縮みにくいことを知らせる。	○紙玉でっぽうの時はおし棒が口の方へきてから飛んだね。水を入れた時は押すとすぐ出てしまったね。どうしてだろう。 ○それでは水は押し縮まるかどうか調べてみよう。玉が出ないように口をおさえて押し縮めてからはなしてごらん。	○空気は押し縮められてから飛んだけれど水の時は縮まないよ。 ○（口をおさえてする児童実験） ○押しても棒がなかなかはいらないよ。 ○空気はよく縮まるけれど水は縮みにくいよ。
3 水が勢いよく出るためには口を細くすればよいことを話し合う。	○水が勢いよく出るためには口を細くすればよいことに気づかせる。	○水は押し縮めにくいけれど押せば少しは飛んだね。紙玉のように水を遠くまで飛ばせないかな。 ○それでは口を細くしてみよう。 真中に小さな穴をあけたせんを口につけてやってみよう。 先生がやってみるからよく見てごらん。 （教師実験）	○水は小さいすき間からしゅっと勢いよく出たよ。 ○だから口を細くするといいよ。 ○ふんすいの時口を細くしたら高く飛んだよ。 ○水は勢いよく出てきたね。
4 水でっぽうを作る。	○押し棒をくふうさせ水でっぽうを作らせる。	○もう一度水を入れてやってみよう。 水がでないね。なぜだろう。	○玉がつかえているよ。

学習活動	指導の要点	教師の発問・行動	予想される児童の発言・行動
		○玉が先にのこらないようにするにはどうしたらいいか。 ○棒の先にスポンジをまいてゴムでしばって押す棒を作ろう。 （教師製作）	○玉が棒から離れないようにするといい。 ○（児童製作）
5 水でっぽうをためしてみる。	○ピストンがすき間なくいくように作らせる。	○できたら水を入れてためしてごらん。 （ピストンの名まえを教える）	○すき間があると水がはいってこないよ。 ○きっちりしているとよくはいるね。

第４学年　理科学習指導案

1　単　元　名　ポンプ

2　単元の見方　簡単なポンプを作って押し上げポンプや，吸い上げポンプ，空気室のあるポンプなどを扱い，シリンダー，ピストン，弁，気室などのしくみや働きに気づかせていきたい。

第３学年では，水鉄砲を扱い，ピストンの操作でシリンダーの中に水を吸い込んだり，外へ勢いよく押し出すことができるという経験をつんできた。しかもシリンダー内の水は，シリンダーの下口からだけでなく，横口からも押し出されるという事実を知っている。そこで水の一方通行的な動きということから，吸い込む口と押し出す口を考え，押し上げポンプの弁ンのしくみや働きを理解させたい。

水を継続的にしかも勢いよく噴出させる装置を考える場合，第３学年の紙玉でっぽうの「押し縮められた空気はもとにもどろうとする」という経験をもとにして，空気室を作り，空気を押し縮めたら水が勢いよく継続して押し出されるという事実に気づかせていく。弁にはシリンダーの下口につけるもの，横口につけるものなど考えられるが，それらは水の縮まらない性質と密接に関係しあって働きあうものである。また，ピストンの操作により，シリンダー内の水に圧力を加えることにより，水を外部や高い所に取り出すことができるのが，押し上げポンプであるが，圧力を加えなくとも，水を外部に取り出すことができることを考えさせ，その時の弁の働きなどから，吸い上げポンプのしくみを理解させていきたい。

3　指導にあたっての留意点

○本単元では水鉄砲に弁をつけることから押し上げポンプにはいり，シリンダーの吸い込み口と押し出し口を分ける操作を通して，押し上げポンプのしくみを理解させていく。児童には自作の水鉄砲(横口をつけたもの)を各自用意させる。

○水鉄砲の二つの口（下口と横口）を指で操作させ，どのようにしたとき水がシリンダー内に入り，横口から出ていくかを各自がたしかめ，指にかわるものとして弁の必要性を考えさせる。

○紙玉鉄砲で空気は押し縮めれば押し縮める程，もとにもどろうとする力が強いということ，水鉄砲では水は押し縮められないということを経験してきた。そこで，この経験を基盤に押し出された水の通り口に空気を入れた室を作り，その中に水を入れて，どんどん押し縮めてやったら，「水は空気の力で勢いよく押し出されないだろうか」という面から気室のしくみを理解させていきたい。

○シリンダー内の水を下からではなく，上からとり出すための弁のつけ方を考えることにより，吸い上げポンプのしくみに気づかせたい。

4　単元の目標

(1)　水の動きをもとにして，弁の働きを考え，ポンプのしくみがわかる。

(2)　押し縮められ空気はもとにもどることから，気室の働きを知る。

5　指導計画

第１次（90分）　水鉄砲に弁をつけ，ピストンと弁の働きを調べ，簡単な押し上げポンプを作る。

第２次（45分）　空気室のしくみや働きを調べ，気室のあるポンプを作る。

第３次（45分）　吸い上げポンプのしくみや弁の働きを調べる。

1　本時の目標　水でっぽうに弁をつけて，ピストンの動きと，弁の働きについて調べる。

2　本時の展開　（第１次の第１時）

学習活動	指導の要点	教師の発問・行動	予想される児童の発言・行動
1 水でっぽうの水の出方，はいり方について話し合う。	○水でっぽうでは水のはいる口と出る口が同じである。	○水でっぽうの水は，どこからはいるか。 •水は，どこから出るか。 ○この水を，はいった口から出さずに，別のところから全部出すには，どうするか。	○水は，下口から，はいる。 ○同じ穴から飛び出していきます。 ○横に穴をあけるといい。
2 水をシリンダーの横から出すことについて話し合う。	○すい上げた水を全部出すためには，横の下方でなければならない。	•穴の位置は，どこにするか。 •全部出すには，下の方が，いい。 （材料配布，穴のあいたもの）	○上の方にあけるといい。 ○全部，出すのだから，下のほうがいい。
3 二つの穴を，交互に指でおさえて，水の出はいりの動きを，観察する。	○ピストンの動きと，穴の開閉の関係について，見させる。	○下の穴からだけ，水をいれるには，どうするか。 •やってみよう。 ○なかの水を，横の穴からだけ，出すには，どうするか。 •やってみよう。 •指で交互に穴をおさえると，下口の穴からだけ水を吸い込み，横の穴からだけ出すことができる。	○横の穴を，ふさげばよい。（横の穴をふさいで，ピストンを引く） ○下の穴をふさいで，横の穴をあけて，ピストンを押す。
4 指で，下方の穴をおさえる代わりに，何かほかのものでできないか，考える。	○下方の穴に，弁をとりつけることを，考えさせる。 ○指の働きを考えて，弁の必要なこと，つける位置を，考えさせる。	○指は，どんな役目をしているのか，下方の穴について，考えてみよう。 •ピストンを，押したとき，指は，どういう役目をしているか。 •ピストンを，引いたとき，指は，どうなっているか。 ○指の代わりに，下の穴をふさぐものは，できないか。 ○どこへ，つけたらよいか。 •どんなものが，いいか。	○下の穴を，おさえている。 ○しっかり，おさえていないと水が，もって，横から出ないよ。 ○水を，吸い込むために，下の穴から，離しているよ。 ○横の穴をふさいでいる。 ○せんをしたらいい。 ○ふたをつけるといいよ。 （図示させる） ○水が吸い込まれるとき，動かないとこまるからうすいものが，いいよ。

学習活動	指導の要点	教師の発問・行動	予想される児童の発言・行動
５弁を，とりつけて，水が，横から出るか，調べる。		•つけてみよう。 ◦下の穴から，水を吸い上げて，横から出してみよう。	◦ビニールの小さいふた。 （弁をとりつける） （やってみる）

１　本時の目標　１　押し上げポンプを使って水を高い所に上げることができる。
２　気室の中の空気の働きで水が続けて出ることを知る。

２　本時の展開　（第２次の第１時）

学習活動	指導の要点	教師の発問・行動	予想される児童の発言・行動
１押し上げポンプを使って，高い所に水を押し上げる方法について考える。	◦水に圧力を加えることにより，水が高い所に上がる事実をつかませる。	◦押し上げポンプを使って高い所に水を上げるにはどうしたらよいか。 ◦管でつなぎ水を上げます。 （教師実験をする） ◦どんどん入れると水はどうなるか）	◦水を強く押せばよい。 ◦ポンプの口に管をつけ高い所の入れものに入れる。 ◦水がいっぱいになってあふれる。
２押し上げられた水を続けて出す方法を考える。	◦管の先が水面より低いと水は続けて出るが管の先が水面より上がると水は出なくなることに気づく。	◦この水をフラスコからあふれさせないで続けて出すにはどうしたらよいか。 ◦管をすって水を出します。 （教師実験をする） （管の先を上げたり下げたりする） ◦水の出方で気のついたことはないか。 ◦水の出方とピストンを押したり引いたりしたとき	◦ふんすいのようにする。 ◦管を入れる。 ◦管をフランスの中の水の面より下におくと水は続けて出る。 ◦管の先を水の面より高くすると水は出なくなる ◦管の先を水の面より上に上げピ

学習活動	指導の要点	教師の発問・行動	予想される児童の発言・行動
	◦フラスコに入れた水に圧を加える方法を考えさせる。	は比べ気のついたことはないか。 ◦管の先を上に上げてもこの管から水を続けて出すにはどうしたらいいか。	ストンを押してもやはり水は出ない。 ◦フラスコの中の水を押し出せばよい。 ◦何かほかのものにする。 ◦フラスコに何かをつけたら。
３空気を使うことにより，水が続けて出ることを実験して考える。	◦空気のあることと，フラスコの中の水位がピストンの上下により違うことを気づかせる。 ◦縮まった空気の力で水を押し出すことを気づかせる。	◦フラスコの口にせんをしてみます。 （教師実験をする） ◦口にせんをんると，どうして水は続けて出るのか。 ◦フラスコの中の水の面と水の出方をよく見ながら実験しよう。 ◦どんなことがわかったか。 ◦水の面の代わり方と空気のことで気のついたことはないか。 ◦空気が縮まると，どんなはたらきをするか。 ◦フラスコの中の空気は縮まってどんなはたらきをしたか。	◦よく出る。 ◦水が続いて出る。 ◦中に空気があるから。 （グループごとに実験する） ◦水の面が上がるとよく出る。 ◦水の面が下がると水の出る勢いは弱くなる。 ◦水が上がると空気は押し縮められる。 ◦水の面が下がると押し縮んだ空気はひろがる。 ◦紙玉でっぽうで先玉が飛び出た。 ◦ゴム風船はふくらませてはなすと中の空気は勢いよく出て飛ぶ。 ◦ゴム風船を水そうに押し込むと浮き上がろうとした。 ◦縮まった空気は元にもどろうとする。

学習活動	指導の要点	教師の発問・行動	予想される児童の発言・行動
			◦ひろがろうとして水を押し出す。 ◦中の空気がひろがったり縮んだりして水を続けて出す。
		◦もう一度水を続けて出してよく見よう。	（再びグループごとに実験する）

第５学年　理科学習指導案

1　単　元　名　酸性とアルカリ性

2　単元の見方　日常生活に関係の深い物質の理解を深めるために酸性，アルカリ性の物質について，その性質と変化を調べさせる。

今まで，あぶり出し（１年），せっけん（２年），いろ水（３年），塩とほう酸（３年），でんぷん（４年）といろいろな物質を水に溶かし，水に溶けているものにもいろいろな性質のあることを経験してきた。そして，それらの性質を色，味，におい，手ざわりなどを通して見分けてきた。

本単元では，これらの経験の上にたち，味で見分けたものをさらにリトマス紙の反応で確かめ，物を酸性，アルカリ性，中性の三つに分けられることを知らせる。

ここでの学習は，さらに６年の「金属」「せんい」へ発展させ，酸性やアルカリ性の液に対する変化の様子を見ることによって，今まで見てきた色，形，大きさのほか，質的な見方からものの見分け方がいっそうはっきりしてくる。

3　指導にあたっての留意点

○ものの見分け方の一つとしての味を手がかりにして，まず酸性の物質とそのリトマス反応をおさえ，酸性以外のものとして，アルカリ性，中性を扱うように考えた。

○酸性，アルカリ性の物質を，それぞれ水でうすめていくと，水のようになるが，その性質は変わらないことを知ると同時に，酸性物質にアルカリ性物質を入れていくと入れたアルカリ性が多くなるにつれて，酸性が弱くなりアルカリ性の反応を示すようになる（この反対もいえる）。またその中間に中性のものができる性質のあることを理解させていく。

○塩酸に水酸化ナトリウム溶液を加えてできた中性のものについては味を予想させ，水，さとう水，食塩水のいずれかを実験によって確かめさせる。水分を蒸

発させて残る固形物の色，味，形から塩であることを確かめ，さらに水でとかしてもとのものにはもどらないことを明確にする。

○固形の水酸化ナトリウムのリトマス反応を調べ，反応のないことから，リトマス紙の反応は水溶液の場合のみをあらわれることに気づかせるようにする。

4　単元の目標

(1)　夏みかんしる，うすい塩酸など酸味のある物を調べ，それらは，皆，青リトマス紙を赤くする性質のあることに気づき，それらの物質は酸性であることを知る。

(2)　アンモニア水，石けん，水酸化ナトリウム溶液など酸味のない物質では，リトマス反応が酸性の物と逆であることに気づき，それらはアルカリ性であることを知る。

(3)　さとう水，食塩水，蒸留水などはリトマス紙では反応がみられないことに気づき，これらは中性であることを知る。

(4)　水酸化ナトリウムの水溶液はそれだけでは性質が変わらないが，塩酸とまぜると，中和して中性になり，水と食塩ができることを知る。

5　指導計画

第１次（45分）　夏みかんのしる，酢，うすい塩酸などで味をみ，青色リトマス紙を赤に変えることをみる。

第２次（45分）　木灰の上ずみ液，アンモニア水，水酸化ナトリウム水溶液は赤色リトマス紙を青く変え，さとう水，蒸留水はリトマス紙の色を変えないことをみる。

第３次（90分）　水酸化ナトリウムの水溶液と塩酸を水でうすめたり，この二つの液をまぜて中和させ，その水分を蒸発させると食塩ができることを調べる。

1　本時の目標　夏みかんの汁，酢，うすい塩酸などは酸味があり，青色リトマス紙を赤く変えることに気づき，これらのものは酸性であることを知る。

2　本時の展開　（第１次の第１時）

学習活動	指導の要点	教師の発問・行動	予想される児童の発言・行動
1 物質の見分け方について話し合う。	◦既有経験の話し合い，物の見方に，色，形，におい，味などがあることを思い出させる。	◦４年の時に学習した食塩は，どうして見分けたか •物を見分けるには，色，形などのほかに，味やにおいでも分けられる。	◦白い色をしていた。 ◦なめたら，塩からい。

学習活動	指導の要点	教師の発問・行動	予想される児童の発言・行動
2 すっぱい味のものを調べる。	∘既習のすっぱい味のものの性質をまとめる。	∘きょうは，すっぱい味のものの性質を調べてみよう。 •すっぱいものは，どんなものがあるか •前に果物や花のしるなどを使って，何かやったことはなかったか •夏みかん，りんご，酢，梅の液をそれぞれビーカーに入れて，味を調べよう。 •味はどうだったか	∘夏みかん，りんご，酢，うめ。 ∘あぶりだし，色ぞめなどをした ∘それぞれビーカーに入れた溶液をガラス棒でかきまわして，味をしらべる。 ∘すっぱい。
3 リトマス紙を使ってすっぱい味のものを調べる。	∘すっぱい味の夏みかんは，青いリトマス紙を赤く変える。 ∘水では，リトマス紙は変化しないことに気づかせる。 ∘すっぱい味のものは，青色リトマス紙を赤く変えることを理解さする。 ∘液がうすくなって，味がどんなにうすくなっても，反応はあることに気づかせる。	∘これはリトマス紙といって，リトマスごけという植物の液を紙にしみこませたものである。 （リトマス紙提示） •リトマス紙に夏みかんのしるをつけてみよう •どうなったか。 •ビーカーに水を入れて同じように調べてみよう。 •どうなったか。 ∘ほかのすっぱい味のものを調べてみよう。 ∘うすくなったら，どうだろうか。	∘ビーカーに入れてある夏みかんのしるをガラス棒の先につけて，リトマス紙の青色，赤色，それぞれにつけて変化をみる。 ∘夏みかんのしるは，青いリトマス紙が赤く変わった。 ∘他のビーカーに水を入れて調べる。 ∘水はリトマス紙の色が変わらない。 ∘りんご，酢，うめの液，それぞれについて，リトマス紙で調べる。 ∘すっぱい味のものは青いリトマス紙の色を赤く変える。 ∘うすくしていっても反応は変わらない。

学習活動	指導の要点	教師の発問・行動	予想される児童の発言・行動
4 酸性について話し合う。	∘青色リトマス紙を赤く変えるものを酸性という。	•今まで調べたものは，どんな性質があったか。 ∘青いリトマス紙を赤く変えるものを酸性という。	∘すっぱくて，青いリトマス紙を赤く変える。
5 塩酸について調べる	∘身のまわりのもののほかにも酸性のものがあることに気づかせる。 ∘塩酸の扱い方を理解させる。	•果物や酢などの身のまわりのもののほかに酸性のものはないか，調べてみよう。（一級塩酸を提示） ∘これは，塩酸という。激しい薬であるから注意して取り扱うこと。 •色はどうだろうか。 このほかに，工業用に使うのは黄色がかっているものもある。 •においをかぐ時はびんの口に鼻をもっていかず，手であおぐようにしてかぐ。 •手や衣服に塩酸をつけないようにすること （紙や布に，つけて見せる） •この塩酸をうすくしたものを，き塩酸という。(グループに配布する) •水でうすめて味をみてみよう（50倍溶液） •リトマス紙で反応を調べてみよう。 •結果はどうだったか。 •では，塩酸は酸性であるといえるか。	∘すきとおっている。 ∘強いすっぱいにおい ∘びんのせんを抜くと白い煙を出す。 ∘（き塩酸をビーカーに少量をとる） ∘すっぱい。 ∘リトマス紙で調べる。 •赤いリトマス紙はそのまま，青いリトマス紙は赤く変わった。 ∘塩酸は酸性である。
6 酸性の溶液はリトマス紙で見分けられることをまとめる。		∘酸性の液は，味をみないでもリトマス紙の色の変化で見分けられる。	

1　本時の目標　塩酸溶液に水酸化ナトリウム溶液をまぜていくと中和して中性になりその水分を蒸発させると食塩ができる。

2　本時の展開　（第３次の第２時）

学習活動	指導の要点	教師の発問・行動	予想される児童の発言・行動
1 前時の結果から酸性よりアルカリ性に変わる時のさかいめの性質を予想する。	○酸性でもアルカリ性でもないものができそうであることに考えを及ぼさせる。	○塩酸の溶液に水酸化ナトリウムの液をまぜた時，はじめはリトマス紙が赤く変わったのにとちゅうで青に変わった。赤から青へ変わるさかいめはどこだろう。そのさかいめは，リトマス紙の反応があるだろうか。	• リトマス紙の反応を起こさないところです。 • リトマス紙の色の変化がありません。
1 中和点をみつける実験を注意深く行なう。	○中和点をみつけるためにはごくわずかずつ溶液を入れて観察することを注意する。	○それでは，そのさかいめをみつけよう，どのようにしたらよいか。	• 少しずつ入れていく。 • 入れたたびごとにリトマス紙で調べていく。 • 塩酸の溶液も，水酸化ナトリウムの液も，前の時間と同じこさのものを使う。
		○今の話し合いをもとにして，どちらにも変わらないところをさがしてみよう。	（４人グループで行なう，溶液を入れるもの，まぜるもの，リトマス紙で調べるもの，リトマス紙を整理するものに分かれる。反応をみたリトマス紙は白い紙に並べる。
		• どちらにも変わらないところがあったか。	• リトマス紙の色がだいたいかわらないところができました。
		○先生をみてごらん。（中和の状態に作ってある液をみせる。） ○この液はリトマス紙の変化はどうかな。	• 変化しません。
3 塩酸の溶液に水酸化ナトリウム液をまぜて，リトマス紙の変化しない液がなんであるか調べる	○リトマス紙の変化しない液は食塩を含むが水もあることに注意させる。	○皆さんの知っているリトマス紙の変化しない液にはどんなものがあるだろう。	• 水。 • 砂糖水。 • 食塩水。

学習活動	指導の要点	教師の発問・行動	予想される児童の発言・行動
		○水などは中性だった。この液も塩酸でも水酸化ナトリウムでもない中性になったようだね。この液がなにかどうやって調べたらいいだろう。	○水なら味がないはずだからなめてみるとよい。 • なめたら塩からい。
	○中和の状態に達しないグループには他グループの液，あるいは教師の用意した液で調べさせる。	○それでは蒸発して観察しよう。虫めがねも使おう。	○蒸発させてみるとなにか残るかもしれない。 （蒸発ざら，アルコールランプを使用し熱する） • 白い物が出てきた。 • 白い結晶を虫めがねで見たら食塩の結晶と同じです。
	○できた食塩に水を加えても塩酸や水酸化ナトリウムにはならないことを知らせる。	○蒸発によって水がなくなって食塩ができたわけだね。この食塩にもう一度水を入れたらどうなるだろう調べてみよう。	• なめたらやはり塩からい。 • リトマス紙を入れても変化がない。 • もう一回蒸発したらまた塩ができた。
	○中性と中和について知らせる。	○酸性の塩酸とアルカリ性の水酸化ナトリウムをまぜ合わせたら，どちらでもない中性の食塩水ができた。このようなことを中和という。	

第６学年　理科学習指導案

1　単　元　名　　植物の根，茎，葉のはたらき

2　単元の見方　　今までに植物のつくりや，はたらきの事実をみてきているのが，ここではさらに関係的，総合的にとらえさせたい。

第１学年「あさがお」第２学年「ほうせんか」第３学年「へちま」第５学年「イネの栽培」を通して，どの植物もたねから根，茎，葉がでて，葉の数がふえたり，茎の伸び方など，量というなかに成長という経験をしている。また，たねの発芽，さしき，球根の水栽培，いもの栽培などの経験の中で植物が成長するさいの条件としての水を，へちまの水とりのさい茎から水の取れることや，

根に水をやるとさらに水が取れること，水をやらないと枯れてしまう事実などをみている。一方日光についても，葉が日光の方に伸びるとか，日のさすところに植えるとか断片的にみてきている。

本学年ではそれらの事実をどの植物にも共通な根，茎，葉でみていきたい。

根が水を吸う事実から水のゆくえをおいながら各部分をみると同時に，相互に関係している事実に気づかせるようにし，根，茎，葉のしくみ，はたらきを見る。このことにより，植物のみどりと日光，でんぷんの関係も考えられるようにし，学習を進めていきながら，植物をいっそう深くみるようにしたい。

3　指導にあたっての留意点

○展開の順序としての単元構成においては，水と植物の生活をもとにして，水が根から茎を通り，葉にいたるゆくえをおって，根，茎，葉のそれぞれのはたらきを明らかにしたい。

○根の形がいろいろあるとか，根が茎をささえているということよりも，根が水をすう事実をはっきりつかませることに重点をおく。

○水の吸い上がる事実から，茎の中の水の通り道を予想させ，顕微鏡でみるようにする。

4　単元の目標

(1)　根は水を吸うはたらきのあることに気づく。

(2)　茎は水分や養分の通り道になることを知る。

(3)　葉から水分を蒸散している事実に気づき，顕微鏡で気孔を観察し，そのはたらきを知る。

(4)　みどりの葉にでんぷんのできること，その場合，日光が関係していることを知る。

5　指導計画　第１次（ 45分）根のしくみや水を吸うはたらきを調べる。
第２次（ 45分）茎のはたらきとつくりを調べる。
第３次（180分）葉のつくりとはたらきを調べる。
・葉の水を吸い上げるはたらきを調べる。
・葉のつくりを調べる。
・葉のみどりのはたらきを調べる。

1　本時の目標　根には水の吸うはたらきのあること。吸い上がった水は茎に送られることに気づく。
根には根毛のあることに気づき，根毛のはたらきを知る。

2　本時の展開　（第１次の第１時）

学習活動	指導の要点	教師の発問・行動	予想される児童の発言・行動
1 植物のからだはどんな部分からでき，成長するまでにどんな世話が必要か話し合う。	ｏからだの部分が根，茎，葉に大別され，根から水を吸って成長しているらしいことに気づかせる。	ｏイネを植えた時，何が出て大きくなっていったか。 ｏ芽が出て大きく育てていくために何をやったか。 ｏ水はどこにあげたか。 ｏどうして根のほうに水をあげたのか。	ｏ根，芽ｏ根，葉 ｏ根茎葉 ｏ水，　ｏ肥料 ｏ下の方ｏ根もと ｏ土 ｏ根が水を吸っている。 ｏ根は養分や水を吸っている。
	ｏ水のゆくえについて，疑問をもたせる。	ｏ根が水を吸っているらしいと考えた理由はどんなことか。	ｏ根をきったらかれた。 ｏ花びんの中にいれたら水がなくなった。 ｏはっぱをもむとしるがでた。 ｏへちまの水を取った。
2 根が水を吸うはたらきについて実験の計画をたてる。	ｏ根が水を吸うはたらきをたしかめる方法を考えさせる。	ｏ根が水を吸っているのをみるのには，どのようにして調べたらよいか。	ｏ赤インクの中へ根ごと入れておけばわかる。 ｏインクにぜんぶ根をつけないでみる。 ｏ根をきってみる。 ｏびんの中に根のあるのとないのとを入れて水のしるしをつけ，へりかたをみる。
		ｏ根が水を吸うかどうかを調べるのだから，色水に入れて観察し，グループで話し合ってみよう。	（実験）
3 観察して気のついたことを発表し，根が水を吸うことをたしかめる。	ｏ根から茎に色水のあがること，なかまで赤くなったことから，水が根から茎に上がる事実に目を向ける。	ｏ根を観察したことについて発表しよう。	ｏ太いのはおそいが細いのは早く赤くなった。 ｏ色水につけないところまで赤くなった。

学 習 活 動	指 導 の 要 点	教師の発問・行動	予想される児童の発言・行動
			◦根を切ったらまわりが赤かった ◦なかまで赤い。 ◦茎まで赤くなった。 ◦根が水を吸ったのだ。
4 大根の芽ばえの根を観察し，根毛の事実とはたらきについて話し合う。	◦根毛に気づかせ，根のしくみをわからせる。	◦根について虫めがねなど使ってもっとよく観察し調べてみよう。 ◦細い毛みたいな根がたくさん出ていたり紙にすいついているということは，どんなことなのか。	(根の観察) ◦根に白いカビみたいなものが出ている。 ◦やわらかく毛のように細い。 ◦下のほうにいっぱい出ている。 ◦カビは長いようなのや短いようなのがある。 ◦ついているのとないのがある。 ◦紙にすいついている。 ◦紙にすいついて水を取ろうとしている。 •水の少ない所にはたくさん出て，水を吸おうとしている。 ◦さっきも細いのから色水がついたから，ここから水を吸っているのかな。
5 根毛についての話しを聞く。	◦根毛のはたらきについて理解させる。	◦根の先についているカビみたいな細い根を根毛という。 水のないところにたくさんでる。 水を吸いやすい状態になっている。 古い根にはない。	(根の観察)

学 習 活 動	指 導 の 要 点	教師の発問・行動	予想される児童の発言・行動
6 ほかの草花の根毛をみる。	◦根毛をたしかめさせる。	◦ほかの草花にも根毛があるかどうかみてみよう。 ◦根から吸い上がった水は茎のどこを通ってどこまでいくのか次の時間に調べよう。	(植木鉢，ほうせんかなどを調べる)

1　本時の目標　根から吸い上げた水が葉から蒸発する事実に気づく。
葉の表皮には細かくくぎられた細胞と，水が蒸発する気孔のあることを知る。

2　本時の展開　(第3次の第2時)

学 習 活 動	指 導 の 要 点	教師の発問・行動	予想される児童の発言・行動
1 実験物を観察し葉から水分が蒸発した事実について話し合う。	◦ビニールの内側に水がついた事実より水が葉から蒸発することを確かめる。 実験A 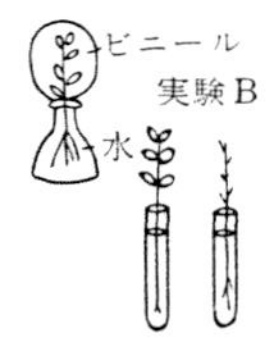 	◦実験Aはどんなことを調べようとしたのか。 ◦実験前に比べてどんな変化があるか観察しよう。 •どんなことに気づいたか。 ◦水がへっているが，へった水はどうしたのか。 ◦ビニールがぬれたが，その水はどこから出たか。 ◦葉から出たのか茎から出たのか？　実験Bを観察して考えなさい。 ◦どうして葉から出たといえるか。	◦根から吸い上げられた水が葉から蒸発するかどうかについて確かめる。 ◦フラスコの水がへっている。 ◦ビニールがぬれている。 ◦ビニールがくもっている。 ◦ビニールに水玉がついている。 ◦根に吸われた。 ◦根に吸われ茎や葉にいった。 ◦葉から，茎から。 ◦葉からおもに出る。 ◦葉のついたほうの水のへり方が葉のないほうの水のへり方よりも多い。
2 葉のどこから水が出るか予想して，葉の表皮を顕微鏡で観察す	◦児童が容易に観察できるものとして，そらまめ，つゆくさの表皮	◦葉から水が出ることがわかったが，葉のどこから出るのか。	◦表面，裏，表，細胞。

学習活動	指導の要点	教師の発問・行動	予想される児童の発言・行動
る。	を観察させる。	◦水の出そうなところがあるか，顕微鏡で調べよう。	◦グループごとに観察する。
	◦表皮の様子は細胞の形でとらえさせ，形の異った部分として気孔をとらえさせる。	（表皮のとりかた，観察方法等について説明をする）	
		◦葉の表，裏を自由に観察させる。	◦気づいたことをグループで，話し合う。
3 顕微鏡で観察した結果について発表し話し合う。	◦葉の表皮は細かくくぎられた細胞からできていることと形の変わった細胞に囲まれた気孔のあることに気づかせる。	◦水の出るようなところが見られたか。	◦見られた。あった。
		◦それはどんな形のものか。	◦細かくくぎれたところ。
			◦三日月型。
		（黒板で形やその他の様子を発表させる）	（黒板で発表する）
		◦気孔と細胞について簡単に説明する。	
	◦細胞や気孔の説明は深入りしないようにする。	◦葉の裏と表を観察して何か気づいたことはないか。	◦つゆくさは葉の裏にも表にも気孔がある。
			◦そらまめは葉の表より裏に気孔が多い。
	◦葉の表と裏を観察することによって水分の蒸発する気孔が葉の裏に多いことに気づかせる。	◦つゆくさの表皮とそらまめの表皮はどんなところが違うか。	◦細胞の形が違う。
			◦大きさが違う。
			◦気孔の周囲の細胞の形が違う。
4 いろいろな植物の表皮を顕微鏡で見る。		◦つゆくさやそらまめの葉以外の植物についても観察してみよう。	◦いろいろな植物の細胞や気孔を顕微鏡で調べる。
	◦形や並び方が違うが，どの植物の表皮にも細胞と気孔が見られる。		◦チューリップ，あじさい，カンナ，やつで，あおきなど自由に観察する。
		◦気孔や細胞があるか。	◦ある。
		◦つゆくさやそらまめの細胞や気孔と違うところはないか。	◦形や並び方が違う。
			◦大きさが違う。

第４章　学習指導の結果の反省と指導法の改善

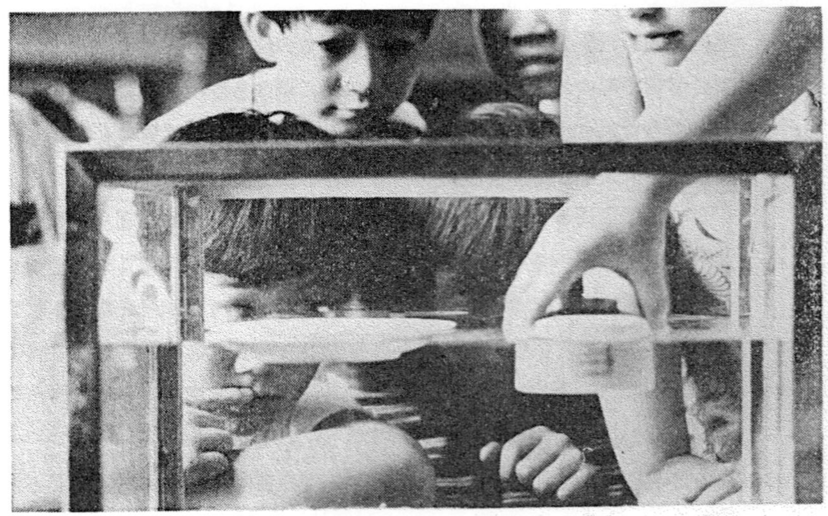

第1節　吟味の方法

素材を検討して教材としてまとめあげることや，具体的な指導の目標を設定すること，さらに展開の順序や発問をくふうすることなど，こどもの実態に即した指導法を研究して授業を行なってきたが，計画がいかに緻密なものであったにしても，ただ1回だけの実践によって完全なものに仕上がるとは考えられない。

設定した学習指導過程が，こどもたちに見方・考え方・扱い方を訓練する場として妥当なものであったのか。あるいは，具体的な指導のねらいや教材の位置づけ，指導の順序などが，自然科学的な事実や基礎的原理の理解へこどもの経験をまとめ，思考を連続させていくための最良のものであったのかなどを吟味し，その結果からさらに学習指導の結果の反省と吟味，そして，その改善が行なわれることが必要である。すなわち，授業という実践を通し，教育活動の主体であるこどもの反応を手がかりとして，よりよい学習指導のあり方を追究することが必要なわけである。

ところで，どのような方法で，こどもの反応をとらえれば，学習指導を改善する手がかりとすることができるであろうか。

よく，学習指導後にテストを実施し，ねらいに対するこどもの反応をつかもうとするが，多くの場合それは記憶の再成をとらえることが中心になっている。しかし，つねに学習活動の進展に沿って知識――経験が変容するのであるから，何を，どんなかたちで与えたとき，こどもがどのように反応したのか，その相互の関係がつかめるような配慮のもとでなされなければ，学習指導を改善する資料にはならないであろう。

具体的にいえば，教師の発したある一つの質問に対し，こどもがどう反応したか。あるいは，実験や観察の際に接した事物・現象に対して，どん

な思考や行動が行なわれたかなど，授業中における一つ一つのこどもの反応をとらえることが必要なわけである。

わたくしたちは，こどもの反応を想定して用意した教師の発問に対し，実際にはどのような反応（発言・行動）があったのか。あるいは，こどもの経験の中にあるものを意識づけたり，思考を連続させたりするためのくふうをして提示した材料や器具に，こどもたちがどのような行動を示したかなど，授業中におけるこどもの発言や行動を調べることにより，その反応をとらえるようにした。（授業記録）

なお，授業の中だけでは明確にとらえ得なかった見方・考え方については，授業後に改めて調査をし，こどもの反応をより明確にするようにした。（事後調査）

授業中の観察や，授業記録，事後調査記録をもとにして，想定したこどもの反応と，実際の授業におけるこどもの反応とが，どの点で一致したか，どの場面ではずれていたかを，指導細案と対照しながら検討し，指導法を改善する手がかりとしたわけである。想定したこどもの反応と，実際の授業における反応とが一致しなかった原因としては

① こどもの実態の想定が，じゅうぶんになされていなかったこと

② 設定した指導過程が，こどもの実態に即していなかったこと

の二つが考えられる。

そこでわたくしたちは，授業を実施することにより新しくとらえたこどもの実態をもとにして，指導の順序，教師の発問，材料・器具の吟味などに問題をしぼって，学習指導法を改善していくことにした。

第2節　学習指導過程の改善

研究がいかに緻密な計画のもとになされていても，それを1回だけのや

りっぱなしでよいということはありえない。こどもの実態をもとにして，学習指導の過程を設定し，授業を実施することにより，さらに新たな児童の実態をはあくすることができる。この実態をもとにして，学習指導の過程を補正したり改善していくことがたいせつである。このようなくりかえし，つまり，一つ一つの積み重ねがあって初めて意義深い研究となるであろう。そこに，現場における指導法の体系というものが打ち出されるのではなかろうか。

このような考えのもとに，3年間続けて研究したものの中に，第2学年の「うくもの，しずむもの」があるので，それを例にとって述べていくことにする。第1年目は図表Ⅰのような学習の構造を考えて授業を実施することにした。すなわち，浮くことについてのこどもたちの過去の学習経験としては，1学年での「こおりとみず」で氷が水に浮くことを経験している。

図表Ⅰ

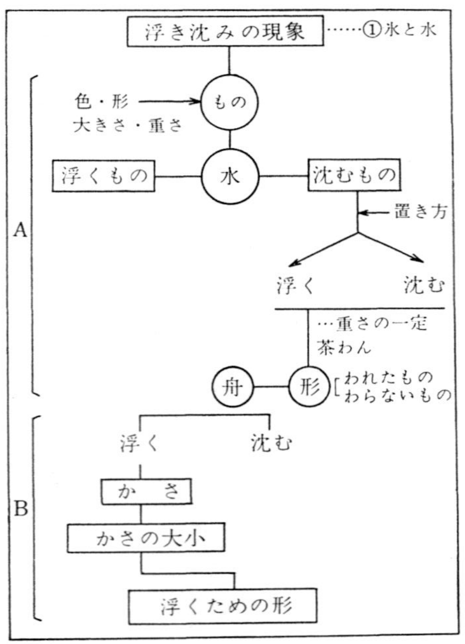

また，こどもたちの浮く，沈むの判断の実態は，軽いから浮く重いから沈む，大きいから沈む，小さいから浮く，鉄だから沈むなどこどもたちが物をみるときのものさしとなっている，色，形，大きさ，重さが混然として使われているので，浮くものと沈むものの現象を扱い，それをみさせることにより，浮くためには，

形や大きさや重さなどが関係あることをこどもに意識させるようにした。

次に，問題になるのは意識づけられた形，大きさ，重さの中の何が浮き沈みにとくに関係深いかに着目させることが必要かということである。そこで，沈むものでも，置き方によっては浮いたり沈んだりする現象をみさせることにより，沈むものが，浮くようになるのは，形に関係がありそうだとこどもたちに気づかせようとした。その時，浮くための形をさらに印象づけるために，わった茶わんとわらなかった茶わんの浮き沈みを取り扱い，こどもたちがもっている浮き沈みの判断の「重さ」を切り離すと同時に，浮くための形というものをはっきりさせようとした。

また，浮く形といえば，舟を連想するこどもの実態から，こどもたちに油粘土で舟を作らせ，浮き沈みの現象を調べさせることにより，形に関心を向けさせて，浮くための形をくふうさせるようにした。よく浮くための形を考えた場合，当然みかけの大きさ，すなわち「かさ」というものも考え，扱うようにした。

以上のような学習指導の過程に従って授業をし，授業の中で明らかにされたこどもの実態は

1　浮き沈みの現象をみさせ，浮くものと沈むものに分ける場合，こどもたちは「浮くもの」と「沈むもの」と「浮いたり沈んだりするもの」に分け，どんなにしても浮くものとどうしても沈むものの二つに分けられることが徹底していなかった。つまり，実験の操作上，水の中に沈めて手をはなし，それでも浮くものと沈んでしまうものがあることに気づかせる必要がある。（3分の1くらいのグループはこの方法をとっていた）——〔操作〕

2　このころのこどもの物の浮き沈みの判断は，ある程度経験しているものはややわかっているが，経験のないものには，重いが沈み，軽いから浮く，大きなものは重くて沈み，小さいものは軽いから浮くなど考え，

質と量とが混然としている。たとえば，大きく重そうな茶わんとふつうの茶わんとでは重そうなほうが沈むとか，茶わんは浮くものであるが，水がはいると重くなり沈むという考えをしているものが，こどもの中には比較的多い――〔重さとかさ〕

３　粘土で浮くものを作るとき，こどもたちが最初にとる行動は粘土をうすくすることであり，次に舟の形を作るのが一般的である。それで授業後こどもひとりひとりを呼んで聞いてみると「うすくすると軽くなるから」とか「舟は水に浮くものであるから」とかいう考えを多くのこどもがもっていた。もなわち，「形」が変わると「重さ」も変わるのではないかと考えたり，形や大きさ，重さを混同して考えている――〔形と重さ〕――→〔浮くための形に舟〕

４　こどもたちは浮くものの形としての舟というものを根強くもっていることがわかる。したがって舟を作るときは，舟のみならず，オールやえんとつなどの附属品まで作るこどもが意外に多い――→〔材料＝粘土の量の一定〕

などがあり，１図のような思考の過程を経てきても，こどもたちには，「かさ」と「重さ」の関係がはっきりしない。すなわち，質的な見方・考え方が明らかにされなかった。

そこで，２年目は１年目に明らかにされた前述の実態１～４をもとにして，図表Ⅱのような学習の構造を考えて，授業を実施することにした。

浮き沈みの現象を取り扱うことは，１年目と同じであるが，ここで，特に質の問題を取り上げていけば，「かさ」と「重さ」の混同の問題がはっきりするのではないかと考えた。そこで大きさの違う同じ質の浮き沈みを調べることにより，大小に関係なく浮くものは浮き，沈むものは沈む，ということに気づかせることができると考えた。

そして，沈むものが置き方によっては浮くことから，重さの考え方を完

全に切り離すことができ，浮くことは形に原因するのではないか，という思考をたどり，浮くための形を考えるようにした。①②

その時，重さの一定な粘土を取り入れ，重さの条件をとりのぞくようにした。そして浮くための「形」を調べていくうちに，「かさ」という問題が，取り上げられなければならなくなってくるようにした。③④

以上のような学習指導の過程に従って，授業の中で，あるいは，事後調査で明らかにされたこどもの実態は次のようである。

１　授業記録の中より

Ｔ　こんな板は，浮くか沈むかどうでしょう。（うすい板を見せる）浮かして見ますよ。

図表Ⅱ

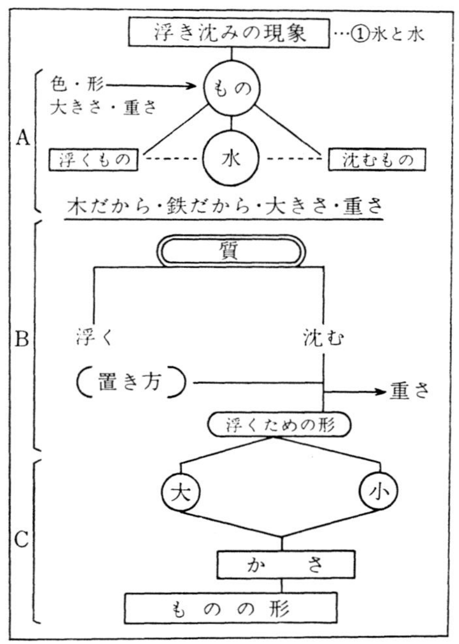

Ｃ　うすいから完全に浮くね。

Ｔ　次にこれはどうでしょう。（積木―10㎝立方体―を見せる）水に入れてみますよ。

Ｃ　重そうだけど，浮くかな。

Ｃ　あっ，浮いた。

Ｔ　これはどうでしょうね。（球状の木を見せる。）これも入れてためてみましょうね。

Ｃ　沈みそうだな。

Ｃ　木はみんな浮くんだね。

Ｔ　木は，どんな形のもの

でも，どんな大きさのものでもみんな浮くんですね。

C　大きい材木でも浮くわけだな。

T　さっき，このローソクは浮きましたね。じゃあこんな大きなローソクはどうでしょう。ためしてみてください。

C　ローソクだから浮くよ。

C　浮いたものの仲間だからきっと浮くよ。

T　浮くものは，小さくても大さくても重そうに見えても浮くんですね。

T　次に沈んだこのねんどを，うんと小さく丸めたら，どうなるでしょう。

C　浮むと思うわ。

C　やっぱり沈んだ。沈むものだから，沈むよ。

T　平らにうすくのばしたら，どうなるでしょうね。

C　うすいと浮きそうだけど沈んじゃった。

C　沈むものだから沈んだ。

T　平らにしたものを小さなものにしてもだめですか。

C　小さくても，沈む仲間のものだから沈むよ。

T　沈むものは，大きくても小さくても，どんな形にしても沈むんですね。

このような授業記録から考えられることはこどもたちは，板はうすいから軽く，しかも，浮くと考え，積木は，重そうだから沈むのではないかと考えていたが，積木の浮く事実をみて，次の球状の木を見せたときは，木は，どんな形をしていても，また，大きくとも浮くものだという考えに変わってきている。

すなわち，一つの発問に対して，こどもが反応し，その反応をもとにして，次の発問が用意され，それに対してこどもが反応する。この間にこどもたちの考え方の高まりもみられる。

2　水の上に置いたときの観察の場合，ゆらゆらゆれて沈む。重いほうが下になって沈む。上むきのときは，静かに置くと浮くなど，細かな観察をしている。しかし，置き方に違いがあることを机と水では意識していない。――〔水の性質〕

3　粘土の量を変えずに浮く形をくふうしていくと，見かけの大きいもの（容積が大きくなる）がよく浮く。以上のように，こどもたちは，かさの大小によって浮き方に違いがあることはわかった。しかし，かさの大小と，形の関係までは，考えさせなかったので，3年目は，この点も考えてみるようにした。したがって，3年目は浮くための形というものを，かさの大小を手がかりにして，いっそう明確にしようと図表Ⅲのような学習の構造を考えて実施することにした。

図表Ⅲ

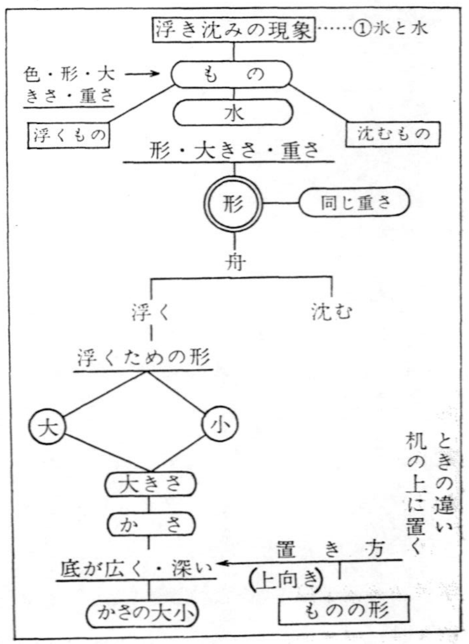

「浮くもの，沈むもの」の現象を取り扱うのは前と同じであるが，浮いたり，沈んだりすることは，重さに関係ないことを，学習経験の中で気づかせるだけではなく，もっと積極的に重さというものを取り上げる。すなわち，同じ重さの粘土を用いて，舟を作ることにより，浮いたり沈んだりすることは，同じ重さの粘土だから重さに関係なく，形に関係あることに気づかせるようにした。そして，浮く

ための形とみかけの大きさ（かさ）の関係を，かさの大小という面からはっきりさせようとした。つまり，みかけの大きさが大きくても，あるいは，小さくても浮く場合，中に水を入れて比べることにより，底が広く，深いほうほど水がたくさん入り，それがよく浮くという面から，形とかさの関係を考えさせた。また，一方，置き方というものを意欲的にとり上げ，茶わんを水平に置いた場合，垂直に置いた場合なども合せて取り扱うことにより，ものの形の空間の位置をはっきりつかませるようにした。

すなわち，教材として与えられた，粘土や茶わんは，いずれもこどもは物体としてとらえている。これを物質という見方にせまる方向をもたせたい。その方法として，机の上に置いている限りでは，ふちの高いものも，ふちの浅いものも，あるいは上向きでも下向きでも安定している。これを水の上に浮かすとき，上向きにしたほうが安定しているとか，ふちの高いほうが低いほうより安定して浮くなど，はじめて，形が問題にされ，上下の関係にも注意が向けられると同時に，水は机などとは違った性質のあるものである，ということも意識させることができる。水がものをささえるには，ささえられるものの底が広く，ふちの高いものほどよいことに気づかせることができるわけである。

以上のように，第Ⅰ～第Ⅲと積み上げてきた指導計画というものから，「こどもの将来を確実に保証しうるもの」「こどもの見方，考え方，扱い方を伸ばせるもの」を与えるためには，まず，こどもをみつめ，こどもたちのもっている経験を尊重し，それを足場として思考を広げ，指導計画が常にこどもの思考の発展の方向に一致するように，補正されるよう努力しなければならないと思う。

次に第1年目（昭和37年度）および第2年目（昭和38年度）に実施した学習指導案を提示しておく。（第3年目，昭和39年度実施の学習指導案は，第3章，第3節，Ⅳ学習指導案の項に提示してある）

第1年目（昭和37年度）　第2学年　浮くもの沈むもの　学習指導案

展開計画

第1次　浮くものと沈むものを分け，沈むものでも浮くことがあることを調べる。

第2次　油粘土で浮くものを調べる。

第1次の展開

学習活動	指導の要点	教師の発問	児童の発言	調査方法
(1)導入 きょうの勉強についての話し合い。	1 本時の学習の目標を理解させる。	○きょうは浮くものと沈むものについて勉強しよう。		
	2 実験材料を確認させる。	○みんなの机の上にはどんなものが置いてあるか。	さら，ちゃわん，はし，コップ，石，スプーン，水そう	
(2)実験の手順や処理方法器物の取り扱いについて理解させる。	3 実験の方法を考えさせる。	○それを浮くものと沈むものに分けたいがどうすればよいか。	○水に入れてみる。	児童観察 ○どんな考えをしたか。
	4 予想をたててみる。	○この茶わんは浮くだろうか。沈むだろうか。 ○ほんとうにそうかどうかためしてみよう。	○浮く。 ○沈む。 ○裏返しにしたら沈むと思う。	○どんな発言をしたか。 （資料弦巻校Ｐ15既有知識調査）
	5 実験器具の取り扱いについての注意。	○茶わん，コップなどこわさないように注意。		
	6 結果の処理方法をわからせる。	○浮いたものは赤○印沈んだものは白○印の中において分けよう。	○グループの1番生は大きな赤○と白をかく。	
		○ひとりじめしないで順番を守ってやること。	○順番を決める。	

学習活動	指導の要点	教師の発問	児童の発言	調査方法
(3)実験(遊び)をする。	7 実験開始	○仲よくはじめなさい（机間巡視）	○浮くものと沈むものとを分ける。	児童の行動を観察する ○どんな入れ方をしたか。
(4)結果を整理する。	8 浮くもの，沈むものを確認させる。	○どんなものが浮いたか，沈んだかをいってもらいましょう。	○赤◯の中のものと白◯の中のものを発表する。	○どんな発言をしたか。 （資料弦巻校Ｐ15既有知識調査）
(5)同じものでも置き方によって浮くこと，沈むことを調べる。	9 同じものでも浮く場合と沈む場合があることに気づかせる。 10どんな状態の時は沈みどんな状態の時は浮いたか。	○両方にはいったものがあるね。 沈んだグループの置き方は 浮いたグループの置き方は （前に出て実験させる）	○コップ，さら，茶わん ○たてに入れた場合 ○裏返しに入れた場合	児童観察 ○どんな発言をしたか。 ○どんな発表をしたか。 （資料弦巻校Ｐ19後調査） ○どんなおき方をしたら浮きますか。
(6)沈むものでも形によっては浮く。	11浮くこと，沈むことは重さに関係ないことを気づかせる（茶わんをわる）	○このわれた茶わんは浮くか沈むか。 ○もとの形にしたらどうか。 ○どちらが重いか，軽いか。	○沈む ○浮く	
(7)話し合いに				事後調査

学習活動	指導の要点	教師の発問	児童の発言	調査方法
よって ○どの程度理観したかたしかめる。				○いままではどう思っていたか。 ○いまはどう思っているか。
(8)整理をする話し合いでまとめる。	12浮くものの形について客観的なものをみつけさせる。	○浮くものはどんな形をしているか。	○へこんでいる。 ○深くなっている。 ○水がはいらないから。	（資料弦巻小学校Ｐ23）
(9)次期の予告	13次期学習の予告をする。	○この次は油粘土を使って浮くものを作ろう。		

第2次の展開

学習活動	指導の要点	教師の発問	児童の発言	調査方法
(1)導入 ○置き方による物の浮き沈み	1 茶わんは置き方によって浮く場合と沈む場合があることを再確認させる。	○この茶わんを水に入れたらどうなるだろうか。 ○水の中に入れる置き方（示範） 横向きに置く。 下向きに置く。 上むきに置く。	○浮く ○沈む ○浮くときと沈むときがある。 ○沈む ○沈む ○浮く	
○形による物の浮き沈み	2 沈むものでも形によっては浮く場合があることを再確認させる。	○この茶わんをわったら浮くか，沈むか，どうして ○沈むものでも形によっては浮く（もとの形にして浮かべる） ○どんな形が浮くか。	○われたとき沈む，すぐ水がはいるから ○深くなって水がはいらないような形	

学習活動	指導の要点	教師の発問	児童の発言	調査方法
(2)油粘土の塊は沈むことを理解する	3 油粘土の塊は大小によらず沈む。 4 ためしてみる。	○油粘土の大小の塊を示し 浮くと思うか 沈むと思うか はっきりためしてみよう。	○大きいものは沈む ○小さいのは浮くかもしれない。	
		○小さい塊を水にいれる。	○沈む。	
		○大きい塊を水にいれる。	○沈む。	
		○この粘土を浮かせたいがどうしたらよいか。	○水がはいらない形にする。 茶わんのような形にする。	
(3)油粘土で浮くものをつくる。	5 油粘土を使って浮く形をくふうする。	○どんな形にしたら浮くかよく考えてつくろう。 形ができたら浮かしてみよう。		
(4)つくったものについての話し合い	6 グループで作品を観察する。	○沈んだものと浮いたものはどう違うか。 ・沈んだ例を発表させる。 ・浮いた例を発表させる。		
(5)よく浮く形に気づく。	7 どんな形がよく浮くか	○浮いたものと沈んだものを比べてみよう。 ・浮いたもの ・沈んだもの	○深い，うすい，大きい，水がはいりにくい。	
		○沈んだものは浮くようになおそう。 浮いたものは形をきれいにしょう。	○浅い，あつい	

学習活動	指導の要点	教師の発問	児童の発言	調査方法
	8 油粘土のように水に沈むものでも形によって浮く場合があることに気づかせる	○（粘土の塊を示し）水に入れるかどうなるか。 ○（浮いた作品を見せて）水に入れると浮くね。	○沈む。	
(6)整理	9 よく浮くものは舟の形であることに気づかせる。	○いま見たように塊のままでは沈む粘土でもこのような形（浮いた作品を見せて）だと浮くことがわかりましたね。		

第２年目（昭和38年度）　第２学年　浮くもの沈むもの　学習指導案

1 単元の見方　身近な材料で，物には浮くものと沈むものがある。沈むものでも形によっては浮く。浮くこと沈むことは，重さに関係がない。という事実を通して，形と大きさは分けて考えるのではないかということを気づかせることがねらいである。

児童はどんなものが浮き，どんなものが沈むか，経験のあるものについては明確である。しかしそれは重いから沈む，軽いから浮く，といった重さの大小に関係する傾向が強い。これは水との比較における重さではなく，感覚的な重さである。また，形が変わると，重さが変わるとする傾向も強く，形，大きさ，質などが混然としている。これは舟型であれば浮くと考える傾向からもうかがえる。そこで，物には本質的には浮くものと，沈むものとがあること，本質的には沈むものでも，形によっては浮くことなどを経験させる。

このことは第２学年「こまのまわり方」「やじろうべえのつり合い」第４学年の「物の浮き沈み」「てんびんのしくみとはたらき」などの学習経験といっしょになって「物体」を質と量あるいは長さと重さに分けて考える手がかりになる。

2 指導にあたっての留意点　○「大きいものは沈み」「小さいものは浮く」という考えが多いので同質のもので大きさの違うものを，感覚的に重くても浮くものや，軽く感じられるものでも沈むものを材料として選んだ。

○沈むものでも「形」によっては浮くことをおさえるため，本質的に浮くものか，沈むものかをはっきりさせてから，「沈むもの」を浮かす学習の順序をとった。

○本質的には沈むものまでも形によっては浮くでは，質のことなるものでもふちが高く，全体がうすければよく浮くことをおさえるため，2種類(せともの，アルミニウム)の材料を選んだ。

○物には形が変わるとする傾向が強いので，簡単なてこを使って，重くなったり，軽くなったりしないことを意識するようにした。

3単元の目標　1物には水に入れたとき，どんな入れ方をしても，また，大きくても，小さくても，浮くものと，沈むものがあることに気づく。

2茶わんやさらなどは，水に入れるときの入れ方によって浮く場合と沈む場合のあることに気づく。

3油粘土でいろいろな形のものを作って，水に浮かべ，水に沈むものでも形によっては浮く場合のあることに気づかせる。

4指導計画　第1次（1時間）身のまわりのものの，浮き沈みを調べる。

第2次（1時間）茶わんや，さらの浮き沈みのようすを調べる。

第3次（1時間）油粘土を使って，水に浮くようにくふうする。

(1)本時の目標　物には，水に入れたとき，どんな入れ方をしても，また大きくしても，小さくしても，浮くものと沈むものがあることに気づく。

(2)第1時の展開

学習活動	指導の要点	教師の発言・行動	児童の発言・行動
1本時のめあてについて話し合う。	(材料) ねんど・竹ばし・消ゴム・コルクせん・一円アルミ貨・ローソク・くぎ・つみ木	○机の箱の中にいろいろなものを用意しておきましたからどれが浮くか，どれが沈むか調べてみましょう。(材料確認)	(グループごとに箱の中身を確認する。)
2浮くものと沈むものに分ける。		・水に入れる前に浮くと思うものと，沈むと思うものに分けてみてください。 ・さあ，分けられたようですから水の中へ入れてみて浮いたものは，赤丸へ，沈んだものは青丸へ，おいてください。(机間巡視)	(グループごとに話し合って作業する。) (グループ作業。)

学習活動	指動の要点	教師の発言・行動	児童の発言・行動
3調べたことをたしかみ合う。 4気づいたことについて話し合う。	○ものには，浮くものと沈むものとがあることに気づかせる。	○さて，どんなものが浮きましたか。(指名)(黒板にカードをさげて整理する。) ・はじめ分けた時と，水の中へ入れて分けた時と違ったグループがあったようですね。 △グループでは，どうでしたか。 ○そこで気がついたことは，どんなことですか。 ○そう，それにこうやっても浮くものは浮くし，沈むものは沈むんですね。(つみ木(5cm立方)で実験)	・浮いたものは，コルク，竹ばし，つみきローソクです。 ・沈んだものは，ねんど，けしゴム，一円釘です。 ・このつみき，大きくて重そうだったので沈むと思ったら浮いちゃった。 ・小さいけしゴムは軽いので浮くと思ったよ。 ・ポコンと浮いてきちゃうね。
5いろいろな形の木を水に入れる実験(教師)を見る。	○木は，どんな形をしても浮くことに気づかせる。	・それでは，こんな板は，どうでしょう。(うすい板を見せる。)浮かしてみますよ。 ・次に，これはどうでしょう。(つみ木(10cm立方体)を見せる。)に入れてみますよ。 ・これはどうでしょうね。(球状の木を見せる。)これも入れてためしてみましょうね。 ・木は，どんな形のものでも，どんな大きさのものでもみんな浮くんですね。	・うすいから完全に浮くね。 ・重そうだけど，浮くかな。 ・あっ，浮いた。 ・沈みそうだな。 ・木は，みんな浮くんだね。 ・大きい材木でも浮くわけだな。
6大きいローソクの浮き沈みについて調べる。 7浮くことについて話し合う。	○浮くものは大きくても浮くことに気づかせる。	・さっきこのローソクは浮きましたね。じゃあこんな大きなローソクはどうでしょう。ためしてみてください。 ○浮くものは，小さくても大きくても重そうに見えても浮くんですね。	・重いから沈むかもしれない。 ・ローソクだから浮くよ。 ・浮いたものの仲間だからきっと浮くよ。 ・おもしろいな。

学習活動	指動の要点	教師の発言・行動	児童の発言・行動
8 いろいろな形の粘土の浮き沈みについて調べる。 9 沈むことについて話し合う。	○沈むものは，小さくても沈むことに気づかせる。 ○本時学習の評価をしてみる。	・次に沈んだこのねんどを，うんと小さくまるめたら，どうなるでしょう。 ・たいらにうすくのばしたらどうなるでしょうね。 じゃこれを小さなものにしてもだめですか。 ○沈むものは，大きくても小さくても，どんな形にしても沈むんですね。	・沈むと思うわ。 ・やっぱり沈んだ。 ・うすいと，浮きそうだけど，沈んじゃった。 ・小さくても，沈む仲間のものだから沈むわけだな。
10 本時の学習のまとめをする。	○本時のまとめをする。	○きょうは，浮くものはどうやっても浮く，沈むものはどうやっても沈むということについてお勉強しましたね。	・はい。 ・おもしろかったね。

(1)本時の目標　○茶わんやさらのような形のものは，おき方によって，浮く場合と，沈む場合があることに気づかせる。
○水に沈むものでも形によっては，浮く場合があることに気づかせる。

(2)第２時の展開

学習活動	指導の要点	教師の発言・行動	児童の発言・行動
1 導入 前時の学習について話し合う。	○浮くものと沈むものの再確認をする。	・前の時間に勉強したことはどんな入れ方をしても，どんな形でも，どんなに小さくしても，浮くものは浮き，沈むものは沈むということでしたね。 ・この茶わんは浮くものですか，沈むものですか。 ・水の中に入れてみますよ。	 ・浮くこともある。 ・沈むこともある。 ・水の上におけば浮く ・水の中に入れれば沈む。 ・沈んだ。

学習活動	指導の要点	教師の発言・行動	児童の発言・行動
		（上を向けて水中に入れ手をはなす。）	
2 おき方によって，茶わんは浮き沈みすることを調べる。	○同じ物でもおき方によって，浮いたり，沈んだりすることに気づかせる。	○茶わんは沈むものですね。けれども置き方によっては浮くらしい。どんな置き方をすれば浮くか，どんな置き方をすれば沈むか，机の上の茶わんで調べてみましょう。 ・浮く置き方を，Ａさん前に出てやってごらんなさい。 ・沈む置き方を，Ｂさん前に出てやってごらんなさい。 ・茶わんは沈むものだけれど置き方によって浮いたり沈んだりしますね。 ・おさらはどうでしょう。	 ・上をむける。 ・少しななめにしても上を向いてうく。 ・下を向けるとひっくりかえって沈む。 ・よこ向きでも沈む。 ・たくさん斜めでも沈む。 ・置き方によって，浮いたり，沈んだりする。
3 おき方によってさらは浮き沈みすることを調べる。	○さらは沈みやすいことに気づかせる。	・茶わんと同じように，おさらも調べてみましょう。 ・おさらは茶わんと同じでしたか。 ・水が入ると沈むんですね。 ・おさらは水が少しゆれていても，水がはいって沈みますね，茶わんはどうでしたか。 ・茶わんは，水が少しゆれて	 ・上を向けてそっと置けば浮く。 ・水がゆれていると，すぐ水がはいって沈む。 ・少し斜めでも沈む。 ・水が少しゆれていても沈まなかった。 ・そうです。

学習活動	指導の要点	教師の発言・行動	児童の発言・行動
		いても沈まなかったといいましたが，みんなそうでしたか。	
4 茶わんはさらより沈みにくいことを調べる。	○ふちの高いほうが沈みにくいことに気づかせる。	○では，さらと茶わんを浮かして，おさらはすぐ沈んだけれど，茶わんはすぐ沈まないのはどうしてか，水をゆらして調べてみましょう。 ・茶わんのほうがすぐ沈まないのはどうしてか。 ・ふちの高いほうが沈みにくいんですね。 ・これはどうでしょう。 （アルマイトのさらとわんを見せる。）	・茶わんはふちが高いから水がはいりにくい。 ・茶わんは中が深いから。 ・茶わんは少し水がはいっても沈まない。 ・水をゆらせば，沈むよ。
5 アルマイトのわんはアルマイトのさらより沈みにくいことを調べる	○金物でもふちの高いほうが沈みにくいことに気づかせる。	・では茶わんやさらと同じように，水をゆらして波を立てて調べてみましょう。 ・どうでしたか。 ・おわんは水がはいりにくいんですね。だから沈まないのですね。 ・机の上に茶わんやさらをぜんぶ並べなさい。	・おさらは沈んだけれど，おわんは沈まない。 ・たくさん水をゆらしても，おわんには水がはいらない。
6 まとめ	○机の上で茶わんやさらの形をよくみて，沈み	・茶わんやおわんはおさらと比べると沈みにくいですねそれはどんな形をしているからでしょう。	・ふちが高い。 ・中がふかい。

学習活動	指導の要点	教師の発言・行動	児童の発言・行動
	にくい形に気づかせる	・茶わんやさらは置き方によって浮いたり沈んだりしましたね。それから，ふちの高い形のものはふちの低い形のものより沈みにくいのですね。	

(1)本時の目標　油ねん土を使って，水に浮くように，いろいろくふうさせる。

(2)第1時の展開

学習活動	指導の要点	教師の発言・行動	児童の発言・行動
1 油粘土を浮かすことについて話し合う。	○油粘土を水に入れて見させる。	・この油粘土は，水に入れると沈みましたね。 ○この油粘土を，浮かすことはできないかな。 ・油粘土をあげるから，水に浮くように，くふうして作ってみましょう。	・できる。舟のような形にする。 ・茶わんのような形にする。
2 製作の注意をきく。	○油粘土は同量のもの用意す。 ○油粘土はちぎらず，全部使って作る。	・この油粘土は，皆同じ重さに分けたんです。これをちぎらないで，全部使って作りましょう。できた人は，浮くかどうかも調べましょう。	
3 作る			・製作
4 沈みにくい形と，沈みやすい形について話し合う。	○水のはいりにくい形の類型るとらえる。 ○どんな形が水がはいり	・Aさんのはこんなのが，できました。（浮く） Bさんのは，こんなのですよ。（沈む） （両方る水に入れる。） ・これは浮いて，これは沈みましたね。どうしてだろう。 ・どうしてすぐ水がはいったのですか，比べましょう。	・水がはいったから沈む。 ・ふちがひくい。 ・あつさがちがう。

学習活動	指導の要点	教師の発言・行動	児童の発言・行動
	にくいか。 ・ふちの深いもの ・厚さの均等なもの ・ふちの平らなもの ・うすいもの ・穴のないもの	(二つずつ，もって比べる。)	・ふちがたいらでない ・あつい。 ・あながあいている。 ・うすくすると軽くなるから浮く。
		・沈みにくいのを調べるのにほかにないかな。 ・石ね。 ・ビー玉ね，ビー玉がたくさんはいるのね。	・水を入れてゆする，水が入りにくいのがよい。 ・石がたくさんのるのがよい。 ・ビー玉もいいよ，ビー玉は形が同じだからいいよ。
5作りなおす。		・水やビー玉で調べながら作りなおしましょう。	・作りなおす。
6沈みにくい形について話し合う。		・やめて，各グループから，沈みにくいのを出してください。 ・どうして調べましたか。	・Aさん，Dさん，Eさん…… ・ビー玉がたくさん入った。 ・水に入れてゆすった
	・ビー玉のたくさんはいったものは水もたくさんはいり，中が広いことに気づく	(沈みやすいのと，沈みにくいのにビー玉を入れてみる。) ・Aさんのは(23)こも入り，Oさんのは(15)こでしたね二つを比べるのに水も入れてみましょう。 (AとOに水を入れてみる)	・Oさんの方がすこしだね。

学習活動	指導の要点	教師の発言・行動	児童の発言・行動
		・水がたくさんはいったのは ○巾が広いのね，中の広いのは沈みにくい，中を広くするにはうすくつくるのね。	・Aさん，中が広い。
7教師の実験を見る。	・浮く事は重さに関係しない事に気づく。	・これは浮きましたね，この油粘土は沈みましたね，どっちが重いかな。 (はかりではかる。) ・さっき軽くなると浮くといったのはどうかな。	・油粘土。 ・舟 ・同じです。 ・あ，同じだ。 ・軽くても浮かない，形だ。
8整理	・水に沈むものでも形によって，浮く場合があり，それは中空の形であることに気づく。	○同じ重さでも，このような形にすれば浮きますね，水がなかなかはいらないようにするには，ビー玉をたくさんつんでも，沈みにくくつくればいいんですね。 それには，ふちを高くしたり中を広くすればいいんですね	

第5章　実　践　例

へちまのたねまき　5月14日
たね
1cm
1cm
1cm
たねのまん中はかたくてまわりは、ぺらぺらのよ
うなものがついています。
1つのあなに2こづつ入てぜんぶで18
こ入ました。あなの上に土をうすくかぶせて
じょうろで水をかけました。そうしてプールのよこ
においておきました。

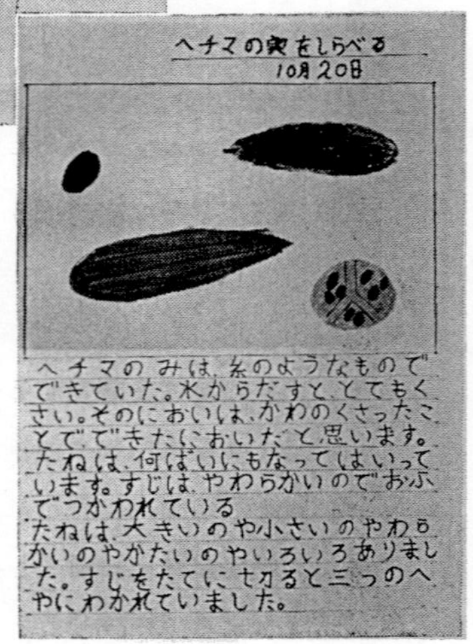
ヘチマの実をしらべる
10月20日
ヘチマのみは、糸のようなもので
できていた。水からだすと、とてもく
さい。そのにおいは、かわのくさったこ
とでできたにおいだと思います。
たねは、何ばいにもなってはいって
います。すじは、やわらかいのでおふ
でつかわれている
たねは、大きいのや小さいのやわら
かいのやかたいのやいろいろありまし
た。すじをたてに切ると三つのへ
やにわかれていました。

第１節　研究の具体的な手順

わたくしたちは，こども（特に下学年）の実態に即した学習指導法の研究を取り上げたが，これは，自然を対象にして，その中にふくまれる自然科学的な事実や基礎的な原理を，こどもたち自身の手で導き出すことができるようにすることや，ものを見たり考えたり扱ったりするしかたを身につけさせるような学習指導は，その内容・方法ともこどもの実態をつかみ，それに即応したものでなければ，こどもたちに将来の発展を期待することはできないとの考えによるものである。そして，「授業」という実践活動を通して，研究の対象となるこどもを確実に育てていく過程でこれを解決しようとした。

つまり，学習指導法を，単に形式的な過程の型で解決しようとしたのではなく，あくまでも，ある素材，ある内容を教材として取り上げたとき，どのようにこどもたちが反応し，どのように発展させようとしたかといったこども自らが解決する動的な姿からこどもを理解し，それに即応した学習指導の方法を考えようとしたのである。

具体的な手順は次のようである。

Ⅰ　具体的な目標を設定する

1　児童の実態を想定する

先行する学習経験や他校の研究成果などから，素材に対するこどもの見方，考え方の傾向を想定した。

2　素材の検討と教材としての位置づけを考える。

こどもたちの経験や行動を組織化し，見方や考え方，扱い方を身につけさせていくには，どんな素材を選び出し，どのようなねらいをもたせて教

材にまとめあげることが最も有効な方法であるかを考えなければならない。

素材のふくむ内容や性格をつかみ，素材を教材としてまとめあげる着眼点を知る方法として，学習指導要領に示された目標（理科の目標，学年の目標，領域の目標）と内容（ア，イ，ウ，(ア)，(イ)，(ウ)などの事項）との関連を第１学年から第６学年まで，たて，よこに見通し分析，吟味を加えた。

そして，学習の全体的な構造の中に教材として位置づけるようにした。

3　単元の目標を設定する

素材のもつ本質的なものを，こどもの実態と，全体構造における位置づけから取捨選択して重点の置き方を決め，意図的に行なわせたいことを知識・理解を主軸にして表現し単元の目標とした。

なお，どのような見方や考え方を育てようとしかたについては，「目標設定にあたっての留意点」の項を設け，その中で述べるようにした。

Ⅱ　学習指導過程を設定する

目標達成のための指導の筋道を，想定したこどもの見方や考え方の実態と，全体構造への系統・発展に即して計画する。

ここには，展開の順序，教師の発問や材料・教具についてのくふう，実験・観察の操作の方法やその程度などが現われてくるが，それらは「展開にあたっての留意点」あるいは「本時の展開（指導細案）」に現わすようにした。

Ⅲ　授業を実施する

作業仮説として設定した学習指導過程を検証する方法を「授業」に求めたのであるので，その立場から授業を行なう。ただし，仮説を検証するといっても，いくつもの指導過程を設定して，授業の結果最高のものを選び

出すのではなく，こどもたちを確実に育てていくのに最もよいと思われる指導過程を設定し，授業の中でのこどもの反応によってそれを検証していくわけである。

想定したこどもの実態は正しかったか。学習活動として用意した事象に対し，こどもたちはどのように反応し，発展させようとしたか。また，こどもたちの行動からみて，設定した具体目標や指導過程がこどもの実態に即し，経験を組織化していくのにふさわしいものであったかなどの観点から吟味を加えつつ授業を行なった。

この際，吟味の資料として，次の記録をとった。

1　授業記録

指導の全体構造を見失わないように留意しながら，こどもの理解の筋道として考えられることについての疑問点，想定したこどもの見方，考え方，あるいは指導案作成にあたっての問題点などにしぼって，児童の発言や行動を記録したもの。

2　事後調査記録

指導の目標は達成されたか，授業記録の中では明確にされ得なかったこどもの見方，考え方の実態は何か。あるいは，こどもの理解がどこで進められたかなどを分析し，これをもとにして問題を作成，個別面接法やいっせいペーパー法などにより，授業後に調査した結果の記録。

Ⅳ　授業後の考察をする

授業の実施後に，その指導計画の基盤となったこどものとらえ方は正しかったか，あるいは不足している点はどこであったか。こどもを理解したことが指導に生かされていたかなどを中心にして，授業記録，事後調査記録を分析し，吟味を加えた。

1　児童の実態について

設定した目標とこどもの実態との関係はどうであったか。目標設定にあたって留意したことが授業の中でどう影響したかなど，授業の中におけるこどもの反応をもとにして討論した。

これにより，想定したこどもの実態や，授業の中であらたにとらえたこどもたちの見方や考え方の傾向が明確にできると考えた。

2　指導の方法について

展開がこどもの考えを連続的に発展させるものであったか，発問材料，操作の方法やその程度などはこどもの先行経験を生かし，まとまる方向をもっていたかなどを中心に指導の方法を吟味した。

Ⅴ　ま と め

1　児童の実態はどうであったか

授業を通して明らかになった，見方，考え方の実態は何かをまとめ，具体的な素材に対する児童の実態とした。

2　よい指導のしかたはどうあるべきか

こどもの実態から考えられる指導のあり方を，展開の順序，発問の方法，材料や操作の方法，その程度などを中心にまとめた。

第2節　実　践　例

第1学年　「かざぐるま」について

1　具体目標の設定

(1)　学習指導要領の目標および内容

> (3)　おもちゃや身近にある道具で遊び，それらの使い方や作り方をくふうし，簡単な事実に気づくように導く。
> (ア)　風車，風輪などのような風の力で動く簡単なおもちゃを作り，それがよ

く動くように作り方をくふうする。
(イ) 作ったおもちゃを風に当てたり，うちわであおいだりして，その動く様子が，風の向きや強さによって違うことに気づく。

(2) 児童の実態の想定

ア 空気の存在について

(ア) この学年のこどもは，からのコップを見た場合，その中に「空気」があるということはほとんど意識していない。しかし，2年3年と学年が進むにつれてそこに空気の存在を意識するこどもがふえてくる。特に1年と2年との間に断層が大きい。これは，第2学年「ゴム風船やボールの空気」，第3学年「紙玉てっぽう」「音の伝わり方」などの学習経験によるものと考えられる。

(イ) 水中のあわを「空気」と考えるこどももほとんどなく，大部分は「あわ」そのものであり，中には「水」と考えているものもある。

(ウ) 自分たちが吸ったり，はいたりしているものが「空気」であるということは相当数（40～60%）のこどもが意識しているが，これは日常経験からくる観念的なもののようであり，また「いき」と答えるものや，吸うものは「空気」であり，はきだすものは「いき」であるとの考えの傾向もみられ，「いき」と「空気」との区別はあいまいである。呼吸に関連した行動を通したときはじめて空気を意識するようである。

イ 風について

木の葉の動くことから，あるいは煙突の煙のなびく様子などから「風」を意識しているものは非常に多い。このことは逆に，木の葉が動いたり，煙がなびくようなものでなければ「風」とは考えない傾向が強いといえるであろう。これは「風」を自分でおこせると考えるこどもが少ない（20%）ことからもうかがえる。

風を起こせると考えるこどものうち……風を起こす方法としては，うちわであおぐ（70%），口で吹く（24%）がおもなものである。

ウ 風と空気の関係について

風とは「つめたいもの」「すずしいもの」あるいは「木の葉を動かすもの」など現象としてとらえているものが大部分で，「風」と「空気」を関連づけて考えてはいない。

(3) 素材の検討と教材としての位置づけ

ア 風車，風輪をよく回るようにする着眼点として，はねの形を取り上げ，その面積や角度をいろいろ変えてみて，それと回り方との関係に気づかせるようにする。このことは，第1学年「はねの飛び方」第2学年「落下さんの飛び方」などの学習経験とあわさって「空気の抵抗」を感じとらせる素地となるもので，第3学年「グライダー」へつながる。

イ よく回るようにするには，回転のバランスをよくしたり，摩擦を少なくするくふうも必要で，そのためには，はねにつける軸の位置，軸受けのしくみにも着目させる。軸が中心にあるほうがよく回るという経験は，第2学年「こま」「水車」「やじろべえ」などの学習を通して「つり合い」といった考え方を育て，第4学年「てんびん」へ発展するものである。

ウ できあがった風車や風輪の回り方が，風の向きや強さによって違う様子を観察させることによって，現象を関係的にとらえる見方のきわめて初歩的な素地を養うことができるであろう。

エ 風車にあてる風は，自然に吹く風だけではなく，扇風機の風，うちわであおいだ風，口で吹いたとき，走ったとき，歩いたときなどの操作や行動を通して「まわる」という現象ではいずれも同じであることに気づかせるようにする。このことは，将来，風→空気の動きといった学習へつながる基礎的な経験となろう。

(4) 単元の目標

ア 目標設定にあたっての留意点

(ア) 「風と空気とは別のものである」と，この学年のこどもたちは考えているが，ここではむりに，結びつけることなく，むしろ，風車や風輪を動かす方法としての風を，自然に吹く風，扇風機の風，うちわであおいだときの風，口で吹いたとき，走ったとき，歩いたときと多面的に考えこどもたちにそれらの経験を豊富に与える程度にとどめたい。

(イ) 風車や風輪の風を受ける部分の形によって，まわり方が違うことに気づかせ，空間的なものの見方を育てる要素としての「形」に着目させるようにしたい。

(ウ) 速くまわる，おそくまわる，といったまわり方の違いや，風の強さ，方向が変わるといったことを扱うとき，そこに時間的要素が含まれるが，時間と空間との分化がじゅうぶんでないこの学年のこどもには，はねの見え具合やひふに感じる風の冷たさによって，つかませる程度にとどめる。

イ 目 標

(ア) 風車や風輪は，はねの形や軸うけのしくみによって，その回り方に違いがあることに気づく。

(イ) 風車や風輪は，風の向きや強さによって，回り方に違いがあることに気づく。

2 指導の過程

(1) 時間配当　　3時間

第1次(1時間)　風車をつくり，はねの形や軸受けのしくみによって，

回り方に違いのあることを調べる。

第2次(1時間)　風の向きや強さと，風車の回り方との関係を調べる。

第3次(1時間)　風輪をつくり，形や風の向き，強さによって回り方が違うことを調べる。

(2) 展開計画

ア 展開にあたっての留意点

(ア) 風車や風輪の風を受ける部分の形によって，回り方に違いがあることに気づかせるためには，風車に当たる風の強さや方向を一定にした中で，明確につかませることが必要である。

(イ) 風車の回り方（速い，おそい）をみる場合，時間的要素を取り出さず，空間的な形の違いによって，つかませるようにする。

よく回る——はねが見えなくなる——まるい円に見える

(ウ) 風車の回り方が風の向きや強さによって違うことに気づかせる段階においては，風車の形を一定にして，風車にあたる，風の強さ，方向などと，回り方の関係をはっきりつかませる必要がある。

イ 全指導計画の表

	目　　標	お も な 学 習 活 動	時間
第一次	1 風車ははねの形，大きさによって回り方に違いがあることに気づく。 2 風車は，軸受けのしくみによって，回り方に違いがあることに気づく。 3 よく回るようにくふうして作ることができる。	1 教師の作った2枚ばねの風車の回る様子を見る。 2 2枚ばねの風車を作る。 ・はねの形，折り方。 ・中心の位置。 ・軸受けのしくみ。 3 はねの数，形を変えて，よく回る風車をくふうして作る。	四十五分
第二	1 風車は，はねに当たる風の向きによって，回り方に違いがあることに気づく。	1 前時作った風車を扇風機で回してみる。 2 風車に当たる風の向きと，風車の回り方との関係をみる。	四十

	目標	おもな学習活動	時間
次	2 風車は，はねに当たる風の強さによって，回り方に違いがあることに気づく。	3 風の強さと，風車の回り方との関係を調べる。 4 いろいろな風（自然に吹く風，扇風機，口で吹く，走るなど）で風車を回してみる。	五分
第三次	1 風輪の形によって，ころがり方に違いがあることに気づく。 2 風輪のころがり方は，風の向きや強さによって違いがあることに気づく。	1 風輪のころがる様子を見る。 2 風輪を作る。 ・風の当たる部分の大きさを変えてみる。 3 風輪の形ところがり方の関係を調べる。 4 風の向きや強さと，風輪のころがり方との関係を調べる。	四十五分

ウ　本時の展開

学習活動	指導の要点	教師の発問	児童の発言行動
1 前時よく回るようにくふうした風車を扇風機の前で回してみる。	・並び方をずらすことによって回り方の違いを比較させる。 ・正面がよく回るということはどんな理由かにまでふれず事実をとらえさせる程度に扱う。	・きのう風車がよく回るようにくふうして作ったねよくまわるようになったか回してみよう。 ・〇〇さんのはどうしてよく回ったのかな （正面がよく回るか確認させる）。 ・正面がいちばんよく回ったね。	 正面にいたから。
2 風にたいして風車のむきをかえてまわりかたのちがうようすを調べる。	・風車の向きを変えると回り方に違いのあることを発見させるが，風車の向きを変える　扇風機の向きを変える（このことから	・正面にたてばいつでもよく回るかやってみよう。 ・横向きになると ・斜め ・うしろは ・風車の向きを変えると回り方が違ったね。	 よく回らない よく回らない よく回らない

学習活動	指導の要点	教師の発問	児童の発言行動
	風車に当たる風の向きによることに気づかせるようにしたい。		
3 風の強さと風車の回り方の関係を調べる。	・扇風機のそばへよる＝風が強くなる→扇風機の回転を変えるといった思考の順を追って風が強いと風車がよく回ることに気づかせる。	・扇風機の正面にたってこのように持ったときがいちばんよく回ることがわかったが，もっとよく回るようにするにはどうしたらよいか。 ・そばへよるとよく回ったね，どうしてよく回ったのかな。 ・風が強いとよく回るかためしてみよう。 （扇風機の回転を変える） ・風を強くしたら回り方はかわったかな。	そばへよる。 風が強いから。 よく回った。
4 いろいろな方回で風車を回してみる。	・風車を回す方法をいろいろ考えさせ風に対する経験を豊富にする。	・（扇風機をとめる）どうして回らなくなったのかな。 ・扇風機を使わないで風を起こせないかな。 ・口で吹いてみよう。回ったかな。 ・下じきであおいでみよう。回ったかな。 ・それだけかな，まだないかな。 ・手で回してみよう。回ったね。 ・扇風機と比べて回り方はどうでしたか。 ・扇風機のときのようによく回るようなやりかたは	風がなくなったから。 口でふく。下じきであおぐ。 回った。 回った。 手で動かす。 よく回らない。 走る。

学習活動	指導の要点	教師の発問	児童の発言行動
		ないかな。	
5 校庭で風の向きと風車の回り方の関係を調べる。	•走るとよく回るということは風車に当たる風が強くなったことであるという関係まで取り扱わず現象としてとらえさせる。	•外へ出て走ってみよう。 •走ったらどうでしたか。 •走ったときだけ回っていたかな。 •歩いたとき走ったときとではどっちがよく回ったかな。 •とまっても風車が回っていた人はたってごらんどうしてかな。 •みんなも回っていた人と同じほうに向いてみよう（他の向きについても調べさせる。） •○○へ向くとよく回るのはどうしてだろう。 •これと同じようなことが教室でなかったかな。 •扇風機でやったときと同じで風のくる正面に立っていると回るんだね。	よく回った。 歩いても回った。 止まっても回った 走ったとき。 風が吹いてるから 風が正面からくるから。 風が向こうから。 吹いてくるから。
6 まとめ	•風の向きや強さと風車の回り方の関係が総合してとらえられているかを評価する。	•風車をよく回そうとするにはどうしたらいいかな。 •この次は違ったおもちゃを作ってやってみようね。そのときも○○へ向くとよく回るかもう一どためしてみようね。	風に向かう。走る。 風に向かって走る。

3 指導の記録

(1) 授業記録

① 前時よく回るようにくふうして作った風車を交代で扇風機の前に出て回してみる。

○○○○○○○○←児童

○
せんぷうき

• 8人ずつ，2グループが交代して扇風機の前に1列に並ぶ。
•扇風機に近い3名の風車が回る。
•他の児童は自分のも回そうと，扇風機のほうへ手を伸ばす。

T ○○さんのは，どうしてよく回ったのかな。
C 扇風機が，まん中にあるから。
C 扇風機が，横を向いていないから。
C はじのほうは，風が横までこないから。
T 風車をよく回すには，どこに立っていればよいのですか。
C 扇風機のまん中。
C 扇風機のすぐ前。

② 風に対して風車の向きを変えて回り方の違う様子を調べる。

（扇風機の正面に立てばいつでもよく回るのか調べる）

• 1列に並んでいる児童の位置を変えて，正面の位置がよく回る様子を見る。
•扇風機の位置を変えて，やはり正面に立てば回ることを確認する。
•風車の向きを，斜め，横，うしろと変えて，回り方を調べる。

T 正面に立っても回らないのはどんなとき？
C はねの形がへんなとき。
C 風車をうしろ向きにすると回らない。
T 横にしたら。
C 回らない。

T 正面に立っても風車の向きを変えるとどうなるの？

C まわらない。

③ 風の強さと風車の回り方の関係を調べる。

T これよりも，もっとよく回るやり方はないかしら。

C 折るところを，もっと大きくすればよい。

C 扇風機のそばへよる。

T どうして，そばへよるとよく回るのかしら。

C 扇風機の風が強くなる。

C 近いところは風がよくくる。

C 近いと風が強いから。

C そばへよると寒いからよく回る。

C たいふうなら，もっとよく回るよ。

C 扇風機の強さを変えると，よく回るよ。

T 風が強いとよく回るのね。扇風機の強さを変えてみますよ。

（扇風機の回転を変えて，風車の回る様子の変わることを確認する）

④ いろいろな方法で，風車を回してみる。

（扇風機の回転をとめて）

T 扇風機をとめると，どうして風車は回らないのかな。

C 風が少しになってとまった。

C 風が弱くなってとまった。

C 風がなくなったから。

C 風の力が弱くなったから。

T 扇風機を使わないで，風が起こせないかしら。

C かけだす。

C 口で吹く。

C うちわであおぐ。

C 下敷きであおぐ。

C 手を動かす。（自分の風車を手に持ち，前後，あるいは左右に動かす児童多し）

T では，口で吹いてみよう。

各自さかんに吹きはじめるが，風車の正面から吹くものはほとんどなく，風車の横から，はねの折り曲げた部分に向かって，吹きつけるものが多い。

T 下敷きであおいでみよう。

この場合も，口で吹くときと同様，横からあおぐもの多し。

T 手を動かしてみよう。

© 回った，回った，（席をはなれて，走る児童もある）

T 口で吹いたり，あおいだりしたときの回り方は，扇風機のときと同じだったかな。

© ゆっくりだった。

T 扇風機と同じような回し方はできないでしょうか。

C 外へ出ればよい。

C 走ればよい。

C 自動車につければよい。

⑤ 校庭で，風の向きと，風車の回り方の関係を調べる。

「外へ出て走れば，扇風機のときと同じように回るかやってみよう」との教師のことばで全員校庭に出て，自由に走りまわる（約5分）ふえの合図で集合。

T 走ったら，風車の回り方はどうでしたか。

C　よく回った。

T　回っているのは，走っているときだけですか。

C　風が吹いているときだけです。

C　走っても風が吹かなければ回らない。

C　少しとまったときでも回った。

C　歩いたときもまわった。

T　歩いたときと，走ったときの回り方はどうですか。

C　走っているときたくさん回った。

T　とまっているとき，回っている人，立ってごらん。

児童は自分の風車を回そうとして，手を高くあげたり，あちこちへ動かしたりする。

C　太陽のほうに向けると，よく回るよ。

C　回るはずがないよ。

T　先生のほうを向いてとまっていても，回っているのは，どうしてかな。

C　向うから風がくるから。

C　北風が吹いてくるのだ。

C　風に向かっているからだよ。

C　あっちから，風がくるからだ。

T　これと同じようなことは，教室でなかった？

C　なかった。教室では風がないから。

C　扇風機と，同じ向きなら回った。

T　もう一回やりたいが，風がないね。

C　走ればいいよ。

T　さっきは向こうを向いていたのに，こんどはこちらを向いて回るのはどうしてかな。

C　風が変わるから。

C　まきかぜだから。

⑥　本時のまとめと，次時の予告をする。

T　この風車をいちばんよく回すのには，どうしたらよいですか。

C　作り方をうまくする。

C　扇風機でよく回る。

C　外でかけ出すとよく回る。

C　扇風機を強くする。

次の時間には，風で動く違うおもちゃを作ることを予告して授業をおわる。

(2)　事後調査記録

ア　調査日時　　昭和38年11月28日

イ　調査方法および内容

	発問，調査方法	調査結果，児童の発言	備考
風車を回す方法	（風車を示しながら） 「この風車を回すのにはどうすればよいの」 （児童の答えた順に番号を記入，もっとほかにないかと再質問して答えた項にアンダーライン）	• 扇風機。 • 口で吹く。 • 走る。 • 歩く。 • あおぐ。 • 風に当てる。	その他の方法が出たときは空欄に記入しておく。
風車の回る理由	①　扇風機でやると どうして風車が回るのだろう		児童の発言のまま記録
	②　口で吹くと どうして風車は回るの		同　上
	③　走ると どうして回るの		同　上
	④　歩いても 回るのはどうしてだろう。		同　上

	発　問　調　査　方　法	調査結果，児童の発言	備　考
について	⑤　外にいると，とまっていても風車が回るときがあるのはどうして		児童の発言のまま記録
風を起こせるか	①　あなたは風が起こせますか	（　）起こせる （　）起こせない	該当欄に○印
	②　（起こせると答えたものに対して）どうやって起こすの		
	扇風機の風と，口で吹いた風とは同じなの？		
	どうして？		
	扇風機の風と，外の風は同じなの？		
	どうして？		
	風車をいちばんよく回すにはどうしたらよいと思う？		

ウ　調査の結果

調査1　風車を回す方法について

回答順位	扇風機	口で吹く	走る	歩く	あおぐ	風に当てる	手で回す
1	15	2	23		2	8	
2	18	9	10		3	6	
3	1	12	8		9	6	1
4	4	3	2		10	1	1
5	1	1			2	3	1
6							
7	5	1	2	1	4	2	

①　扇風機でやるとどうして回るのか

• 風がくるから	15	• 風におされて	1
• 風が当たるから	6	• 風が吹くから	1
• 風が強いから	7	• 風と同じように強くなって回る	1
• 風があるから	4	• 扇風機の前だから	1
• 風が折ったところに当たる	2	• 扇風機は機械で強くなる	1
• 風が吹いてぶつかって回る	2	• 風が出るから	1
• 扇風機が風車に当たる	1	• 風が吹けば風の強さで風車は回る	1
• 風だから	1	• 風が吹いて動くから	1
• 扇風機が風を起こせる。風が出ると回る	1	• 風が起こるから	1
		• 風がいっぱいくるから	1
• 風が走ってくるから	1	• わからない	1

②　口で吹くとどうして回るの

• 風が当たる	6	• 風を口の中に入れてプッと吹くから	1
• 風がくるから	6	• 空気が口の中にはいっているから	1
• 風がある	5	• 口から風が出るから	1
• 風が出たから	4	• 息を吐くから	1
• 風が出て風車に当たる	3	• 風みたいのが口から出る	1
• 息が出てくるから	2	• 風と同じだから	1
• 息が当たるから	2	• 息があるから	1
• 口から空気が出るから	2	• 息がかかって当たる	1
• 風で回る	1	• 口から風を起こす	1
• 風	1	• わからない	1
• 空気が風といっしょにくる	1	• 無答	1
• 空気が当たった	1		
• 風が弱い	1		

③　走るとどうして回るの

• 風が当たるから	13	• 走ると勢いがいいから	1
• 風がくるから	8	• 扇風機と同じ	1
• 前から風が吹いてくる	5	• 走る力が風についてはねに当たる	1
• 風が吹くから	5	• 風がピューピューして	1
• 風があるから	4	• 風と走る力で回る	1
• 空気が当たるから	2	• 風が起こる	1
• 風とぶつかって	2	• 風の勢いで	1
• 外に風があるから	1	• わからない	5

④　歩いても回るのはどうして			
• 風がくると回る	12	• 回らなかった	1
• わからない	8	• 少し早くなるので	1
• 風が吹くから	6	• 少し風がくるとよい風がないとだめ	
• 回らない	5	• 風が少し当たる	
• 風があるから	4	• 風の方向に向くと回る	
• ちょっと風が起こる	1	• 風が当たるから	
• 風がちょっと吹いた	1	• 風が少しできた	
• 風が歩いたほうにくるから	1	• 自然に風ができてくるから	
• 風が強いから	1	• 風が吹いてくるから	

⑤　外にいるとき，とまっていても，風車が回るときがあるのはどうしてか		
• 風が吹いてくるから	11	• 風の方向に向くとよく回る
• 風がくるから	8	• 風がぶつかるから
• 風が吹いているから	5	• 風のほうに向けると風がくる
• 風が吹くから	5	• 自動車がたくさんきて木の葉にぶつかって風が起こる
• 風があるから	4	• 風の力があるから
• 風が当たるから	4	• 風が風車のほうにいくから
• 風があったから	2	
• わからない	2	
• 風が向かってきたから		

調査 3　風を起こすことについて

①　あなたは風が起こせますか	②　どうやって起こすの	
起こせる……………28	• 口で吹く……………14	• 外へきてびんの中をあけておいてパッとしめる………1
起こせない…………23	• うちわであおぐ……11	• わからない…………1
わからない…………1	• かけだす……………2	• 風などできない……1
	• 扇風機………………2	
	• 自転車で走る………1	

調査 4　いろいろな風の関係について

	扇風機の風と口で吹いた風は同じなの		扇風機と外の風は同じなの	
	同じ… 2	違う……………51	同じ……………21	違う……………28
理由	• 同じ風だから……… 2	• 扇風機の方が強い…………………24 • 扇風機の方がいっぱい………… 9 • 扇風機の方がよくまわる……… 5 • 扇風機の方が寒い………………… 1 • わからない…… 1 • 風が違う……… 1 • 口ではくるしくなる…………… 1 • 口でふいたのは空気が出るが扇風機のほうはプロペラが回る… 1	• 同じ風………… 5 • 強さ…………… 2 • まじっている… 1 • 風が吹いている 1 • ピューピュー… 1 • 回り方………… 1 • 扇風機は外からきて風がきょう室へはいってそれを吹くから… 1	• 強さ……………16 • わからない…… 3 • 寒い…………… 3 • 回り方………… 3 • たくさん……… 2 • 風が違う……… 1 • 扇風機は電気の風……………… 1 • モーター……… 1 • 外の風はとまる 1 • 外の風はピューと吹くが扇風機は中から出てくる……………… 1 • わからない…… 1

調査 5　風車をいちばんよく回すにはどうしたらよいと思いますか

- 扇風機で
  - 回す………10
  - そばへいく 9
  - 強くしてそばへいく… 7
  - 強くする… 3
  - 正面へいく 2
- 走る……12
- 風がくる方へ走る 2
- 折ってしたじきであおぐ…………… 1
- よくおって風が吹いてくる方でもつ 1
- 風の当たるところを大きくする…… 3
- 風の多いところへ当てる… 1
- 風を吹くのりものにつける 1
- わからない… 3

4　授業後の考察

(1)　目標（児童の実態）について

風の強さと，風車の回り方との関係について

〔質　問〕「風車に当たる強さによって，回り方に違いがあることに気づかせる」との目標に対し，風を強くする方法として「扇風機に近づける」ということをはじめにとった理由はどこにあるのか。

〔指導者〕「風が強ければ，風車がよく回る」ということは最終的な目標であり，こどもたちの考え方をそこへもっていくために，こどもたちの経験上からも，現象の上からもわかりやすいこの方法をとった。

〔意　見〕児童の大部分が「風が強くなったから」と風の強さを指摘していて，授業にも無理がなかったと思う。

〔意　見〕扇風機に近いほうが風が強いということを，風車の回り方によってとらえたのか，経験からすでに意識されていたのか，はっきりしないのではないか。

〔意　見〕この点については，生活経験から，扇風機に近づけば風が強いということは知っていたとみてよいであろう。風車をよく回す方法として「そばへよればよい」との児童の発言からもわかる。

〔意　見〕風車の回り方を見て「風の強さ」をとらえたにしても，経験上「風の強さ」を知っていた上で「そばへよる」と考えたにしても，「風の強さによって，風車の回り方に違いがある」ということはこどもたちが，すでによく知っていたといえるのではないか。

〔意　見〕風が当たらなければ，風車は回らない。しかし，よく当たったほうがよく回る。ということはたしかにつかんでいるが「よく当たる」ということを，「強さ」と「方向」に分けて考えることはしていないようである。

風の吹く方向について

〔意　見〕風の「強さ」に対する意識は高いが，「方向」については，

あまり意識していないようである。校庭で「とまっていても風車が回るのはどうしてか」との発問に対し，「風がくるから」との答えは多かったが，どちらを向けばとまっていても回るのかはっきりつかむこどもは少なかった。

〔意　見〕風の吹いてくる「方向」に全然，意識がなかったとは思えない。ただそれを「太陽の見える方向」と関連づけて考えているような行動が見られたが。（風車を太陽のほうに向ける）

〔意　見〕「風が吹いてくる」というより「風がそこにある」といった考え方ではなかろうか，止まっていても回った風車を見て，他のこどもたちはいっせいにその位置に集まって回そうとしていた。

〔意　見〕風の方向に対する意識が低いことと同時に，風のあるところに対して「広さ」をもたない。だから，だれかの風車が回れば自分もそこへ行って回そうとするのであろう。

〔意　見〕風の「方向」についての意識が低いということは，本時の目標「風車に当たる風の向きによって，回り方に違いがあることに気づく」というものが無理であると考えてよいのか。

〔意　見〕「方向」を全然意識しないのではなく，むしろ展開に問題があったのではなかろうか。

風についてのとらえ方，風と空気の関係について

〔意　見〕扇風機を使わないで，風車を回す方法として，まず「走る」「かけだす」というのが圧倒的であったが，「走る」と「風が起きる」と考えているのであろうか。

〔意　見〕「風が起きる」と考えているのかどうかは疑問であるが，こどもたちが，走ったり，ブランコに乗ったりした際，からだに「風」を感じていることはたしかであろう。

〔意　見〕このときこどもたちは，「風」を「つめたいもの」としてとらえていると考えてもよいのではないか。

〔意　見〕「口で吹けばよい」との発言も多かったが，これも，生活の中で，紙を吹きとばしたり，けしゴムのかすを吹いたりする経験から，風が起きると考えているのであろう。

〔意　見〕事後調査でも，風を起こす方法としては「口で吹く」が最も多かった（50％）が，「走る」と答えたこどもは10％にもみたない。

〔意　見〕口から吸うものは，「息」とか「空気」とかとらえてることが，有馬校の調査で明らかにされているが，口で吹くときはすでに「風」と考えている。しかし，「風」と「空気」と関連づけて考えているのではないであろう。

〔意　見〕風は「強さ」「速さ」とか「動き」のあるものと考え，空気は動かないものと考えているようである。

〔意　見〕事後調査でわかるように，風車を回す方法としては，いろいろな風（扇風機，走る，自然の風，口で吹く……）を考えるこどもたちも「風」ということばをきいたときは，自然の風，しかも，「力」とか「強い」といった，イメージをもっているようである。

(2)　指導方法について

展開の順序について

〔意　見〕風車を回す方法として，まず扇風機や，口で吹くなど人工の風を使い，次に，自然に吹く風で回してみたが，はじめに自然の風からはいったほうがよかったのではないか。

〔指導者〕第１次の扱いが，「風車の形によって回り方が違うことに気づかせる」というねらいであり，そのためには，風向や，風の強

さを一定にしなければならないので，扇風機を使用した。本時はその発展として，よく回るようになった風車を，もっとよく回すには，どんな風に当てたらよいかとの問題に取り組むようにしたので，扇風機の風を使うことからはいった。

〔意　見〕「風」という条件を一定にした中で，「風車の形」をくふうすることはたしかに必要であるが，自分たちの作った風車の回り方を調べるとき，こどもたちとしては，すぐ外へ出て，歩いたり走ったりしながら「よい形」に気づくこともできるのではないか。さらに「速く走ると，よく回る」という「風の強さ」と「風車の回り方」の問題にはいりこむことも容易になると思うが。

〔意　見〕「風」の「強さ」を先に扱うか「方向」を扱うかということに関連すると思うが，こどもたちの思考のすじになるものを考え，その中で展開を計画していくべきである。この場合は「正面から風が当たるとよく回る」という「方向」を，おさえ，その中で「強さ」を扱うことが必要だと思う。

〔意　見〕「正面から風が当たるとよく回る」という扱いをすじにして，風の「強さ」にはいりこんでいく指導の順序には賛成である。しかし，「方向」についての扱いをするのに「扇風機」を使わないで，外へ出て走ったり，自然に吹く風で風車を回しながらでも，こどもたちに気づかせることができるのではないであろうか，扇風機はそれをさらにたしかめてみる段階で使用してはどうだろう。

〔意　見〕外で回す——室内で扇風機で回す——もう一度外へ出て回す，という順序がよいと思う，扇風機は「風の強さと風車の回り方」を見るときに有効な方法である。

風車の形，材料について

〔意　見〕 風車の材料や形は，指導のねらいから考え，たいへんよかったと思う。

〔意　見〕 風車のはねを厚紙だけに限定せず，うすい紙で作ったものも扱ったなら，「風の強さ」ということが，いっそうはっきりするのではないか。

〔意　見〕 やわらかい紙で作った場合，「弱い風より，強い風のほうが回りにくい」という逆の現象が現われ，こどもの思考を混乱させるおそれがあるだろう。

〔意　見〕 「風が強いほどよく回る」という扱いではなく「風の強さによって回る様子に違いがある」という立場で扱えば問題はない。

〔意　見〕 「風が正面から当たるとよく回る」ということを扇風機を使ってつかませたあと，下敷きであおいだり，口で吹いて回すとき，こどもたちは「正面」から風を当てようとの意識がなく，横から吹いたりしていた。これは，風車の構造によるのではないであろうか。

〔意　見〕 軸の先に風車がついていたので，口で吹いたり，あおいだりするには，正面から風を当てにくい，軸の横にあれば，あるいは「正面」という学習がもっと生かされた行動が見られたかもしれない。

〔意　見〕 口で吹く場合は「風」が弱く，吹く範囲もせまいので，こどもたちは，横からはねの折り曲がった部分に吹きかけようとしたのだろう。

〔意　見〕 構造上の問題かどうかは，軸の横に風車のついたものや，折り紙で作ったものをこどもに与え，どんな向きにして吹くかを調べてみるとはっきりすると思う。

“風”の扱い方について

〔意　見〕 「風車」の回る様子だけから「風」を扱うのではなく，「寒い」「涼しい」など，ひふに感ずることなどももちこむことが必要ではないか。

〔意　見〕 事後調査でわかるように，「風は起こせない」という児童が多いことから，風といえば「自然に吹く風」を考え，扇風機の風や，口で吹く風とは別に考えている。このことから考えると，風車を回すために「いろいろな風」を扱ってもあまり意味がないのではないであろうか。

〔意　見〕 ここで，抽象された「風」を指導しようというのではなく，風車の回り方というものさしから見て「どの風も風車を回す」という見方ができればよいのである。

〔意　見〕 風車を使って「風」(有無，強さ，方向) を さがす ような学習もほしいのではないか。

5 ま と め

(1) 児童の実態について

ア　自分たちが扱っているものは「空気」であると考えているこどもも，それが口から勢いよく出されたとき「風」とよんでいる。両者の関係については特に意識をもたないことは有馬校の児童と共通している。

イ　「風」ということばを聞いたとき，「力」「強さ」「動き」 を 連想する点有馬校の児童と同様である。この場合，「涼しい」「冷たい」といったひふによる感覚的なとらえ方よりも，「物が動く」といった視覚によるとらえ方の傾向が強い。

ウ　自然に吹く風，扇風機による風，口で吹く風，走ったとき起こる風などの相互の関連については，「風車が回る」との現象面でいずれも「風」と考えても，「空気」を軸にしての共通性には至っていない。

エ　風車の回り方と，風の当たり方とを関係的にみることは，「風がよく当たれば，風車がよく回る」とのとらえ方はできている。しかし「よく当たる」ということを，「風の強さ」と「風の方向」とに分けて考えることはなかなかできない。「強さ」と「方向」では「強さ」に対する意識が高い。

オ　自然に吹く風に対しては，風のある場所を「点」としてとらえる傾向が強く，「線」「面」といった，ひろがりをもたない。

(2) 指導のあり方について

ア　風車の形は，「はねの形」や「軸うけのしくみ」が，それぞれ単独に変えられることが必要であり，そのためには，正方形の紙の対角線に切り込みをつけた従来の「風車」よりも，長方形の紙の中心に穴をあけた，「竹トンボ形」さらに2枚を組み合わせた「プロペラ形」などが適当である。

イ　「風の強さ」を感じとらせる方法として，「うすい紙」の風車を用意することは，その効果をいっそう高めることができる。

ウ　「よく回る」ということをとらえさせることは，回転する「はね」の状態を見るだけでわかる程度にとどめ，わずかな違いを比較観察させる必要はない。

エ　「回り方」を調べるにあたっては，「風車の形」による回り方の違いと，「風の当たり方」によるものとに分けて観察させることが必要である。そのためには，まず，「よく回る形」の風車をつくり，それを使って，「風の当たり方」を調べさせる学習の順序がよいと思われる。

オ　「風の当たり方と，風車の回り方」の関係を考察するあたってはこ

どもの思考のすじになるものとして，「風が風車の正面から当たったときがもっともよく回る」ということをおさえ，そのすじの中で，「強さ」を変えていく展開を考えていくべきである。

カ　風車を回す風としては，「自然に吹く風」のほか「扇風機の風」「口で吹く風」「うちわで起こした風」「走ったとき起こる風」など各種のものを扱うことが，将来，風→空気の移動という理解への基礎経験として有効である。ただし，これらの風相互の関係については「風車が回る」という現象面や，「涼しく感じる」といった感覚的とらえ方において共通していることに気づかせる程度にとどめておく。

第2学年「ゴム風船と空気」の指導

1 具体目標の設定

(1) 学習指導要領の目標および内容

> (3) 身近にある簡単な道具やおもちゃなどでいろいろくふうして遊び，これに関連した自然科学的な事実に気づくように導く。
> カ　ゴム風船やボールなどで，空気のはたらきに関心をもつ。
> (ｱ) ふくらましたゴム風船の口を開いて放すと飛ぶことに興味をもち，風船をふくらませる程度によって，飛び方に違いがあることに気づく。
> (ｲ) ふくらましたゴム風船を水中に押し入れたり，水中で風船の口を開いたりして，手ごたえや，あわの出ることに気づく。
> (ｳ) ボールにたくさん空気を押し込むと，よくはずむことに気づき，空気をつめて使うものを考える。

(2) 児童の実態の想定

ア　空気についてのこどもの認識

(ｱ) 自分たちが吸ったりはいたりしているものが「空気」であること

は，大部分の児童が意識している。ただし，吸うものは「空気」であるが，はき出したものは「息」であり，両者が同一のものか，まったく違ったものであるのか，その関係については，明確にとらえていない。

(イ) 「空気」とは，目に見えないもの，色もにおいもないものなどは，すべてのこどもに共通したとらえ方であるが，重さについては，「重さが全然ない」とするものと，「空気のはいっているものは軽くなる」と考えるものがあり，いずれも「重さ」を認めてはいないようである。

(ウ) 水の中で空気が泡になることについては，ほとんどのこどもが，あわと空気を関連づけて考えてはいるが，あわの中には空気のほかに水もはいっていると考えているものも相当数あるようである。

イ 空気と風の関係について

(ア) 第1学年における「風で動くおもちゃ」の学習で，風車や風輪を回す際，自然に吹く風のほか，扇風機，うちわの風，口で吹いた風などを経験している。また，風のない時でも，走ったりすれば風車が回ったり，手や顔に風を感じることも知っている。しかし，だからといって，風と空気との関係を理解しているとは考えられない。むしろ，「はね」「らっかさん」などが，大きく開いたとき，ゆっくり落ちることなどから，空気の存在をおぼろげに感じている程度であると考えられる。

(3) 素材の検討と教材としての位置づけ

ア ゴム風船や，ボールをふくらませる方法としては，口で吹く，空気入れで入れるという二つの方法が考えられるが，いずれも，ふくらんだ形が同じであること，口を開けたとき，「風」の状態で勢いよく出てくることなどから，「空気」——「息」——「風」の 間に， なんらかの

関係をみつけ出すことが期待できるのではないか。

イ 風船をふくらませる程度によって，息や空気をつめこむ力の大きさ，外から押したときのかたさ，水中へ押しこむときの手ごたえ，口をあけた時の風の勢い，水中でのあわの様子などが，それぞれ違うことから，空気の存在に気づかせるとともに，口をあけた時の飛び方，水中での浮く様子，はずみ方とも関連させて，とじこめられた空気のはたらきにも関心をもたせることができる。

ウ 第1学年の「はね」第2学年の「らっかさん」などの学習によって高められてきた「空気の存在」に対する関心は，ゴム風船やボールに「とじこめられた空気」として，そのはたらきをも含めて扱うことによりいっそう深まる。さらに第3学年における「紙玉でっぽう」第4学年「空気室のあるポンプ」など「おしちぢめられた空気」としての経験によって，「かさ」をもつこと，「弾性」のあることなどが扱われ，第4学年「温度と体積」や，第5学年「風の起こるわけ」「音の伝わり方」などの学習により，その存在がますます明確になってくる。そして，第5学年の「酸素や二酸化炭素」など化学的な性質の扱いを通して，気体——物として考える基礎をつくることができるであろう。

(4) 単元の目標

ア 目標設定にあたっての留意点

(ア) 空気と息，風との関係が漠然としているのがこの学年のこどもの実態ではあるが，ここでは，その関係を明確にすることは困難である。むしろ，ふくらます，飛ばす，あわを出す，風を出す，はずむ，浮くなど，多くの現象を通して，そこに深い関係のあることを感じとらせるようにするのが適当であろう。

(イ) 空気が噴出すると，風船がなぜ飛ぶのかといった，力と運動の関係で追求せず，大きい風船が長い時間飛ぶとか，口を大きく開いた

時と，小さく開いた時では，飛ぶ速さが違うなど，現象をありのままにとらえさせるようにする。

(ウ) 浮く，はずむなど，空気の性質やはたらきについても関心をもたせることはたいせつであるが，それらの性質や，はたらきを通して，空気の存在に気づかせることを特に大事に取り上げるようにする。

イ 単元の目標

(ア) ゴム風船は，息や空気でふくらみ，入れ方によって，大きさやかたさが違うことに気づく。

(イ) ふくらませたゴム風船の口を開くと，勢いよく風の出ることや，それが水中では，あわとなって見えることに気づく。

(ウ) ふくらましたゴム風船の口を開いて放すと飛ぶことや，その飛び方が，風船の大きさ，空気の出る口の大きさに関係していることに気づく。

(エ) 空気や息を入れた風船やボールが，水に浮くことや，はずむことに気づくとともに，それが，中の空気の量に関係していることにも気づく。

2 指導の過程

(1) 配当時間 3時間

第1次(1時間) ゴム風船を息や空気でふくらまし，口を開いて放すと，口から風が出て，風船が飛ぶことを調べる。

第2次(1時間) 水中で，ふくらましたゴム風船の口を開くと，空気があわになって出てくる様子を見る。

第3次(1時間) 中に入れる空気の程度により，ボールのはずみ方や，浮き方が違うことを調べる。

(2) 展 開 計 画

ア 展開にあたっての留意点

(ア) 空気は目に見えないものであり，しかも，絶えずその中で生活しているため意識の上にのせるためには，くふうが必要である。ゴム風船を使って，大きさ，かたさ，飛び方，浮き方など，視覚的にとらえられる現象を多くして存在に関心をもたせるようにする。

(イ) 風船の口を開くと，中から空気が噴出するが，こどもは，これを「風」としてとらえるであろう。そのとき，ふくらませるのには，「息」を使ったものと，「空気入れ」で入れたものがあることに注意を向けさせるとよい。水中であわになることを見る場合も，同様である。

(ウ) 風船を飛ばした場合，こどもたちは風船の飛んでいく軌跡に気をとられ，風船の口がいつもうしろになっていることや，風船の大きさと，飛んでいる時間や距離との関係をとらえることがむずかしい。そこで，ゴム風船のケーブルカーなどを作って，風船の中の空気の量と飛び方との関係を，はっきりとらえられるようなくふうが必要である。

(エ) 水中に押し入れた手ごたえは，ゴム風船の大小や，沈め方の深浅に関係があるが，深浅は小さい水槽中ではよくわからないので，空気の少ないときははいりやすく，大きいときは沈めにくいといった，空気の量と浮く手ごたえとの関係のみ，とらえさせるようにする。

(オ) 空気が水中ではあわになることは，風船の口から泡が出るに従がい，風船がしぼんで小さくなることでとらえることができるが，あわを再び集めて，ゴム風船をふくらませたり，ビニールの袋をふくらませたりすることにより，あわ＝空気の関係をいっそう明確にとらえさせるようにする。

(カ) 空気が「もの」であることへの基礎経験として，「かさ」をもつこと，一定の空間をしめることを現象として扱っておくようにする。さかさにしたまま水中に入れたコップの中には，水がはいりこまないこと，コップを傾け空気を「あわ」にして出してしまうと，中まで水がはいりこむ事実がそれである。

(キ) 空気のつめ方によって，ゴムまりのはずみ方がかわる様子を調べる際，こどもたちは，ゴムそのものがはずむことや，「空気は軽いもの」であるから，「たくさんはいれば軽くなってよくはずむ」と重さに関連づけて考える傾向がある。前者については「ゴム」以外のビニールや，ポリエチレンの袋に空気をつめ，弾性のあることを確かめることができるが，後者については，「空気を入れたボール」のほうが「空気をぬいたボール」より重い事実を確認させなければ解決されぬ問題であろうか。

(ク) 風船やボールの中に，空気はどんな状態ではいっているのかということについては，風船が，空気や息をつめこむに従って大きくなること，空気がぬけるに従って，全体が一様に小さく縮んでくること，風船を強くにぎればどんな形にもなること，どこをさわっても同じようにふかふかすることなどで，全体に一様にひろがっていることをつかませることができるのではないかと考えた。

イ 全体計画の表

	目 標	おもな学習活動
第一次	1 風船は中に，空気や息を入れるとふくらむことに気づく。 2 ふくらました風船の口からは，空気も，息も，風になって出ることに気づく。 3 ふくらました程度によって飛び方に違いのあることに気づく。 4 風船がとぶのは，中の空気が勢いよく出るためであることに気づく。	1 風船に空気やいきを入れてふくらませる。 2 ふくらました風船の口をはなすと，中から風が出ることを調べる。 3 ふくらました風船の口をはなして飛び方を調べる。 ・口のむき ・飛ぶ軌跡 ・大きさと飛び方の関係 4 飛ぶ方向や，大きさと，飛んでいる時間（距離）との関係を風船のケーブルカーを使って調べる。
第二次	1 ふくらましたゴム風船は，水中では浮きやすいことに気づく。 2 空気が水の中では，あわになって見えることに気づく。 3 空気のつまっているところには，水がはいれないことに気づく。	1 ふくらましたゴム風船を水中に押し入れ，手ごたえのあることを調べる。 2 水中で口を開いてあわの出る様子を見る。 3 あわを集めて風船や，ビニールの袋をふくらませたり，コップの中にうつしたりして，あわが空気であることを確かめる。
第三次	1 ボールや，自転車のタイヤなどは，中に入れる空気の量によって，はずみ方に違いのあることに気づく。 2 空気は入れる物によっていろいろな形になることや，つめこむことができることに気づく。	1 ボールなどのはずみ方の違いを調べる。 2 空気のはいっている量と，ボールのかたさ，はずみ方との関係を調べる。 3 ビニールの袋に入れた空気で弾力のあることを調べる。 4 空気をつめて使うもを調べ，空気のはたらきを考える。

3 指導の実態

(1) 授業の記録

風船の中にとじこめられたものについて

T ゴム風船をふくらませるには，どうしたらよいか。

C 口で吹く。

C 空気入れでふくらます。

T　中に何がはいったのか。

C　息がはいる。

C　空気がはいる。

T　空気でふくらました風船と，息でふくらました風船は，違いがあるのだろうか。

C　どちらもふくらんでいる形は同じ。

C　でも，空気と息は同じではない。息は，空気よりも，何かが多くなっている。

T　風船の口を，静かに開いてみよう，何が出てくるだろう。

C　風が出る。

T　空気を入れてふくらましたのに，出てくるのは風かな。

C　息でふくらました風船も，風が出てくるよ。

C　息と風とは同じなのかな。？

C　空気と息とも同じみたいだな。だって，両方とも風になって出てくるもの。

C　わかった！　空気や息が，勢いよく出てくると風になるんだよ。

C　あっそうか。風車のときも，口で吹いて，風をつくって回したんだね。

T　風船の口のあけ方を大きくしたり，小さくしたりしてみよう。

C　大きくあけると強い風が出る。

C　大きくあけると，風が勢いよく出て，風船の口がふるえて音がする。

C　顔に当ててみると涼しい。

C　髪の毛が上に飛ばされる。

ゴム風船の大小と，飛び方との関係

T　風船の口をはなすと，風船がどうなるか，やってみよう。

C　わっ！　飛んでいく。

C　おもしろい。あんなに遠くまでいった。

C　くるくる回りながら飛んでいる。

C　どこへ飛んでいくのかわからない。すごくあばれんぼうだ。

T　大きくふくらましたときと，小さいときでは，飛び方は同じか，比べてみよう。

C　大きいときのほうが，長く飛んでいる。

C　大きくふくらませると，いつまでも飛んでいる。

C　小さいほうが速く飛ぶ。

C　小さいほうが速いけれども，すぐ落ちてしまう。

C　大きいほうが遠くまで飛ぶよ。

風船の口の位置と，飛ぶ方向の関係

T　風船が飛ぶとき，風船の口は，どこを向いているのだろう。

C　口がうしろになって飛ぶ。

C　うしろらしいけれど，飛び方が速いのでよくわからない。

C　上に飛ぶときは，口が下に向いているよ。

C　風船の口のところにキャップがついているのが重いから，下になるんだよ。

C　口から風がでる勢いで飛ぶんだから，口がうしろになるのだと思う。

C　ロケットと同じだよ。

T　口から風が出て飛ぶのだから，口がうしろに向いているということになるのかな。このままでは，風船がどこへ飛ぶのかわからないので，飛ぶ道をきめて，飛ばしてみよう。

空気が水の中で「あわ」になること

T　風船を水の中に沈めてみよう。

C　沈めようとしても，すぐ浮いてくる。

C　浮き袋みたいだよ。

C　空気が軽いから，浮くんだ。

T　空気を出したら，沈んでしまうかな。口を開いてごらん。

C　すごいあわが出た。

C　煮えたっているみたい。

C　空気を出したら，やっぱり沈んだよ。

T　空気は，水の中であわになるらしいね。もう少し，よく調べてみよう。

　風船の口を大きくあけると，どんなあわが出るだろう。

C　大きいあわが出る。

C　たくさんのあわが出ると思う。

T　風船の口のあけ方を，いろいろ変えて，どんなあわが出るか，やってみよう。

T　出てきたあわが空気ならば，これをもう一度集めたら，風船がふくらむはずだね。

C　やってみよう。

C　風船をふくらますには力がいるよ。あわには力がないから，だめだろう。

T　力がなくても，ふくらむものでやってみよう。ポリエチレンの袋に集めてみるよ。

C　やっぱり袋がふくらんできた。

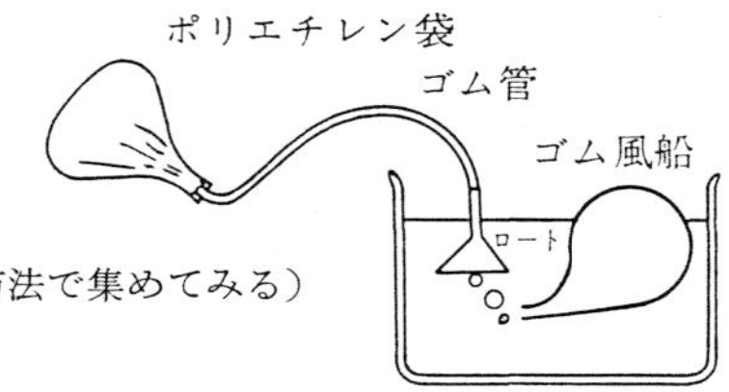

（図のような方法で集めてみる）

C　あんな小さな風船なのに，大きなポリエチレンの袋がいっぱいになった。

C　ゴム風船の中には，空気がいっぱいつめこんであるのかな。

C　あの袋を水の中であけると，またあわが出るはずだよ。

空気をたくさん入れたボールがよくはずむことについて

T　空気がぬけたボールはあまりはずまないが，たくさん入れると，よくはずむようになるね。（実験により確認する）どうしてだと思うか。

C　空気がたくさんはいると，かたくなるから，よくはずむ。

C　空気は軽いもの。軽いものがたくさんはいるから，よくはずむようになる。

T　それでは，空気のぬけたボールより，空気のたくさんはいったボールのほうが，重さを比べたら軽いのだろうか。

C　そう思う。

C　空気のたくさんあるほうが重いのかな？

C　空気ははずむものだから，たくさんはいったら，よくはずむの。

4　授業後の考察

(1)　児童の実態について

空気についてのとらえ方について

〔意　見〕 こどもたちは空気がないと，人間は生きていけないといった，自分たちの生活とむすびつけて空気をとらえているようであったが。

〔意　見〕 自分の生活と関連させてとらえているというより，観念的なものであろう。事実に即してとらえたことではなく，空気がないと死んでしまうとか，人間がはきだした息には，二酸化炭素がふえているとか，情報された知識にすぎない。

〔意　見〕 自分たちが空気の中で生活しているのに，その存在を感じないことから，色もにおいもなく，重ささえもないものだとのとらえ方をしているようであった。自分の手を動かして「ほら，何もさわらないし，重くもないよ」と発言していた。

〔意　見〕 人間が吸っているものが空気であり，はき出しているものは「息」と呼んでいるもので，空気とは「名称」が違うだけでなく，成分も違うと思っているようだ。

〔意　見〕 「息」と「空気」を別のものと考えるのは当然のことであるがまったく別のものであるのか，ごく関係の深い，ある意味では同じものといってもよいとのとらえ方はしていない。風船の口から出るとき，両方とも「風」の状態になったり，「あわ」の形で見られるからといっても，現象面の共通性だけをとらえたにすぎないであろう。

〔意　見〕 この学年では，「息」でふくらました風船も，「空気」でやったものでも同じような形や大きさになり，口をはなせば「風」が吹き出して，風船が飛び回るといった，基礎経験を与えておくことでじゅうぶんである。

両者の関係については，「呼気」と「吸気」の成分の違いを調べたり，「酸素」と「二酸化炭素」の学習をしたりしたあとでわ

かればよいことだろう。

ふくらましたゴム風船の口を開いて放すと飛ぶことについて

〔意　見〕 こどもたちは，風船を飛ばすときに口をうしろにして手を放していたが，口をうしろにして飛ぶことを知っていたのではないか。

〔意　見〕 こどもの発言をみると「くるくる まわる」「上にまわりながら飛ぶ」などが多く，口をうしろにして飛ぶことについての発言はなかった。「口をうしろにして飛ぶことに気づいた人」の質問に対して半分以上のこどもが手をあげていたが，意識的に，口を前にしたり，左，右にして飛ばしているものもいなかった。

〔意　見〕 半数近くの児童が口をうしろにしていたからといって，そのまま授業を進めないで，「口を前にしては飛ばないのか」など，無意識のものを意識化して指導することが必要であろう。

〔意　見〕 「口がどちらを向いているか」などの問題は，この教材でそれほどたいせつに扱うことなのだろうか。

〔意　見〕 口がどちらを向いているか，ということだけを取り上げるのではなく，風船の中の空気が口から勢いよく出ていることと関連させて扱えば，「風船の飛ぶこと」へまとまっていくのではないであろうか。

〔意　見〕 風船の口を開けば，「風」が出ることは，全部のこどもが認めている。「風」とは「冷たいもの」「涼しいもの」といったとらえ方のほか，第1学年の「風車」や，第2学年の「らっかさん」「しゃぼん玉」における「風」のはたらきから，「運動」を連想し，「飛ぶこと」に簡単にむすびつくのではないであろうか。

〔意　見〕 風が出れば，風船が飛ぶと単純に考えているのではなく，風

の出方にも関係があると考えているのではないか。

〔意　見〕 風が出ているときには，風船が飛ぶ，風が出なくなれば風船は飛ばないということは，たしかにとらえている。大きくふくらませた風船のほうが，中に空気がたくさんあり，空気がたくさんあるから風がいつまでも出て，風船も長い時間飛んでいると考えている。しかし，風の出方——勢いよく出るか——強さと，飛び方との関係には気づいていないようである。

〔意　見〕 大きい風船より，小さい風船のほうが速く飛ぶと発言していたこどももいたが，これはどうだろう。

〔意　見〕 ゴム風船のケーブルカーを動かすときも，はじめ大きな状態のときより，空気がぬけて小さくなってきたときのほうがスピードを増す現象がはっきりとらえられていた。これは，ゴムの収縮力との関係で，ある大きさまで縮んだときに，収縮力が最大になり，口から噴出する空気の勢いも強くなって，速さを増すのであろうが，こどもたちには，みかけの大きさと，飛ぶ速さとの関係だけしかとらえられないようである。

〔意　見〕 風船の大きさを変えては，噴出する状態（強さ）よりも，みかけの大きさに気をとられるので，風船の大きさは変えず，口の太さ（開き方）を変えて飛び方をみれば，風の強さと飛び方との関係に気づかせることができると思う。

〔意　見〕 口を極端に小さくすると，風が出ていても風船がほとんど動かない状態を見ることもできる。指導のしかたとも関連するが，こどもたちは，因果関係を，みかけの「形」で判断する傾向の強いことはたしかのようである。

空気が水の中ではあわになって見えることについて

〔意　見〕 空気が水の中であわになることは，よく知っている。ゴム風船の口を水の中ではなすとき，実際に口をはなす前から「あわが出る」と発言していた。

〔意　見〕 あわになることはたしかによく知っていて，コップをさかさにして水中で傾ければあわの出ることも，ストローを水中で吹けば，あわが出ることも経験しているようであった。

〔意　見〕 あわになることは知っていても，それを一そうたしかな認識にすることは必要で，大きく口を開けば大きなあわが出ること，小さく口を開けば小さなあわが出ること，しかも，空気でふくらませた風船でも，息でふくらませたものでも同じであるようすをはっきり見せておくことがたいせつであろう。

〔意　見〕 空気でも，息でも「あわ」になって出てくることは「気体」を理解していく基礎経験としてはたいせつであるし，空気中では「風」としてとらえた空気の動きを，水中では「あわ」としてとらえることにより，風と空気との関係にも新しい認識が育てられたのではないであろうか。

〔意　見〕 あわになったものを再び集めて，ポリエチレンの袋などをふくらませる段階では，なんの 抵抗もなく，「ふくらむはずだ」と考えるこどもが多かったことも，空気＝あわの関係が明確にとらえられていたといえるであろう。

〔意　見〕 さかさに伏せたコップを，そのまま水中に入れても，コップの中には水がはいりこまないこと，そのとき，コップを傾けると，あわが出て，そのあとには水がコップの中にはいること，この二つの現象をつなげてみると，空気とあわの関係，さらには，空気のあるところには水がはいれないといった「空気のかさ」についての経験にもなるのではないであろうか。

空気の重さについての考え方

〔意　見〕 空気の中に生活していても，空気の抵抗や重さをこどもたちは感じていないので「重さはない」と考えていることが授業の中でもみられた。

〔意　見〕 ボールの中に空気をたくさん入れると，よくはずむようになることを，「軽い空気がはいったから，軽くなってはずむ」と考えていたこどもがいた。

〔意　見〕「軽い」というのは，「重さ」を認めていることで「重さがない」ということではないのではないか。

〔意　見〕 理論的にいえばそのとおりであるが，こどもたちがいう，「軽い」というのは，重さが「ゼロ」であるというより，それ以上に「マイナス」の状態を考えているのではなかろうか。空気をぬいたボールと，空気をたくさんつめたボールでは，後者のほうが目かたが軽いと発表していたこどもの考え方は，それを示している。

(2) **展開について**（指導の方法について）

展開の順序について

〔意　見〕 空気のはたらきに関心をもたせることが，この教材のねらいであるのに，浮く，はずむ，縮むなどの性質，はたらきについての扱い方が，「空気の存在」を意識させることのかげにかくれてしまったようであったが。

〔指導者〕 空気のはたらきといっても，空気の性質そのものを理解して，その上で，はたらきを考えていくという分析的な扱い方は，この学年では無理である。空気がはいっているときと，はいっていないとき，多いとき少ないとき，出ているとき出ていないときなど，比較によって現象をうきぼりにし，はたらきに関心をもたせることが必要で，その扱い方が「空気の存在」に重点をおいたような印象を与えたのではないだろうか。

〔意　見〕 風船をふくらまし，中にはいっているものは，空気か息かとの問題をなげかけ，ふくらみ方，口からのふきだし方，風船の飛び方，あわの出方など，いつも両者を比較する立場から出発して扱っていた。空気と息，空気と風との関係についての配慮は多い指導であったが，浮くはたらき，はずむはたらきなど，こどもへの印象づけは弱かったと思う。

〔意　見〕 空気や息が風船の口から勢いよく出ると風になり，そのときに風船がよく飛ぶことの扱いは，空気のはたらきについての指導としてよかったと思う。また，空気のはいったものが水に浮くことや，はずむことなど，理論やことばとしてわからせるよりも，水の中へ風船をおしこみ，あわを観察したり，そのあわをコップやロートに集めたりする作業のとき，感覚的に強くとらえていることと思う。

風船のふくらむ程度と飛び方との関係の観察のしかたについて

〔意　見〕 風船のケーブルカーを使ったことは，風船の大きさと，飛んでいる時間や距離，飛ぶ方向と風船の口の位置などを明確にするのに有効であった。

〔意　見〕 ケーブル（糸）を水平にはるだけでなく，傾斜させたり，あるいは，鉛直にはったりすれば，いっそう効果的であったと思う。

〔意　見〕 空気の噴出する量の多少と，飛ぶ速さとの関係を明確にとらえさせるには，風船の口の太さを自由に変えられるくふうが必要であろう。たとえば，1年生で学習した「ふんすい」の管口の太さを変えたときのように。

空気が水中ではあわになって見えることの観察について

〔意　見〕 ふくらませた風船の口を水中に入れ，出てくるあわが空気であるということをおさえる方法は，この授業の程度でよいだろうか。

〔意　見〕 空気が水中であわになることは体験的に多くのこどもが知っているようであり，それを確認する意味で，あわを集めて風船や，ポリエチレンの袋をふくらませたのはよいと思う。ポリエチレンの袋がふくらみ，ふわふわすることや，水中で口を開くと再びあわになるところまで扱ったのだから完全である。

〔意　見〕 風船から出るあわを集めてポリエチレンの袋に入れる作業は，こどもにはむずかしい。風船全体を水に沈めようとして努力していたが，口だけを水中に入れるように注意を与えたり，下図のような装置をくふうしてはどうだろうか。

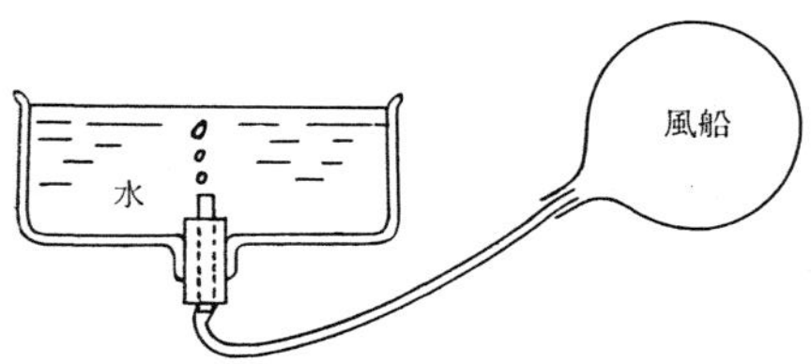

〔意　見〕 あわを集めることだけを目的とするならば，そのようなこともよいが，むしろ風船が水の中では浮き上がって，なかなかうまくいかない過程において，「空気がはいったものが浮く」ことを感覚的にとらえられるのであるから，はじめから注意を与えたり，装置を使うことは望ましくないと思う。

材料について

〔意　見〕 材料にするゴム風船の形は，円形のもののほか，細長いものもあったが，形の違いによる飛び方の違いを観察させるねらいがあったか。

〔指導者〕 特に形による飛び方の違いを関係的に見させようとは思っていない。形が違うため，飛ぶときの軌跡にも変化が出て興味をもたせることはできるが，以後の学習で，特に形を取り上げることはしない。

〔意　見〕 細長い形の風船では，口の位置と飛ぶ方向の関係を意識的に見させることはむずかしい。外形から受ける感じからしても，およそ飛ぶ方向に対してのイメージができあがり，口の位置，空気のふき出す方向と飛ぶ方向との関係を意識化することが困難になると思う。

5　ま と め

(1) 児童の実態について

ア　空気についての認識は，ことばとして，また，生物が生きていくうえに必要なものとしては知っているが，「物」として，一定の空間をしめること「かさ」があること「重さ」があること，弾性のあることなどについては，ほとんど無意識である。特に意識的に「重さがあるか」「手でつかめるか」「コップの中には何がはいっているか」など質問すれば，「からのコップの中にも空気はあるはず」とか，「重さはない。あってもとても軽い」などと観念的にまとめようとする。

イ　空気と息との関係については，まったく別個のものと考えているのでもなく，だからといって，ごく近い関係にあるものだとも思っていない。風船をふくらましたり，飛ばしたり，あわを出したりして，その共通性を見ているが，現象面でむすびつくことはできても，質的なものではどう考えているか，明確にできなかった。

ウ　「風」については，「空気」とか「息」と同様に，ある「もの」として認識しているこどもが多い。ゴム風船の口から中に入れた「空気」も「息」も「風」になって出てくることから，「現象」として認識しかかったこどももいるようである。

エ　風船の中の空気の量と，風船が飛んでいる時間の関係は容易につかみとることができるが，飛ぶ軌跡が不規則のことや，速さとの関係が考えられないので，「距離」としてはつかみにくい。また，風船の飛ぶ速さについては，「空気が勢いよく出る」という噴出の度合と関係あることはとらえにくく，大きさと関係あるのではないかと考えているようである。

オ　風船が飛ぶことは，ふくらました風船が，飛んでいるうちに小さくなる。空気がなくなれば，落ちてしまう。空気がはいっていても，口を閉じておくと飛ばない。などの現象をむすびつけ，空気と関連させてとらえているが，空気の「はたらき」という点まではっきりとしているかどうか疑問である。

カ　空気が水の中では「あわ」になることは，ほとんど問題なくとらえることができる。

しかし，コップをさかさにして，水中に沈めても，コップの中に水がはいりこめず，中に空気がたまっていること，すなわち，水と空気がすぐにまざらないこととはむすびつけることは困難である。あわが水面からどこへいくのか，という点には，ほとんどのこどもが意識をもっていなかった。

(2)　**指導のあり方について**

ア　空気のはたらきに関心をもたせるのが目標であるが，「空気の存在することによって起こる現象」という立場から展開し，「はたらき」をとらえながら「存在」を意識し，「存在」を意識することにより，「はたらき」を理解させるような扱いが必要である。

イ　空気――息――風の三者の関係を追いながら「飛び方」「あわの出る様子」「はずみ方」などの現象をみるようにした。単元全体をつらぬく筋があると，こどもの考え方を連続させる指導に有効である。

ウ　水中のあわが空気であることを確認する方法として，ポリエチレン袋にあわを集めてふくらましたが，有効な方法である。また，風船のケーブルカーの利用も，興味と観察の確実さの上から有効な方法であると思う。

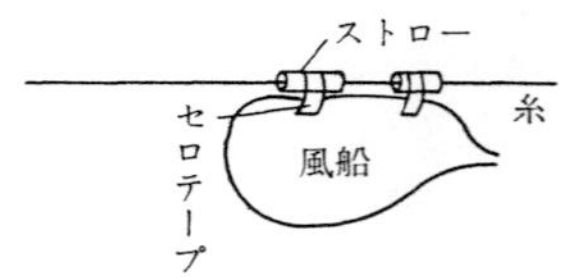

第3学年　「へちまのかんさつ」について

1　具体目標の設定

(1)　学習指導要領の目標および内容

(1)　四季を通して，生物の様子を観察したり，飼育，栽培したりして，草木の成長，動物の生活の様子，すむ場所などが暑さ寒さに関係があることに気づくようにし，生物をその環境と関連して見る目の初歩を養う。

ア　学校園の世話をし，草花や野菜の育ち方，ふやし方を調べる。

(ｱ)　学校園や菜園に，春と秋に，へちま・えんどうなどその時期の種子をまき，続けて世話をするとともに，著しい変化を記録することができる。

(ｲ)　苗の植え換えをし，植物には植え換えるとじょうぶに育つものがあることを知る。

(ｳ)　あぶらなのようなつくりの見やすい花を観察して，花はがく・はなびら・おしべ・めしべなどからできていることを知る。

(ｴ)　へちまには，実のできる花と実のできない花とあることに気づく。

(オ) へちまの水とりをし，根の吸った水が茎の上方にのぼることを知る。
へちまの実の内部を観察し，その筋を利用することを知る。

(2) 児童の実態の想定

ア 生物をその環境と関連して見ることについて

(ア) 第1学年「あさがおの世話」，第2学年「草花の世話」などの学習経験を通して，水の与え方や日光の当たり方によって，芽の出方，茎の伸び方，じょうぶさなど植物の育ち方が違うことを見てきているが，特にそれらの関係を意識的に取り上げ，実験的に吟味したものではないので，因果関係としての見方まで育っているとは思われない。

(イ) 暑さ寒さとの関係についても，第1学年「花だんの草花」「野山の自然のありさま」，第2学年「草花の世話」「四季おりおりの野山のありさま」などの学習の中で，季節によって生物の種類や生活の様子が違うことを見てきているが，それらは，暑さ寒さと結びつけて見る見方よりも，季節の著しい特徴としてとらえている傾向が強い。

イ 草木の外形や成長についてのとらえ方

(ア) あさがお，ひまわり，ほうせんかなどの栽培を通して，植物の外形や成長の様子を観察してきたが，種子の形や大きさ，発芽の様子，ふたばと本葉の違い，茎（つる）の伸び方，つぼみと花との関係など，目だったものについてのとらえ方はできても，葉や花のつき方，葉の大きさの変化などについての関心はうすい。

(イ) ある時点における外形や，全体的な変化「大きくなった」「花が咲いた」「実がなった」などについてはよくとらえられるが，各部分の変化についてはなかなかとらえられない。

• 葉について

ある時点における外形については，形や大きさが関心の中心となり色や葉の数についての関心は少ない。しかし，これを変化という立場から見るときには，形や数をもとにしてその様子をとらえ，“本葉の色が濃くなった”“大きさはあまり変わりがない”など色や大きさの変化に注意を向けるものは少ない。

葉のつき方に関心をもつこどもは半数以下のようである。

• 茎について

成長の初期においては，長さ（伸び）の変化について関心が深いが，成長するにともない，“根もとに近いほうより上のほうが太い”など，茎の太さにも関心をもつようになる。

茎のどの部分が伸びるのか，まきひげがどこから出るのか，茎はどんな形をしているかなどには関心が少ないようである。

• 花について

へちまの実ができることについての関心が強いため，いつ花が咲くのか，実になる花はどれかなど，花に対する関心も強い。

めばなとおばなの区別があることも知ってはいるが，花の形，つき方，数などの違いにはあまり注意を向けず，漠然と見ているようである。

• 実について

実のなる事実には関心が深いが，花のどの部分がどんな過程を経て大きくなったか，どんなところについているのかなどには気づきにくい。

ウ 記録のしかたについて

(ア) 第1学年，第2学年と簡単な観察カードを使って，押し花，押し葉，絵などを含めての記録を経験しているが，変化を追って各部分の様子を記録するまでには至っていない。

(イ) 表現のしかたも，大部分のこどもは，観察した部分を正しく表現することよりも，絵画的になる傾向が強い。

(3) 素材の検討と教材としての位置づけ

ア へちまのたねまきをし，その成長の過程を観察することは，第1学年の「あさがお」，第2学年の「ひまわり，ほうせんか」などが，たねから花，そして再び実からたねに至る成長の過程と繁殖の輪廻を見てきた学習経験とともに，植物の生育のしかたに一定のきまりがあることに気づかせることができるであろう。

イ 生育の過程において，芽の出方，ふた葉の様子，本葉の形，茎やまきひげの伸び方，花の形，実のでき方など著しい変化を観察することは，あさがお，ひまわりなどのそれとへちまを比較して，共通点や相違点に気づかせることができるとともに，ものを識別していく色，手ざわりなどの感覚的なものや，形・大きさなど空間的なものさしの使い方を訓練することになる。

ウ たねまきから発芽，ふた葉，本葉，開花，結実に至る著しい変化を記録していくことは，それぞれの時間的長さの相互関係や順序と連続との関係へ関心をもたせることができる。このことは，認識のものさしとしての「時間」を知覚させていく上には特にたいせつな経験であるとともに，記録の中に気温の変化や他の生物の様子などを含めることによって，草木の成長が暑さ寒さに関係あることに気づかせることができ，生物をその環境と関連して見る目の初歩を養うことになる。

エ 実のできる花と実のできない花があることは，あさがお，ひまわり，あぶらななどの経験から見れば新しいものであるが，花が散ったあと，ふくらんだものが実になる事実に気づかせることにより，第5学年「花のつくり」の基礎的な経験となる。

オ 水とりをし，根から吸った水が茎の上方にのぼる事実を見ることは

これまで草花に水を与えてきた経験が，ここにおいて見返され，第6学年「根・茎・葉のはたらき」へ発展する基礎経験として重要なものである。

カ 実の内部を観察し，そこに数多くの種子がある事実を見ることは，実と種子の関係へ注意を向けることができる。また，筋がなかなかくさらず，たわしなどに利用できることは，第6学年「せんい」を学習する際の有効な基礎経験となるであろう。

(4) 単元の目標

ア 目標設定にあたっての留意点

(ア) 成長の過程において，発芽，ふた葉，本葉，まきひげ，開花，結実など著しい変化をとらえる際には，あさがお，ひまわりなどと比較して，共通点や相違点に気づかせるとともに，茎の伸び方を中心にして，成長が気温の変化に関係あることに気づかせることが必要である。

(イ) 苗を植え換えるとじょうぶに育つことについては，箱まきにしたものを移植することによってその事実を見る程度にとどめ，植え換えないものと比較するなど実験的に確かめることはしない。

(ウ) 実のできる花と実のできない花については，おばな，めばななど表現する子どももいるが，おしべ，めしべの有無を調べたりするのではなく，外形を比較し，もとがふくらんでいるものが実になったといった事実に気づかせる程度にとどめる。おばなのはたらきには特にふれる必要はない。

(エ) 水とりについては，ほとんどのこどもが経験をもたないし，根もとに与えた水のゆくえについても漠然としかとらえていないので，根に続いている茎からのみ，水が取れることを確認し，根から吸いあげた水が茎の上方へ送られることに気づかせる必要がある。

(オ) へちまのすじを取り出す際には，たわしなどに利用するといった目的だけに終わることなく，一粒の種子が非常にふえていることや，実の中にあるすじがなかなかくさらず，そのためたわしなどに利用できるという見方をさせるようにする。

イ 単元の目標

(ア) ふた葉，本葉，まきひげ，花，実など成長の過程における著しい変化を観察し，へちまと，あさがお，ひまわりなどの相違点や共通点に気づく。

(イ) たねまきから実をとるまで継続的に観察し，成長が季節，特に気温に関係のあることに気づく。

(ウ) へちまの苗を植えかえ，植物には植えかえによってよく育つものがあることに気づく。

(エ) へちまには，実のできる花と実のできない花のあることに気づき花のつくりに関心をもつ。

(オ) 実の内部やそのすじを観察し，たねがふえることや，すじが利用できることに気づく。

(カ) へちまの水とりをし，根の吸い上げた水が茎の上方にのぼることを知るとともに，植物と水との関係に関心を深める。

2 指導の過程

(1) 時間配当　440分（10時間）

第一次	へちまのたねの観察とたねまき	９０分
第二次	へちまの芽生えの様子やふたば，本葉の観察	６０分
第三次	苗の植え換え	４５分
第四次	葉，茎，まきひげの成長の様子を観察	４５分
第五次	へちまの花の観察	８０分

第六次	記録のまとめ（中間発表）	３０分
第七次	へちまの水とり	４５分
第八次	へちまの実の観察	４５分

(2) 単元の展開

ア 展開にあたっての留意点

(ア) 自分の手でへちまやあさがおの栽培をしたことが少ないことから考えて，施水，施肥，除草，支柱を立てる，移植をするということなどの世話に慣れさせるようにした。

(イ) へちまの成育過程の目だった変化（芽生え，茎，葉，花，実など）をとらえて，そのつど観察記録する上にも，グループに鉢を与えたり，また，移植ということを考えて，種子を３～４粒まくようにした。

(ウ) 成長過程におけるへちまの形，大きさ，色などの共通点や相違点をおさえるために，葉や茎にめじるしをつけて，前後の比較観察をさせるようにした。

(エ) 花については，あぶらななどの花のしくみと比べて相違点をみつけさせ，実のできる花，実のできない花はどれかをはっきりおさえるように，比較観察をとるようにした。

(オ) まきひげについては，ただ伸びて巻きついているというだけではなく，１年で学習したあさがおのつると比較したり，まきひげのついている位置や巻き方など，部分的な面にも目を向けるように，観点を示して，観察させるように心がけた。

(カ) へちまの水とりの経験がないという実態から考えて，茎を切る位置や水を取るびんの場所などの条件を変え，グループごとに経験させて根の吸い上げた水はどうなるかをわからせるようにした。

(キ) へちまの目だった変化の観察を通して，そのころの季節の変化や，気温の変化と対比して考え記録させるようにした。

イ 全指導計画の表

次	目標	おもな学習活動	時
第一次	1 へちまのたねまきの時期を知る 2 よく育つためには，肥料のいることを知らせる。	1 へちまのたねまきについて話し合う。 2 へちまのたねを観察し，特徴をつかむ。 ・色，形，大きさ，かたさについて 3 仕事の分担や順序について話し合う。	四十五分
	3 世話のしかたを覚えたり，育ちの中で著しい変化を記録することができる。	4 へちまのたねまきをする。 ・土ごしらえ ・肥料入れ ・はち作り ・灌水 ・名札立て ・たねまき 5 あとしまつをして，今後の世話や観察のしかたについて話し合う。 ・記録用紙に記入する――気温 ・世話のしかた――当番 ・著しい変化をとらえる。	四十五分
第二次	4 芽生えの様子や，ふたば，本葉の形やつく位置に気づく。	6 芽生えの様子を見る。記録する。 ・まいてから何日目か ・ふたばの形，色，大きさ，つきかた。 ・まわりの様子（気温など）	十五分
	5 本葉のでたあと，しばらくしてふたばの様子がかわることに気づく。	7 ふたばや本葉について観察する。 ・数，形，つく位置を見る。 ・前後の比較 ・ふたばの様子。 8 記録をする。 9 水などを与えて世話をする。	四十五分

次	目標	おもな学習活動	時
第三次	6 植物には，植え換えによってよく育つものがあることを知る。	10 たなや支柱を作る。 11 整地をする。 12 移植する。 ・植え換えの方法を考え話し合う。 ・灌水し日おいをする。	四十五分
第四次	7 葉，茎，つるの成長の様子や，形，色，大きさ，巻き方などに気づく。 8 世話のしかたに慣れる。	13 どのように育ったかを観察し話し合う。 ・葉の形，大きさ，つき方，数 ・くきの大きさ（長さ）太さ ・つるの巻き方，まきひげの位置 14 13の記録を続ける。 15 世話のしかたについて話し合う。 ・除草，水	四十五分
第五次	9 つぼみの位置や形に気づく。	16 つぼみがどこから出てくるか調べる。 ・形や位置	十分
	10 へちまには，一つの茎に実のできる花と実のできない花のあることに気づく。 11 花の咲く時期や（時刻）などについて興味をもつ。	17 花の様子を観察し話し合う。 ・しぼんだ花はどうなるか。 ・みのなる花と，みのならない花。 ・いつごろ（時期，時刻）咲いたか。 ・花のしくみについて調べる。 ・天気 ・葉や茎の様子。	四十五分
	12 一粒の種からたくさんの実がなることに気づく。	18 みのなる花とならない花とを続けて比較観察をする。 ・みのなる花はどうなるか。 ・ならない花はどうなるか。 19 へちまの実のでき方を調べることを話し合う。	二十五分
第	13 記録を見て目だった変化をまとめる。	20 記録について話し合う（中間発表） ・種まきからどれくらいたった	三

次	目標	おもな学習活動	時
六次		か。 ・どのように成長したか。 ・雌花と雄花。　・気温	十分
第七次	14 根の吸った水が茎の上方にのぼることを知る。	21 へちまの水とりをする。 ・枝をびんにさす(上部の茎) ・根もとを長く切ってびんにさす ・根もとを短く切ってびんにさす。 （比べて観察）	四十五分
第八次	15 実の中にたくさんの種ができたことに気づく。	22 へちまの実を調べる ・輪切りにして内部のしくみを見る。 ・種の数を数える。 ・すじの利用 23 実ができたころのまわりの様子について話し合う（季節だより）	四十五分

ウ　本時の展開

(ア)　第2次の展開

・本葉の形や葉のつき方は，ふたばと違うことに気づく。

・葉の数や大きさ，茎の太さ，長さなどの変化に気づく。

学習活動	指導の要点	教師の発問	児童の発言,行動	調査内容方法
1 発芽の様子やふたばの色，形，大きさについて話し合う。	・指導のしかたや,ふたばの色，形，大きさ数などを，今までの記録をもとにして話し合う。	・この前へちまの芽生えを見た時は，どんな順序に出てきました。 ・出てきた芽は，どうなりましたか。 ・ふたばは何枚でしたか。	（絵を見ながら） ・からをかぶって出た。 ・ふたばになった。 ・二枚	事後調査 児童の発言記録 （芽生えを順序よく正しくとらえているか。） （ふたばの形，色，

学習活動	指導の要点	教師の発問	児童の発言,行動	調査内容方法
		・どんな形でしたか。 ・どのようにして茎についていたか。	・丸い，長丸，卵形。 ・同じ所についていた。	（大きさをおさえているか。）
2 その後の成長の様子を観察する。	・観点を示さずに自由に観察記録させる。	・では机の上のへちまをよく見てごらん。前と変わった所はありませんか。 ・よく見て気がついたことをたくさん書いてごらん。	・本葉がでた。 （記録する） 早く　詳しく書く。	児童の記録を調べる。 （何をいちばん先に書いているか。） 大きさ，数。
3 観察したことを発表し合う。	・本葉，ふたば，草たけ，つるなどの目だつ特徴が出るようにする。	・A君，気がついたことを発表してごらん。 ・Bさん。 ・ふたりが気づいたことのほかにないか。 （数名指名）	・大きくなった。茎が伸びた。 ・本葉がふえた。 ・ふたばも大きくなった。 ・本葉はぎざぎざになっている。 ・葉の出はじめのようなものが見える。 ・つるのようなもの。	児童の発言記録。
4 本葉の色，形，大きさ，枚数などを観察しながら話し合う。	・どの本葉も形は同じことであることに気づかせる。 ・①葉のつき方 ②葉の大きさ 成長の過程によって違いのあることに気づかせ	・ふたばでない葉をなんというか。 本葉はどんな形をしているか。 ・何枚あるか ・大きさはどうだろうか。 ・色や手ざわりは	・本葉という。 ・○○の形，ギザギザ，ザラザラ ・3枚，4枚きまっていない。 ・みんな違う。 ・ふたばはつるつるしていたが本	

学習活動	指 導 の 要 点	教 師 の 発 問	児童の発言，行動	調査内容 方法
	る。	どうか。 • 葉のつき方はどうなっているか。	葉はザラザラしている。 • ふたばは向き合っているが本葉は違う。 • かわりばんこに出ている。 • たがい違いに出ている。	
5 ふたばや茎（草たけ）の様子を観察させる。	• ふたばの形や，数は変化しないことに気づかせる。	• ふたばはこの前見た時と違うか。	• あまり変わっていない。 • ふたばのはじめのころより大きい。 • 大きさはあまり変わらない。 • 緑色。 • 少しうすくなった。	ふたば，茎形，大きさをしっかりおさえているか。 観点を示さない時の児童の発言はどうか。
		• このようなものは，ほかになかったか。 （このようにふたばを観察したことは，今までになかったろうか。）	• あさがお ほうせんか	
	• 草たけが大きく太くなっていることに気づかせる。	• この前見たときとくきの長さはどうだろうか。 • なん cm 伸びたか。	• くきは高くなった。 • ○○cmある。 • ○○cm伸びた。	
	• まきひげの形やでている所に気づかせる。	• 茎の太さはどうか。 • 茎をもっとよく見てごらん。	• 茎は太くじょうぶになった。 • 本葉の○枚目のところからつるのようなものが	

学習活動	指 導 の 要 点	教 師 の 発 問	児童の発言，行動	調査内容 方法
		• よいことに気づいたね。それをまきひげといいます。 • 他のグループはどうですか。	出ている。 • まきひげ	
6 ふたばのころと比べて，へちまの成長過程をまとめる。	• 全体的に見て目だつ特徴をまとめる。 • 大きさ，ふえる，高さ，変わらないもの。	• ふたばのころから今までに育ってきた様子をまとめましょう。（成長した）	• 本葉が○枚でた • ふたばは，形や数もわからないが，大きくなった。 • 茎のたけが伸びた。	
7 成長についての予想	• へちまの成長過程を予想させる。 • つぼみ，花など成長への期待をもたせる。	• これから出てくるものは何だろう。	• 花，つぼみ，実 • つるが伸びる。 • 葉が出る。	児童の発言を記録 （何をいちばん先にいうか。発言の多いのは何か。）
8 今後の学習や世話，記録について話し合う		• どんな世話をしたらよいか。 • どんなことを記録したらよいか。	• 水をやる。 • 移植する。 • たなをつくる。 • こやしをやる。 • 花の咲くことや茎の伸び方	

(イ) 第5次の展開

• へちまの花には，実のできる花と，実のできない花のあることに気づく。

学習活動	指導の要点	教師の発問	児童の発言，行動	調査
1　その後の成長の様子を観察し話し合う。	•変化をはっきりさせる。 葉の数，大きさ，茎の太さ，たけ，まきひげの様子。 つぼみ，花	•夏休み前に観察したときと今とを比べるとどう変わったか気のついたことを話してごらん。	•大きくなった。 •花が咲いた，つぼみがふえた。 •葉が大きくなった。数がふえた。 •茎が太く伸びた。 •まきひげがふえた。	①花，つぼみ何をいちばん先にいうか。
2　花の咲くころについて話し合う。	•花の咲く季節に気づかせる。	•では今話し合った中で二学期に見たのは何か。 •花の咲いたのはいつか。 •種をまいてからどれくらいで咲いたか。 •今までにどんな世話をしたか。	•花 •つぼみ •9月 •うちでは8月に咲いた。 •4か月で咲いた。 •水をやった。 •植えかえをした。	
3　実になる花と実にならない花について調べる。	•花のもとがふくらんでいる花とそうでない花があることに気づかせる。	•では花やつぼみについて調べよう。気のついたことをどんどん話してごらん。 •花のつき方はどうだろう。 •ねもとのふくら	•茎の葉の出たところから，つぼみがかたまって出ている。 •そうでないのもある。 •実のようなものがついているのがある。 •花のもとがふくらんでいる。	②二つの花の違いをみつけることができるか。 ③花のつき方をなんと表現す

学習活動	指導の要点	教師の発問	児童の発言，行動	調査
	•花のしくみを調べて，あぶらなと比較させる。 •ねもとのふくらんだ花にめしべがあり，そうでない花におしべのあることに気づかせる。	んだ花とふくらんでいない花があるね。 •この花はいつまで咲いているのか。 •咲く時はみんな一度に咲くだろうか。 •しぼんだ花はどうなるの。 •全部実になるのかね。 •あさがおやあぶらなの花は実になっただろうか •ではあぶらなと比べてへちまはどんなところが違うか調べてみよう。 •花のしくみについてあぶらなは。 •へちまはどうだろう。 •あぶらなと違うことは。 •へちまはどの花が実になるだろう。	•枯れる •しぼむ •実になる •ならない •実になった。 •花びらをはずしてしくみを調べる。 •花びら，がく，めしべ，おしべが一つの花にある。 •めしべだけの花とおしべだけの花がある。 •あぶらなの花はみな同じだが，へちまは二つの違う花がある。 •ねもとのふくらんだめしべのある花が実になる。	るか。花のつく場所をなんというか。 ④二つの花のしくみの違いを見つけられるか。

学習活動	指導の要点	教師の発問	児童の発言,行動	調　査
		•家で観察したのはどうだった。	•ねもとのふくらんだ花が実になって，かたまって咲いている花は落ちてしまった。	
4　実になる花とならない花にしるしをつける。	•二つの花にしるしをつけさせる。	•それではねもとのふくらんだこの花がほんとうに実になるかしるしをつけてたしかめてみよう。	•赤，白の毛糸でしるしをつける。	⑤実になる花の予想――どの花をさすか。
		•どっちのほうの花が多かったですか。	•めしべのない方 •ねもとのふくらまないほう。	
5　これからどうなるか話し合う。		•これから観察して記録することは何か。 •では注意して観察していこう。	•しるしをつけた花のこと。 •実のこと。	

3　指導の記録

A　第2次の指導

(1)　**授 業 記 録**

① 発芽からふたばまでの成長について

T　種をまいてからふたばになるまで，どんな順序で育ってきましたか。

C　(ほとんど全児童挙手)

T　ではこの絵を順に並べてもらいます。A君でてきてやってごらん。

C　黒板にはった6枚の絵の中から3枚をぬきだして，へちまのめばえか

らふたばまでの順に並べる。

T　この順序でよいですか。

C　よいです。

T　この前はふたばになったところを観察しましたね。ふたばはどんな形でしたか。

C　長丸です。

C　長丸がむかい合ってついていた。

C　長丸が2枚向き合っていた。

C　長丸が二つに分かれてついていた。

C　ふたばは2枚おなじところから出ている。

② 観点を示さず鉢植えのへちまを自由に観察

T　机の上のへちまを見て前と変わったところはありませんか。

C　この前は小さかったが大きくなった。

T　ではもっとよく観察して気づいたことを紙に書いてごらん。

C　観察しながら記録する―5分間ぐらい―(別紙のとおり結果が出た。)

T　書くのをやめて，書いたのを発表してください。

C　ふたばと違う葉が出た。

C　本葉が出てきた。

C　ふたばが大きくなった。

T　その他に気づいたことは，

C　大きい本葉や小さい本葉が出てきた。

C　上のほうにつるが少し伸びた。

C　ふたばが丸くなった。

C　本葉が出てふたばが大きくなった。

C　本葉が出てきた。

T　どのグループも本葉が出てきましたか。

C　はい（全グループ同意する）

| ③　本葉を観察し，ふたばとの違いに気づかせる |→観点を示す

T　それでは本葉をもう少し詳しく観察しましょう。

T　どんな形ですか。

C　ふたばは長丸だったが本葉はまわりがぎざぎざしています。

C　ぎざぎざが大きいところと小さいところがあります。

（そうです，の声あり）

C　とがったところが六つあるから六角形です。

C　つたのはっぱと似ています。

T　ふたばと本葉の形の違いはわかりましたが，本葉と本葉はどうですか。

C　どの本葉も似ています。

C　みんなぎざぎざがついています。

C　本葉の形はみんな同じです。

T　その本葉は何枚出ましたか。

C　（各グループ声を出して数える。）

C　4枚，5枚，9枚，15枚……グループごとに発表。

T　15枚のグループは鉢の葉を全部数えたようだがそれでよいだろうか。

（1鉢は2株から3株植えられている）

C　1本の分だけ数えます。

T　そうですね。みんな1株だけを数えるのですよ。

T　ふたばと比べるとどうですか。

C　ふたばは2枚だが本葉はもっと多くなる。

C　ふたばは芽を出したときと同じだが，本葉はだんだんふえる。

C　本葉は大きい。

T　本葉ははじめから大きいの。

C　はじめ出たときは小さいが，だんだん大きくなる。

C　日がたつと育って大きくなる。

C　先に出たほうの葉が大きい。

C　大きくなったらだいたい同じ大きさです。

C　本葉の大きさはみんな違います。

T　では大きくなった本葉の色や手ざわりはどうでしょうか。

C　ふたばより濃い色です。

C　色は濃いみどり色です。

C　さわるとざらざらしていてすじがある。

C　ふたばは丸くてすじが少ないが，本葉はギザギザがあってすじが多くて，さわるとザラザラしている。

C　ふたばはつるつるしているが，本葉には毛が生えている。

C　虫めがねで見ると毛が生えているのがよくわかる。

（各自虫めがねを取り出して葉の表面を観察する。）

C　（とげみたいだ。葉の裏がでこぼこしている。—グループごとにひそひそ話し合っている。）

T　ふたばは向き合って出ているといっていましたが，本葉はどうなって出ていますか。

T　では本葉のついているところをなんといいますか。

C　つる（大部分の児童が発言）

C　くき

T　そうです。くきといいます。

C　くき（全員でとなえる）

T　そのくきをよくごらんなさい。

T　本葉はどのようについていますか。

C　かわりばんこについています。

C　ふたばは同じところから出ているけれど，本葉は少しずれて出ている。

C　本葉はたがいちがいに出ている。

T　みんなたがいちがいに出ていますか。

C　そうです。（全員の声）

④　ふたばやくきの様子を観察

T　ふたばはこの前見たときどう変わってきましたか。

C　あまり変わらない。

C　ふたばは形も数もはじめのころと同じです。

C　はじめのころより大きくなったし，色も少し変わった。

T　このようにふたばの観察をしたことはなかっただろうか。

C　あさがお。

C　ひまわり。

C　あさがおもほうせんかもふたばが出てから本葉が出て大きくなった。

T　こんどはくきをよくごらんなさい。

C　くきが伸びた。

C　毛がある。

C　この前はたけが4㎝だったが，いまは15㎝もある。

C　ぼくのほうは22㎝になった。

T　そのほかにくきについて気づいたことは。

C　太くなりました。

C　このまえは少しさわったらすぐ折れたけれど，いまはかたくてじょうぶになった。

T　そのほかには。

C　くきの先のほうにつるが出ている。

C　本葉の出ているところからつるが出てきた。

T　よいことに気づいたね。それはつるではなく，まきひげといいます。

C　まきひげ――各自口々に言う。

C　わたしのへちまには出ていません。

T　まきひげについては，もっと大きくなってから勉強しましょう。

⑤　成長の過程についてと今後の予想を立てさせる

T　では，いままで育ってきた様子をまとめてみよう。

C　ふたばの数や形は変わらないが，本葉の数がふえた。

C　ふたばも本葉も大きくなった。

C　くきのたけが伸びた。

C　くきが太くじょうぶになった。

T　これからどうなっていくと思いますか。

C　大きくなります。

C　くきが伸びて葉の数がふえます。

C　植え換えをします。

C　だんだん大きくなるので，植木ばちではまにあわなくなるので，花だんに植え換えをします。

C　花が咲きます。

C　つぼみが出ます。

C　実がなります。

C　ふたばはそのままだが，本葉はだんだんふえて大きくなります。

C　くきが太くなって伸びていくから，葉の数がふえて大きくなります。

(2)　事後調査記録

ア　調査日時　6月8日（土）

イ　調査の結果

授業中に観点を示さずに自由観察させたもののまとめ

順位の番号は記録していた順番を表わす。

	事柄 ＼ 順位	1	2	3	4	5	6	計
ふたば	ふたばが出た。	3	0	0	0	0	0	3
ふたば	ふたばが伸びた。大きくなった。	1. 伸びた 1. 大きくなった 1. 本葉が出るとふたばが大きくなる 3	1. のびた 1. 大きくなった 2	0	大きくなった 1	0	0	6
ふたば	ふたばが枯れた。	1	1	2	1	1	0	6
ふたば	形，すじ あつみ	あつみ① す　じ③ 4	まるみ① あつみ② かたい① 長　丸① 5	われている 2	0	0	0	11
ふたば	枚数	0	1	0	1枚しかない 2	0	0	3
ふたば	色	0	0	深みどり① 茶色② 3	0	0	0	3
本葉	ふたばが本葉になった。	2	0	0	0	0	0	2
本葉	本葉が出た。	5	出た⑤ ふたばのまんなかから出た① 6	小さな本葉が出た 3	大小の本葉が出た② 小さな本葉が出た① 出た① 茎のところに出た① 5	0	0	19
本葉	枚数	たくさん 6	多くなった 4	たくさん 2	0	0	0	12
本葉	大きくなった。	大きくなった	大きくなった③ ふたばがうんと大きくなって本葉	大きくなった④ ふたばより大きい①				

	事柄 ＼ 訓位	1	2	3	4	5	6	計
本葉		8	が出た① 4	5	0	0	0	17
本葉	形	0	つたの葉ににている 1	大小の本葉① つたのはににている② 3	線がはいっている① ぶどうの葉のよう① ふたばは向き合っているが本葉はそうでない① 3	2	すじが太い 1	10
まきひげ	つるが出た	出た① 上のほうに出た② 3	出た⑨ 上のほうに出た① 10	出た③ 上のほうに出た① 本葉の間から出た① 5	出た② 2	0	0	20
まきひげ	伸びた	2	9	0	0	からまって伸びる 1	0	12
くき	太さ	0	0	太くなった 3	太くなった 1	1	0	5
くき	高さ	0	0	0	高さが高い 1	伸びた 1	0	2
その他	だんだん大きくなった	7	2	0	0	0	0	9
その他	高さ	0	0	2	0	0	0	2
その他	色	こくなった 2	0	濃くなった① くきは少ししか濃くならない① 2	0	濃くなった 1	0	5
その他	形	0	0	すじがなくなった 1	0	0	0	1
その他	根	0	0	根がついた 1	0	根がしっかりしてきた 1	0	2
その他	雑草	1	2	1	1	0	0	5
計		47	47	35	17	8	1	155

B　第5次の指導

(1)　**授業記録**

校庭西側の学校園，へちまだなの前に児童は腰掛を出し，教師は黒板を用意して学習する。児童は各家庭で栽培したへちまのくき（花や葉のついている）を切って持ってきている。

① その後の成長の様子について

T　夏休み前に観察したときと今とを比べると，どう変わったか気づいたことを話してごらん。
C　花が咲いた。
C　伸びた。葉が大きくなった。
C　つぼみがたくさんついた。
C　実がなった。
C　くきが太くなった。

児童の発言を取り上げ，花の咲くころについての話し合いをする。

② 花のつき方について

T　それでは，みんなの持ってきた花を調べてみましょう。
C　（グループになって観察を始める）
T　花のつき方を調べましょう。どういうふうについているか。
T　（グループごとに巡視する）
T　観察をやめて黒板の前に集まりなさい。
T　花やつぼみはどこから出ていましたか。
C　葉といっしょについている。
C　葉のつけねから出ている。
T　どのグループも花やつぼみは葉のつけねから出ていましたか。

C　同じです。
T　つき方について，ほかに気づいたことがありますか。
C　かたまってついている。
C　雄花はかたまっているが雌花は少し離れてついている。
C　実になる花は一つずつついていて実にならない花はかたまってついている。
T　ほかのグループはどうでしたか。
C　同じです。
T　（教師の準備した実物を見せて）花は，はっぱのつけねからついていますね。

③ 二つの花の違いについて

T　一つだけの花と，かたまってついている花とがありますね。
T　かたまってついているのは。
C　実にならない。
T　一つずつついているのは。
C　実になる。
T　咲いたらどうなるか。
C　雄花のほうは，一日咲いたら，ちっちゃう。
C　雌花は一日咲いても散らない。
T　雄花，雌花というのは何ですか。
C　実になる花と実にならない花です。
T　実にならない花は。
C　一日咲くとしぼんでしまいます。

T　みんな散ってしまいますか。かたまって咲いているほうは。

C　散る。

T　かたまっていない一つだけのは。

C　散らない。

T　かたまっている花と，一つだけ咲いているのと比べましょう。

T　形だけみたときどう違いますか。

C　一つのほうは花の色が濃い。

T　色はだいたい何色ですか。

C　黄色。

T　色のほかに，気づいたことがあります。

C　実になるほうは，花の下が太い。いっぱいかたまっているほうは，ふくらんでいない。

C　雌花のもとのほうは，ふくらんでいるが，雄花のもとのほうはふくらんでいない。

T　かたまっているほうは。

C　ふくらんでいない。

T　一つずつついているほうは。

C　ふくらんでいる。

T　かたまっているのはどう咲くか。

C　一つずつ大きいつぼみから咲く。

C　実のできる花は大きい。実のできない花は小さい。

④　二つの花のしくみの違い

T　1学期あぶらなのつくりを習ったでしょう。どんなしくみでしたか。

C　あぶらなは，花びらが4枚，がくが4枚，おしべ，めしべ。

T　一つの花に，おしべ，めしべがあった。

T　へちまは，どうなっているか調べてみよう。

T　調べ方は，どうしますか。

C　二つの花を比べてみる。

T　グループに分かれて調べてみよう。

C　（グループに分かれて，観察する）

T　（グループの観察状況を巡視する）

C　めしべの先がべとべとしている。

C　おしべには花粉がある。

T　黒板の前に集まりなさい。

T　これは（――実物を見せて――）みんな実になりますか。

C　実にならない。

T　あぶらなはどうでしたか。

C　みんな実になった。

C　みんな種になった。

T　こっちの花（実物を見せて）と，こっちの花と，どこが違っていましたか。

T　なかを見たとき，

C　めしべとおしべ

T　めしべとおしべが一つの花の中にあったの。

C　実になる花は，めしべだけ。

T　実になるかならないかわからないよ。

C　花のもとがふくらんでいるほうは，めしべだけしかない。

T　（かたまって咲いているほう）こっちは。

C　おしべだけ。手でさわったら黄色い粉がついたよ。

T　（花のもとのふくらんでいるほう）こっちは。

C　めしべだけ。

T　五グループはどうでしたか。

C　同じでした。

T　（実物を示して）めしべだけの花とおしべだけの花を確認する。

T　へちまの花のしくみをもう一度比べてみましょう。

（黒板にカードをはる）

花びら　がく ― 花のもとがふくらんでいる ― 一つだけついている ― めしべがある ― 実になる花

花びら　がく ― 花のもとがふくらんでいない ― つぼみがかたまってついている ― おしべがある ― 実にならない花

T　実のなる花は。

C　上のほう

T　実のならない花は。

C　下のほう

T　あぶらなと比べた時，あぶらなは。

C　みんな種になった。

T　へちまは。

C　実になる花と実にならない花がある。

⑤　これからどうなるか

T　ほんとうに実になるかどうか。しるしをつけておきましょう。

T　これから何を観察していきますか。

C　実になる花が実になるまでを観察する。

T　それから

C　水とりをする

C　大きくなるかどうか比べる。実になる花と実にならない花とを比べる。

C　実になる花が，これからどう変わっていくか観察していく。

次に世話のしかたを話し合い終わる。

(2)　事後調査記録

ア　調査日時　9月14日（土）

イ　調査の結果

事後調査のまとめ“へちまの花”

1）へちまの花の違いをなんといっているか。

かたちの違い	1
雄花，雌花	20
実になる花，実にならない花	23
めしべ，おしべ	2
花の違いがわかって名まえが，いえない	1
わからない	2

2）二つの花の違いのとらえ方の順はどんなか。

こ　と　が　ら	順番→ 1	2	3	4	5
形	18	15	2		
めしべ，おしべ	16	9	4		1
雌花一つ雄花がたくさんある	5	6	10		
実になる，実にならない	3	2	1		
つぼみの下の茎のふくらみ	2	1		1	
花粉	2	2	1		
花が落ちること		1	1		
花の大きさ	1				

3）雌花と雄花の区別を何でつけているか。

雌花と雄花の花の数	6
花の大きさ	7
花粉	19
雌花の下のふくらみ	13
めしべとおしべの大きさ	5
花の色	2
本の読んで知っていた	2
理由なし	2
わからない	3

4）つぼみや花のつき方はどうですか。

正しい	16
雄花が正しく雌花が違う	1
雌花が正しく雄花が違う	1
両方違う	13
花のつく位置はいいが花の咲き方が違う	12

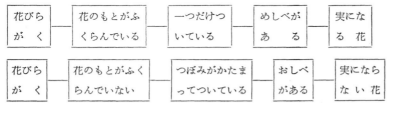

5) 実になる花はどれか

雄花	0
雌花	22
ねもとのふくらんだもの	20
ねもとのふくらまないもの	0
めしべ	2
つぼみの太いほう	2
つぼみのたくさんついている	2
お花はこれから実にならないでしぼんで種になる	1

4 ま と め

授業後に，授業記録や事後調査記録をもとにして討論を行なった。（授業後の考察）その結果次のような結論が得られた。

(1) 児童の実態について

ア 生物をその環境と関連して見ることについて

種子をまいたへちまが，芽を出し，ふた葉から本葉，まきひげ，つぼみ，花など，その成長の過程を観察することと平行して，へちまの成長をものさしにしながら気温を調べたり，花だんや野原の草木の様子を観察したりしたが，こどもたちはそれを意識して関連づけて考えようとはしない。

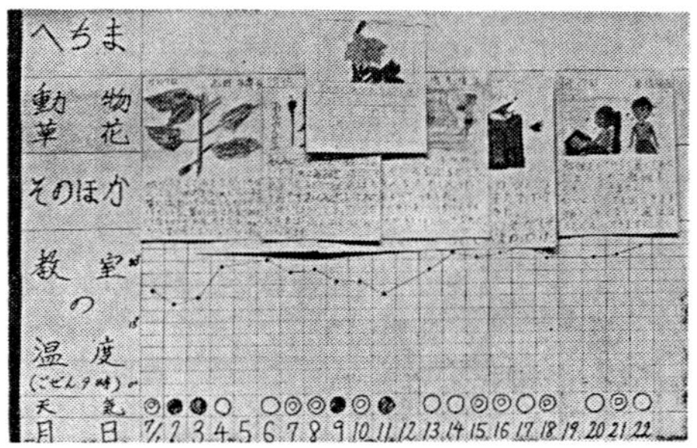

「季節だより」といわれる左の写真のようなものに記録をまとめても，教師が意図的にそれらを結びつけていく場を設定してやらないかぎり，へちまの成長，草花の

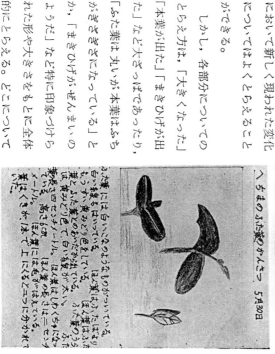

様子，気温の変化をそれぞれ別個に観察していく傾向が強い。

しかし，「へちまの茎が急に伸び方が早くなったり，草木の葉が繁ってきたのはなぜだろう。」と質問した場合には，「気温が高く，暑くなったからではないか。」と気温と結びつけて考えることはできるようである。

イ 草木の外形や成長についてのとらえ方

(ア) 芽が出た，ふた葉が開いた，本葉が出た。まきひげが竹にまきついた。つぼみがついた，花が咲いたなど，観察の時点において新しく現われた変化についてはよくとらえることができる。

しかし，各部分についてのとらえ方は，「大きくなった」「本葉が出た」「まきひげが出た」など大ざっぱであったり，「ふた葉は丸いが本葉はふちがぎざぎざになっている」とか，「まきひげがぜんまいのようだ」など特に印象づけられた形や大きさをもとに全体的にとらえる。どこについて

いるのか，どの部分が伸びたのか，色がどう変わったのかなどには気づきにくい。

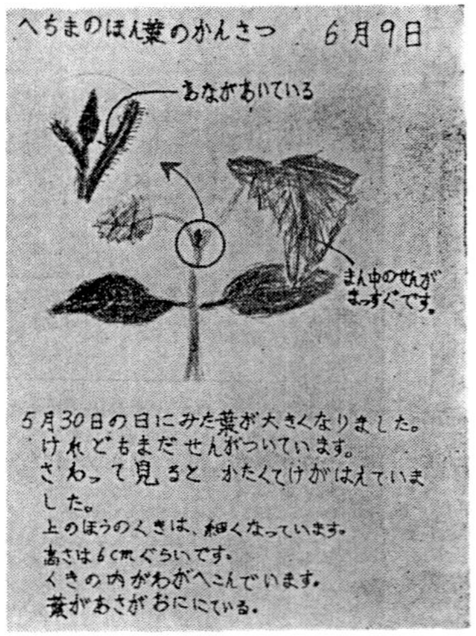

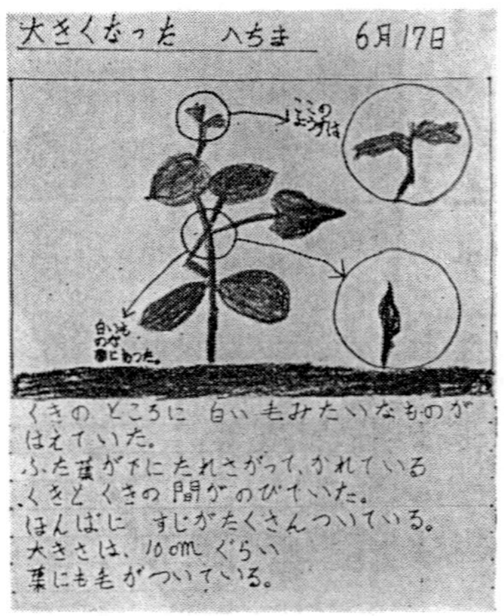

大きくなった　へちま　6月17日
くきのところに　白い毛みたいなものがはえていた。
ふた葉が下にたれさがって，かれている
くきとくきの間がのびていた。
ほんばに　すじがたくさんついている。
大きさは，10cmぐらい
葉にも毛がついている。

(イ)　成長の順序については，あさがお，ひまわりなどの学習経験も生かされ的確にとらえることができるが，時間的経過と成長の段階を対応させることはむずかしいようである。

(ウ)　ふた葉や本葉について，それぞれを単独に観察させた場合には，色，形，つき方など漠然とした見方しかできず，「本葉は下のほうが大きい」とか「葉の数が5枚になった」など数や大小関係が中心になる。

しかし，ふた葉と本葉を比較させたり，あさがお，ひまわりなどの経験を想起させて観察した場合には，葉の形，つき方，あつみ，葉脈，毛の有無など細かい点にまで目を向け，共通点や相違点を見つけだすことができる。

(エ)　観察の目的や方向をもたずに見た場合には根もとに近い部分と上端の太さの違いや，全体が伸びて長くなったことなどとらえるが，どの部分が伸びたのか，まきひげがどこについているのかなどには気づきにくい。

「どこが伸びて大きくなったのだろう」と問題をもったり，めじるしをつけたりするなど，観点を明確にすれば，かなりこまかな観察もできる。

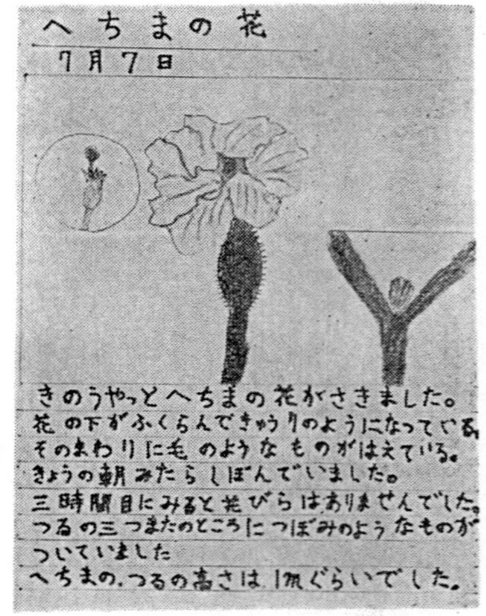

へちまの花
7月7日
きのうやっとへちまの花がさきました。
花の下がふくらんできゅうりのようになっている。
そのまわりに毛のようなものがはえている。
きょうの朝みたらしぼんでいました。
三時間目にみると花びらはありませんでした。
つるの三つまたのところにつぼみのようなものがついていました
へちまの，つるの高さは1mぐらいでした。

(オ)　「やっと花が咲いた」「つぼみもまだたくさんついている」など花に対する関心が強い。

花を観察する場合には，すぐに「雌花」「雄花」との表現を使い，雌花だから実がなる，雄花だから実ができないと観念的に知っていることもが多い。

花の色や形については，観点を与えないとあまり関心を示さず，「開いた」「しぼんだ」など現象に注意が向けられているが，「花のつき方はどうか」との観点を与えたときに

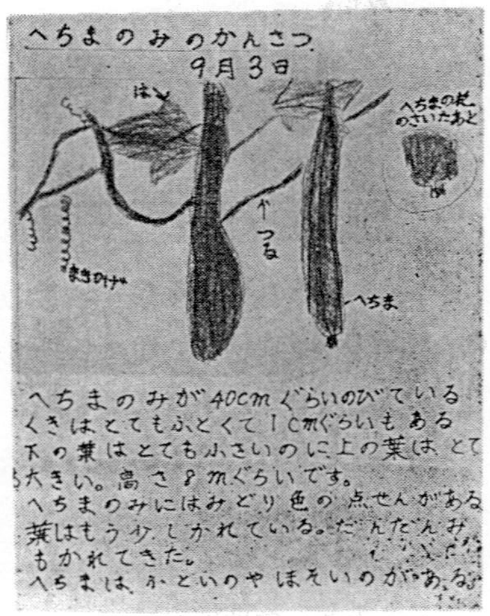

は，一つだけついている花，かたまって咲いている花，もとのほうがふくらんでいる花，ふくらんでいない花など，花に2種類あることをつき方や形で区別することができる。また，あぶらなの花のつくりについての経験から，めしべ，おしべについても関心を示すが，へちまの花の複雑さから，どの部分がそれにあたるか明確にとらえることはできない。

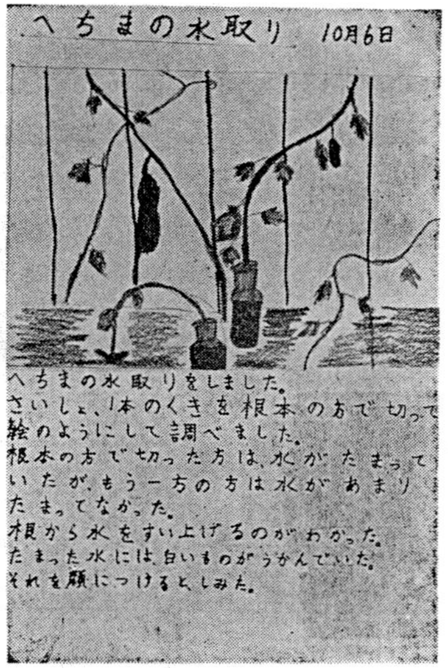

(カ)　水とりの際，水は上部の茎から取れるものと考えているものが半数ぐらいで，根から吸い上げた水が茎の先端まで上がると考えていることもはほとんどみられなかった。水を与えることが植物の成長には必要であることは経験上わかっていても，それが茎の中を通って上がり，しかも長い茎の先端まで達することは，なかなか結びつけて考えることができないようである。

(2)　指導のあり方について

ア　発芽の様子，ふた葉や本葉の違い，茎の伸び方などの観察を容易にするためには，箱まきだけに限らず，植木ばち，あきかんなどを利用してなるべく数多くの種子をまくようにする。容器の小さいことは観察の際，机上への移動も簡単であり，移植へのきっかけにもなりやすい。なお，移植のとき，根の伸びている様子を観察させることは，水

鉢にまいたへちま

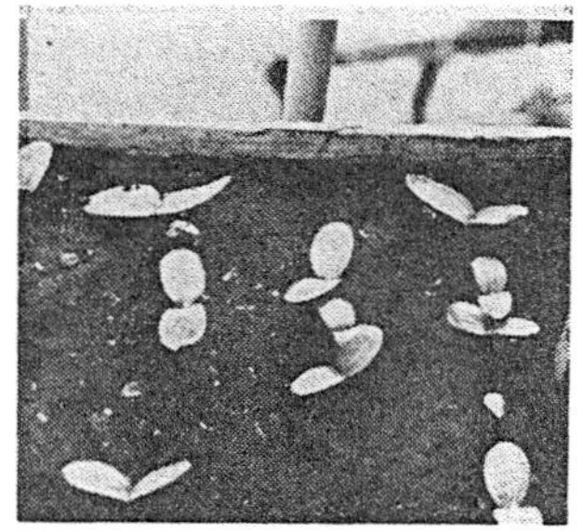
箱まきのへちま

や肥料の与え方，土のたがやし方など世話についての注意事項に気づかせたり，さし木・株分けなどの学習とともに，植物のつくりやはたらきを理解していく基礎的な経験として有効である。

イ　成長の過程において，芽の出方，ふた葉・本葉の形，茎やまきひげの伸び方，花の様子などの観察を通して，生物の生育のしかたに一定のきまりがあることや，それぞれの共通点・相違点に気づかせるためには，先行経験としてのあさがお，ひまわりなどを尺度にしてへちまを見たり考えたりしていくことが必要である。

ウ　新しく現われた変化には気づきやすいが，茎の伸び方，本葉の大きさの変化などには気づきにくい。そこで記録をとる場合には，成長のそれぞれの段階を忘れないようにするためだけでなく，どこが伸びたのか，大きさに変わりはないのかなどを意識して見るよう観点を明確にした正確な記録を作るようにする必要がある。方法としては可能な限り実物大に書かせることも有効なものである。

エ　草木の成長が暑さ寒さに関係があることに気づかせ，生物をその環境と関連して見る目の初歩を養うためには，単に気温との関係をとらえるだけでなく，他の草花や野山の自然の変化などとの関連を見させ

ることが必要である。これによって関係的な見方を育てるとともに，へちまをものさしにしながら季節のリズムをとらえさせることもできるであろう。

オ　成長が暑さ寒さに関係があることをとらえさせるためには，成長の各段階ごとに気温と対照して見るだけではなく，芽ばえ・ふた葉・本葉・茎・つぼみ・花などめだった変化と変化の間の時間経過をとらえさせることが必要である。それには前述したように著しい変化のおりおりに記録したカードを用い，変化から変化までの時間経過と変化の

（へちまの成長の段階やその時間経過をとらえさせたスライドの例）

量，気温の様子とを結びつけていくことが効果的であるが，さらに，スライドを作成して，共通な条件の中でそれらの関係をとらえていく場を設定してやることも有効である。

研究協力教職員氏名　（五十音順）

新井沢　枝
秋田　智恵子
伊藤　昭三
伊藤　武敏
飯森　敏子
石川　美代
上野　修示
梅野　順三
理・小栗　歌子
・大塚　貞子
理・沖山　重次
大野　由美子
種田　江子
理　金親　誠三
椛沢　ミス
川田　コユキ
風間　徳
笠原　忠三
理主　草野　保治
久保　隆美
小渡　フミ
小林　一夫
・小橋　実博
越元　嘉代子
近藤　雅史

・坂本　尚敏
・佐藤　正雄
理　清水　マス
芝田　泰
理　竹内　宏
千葉　和子
理　津田　章代
土田　久市
土屋　健次郎
出口　敏子
理　奈良　公夫
長瀬　文夫
・野村　歌子
畑　明子
長谷川　鉄夫
理　日高　和美
藤田　照子
藤島　芳
教主　丸屋　博
蓑田　正治
宮越　尚
・矢島　富美子
米山　正
教頭　吉田　積
校長　渡辺　徳雄

（・印　旧職員　　理　理科部員）

初等教育実験学校報告書12　　MEJ 3123

児童の実態に即した学習指導法の研究

昭和40年10月5日　初版発行

著作権所有　文部省

東京都千代田区神田淡路町2の13
発行者　株式会社　東洋館出版社
代表者　錦織登美夫

東京都新宿区市谷富久町118
印刷者　株式会社　亨有堂印刷所
代表者　大柴亨介

東京都千代田区神田淡路町2の13
発行所　東洋館出版社
電話：東京(253)8821～3
振替：東京　96823

定価 200 円

小学校指導資料等一覧

書名		定価	発行所	書名		定価	発行所
国語Ⅰ	読むことの学習指導	円 125	光風出版	道徳 3	道徳についての評価	円 40	日本文教出版
国語Ⅱ	書くことの学習指導Ⅰ	78	東洋館	道徳 4	読み物利用の指導Ⅰ（低学年）	74	東洋館
国語Ⅲ	書くことの学習指導Ⅱ	70	教育図書	道徳 5	読み物利用の指導Ⅱ（中学年）	81	東洋館
社会Ⅰ	社会科学習指導法 —低・中学年を中心として—	113	光風出版	道徳 6	読み物利用の指導Ⅲ（高学年）	89	東洋館
社会Ⅱ	〃 —高学年を中心として—	108	教育図書	特別教育活動Ⅰ	特別教育活動の指導計画作成と運営	65	光風出版
算数Ⅰ	数と計算の指導Ⅰ	95	大日本図書	学校行事等Ⅰ	学校行事等実施上の諸問題の研究	70	光風出版
算数Ⅱ	〃 Ⅱ	75	大日本図書	学校図書館	小・中学校における学校図書館利用の手びき	185	東洋館
算数Ⅲ	表・グラフの指導	90	東洋館	学校図書館	学校図書館の管理と運用	229	東洋館
理科Ⅰ	低学年の指導	92	大日本図書	実験学校報告書 1	道徳の評価	110	東洋館
理科Ⅱ	低学年の施設・設備とその活用	94	大日本図書	〃 2	特別教育活動指導計画のあり方	130	教育図書
音楽Ⅰ	器楽の指導	600	東洋館	〃 3	音楽の指導法に関する二つの実験研究	178	音楽教育図書
音楽Ⅱ	鑑賞の指導	220	東洋館	〃 4	道徳指導計画改善の観点	115	教育図書
音楽Ⅲ	歌唱の指導	269	音楽教育図書	〃 5	クラブ活動の効果的な運営	75	教育図書
図画工作Ⅰ	デザイン学習の手びき	215	日本文教出版	〃 6	音楽の指導法に関する実験研究	160	大蔵省印刷局
図画工作Ⅱ	彫塑学習の手びき	139	学校図書	〃 7	小学校家庭科 すまいの領域を中心にした学習指導法の研究	150	教育図書
家庭Ⅰ	第5学年の家庭科の学習指導	55	開隆堂	〃 8	学習に役だつ小学校図書館	279	東洋館
家庭Ⅱ	第6学年の家庭科の学習指導	108	開隆堂	〃 9	作文の学習指導	221	教育図書
道徳Ⅰ	道徳指導計画の事例と研究	120	光風出版	〃 10	読み物資料の効果的利用	149	東洋館
道徳Ⅱ	道徳指導方法の事例と研究	190	光風出版	〃 11	児童会活動運営の実際	104	東洋館

株式会社　東洋館出版社　発行　　　定価 200円

編集復刻版 戦後改革期文部省実験学校資料集成（せんごかいかくきもんぶしょうじっけんがっこうしりょうしゅうせい）

第Ⅲ期　全3巻

2018年5月20日　第1刷発行

揃定価（本体75、000円＋税）

編・解題者　水原克敏

発行者　小林淳子

発行所　不二出版
東京都文京区水道2-10-10
TEL 03（5981）6704

印刷所　富士リプロ

製本所　青木製本

乱丁・落丁はお取り替えいたします。

第3巻　ISBN978-4-8350-8205-9
（全3冊 分売不可 セットISBN978-4-8350-8202-8）